HERVÉ RYSSEN

LAS ESPERANZAS PLANETARIANAS

Hervé Ryssen

Hervé Ryssen (Francia) es historiador y un investigador exhaustivo del mundo intelectual judío. Es autor de doce libros y varios videos documentales acerca de la cuestión judía. En el 2005 publicó *Las Esperanzas planetarias*, libro en el que demuestra los orígenes religiosos del proyecto mundialista. *Psicoanálisis del judaísmo*, publicado en el 2006, muestra como el judaísmo intelectual presenta todos los síntomas de la patología histérica. No existe ninguna "elección divina", sino la manifestación de un trastorno que tiene su origen en la práctica del incesto. Freud había estudiado pacientemente esta cuestión a partir de lo que constataba en su propia comunidad.

En Francia reside una de las mayores comunidades judía de la diáspora con una vida cultural e intelectual muy intensa. Hervé Ryssen ha podido desarrollar su extensa obra en base a numerosas fuentes históricas y contemporáneas, tanto internacionales como francesas.

Las Esperanzas Planetarianas

Les espérances planétariennes, Levallois-Perret, éd. Baskerville, 2005

Traducido por Alejo Domínguez Rellán

Publicado por
Omnia Veritas Limited

www.omnia-veritas.com

© Omnia Veritas Limited – Hervé Ryssen – 2022

Reservados todos los derechos. No se permite la reproducción total o parcial de esta obra, sin autorización previa y por escrito de los titulares del *copyright*. La infracción de dichos derechos puede constituir un delito contra la propiedad intelectual.

PRIMERA PARTE 45

  EL PENSAMIENTO COSMOPOLITA 45

    1. Una Tierra para la humanidad *48*

      Los Cíngaros del Cosmos 48

      Lucy, la abuela de la humanidad 50

      Una sola raza humana 52

      Ecología: escenario catastrófico 54

      Salir de la edad de hierro planetaria 55

    2. El ideal planetariano *59*

      Ciudadanos del mundo 60

      El gobierno mundial 66

      Todos nómadas 69

      Improvisar su identidad 72

      La sociedad multicultural 73

      Hibridaciones y mestizajes 75

      El consumismo ciudadano 78

      La sociedad matriarcal 81

    3. El método planetariano *96*

      Un gran desprecio por los sedentarios 97

      La Francia de los cabrones 103

      La culpabilización sistemática 110

      La sabiduría es oriental 117

      Abrir las fronteras 121

      Europa abierta 130

      Las guerras planetarianas 136

      El mito estadounidense 146

      La alta finanza transnacional 156

      El cine planetariano 163

      Los nuevos guetos 184

    4. El mesianismo *196*

      El activismo mesiánico 196

      Las fuentes religiosas del mundialismo 214

SEGUNDA PARTE **240**

  EL FIN DE UN SUEÑO MESIÁNICO 240

    1. Las saturnales bolcheviques *241*

      Los trenes de plomo 241

      Octubre 245

      El Terror 251

      Dinamitar las iglesias 253

      Una, dos, tres revoluciones 256

      La conquista de las capitales 258

      Los verdugos en movimientos 259

      Negar la evidencia 261

      La sospecha asesina 264

      La tierra no es suficiente 266

      La élite intelectual 267

      La ruina de los comerciantes 269
      El enemigo del campesino 271
      Nada ha cambiado 272
      Uno siente vergüenza ajena al leer eso 274
      La gran carnicería 276
      Nunca en primera línea 278
      Una muerte sospechosa 279
      Un cambio de rumbo repentino 281
      Abandonar el barco a toda costa 283
   2. Una discreción ejemplar *286*
      La disputa de los historiadores 286
      Stalin, "el Georgiano" 289
      Libro negro, blanco pudor 295
      Las notas a pie de página 299
      El mesianismo trotskista 302

TERCERA PARTE **309**
   LA MENTALIDAD COSMOPOLITA 309
   1. La memoria que falla *310*
      Sobre todo no hablar de ello 311
      Los Judíos, víctimas del comunismo 316
      No tenemos nada que ver con eso 322
      Burdas falsificaciones y provocaciones antisemitas 324
   2. Explicar el fenómeno *328*
      Los chivos expiatorios 328
      Los asesinatos políticos 337
      Conocer mejor al otro 344
      El misterio absoluto 348
      La ingratitud de los demás 360
      Infames acusaciones 364
      Una sensibilidad epidérmica 369
      Una amenaza permanente 376
      La locura antisemita 380
      El Testamento político 386
      El pequeño burgués sojuzgado 389
      Hombres como los demás 391
      Tambores y trompetas 398
      Salir del judaísmo 406
   3. Una integración difícil *413*
      Una presencia supuestamente invasiva 416
      Miedo al Negro 421
      La bestia debe ser cazada 425
      Prosopopeya mediática 428
      La delincuencia intelectual 431
      El refugio en Israel 444
      Si es bueno para mí, es bueno para tí 459
      La mafia de la felicidad 463
      En medio de nosotros... 472

ANEXO **487**
    ESQUELA DE HENRI WEBER (1944-2020) 487
OTROS TÍTULOS..**491**

Nota bene: Todas las referencias a pie de página citadas por el autor en este libro provienen de libros consultados en tres bibliotecas municipales de París en los años 2003 a 2005.

La idea de un mundo sin fronteras y de una humanidad por fin unificada no es ciertamente nueva. Lo que sí es nuevo, en este inicio de tercer milenio, es que, por primera vez en su historia, los Occidentales tienen la sensación de que toda la humanidad se ha embarcado en esta vía. La caída del muro de Berlín en 1989 y el derrumbe del bloque soviético fueron indudablemente factores importantes en esta toma de conciencia de unificación del mundo y de aceleración del proceso a finales de siglo XX. De hecho, fue durante esos años siguientes que aquello que se ha llamado la "mundialización o globalización[1]" se convirtió en objeto de debate recurrente. El triunfo de la democracia sobre el comunismo parecía haber abierto la puerta a una nueva era, a un "Nuevo Orden mundial", y preparar la totalidad de las naciones a una fusión planetaria ineluctable.

El mundo bipolar, que había caracterizado el corto siglo XX (1914-1991), dejaba su sitio de forma provisional a un mundo dominado por la "superpotencia" estadounidense, pero sobre todo la democracia parecía imponerse en todos los continentes y ofrecer a la humanidad la garantía de un mundo mejor, hasta tal punto que algunos ya hablaban de "Fin de la historia": la sociedad de consumo y el comercio sustituirían los imperialismos y el instinto guerrero que habían hasta ahora marcado a fuego el destino de la humanidad. En un renovado espíritu de cooperación, las naciones se acercarían y no tardarían en fusionarse en una república mundial, única garante de una paz universal.

Sin embargo, el "Fin de la historia", tal como nos lo habían predicho en 1992 con el triunfo de la democracia, ya no parecía estar en el orden del día tras la caída de las dos torres del World Trade Center,

---

[1] Los dos términos son prácticamente equivalentes. En el mundo francófono el término "mundialización" es el más común. (Nota del Traductor, NdT en adelante).

el 11 de septiembre del 2001. Pero en vez de detener la marcha hacia delante del ideal democrático, pareciera, al contrario, que aquel espectacular acontecimiento precipitara todavía más el curso de la historia. La máquina se volvió loca, y las democracias occidentales aprovecharon el traumatismo para extender su influencia e imponer sus voluntades con renovado vigor. Los Estados Unidos se imponían en el mundo a través de su diplomacia, sus fuerzas armadas, sus continuas maniobras ocultas que desembocaban invariablemente en "grandes revoluciones democráticas" en los países pobres, con camisetas coloradas para la muchedumbre y triunfo mediático mundial para el afortunado vencedor, mientras las naciones europeas se disolvían rápidamente en un gran conjunto cada vez más multiétnico, con unos contornos imprecisos que prefiguraban lo que debía ser el mundo de mañana: sin razas y sin fronteras.

Los Occidentales que presionan todos los países del mundo en favor de la adopción de un régimen democrático, insisten además en la necesidad absoluta del respeto a las minorías y a la acogida de refugiados, hasta tal punto que la democracia no se puede concebir más que como un conjunto "multicultural, multiétnico y multirracial". La fusión programada de las naciones del mundo, como vemos, pasa por la instauración de sociedades "plurales" en el marco de la democracia parlamentaria. Los dos conceptos son actualmente indisociables. Este parece ser el plan de montaje de esos grandiosos proyectos de mundialización que, una vez más, son productos del pensamiento y de la voluntad occidentales.

El mundo de ayer que denominábamos "bipolar", ya era sobre todo una visión occidental. Numerosos países de Asia, de África o de América del Sur se habían visto impactados por nuestras luchas ideológicas y habían tenido que posicionarse en el bando de Moscú o de Washington, aunque la inmensa mayoría de aquellas poblaciones habían conservado sus modos de vida ancestrales y habían vivido a lo largo del siglo de forma tradicional, sin haber tenido que elegir entre el sistema marxista y la economía de mercado. Después de la Segunda Guerra mundial, se tuvo la costumbre de amalgamar esos países bajo el término genérico de "tercer-mundo", en el sentido de "mundo de tercera[2]". Y ese tercero mundo, precisamente, se preocupaba bien poco

---

[2]La expresión cambió de sentido y designó luego a los países pobres, a los que era costumbre llamar en aquel momento "países subdesarrollados". En los años 90, se prefirió utilizar el término más "políticamente correcto" de "países en vías de desarrollo", o también "países del Sur".

de las disputas ideológicas generadas por el pensamiento occidental. Evitemos pues pecar de occidentalismo.

¿Está más justificado hoy en día el concepto de "mundialización"? La expresión incluye primero un fenómeno económico. Ciertamente, la multiplicación de los intercambios económicos, el desarrollo de un capitalismo mundial financiero, las deslocalizaciones de empresas y la aparición de nuevas tecnologías de la comunicación e información han acercado las economías de todo el mundo y acentuado su interdependencia. Desde esta perspectiva económica se puede hablar con justa razón de "mundialización". Esta parece ser la continuación de un largo proceso que empezó en el siglo XVI, tras el descubrimiento de nuevos continentes, y que prosiguió con la occidentalización del mundo hasta el siglo XIX con la colonización de África y de Asia, pero también con el poblamiento de América del Norte y de Oceanía. La mundialización de las ideas (Darwin, el socialismo, el liberalismo) había ultimado la hegemonía sobre el mundo de Europa antes de 1914, hegemonía que en gran parte perdería tras dos guerras que se habían, ellas también, mundializadas.

Sin embargo, no deberíamos creer que la evolución de las economías del mundo hacia una mayor unidad sea un proceso regular, continuo e inevitablemente imparable. Los economistas están de acuerdo en que el mundo no está más abierto hoy que antes de la Primera Guerra mundial. En 1991, el nivel relativo de exportación de capitales era más bajo que en 1915[3]. En cuanto a las multinacionales, siguen siendo la mayoría todavía dependientes de sus raíces nacionales. Las firmas globales se cuentan aún sobre los dedos de la mano. Para George Soros -el famoso especulador internacional- la aparición de un capitalismo mundial se produjo verdaderamente en los años 1970. En 1973, los países productores de petróleo, agrupados en la OPEP (Organización de Países Exportadores de Petróleo), aumentaban por primera vez el precio del barril: "Los exportadores de petróleo disfrutaron de súbitos y cuantiosos superávits mientras que los países importadores tenían que financiar grandes déficits. La responsabilidad de reciclar los fondos les correspondió a los bancos comerciales con el aliento entre bastidores de los gobiernos occidentales. Se inventaron los eurodólares y se desarrollaron grandes mercados extraterritoriales (off-shore)[4]."

---

[3] Elie Cohen, *Mondialisation et souveraineté*, Le Débat, novembre-décembre 1997, p. 24-27

[4] Dícese de un mercado financiero que se desarrolla fuera de su país de origen. George Soros, *La crisis del capitalismo global; La sociedad abierta en peligro*, Editorial

Pero la sensación difusa de mundialización es todavía mucho más reciente. A mediados de los años 1990, los europeos empezamos a sentir confusamente que el mundo entero había entrado en una fase acelerada de unificación mundial. Las numerosas deslocalizaciones de empresas en los países de mano de obra barata y las resultantes perdidas de empleo alimentaron regularmente los debates. Además, podríamos añadir que la popularización de los viajes en avión, el desarrollo del turismo y de los flujos migratorios vinieron a reforzar la idea de que el mundo se había convertido en una "aldea global". Pero la verdad sea dicha, esto no es más que una imagen, pues si bien en cierto que los campesinos de antaño cruzaban sus pueblos con sus carros o a caballo de un burro dos o tres veces por día, hay que admitir que sólo una ínfima minoría de seres humanos sobre esta tierra frecuenta actualmente con asiduidad los aeropuertos internacionales. La inmensa mayoría de la humanidad todavía sigue anclada en su área civilizatoria, incluso en su propio pueblo natal. Las posibilidades que nos ofreció la tecnología internet no nos han proporcionado por ello nuevos amigos al otro lado del planeta. La "aldea global" en cuestión, lejos de ser una realidad, es una perspectiva, una utopía movilizadora, y esa es precisamente la dimensión ideológica que caracteriza el mundo occidental de nuestra época.

La globalización económica de la que tanto se habla desde hace una década no es el factor primordial de esta conciencia planetaria en fase de proyecto. La "globalización", como dicen los anglófonos, no sólo es ese fenómeno económico del que tomamos nota, sino un anhelo callado de fusionar los pueblos de la tierra en un molde único, de suprimir las fronteras e de instaurar un gobierno mundial. Toda nuestra filosofía nos lleva por ese camino: los liberales reclaman la liberalización del comercio a la vez que la adopción por todos los pueblos del mundo del sistema democrático y de la "sociedad abierta", mientras que sus "oponentes" denominados "alter mundialistas" militan a favor de la apertura de las fronteras a todos los migrantes del mundo y de dar siempre más poderes a las instancias internacionales, supuestamente capaces de solucionar los grandes problemas mundiales como la gestión de los desafíos ecológicos, el "comercio desigual" entre el "Norte" y el "Sur", el hambre y la miseria en el mundo. Es desde esta perspectiva planetariana que vemos edificarse recientemente delante de nuestros ojos esta sociedad plural, multiétnica y multicultural, la cual es la etapa necesaria y obligatoria para alcanzar la gran fraternidad universal deseada por los ideólogos occidentales. Esta representa la

---

Debate, Madrid, 1999, p. 139, 140

única forma de disolver paulatinamente las sociedades tradicionales enraizadas, las cuales son los principales obstáculos a ese proyecto. Mediante el juego democrático de las elecciones, se impide cualquier reacción nacionalista debido al peso creciente de las distintas minorías respecto de la antigua mayoría. Al promover el mestizaje, se socava las bases étnicas de los pueblos autóctonos y se anula sus reflejos identitarios. Por otro lado, la inmigración - legal o ilegal – presenta la inestimable ventaja para los empresarios de constituir una inagotable reserva de mano de obra barata. Como vemos, la sociedad plural es en este sentido incomparablemente más eficaz que la sociedad soviética, la cual demostró sus límites después de setenta años de experiencia comunista, cuando sus principios filosóficos eran al principio precisamente los mismos que los que actualmente sustentan la sociedad liberal, concretamente en materia de respeto de la persona humana y de fraternidad planetaria.

La construcción de sociedades plurales en Europa es innegablemente el fenómeno más importante del final de siglo XX, por no decir de toda la historia europea de los últimos 3000 años. El hecho de que los pueblos de Occidente hayan sido los únicos en haberse adentrado en esa vía es por completo sintomático del progreso de la idea planetaria en las mentes occidentales en estas últimas décadas. El mundo en el que vivimos hoy en las grandes ciudades francesas ya no es el mismo que el de hace veinte años: la sociedad multiétnica toma forma ante nuestros ojos de manera asombrosa, sin ninguna verdadera relación con las mutaciones económicas recientes. Japón, por ejemplo, cuya economía está igual de globalizada que la nuestra, no se ha visto engullido por esta vorágine ideológica. Esto es porque no es un fenómeno natural, sino que corresponde a la realización de un objetivo político muy característico y propio del pensamiento occidental.

Estas esperanzas planetarianas que calaron tan hondo en las mentes de los occidentales no aparecieron sin embargo de repente con la caída del muro de Berlín y la victoria de las democracias, aunque ciertamente las espolearon vigorosamente. Un intelectual como Jean-François Revel, que todavía podía predecir en 1983 la desaparición de nuestras democracias, "cortas y precarias paréntesis en la superficie de la Historia" y la victoria "probable, por no decir ineluctable" del comunismo, puede hacernos sonreír en retrospectiva, a la vista de la evolución fulgurante del mundo en pocos años. Es verdad que su pesimismo podía explicarse por la coyuntura de la época: el estancamiento de la resistencia afgana contra la URSS, la recrudescencia de la represión en Polonia y la complacencia de los gobiernos occidentales[5]. Diez años después, en *El fin de la Historia y el último hombre*, un ensayo publicado en 1992 y ampliamente traducido en el mundo, Francis Fukuyama anunciaba el triunfo de las democracias liberales desde una "perspectiva mundialista[6]", tal como figuraba en la portada, y nada menos que "el fin de la Historia". Constatando la victoria de los regímenes democráticos en casi todo en el mundo, este autor estadounidense escribía lo siguiente: "Si las sociedades humanas, a lo largo de los siglos, evolucionan hacia una sola forma de organización sociopolítica o convergen en ella, como la democracia liberal, si no parece que haya alternativas viables a la democracia liberal, y si las personas que viven en democracias liberales no expresan ningún descontento radical con sus vidas, podemos decir que el diálogo ha llegado a una conclusión final y definitiva. El filósofo historicista se verá obligado a aceptar la superioridad y finalidad de la democracia liberal que ella misma proclama[7]." Según Fukuyama, el Estado liberal debe ser "universal", aunque el autor no entienda por ello más que el reconocimiento otorgado por cada Estado a todos sus ciudadanos, sin discriminaciones de ningún tipo. En ninguna parte en su ensayo se evocaba la aspiración a un Estado mundial, a un gobierno mundial, aunque se sobreentendía que las instituciones internacionales se encargarían de los destinos de la humanidad. Constataba simplemente que "estas mismas fuerzas económicas alientan ahora el derrumbe de las barreras nacionales mediante la creación de un mercado mundial único e integrado", pero no consideraba la posibilidad de la destrucción de las naciones y la desaparición de los Estados. Sólo el nacionalismo agresivo deberá desaparecer con la victoria del modelo liberal: "El hecho de que la neutralización política del nacionalismo pueda no ocurrir en la presente generación o en la próxima no significa que no vaya a tener lugar[8]."

---

[5]Jean-François Revel, *Comment les démocraties finissent*, Grasset, 1983.
[6]Preferimos utilizar por nuestra parte el término "planetariano", no por gusto del neologismo, lo cual siempre es delicado manejar, sobre todo en el título de una obra, sino porque la palabra "mundialista" nos parece revestir un aspecto ideológico. Su uso ha cambiado a lo largo de los últimos años: la izquierda radical, que se decía mundialista hasta los años 1998-99, se ha reivindicado luego antimundialista, y después "altermundialista" a partir del 2003. El estandarte "antimundialista" fue entonces conservado por los nacionalistas, y el propio término "mundialista" parece a veces tener una connotación insultante, por lo menos en Francia.
[7]Francis Fukuyama, *El fin de la Historia y el último hombre*, Planeta, Barcelona, 1992, p. 199, 200
[8]Francis Fukuyama, *El fin de la Historia y el último hombre*, Planeta, Barcelona, 1992, p. 373

Este ideal de paz universal que acompaña el credo democrático, tal como acompañaba el credo comunista, plantea de todos modos algunas cuestiones, pues "los seres humanos se rebelarán ante esta idea. Es decir, se rebelarán ante la perspectiva de convertirse en miembros indiferenciados del Estado universal y homogéneo, cada uno similar a los demás dondequiera que se vaya en el planeta." Este era el único pasaje de su voluminoso libro de 461 páginas donde se evocaba la eventualidad de un Estado mundial, y era inmediatamente seguido por consideraciones de sentido común acerca del "tedio" que ese Nuevo Orden mundial[9] generaría. Los nuevos ciudadanos del mundo sentirían en efecto que una vida de mero consumidor es finalmente muy "aburrida"; "querrán tener ideales por los cuales vivir y morir, y querrán arriesgar la vida, incluso si el sistema internacional de Estados ha conseguido abolir la posibilidad de guerra." Los estudiantes de mayo de 1968, por ejemplo, "no tenían motivo racional para rebelarse, pues en su mayor parte eran hijos mimados de una de las sociedades más libres y prósperas del planeta." Pues, "esta es la contradicción que la democracia liberal todavía no ha resuelto[10]." El ensayo de Francis Fukuyama era finalmente bastante prudente; algunos intelectuales, como veremos más adelante, avanzan con mucha más gallardía en esta perspectiva planetaria.

De todos modos, estos conceptos no son nada nuevos; continúan, bajo una nueva forma, las ideas ya expuestas por la filosofía de la Ilustración del siglo XVIII. Tocqueville ya anunciaba en 1848, inspirado por "una preocupación constante y un solo pensamiento: el advenimiento irresistible y universal de la Democracia en el mundo[11]." Antes que él, Kant, el filósofo solitario, ya consideraba en 1784 que habría que "establecer un estado cosmopolita de la seguridad estatal pública para que [los Estados] no se destruyan mutuamente". El filósofo de Konigsberg albergaba además "la esperanza de que, tras varias revoluciones de reestructuración, al final acabará por constituirse aquello que la Naturaleza alberga como intención suprema: un estado cosmopolita universal en cuyo seno se desarrollen todas las

---

[9]La expresión "Nuevo Orden mundial" es del presidente estadounidense George Bush Senior, quién la pronunció con especial entonación en su alocución televisiva cuando se preparaba a bombardear el Irak de Sadam Hussein en 1991. El Nuevo Orden mundial debía supuestamente suceder a la era de confrontación Este-Oeste después del colapso del sistema comunista.

[10]Francis Fukuyama, *El fin de la Historia y el último hombre*, Planeta, Barcelona, 1992, p. 419, 438

[11]Alexis de Tocqueville, *La democracia en América, Advertencia de la duodécima edición.*

disposiciones originarias de la especie humana[12]." Sin embargo, los hombres del siglo XVIII estaban demasiado henchidos de prejuicios raciales para contemplar la sociedad plural, multiétnica y multicultural, tal como la entienden nuestros filósofos planetarios. La verdad es que la antropología de Buffon, Maupertuis, Diderot, d'Alembert o Voltaire, quedará para siempre un tema tabú sobre el que más vale no detenerse si queremos conservar estos grandes ancestros en el panteón sagrado de la democracia.

Por otra parte, si bien el término de "Humanidad" estaba en boga en la filosofía del Siglo de las Luces, las referencias a la Nación también eran muy recurrentes, y los dos términos iban casi siempre juntos. La "dedicación a la humanidad y a la patria" formaba parte de la fraseología de la época. Además, el término de "humanidad" tenía probablemente un significado más restringido que hoy en día, y en el lenguaje corriente a menudo su significado no iba mucho más allá del de "la gente". Desde luego, los filósofos de aquella época no pensaban todavía concretamente en el gran mestizaje universal y en la "aldea global". Sabemos hasta qué punto los hombres de la revolución francesa eran rabiosamente patriotas, además de ser humanistas. Babeuf, antepasado del socialismo y ferviente "defensor de la patria", declaraba así: "Sólo los amigos desinteresados de la humanidad y de la patria pueden fundar una verdadera república." A pesar de que la filosofía que sustentaba su lucha fuera humanista, a los soldados del Año II de la Revolución les traía sin cuidado la fraternidad universal, y les importaba más destruir los regímenes "tiránicos" de Europa que la idea de fusionar los pueblos. La "Declaración de los derechos del Hombre y del Ciudadano" ilustra perfectamente esto, pues incluye el término "ciudadano" además del de "hombre" indiferenciado: es decir que se entendía por ello que todos los Franceses eran ahora iguales en derecho, pues era sobre todo en ese sentido que se comprendía "universal". De tal forma que, en la nueva república, los extranjeros eran estrechamente vigilados.

La idea de un "Fin de la historia" planteada por Francis Fukuyama tampoco era nueva. Hegel ya había definido la Historia como la progresión imparable del hombre hacia las más altas cumbres del racionalismo y de la libertad. Ese proceso, según él, tenía un punto final lógico en el Estado liberal moderno que había aparecido tras la declaración de independencia americana de 1776 y la Revolución

---

[12]Immanuel Kant, *Idea para una historia universal en clave cosmopolita*, 1784, Universidad Nacional Autónoma de México, 2006, p. 54, 60

francesa. Marx también compartía esa creencia en la posibilidad de un fin de la historia.

Para los marxistas, las clases sociales también desaparecerían tan inevitablemente como se habían antaño formado, y el propio Estado desaparecería al mismo tiempo. Friedrich Engels decía: "La sociedad, reorganizando de un modo nuevo la producción sobre la base de una asociación libre de productores iguales, enviará toda la máquina del Estado al lugar que entonces le ha de corresponder: al museo de antigüedades, junto a la rueca y al hacha de bronce[13]." Aun con esto, una fase transitoria de dictadura era indispensable: el proletariado tomará el poder del Estado y transformará los medios de producción "provisionalmente" en propiedad del Estado. La máquina del Estado capitalista, la policía capitalista, el funcionarismo capitalista, la burocracia capitalista serán sustituidos por la máquina de poder del proletariado, pero sin los antagonismos de clases; así, el Estado proletariado se extinguirá por sí mismo de forma natural.

Contrariamente a otras formas de socialismo del siglo XIX, el socialismo de Marx tenía una fuerte vocación universal. Según él, el proceso histórico arrastraba el capitalismo hacia su mundialización y tendía de todas formas a la instauración de un mercado mundial en el que las fronteras se borrarían y las diferencias nacionales desaparecerían. Los proletarios podrían entonces considerarse como individuos abstractos, sin ataduras, lo cual haría posible el gran salto en el paraíso sin clases que sería la sociedad comunista. Ese proletariado universalizado, sin nacionalidad, se convertiría entonces en una especie de nación universal, edificada sobre las ruinas de las viejas naciones y de los particularismos.

En efecto, el mesianismo planetariano contemporáneo apareció primero con el marxismo. Las palabras de Bujarin sobre la revolución bolchevique de 1917 son al respecto bastante elocuentes: "Ha nacido la nueva era. La era de la disolución del capitalismo, de su descomposición interna, de la revolución comunista del proletariado (…) Doblegará el dominio del capital, hará imposibles las guerras, borrará las fronteras entre los estados, transformará todo el mundo en una comunidad que trabaja para sí misma, hermanará y liberará a los pueblos[14]." Estos eran los "Lineamientos de la Internacional Comunista" redactados por el propio Bujarin, aunque el lector habrá

---

[13]Friedrich Engels, *El origen de la familia, la propiedad privada y el estado (IX Barbarie y Civilización)*, 1884

[14] Ernst Nolte, *La guerra civil europea, 1917-1945*, Fondo de cultura económica, México, 2001, p. 112, 113

notado las extrañas similitudes con las palabras de los pensadores liberales. Únicamente sus ideas económicas los diferencia: los primeros pensaban que la colectivización liberaría el proletariado de la explotación de la burguesía, mientras que los segundos se dieron cuenta del rotundo fracaso de la sociedad colectivizada. Por lo demás, sólo cabe constatar con asombro hasta qué punto los objetivos marxistas son similares de los de los pensadores planetarianos de hoy en día, incluso hasta en la creencia del carácter ineluctable de la unificación y del fin de la historia. El mundo evoluciona inevitablemente hacia la realización de su destino: el proceso de unificación final que nada en el mundo puede impedir. Es una idea recurrente del discurso planetariano, y veremos que esta inamovible creencia está fuertemente vinculada a una fe religiosa.

La conjunción de opiniones también se explica fácilmente por el hecho de que todos extrajeron su visión del mundo de la misma fuente – la filosofía de la Ilustración – la cual constituye la referencia obligatoria de los pensadores marxistas y sobre todo de los liberales[15]. Hubo simplemente que actualizarla, adaptarla a las realidades vigentes. En el siglo XIX, con la revolución industrial, ésta se había vuelto un poco polvorienta y ya no parecía en absoluto poder suscitar el entusiasmo ni de las masas obreras, que sobre todo habían padecido la sociedad burguesa liberal, ni de la juventud europea, que había llevado a cabo sus revoluciones de liberación nacional en Europa a lo largo del siglo, y que aspiraba ahora a echar abajo la "vil burguesía". Así pues, el marxismo tomaría el relevo de la fraternidad universal al mismo tiempo que el de la igualdad social, mientras que el espíritu democrático se extraviaba en el patriotismo, provocando el desencadenamiento de la Primera Guerra mundial.

Pero no seamos demasiado severos con aquel patriotismo. En efecto, se trata de un patriotismo al que se ha podido perdonar mucho, y nuestros intelectuales de hoy en día todavía sienten cierta benevolencia por el entusiasmo revanchista de los franceses de 1914, pues gracias a la sangre de un millón cuatro cientos mil franceses, "muertos por Francia", las monarquías prusiana, austriaca, rusa y otomana pudieron ser derrocadas, y los regímenes democráticos

---

[15] Efectivamente, tanto el marxismo como la escuela económica clásica y neoclásica (los liberales) beben de la fuente de la Ilustración y su concepción abstracta, idealista y universal del hombre. Alzan el *homoeconomicus* egoísta y materialista con vocación cosmopolita a categoría irreductible. A esta poderosa corriente que todavía domina hoy en día, se opuso el Romanticismo alemán y la Escuela historicista alemana de economía del siglo XIX. (NdT).

pudieron ser instaurados por toda Europa. La caída de las monarquías y de los Imperios ha constituido la verdadera celebración de los demócratas de aquella época. Viendo las cosas con perspectiva, la cuestión de Alsacia-Lorena no era más que un aspecto muy secundario en medio de las inmensas transformaciones ocasionadas por el conflicto europeo. El militarismo de la república francesa de 1914 sigue siendo por lo tanto recordado y muy celebrado por los pensadores planetarianos, ya que se trataba primero y ante todo de un militarismo susceptible de imponer las ideas universales a aquellos que todavía no las habían integrado.

De hecho, es exactamente lo que nos decía el historiador Michel Winock, quien conceptualizó la idea patriótica en un sentido planetariano, haciendo la distinción entre "el nacionalismo abierto, procedente de la filosofía optimista de la Ilustración y de las reminiscencias de la Revolución (por ejemplo, en Michelet[16], pero también en el general De Gaulle), y el nacionalismo cerrado, basado en una visión pesimista de la evolución histórica y en la idea de decadencia." El nacionalismo abierto, explicaba Winock, es "hijo de una nación joven, expansiva y misionara, marcada por la fe en el progreso y la fraternidad de los pueblos." Es el nacionalismo de "una nación penetrada por una misión civilizadora, generosa, hospitalaria, solidaria de las demás naciones en formación, defensora de los oprimidos y que alza la bandera de la libertad y de la independencia para todos los pueblos del mundo." Al contrario, el nacionalismo cerrado es un nacionalismo "vallado, asustado y exclusivista que define la nación por exclusión de los intrusos: Judíos, inmigrantes, revolucionarios." Ese nacionalismo es "una paranoia colectiva, alimentada por obsesiones de decadencia y de complot". Ese nacionalismo es invariablemente pesimista: "Francia está amenazada de muerte, socavada desde dentro a la vez por sus instituciones parlamentarias, por las transformaciones económicas y sociales, un país donde se denuncia siempre la "mano del Judío", la degradación de la antigua sociedad, la ruina de la familia y la descristianización." Es un "nacionalismo mortuorio[17]."

Las guerras de la Revolución y del Imperio napoleónico están así muy justificadas, ya que tuvieron el mérito de propagar las ideas de la

---

[16] Uno de los grandes historiadores franceses del siglo XIX, aunque bastante controvertido por la historiografía contemporánea desde finales de siglo XX. Liberal y anticlerical, fue abiertamente partidario de la República. (NdT).
[17] Michel Winock, *Nationalisme, antisémitisme et fascisme en France*, Points Seuil, 1990, p. 7, 22, 38

Ilustración y de destruir durante ese primer asalto las viejas naciones aristocráticas de Europa. La Primera Guerra mundial, por su parte, permitió liquidar definitivamente la doble monarquía católica de Austria-Hungría, tumbar el Kaiser e instaurar la república en Alemania, y, sobre todo, derrocar el zar Nicolas II que aún se negaba a otorgar la ciudadanía a los Judíos de Rusia. Es en ese sentido que se puede ser patriota y belicista. Se puede así aplaudir el entusiasmo patriótico de los soldados franceses que marcharon de buena fe a la masacre para recuperar Alsacia-Mosela, no porque se apruebe su chauvinismo imbécil, sino porque se esperaba de ellos que lucharan por los grandes ideales democráticos. Se condenará su chauvinismo una vez que la guerra haya terminado, sin ninguna consideración por sus heridas y su sacrificio.

Es en este sentido que algunas personalidades de la esfera mediática y cultural lo entienden en la actualidad, como por ejemplo Jean-François Kahn, el director de prensa de un gran semanal, cuando declaraba: "Por mi parte, soy tan rabiosamente patriota como la razón lo permite", añadiendo en la página siguiente de su libro titulado, *Los Franceses son formidables*: "Es, efectivamente, "formidable" ser francés en la medida en que ese concepto cobra el sentido extensivo del término que la Historia le otorga, y no la significación muy limitada que los nacionalistas obtusos y los reaccionarios apátridas (que son a menudo los mismos) le confieren[18]." En la misma línea, tenemos a Jean Daniel, el jefe de otro gran diario progresista, y su declaración de fe patriótica cuando notaba: "Desayunar con Azoulay [el famoso "banquero judío" y asesor del rey de Marruecos Hassan II]: Este Judío es un patriota marroquí tanto o más como yo soy patriota francés. Casi. Dicho de otra manera, el vínculo del judaísmo es muy, muy relativo cuando no hay ni persecución, ni coacción, ni consciencia religiosa[19]."

El mismo patriotismo de circunstancia rezuma en un escritor de inspiración comunista como Guy Konopnicki, el cual había celebrado la victoria de la selección francesa de fútbol en la copa del mundo de 1998. Evidentemente, no era la Francia del terruño lo que apreciaba Guy Konopnicki en la victoria de la selección francesa de fútbol, hacia

---

[18] Jean-François Kahn, *Les Français son formidables*, Balland, 1987, p. 24-25. Nos abstendremos de comentar aquí este curioso amalgama entre los "nacionalistas obtusos" y los "reaccionarios apátridas". El lector lo comprenderá naturalmente después de familiarizarse con el pensamiento planetariano a lo largo de la lectura de este libro.

[19] Jean Daniel, *Soleils d'hiver, Carnets 1998-2000*, Grasset, Poche, 2000, p. 122. [Jean Daniel fue el fundador de *Le Nouvel Observateur*, miembro del Consejo Superior de la Agencia France-Presse (AFP) y ganador del premio Príncipe de Asturias de Comunicación y Humanidades en 2004. (NdT).]

la cual ya había expresado su desprecio, sino el triunfo de la Francia mestiza *Black-Blanc-Beur*[20]. Es entonces cuando le invade un intenso fervor patriótico, arrancando la bandera tricolor de las manos de Jean-Marie Le Pen, entonando la *Marsellesa* a viva voz. De tal manera que, unos años más tarde, le escucharemos con gran sinceridad desolarse de haber escuchado el himno nacional abucheado por la juventud inmigrante que tanto había alabado. El 6 de octubre del 2001, en efecto, 70 000 espectadores de origen magrebí pitaban la *Marsellesa* durante un partido Francia-Argelia en el *Stade de France* en presencia del presidente de la República. Para Guy Konopnicki, aquello representó el derrumbe de su ideal de una Francia multiétnica, de aquella Francia mestiza tan deseada por la *intelligentsia*: "Estoy consternado, cuando se abuchea esa *Marsellesa* que he cantado en medio de una multitud de magrebíes, cuando Zidane y todo los demás nos trajeron tan hermosa victoria. Francia es precisamente ese país donde, a pesar de las dificultades y del racismo, vivimos todos juntos sin distinción de ningún tipo[21]." Está claro pues que no es Francia a la que ama, sino el embrión de república universal en miniatura que representa.

Mucho antes que ellos, el célebre poeta alemán Heinrich Heine, aborrecido por los nacionalistas del otro lado del Rín, expresó su amor hacia la Francia republicana que lo había acogido. En 1830, tras la abdicación de Carlos X – al que llamaba "ese loco real" – se entusiasmaba por el movimiento revolucionario francés y el viejo general Lafayette: "Ya han pasado sesenta años desde que regresó de América, desde que nos trajo la declaración de los derechos del hombre, esos diez mandamientos de la nueva religión"; "Lafayette...la bandera tricolor...la Marsellesa...Estoy como embriagado. Audaces esperanzas surgen de mi corazón[22]." Cuando se conocen las opiniones de Heinrich Heine y su desprecio hacia las culturas europeas, está claro aquí también que su amor y admiración no iban dirigidos tanto a Francia como a la república universal que encarnaba. Respecto a sus "audaces esperanzas", apostamos a que se refería a una nueva pequeña gira militar para someter a sangre y fuego Europa y hacer volar algunas cabezas coronadas. Es en ese sentido, que uno se puede declarar "rabiosamente patriota".

Los intelectuales planetarianos henchidos de ideas generosas de pacifismo y de tolerancia, se sitúan a la vanguardia del patriotismo y

---

[20] Negro-Blanco-Magrebí: Es una expresión acuñada por la esfera mediática y cultural francesa. (NdT).
[21] Guy Konopnicki, *La Faute des Juifs*, Balland, 2002, p. 26
[22] Heinrich Heine, *De l'Allemagne*, 1835, Gallimard, 1998, p. 291

del militarismo agresivo en cuanto se trata de una "causa justa" democrática. En ese caso, tocan la corneta sin complejo y se hacen los propagandistas de la fuerza armada. Así, los soldados franceses son "formidables" en 1792, en 1914 y en 1940, cuando se trata de ir al frente para destruir regímenes políticos no democráticos. Igualmente "formidables" son las tropas soviéticas o los partisanos serbios que lucharon contra los nazis; igual que los patriotas iraquíes reunidos detrás de Sadam Hussein y que los Occidentales apoyaron generosamente en su guerra contra el régimen de los mulás del país vecino iraní en los años 1980. En cambio, los soldados franceses durante la guerra de Argelia son infames torturadores. Es lo que quería decirnos a toda costa Guy Konopnicki: "En aquel tiempo, los jóvenes judíos de París se posicionaron radicalmente en contra del colonialismo francés y de su ejército de torturadores[23]." Los soldados serbios que rechazaban los musulmanes bosnios o kosovares eran ellos también asimilados a "bestias sanguinarias" responsables de inmensas "fosas comunes". Serán por lo tanto bombardeados por la aviación estadounidense en 1999 en una nueva operación "Justa causa". En cuanto a los soldados iraquíes de Sadam Hussein en 1991 y en 2003, ahora ya no son más que peones al servicio de la tiranía que se pueden vitrificar sin miramientos. Así pues, se exaltará el patriotismo cuando éste corresponda a los intereses de la política planetariana. Cuando la causa parece justa, entonces se arranca la bandera de las manos de los patriotas occidentales cantando a todo pulmón su himno nacional a fin de arrastrarlos en el conflicto. Los intelectuales progresistas, siempre dispuestos a movilizarse en nombre del pacifismo y de la fraternidad universal, a firmar todas las peticiones a favor de los derechos humanos, entran entonces en un frenesí belicista que invade invariablemente la prensa y todos los medios de comunicación.

Esta actitud es directamente fruto del mesianismo guerrero procedente de la filosofía de la Ilustración. Son esas ideas liberales las que han generado los movimientos de liberación nacional a lo largo del siglo XIX, contra lo que se solía denominar las "tiranías", es decir los regímenes monárquicos. Los liberales alemanes, húngaros y polacos cantaban la Marsellesa en 1830 y en 1848, exaltando el patriotismo republicano de buena ley. La identidad de los pueblos ya no era encarnada en la persona del monarca coronado, sino en toda la nación y en el pueblo en armas bajo la batuta del nuevo régimen republicano, lo cual ya prefiguraba las grandes masacres colectivas del siglo XX.

---

[23] Guy Konopnicki, *La Faute des Juifs*, Balland, 2002, p. 20

Sin embargo, el advenimiento del reino de la burguesía y las horribles injusticias del capitalismo triunfante iban a suscitar el recelo y la hostilidad del mundo obrero hacia las ideas liberales. Nunca, en efecto, la gente humilde ha sufrido tanto como durante ese periodo, que quedará para siempre como uno de los más horribles de la historia para los humildes y desamparados. En esas condiciones, el socialismo era legítimo. Pero el socialismo que se impondría finalmente no fue el de Proudhon, Blanqui o Sorel[24], ese socialismo galo impregnado del terruño, arraigado en la historia y en las tradiciones, sino el de Karl Marx. A partir de entonces, y hasta el periodo de entreguerras, el marxismo mantendría la llama del pacifismo y del espíritu universal heredado del Siglo de las Luces: "¡Proletarios de todos los países, uníos!" Los liberales, por su parte, conservaron la llama del espíritu guerrero y patriótico de los grandes antepasados, siempre dispuestos a morir por una "Justa causa[25]". La idea planetariana, como vemos, revestía entonces a la vez el hábito del pacifismo militante y el hábito del patriotismo guerrero. Esta idea ya era en aquel entonces el "sistema", y la oposición al "sistema".

A principio del siglo XX, los conceptos de pacifismo y de fraternidad universal eran todavía ampliamente absorbidos por la galaxia socialista, dentro de la cual las teorías marxistas iban a imponerse. Pero el marxismo era sobre todo fuerte en Alemania. En aquel momento, Francia apenas conocía el marxismo bajo una forma desnaturalizada (Jaurés era espiritualmente más próximo a Michelet que a Marx); el socialismo fabiano inglés no era para nada marxista y en Estados Unidos esta doctrina no era asunto más que de un puñado de inmigrantes judíos provenientes de Europa del este. El marxismo no cruzaría verdaderamente el Rín hacia el Oeste hasta después de 1917.

La corriente anarquista mantenía cierto vigor en sus bastiones italianos, franceses, rusos y sobre todo español. Pero aquel socialismo libertario era muy similar a los principios marxistas en el plano del universalismo de las ideas: erradicación de la religión, de las fronteras y de las naciones; la instauración de una sociedad mundializada seguía siendo el objetivo final que aseguraría por fin la paz universal.

Sin embargo, todavía existía dentro del movimiento socialista corrientes que conservaban un instinto "de raza" - término muy en boga

---

[24] Grandes figuras históricas alternativas del socialismo, del anarquismo y del sindicalismo franceses. (NdT).
[25] "Justa causa" fue el nombre dado a una operación de bombardeo estadounidense sobre Panamá en 1990.

en aquella época – donde el antisemitismo no estaba totalmente ausente. En Francia, el odio hacia la República y todo su arsenal ideológico era evidentemente ampliamente generado por la explotación desvergonzada de los obreros y las violentas represiones que habían padecido por parte de los guardianes del orden democrático. Los obreros recordaban los 30 000 de sus caídos durante la represión de la Comuna en 1871. En múltiples ocasiones, bajo Ferry o Clemenceau, la República no había dudado en disparar sobre la gente humilde para garantizar el orden burgués, lo cual explicaba algunos rencores. El 1 de mayo de 1908, en la Plaza de la Bolsa en París, el proletariado revolucionario colgaba y abucheaba la efigie de Mariana la "Fusiladora". "Es el acto más significativo de nuestra historia desde el 14 de julio", diría Charles Maurras[26] en *La Acción francesa* del 4 de agosto de 1908. De hecho, los sindicalistas de Georges Sorel y los "reaccionarios" convergían después de analizar su oposición común a la hipocresía burguesa y constatar la similitud de sus conclusiones. En 1911, fruto de la convergencia de esas dos corrientes, nacía el círculo Proudhon. La guerra de 1914 acabaría con ese experimento, y la tendencia soreliana del socialismo sería luego marginada en Francia, si bien esta conjunción del nacionalismo y del socialismo quedaría como una matriz ideológica de primera importancia, pues fue a partir de esa fusión que Mussolini formuló su concepción del fascismo después de inspirarse del ejemplo francés.

La segunda gran transformación doctrinal de aquel periodo tuvo lugar en 1916. Ese año, Lenin publicó su más importante contribución teórica al marxismo; *El imperialismo, fase superior del capitalismo*. Como las contradicciones capitalistas enunciadas por Marx estaban a punto de ser, al principio del siglo, desmentidas tanto por el curso de la historia como por las conclusiones que había sacado Bernstein acerca de la mejora de las condiciones de vida de los obreros, Lenin produjo un esfuerzo teórico señalando un nuevo conjunto de contradicciones en base a los datos contemporáneos. *El imperialismo* se iba a convertir para la época moderna en el equivalente del *Manifiesto* de Marx de 1848. El golpe de efecto de Lenin consistió en adaptar la teoría marxista a la situación de los países atrasados. Para Marx, en efecto, era en las sociedades industriales europeas donde las contradicciones internas y fatales del capitalismo debían aparecer. Lenin globalizó esas contradicciones: la rivalidad de las potencias europeas para el reparto

---

[26] Charles Maurras (1868-1952): Importante intelectual del siglo XX. Fue el ideólogo de *L'Action Française* de cuño nacionalista, monárquico, antiparlamentario y antisemita. (NdT).

del mundo a través de la colonización, decía, no podía terminar más que en una guerra entre rivales imperialistas enfrentados, y de ese apocalipsis saldría la revolución socialista mundial. De tal manera que la teoría leninista desplazaba la fuerza motriz de la revolución desde la lucha de clases internas hacia la guerra entre naciones. El antagonismo entre las naciones explotadoras de Europa y los pueblos colonizados legitimaba la lucha del proletariado mundial para su liberación. La teoría explicaba por qué la revolución podía demorarse tanto en las sociedades avanzadas: los beneficios de los imperialistas les permitían crear una aristocracia obrera a la cabeza del movimiento obrero que renegaba de su base. Los marxistas aislados de la Rusia atrasada podían por lo tanto tomar el poder. Rusia, el eslabón débil del capitalismo, se convertía así, lógicamente, en el centro de la revolución mundial.

La revolución bolchevique de octubre de 1917[27] iba a levantar grandes esperanzas en todo el mundo. En 1918, tras cuatro años de guerra, el comunismo ruso representaba de nuevo las esperanzas de los pacifistas europeos que habían sido cruelmente decepcionados en 1914 al ver con impotencia la adhesión de las masas al patriotismo en todos los países de Europa. Vencedores en Rusia, los bolcheviques, que debían todavía combatir algunas resistencias internas, querían la paz a toda costa a fin de consolidar su revolución. El 23 de noviembre de 1917, pedían el armisticio. El 3 de marzo, firmaban la paz de Brest-Litovsk, cediendo a Alemania inmensos territorios desde Ucrania hasta los países baltos y abandonando sin vacilar los aliados occidentales. Desde su punto de vista, no se trataba de una traición, puesto que aquella guerra era para ellos una guerra entre Estados capitalistas en la que no tenían ningún interés. Además, el 7 de diciembre de 1917, hacían un llamamiento a todos los pueblos de Oriente, en el que invitaban a países como la India, Egipto, y todos los pueblos colonizados a liberarse del yugo del imperialismo, debilitando aún más las posiciones de ingleses y franceses. Este es el motivo por el que el marxismo representaba en aquel momento el ideal pacifista planetariano y la liberación de los oprimidos. Se esperaba que la III Internacional de Trabajadores, la Internacional Comunista, tuviera éxito ahí donde la Segunda Internacional socialista había fracasado lamentablemente en 1914.

La construcción de la sociedad soviética en Rusia iba a poner a dura prueba los ideales revolucionarios. Los anarquistas de todo el mundo iban a desengañarse rápidamente después del aplastamiento de

---

[27] Finales de octubre en el calendario juliano de Rusia; principio de noviembre 1917 en el calendario gregoriano en Occidente, con un desfase de 13 días.

los partidarios ucranianos de Majnó y la sangrienta represión de Kronsdadt en 1921. También serían seriamente maltratados por los Rojos durante la guerra civil española, a pesar de representar una masa militante mucho más importante. Sin embargo, la gran mayoría de los intelectuales progresistas de Occidente permanecieron fascinados por la revolución bolchevique, sin consideración por los excesos que había ocasionado, y el grueso de la tropa siguió adicta a la causa y defensa de la URSS al menos hasta el final de la Segunda Guerra mundial y la destrucción del nacionalsocialismo, e incluso más allá en lo que se refiere a la fidelidad a los principios marxistas.

Todos los pacifistas no eran marxistas en 1918, pero aquellos que profesaban esas ideas eran catalogados como tal por sus adversarios. El físico Albert Einstein, por ejemplo, fue después de la Primera Guerra mundial una de esas personalidades en primera linea reclamando el desarme mundial en sus conferencias. Si bien cristalizaba en él el odio de los nacionalistas alemanes, no era tanto por ser el apóstol del desarme como por ser el propagandista del mundialismo, pues para Einstein la paz universal sólo podía garantizarse mediante la instauración de un gobierno mundial. En la Alemania derrotada, desgarrada por la guerra civil y en la que los comunistas desempeñaban el papel principal, Einstein se exponía forzosamente a las acusaciones y amenazas de aquellos que veían en él un traidor y un bolchevique. Es decir que sus ideas pacifistas eran asimiladas al marxismo en aquel momento. Aunque menos dogmático en su lucha a favor de la paz, el gran escritor vienés Stefan Zweig tuvo las mismas dificultades en Austria.

Indudablemente, la revolución bolchevique había trastornado muchos espíritus en Occidente, y despertado odios asesinos en todas partes. "A esta sacralización de la doctrina marxista elevada casi al rango de teología, escribía Pascal Bruckner, los pensadores democráticos replicaron con un elogio de la moderación destinado a frenar los arrebatos de la Historia. Fue la grandeza de un Karl Popper, de un Isaiah Berlin, de un Raymond Aron plantarse e intentar desmovilizar unas esperanzas revolucionarias que reclamaban la libertad total para expandir el terror absoluto[28]."

Otro vienés, el filósofo Karl Popper, había sido efectivamente seducido en su juventud por el bolchevismo, aunque se había apartado rápidamente de él para convertirse en el adalid de la democracia liberal. Al igual que Albert Einstein, Joseph Roth y Stefan Zweig, Karl Popper, judío él también, se había exiliado después de la llegada al poder de

---

[28] Pascal Bruckner, *La Mélancolie démocratique*, Éditions du Seuil, 1990, p. 150

Adolf Hitler. Se refugió en Londres, donde publicó en 1945 su famoso libro titulado *La Sociedad abierta y sus enemigos*[29], en el que exponía una crítica del marxismo y de los sistemas totalitarios. Ese libro iba a convertirse en una de las referencias obligatorias de los pensadores liberales e inspiraría a otro filósofo mucho más conocido por sus actividades de especulación internacional.

Efectivamente, el multimillonario George Soros siempre reconoció en Karl Popper a su maestro y mentor, haciéndose el apóstol de la "sociedad abierta", alentándola y promoviéndola en todo el mundo a través de su fundación. El heredero espiritual de Karl Popper no se contenta con reflexionar sobre conceptos: se dedica sobre todo a golpe de miles de millones a expandir los ideales democráticos, especialmente en los antiguos países del bloque del Este y en Europa central, de donde es originario. Pero como él mismo lo decía, su acción ya había empezado antes de la caída del muro de Berlín: "En 1979, cuando había ganado más dinero del que podía necesitar, constituí una fundación llamada Open Society Fund, cuyos objetivos definí como ayudar a abrir las sociedades cerradas, ayudar a hacer más viables las sociedades abiertas y fomentar un modo de pensamiento crítico. A través de la fundación, me vi profundamente involucrado en la desintegración del sistema soviético[30]." Estas son, evidentemente, unas declaraciones que nos podrían llevar muy lejos en la interpretación de la caída del régimen comunista: ¿murió debido a sus propias debilidades, o bien le ayudaron a morir?

Está claro que las aspiraciones planetarianas pudieron verse frustradas por como habían evolucionado los países comunistas, los cuales supuestamente debían edificar una sociedad fraternal para los proletarios y sobre todo realizar por fin la unificación mundial. Esas decepciones iban a alejar poco a poco los intelectuales occidentales del comunismo internacional, al menos de la versión soviética.

Uno de los principales puntos de ruptura fue sin duda suscitado por la política soviética respecto al Estado de Israel. Creado en 1948, ese Estado fue inmediatamente reconocido por la Unión Soviética que esperaba hacer de él un aliado de peso en Oriente Medio. Pero los Judíos israelíes obtuvieron un mayor apoyo financiero en Estados Unidos, por lo que rápidamente privilegiaron sus relaciones con ese país. Moscú cambió entonces bruscamente de política y apoyó las reivindicaciones árabes, lo cual puso a muchos intelectuales marxistas ante un dilema

---

[29] Karl Popper, *The open Society and his ennemies*, London, 1945
[30] George Soros, *La crisis del capitalismo global; La sociedad abierta en peligro.* Editorial Debate, Madrid, 1999, p. 12

corneliano: ¿Cómo conciliar su apoyo a la patria de los trabajadores y su amor a Israel? Muchos se alejaron definitivamente de la Unión Soviética en ese momento, más aún cuando la radicalización de la linea antisionista de la URSS tomó un cariz antisemita que se acentuó en 1951. La defensa de los *refúseniks*- esos judíos rusos que el régimen soviético impedía emigrar a Israel – y el respeto de los derechos humanos en la URSS fue entonces el eje prioritario del combate de todos esos nuevos militantes de los derechos del hombre. Numerosos judíos usaron esas nuevas disposiciones del Estado soviético como pretexto para lanzarse en un anticomunismo repentino y muy particular, pues éste era tanto más virulento que permitía renegar de un sistema en el que algunos Judíos habían tenido un papel muy relevante y comprometedor durante treinta años.

En este punto, el testimonio del gran escritor ruso Aleksandr Solzhenitsyn es para nosotros de una importancia capital[31]. El autor remarcaba con razón que ni la hambruna organizada, ni las sangrientas represiones, ni los millones de muertos en los gulags durante el terrible periodo de los años veinte y treinta en la URSS, había afectado el apoyo de los intelectuales progresistas occidentales al régimen bolchevique. Durante la Segunda Guerra mundial, las tropas soviéticas, galvanizadas por el cineasta Eisenstein y el poeta Ilya Ehrenbourg, según la lógica ya expuesta del "patriotismo modulable", eran aplaudidos por toda la *intelligentsia* occidental, además de ser ampliamente aprovisionados en armas, aviones y en material militar y de transporte de toda clase por los democráticos Estados Unidos. Únicamente cuando los ejércitos alemanes fueron destruidos, en buena parte gracias a la sangre vertida por los rusos, y después de que la Unión Soviética apoyara los Estados árabes, esos intelectuales empezaron a darle la espalda al régimen comunista. Esta tendencia se acentuó todavía más cuando los Judíos de la URSS fueron eliminados de los principales puestos de dirección a partir de 1951. La lucha por los derechos de los *refúseniks* se convirtió entonces en la gran causa planetaria y se benefició de todo el poderío mediático de Occidente. La ideología de los derechos humanos parecía haberse invocado únicamente para defender los judíos apartados del poder en la URSS. Pero decenas de millones de soviéticos que también hubieran elegido el exilio no tenían más opción que de sufrir en silencio.

A pesar de todo, las ideas socialistas continuaron durante mucho tiempo a ejercer un formidable poder de atracción a través de las diferentes corrientes del marxismo, que, aunque criticaban la URSS, conservaban intactas las esperanzas planetarianas del comunismo. La

---

[31] Alexandre Soljénitsyne, *Deux siècles ensemble,* Fayard, 2003.

revuelta de mayo de 1968 da fe del predominio de esta ideología en las universidades de Occidente en aquel momento. La URSS ya sólo era un modelo para los viejos "estalinistas" del Partido comunista, pero el mito revolucionario perduraba a través del trotskismo, el maoísmo, el anarquismo, y de forma más general en todas las luchas de emancipación del Tercer-Mundo. Todos seguían creyendo en ese mesianismo universal nutrido por las producciones intelectuales de la "Escuela de Fráncfort", representada por Herbert Marcuse, Max Horckheimer, Theodor Wiesengrund Adorno, Jürgen Habermas, que fueron los abanderados de los rebeldes junto a Marx, Lenin y Mao. Todavía no había llegado la hora de reparar en los éxitos incontestables de la democracia liberal en la realización de los objetivos planetarianos y dejar de lado los ideales de juventud. Para los estudiantes de mayo de 1968, el enemigo a batir seguía siendo el capitalismo internacional, que tenía invariablemente el rostro de la civilización europea, culpable de haber dado a luz el capitalismo y la opresión, no solamente de los proletarios europeos, sino, además y sobre todo, de los trabajadores de todo el mundo. De tal forma que se apoyaba la lucha del Viet Minh al igual que se había apoyado a los fellagas del FLN argelino. Aquí también, no se trataba de traición sino de lucha liberadora contra la opresión capitalista. Pronto, el mito revolucionario, con su proletariado y sus clases obreras europeas que tenían que conducir la revolución socialista, sería sustituido por las masas del tercer-mundo que poblaban los países los países del Sur y que tarde o temprano poblarían cada vez más ampliamente los países ricos.

Efectivamente, había llegado el tiempo de encontrar una clase obrera de sustitución. Las sociedades occidentales experimentaron una mutación económica importante que se caracterizó por una fuerte progresión del sector terciario en detrimento del sector industrial. Con la transición a una economía posindustrial, el número de obreros empezó a disminuir. Esta evolución de la sociedad y el enriquecimiento general que acompañó esa mutación económica y social no afectaron de ningún modo el combate de los progresistas, cuyas convicciones planetarianas se reafirmaron con más vigor todavía. Sus esperanzas se trasladaron entonces a todas las "minorías oprimidas": los inmigrantes, en primer lugar, víctimas de la colonización, pero también todas las categorías de personas que podían sentirse oprimidas u ofendidas por la sociedad burguesa y la dominación del "varón blanco heterosexual". A esto se sumaban también las reivindicaciones de las feministas y de todas las minorías sexuales, que conjuntamente a la lucha de los pueblos del tercer-mundo, iban a alimentar la idea de que el proletariado europeo podía ser sustituido, máxime cuando los inmigrantes iban a constituir la gran reserva de nuevos revolucionarios, o por lo menos los nuevos electores[32].

La gente humilde sufrió evidentemente el impacto de la competencia de esta nueva mano de obra explotable a destajo, importada por la gran patronal que contaba con ese reservorio para ejercer una presión bajista sobre los salarios. Los cierres y las deslocalizaciones de empresas que se multiplicaron, con todos los problemas derivados de la coexistencia de comunidades en los suburbios antaño obreros, golpeó primero a los trabajadores autóctonos más desfavorecidos. Ellos fueron efectivamente los primeros en haber padecido esta nueva forma de sociedad inventada por los ideólogos y apoyada por el gran empresariado. De hecho, el flujo de mano de obra extranjera proveniente del Magreb y de África subsahariana, y la inmigración masiva de los años 1980-1990 habían transformado considerablemente su entorno social. Una película francesa de los años 1950, 1960, 1970, y hasta de los años 1980, dejaba ver una sociedad autóctona europea. En veinte años, la sociedad francesa ha experimentado una profunda mutación demográfica, un fenómeno de tal magnitud que acredita de forma incontestable que una sociedad mundial se está instaurado.

Los suburbios obreros de los años 60 se habían convertido en auténticos guetos urbanos de los que los "pequeños blancos[33]" minoritarios ya sólo querían escapar. Si miramos fríamente con altura de miras la evolución del mundo occidental, uno se da cuenta que, después de un siglo de luchas sociales, el único resultado tangible del comunismo local en Francia es haber transformado sus municipios en ciudades del tercer-mundo, en una sorprendente conjunción de opiniones con los empresarios.

Sintiéndose traicionados por sus supuestos defensores, abandonados por sus intelectuales en favor de los inmigrantes y de las minorías de todo tipo, los "pequeños blancos" se han refugiado legítimamente en los brazos de los "populistas". Según el *Manifiesto del partido comunista* de Marx, "los obreros no tienen patria"; a menos

---

[32] Esta *"ampliación del campo de batalla"* posmarxista puede comprenderse leyendo un libro de cabecera de la izquierda contemporánea, especialmente en el mundo hispano: *Hegemonía y estrategia socialista. Hacia una radicalización de la democracia* (1987), Ediciones Siglo XXI, Madrid, 2015, de Ernesto Laclau y Chantal Mouffe. (NdT).

[33] Les*"petits blancs"*es una expresión despectiva usada por algunos para referirse a los autóctonos franceses y europeos blancos, resaltando su supuesta pusilanimidad. También se ha popularizado la palabra africana babtou, verlan de toubab. (NdT).

que, por supuesto, eso sea todo lo que tienen. En el discurso de los progresistas, los "proletarios" eran ahora llamados con desprecio los "*beaufs* [palurdos]³⁴", es decir los franceses autóctonos atrasados, apegados a sus despreciables tradiciones e incapaces de comprender los inmensos progresos que representaba la sociedad plural. Si en el siglo XIX, el marxismo se tradujo en la defensa del mundo obrero, el final del siglo XX ha revelado a plena luz del día la importancia del universalismo consubstancial a su causa y a su proyecto de sociedad mundial, de Estado mundial, de gobierno mundial.

El ideal planetariano y la voluntad de construir la sociedad plural han finalmente prevalecido sobre el credo anticapitalista. El cambio se hizo además naturalmente porque en la mente de todos los marxistas, el capitalismo es, conscientemente o no, asimilado a una raza blanca arrogante e imperialista. Desde hace mucho tiempo, la "vulgata" marxista mantiene la idea de que el hombre blanco es culpable de casi todos los males de la tierra. Es el gran responsable de los peores crímenes y atrocidades cometidos en la historia, desde la masacre de los indios de América hasta el genocidio de los judíos, pasando por todos los horrores de la colonización y la esclavitud. Toda su historia es un horror indecible, y todas sus tradiciones no valen las más nobles costumbres de una tribu africana. Y para colmo de males, el hombre blanco ha creado esta desesperante sociedad de consumo en la que estamos actualmente empantanados hasta el cuello. Esto enseña el marxismo desde sus distintas cátedras. Así pues, se comprende mejor por qué la juventud europea es tan propensa a aborrecer todas las generaciones que le precedieron. En ninguna otra parte del mundo, se constata esta fascinación por la sociedad multiétnica, este amor por la sociedad abierta, pero también esa aversión e indiferencia para sus propias tradiciones y sus propios pueblos que se esperan ver extinguirse lo más rápidamente posible. Esta empresa de culpabilización en profundidad no podía haber dado otros frutos. Cuando los partidarios de la mundialización reivindican alto y claro la supresión de las fronteras, no solamente para las mercancías, sino también para todos los hombres, éstos saben perfectamente que los flujos migratorios irán en sentido único y que se dirigirán hacia los países del Norte. De forma consciente o no, desean la desaparición de su propia especie. Esto es porque los franceses, y también muchos europeos, están convencidos

---

³⁴ Los "*beaufs*", de "*beau-frère*", literalmente los "cuñados", pero no en el sentido de "cuñadismo" de España, sino de ciudadano medio de ideas conservadoras, poco abierto, con prejuicios y poco tolerante, a menudo parodiado y mofando por la esfera cultural del entretenimiento. (NdT).

de que sus viejas tradiciones que el pasado les lego, son barreras contra el amor universal entre todos los habitantes del planeta. Lo que ya no son capaces de ver, es que la voluntad de construir la sociedad plural en sustitución de las sociedades tradicionales es específicamente europea y occidental, y que en ninguna otra parte del mundo se abren las fronteras de su territorio, se rechaza su pasado, su religión y sus viejas costumbres en nombre de una muy hipotética paz universal.

Así las cosas, se debe admitir que la inmigración actual no es un fenómeno natural sino el producto de una ideología universalista que trabaja a la desaparición de las naciones, lo cual corresponde por cierto tanto a las aspiraciones marxistas como a las liberales. Los espíritus planetarianos explicarán que esta evolución es ineluctable, que los habitantes de los países pobres intentarán de todas maneras y por todos los medios llegar a los países ricos y que es totalmente ilusorio poner alambres en las fronteras mientras no se resuelva el problema de la malnutrición en África. La voluntad política se conjuga aquí con el credo humanitario para atar de manos a los Occidentales ante el problema, todo ello en nombre de los derechos humanos y de la democracia. Pero la verdad es que la impotencia de los europeos para solucionar la cuestión de los flujos migratorios se debe sobre todo a consideraciones ideológicas, y no a imposibilidades materiales efectivas. Con medios mucho más precarios, los países del Sur se permiten regularmente expulsar de sus territorios a decenas de miles extranjeros en pocos días cuando lo juzgan necesario: en septiembre del 2003, Yibuti expulsó 80 000 somalíes y etíopes (15% de la población) entrados ilegalmente en el país; en 1998, Etiopía expulsó sin contemplaciones 50 000 eritreos; en 1996, Gabón se deshizo de 80 000 clandestinos y Libia de 330 000; en 1983, Nigeria se quitaba de encima un millón y medio de indeseables, y reincidía en 1985 sin provocar las reacciones epidérmicas de los medios occidentales.

Numerosos más ejemplos podrían ser citados, pero para demostrar que el control de las fronteras sólo depende de la voluntad política basta resaltar los casos de la difunta Unión Soviética o de China, o cualquier otro país que no hace de los "derechos humanos" su único sistema de referencia, sino que se basan también en el derecho legítimo de todos los pueblos de esta tierra a existir afincados en un determinado territorio según sus propias reglas, leyes y costumbres. Pues, al fin y al cabo, esa es la diversidad primordial que constituye la riqueza del mundo. Como vemos, la inmigración actual en Occidente no es una fatalidad, y su carácter "ineluctable" no corresponde más que a un discurso político disimulado, oculto bajo la máscara de la "tolerancia" y de la ideología de los derechos humanos.

Los actuales militantes y simpatizantes del marxismo, defensores de los pobres y de los humildes, no ven la contradicción que existe en alentar una inmigración masiva, en total acuerdo con el gran empresariado, cuando ésta, sea legal o clandestina, ejerce claramente una presión a la baja sobre los salarios de los trabajadores franceses más desfavorecidos y destruye la vieja cultura popular. El marxismo ha tenido como resultado práctico erradicar la consciencia identitaria de los Occidentales, hasta tal punto desarraigados que llegan a considerar "reaccionario" defender la cultura bretona, y en cambio indispensable rescatar a toda costa una tribu india de la Amazonia. Más aún, éstos se sentirán más cómodos en un barrio inmigrante que en un barrio francés porque han adquirido la convicción de que esos inmigrantes no son unos intrusos, sino los legítimos representantes del proletariado mundial, único capaz de liberar el mundo de la sociedad capitalista, asimilada, más o menos conscientemente, a la raza blanca opresiva y conquistadora. En nombre de la diversidad, se predica la sociedad plural, sin darse cuenta de que todas las tradiciones, cualesquiera que sean, se desmoronan en la sociedad de consumo occidental, acabando finalmente en el tipo de sociedad estadounidense que se aborrece y pretende combatir.

También se observará otra sorprendente paradoja, bastante similar, que nos hace sospechar que la idea de culpabilizar el mundo europeo, especialmente a través de una historiografía tendenciosa, no es un fenómeno natural, sino que es sin lugar a duda el objetivo de algunos intelectuales que han decidido destruir la antigua civilización.

Sabemos que el marxismo se opone al control de las religiones, de todas las religiones, consideradas como "el opio del pueblo", pues éstas sólo sirven para que los proletarios olviden su condición de hombres explotados por el capitalismo y para legitimar la dominación de la clase propietaria. Pero podemos observar como la lucha de los marxistas y de los partidarios del laicismo se dirige más fuertemente, casi exclusivamente, en contra del catolicismo que en contra del protestantismo, por no hablar del judaísmo y del islam. Y, sin embargo, el protestantismo es una religión mucho más cercana a las realidades mercantiles. Son los protestantes los que piensan que el éxito comercial es el signo de una predestinación, de una elección divina, no el catolicismo. Son los protestantes puritanos anglosajones los que masacraron a conciencia los indios de América del Norte, pues se identificaban con el Antiguo Testamento y con el pueblo judío masacrando los autóctonos hasta el último, creyéndose el nuevo pueblo elegido tomando posesión de la tierra de Canaán. También fue el protestantismo puritano el que presentó la religión de la forma más austera y "retrógrada": fueron los puritanos ingleses los que prohibieron los bailes, el teatro y las carreras, y no los católicos. Su frugalidad, su autodisciplina, su honestidad y su aversión hacia los placeres más simples constituían una especie de ascetismo secular que debería haber lógicamente repelido los militantes marxistas, cuyo uno de los eslóganes de mayo del 68 era "disfrutar sin límites". Pero a pesar de esto, es el catolicismo el que cristaliza en él el odio marxista de la religión. Tiene que haber por lo tanto un elemento externo añadido de forma oculta en la vulgata anti-capitalista. Existe una contradicción que sólo se puede explicar por un odio religioso presente en el marxismo, pero que vemos también en muchos productos culturales de nuestra sociedad democrática occidental.

También podemos ver como en Occidente no se eleva ninguna crítica contra el hinduismo, una de las pocas grandes religiones que no está basada en una doctrina de la igualdad universal. Al contrario, la doctrina hindú divide los hombres en un sistema rígido de castas que define los derechos, los privilegios y los modos de vida de cada una de ellas. Santifica la pobreza y el inmovilismo social de las castas inferiores, prometiéndoles la posibilidad de una reencarnación más elevada en vidas posteriores. En ese aspecto, esta religión debería ser objeto de ataques más fuertes por parte de los doctrinarios del marxismo, al igual que el islam y el judaísmo, por cierto. Pero, de nuevo, éste no es el caso, y únicamente el catolicismo está en la diana de las burlas habituales.

Estas contradicciones evidentes nos confirman en nuestra idea de que el anticatolicismo no es solamente una reacción por parte de los adalides de la libertad en contra del "orden moral"; no es solamente un partidismo progresista contra el "oscurantismo", sino la manifestación de un odio religioso que se remonta a mucho antes del siglo XIX y las luchas sociales. Estos ataques incesantes en contra de la sociedad tradicional europea no son atributo exclusivo del marxismo, pues percibimos el mismo tema de la culpabilización propagarse ampliamente por todo el sistema democrático, en el que los medios de comunicación ocupan una posición de poder real, de tal manera que resulta difícil distinguir la influencia del marxismo de la del pensamiento liberal. Esto es porque ambas políticas hunden sus raíces en el mismo terreno abonado por el cosmopolitismo. Tenemos aquí un importante elemento que contribuye ampliamente a difuminar la división política tradicional entre la "derecha" y la "izquierda".

Así pues, la mundialización no es tanto un fenómeno económico como la culminación de una voluntad ideológica y política muy precisa cuyo objetivo es lograr la unificación del mundo, de una manera u otra. En esta perspectiva, el derrumbe del bloque comunista en 1991 ha sido una etapa muy importante. Liberados del lastre soviético, el marxismo militante se erigió desde entonces, principalmente en Occidente, como el vector de las ideas cosmopolitas y la punta de lanza de la sociedad plural. Mientras que en su antigua versión soviética revestía unas formas más arcaicas, reaccionarias y militaristas, hoy en día se presenta como una fuerza de progreso, beneficiándose de la complicidad de casi todos los grandes medios, así como de las subvenciones del Estado. Lejos de haber sido derrotado y vapuleado por el fracaso de la experiencia soviética, el marxismo occidental se ha visto al contrario totalmente liberado. Se ha lanzado desde entonces en una propaganda mundialista desaforada, o "altermundialista", haciendo de la sociedad mundial sin fronteras y sin discriminaciones de ningún tipo el objetivo final de su proyecto político.

Los retos geoestratégicos y el antagonismo entre Moscú y Washington ocultaban en realidad las extraordinarias similitudes ideológicas entre el pensamiento marxista y el ideal democrático. Es, efectivamente, muy esclarecedor notar como esas dos ideologías comparten las mismas aspiraciones: las dos tienden en sus principios a la unificación del mundo, la supresión de las fronteras, la instauración de un gobierno mundial y la creación de un hombre nuevo. Pero en esto, como en casi todo lo demás, el modelo soviético fue un fracaso rotundo. Después de la caída del muro de Berlín, hubo que hacer un balance del experimento. Indudablemente, la democracia capitalista había triunfado en todo lo que había fracasado el comunismo. La construcción en curso de la sociedad plural multiétnica y el esbozo de un gobierno mundial era obra de las democracias. Además, el comunismo había fallido en su tarea histórica de edificar una sociedad sin clases, respetando los derechos humanos y las distintas comunidades. En vez de eso, la Unión Soviética se había convertido en una especie de campo atrincherado, donde la libertad estaba vigilada, la vida era bastante difícil, y de donde era de todas formas imposible salir, excepto para los Judíos, los cuales se beneficiaban del apoyo de los países occidentales. Quedaba claro que la realización de las esperanzas planetarianas sería obra de la democracia y no el fruto de la experiencia soviética.

Desde tiempo atrás, la mayoría de los intelectuales en Occidente, moldeados con ideas de sociedad igualitaria y de esperanzas mesiánicas, ya habían aceptado el fin de la patria del socialismo como ideal para los trabajadores del mundo. Hacía ya mucho tiempo que las principales parroquias marxistas habían tomado la medida del fracaso del sovietismo y efectuado su mutación. Habían reorientado su lucha en un sentido planetariano, movilizando sus tropas a favor de causas humanitarias en vez de en contra del modo de producción capitalista: la igualdad de los ciudadanos, la "lucha contra las discriminaciones", la lucha contra el racismo en Occidente y a favor del reconocimiento de las minorías nacionales o sexuales, el activismo a favor de la abolición de las fronteras, así como para la defensa del medioambiente dentro de una visión ecológica a escala planetaria, tomaron un auge sin precedente. Todas las esperanzas mesiánicas del marxismo parecían acomodarse rápidamente de la democracia liberal, mientras mantenían el credo revolucionario para movilizar los idealistas generados en masa por una desesperante sociedad de consumo.

El novelista Mario Vargas Llosa[35] expresó muy bien ese sentimiento respecto de la evolución del ideal planetariano: "Uno de los ideales de nuestra juventud – la desaparición de las fronteras, la integración de los países del mundo en un sistema de intercambio beneficioso para todos- tiende a concretarse en la actualidad. Pero, contrariamente a lo que pensábamos, no ha sido la revolución socialista la que ha suscitado esta internacionalización, sino sus bestias negras: el capitalismo y el mercado. Sin embargo, éste es el más bello progreso de la historia moderna porque establece las bases de una nueva civilización a escala planetaria que se organiza alrededor de la democracia política, del predominio de la sociedad civil, de la libertad económica y de los derechos del hombre[36]."

El intelectual Michel Winock se había visto en la tesitura de reconocer la misma evidencia, aunque algo obsesionado por un tema recurrente que parece inquietar a muchos intelectuales: "El socialismo real, tal como fue edificado al Este de nuestro continente, ha resultado ser otra sociedad cerrada donde los Judíos, al igual que otras minorías, buscan su lugar. Sólo la "sociedad abierta" puede ofrecer la oportunidad para una verdadera democracia pluralista capaz de integrar los Judíos

---

[35] Escritor multi-galardonado y candidato derrotado en los años 1990 en las elecciones presidenciales de Perú.
[36] En Alain Finkielkraut, *La Humanidad perdida*, Anagrama, Barcelona, 1998, p. 144-145

sin obligarlos a alienar su propio ser, su memoria colectiva, su doble solidaridad (francesa y judía)[37]."

Para estos intelectuales, cuyos antecesores y padres ideológicos habían dado a luz semejantes monstruosidades, la desaparición del muy molesto régimen soviético había sido un alivio infinito. Pero en vez de reconocer sus errores y entonar un mea culpa, los intelectuales occidentales de los años 1990 aprovecharon aquella época de cambios para lanzarse sin más dilación en el otro proyecto cosmopolita promovido por la sociedad democrática. El trabajo dentro de la democracia resultaba mucho más eficaz. Asistimos entonces en la literatura, en la prensa y en el cine a una aceleración desenfrenada de las ideas planetarianas, como si hubiera que olvidar lo más rápido posible los trágicos errores de la época anterior y exorcizar los crímenes del comunismo. No hubo ningún arrepentimiento, ninguna disculpa por los millones de muertos del Gulag[38], de las deportaciones, de las hambrunas y de los asesinatos perpetrados en nombre del ideal comunista y de la gran fraternidad entre los pueblos por parte de aquellos que habían sido sus más ardientes propagandistas.

En Occidente, aquel acontecimiento histórico no tuvo finalmente una gran repercusión. La sociedad siguió su evolución sin grandes cambios aparte de la agitación de los intelectuales planetarianos que redoblaron entonces sus esfuerzos en la promoción de su ideal. Se trataba de olvidar lo antes posible su error, repensar la sociedad igualitaria, "inventar", como ellos decían, nuevas utopías. Los ideólogos planetarianos, animados por un entusiasmo milenarista, parecían haber encontrado el mesías entre los escombros del muro de Berlín, y estaban convencidos de que por fin el mundo fraternal se haría realidad.

Esta nueva filosofía, que canta alabanzas a la unidad del género humano y a la democracia plural en sustitución del discurso comunista, ha tomado vuelo verdaderamente en los años 1990. El florecimiento de la producción intelectual planetariana, que se impuso realmente a través del marxismo en sus versiones culturales de mayo de 1968, prosigue actualmente de manera todavía más extática con intelectuales demócratas, más o menos imbuidos de marxismo cultural, pero liberados de todas las pesadas consideraciones económicas que

---

[37] Michel Winock, *Nationalisme, antisémitisme et fascisme en France*, Points Seuil, 1990, p. 223
[38] Gulag: Dirección General de Campos y Colonias de Trabajo Correccional. Era la rama del NKVD que dirigía el sistema penal de campos de trabajos forzados en Unión Soviética. Léase Aleksandr Solzhenitsyn, *Archipiélago Gulag*, Tusquets, 2015. (NdT).

sobrecargaban sobremanera las obras marxista-leninistas[39]. En cambio, su desprecio hacia la vieja cultura europea y la antigua civilización permanece intacto. Esto es porque los intelectuales de los años 1990 son los mismos que habían fomentado el espíritu de mayo de 1968. Desde esa filiación, los intelectuales planetarianos pretenden continuar de otro modo la realización de las esperanzas planetarianas.

Los conceptos prefabricados, "listo para usar", tales como "la Tierra pertenece a todo el mundo", están por lo tanto muy de moda, y no solamente en los patios de los colegios e institutos. Nos gusta llamarnos "ciudadanos del mundo": resulta menos anticuado que ser vulgarmente gallego o andaluz y permite no dar pie a terribles acusaciones. Conformemente a los cánones decididos por la UNESCO, una hermosa iglesia del siglo XII será declarada "patrimonio mundial de la humanidad", lo cual concuerda perfectamente con lo que nos decía el filósofo Lévy cuando declaraba: "Cuando escuchamos japoneses tocar una partidura de Beethoven o a Chinos cantar una ópera de Verdi, no debemos imaginarnos que han sido seducidos por la música "occidental". Esta música no es "occidental", es universal[40]." Estamos muy lejos de esa idea de mundialización sinónima de mera evolución económica. Evidentemente, estos reflejos han sido creados mediante una incansable y permanente campaña de sensibilización que invade nuestras pantallas de televisión desde hace décadas.

El sistema soviético fue en realidad una anomalía, pues no correspondía en absoluto a las generosas ideas que habían entusiasmado a millones de personas, ideas sobre las que supuestamente se había basado el régimen edificado. Con el final de ese sistema, se puede decir que de alguna manera hemos vuelto a la normal. Una vez quitado de encima el fastidioso peso siberiano, la idea comunista puede de nuevo desempeñar correctamente su papel, conformemente a sus principios: ser el aguijón de la democracia dentro de la propia democracia liberal para llegar a la sociedad plural universal. Efectivamente, es manteniéndose en la oposición activa como el marxismo es realmente eficaz. En la oposición es donde puede prestar su mejor servicio, pues permite mantener los oponentes del sistema liberal en una perspectiva planetariana. En cierto modo, es la válvula de escape de seguridad de

---

[39] Típicamente, lo que había de científico y riguroso en el análisis materialista del Socialismo, respecto de las condiciones económicas y sociales del proletariado europeo, fue sustituido progresivamente por los subproductos degenerados de la izquierda progresista del sistema como son el antifascismo, el antirracismo, el ecologismo, etc. (NdT).

[40] Pierre Lévy, *World philosophie*, Odile Jacob, 2000, p. 150

un sistema liberal desesperante, puramente materialista y que engendra fatalmente oposiciones radicales. Éstas son recuperadas por el ideal comunista y recalentadas en el caldo mundialista. Sin él, los oponentes de la democracia burguesa y de la sociedad de consumo se unirían inevitablemente a los movimientos de reacción identitaria y étnica, cosa que el sistema cosmopolita no quiere por nada del mundo. El escenario que se desarrolla delante de nuestros ojos es por lo tanto el que había imaginado Georges Orwell en su famosa novela-ficción *1984*, en la que el jefe de la oposición clandestina, el famoso y escurridizo Goldstein, no era más que un agente del sistema cuya misión era canalizar las oposiciones. Así pues, el comunismo ha recuperado el papel que nunca debió dejar de tener: el de ser una utopía movilizadora dentro de la democracia. El sovietismo está muerto; incluso quizás haya sido asesinado. Pero el ideal comunista ha sido cuidadosamente preservado, reciclado dentro de la democracia liberal, acomodado y subvencionado dentro de las instituciones. Así funciona la espiral planetariana: por un lado, el sistema, y por el otro, una oposición falsa y ficticia. Las dos fuerzas son absolutamente complementarias e indispensables entre sí.

Hoy en día, la conjunción de los ideales planetarianos de los marxistas y de los demócratas occidentales ya no se ve obstaculizada por el conflicto geoestratégico entre Moscú y Washington. Occidente puede por fin dar rienda suelta a sus instintos de dominación planetaria, encarnados victoriosamente en el modelo democrático que se pretende imponer a todos los pueblos del planeta. Como en tiempos de la gloriosa revolución francesa, la "guerra contra los tiranos" está declarada. Pero esta vez, la lucha es a escala global, y son los Estados Unidos los que han encabezado inmediatamente los ejércitos liberadores una vez que la desmantelada URSS ya no estaba en capacidad de oponerse a esos designios grandiosos. La primera guerra del Golfo contra Irak, en 1991, fue seguida por el bombardeo de Serbia en 1999, y, después de los atentados del 11 de septiembre del 2001, por la invasión de Afganistán, y por una segunda guerra del Golfo que acabó con la ocupación de Irak.

Se ha hablado mucho de esos "neoconservadores" que gravitaban al rededor del presidente estadounidense Georges W. Bush Junior y que determinaron su política belicista. Esos antiguos trotskistas que habían mutado en fervientes demócratas en los años 80, durante la era del presidente Reagan, se mostraban ahora dispuestos a declarar todas las guerras necesarias para imponer el ideal democrático en todo el mundo. Pero hay que decir, a riesgo de no comprender nada a la evolución del mundo, que el interés geopolítico del Estado de Israel estaba en juego en la guerra del Golfo, y que la mayoría de los neoconservadores de la administración estadounidense estaban ellos mismos muy influenciados por el sionismo y convencidos de que había que destruir una potencia iraquí que podría un día amenazar el Estado Hebreo[41].

De hechos, las guerras estadounidenses en Irak se beneficiaron innegablemente del apoyo de la mayor parte de la comunidad judía internacional. De nuevo, como en el caso de las guerras contra Serbia y Afganistán, los intelectuales cosmopolitas formaban parte de los más ardientes grupos de presión belicistas, por la sencilla razón de que esas guerras correspondían a los objetivos globalistas: los bombardeos de la OTAN sobre Serbia tuvieron como resultado favorecer la progresión del islam en los Balcanes, cumpliendo así el objetivo mundialista de promover las sociedades multiétnica que deben acompañar el establecimiento de la democracia. Como lo dijo sin reparo el general Wesley Clark, comandante en jefe de la OTAN en Europa durante los hechos: "Ya no debe haber en Europa lugar para sociedades étnicamente homogéneas."

En cuanto a la invasión de Afganistán por las tropas estadounidenses, ésta respondía a los atentados del 11 de septiembre y a la necesidad de combatir el antisemitismo en el mundo difundido por el islam. Comprobábamos así como el sistema democrático alentaba el islam dentro de los Estados Occidentales en vistas de instaurar la sociedad plural, pero como lo combatía duramente en la escena internacional en la medida en que éste se oponía a los intereses de Israel y de los Estados Occidentales, especialmente en Oriente Medio.

Esas guerras corresponden perfectamente al proyecto de edificación del Imperio global, que sólo podrá imponerse sobre las ruinas de las sociedades tradicionales y de las libertades nacionales. En esta perspectiva, el sistema mediático representa evidentemente la piedra angular de las esperanzas planetarianas, ya que será mediante continuas campañas de "sensibilización" que esas ideas lograrán imponerse progresivamente en las mentes de los occidentales. No obstante, parece que nuestros conciudadanos empiezan a experimentar un sentimiento más o menos difuso de desconfianza hacia un discurso político lenitivo, repetido en exceso, que hace de la abolición de las fronteras el sésamo del paraíso terrenal.

---

[41]John J. Mearsheimer- Stephen M. Walt: *El Lobby Israelí y la Política Exterior Estadounidense*, Harvard University, 2006. La geopolítica de Israel se confunde a menudo con su escatología religiosa. Evidentemente, por otra parte, el complejo militar-industrial y energético estadounidense participa y se beneficia de esta política exterior. (NdT)

A este respecto, el rechazo de la constitución europea por los electores franceses en el referéndum de mayo del 2005 quizás haya sido un signo anunciador de una toma de consciencia del peligro inminente que parece anidar bajo las ideas más nobles y generosas[42]. Y es que, en el espíritu de sus partidarios mejor informados, la constitución europea y la formación de un gobierno europeo prefiguran la realización de proyectos mucho más grandes.

La idea de una paz universal que nos garantizaría una Europa sin fronteras suele ser un argumento que seduce a los occidentales, pero esta vez parece ser que nuestros compatriotas han preferido su libertad tribal en vez de todos los espejismos de la globalización. Ante las promesas de "Paz" y de "Prosperidad" (la famosa Europa Social tan remachada por nuestros políticos), los franceses prefirieron rehusar de forma educada, como quien ignora un vendedor ambulante un poco embustero que insiste demasiado en vender su remedio milagroso. Vamos a ver a continuación que, en boca de algunos expertos, las palabras "tolerancia" y "derechos del hombre" pueden ser utilizadas como poderosos anestésicos, y que detrás de discursos melosos, modales amables y hermosas promesas, pueden ocultarse intenciones inconfesables.

---

[42] El referéndum sobre el Tratado que establecía una Constitución para Europa se celebró en Francia el 29 de mayo de 2005, para consultar a los ciudadanos si Francia quería ratificar dicha Constitución de la Unión Europea. El resultado fue una victoria del No con el 55% de los votantes en contra y una participación del 69%. Nicolas Sarkozy maniobró entonces para aprobar aquel tratado haciéndolo votar por las cámaras parlamentarias, perpetrándose así la mayor anti-constitucionalidad. (NdT).

PRIMERA PARTE

EL PENSAMIENTO COSMOPOLITA

El pensamiento cosmopolita es actualmente el pensamiento dominante en todo Occidente. Es la manera que tiene un individuo de ver y entender el mundo a través del prisma de la humanidad, y ya no a través de lo que está próximo a él y de lo que conforma su identidad: su familia, su lengua, su trabajo, su región y su nación. Contrariamente a los otros países del mundo, el individuo occidental cosmopolita se define como "ciudadano del mundo". Ha nacido sobre la Tierra, en una familia que no ha escogido, y se expresa en una lengua que según él le ha sido impuesta. Piensa que los hombres de todo el mundo tienen un origen común- lo cual ha sido confirmado por los científicos- y que tienen vocación de volver a fundirse en un solo pueblo y así anular sus diferencias y preparar la paz universal y eterna sobre la Tierra. Lo ideal sería, además, la desaparición de todas las lenguas, y que la humanidad sólo hablara una sola para que los hombres puedan comprenderse y comunicar entre ellos. La gestión de los asuntos humanos, evidentemente, sería entregado a un gobierno mundial, cuya sensatez y buen juicio reflejaría con toda seguridad las esperanzas de la humanidad. Este es el universo mental del hombre cosmopolita europeo promedio. Sin embargo, estas profundas convicciones no están desprovistas de algunas paradojas. Si bien desea la sociedad plural, multiétnica y multicultural, éste anhelo queda reservado a Occidente, pues en lo que concierne a los países del Sur, se declara militante del derecho del suelo y de la sangre y ferviente defensor de los Indios del Chiapas o de los esquimales amenazados por la modernidad. Se dice dispuesto a ayudar a sus hermanos humanos en los confines de África o Amazonia, víctimas de algún cataclismo climático, pero cerca de él, en las granjas vecinas del interior de su país, cientos de campesinos se suicidan cada año en la indiferencia general. Miembro de un sindicato, defiende los derechos sociales contra la patronal, pero es también un defensor de los derechos de los inmigrantes, y en general de la libertad de circulación, sin percatarse de algo evidente: que la inmigración de masa, legal o ilegal, ejerce una presión a la baja sobre los salarios y las condiciones de empleo. El hombre cosmopolita consumado también siente a menudo una hostilidad visceral hacia las religiones, todas las religiones. Pero en los hechos, la religión que más aborrece de todas es invariablemente la religión católica. Liberal y hedonista, la lógica habría sido que rechazara el islam o el rigorismo protestante, pero, sin embargo, reserva su más acérrima vindicta al catolicismo. Aquí también no hay una explicación lógica. Todas estas contradicciones tienen su explicación en la influencia extraordinaria del sistema mediático y la presión del conformismo. En todos los medios, en la televisión, en el cine, en todas las radios y toda la prensa subvencionada, el mismo mensaje se repite: la incansable apología de la democracia y de la igualdad ciudadana, un discurso acartonado fabricado con los habituales tópicos y con frases listas para usar. Comprenderemos entonces que la "defensa de los valores de la república" pasa por una mayor "vigilancia" contra "cualquier forma de discriminación", que la "democracia" garantiza la "igualdad" de todos los ciudadanos, que el "racismo" no es una opinión sino un delito, y que la cohesión social pasa por la reducción de la brecha social y una mayor solidaridad entre todos. En un sistema donde sólo el gobierno daría sus consignas mediante altavoces en las calles, en las plazas y mercados, los ciudadanos no aceptarían fácilmente la propaganda de sus dirigentes. Pero en un país donde todo el sistema mediático y cultural al unísono sirve de intermediario de la "concienciación ciudadana", no parece posible ninguna escapatoria, si es que todavía se nos puede pasar por la cabeza tal idea. Una película en el cine, una novela de gran éxito, un programa popular en la televisión, un comentario político en una emisora de radio: todo nos lleva una y otra vez a la adoración de los valores democráticos de la sociedad mercantil occidental. Un oponente, asqueado del capitalismo o del liberalismo que le rodea, podría comprometerse con la defensa de los oprimidos, pero no cualesquiera. Si se razona como un globalista, los únicos y verdaderos oprimidos sólo pueden ser los del Sur, más allá de los océanos. En todos los casos, la manera de pensar del ciudadano occidental gira invariablemente en torno al planeta en vez de entroncar con lo que antes hacía la verdadera fuerza de las grandes civilizaciones: la historia, el respeto del linaje y de la tradición. La civilización occidental moderna descansa sobre un principio esencial que es dual: genera a la vez el poder, y la oposición a ese poder. El globalismo occidental es representado a la vez por el liberalismo mercantil, y su oposición de tradición marxista. En los dos casos, la idealización de un mundo unificado y de una sociedad plural está en el centro de todas las aspiraciones.

A partir de ahí, en nuestras democracias, los ciudadanos pueden decir cualquier cosa, expresar cualquier cosa: absolutamente todo. Y esta libertad es tanto más apreciable que funciona en modo cerrado, en el vacío de la espiral planetariana. La barrera ideológica de seguridad marcada por el espíritu de los "derechos del hombre" vigila que cualquiera se acerque demasiado a la zona peligrosa y caiga en la ciénaga nauseabunda de la "intolerancia" y del "odio". Unos metros en esa dirección y ya puede uno sentir una tensión que impide ir más adelante. Si persistís en acercaros a la frontera, a pesar de todas las señales de advertencia, os jugáis vuestra vida profesional y social mediante electrocución ideológica. Así pues, es totalmente imposible asomarse a la barandilla para observar un mundo extraño. Cualquier pensamiento, cualquier producto cultural pasa obligatoriamente por el tamiz del sistema mediático y debe recibir la autorización de los grandes sacerdotes. Y ese es precisamente el mundo cerrado que procura "calor y alegría de vivir para toda la familia dentro de la casa."

1. Una Tierra para la humanidad

La voluntad de unificar el mundo y de suprimir las fronteras se engloba en un proceso ideológico que tiende a considerar el destino de la humanidad bajo un ángulo planetariano. Puesto que ya no se razona en términos de nación o de tribu, hay que elevarse un poco y repensar la gran epopeya humana desde un punto de vista cósmico. Efectivamente, visto desde el espacio, las fronteras nacionales han desaparecido de la faz de la Tierra. Es un poderoso argumento de la ideología planetariana. Por otra parte, la demostración de un origen común de la humanidad es una forma de abogar por la futura unificación. Las naciones y los pueblos, que conformaban hasta entonces la diversidad terrestre, sólo serían un paréntesis en la historia de la humanidad. Cabe entonces preguntarse si son los descubrimientos científicos los que sostienen la idea planetariana, o si es la idea planetariana la que genera algunos descubrimientos científicos.

Los Cíngaros del Cosmos

El proceso ideológico que tiende a la eliminación de las fronteras nacionales y a la unificación del mundo encuentra una justificación abrumadora si se observa el planeta desde el espacio. Y ¿cómo no tener esa visión del mundo tan natural?, por poco que uno se moleste en ver las cosas desde más altura: ya no hay fronteras visibles, excepto los mares y los relieves montañosos, y las diferencias entre los seres humanos se tornan imperceptibles. Desde ese punto de vista, se puede efectivamente hablar de "aldea global". En efecto, si miramos nuestro pequeño mundo desde el espacio, la idea planetariana se vuelve majestuosa, y la unificación de la Tierra aparece evidente. Visto desde el cosmos, la idea de una Tierra unificada parece muy natural.

Esto es lo que nos explica una parte de la intelligentsia occidental, fascinada por la idea de un mundo por fin unificado donde reinaría la paz universal. Edgar Morin[43] es uno de esos intelectuales franceses que

---

[43]Edgar Morin (París, 1921), de nacimiento Edgar Nahum, es un filósofo y sociólogo francés centenario de origen sefardita. Es un autor prolífico y muy galardonado, ampliamente traducido al español. (NdT).

observan la evolución del mundo actual con optimismo y que se entusiasma ante las grandes transformaciones que experimentan las sociedades europeas. La aceleración del proceso de globalización de finales de segundo milenio no es sólo una divina sorpresa, sino también el advenimiento tan esperado de un nuevo mundo que revolucionará las costumbres y liberará los espíritus de todas las viejas tradiciones nacionales, así como de los viejos prejuicios. Desde su punto de vista, "en el cosmos debemos situar nuestro planeta y nuestro destino, nuestras meditaciones, nuestras ideas, nuestras aspiraciones, nuestros temores, nuestras voluntades." En realidad, sólo somos "minúsculos humanos, sobre la minúscula película de vida que rodea el minúsculo planeta perdido en el gigantesco universo[44]."

Los descubrimientos científicos del siglo XX han permitido situar el destino de la humanidad en el universo infinito, por lo que esta nueva dimensión nos invita a reconsiderar la humanidad desde un punto de vista más amplio, desde la perspectiva de su destino colectivo universal alejado de las mezquinas disputas nacionales. "En los mismos años 1960, donde toma cuerpo un prodigioso devenir cósmico, se ven aparecer en el universo actual extrañezas inimaginables hasta entonces: cuásares (1963), pulsares (1968), agujeros negros más tarde, y los cálculos de los astrofísicos permiten suponer que sólo conocemos un 10% de la materia, siendo el 90% restante invisible todavía a nuestros instrumentos de detección (…). Henos aquí en una galaxia marginal, la Vía Láctea, aparecida 8 mil millones de años después del nacimiento del mundo." Es imposible seguir pensando en términos de naciones y tribus después de tales consideraciones. Vistos desde el cosmos, los conflictos humanos parecen irrisorios. Deben desaparecer definitivamente para dejar paso a la conquista del universo.

Es este punto de vista espacial del planeta el que ha inspirado tantos guionistas de películas de ciencia-ficción producidas por Hollywood. El cine estadounidense ha contribuido poderosamente a impregnar los espíritus occidentales de esta visión del mundo en ingravidez. El enemigo ya no es cualquier potencia terrestre, sino una fuerza extraterrestre contra la cual todos los Humanos deben aliarse. De tal forma que las guerras contra poderes extraterrestres o extrahumanos no cesan, desde La *Guerra de las Galaxias* hasta *Independence day*, pasando por *Matrix*, *Star Trek*, *Alien* o *Depredator*. Estas ficciones inculcan en los espíritus la imagen de una humanidad unida contra un peligro exterior, y refuerza la idea de que todos los seres humanos deben

---

[44]Edgar Morin y Anne-Brigitte Kern, *Tierra-Patria*, 1993, Editorial Kairós, Barcelona, 2005, p. 49-50, 74

unirse bajo la misma bandera. Si San Pablo decía que ya no había "ni Judío, ni Griego", el cine de Hollywood parece decirnos hoy en día: "Ya no hay blancos, ni amarillos, ni negros. Sólo hay Humanos que luchan contra el imperio del Mal."

Cualquiera podría responder que habría quizás que pensar en bajar a la tierra, y ver las realidades más de cerca. Pero el proyecto planetariano hace caso omiso de las realidades para privilegiar la idea de un destino de la humanidad desde el punto de vista intergaláctico. Así pues, las turbulencias y los daños generados por los conflictos humanos derivados de la aplicación de esta ideología serán considerados como males transitorios que se atenuarán poco a poco. Si la idea es bella, entonces se perdonará mucho a aquellos hombres que apliquen sus principios. "¿Un planeta como patria? Sí, ese es nuestro arraigo en el cosmos[45]", concluía Edgar Morin. Seremos los "Cíngaros del Cosmos".

Lucy, la abuela de la humanidad

Los antropólogos vienen a respaldar de forma contundente la idea planetariana al establecer que toda la población de la humanidad tendría ancestros comunes, especialmente aquella apodada "la abuela de la humanidad". Lucy- así se llama- habría vivido en la región de los Grandes Lagos africanos hace tres millones de años. Su esqueleto, hallado en 1974, era el de un australopiteco de menos de veinte años y de sexo probablemente femenino. Yves Coppens, Donald Johanson y Maurice Taïeb, codirectores de la misión que descubrió Lucy, estuvieron en el origen de aquel fantástico descubrimiento. Ese triunvirato podía estar orgulloso por haber llevado a cabo ese proyecto científico, cuya finalidad iba más allá de simples discusiones de expertos. Gracias a ellos, la humanidad era una, y los hombres eran todos hermanos. Este descubrimiento haría que toda una generación de adolescentes quedara maravillada y que éstos se declararan de buena gana "africanos", a la espera de declararse "chinos" o "malasios" después de que se hallara el próximo esqueleto más antiguo[46]. "Lucy

---

[45] Edgar Morin y Anne-Brigitte Kern, *Tierra-Patria*, 1993, Editorial Kairós, Barcelona, 2005, p. 47, 48, 223, 224

[46] *Le Figaro* del 7 de marzo del 2005 informaba de que un esqueleto de Australopiteco de cerca de 2,8 millones de años había sido encontrado a unos sesenta kilómetros del lugar donde se había encontrado Lucy. Finalmente, Lucy sólo tendría 2,2 millones de años, por lo que la humanidad habría rejuvenecido 800 000 años respecto a las estimaciones de 1999, antes de volver a envejecer de golpe unos 600 000 años. Nadie se inmutó por ello.

sigue siendo incontestablemente ese ancestro de la humanidad", aseguraba Yves Coppens, y añadía: "Después de todo, una Lucy fundadora de una humanidad tropical, africana, de color, matriarcal no es la peor imagen que podíamos encontrar para la humanidad de los orígenes[47]." Veremos más adelante que papel tiene la idea de matriarcado en el pensamiento planetariano.

La interpretación de este descubrimiento y sobre todo la publicidad que recibió, han hecho de Lucy el símbolo del origen común de todos los seres humanos. La idea fue evidentemente retomada y usada por numerosos intelectuales. El filósofo Pierre Lévy, por ejemplo, explicaba que, gracias al descubrimiento del esqueleto de Lucy en África, sabíamos a partir de ahora que "nuestros ancestros más directos vivían todos en la misma zona geográfica", la de los Grandes Lagos africanos. "A partir de ese punto de salida casi mítico, la humanidad se empieza a separar por sí misma, se dispersa[48]."

Las grandes conmociones políticas del siglo XX pueden entonces interpretarse como las peripecias de la crisis de unificación, como "los sobresaltos de sociedades y de culturas herederas de la fase de divergencia", tal como nos lo explicaba el profesor Langaney, genetista y director del laboratorio de antropología biológica del Museo de historia natural: "Todos los hombres actuales, es decir unos seis mil millones de individuos, descienden de una única y pequeña población de la prehistoria – entre treinta y cincuenta mil personas aproximadamente, que vivían hace unos cien mil años al menos. Somos por tanto con toda probabilidad los descendientes de unas decenas de miles de cazadores del paleolítico que vivían en una zona limitada a África y Oriente Medio[49]." Según Edgar Morin, "la diáspora del *homo sapiens*, iniciada hace mil trescientos siglos, se extendió por África y Eurasia, cruzó en seco el estrecho de Behring hace cien mil años[50]".

Sin embargo, este origen común no es tan evidente a priori. En *La Humanidad perdida*[51], Alain Finkielkraut abordaba el tema desde la primera página de su libro: "La idea de que todos los pueblos del mundo forman una humanidad única no es, ciertamente, consustancial al género humano. Es más, lo que ha distinguido durante mucho tiempo a

---

[47] Yves Coppens, *La rodilla de Lucy, los primeros pasos hacia la humanidad*, Tusquets, Barcelona, 2005, p. 149
[48] Pierre Lévy, *World philosophie*, Odile Jacob, 2000, p. 16-19
[49] Entrevista a André Langaney, revista *L'Histoire*, n°214, octobre 1997.
[50] Edgar Morin y Anne-Brigitte Kern, *Tierra-Patria*, 1993, Editorial Kairós, Barcelona, 2005, p. 65
[51] Alain Finkielkraut, *L'Humanité perdue*, Le Seuil, 1996.

los hombres de las demás especies animales es precisamente que no se reconocían unos a otros."

Efectivamente, confirmaba Claude Lévi-Strauss, citado a propósito: "La noción de humanidad que engloba, sin distinción de raza o de civilización, todas las formas de la especie humana, es de aparición muy tardía y de expansión limitada...Para amplias fracciones de la especie humana, y durante decenas de milenios, esta noción parece estar totalmente ausente." La pregunta sigue siendo la misma: "la difícil cuestión de saber cómo contribuir, desde donde estamos y en la medida de nuestras posibilidades, a hacer del mundo un lugar habitable para esos seres todos iguales y todos diferentes que forman la humanidad[52]."

Una sola raza humana

Otro paso importante del pensamiento planetariano se produjo en febrero del 2001, con la publicación simultánea en dos revistas anglosajonas, *Nature* y *Science*, de los análisis científicos de la secuenciación del genoma humano. Éstos demostraban que el genoma humano estaba constituido de 30 000 genes, y, sobre todo, que el patrimonio genético era casi idéntico en todos los hombres. Inmediatamente, en Francia, el ministro de la investigación científica Roger-Gérard Schwartzenberg, y con él casi todos los periodistas parisinos, afirmaron que aquellos resultados confirmaban que "las razas no existen."

En el *Courrier de l'Unesco* (Organización de Naciones Unidas para la educación, la ciencia y la cultura) de septiembre del 2001, se podían leer varios análisis que apoyaban ese enfoque: "El genoma humano ha sido por fin descodificado. La culminación de este proyecto invalida el mito de las razas. Las investigaciones de los genetistas concluyen que descendemos todos de un solo ancestro común, nacido en África. La mayoría de las variaciones genéticas son distribuidas de forma similar en todas las poblaciones humanas."

"Precisamente, los científicos afirman que, en todo nuestro material genético, solo el 0,012% corresponden a variaciones derivadas de las diferencias entre las "razas". La investigación científica demuestra por tanto que la casi totalidad de nuestro patrimonio genético nos es común a todos los humanos, e invalida así la idea de que algunas

---

[52] Alain Finkielkraut, *La Humanidad perdida*, Anagrama, Barcelona, 1998, p. 13, 14, 130. "*All equal, all different*" era el título de una "campaña contra la intolerancia" de 1994, financiada por el Consejo de Europa. El folleto de presentación presentaba en portada a una joven mujer europea en los brazos de un joven africano.

poblaciones son genéticamente más inteligentes o avanzadas que otras[53]." Era efectivamente necesario que la ciencia interviniera en esta área tan sensible del conocimiento, ya que las poblaciones más atrasadas siempre tienen un poco de dificultad para darse cuenta de ello.

Recordemos que "la lucha contra el racismo está inscrita en el acta de constitución de la Unesco", y que denuncia "la ignorancia y los prejuicios, el dogma de la desigualdad de las razas y de los hombres." Desde hace medio siglo, la organización ataca las raíces del mal. Esta dimensión está presente en los programas de educación que la organización internacional contribuye a elaborar, como en las clases de numerosos profesores llamados a ocupar las cátedras de la Unesco en las universidades de los países en vías de desarrollo.

La Unesco también combate el racismo a través de las ciencias exactas. Su Comité internacional de bioética (CIB) compuesto de 55 miembros (científicos, juristas, economistas, demógrafos, antropólogos, filósofos, nutricionistas...) ha elaborado una Declaración universal sobre el genoma humano y los derechos del hombre (DUG-HDH), adoptada en 1997. "Dos decenios después de la declaración de la Unesco sobre la raza y los prejuicios raciales (1978), aquel primer texto internacional sobre la bioética invalida definitivamente los fundamentos seudocientíficos del racismo."

Desde la Convención para la prevención y la represión del crimen de genocidio (1948), la ONU ha adoptado una serie de convenciones y de declaraciones, proclamado un año internacional de movilización contra el racismo (2001), organizado tres Decenios de lucha contra el racismo (1973-1982, 1983-1992, 1994-2003), así como dos conferencias mundiales sobre el mismo tema en Ginebra (1978 y 1983).

La Conferencia mundial "contra el racismo, la discriminación racial, la xenofobia y la intolerancia" que tuvo lugar en septiembre del 2001 en Durban, África del Sur, formaba parte de las medidas adoptadas por la Organización de Naciones unidas para combatir esa plaga. El internacionalmente famoso genetista Axel Kahn, que también era uno de los organizadores del evento, hizo un discurso sobresaliente: "La sorpresa de los recientes hallazgos científicos es que el hombre no tiene más genes que el asno o el buey, e incluso menos que el sapo...Todos los hombres tienen en realidad una gran homogeneidad genética, ya que su ancestro común es muy joven comparado con la evolución de la vida; vivió hace más de 200 000 años en África. Todos los continentes parecen haber sido poblados a partir de una población cuyos grupos habrían salido de África hace 70 000 años. El color de la piel, que tiene

---

[53] *Le Courier de l'Unesco*, septiembre 2001, p. 23

un papel tan importante en los prejuicios racistas, no refleja tanto una divergencia genética como un fenómeno de bronceado progresivo de la epidermis a medida que se va del Norte hacia el ecuador. Existe de media más diversidad dentro de individuos de una etnia particular, que, entre dos etnias diferentes, sean éstas aparentemente tan diferentes como las poblaciones escandinavas o melanesias."

Axel Kahn proseguía: "Esta demostración científica, si bien indispensable, puede resultar insuficiente. Todo el mundo puede observar cómo los peores excesos del racismo se adaptan muy bien a la no existencia de las razas humanas...En total, la biología y la genética moderna no confirman en nada los prejuicios racistas. Pero sería un contrasentido querer fundar el compromiso antirracista en base a la ciencia. No existe, en efecto, una definición científica de la dignidad humana; se trata de un concepto filosófico. Así pues, el combate antirracista, a favor del reconocimiento de la igual dignidad de todos los hombres, es ante todo de naturaleza moral y refleja una convicción profunda que no es exclusiva del científico." Dicho de otro modo, el hecho de que no existan las razas no es una razón para dejar de combatir el racismo.

Es lo que nos decía a su vez el gran profesor André Langaney: "La raza, en el sentido común de la palabra, es esencialmente un concepto etológico, o bien perceptivo, que resulta de la constatación de una diferencia y del contexto emocional que provoca esa constatación, es decir en función de los prejuicios o reacciones del sujeto. En tales condiciones, la raza que provoca el racismo ya no tiene mucho que ver con las que querían definir los antropólogos, sino que las diferencias físicas son más bien, entre otras muchas más, una de las causas posibles de lo que convendría mejor llamar *"otrismo"* en vez de racismo. Los criterios que conducen al racismo son, en efecto, a menudo más culturales, lingüísticos o comportamentales que físicos[54]." Por lo tanto, salvo por las diferencias culturales, lingüísticas, comportamentales y físicas, todos los hombres son absolutamente semejantes en todos los sentidos.

Ecología: escenario catastrófico

La unificación del mundo es en realidad una necesidad para la supervivencia de nuestro planeta. Los grandes retos ecológicos necesitan sin más dilación una autoridad mundial que sea capaz de

---

[54] André Langaney, *Les Hommes, passé, présent, conditionnel*, Armand Colin, 1988.

imponer a todos la puesta en marcha de una política eficaz de protección de nuestro medioambiente y de resolver los grandes problemas planetarios. Los informes más alarmistas nos conminan a abdicar nuestra soberanía en beneficio de un gobierno mundial:

"Es sólo un comienzo, nos avisaba el sociólogo Edgar Morin. El deterioro de la biosfera continúa, la desertización y la deforestación tropical se aceleran, la diversidad biológica disminuye." Para los próximos treinta años, los científicos más pesimistas "ven una irreversible prosecución de la degradación generalizada de la biosfera, con la modificación de climas, el aumento de la temperatura y de la evapotranspiración, la elevación del nivel del mar (de 30 a 140 centímetros), la extensión de las zonas de sequía, todo ello con una probable demografía de 10 mil millones de seres humanos."

Pero incluso si "los optimistas piensan que la biosfera posee en sí misma potencialidades de autorregeneración y de defensa inmunológica que le permitirán salvaguardarse", el autor nos avisaba de que "de todos modos se impone el deber de precaución." La mejor manera de resolver esos problemas es gestionarlos a escala global.

Las cuestiones ecológicas requieren por tanto la formación de instituciones internacionales, incluso de un gobierno mundial. "De todos modos, subrayaba Edgar Morin, los estados-naciones, incluidos los grandes estados-naciones poliétnicos, son ya demasiado pequeños para los grandes problemas ya inter y transnacionales: los problemas de la economía, los del desarrollo, los de la civilización tecnoindustrial, los de la homogeneización de los modos y géneros de vida, los de la ecología, los de la droga; son problemas planetarios que exceden las competencias nacionales[55]."

Al igual que la antropología y la genética, la ecología también lleva agua al molino de la gran idea planetaria. No es preciso insistir sobre esta evidencia, y uno se sorprende que el cine de Hollywood no haya todavía tratado el tema en sus producciones. La canícula del verano 2003 podría ser, por ejemplo, un buen escenario catastrófico, al igual que el tsunami del 26 de diciembre del 2004, cuando todo el planeta, o casi[56], se había sentido solidario y movilizado, en un gran alarde de fraternidad, para ayudar a las desafortunadas víctimas.

Salir de la edad de hierro planetaria

---

[55] Edgar Morin y Anne-Brigitte Kern, *Tierra-Patria*, 1993, Editorial Kairós, Barcelona, 2005, p. 81, 82, 86
[56] Veremos más adelante que las prioridades no eran las mismas para todo el mundo.

Desde sus inicios, la humanidad ha progresado de forma bastante lenta antes de poder tomar consciencia de su naturaleza humana universal. Sólo a partir del siglo XVI de nuestra era, con los descubrimientos de otros continentes, hemos podido darnos cuentas de la finitud del universo terrestre. Ese capítulo podría ser considerado como el año cero de la "era planetaria".

Ese proceso de unificación se realiza hoy en día, delante de nuestros ojos, a caballo de dos milenios. "Nuestro árbol genealógico terrestre y nuestro carné de identidad terrenal pueden conocerse hoy, por fin, al final del quinto siglo de la era planetaria", afirmaba Edgar Morin. En los albores del siglo XXI, "tras milenios de encierro en el ciclo repetitivo de las civilizaciones tradicionales", entramos en un nuevo mundo. "La especie humana se nos aparece ahora como humanidad. En adelante, la humanidad y el planeta pueden revelarse en su unidad, no sólo física y biosférica, sino también histórica: la de la era planetaria. Migraciones y mestizajes, productores de nuevas sociedades, policulturales parecen anunciar la patria común a todos los humanos[57]."

"La prosecución de la hominización" deberá permitirnos salir de "la edad de hierro planetaria". No debemos mirar hacia atrás, al contrario, debemos mirar hacia delante. Nuestra tarea, según Edgar Morin, es "reformar la civilización occidental", "federar la Tierra" y "llevar a cabo la era de la civilidad planetaria." Debemos pues, "considerar la ciudadanía planetaria, que daría y garantizaría a todos derechos terrenales[58]."

En este inicio de tercer milenio, el reto es por lo tanto capital: "salvar la humanidad, copilotar la biosfera, civilizar la Tierra". ¿Conseguirán los Humanos desviar el gigantesco meteorito que amenaza con pulverizar nuestro planeta, tal como lo predicen los guiones catastrofistas de Hollywood? "La tarea es inmensa e incierta", respondía Edgar Morin, pero insistía una vez más: "Sería necesaria una ciudadanía planetaria, una conciencia cívica planetaria, una opinión intelectual y científica planetaria, una opinión política planetaria...una opinión pública planetaria[59]."

---

[57] Edgar Morin y Anne-Brigitte Kern, *Tierra-Patria*, 1993, Editorial Kairós, Barcelona, 2005, p. 74, 223, 43

[58] Edgar Morin y Anne-Brigitte Kern, *Tierra-Patria*, 1993, Editorial Kairós, Barcelona, 2005, p. 136, 142, 143

[59] Edgar Morin y Anne-Brigitte Kern, *Tierra-Patria*, 1993, Editorial Kairós, Barcelona, 2005, p. 226, 229, 144

¿Cuáles son entonces "las Vías regeneradoras"? ¿Cómo civilizar en profundidad? ¿Cómo salir de la prehistoria de la mente humana? ¿Cómo salir de nuestra barbarie civilizada[60]?" Ciertamente, Wolfgang Amadeus Mozart, Miguel Ángel o Leonardo da Vinci, el palacio de Versalles o la catedral de Chartres no son más que motas de polvo comparado con el brillante futuro que por fin se abre ante nosotros. Las legítimas preguntas y ansiedades de Edgar podrían responderse con mayor naturalidad desde el punto de vista que él ya ha previsto: en el cosmos. Los problemas se resuelven fácilmente desde allí, y pronto llegarán los tiempos en los que los viajes interplanetarios estarán al alcance de todos los presupuestos. El filósofo podrá entonces embarcarse en uno de esos viajes y apaciguar su alma atormentada.

En *La Melancolía democrática*, Pascal Bruckner explicaba nada más empezar su libro que "el planeta ha llegado a un estadio sin precedente de su aventura; la unificación del globo realizada a nivel técnico y material está a punto de serlo políticamente. La idea misma de una paz universal está dejando de ser una ensoñación de los utopistas para convertirse en una realidad en los hechos. Todo lo que hemos sufrido bajo el nombre de Historia no fueron más que sobresaltos y convulsiones para llegar a esta etapa gloriosa[61]."

"Imaginad: todo el planeta conectado al gas y votando en elecciones parlamentarias, los ejércitos desmantelados, los ricos distribuyendo sus bienes entre los pobres, los hombres tratando a las mujeres como iguales, los asesinos reconvertidos en enfermeros, Jesús, Moisés, Mahoma anulando la deuda moral de la humanidad, el globo terrestre de nuevo un anexo del Eden: ¿Estamos preparados para eso?...Vivimos un momento decisivo donde todas las barreras políticas y militares han sido levantadas, donde el mundo de posibilidades parece inmenso. La capacidad de hacer de este planeta un lugar un poco mejor y más racional está a nuestro alcance. Incluso es posible soñar con una gigantesca insurrección a favor de la democracia en el Sur y con un plan de acción mundial para acabar con la miseria[62]."

Para Albert Jacquard, otro filósofo planetario, el éxito de esta gigantesca operación de unificación mundial pasaba necesariamente por la instauración de sociedades democráticas. Pero he aquí que nos topamos también con el mayor problema que ya había detectado Edgar Morin: ¿Cómo unificar el planeta sin uniformar y por lo tanto

---

[60] Edgar Morin, *El Método 6, Ética; capítulo: Las vías regeneradoras*, Ediciones Cátedra-Anaya, Madrid, 2006, p. 187.
[61] Pascal Bruckner, *La Mélancolie démocratique*, Éditions du Seuil, 1990, p. 13
[62] Pascal Bruckner, *La Mélancolie démocratique*, Éditions du Seuil, 1990, p. 165

empobrecer la diversidad étnica y cultural que conforman la riqueza de la Tierra?

Debemos pedir la instauración de una "democracia ética, mucho más delicada que una democracia de gestión. Habrá que definir unas normas de comportamiento respetadas por todos, en base a la diversidad de los imperativos expresados por cada cual. Este objetivo supone un acuerdo general acerca del núcleo común aceptado por todos los pueblos, preservando sus especificidades, sus diversidades y todas las culturas. Ese núcleo común debe emerger de una reflexión sobre el sentido que damos a nuestro proyecto de vida, y, en primer lugar, una reflexión sobre el punto de convergencia de ese proyecto, que es el mismo para todos[63]."

¿Cómo no se nos había ocurrido antes? En efecto, a partir de ahí el problema está casi resuelto. Basta con que los intelectuales, los filósofos y los sociólogos occidentales reflexionen e inventen nuevas normas y productos ideológicos para así trazar nuestro destino. No se puede eludir lo ineluctable. La evolución histórica nos confirma que la humanidad se dirige hacia esos grandes espacios. El siglo XVIII fue el de la filosofía triunfante, el XIX, el de la industria triunfante y el siglo XX, el de la economía triunfante. "A partir de este momento, hemos de elegir qué será el siglo XXI: el del triunfo de la barbarie o el del triunfo de la humanidad[64]", nos aseguraba Albert Jacquard. Si los poetas se unen a los sociólogos, entonces la causa del Bien sólo podrá triunfar.

---

[63] Albert Jacquard, *A Toi qui n'es pas encore né(e)*, Calmann-Lévy, 2000, p. 87
[64] Albert Jacquard, *Pequeña filosofía para no filósofos*, Debolsillo, Random House Mondadori, Barcelona, 2003, p. 220

2. El ideal planetariano

El discurso planetariano nunca estuvo tan omnipresente como desde la caída del bloque comunista. Mientras que antes, esas ideas eran principalmente difundidas por el movimiento de mayo del 68 y el marxismo en general, ahora son defendidas por una generación de intelectuales antiguamente marxistas que se han unido a la causa de la democracia liberal y de la economía de mercado. En Francia, Jacques Attali es evidentemente uno de los ejemplos más emblemático, tanto por la profusión de su producción literaria como por la influencia de sus ideas y las funciones eminentes que ocupó dentro del aparato de Estado francés. Edgar Morin, Alain Finkielkraut, Albert Jacquard, Guy Sorman, Marek Halter, Bernard-Henri Lévy, André Glucksmann, Alain Minc y Pascal Bruckner son los principales representantes de ese pensamiento cosmopolita que tiene tanta influencia actualmente en Francia. Fervientes demócratas, su pensamiento está igualmente impregnado de los mismos ideales planetarianos que el marxismo. En ese plano, no hay ninguna diferencia detectable. Todos aspiran al gobierno mundial, a la supresión de las fronteras y al mestizaje de los pueblos y civilizaciones, por lo menos dentro de Occidente. Por su parte, el muy famoso e influyente filósofo Jacques Derrida, fallecido durante el verano del 2004, había permanecido fiel a sus convicciones marxistas hasta su último día, pero su pensamiento encajaba perfectamente con el de sus colegas demócratas. De hecho, todos están marcados por la influencia del freudo-marxismo.

A través de Wilhem Reich, Herbert Marcuse y el cabecilla estudiantil Daniel Cohn-Bendit, la corriente freudo-marxista tuvo una influencia considerable en los acontecimientos de mayo del 68. Su influencia es todavía perceptible en la actual generación de intelectuales. La frontera entre el marxismo y la ideología democrática es borrosa, cambiante y permeable. Albert Einstein, por ejemplo, rayaba con las dos. Jacques Attali, que fue el principal asesor del presidente socialista François Mitterrand en los años 1980 y uno de los principales propagandistas de la idea planetariana, tiene un pensamiento que mezcla también freudo-marxismo cultural y liberalismo económico. El hombre fue además posteriormente director del Banco Europeo para la Reconstrucción y el Desarrollo.

La cuestión es saber si la ideología liberal se habría dirigido hacia el ideal planetariano sin la ayuda de las ideas marxistas. Ciertamente, la idea de globalización ya estaba presente en la filosofía de la Ilustración, pero en pequeña dosis, pues nadie pensaba entonces en fusionar las naciones. En cambio, el pensamiento marxista desarrolló ampliamente este tema, simbolizado por el famoso eslogan internacionalista: "¡Proletarios de todos los países, uníos!". Desde la caída del muro de Berlín en 1989, la ideología liberal recuperó de nuevo la iniciativa en la escalada planetariana. Pero esta vez ya no basta con establecer el gobierno mundial, es preciso también alentar el gran mestizaje y desarraigo universal. El marxismo no había ido tan lejos. Las dos corrientes están hoy en día muy entrelazadas, de tal forma que no es nada fácil distinguir en el pensamiento planetariano lo que es específicamente marxista o liberal.

Ciudadanos del mundo

Cuando los jóvenes se declaran de buena fe "ciudadanos del mundo" en los patios de instituto, uno puede pensar con razón que sus convicciones no son el fruto de profundas reflexiones acerca de su condición, sino simplemente el resultado de campañas de "sensibilización" mediáticas. En los debates televisivos o en los libros, a través del cine, de la prensa y de la radio, y ahora también internet, el concepto de ciudadanía mundial es incansablemente machacado, por lo que es necesario fraguarse su propia cultura personal para intentar salir del camino trillado y comprender el discurso dominante y descifrar los mensajes codificados.

El célebre sociólogo francés Albert Jacquard forma parte de esos intelectuales que tienen una visión decididamente planetariana del mundo. Este hombre no nació en un modesto pueblo de Auvernia o de Bretaña, no: "Nací en un planeta que albergaba dos mil millones de habitantes[65]", nos decía de entrada en su diccionario. Él también sueña con la armonía, la fraternidad universal y la paz para la raza humana. El hombre más feliz no es aquel, reticente, que se encierra en su familia, sus amigos y su pueblo, sino él que se abre a todas las culturas del mundo y busca conectar con los hombres de otros continentes:

"Todo ser humano a quien excluyo de los lazos que tejo es una fuente de la que me privo. El sueño consiste, pues, en no excluir a

---

[65] Albert Jacquard, *Pequeña filosofía para no filósofos*, Debolsillo, Random House Mondadori, Barcelona, 2003, p. 1

nadie." En esa perspectiva, uno debe declararse "ciudadano del mundo" como lo hizo el estadounidense Gary Davis en 1947, rompiendo su pasaporte para mostrar su deseo de ver desaparecer todas las fronteras. En aquella época, el ministro Georges Bidault había afirmado que "las fronteras son las cicatrices de la historia". Ahora bien, Albert Jacquard añadía con buen juicio y oportunamente: "Las cicatrices se forman para desaparecer."

Una "comunidad de los pueblos del Mediterráneo" sería un primer paso hacia la unificación del mundo. "Hay que construir una comunidad cultural mediterránea[66]" insistía en otro de sus libros. En efecto, la idea es recurrente en sus obras. Sería, explicaba, "un ejercicio que permite organizar luego mejor la comunidad del conjunto de las naciones[67]."

El muy prolífico ensayista Jacques Attali ahondaba evidentemente en ese sentido. Su *Diccionario del siglo XXI* demuestra que es un gran visionario y un prodigioso creador de ideas. El futuro de la humanidad no tiene secretos para este profeta[68]. La mundialización seguirá, acelerará y se impondrá gracias a las instituciones internacionales: "Se despertará una conciencia de la unidad mundial, gracias a la cual los organismos internacionales hallarán los medios para sus cometidos; la ONU divulgará normas y hará respetar los deberes; una policía mundial se instalará en las zonas sin ley; el FMI, encargado de recaudar y repartir un impuesto mundial sobre las transacciones internacionales, regulará los mercados financieros, que habrán dejado de ser lugares y agentes de pánico para ponerse al servicio de la reducción de las injusticias."

Esto es el escenario ideal, un objetivo que alcanzar o al menos una etapa hacia la instauración de un gobierno mundial, aunque nos avisaba de que "mil contratiempos vendrán a enturbiar el curso de este río tranquilo." Mientras esperamos el advenimiento de ese mundo mejor, Attali nos invitaba a desarrollar los buenos hábitos recomendables para acercarnos un poco más al paraíso terrestre que está a nuestro alcance: "Lo que habría que hacer para evitar lo peor es fácil de decir: poner las ciencias y la tecnología al servicio de la justicia; aprovechar su inmenso potencial para suprimir por doquier la pobreza, romper los sistemas

---

[66] Albert Jacquard, *A Toi qui n'es pas encore né(e)*, Calmann-Lévy, 2000, p. 151
[67] Albert Jacquard, *Pequeña filosofía para no filósofos*, Debolsillo, Random House Mondadori, Barcelona, 2003, p. 73, 162, 76
[68] Jacques Attali es una personalidad que a lo largo de los años se ha hecho más visible para el público español e hispanohablante. Muchas de sus obras han sido traducidas al español. Uno de sus libros que nos parece más recomendable acerca de lo tratado aquí es: *Breve historia del futuro*, Ediciones Paidós Ibérica, Barcelona, 2007. Dicha obra fue publicada después de *Las Esperanzas planetarianas* (Baskerville, 2005) de Hervé Ryssen. (NdT).

jerárquicos y replantear la democracia: alentar la diversidad, repartir las riquezas, fomentar la sanidad y la educación, eliminar los gastos de armamento, repoblar los bosques, desarrollar energías limpias, abrirse a la cultura de los otros, favorecer toda clase de mestizaje, aprender a pensar globalmente[69]."

En esta nueva forma de civilización, la "hiperclase" será la clase dominante. Estará compuesta "de élites móviles y transparentes que arrastrarán con ellas a toda la sociedad hacia la utopía de la fraternidad. Reunirá a varias decenas de millones de individuos. Serán los garantes de la libertad, de los derechos de los ciudadanos, de la economía de mercado, del liberalismo y del espíritu democrático. Cultivarán y desarrollarán una conciencia aguda de los retos planetarios."

Evidentemente, estas profecías no reflejan más que unas intenciones y convicciones personales. Pero tienen el mérito de ser expuestas claramente por un hombre que desempeñó un papel importante en la Francia de finales de siglo XX.

Entre los pensadores planetarianos de este inicio de milenio, hay uno cuyo entusiasmo sobrepasa el de Jacques Attali. El libro de Pierre Lévy, *World Filosofía*, es una oda a la unificación planetaria declamada en un tono profético que raya con el trance divinatorio. De principio a fin del libro, nos habla el oráculo: "A partir de ahora, la gran aventura del mundo ya no se limita a ser la de países, naciones, religiones o cualquier *ismo*. La gran aventura es la aventura de la humanidad, la aventura de la especie más inteligente del universo conocido. Esta especie no está completamente civilizada. Todavía no ha tomado integralmente conciencia de que forma una única sociedad inteligente. Pero la unificación de la humanidad se está haciendo, ahora. Después de tantos esfuerzos, ha llegado por fin la unificación de la humanidad[70]." Debemos comprender este discurso: Beethoven, Molière, Botticeli y Van Gogh no son más que légamos comparados con lo que podrá producir la humanidad por fin unificada que está tomando cuerpo.

Para nosotros, los humanos del año 2000, "nuestros compatriotas están en todas partes en la Tierra. Somos la primera generación de personas que existimos a escala global", proseguía. "El final de siglo XX marca un umbral decisivo e irreversible del proceso de unificación planetaria de la especie humana." El mundo en el que habéis vivido hasta ahora está muriendo. No luchéis, no luchéis más. Dejaros llevar,

---

[69] Jacques Attali, *Diccionario del siglo XXI*, Bolsillo Paidós Ibérica, Barcelona, 2007, p. 16, 18.
[70] Pierre Lévy, *World philosophie*, Odile Jacob, 2000, p. 12

dejaros guiar. Vuestros miembros están pesados, muy pesados. Déjense adormecer por este letargo benéfico...

"Vamos a comprender que Oriente y Occidente están prometidos a casarse, y que se beneficiarán mutuamente. Sólo entonces la humanidad será una con ella misma."; "Mirad los Judíos: una punta de Oriente en Occidente, una gota de Occidente en Oriente"; "La humanidad es una gran alfombra de perlas resplandecientes donde circulan formas luminosas[71]"; "Somos los hijos y las hijas de todos los poetas. Todos los esfuerzos humanos para expandir nuestra conciencia convergen en una oósfera que, de ahora en adelante, vive dentro de nosotros porque es la objetivación de la conciencia y de la inteligencia colectiva de la humanidad." Déjense llevar, déjense hacer...Ahora estáis durmiendo profundamente. "No tenemos enemigos: somos una lluvia de diamantes donde centellea la luz de los mundos[72]."

Indudablemente, Michel Serres no tiene el talento lírico de Lévy; de hecho, se queda muy atrás. Su forma de expresarse es extremadamente confusa, lo cual no deja de sorprender en un científico que ocupa un escaño en la Academia francesa. Nos limitaremos por lo tanto a citar algunas frases cortas, pues su prosa es muy pedregosa y casi ininteligible. Se percibe, sin embargo, aquí y allá, que el escritor está impregnado por ese mismo afán planetariano cuando fustiga por ejemplo las "absurdidades anticuadas que son las fronteras entre naciones[73]."

"Sin tierra ni tribu, somos ciudadanos del mundo y hermanos de los hombres", escribía. Lamentablemente, muchos pasajes de sus libros son simplemente ilegibles, incluso totalmente incoherentes, como éste que hemos escogido, entre otros más: "La raíz familiar abandona la sangre a favor de la adopción y de una prolongación de la familia, en adelante una elección directiva, hacia la humanidad en general. Todos los hombres tienen derecho a sentirse como en casa en todas partes y en familia con todos. Occidente vino a dejar lo local y a llevar en gestación lo universal[74]." Bajo la pluma de un académico, tales frases son bastante singulares. Un detalle divertido nos llamó la atención: el rostro de Michel Serres se parece sorprendentemente al del escritor italiano Alberto Moravia, el cual también profesa hermosas y nobles ideas

---

[71] Pierre Lévy, *World philosophie*, Odile Jacob, 2000, p. 153-156
[72] Pierre Lévy, *World philosophie*, Odile Jacob, 2000, p. 174-176, 184
[73] Michel Serres, *L'Incandescent*, Le Pommier, 2003, p. 113
[74] Michel Serres, *L'Incandescent*, Le Pommier, 2003, p. 222

planetarianas. El mismo plumaje, el mismo ramaje, como diría el buen señor de La Fontaine[75].

"El hombre al fin humano porque es al fin universal... El hombre ya no es vernáculo, es planetario", se extasiaba el gran filósofo Alain Finkielkraut, quién nos anunciaba:

"Fin de la existencia enclaustrada: como la comunicación y la conexión generalizadas han borrado -milagroso lifting- las arrugas que las fronteras habían esculpido en el rostro de la humanidad, la pertenencia padecida desaparece en beneficio de la relación elegida: todos los muertos están disponibles a partir de ahora; "la felicidad si me apetece", cada cual puede bautizar a su hijo con cualquier nombre de la Tierra, enchufarse, sin salir de la habitación, a cualquier diversión, acceder a las catástrofes en directo, explorar tumbado en el sofá las culturas más lejanas, irrumpir sin avisar en todos los lugares memorables, ir, sin moverse de casa, a mirar escaparates a las antípodas y navegar a voluntad por los bancos de datos de la gran amalgama mundial en que se han convertido las tradiciones[76]." Finkielkraut desvelaba aquí probablemente mejor sus propias aspiraciones que la realidad, pero su pensamiento esclarece el camino que nos señala la filosofía política contemporánea.

Alain Finkielkraut era sin embargo muy consciente de que ese espíritu revolucionario que tiende a "hacer tabla rasa del pasado" y a "crear un hombre nuevo" ya había sido puesto en práctica en la Unión Soviética de Lenin y de Stalin. En aquel entonces, "la URSS encarna[ba] esta apoteosis frente a las patrias exclusivistas". Representaba "la patria de la humanidad" y hacía "caduca la escisión de la humanidad en compatriotas y extranjeros[77]." El marxismo había atraído a sí a todos los espíritus ardientes de mesianismo igualitario, y no dejaba espacio a otra idea de unificación planetaria que no fuera la suya. Pero hay que reconocer que actualmente la filiación ideológica

---

[75] Jean de La Fontaine fue un poeta y fabulista francés del siglo XVII. Sus fábulas son un clásico de la literatura que los escolares franceses solían aprender. (NdT).

[76] Alain Finkielkraut, *La Humanidad perdida*, Anagrama, Barcelona, 1998, p. 145, 146, 147

[77] Alain Finkielkraut, *La Humanidad perdida*, Anagrama, Barcelona, 1998, p. 58, 59. "Patria sin raíces, sin embargo, nación sin naturaleza, territorio cuyos autóctonos no son indígenas ya que, en este bastión de la nueva era, la institución se ha impuesto al origen, el espíritu humano ha derrotado al espíritu del lugar. Esta victoria vuelve caduca la escisión de la humanidad en compatriotas y extranjeros. Nadie es extranjero, ningún rostro es recusado o desahuciado en un paisaje que ya no se expresa en términos geográficos sino técnicos... El humanismo presente en el nombre de la URSS seguirá inspirando durante mucho tiempo el combate político y el trabajo intelectual. Lo mismo sucederá con el pensamiento en general..."

con el marxismo ya no es realmente positiva, después del colapso de ese sistema y los horrores que conocemos. Hay que buscar por lo tanto referencias y parentescos ideológicos en otros intelectuales.

Julien Benda fue quizás, durante el periodo de entreguerras en Francia, el único representante del espíritu planetariano que no fuera marxista. Alain Finkielkraut y Bernard-Henri Lévy recurren a él para encontrar sus referencias ideológicas. En *La traición de los intelectuales*, escribía Finkielkraut, Julien Benda exaltaba la "Ilustración contra Romanticismo; defensa de lo universal contra la glorificación de lo particular; afirmación de la libertad de espíritu contra arraigamiento del hombre en el suelo patrio, del espíritu en la tradición, de la acción en las costumbres, y del pensamiento en la lengua[78]." Es en la obra de ese intelectual de renombre, "gran sacerdote del Espíritu[79]", que debemos buscar los elementos que soporten la nueva civilización. En el *Discurso a la nación europea* que redactó en 1932, se presentaba como el único de los pensadores no-marxistas en proclamar un discurso globalista que no estaría en boga hasta finales de siglo: "Intelectuales de todos los países, debéis ser los que proclaman a sus naciones que están perpetuamente en el campo del mal, por el mero hecho de ser naciones. Plotino se ruborizaba de tener un cuerpo. Debéis ser los que se ruborizan de tener una nación." El estilo nos recuerda un poco el profesorado, pero al menos la lección tiene el mérito de ser clara.

La supresión de las fronteras y el mestizaje de los pueblos son un ideal que hay que alcanzar, aunque la sociedad abierta sólo será viable a condición de aniquilar los instintos de raza y los particularismos locales. Las razas puras deben ser cruzadas para disolver los sentimientos identitarios susceptibles de generar rebrotes nacionalistas. Las propias lenguas deben incluso desaparecer en beneficio de una lengua común. Esa fue la ambición visionaria de un hombre llamado Luis Lázaro Zamenhof. Fue un joven estudiante de la burguesía polaca cultivada que se había dedicado desde muy pronto a trabajar en la elaboración de una lengua comprendida por todos, a partir de las raíces comunes de las lenguas más comunes del mundo. Su trabajo culminaría con la publicación de su obra fundamental en 1887 que presentaba el idioma Esperanto[80]: *Fundamento de Esperanto*. Zamenhof explicaba así sus motivaciones: "Los hombres son iguales: son criaturas de la

---

[78] Alain Finkielkraut, *La Humanidad perdida*, Anagrama, Barcelona, 1998, p. 64, 65
[79] Alain Finkielkraut, *Le Mécontemporain*, Gallimard, 1991, p. 16
[80] El vocabulario del Esperanto proviene principalmente de lenguas de Europa occidental, mientras que su sintaxis y morfología muestran influencias eslavas y grandes parecidos con lenguas aislantes y aglutinantes como el chino o japonés. (NdT)

misma especie. Todos tienen un corazón, un cerebro, órganos vitales, necesidades e ideales; la diferencia de lenguas es la esencia de la diferencia y de la hostilidad mutua entre los pueblos. Sólo la lengua y la nacionalidad los diferencia... Si no hubiera sido un judío del gueto, la idea de unir a la humanidad nunca se me habría ocurrido, o no me habría obsesionado tan obstinadamente a lo largo de mi vida. Nadie puede sentir la infelicidad de la división humana más que un judío del gueto. Nadie puede sentir la necesidad de una lengua humanamente neutra y anacional con tanta fuerza como un judío que se ha visto obligado a rezar a Dios en una lengua muerta, mientras recibe su educación e instrucción en la lengua de un pueblo que lo rechaza y que tiene compañeros de infortunio en todo el mundo con los que no puede entenderse... Mi condición de judío fue la principal razón por la que, desde mi más tierna infancia, me dediqué a una idea y a un sueño esencial: el sueño de unir a la humanidad[81]."

El gobierno mundial

Las aspiraciones a establecer un gobierno mundial encuentran sus justificaciones primordiales en el anhelo de paz universal. En ese sentido, Julien Benda fue un pionero que expresó muy bien algunas de las aspiraciones mundialistas de entreguerras. En la conclusión de su libro *La Traición de los intelectuales,* consideraba también la fusión de los pueblos con un entusiasmo profético muy característico: "La voluntad de presentarse como distinto sería transferida de la nación a la especie, orgullosamente erguida contra todo lo que no es ella misma. En realidad, movimiento semejante, existe: existe, por encima de las clases y de las naciones, una voluntad de la especie de hacerse amar de las cosas, y, cuando un ser humano vuela en pocas horas de un extremo a otro de la tierra, toda la raza humana se estremece de orgullo y se adora como si fuera distinta en medio de la creación....Puede a veces pensarse que tal movimiento se afirmará más y más y que por tal vía se irán extinguiendo las guerras interhumanas; se llegará así a una "fraternidad universal", pero que, lejos de significar la abolición del espíritu de la nación con sus orgullos y apetitos, será al contrario su forma suprema, la nación llamándose Hombre y él enemigo llamándose Dios. Y desde entonces, unificada en un inmenso ejército, en una inmensa usina [fábrica, ndt], no conociendo más que heroísmos,

---

[81] Carta de Luis Lázaro Zamenhof del 21 de febrero de 1905 al esperantista francés Michaux. (NdT).

disciplinas, inventos, deshaciendo toda actividad libre y desinteresada, satisfecha de colocar el bien más allá del mundo real y no teniendo ya por dios sino a sí misma y sus apetencias, la humanidad logrará grandes cosas, quiero decir un dominio verdaderamente grandioso sobre la materia que la rodea, una conciencia verdaderamente alegre de su poderío y de su grandeza[82]." Después de la antropología, la genética y la ecología planetariana, el pacifismo también milita a favor de la gran causa de la unificación mundial. Julien Benda se convertirá después de la Segunda Guerra mundial en un compañero de viaje del Partido comunista. Sus generosas ideas no le impedirán justificar el aplastamiento de la insurrección húngara de 1956 y los juicios tras la represión.

El muy célebre sabio Albert Einstein fue uno de los primeros personajes de la época contemporánea, quizás el primero, en reivindicar explícitamente la instauración de un gobierno mundial. Tal vez sea ésta una de las razones por las que es tan adulado, pues veremos más adelante en este libro que su aura científica ha sido recientemente un poco empañada. Después de la guerra, en noviembre de 1945, publicaba un artículo en la revista *Atlantic Monthly*: "Como los Estados Unidos y Gran Bretaña tienen el secreto de la bomba atómica y la Unión Soviética no, éstos deberían invitar a la Unión Soviética a preparar y presentar el primer borrador de una constitución del gobierno mundial...Después de que las tres grandes potencias hayan redactado una constitución y la hayan adoptado, las naciones más pequeñas deberían ser invitadas a unirse al gobierno mundial...El poder de este gobierno mundial abarcaría todos los asuntos militares, y sólo tendría que tener un poder más; el de poder interferir en los países donde una minoría esté oprimiendo a la mayoría, creando así el tipo de inestabilidad que conduce a la guerra. Las condiciones como las que existen actualmente en Argentina y España deberían ser tratadas. Hay que acabar con el concepto de no intervención, ya que acabar con él forma parte del mantenimiento de la paz."

Y Einstein añadía con cierto aplomo: "Si bien es cierto que en la Unión Soviética manda una minoría, no considero que las condiciones internas sean en sí mismas una amenaza para la paz mundial[83]." En un artículo publicado en enero de 1946 en el *Survey Graphic*, escribía,

---

[82] Julien Benda, *La Traición de los intelectuales*, Ediciones Ercilla, Santiago de Chile, 1951, p. 187, 188
[83] *Atlantic Monthly*, Boston, *November 1945, and November 1947*, in *Ideas and Opinions by Albert Einstein*, Crown Publishers, Inc. New York, 1954, p. 119. (NdT).

además: "El deseo de paz de la humanidad sólo puede realizarse mediante la creación de un gobierno mundial."

El sociólogo Edgar Morin también deseaba la instauración de un gobierno mundial. Sin embargo, negaba querer promover el paternalismo o instaurar cualquier racismo respecto de las poblaciones del Sur. Pues, según él, esas grandiosas realizaciones deben ser el cometido de Occidente, puesto que allí es donde está el desarrollo tecnológico y el poder para imponer esas perspectivas al resto de la humanidad. La felicidad de los terrícolas pasa necesariamente por una fase en que los pueblos del Sur deben, por las buenas o por las malas, aceptar la idea de democracia universal. Tales proyectos justifican sin lugar a duda un "derecho de injerencia":

""La asociación humana a la que aspiramos no podría (como ya hemos dicho ya en otra parte*):" basarse en el modelo hegemónico del hombre blanco, adulto, técnico, occidental; debe, por el contrario, revelar y despertar los fermentos civilizacionales femeninos, juveniles, seniles, multi-étnicos, multiculturales...[84]"", explicaba Edgar Morin. No se trata por lo tanto de promover una dominación del hombre blanco, sino simplemente de usar sus tecnologías y su poderío militar para destruir los regímenes autoritarios y garantizar el triunfo mundial de la democracia. Occidente será de alguna forma el laboratorio donde se desarrollará el experimento multicultural, a la vez que será el guardián del Nuevo Orden mundial. "Está sobre todo la inmadurez de los Estados-nación, de las mentes, de las consciencias, es decir fundamentalmente la inmadurez de la humanidad para realizarse a sí misma. No podríamos ocultarnos los obstáculos enormes que se oponen a la aparición de una sociedad-mundo. La progresión unificadora de la globalización suscita resistencias nacionales, étnicas, religiosas que producen una balcanización creciente del planeta, y la eliminación de estas resistencias supondría, en las condiciones actuales, una dominación implacable[85]", advertía Edgar Morin.

---

[84] Edgar Morin y Anne-Brigitte Kern, *Tierra-Patria*, 1993, Editorial Kairós, Barcelona, 2005, p. 144-145, *Edgar Morin, M. Piatelli-Pamarini, *L'Unité de l'homme*, Editions Seuil, Points Essais, 1978 p. 350-355

[85] Edgar Morin, *El Método 6, Ética*; capítulo: *Ética planetaria*, Ediciones Cátedra-Anaya, Madrid, 2006, p. 185. "Existe la posibilidad de una opinión pública planetaria: a través de los medios de comunicación, se producen relámpagos de solidaridad planetaria con los huérfanos rumanos, los refugiados camboyanos... Las posibilidades de toma de conciencia del destino común aumentan con los peligros; se alimentan de las amenazas damocleas del arma nuclear, de la degradación de la biosfera, de la degradación mundial también, de la antroposfera por la heroína y el sida." Edgar Morin, *Tierra-Patria*, Editorial Kairós, Barcelona, 2005, p. 162

En su *Diccionario del siglo XXI*, Jacques Attali retomaba a su vez la idea de derecho de injerencia: "En un mundo globalizado y conectado, todos tendrán interés en que su vecino no caiga en la barbarie. Así empezará la democracia sin fronteras." Según él, el Nuevo Orden mundial debería poder, llegado el caso, ejercer una "dominación implacable", como lo sugería Edgar Morin con cierta reticencia. Las "instituciones internacionales", decía, verán como sus competencias crecen considerablemente: "La prevención de los conflictos y de las guerras implicará que una autoridad planetaria haga el inventario de las amenazas, alerte las instituciones financieras, supervise las sanciones en caso de violaciones." "Una organización de la paz universal será discutida en primer lugar durante las conversaciones para instaurar un gobierno mundial." Se hablará menos de un derecho de injerencia que de un "deber de injerencia". La "mundialización" acabará finalmente por completarse: "Después del establecimiento de las instituciones continentales europeas, tal vez aparecerá la urgente necesidad de un gobierno mundial."

Todos nómadas

Como decía uno de sus turiferarios, Jacques Attali es un "prodigioso creador de ideas". El gobierno mundial al que aspira no es únicamente el garante de una paz universal; es, además el símbolo de una nueva forma de civilización. El viejo mundo está muriendo. Ese mundo, donde desde la cuna teníamos un techo, una familia, una religión y toda una cultura en la que desarrollar nuestras vidas, está en vías de extinción. Y tanto mejor, nos aseguraba Jacques Attali, pues así la incertidumbre, el miedo y la vacilación podrán estimular nuestra creatividad. Hay que "reinventar" la vida. Los hombres deben dar muestras de creatividad para fraguar su destino. La civilización mundial en gestación ofrecerá una "mayor fluidez y circulación de los conocimientos". El "Civilego" será "la civilización de las civilizaciones. El Civilego organizará la armonía de todos los mestizajes, los volverá tolerantes los unos de los otros, los incitará a ser generadores de nuevas diferencias. El Civilego será creador de nuevas tribus de nómadas portadores de solidaridades regionales."

"Nómada" y "Nomadismo" son, en efecto, términos claves del pensamiento de Jacques Attali; la mayoría de sus libros giran siempre en algún momento en torno a esa idea. "Las civilizaciones, escribía Attali, que se volvieron sedentarias hace diez mil años, pronto se reconstruirán una tras otra en base al nomadismo. La historia del nomadismo demuestra que en sus tribus pueden surgir excepcionales artistas, especialistas de obras ligeras, portátiles: música, joyas, estatuillas, cuadros, literatura oral, etc. Contrariamente a la leyenda, no existe ser más pacífico que el nómada. Todo el mundo tendrá que ser liviano, libre, hospitalario, vigilante, conectado y fraternal."

Evidentemente, no se trata aquí de mencionar los cientos de miles de trabajadores asiáticos o hindúes utilizados como mano de obra barata y explotable a destajo en Israel, Arabia y los Emiratos del Golfo. Se trata de la visión del mundo que desarrolla Jacques Attali, es decir un nomadismo generalizado que afectará sobre todo a los pueblos europeos y occidentales. Las sociedades occidentales no están quizás todavía preparadas para la generalización de ese modo de vida, pero la cuestión se resolverá rápidamente: "Se deberá inventar un derecho muy particular, diferente del derecho sedentario, ya que, sin Ley, no hay nomadismo. De hecho, el primer objeto nómada fue la propia Ley, palabra recibida en el desierto bajo la forma de tablas de piedra transportadas en el Tabernáculo, objeto sagrado por excelencia." ¿Acaso Jerusalén, ciudad santa entre todas, no es ya "una ciudad internacional a la vanguardia de las múltiples lealtades y de la democracia sin fronteras?" Los modos de vida se verán completamente transformados. Todo tendrá que ser renovado en el mundo porvenir. La "música", por ejemplo, será en efecto el reflejo de nuevas maneras de vivir: "los nómadas urbanos crearán nuevos instrumentos para una música instantánea, colectiva, accesible a todos, rompiendo las barreras del aprendizaje, mezclando culturas distantes; mestizaje de instrumentos y armonías." Como comprenderéis, la idea de mestizaje es una obsesión en Jacques Attali.

En *La Humanidad perdida*, Alain Finkielkraut desarrollaba también la idea de esa humanidad exclusiva, acostumbrada a los aeropuertos y siempre en movimiento alrededor del globo: "El hombre moderno puede estar orgulloso del progreso realizado: turista de sí mismo y turista del otro, deambula, a modo de mundo, por un inmenso parque de atracciones, por un museo interminable donde la identidad y la diferencia se ofrecen por un igual a su mirada discrecional. El turismo, en otras palabras, no es meramente la manera itinerante que tienen los sedentarios contemporáneos de ocupar su tiempo libre, es el estado hacia el que se dirige la humanidad, y ese estado, a la hora de los balances, se erige en valor supremo. Ese turismo de destino accede, además, al rango de Bien Soberano. "¡Todos turistas, turistas para siempre!" Así reza la fórmula final de la emancipación y de la fraternidad[86]." Sólo queda explicar este gran proyecto a los pequeños vietnamitas.

Para Pierre Lévy, el gran punto de divergencia con las visiones de Jacques Attali radicaba en saber si nos dirigiremos al estado de "nómadas" o bien si el término "móviles" sería más apropiado. Lévy era categórico al respecto: "Ya no somos sedentarios, somos móviles. No nómadas, puesto que los nómadas no tenían ni campos ni ciudades. Móviles: pasando de una ciudad a otra, de un barrio a otro de la megalópolis mundial...Somos budistas estadounidenses, informáticos indios, ecologistas árabes, pianistas japoneses, médicos sin fronteras[87]. Ya no nos aferramos a una profesión, a una nación o a una identidad común y corriente. Cambiamos de dieta, de trabajo, de religión. Pasamos de una vida a otra, inventamos continuamente nuestros pasatiempos y nuestras vidas. Somos inestables, en nuestra vida familiar como en nuestra vida profesional. Nos casamos con gente de otras culturas y de otras religiones. No somos infieles o desleales, somos móviles... Cada vez hay que inventar más cosas. Entramos en el futuro que inventamos recorriendo nuestro planeta." Por supuesto, no todos los franceses se identificarán con esa imagen de la nueva humanidad. Pues es la "hiperclase" la que se nos describía aquí, y no los palurdos sedentarios que siempre estarán desfasados. Nosotros, los europeos, somos todavía demasiado egoístas e impregnados de burdos prejuicios. "La diferencia que hacemos entre los de nuestro país y los "extranjeros", es tan absurda como lo sería una discriminación entre la gente nacida el lunes y la gente nacida el viernes. Un ser humano no es más judío, estadounidense o chino que un año es realmente par o impar", nos explicaba Lévy.

"La idea de nación se ha convertido en un callejón sin salida... las fronteras son las ruinas aún en pie de un mundo pretérito. Sólo sirven para albergar a delincuentes." Se debe "permitir a los humanos circular sin fronteras"; a todos los humanos, incluso probablemente a los mafiosos y a los criminales. Nuestro deber consiste en "acoger los marginados de la mundialización, en vez de acusar tal o cual chivo expiatorio, o de dar limosnas a distancia, sin querer sentirlos cerca de nosotros...El mundo llama a nuestra puerta. Ese mundo también quiere hacer turismo, conectarse a las redes, como nosotros. Quiere consumir como nosotros...Eres un ser humano. ¡Bienvenido al planeta Tierra!"

"La abolición de las fronteras y la libertad de inmigración son las últimas revoluciones que hay que llevar a cabo, proseguía con gallardía

---

[86] Alain Finkielkraut, *La Humanidad perdida*, Anagrama, Barcelona, 1998, p. 150, 151
[87] En mayo de 1968, un eslogan proclamaba: ¡Todos somos Judíos alemanes!".

Lévy. Estamos dando grandes pasos hacia la proclamación de una confederación mundial. ¡Imaginad la fiesta mundial que habrá[88]!" Los bolcheviques de 1917 no podían ser más entusiastas.

Improvisar su identidad

Surgirán nuevas fraternidades, explicaba Jacques Attali en *Europe(s)*. Las identidades tradicionales quedarán difuminadas: "Vamos a tener que aprender a construir naciones sin fronteras autorizando la pertenencia a varias comunidades, el derecho de voto múltiple, las lealtades múltiples. Las fronteras dejarán de separar los que tienen derechos y los que no...Las nuevas tecnologías podrían permitir la creación de grupos específicos, inventar solidaridades, pensar el mundo en red y no de forma jerarquizada, descubrir o dibujar nuevas fronteras." Sobre el cadáver de viejas identidades emergerá el sentimiento de "multipertenencia": "cada cual tendrá el derecho de pertenecer a varias tribus hasta entonces antagónicas, de ser ambiguo, de situarse en los confines de dos mundos. Se tomarán prestados elementos de diversas culturas y se usarán para improvisar la suya a partir de los retazos de las demás." Ignoramos todavía cual será la tasa de suicidios, pero importa sobre todo adaptarse a ello y aceptar esta revolución ya que el proceso es irreversible. "Si Francia es cristiana, atlántica y europea, también es musulmana, mediterránea y africana. Su futuro está, como el de cualquier gran potencia, en la multiplicidad de sus pertenencias, en la aceptación decidida de sus ambigüedades[89]."

El gran escritor Marek Halter coincidía con Jacques Attali en su concepto de identidad, basada en la "multipertenencia" y las "lealtades múltiples". Este antiguo militante comunista encontró en el ideal planetariano una nueva versión para su realización intelectual y espiritual, como muchos de sus antiguos camaradas. En su libro *Un Hombre, un grito*, nos desvelaba algunas de sus motivaciones de escritor: "Incluso antes de leer *El Hombre unidimensional*, de Herbert Marcuse, había desconfiado de los hombres de orden porque se definían por una sola función en la sociedad. Se convertían así en presas fáciles para todas las dictaduras. Que un hombre se defina exclusivamente como alemán, francés o polaco, y basta con apelar a su patriotismo para hacerlo marchar al paso. Cada dimensión suplementaria, cultural o religiosa, que se le añade hace al hombre más complejo y difícil de

---

[88] Pierre Lévy, *World philosophie*, Odile Jacob, 2000, p. 42
[89] Jacques Attali, *Europe(s)*, Fayard, 1994, p. 198

manipular. Más libre también. Por tanto, yo soy francés, polaco, ruso, argentino, pintor, escritor, y además judío. Judío no solamente porque mis padres lo eran, no solamente por espíritu de fidelidad a los ritos de mis antepasados, sino porque lo he decidido así. Y lo he decidido porque esa elección confirmaba mi libertad[90]." La identidad judía del escritor aparece aquí como un apéndice, como algo superfluo, sin mucha importancia, si bien completa bastante bien esa identidad múltiple. Lo que intentaba decirnos Marek Halter, es que ser judío, para un judío, no representa finalmente más que una ínfima parte de sí mismo, una fina capa sobre la superficie de la complejidad y de la riqueza del ser humano.

La sociedad multicultural

Dentro de las visiones proféticas de Jacques Attali, las naciones europeas se han vuelto multiculturales y multirraciales. Francia, evidentemente, asumirá un "proyecto de "Fraternidad". Éste tratará la cuestión musulmana, dentro del marco estricto de la laicidad republicana. Varios musulmanes serán ministros. La sociedad francesa podrá ser un faro para las nuevas culturas, un laboratorio del Civilego fraternal y creativo." Gran Bretaña será una "yuxtaposición de comunidades indiferentes venidas de los cinco continentes, primera Civilego de Europa." Alemania, por su parte, tendrá que enfrentarse al envejecimiento de su población. Deberá por tanto "abrirse a la inmigración para compensar el déficit demográfico actual. La parte de la población extranjera naturalizada deberá en efecto alcanzar un tercio de la población total, y la mitad de la de las ciudades", escribía con prospectiva. Otra solución sería fomentar la natalidad alemana, pero eso Jacques Attali no lo contemplaba ya que sólo una sociedad multirracial garantiza la consecución de los proyectos planetarianos.

Canadá será el "laboratorio de la utopía, formidable tierra multicultural y de democracia sin fronteras, donde cada cual será simultáneamente miembro de varias colectividades antaño mutuamente exclusivas." Brasil será "el mejor prototipo de la "cultura Lego" que se anuncia como universal: un escaparate de fragmentos de civilización que todos podrán ensamblar a su gusto". En definitiva, la única nación industrial que no merecía la estima de nuestro intelectual era Japón, sin duda una sociedad demasiada homogénea e impermeable a las ideas cosmopolitas. Según él, Japón es "una democracia todavía superficial y

---

[90] Marek Halter, *Un Homme, un cri*, Robert Laffont, Paris, 1991, p. 22

ampliamente controlada por clanes corruptos. Japón no podrá evitar el declive más que abriéndose a las ideas, a las culturas y a las empresas de otras elites occidentales[91]."

Michel Wieviorka, uno de nuestros mayores sociólogos actuales, también hacía suya la idea de que en "la nueva era" en la que entramos "inventamos e inventaremos cada vez más a menudo nuestras identidades[92]." Se apoyaba para ello sobre las tesis del padre del relativismo cultural, Franz Boas, el cual explicó el carácter híbrido y cambiante de las culturas. También citaba el famoso sociólogo estadounidense Nathan Glazer (*We are all multiculturalist now*, Cambridge, Harvard University Press, 1997). "La cosa está clara, decía Wieviorka, se trata de reconocer la diversidad cultural de nuestras sociedades y la pluralidad de reivindicaciones que implica[93]." Hoy en día, se trata sencillamente de luchar contra "la infravaloración o la marginación que afecta constantemente a grupos cuyos miembros son víctimas de discriminación (en el empleo, el acceso a los estudios, la vivienda, etc.) pero también desfavorecidos desde el principio en su vida social debido a su origen nacional, su religión, sus atributos físicos, su sexo y preferencias sexuales, etc." Efectivamente, éste es el problema de todas las sociedades multiculturales e igualitarias que pretende imponer el modo de vida occidental nivelando todo el mundo. Según él, algunas minorías pueden ser consideradas como las grandes víctimas de la sociedad blanca occidental. Son las denominadas "minorías primarias": "Los Aborígenes de Australia, los Maoris de Nueva Zelanda y los indios de las tres Américas recibieron la modernidad de lleno. Aquellos que encarnan actualmente esos pueblos, escribía, constituyen un resto de la historia. Representan, sin lugar a duda, lo que queda cuando todo ha sido destruido por la violencia de la conquista - con todas las consecuencias devastadoras que conlleva, como las enfermedades, el alcoholismo, las conductas autodestructivas de las personas (suicidios) o de las normas de los grupos (violencia sobre los niños, vandalismo dentro de la comunidad)."

---

[91] Jacques Attali, *Dictionnaire du XXIe siècle*, Fayard, Paris, 1998. "Los países costaneros del Mediterráneo se organizarán en un mercado común cuyas instituciones se instalarán en Jerusalén, convertida en capital de dos estados y de tres religiones. La civilización occidental, técnica, capitalista y democrática dejará paso a una civilización de ensamblaje, una civilización Lego (que propongo llamar civiLego), cuyo ideal y vocación será la reconstrucción de la armonía del mundo mediante la tolerancia de sus contrarios y el mestizaje infinito de sus valores.", Jacques Attali, *Diccionario del siglo XXI*, Bolsillo Paidós Ibérica, Barcelona, 2007, p. 15-16
[92] Michel Wieviorka, *La Différence*, Balland, 2001, p. 1
[93] Michel Wieviorka, *La Différence*, Balland, 2001, p. 83

"Esos grupos, añadía Michel Wieviorka, se muestran a veces reticentes respecto de las políticas multiculturalistas que tienden a ponerlos al mismo nivel que las minorías provenientes de la inmigración." Las minorías primarias también se ven afectadas por la modernidad, aunque "paradójicamente, sostenía Wieviorka, sus mayores probabilidades de supervivencia y de desarrollo radican, ya no en la resistencia comunitaria que las encierra sin salvarlas, sino en una apertura al mundo de la modernidad tardía, a la reinvención de formas culturales que no aíslan el pasado sino que lo revaloriza apostando por la gran característica de nuestro tiempo: el reconocimiento de las diferencias dentro y gracias a la democracia[94]." Ésta es una opinión bastante paradójica.

Por lo tanto, está dicho que la última tribu del bosque ecuatorial no escapará de la vigilancia de nuestros pensadores modernos. La obsesión por el mestizaje es sin duda característico del pensamiento planetariano. Nótese además la frecuente utilización del concepto de "invención", como si todo lo legado por las generaciones pasadas debiera ser obligatoriamente desechado.

Hibridaciones y mestizajes

Obviamente, resulta un poco contradictorio pretender enriquecer mediante la diversidad cuando toda la teoría promueve al contrario la homogeneización y la uniformización a través de la mezcla y los mestizajes.

"De ahí la paradoja: es preciso preservar y abrir, al mismo tiempo, las culturas...Debemos defender las singularidades culturales al mismo tiempo que promovemos hibridaciones y mestizajes, debemos vincular la salvaguardia de las identidades y la propagación de una universalidad mestiza o cosmopolita, que tiende a destruir estas identidades." Tales son los tormentos del espíritu cosmopolita. ¿Cosmopolita?

"Por ello asumimos la palabra cosmopolita que significa (literalmente) ciudadano del mundo y (concretamente) hijo de la Tierra, y no individuos abstractos que han perdido todas sus raíces. Deseamos el desarrollo de las redes en el tejido planetario. Predicamos el mestizaje, en las condiciones en que es simbiosis y no toma de substancia de una civilización por otra[95]."

---

[94] Michel Wieviorka, *La Différence*, Balland, 2001, p. 112
[95] Edgar Morin y Anne-Brigitte Kern, *Tierra-Patria*, 1993, Editorial Kairós, Barcelona, 2005, p. 145, 149

Que se entienda bien pues: la idea de Edgar Morin no significa animar a un pueblo prolífico y dominante a extenderse absorbiendo y haciendo desaparecer mediante matrimonios mixtos un pueblo numéricamente inferior, sino de promover, en cierto modo, un mestizaje que debilitaría un pueblo dominante, anulando su especificidad, a la vez que se conservaría el pueblo dominado intacto, como un frasco de tinta pura que se utilizaría para dosificar sabiamente las distintas mezclas.

El escritor italiano Primo Levi también era partidario de la sociedad mestiza, al menos para las sociedades europeas. Fue autor de numerosas novelas y ensayos traducidos en todas las lenguas y estudiado hasta en los colegios e institutos de todo el mundo. En una antología titulada *La Asimetría y la vida*, en el capítulo *Intolerancia racial*, se hacía el adalid del mestizaje: "Cuánto más alejadas sean las áreas de origen, más favorables serán los cruces, tal como evidencia la selección natural no solamente en los animales, sino también en las plantas." Para que la idea sea más fácilmente aceptable sin riesgo de ofender a las poblaciones, se debe partir del postulado de que ya somos mestizos, y contar, si es necesario, con el refuerzo de las demostraciones genéticas de los expertos: "la raza indoeuropea no es pura, pues nada lo demuestra[96]." De hecho, apenas hay diferencias entre las razas humanas. "En realidad, a pesar de los esfuerzos de todos los antropólogos, ningún estudio antropológico serio logró demostrar una diferencia de valor entre las razas humanas después de eliminar los factores que no son raciales, a saber, culturales." Las razas no existen pues, la cuestión está zanjada. A partir de aquí, todas las esperanzas están permitidas. La desaparición de las fronteras provocará la mezcla de las poblaciones del mundo y el mestizaje generalizado. Es en este sentido que se puede aguardar la desaparición definitiva de los conflictos y de las guerras. La humanidad triunfante será de algún modo una victoria del ser humano sobre su condición animal: "Creo que el prejuicio racial es algo muy poco humano. Pienso que es prehumano, que precede al hombre, que pertenece al mundo animal más que al mundo humano. Pienso que se trata de un prejuicio de tipo salvaje, de bestias feroces."

En su libro titulado *Francia y la inmigración; de 1900 hasta nuestros días*, publicado en el 2004, el demógrafo Gérard Noiriel pretendía demostrar que la población francesa era el producto de una gran mezcla. Para ello, el autor optó por una original trama temática, en vez de cronológica, en cuatro partes: *Partir, Hacerse un sitio, Integrarse, Cultivar las diferencias*. Esta presentación permite mezclar

---

[96] Primo Lévi, *L'Asymétrie et la vie*, Robert Laffont, 2002, p. 200

en los mismos capítulos todos los pueblos que llegaron sucesivamente, y atenuar así las diferencias entre los polacos y las poblaciones animistas y musulmanas de África que desembarcaron recientemente. No hay diferencias. No hay ninguna diferencia.

La sociedad mestiza es el modelo que también nos proponía el talentoso ensayista Guy Sorman en *El Mundo es mi Tribu*. "Francia debería continuar su camino singular, el del mestizaje de las culturas en vez de la exclusión del otro". Francia – el país de los derechos humanos – representa el modelo ideal de cualquier nación para todos los autores que sepan valorar y apreciar "un mundo mestizo que se mestiza cada vez más[97]." El fenómeno de la mundialización, que no es finalmente otra cosa que la americanización del mundo, aboca afortunadamente a la humanidad a ese destino.

Pero la apología del mestizaje de Guy Sorman conlleva algunas contradicciones bastante singulares. Sus peregrinaciones a través del mundo lo llevaron hasta Argentina, donde la comunidad judía es importante. En la población, observaba a los descendientes de españoles e italianos. "Finalmente, llegaron los judíos. Éstos aportaron en sus maletas sus obsesiones y sus complejidades." Si bien Guy Sorman no se explayaba sobre el tema, en cambio éste trasparentaba en su discurso y su percepción de la humanidad y de los pueblos cuando denunciaba, por ejemplo, el racismo de los argentinos: "El pueblo argentino – tan obsesionado por la pureza de la sangre en esta nueva España como en la antigua –creyó ser la única tribu blanca de América Latina (efectivamente hay escasos indios y mestizos, excepto en los márgenes); hasta ahora se ufana de su blancura, como se si tratara de una virtud[98]." Guy Sorman parecía por lo tanto sospechar algún racismo latente en la población argentina por el mero hecho de esa "blancura". De acuerdo; sin embargo, podría sorprendernos que fuera precisamente en Argentina donde los judíos decidieron instalarse masivamente, y no en los países vecinos, efectivamente más mestizos. Otra contradicción evidente aparecía en el interés del escritor hacia Israel, pues el apego a esa patria, fundada sobre unas bases étnico-religiosas irreductibles, no es nada compatible, en principio, con la apología del mestizaje y la instauración de la sociedad universal de la que él es un apologista. A menos, evidentemente, que ese discurso humanista sólo sea un producto para la exportación, al igual que el internacionalismo y el pacifismo comunista dirigido en su momento a los países occidentales a favor de la causa de la Unión Soviética. "Como soy francés de origen judío, pero

---

[97] Guy Sorman, *Le Monde est ma tribu*, Fayard, 1997, p. 399
[98] Guy Sorman, *El Mundo es mi tribu*, Editorial Andrés Bello, Barcelona, 1998, p. 46

volteriano y laico, no puedo sino angustiarme por Israel, tan lejano y tan próximo[99]", nos decía simplemente.

Otro tema clásico de la idea planetariana aparece en su obra: el de la inutilidad de cualquier oposición, como si el destino de la humanidad ya hubiera sido trazado por fuerzas superiores, sectarias o religiosas. Las grandes migraciones de los pueblos del Sur hacia el Norte, por ejemplo, son ineluctables; no sirve por lo tanto de nada querer oponerse a esos movimientos: "Al respecto, se le propondrá a McMundo la tarea de gestionar la Gran Migración en vez de prohibirla, ya que esa prohibición es inútil[100]", escribía. Así pues, será completamente inútil tratar de oponerse a lo que ya está programado. Esta idea de ineluctabilidad es recurrente en el discurso planetariano, como ya lo era en el discurso marxista que vaticinaba la próxima victoria del proletariado y la desaparición de las clases sociales.

El consumismo ciudadano

El advenimiento de un mundo sin fronteras pasará por la transformación de los ciudadanos arraigado en consumidores planetarios. La sociedad de consumo y los regímenes democráticos vencerán los últimos sobresaltos de crisis identitarias que estamos probablemente viviendo actualmente. Alain Finkielkraut nos lo explicaba perfectamente: "El consumo pone fuera de combate el belicismo nacionalista." El filósofo describía así las alegrías inefables de la sociedad de consumo, y su destacable utilidad para el desarraigo identitario de los individuos:

"El hombre posmoderno da gracias a la técnica por haber roto sus puntos de arraigo. No es como nómada sino como turista que ve el mundo y que deambula por las grandes tiendas de la humanidad. Es un turista goloso que sabe apreciar la India y su arroz basmati o Europa central y su strudel de manzana. Desde esa posición de altruismo turístico, de xenofilia de galería comercial, condena en bloque bajo el nombre de integrismo, nacionalismo o tribalismo, todo lo que en el mundo pos-totalitario queda todavía o nuevamente de amor a la patria." De tal forma que, "el antirracismo se convierte en una modalidad de la sociedad de consumo, y el consumo, por poco que se sazone con sabores extranjeros, en una variedad del antirracismo[101]." Estas son las

---

[99] Guy Sorman, *El Mundo es mi tribu*, Editorial Andrés Bello, Barcelona, 1998, p. 337
[100] Guy Sorman, *Le Monde est ma tribu*, Fayard, 1997, p. 181
[101] Es la peculiar conclusión de un libro sobre la filosofía de Charles Péguy [filósofo, poeta y ensayista francés, considerado uno de los principales escritores católicos

líneas directrices que van a formar la trama de la nueva sociedad humana del futuro, aquella que garantizará por fin la paz universal y la felicidad para todos los seres humanos. Aunque ya vemos venir de lejos los insolentes y socarrones denigradores de esta "filosofía de supermercado".

El mediático ensayista Pascal Bruckner desarrolló un análisis similar, aunque éste era más bien fruto de sus esperanzas políticas que de la observación del mundo: "Hay que reconocer que el consumismo y la industria de la diversión son una creación colectiva extraordinaria sin equivalente en la historia. Por primera vez los hombres borran sus barreras de clase, de raza, de sexo, y se funden en una única multitud dispuesta a aturdirse, a divertirse sin pensar en nada más... Ir de compras, distraerse, vagabundear mentalmente por los espacios virtuales producen una penumbra, embrutecedora tal vez, pero tan suave, tan amable, que se confunde para nosotros con la luz más resplandeciente[102]." Este es uno de los pocos pasajes un poco elocuentes de los libros de Pascal Bruckner, los cuales, a decir verdad, son siempre como una sopa tibia en una noche de gran frío en la sierra.

Para Jacques Attali, la democracia sigue siendo naturalmente el escenario obligatorio para la instauración de la sociedad abierta, pero deberá evolucionar para adaptarse a las necesidades definidas por el Nuevo Orden mundial: "Al intensificar la libre circulación de bienes, de capitales, de ideas y de personas, el mercado romperá las fronteras que la democracia necesita para definir el territorio donde se ejerce el derecho de voto y donde se institucionaliza la República. El derecho internacional, bajo la presión de las empresas, forzará a los Estados a uniformar su derecho fiscal y social al más bajo nivel posible, creando un mundo adaptado a los nómadas, cuando hasta entonces la democracia había sido concebida para servir a los sedentarios...El Mercado se extenderá a los ámbitos actualmente prohibidos o impensables: educación, sanidad, justicia, policía, ciudadanía, aire, agua, sangre, trasplante de órganos, todos tendrán un precio." Pero no pensemos que por estas consideraciones económicas Attali rechace el marxismo. Al contrario, la mundialización liberal tiene una gran deuda respecto de la ideología marxista que la había precedido históricamente en la voluntad de construir la sociedad universal. La mundialización

---

modernos]: Alain Finkielkraut, *Le Mécontemporain*, Gallimard, 1991. Hay que notar que cualquiera que sea el tema de sus libros, la conclusión es invariablemente un llamamiento al universalismo.

[102] Pascal Bruckner, *La tentación de la inocencia*, Anagrama, 1996, Barcelona, p. 71. Las imágenes luminosas y formas "resplandecientes" ya aparecían en la prosa de Lévy.

liberal ha tomado el relevo y está consiguiendo punto por punto lo que el marxismo no había logrado. Jacques Attali era lúcido al respecto: "Se reconocerá el marxismo como una de las formas más pertinente de análisis y de previsión de la evolución de las sociedades humanas." Ciertamente, el marxismo sigue siendo a día de hoy muy útil para canalizar en un sentido planetariano el espíritu de rebeldía que, inevitablemente, recorre una sociedad liberal que sólo propone a su juventud deambular en los centros comerciales.

Pierre Lévy es innegablemente el más entusiasta de los intelectuales planetarianos, el más descabellado también: "Lo que ni las grandes religiones, ni la instrucción pública, ni la declaración universal de los derechos del hombre, ni el simple sentido común habían logrado construir – la unidad concreta de la humanidad- se está materializándose a través del comercio[103]...El movimiento de unificación intelectual, cultural y espiritual de la humanidad sería incomprensible, incompleto, incoherente y meramente imposible si no viniera acoplado y sostenido por el movimiento de unificación mundial del mercado capitalista y el crecimiento de un gigantesco macrocosmo tecnológico interconectado, interdependiente y planetario que ha culminado de forma provisional en el ciberespacio..."

"Ya no sabemos muy bien cuando trabajamos y cuando no trabajamos. Estaremos continuamente haciendo negocios. Toda clase de negocios...Incluso los asalariados, que reclaman cada vez más remuneraciones en acciones, se convertirán en empresarios individuales, pasando de un empleador a otro, gestionando sus carreras como una pequeña empresa... La práctica del comercio será cada vez más universal, cuanto más aceite haya en el motor de los negocios, menos rozamientos (la violencia, el poder, la mentira, el crimen) habrá en la sociedad y mayor incremento de riqueza general. Pues todo el mundo trabajará cooperativamente y de forma competitiva para producir más "valor"...El juego consiste en inventar nuevos juegos con los símbolos. Muchas burbujas especulativas concretas estallarán, pero la burbuja especulativa de la economía y de la finanza mundial nunca estallará. Al contrario, aumentará continuamente...No habrá diferencia entre el pensamiento y los negocios. El dinero recompensará las ideas que posibilitarán el futuro más fabuloso, el futuro que decidiremos comprar[104]." En este Nuevo Orden Mundial, "ya no hay "familias", ni "naciones" que se mantengan unidas. Nos divorciamos, emigramos,

---

[103] Pierre Lévy, *World philosophie*, Odile Jacob, 2000, p. 61
[104] Pierre Lévy, *World philosophie*, Odile Jacob, 2000, p. 100

cambiamos de región o de empresa... Así que consumamos para dirigir el desarrollo humano en lugar de buscarnos una identidad[105]."

"El ciberespacio está actualmente en el epicentro del bucle autocreativo de la inteligencia colectiva de la humanidad", continuaba Lévy. "El proceso de desprogramación y de apertura del espíritu humano tomará varias décadas antes de realizarse, pero es ineluctable. Nos incumbe a nosotros la tarea de retrasarlo lo menos posible[106]." En el esquema marxista, era la "sociedad sin clases" la que debía ser "ineluctable". Esta analogía puede dejarnos un tanto circunspectos, considerando los "daños colaterales" que siempre parecen acompañar este tipo de profecías.

La sociedad matriarcal

Según Jacques Attali, el mundo que se avecina no será solamente una recomposición de carácter étnico y político. Las transformaciones deberán extenderse a todos los aspectos de la vida social, hasta en la reestructuración de la célula familiar. No nos engañemos: sus visiones proféticas no son únicamente el prolongamiento de las orientaciones actuales de la sociedad futura a la que aspiran los ideólogos planetarianos. Según los intelectuales de esta corriente, las tradiciones han sido durante siglos unas cortapisas que impidieron a los seres humanos evolucionar. Las religiones, y especialmente la religión católica, mantuvieron los europeos en una especie de estado de retraso. Se trata ahora de deshacer los viejos oropeles de las sociedades europeas y olvidar el concepto reaccionario de familia y todo lo que se hereda al "nacimiento". (cf. *Diccionario del siglo XXI*):

"Todo ser humano se convertirá en un ser sin padre ni madre, sin antecedentes, sin raíces ni posteridad, nómada absoluto." La revolución debe extenderse lo más lejos posible. El "matrimonio" tradicional debe dar paso a nuevas formas de asociación: "Cada cual tendrá el derecho de formar simultáneamente varias parejas. Poligamia y poliandria serán la norma." Los hombres y las mujeres serán por fin libres de vivir plenamente su sexualidad y satisfacer sus deseos "eróticos": "será licito tener, mediante un *"clonimago"*, todas las relaciones sexuales prohibidas a un ser humano. Incluso estarán autorizadas las relaciones con *clonimagos* menores edad, siempre y cuando se pueda asegurar que

---

[105] Pierre Lévy, *World philosophie*, Odile Jacob, 2000, p. 83, 132
[106] Pierre Lévy, *World philosophie*, Odile Jacob, 2000, p. 53, 120, 123

no requiere ni supone la participación de un niño real. Onanismo y nomadismo. Onanomadismo[107]." (sic)

¿Y qué pensaba Jacques Attali de la naturaleza, de los pájaros o del Mar? ¿El Mar? Será "declarado propiedad común de la humanidad. Habrá que crear una policía internacional de los mares encargada de hacer respetar los derechos de las futuras generaciones." Esta es la obsesión planetariana; una incansable propaganda para la unificación de la humanidad y la destrucción de la antigua civilización; es una tensión permanente hacia la realización de ese proyecto, y con una dimensión mística y religiosa subyacente.

Si bien Jacques Attali evolucionó hacia el liberalismo en su enfoque de la economía, en cambio sigue siendo indudablemente un marxista para todo lo que atañe a los fenómenos sociales, pues su pensamiento en materia de restructuración sexual y familiar es innegablemente heredero del de Wilhelm Reich y Herbert Marcuse.

El padre del concepto de revolución sexual es el teórico Wilhelm Reich, quién primero realizó la síntesis de las ideas de Sigmund Freud y de Karl Marx. "La sociología sexo-económica, escribía en 1933 en su *Psicología de masas del fascismo,* nació del esfuerzo de armonizar la psicología profunda de Freud con la doctrina económica de Marx." "El psicoanálisis es la madre y la sociología el padre" de lo que Reich denominó "la economía sexual[108]."

Si el marxismo proclamaba la división de la sociedad humana en clases antagonistas, Freud, por su parte, dividía la individualidad humana en la que creía discernir varias capas: una amplia capa muy antigua, el "Ello", dominio del inconsciente que no conoce ni el bien ni el mal, ni la moral, ni ningún otro valor de ningún tipo excepto "el principio de placer". Bajo el influjo del mundo exterior aparece una capa derivada, el "Yo", que a su vez da nacimiento, gracias a la acción de factores sociales, al "Superyó".

Freud propuso una analogía de tipo marxista para dar cuenta del papel de las diferentes capas del psiquismo que se crearon bajo la influencia de la civilización y la sexualidad que rige la infraestructura del "Ello". Freud escribía así en 1930 en *El malestar en la cultura*: "Ya sabemos que la cultura obedece al imperio de la necesidad psíquica económica, pues se ve obligada a sustraer a la sexualidad gran parte de

---

[107] Jacques Attali, *Dictionnaire du XXIe siècle*, Fayard, Paris, 1998.
[108] Wilhelm Reich, *La Psychologie de masse du fascisme*, 1933, 1969, 1972 pour la traduction française, Éditions Payot, 1998, p. 20. Y para la traducción española: Wilhelm Reich, *Psicología de masas del fascismo*, EspaPdf (es.scribd.com), p. 69, 70

la energía psíquica que necesita para su propio consumo. Al hacerlo adopta frente a la sexualidad una conducta idéntica a la de un pueblo o una clase social que haya logrado someter a otra a su explotación[109]." La sexualidad, que en el nivel del "Ello" tiene como único objetivo el placer de las diferentes partes del cuerpo, debe someterse de fuerza a la función reproductiva y se concentra por tanto exclusivamente en el área genital. Inconscientemente, el organismo conserva el recuerdo de un estado ideal donde "el principio de placer" (la sociedad sin clases desaparecida) tenía una dominación absoluta, y busca entonces liberarse del estado de esclavitud en el que está sometido. Pero el "Yo" y el "Superyó" crean la noción de moral y califican esas tentativas de liberación de "perversión" o de "actos amorales". En una civilización construida sobre estos cimientos, el trabajo no aporta ningún placer; se vuelve fuente de infelicidad y dolor.

Wilhelm Reich se basó en muchos de los descubrimientos de Freud, especialmente respecto de la sexualidad infantil. Se trataba para él de liberar los individuos de la opresión que representa la sexualidad reproductiva para que renaciera una "organización sexual pregenital". Para hacerlo, se debía atacar lo que conforma el marco de esa sexualidad, es decir, la célula familiar patriarcal autoritaria que es también la matriz del capitalismo, del fascismo y del sentimiento religioso reaccionario.

Según él, antiguamente la sexualidad infantil y juvenil era "valorada positivamente en la democracia laboral originaria del matriarcado". La organización sexual matriarcal, cuyo "fundamento era la ausencia de la propiedad privada de los medios de producción social", era dominante. En aquel tipo de sociedad ideal, las mujeres se ocupaban ellas solas de su progenitura, mientras que los hombres eran mantenidos fuera del núcleo familiar. La transición a la sociedad patriarcal, explicaba Reich, se hizo gracias a "la transferencia de poder y riquezas de la "*gens*" democrática a la familia autoritaria del cacique". "De este modo, la represión sexual se convirtió en un componente esencial de la división de la sociedad en clases[110]."

Actualmente, escribía Reich, la sexualidad infantil "se ve sometida a una represión sistemática" a través de las medidas educativas de la célula familiar autoritaria. Esta "inhibición moral de la sexualidad

---

[109] Sigmund Freud, *El Malestar en la cultura*, parte IV, *Obras Completas*, EpubLibre, Trad. Luis López Ballesteros y de Torres, 2001, p. 4085. (En francés este escrito de Freud, *Das Unbehagen in der Kultur*s, se traduce por *Le Malaise dans la civilisation*).
[110] Wilhelm Reich, *Psicología de masas del fascismo*, (1933), EspaPdf (es.scribd.com), p. 398, 391, 402, 403

genital del párvulo, lo vuelve temeroso, tímido, sumiso, obediente, en suma, "bueno" y "dócil" en el sentido autoritario; puesto que de ahora en adelante todo impulso vital y libre está cargado de una fuerte dosis de angustia, esa limitación paraliza las fuerzas rebeldes en el hombre y reduce su capacidad de pensamiento y de crítica." En definitiva, la célula familiar patriarcal tiene como función principal hacer que el niño se adapte al orden autoritario.

"Como primer grado de esta adaptación, el niño atraviesa el estado autoritario en miniatura que es la familia, cuyas estructuras tiene que aceptar a fin de poder integrarse más tarde en el marco del orden social general." Si se quiere destruir la idea de nación, se debe también, lógicamente, destruir la familia tradicional, dado que la familia autoritaria es la célula reproductora del pensamiento reaccionario que a su vez restringe los individuos reprimiendo la sexualidad infantil.

En las sociedades europeas, esta represión provoca que "la sexualidad transita diversos caminos de satisfacción sustitutiva". De tal forma que "la agresión natural se eleva a un sadismo brutal, que constituye una parte esencial de la psicología de masas de la guerra que ponen en escena unos pocos para satisfacer intereses imperialistas." Reich explicaba el auge del nacionalsocialismo de Adolf Hitler de la siguiente forma: "Su propaganda [Hitler] pudo echar raíces debido a la estructura autoritaria y temerosa de la libertad de los hombres." Pues "el fascismo es ideológicamente la reacción de una sociedad agónica, tanto desde el punto de vista sexual como económico, contra las dolorosas pero decididas tendencias del pensamiento revolucionario a la libertad tanto sexual como económica, libertad que inspira un miedo mortal a los reaccionarios con sólo imaginarla[111]." Para estos reaccionarios la liberación era sinónima de caos y de depravación sexual.

"La vida sexual natural pone en peligro la persistencia de las instituciones sexuales cuando comienza el desclasamiento económico de la pequeña burguesía. Al ser ésta el pilar principal del orden autoritario, su "decencia" y "preservación" de las influencias de la "infra humanidad" es de fundamental importancia; pues si la pequeña burguesía perdiera su postura moralista en lo sexual en la misma medida que su posición económica intermedia entre la clase obrera industrial y la gran burguesía, este hecho constituiría seguramente la más grave amenaza para la existencia de las dictaduras…Por eso en épocas de crisis el poder dictatorial siempre refuerza la propaganda en favor

---

[111] Wilhelm Reich, *Psicología de masas del fascismo*, (1933), EspaPdf (es.scribd.com), p. 195, 196, 201, 229, 299

de la "decencia" y de la "consolidación del matrimonio y de la familia[112]"."

Las mujeres y los niños son las víctimas de esta organización patriarcal. Para lograr la perennidad de "la institución de la familia autoritaria se necesita algo más que la dependencia económica de la mujer y de los niños con respecto al marido y padre. Para los oprimidos, esta dependencia sólo es soportable a condición de que se elimine tanto como sea posible la conciencia de la mujer y de los hijos de que son seres sexuales. La mujer no debe aparecer como un ser sexual, sino únicamente como reproductora. La idealización de la maternidad, su divinización, tan contradictoria con el tratamiento brutal real que se da a las madres del pueblo trabajador, sirven esencialmente como medio para que no surja en las mujeres la conciencia sexual, para que no se quiebre la represión sexual impuesta ni sucumban la angustia sexual y el sentimiento de culpabilidad sexual. La aceptación y el reconocimiento de la mujer como ser sexual significaría el derrumbe de toda la ideología autoritaria." Se trata por consiguiente "de abolir la igualación reaccionaria de sexualidad y reproducción." La mujer debe convertirse en enemiga del varón blanco autoritario. "La inhibición moral antisexual impide a la mujer conservadora tomar conciencia de su situación social y la ata a la Iglesia con la misma fuerza con que le hace temer el "bolchevismo sexual"." Wilhelm Reich concluía que "el resultado es el conservadurismo, el miedo a la libertad, incluso una mentalidad reaccionaria."

De esta manera, "la ideología de la "suerte de la familia numerosa" no obedece sólo a los intereses del imperialismo agresivo, sino esencialmente a la intención de hacer sombra a la función sexual de la mujer con respecto a su función de procreación[113]." Se debe por tanto alentar y apoyar el divorcio y todas las desviaciones susceptibles de romper la familia y liberar las mujeres y los niños de la intolerable opresión ejercida por el varón blanco: "El simple emparejamiento de la época de la democracia laboral natural, que admitía la separación en todo momento, se transformó en el matrimonio monógamo permanente del patriarcado." "El matrimonio monógamo y permanente se convirtió en la institución básica de la sociedad patriarcal, y sigue siéndolo hoy día. Para asegurar estos matrimonios había que restringir y desvalorizar progresivamente las aspiraciones genitales naturales." El orden sexual

---

[112] Wilhelm Reich, *Psicología de masas del fascismo*, (1933), EspaPdf (es.scribd.com), p. 423-425
[113] Wilhelm Reich, *Psicología de masas del fascismo*, (1933), EspaPdf (es.scribd.com), p. 451-452, 198, 200, 453

patriarcal y autoritario "se convierte en la base originaria de la ideología autoritaria, despojando a las mujeres, a los niños y jóvenes de su libertad sexual, convirtiendo la sexualidad en una mercancía y colocando los intereses sexuales al servicio de la dominación económica." Para los hombres, la sexualidad brutal iba a sustituir "la sensualidad natural, orgiástica"; y así penetró "la idea por parte de las mujeres de que el acto sexual debe tener para ellas algo de deshonroso."

Lo cierto, afirmaba Reich, es que "la idea de la "decadencia de la civilización" es la percepción de la irrupción de la sexualidad natural. Y se siente como "decadencia" precisamente porque constituye una amenaza para el modo de vida basado sobre la moral compulsiva. Objetivamente, lo único que sucumbe es el sistema de la dictadura sexual, que preservaba las instancias morales coactivas en los individuos en interés del matrimonio y de la familia autoritarios". "A la luz de las exigencias patriarcales, la casta sensualidad del matriarcado aparece como el desencadenamiento lascivo de tenebrosas potencias[114]."

"Esta idea [patriarcal] no es menos reaccionaria cuando la defienden comunistas". En efecto, observaba Reich, "al poco tiempo se mostró que las organizaciones comunistas no sólo dejaban yermo este terreno decisivo, sino que incluso estuvieron de acuerdo con la Iglesia en su condena e inhibición de la sexualidad juvenil." La situación en la URSS había cambiado notablemente sobre este tema, pues "hasta 1928, aproximadamente, en la Unión Soviética predominaba el matrimonio por emparejamiento. La institución matrimonial, en el sentido de la concepción autoritaria y mística, había sido abolida[115]."

A un autor reaccionario ruso que denunciaba "la destrucción sistemática de la vida conyugal familiar" en la Unión Soviética y los planes del régimen bolchevique para "fomentar los desenfrenos inmorales de todo tipo", Reich contestaba tranquilamente lo siguiente: "Desde la perspectiva cristiana, la vida sexual en la Unión Soviética era, de hecho, inmoral." Y cuando ese mismo autor fustigaba además "las relaciones antinaturales entre hermanos y hermanas, y entre padres e hijos", Wilhelm Reich apuntaba lacónicamente entre paréntesis: "Esto

---

[114] Wilhelm Reich, *Psicología de masas del fascismo*, (1933), EspaPdf (es.scribd.com), p. 404, 395, 396, 406, 397

[115] Wilhelm Reich, *Psicología de masas del fascismo*, (1933), EspaPdf (es.scribd.com), p. 510, 535. Cuando Wilhelm Reich escribió estas lineas, Hitler todavía no había llegado al poder. Al igual que Einstein se había convertido en militarista y belicista a partir de febrero de 1933, Reich se convertiría en natalista para que la URSS pudiese triunfar sobre Alemania durante la guerra.

se refiere a la despenalización del incesto en la Unión Soviética." Y es que, efectivamente, el tema del incesto es un tema recurrente en la ideología cosmopolita.

Wilhelm Reich no solamente pretendía trabajar para la destrucción de la célula familiar europea, sino que también quería aportar los materiales ideológicos para desmontar la nocividad del cristianismo y de la Iglesia, subrayando además "la necesidad de una lucha sin cuartel contra el misticismo" [Reich empleaba esta palabra para referirse a todo lo que atañe a la religión]: "Hemos señalado antes que el sentimiento nacionalista es una continuación directa del sentimiento de la familia autoritaria. Pero también el sentimiento místico es una fuente de ideología nacionalista. Por tanto, las actitudes familiares patriarcales y las místicas son los elementos psicológicos básicos del nacionalismo fascista e imperialista de las masas[116]".

"Del mismo modo que la dominación patriarcal invoca a Dios y se refiere en realidad a la autoridad paterna real, cuando el niño dice "Dios" está invocando en verdad al padre real. Desde luego, en la estructura del niño la excitación sexual, la idea de padre y la idea de Dios constituyen una unidad[117]."

De nuevo aquí, la "economía sexual" es la mejor de las armas para luchar contra "el misticismo", contra el poder de la Iglesia y desmitificar "la leyenda de Jesús". "La sexualidad natural es el enemigo mortal de la religión mística", escribía, pues la fe en Dios sólo puede ser fruto de la represión sexual. Para Reich, efectivamente, existe la posibilidad de que "la fe y el temor a Dios sean una excitación sexual energética que ha cambiado su meta y su contenido…El hombre religioso niega su sexualidad a través de la mistificación de la excitación… Desde luego, cree que esta fuerza proviene de "Dios". En realidad, su anhelo por y para Dios es el anhelo que proviene de su excitación de preplacer sexual y que clama por su satisfacción. La redención es y no puede ser sino la redención de las tensiones físicas insoportables, que pueden ser placenteras sólo mientras puedan mezclarse con una fantaseada unificación con Dios, es decir con la gratificación y el alivio." La conclusión de Reich tras este análisis clínico era inapelable: "Una clara conciencia sexual y el ordenamiento

---

[116] Wilhelm Reich, *Psicología de masas del fascismo*, (1933), EspaPdf (es.scribd.com), p. 533-535, 701, 536
[117] Wilhelm Reich, *Psicología de masas del fascismo*, (1933), EspaPdf (es.scribd.com), p. 605

natural de la vida sexual tienen que herir de muerte los sentimientos místicos de todo tipo[118]."

La nueva sociedad liberada del lastre que representan la familia patriarcal, la Iglesia y el estado autoritario, podrá tomar forma mediante una sana educación de la juventud. Esos jóvenes están oprimidos, pero no lo saben. Se tratará por lo tanto de fomentar la rebelión contra el varón blanco autoritario: "El joven, sobre todo la joven, capta su responsabilidad social de modo mucho más rápido, efectivo y voluntarioso cuando se la hacemos comprender por vía de la concienciación de su opresión sexual. Sólo depende de que se formule correctamente la cuestión sexual y de que se muestre su relación con la situación social general."

Para Wilhelm Reich, "la degeneración totalitario-dictatorial de la democracia soviética ya en el año 1929 se fundaba sobre el hecho de que la revolución sexual de la URSS no sólo había sido frenada, sino incluso eliminada como apropósito." Y al contrario, según él "podemos pronosticar tendencias sociales genuinamente democráticas cada vez que nos encontremos con una actitud comprensiva y vital-positiva de las instituciones sociales decisivas respecto de la vida sexual de los niños y jóvenes". "Los educadores deben educarse obligadamente en el terreno de la economía sexual". "Lo que debe conquistarse es la eliminación de todos los obstáculos puestos a la libertad[119]." Reconocemos aquí un esbozo del famoso eslogan de mayo del 68: "¡Gocemos sin límites[120]!"

Herbert Marcuse fue uno de los maestros espirituales del movimiento de mayo del 68. Este filósofo marxista había trabajado durante su vida en la síntesis del freudismo y de las concepciones socialistas después de los trabajos de Reich. Su concepción de la revolución socialista representó un hito importante de la historia del desarrollo de la ideología marxista de posguerra, pues preveía que la revolución no sería obra del proletariado, cuya influencia empezaba a decaer en la sociedad posindustrial, sino por unas minorías generadas en masa por la nueva sociedad de consumo: inmigrantes, homosexuales,

---

[118] Wilhelm Reich, *Psicología de masas del fascismo*, (1933), EspaPdf (es.scribd.com), p. 661, 700, 617, 602, 594
[119] Wilhelm Reich, *Psicología de masas del fascismo*, (1933), EspaPdf (es.scribd.com), p. 752, 831-833, 1320, 1331
[120] *Jouissons sans entrave !* (NdT)

feministas, marginados, estudiantes degradados, etc[121]. Marcuse ejerció desde entonces una poderosa influencia sobre la juventud occidental.

Freud era a la vez escéptico y pesimista, dado que para él los sufrimientos y las enfermedades mentales eran el precio que pagar inevitable a la civilización. Marcuse, por su parte, intentó modificar ese punto de vista y profetizar una liberación futura. La sociedad capitalista es represiva, decía. Es una carga enorme para el psiquismo de los individuos. Una sociedad no represiva estaría basada en la liberación de los instintos liberados del control de la razón represiva. Esta liberación se manifestaría "por una activación de todas las zonas eróticas, y por tanto por el renacimiento de la sexualidad polimorfa pregenital [la sexualidad infantil] y por el declive de la supremacía genital." Todo el cuerpo se convertirá en un instrumento de placer. "Esta transformación del valor y el alcance de las relaciones libidinosas llevaría a la desintegración de las instituciones, y especialmente de la familia monogámica patriarcal."

La protesta contra el orden represivo de la sexualidad procreadora puede tomar diferentes formas: la homosexualidad es una de ellas, por ejemplo. Es lo que ya introducía Sigmund Freud en 1929 en *Malestar en la cultura*: "También el hombre es un animal de indudable disposición bisexual. El individuo equivale a la fusión de dos mitades simétricas, una de las cuales sería, según opinión de algunos investigadores, puramente masculina, y la otra, femenina. Pero también podría ser que cada mitad fuera primitivamente hermafrodita[122]." La incitación a la homosexualidad se puede observar en todos los medios de comunicación desde los años 1990. Notaremos aquí, por ejemplo, que en el año 2001 las televisiones francesas emitieron 570 programas tratando de la homosexualidad (contra 551 en el 2000). No se trata de dar cuenta o acompañar un fenómeno de sociedad, sino de promoverlo. Otro ejemplo entre mil: Tina Kieffer, la directora de la revista femenina *Marie-Claire*, ¿no incitaba indirectamente a la homosexualidad cuando preguntaba "si se necesita todavía el otro sexo"?, o cuando constataba:

---

[121] Herbert Marcuse, *Eros and Civilization. A philosophical inquiry into Freud*, Boston, 1955.

[122] Sigmund Freud, *El Malestar en la cultura, parte IV, Obras Completas*, EpubLibre, Trad. Luis López Ballesteros y de Torres, 2001, nota a pie de página, p. 6936. "La ciencia ve en esta circunstancia el signo de una bisexualidad, como si el individuo no fuera hombre o mujer, sino siempre ambas cosas, sólo que alternativamente una más que otra. Se os invita luego a familiarizaros con la idea de que las porciones de la mezcla de lo masculino y lo femenino en el individuo están sujetas a grandes oscilaciones." en Sigmund Freud, *Lección XXXIII. La Feminidad, Obras Completas*, EpubLibre, Trad. Luis López Ballesteros y de Torres, 2001, p. 4249

"Es verdad, las barreras saltan por los aires y los hombres se juntan entre ellos más fácilmente. Igualmente las mujeres. Esta evolución de las costumbres llega en el momento en que la procreación asistida está disponible."

La liberación de los instintos sexuales encontró un terreno abonado en los años 60, en lo que se llamó la "revolución psicodélica", es decir el uso masivo de droga en la población joven. Hasta la idea provocadora de suciedad encontró su justificación en la teoría según la cual el Yo y el Superyó reprimirían los instintos olfativos. ¿No asocian las clases dominantes la idea de "desecho" a las clases inferiores consideradas como "la escoria de la sociedad"? Estas ideas sirven todavía como fundamento teórico al arte revolucionario. La cultura represiva o asfixiante debe ser destruida. Las experiencias practicadas en pintura, en escultura y en la literatura, en las que la idea de "desecho" sirve de aval revolucionario, deben ser consideradas como medios alternativos para dinamitar la "cultura burguesa" y abrir paso a un nuevo mundo.

El movimiento feminista es obviamente heredero de esta ideología freudo-marxista. El gran filósofo marxista de la deconstrucción Jacques Derrida recordaba los antecedentes del movimiento para la "liberación de las mujeres": "El 26 de agosto de 1970, un grupo de mujeres que se había autodenominado "Brigada Emma Goldman" bajaba la quinta avenida de Nueva York con muchas más feministas cantando: "Emma lo dijo en 1910/ Ahora nosotras también lo decimos"". "Como feminista anarquista, escribía Derrida[123], Emma Goldman reclamaba la reestructuración de la sociedad en su totalidad", es decir la revolución social y la voladura de la célula familiar europea. Goldman fue una activista cuyas aspiraciones iban más allá de la revuelta contra las desigualdades contra las mujeres. En Francia, el movimiento feminista ha recibido desde entonces la impronta de personalidades como Gisèle Halimi o Elisabeth Badinter, por ejemplo, que reivindican también el legado de Emma Goldman y de Louise Weiss. El judaísmo, una vez más, está a la vanguardia del movimiento de liberación.

La influencia de Wilhelm Reich y de Herbert Marcuse ha sido determinante en el pensamiento de mayo de 1968. Siguiendo esa estela, Daniel Cohn-Bendit, que fue uno de los principales cabecillas del movimiento parisino y es actualmente diputado europeo ecologista, publicó en 1975 un libro titulado *El gran follón (Le grand Bazar)*, en el que relataba sus experiencias como educador en un jardín de infancia de Fráncfort: "Me había pasado varias veces que algunos críos me

---

[123] Jacques Derrida, *Points de suspensions, Entretiens*, Éditions Galiliée, 1992, p. 98

abrían la bragueta y empezaban a cosquillearme. Reaccionaba de manera diferente según las circunstancias, pero su deseo era un problema para mí. Les preguntaba: ¿Por qué no jugáis juntos, por qué me habéis elegido a mí, y no a los otros niños? Pero si insistían, los acariciaba a pesar de todo". También se podía leer otro pasaje: "Necesitaba ser incondicionalmente aceptado por ellos. Quería que los críos me quisieran, y hacía todo para que dependiesen de mí[124]."

La obra del gran escritor italiano Alberto Moravia está totalmente impregnada de este pensamiento "freudo-marxista". "El matrimonio Marx-Freud desmiente la visión del mundo del Renacimiento, la separación maquiavélica de la moral y de la política. Es precisamente ese matrimonio el que constituye el trasfondo de mis novelas. Por ejemplo, en "*Agostino*", la inocencia es comprendida como ignorancia del sexo y de la clase social y el descubrimiento del mal se hace a través del descubrimiento del sexo y de las clases sociales. En cualquier caso, creo que en Italia el moralismo católico es todavía bastante fuerte. Tiene sus raíces en la Contra Reforma, que fue un movimiento popular y pequeño burgués, reaccionario e intolerante[125]."

Con el fin de familiarizarse con la fraseología marxista, se puede leer con gran interés el famoso filósofo Jürgen Habermas, que también formó parte de la llamada Escuela de Fráncfort, junto a Marcuse, Horckeimer y Wiesenthal Adorno. En *La Reconstrucción del materialismo histórico*, podemos leer en el prefacio que Habermas - tomen aire - "tematiza la evolución sociohistórica como un paralelo filogenético a la ontogénesis del desarrollo cognitivo psico-individual, construido sobre el modelo de la psicología genética."

Si después de tan fino análisis todavía estáis en pie de guerra, podéis proseguir con vuestras investigaciones y descubrir que Habermas retomaba la crítica de Wilhelm Reich respecto de la estructura patriarcal de la familia autoritaria y opresiva. Buscaba los orígenes de su aparición: " Son los hombres, y no los homínidos, los primeros en trascender aquella estructura social que surgió en el orden de los vertebrados: la jerarquía unidimensional en la que a cada animal se concede transitivamente un status y solamente uno. Este sistema de status es el que, entre los chimpancés y los babuinos, preside las relaciones más bien agresivas entre los machos, las relaciones sexuales

---

[124] Daniel Cohn-Bendit, *Le grand Bazar*, Belfond, 1975. Daniel Cohn-Bendit contó abiertamente estas experiencias en el programa cultural de televisión *Apostrophes*, el 23 de abril de 1982. La secuencia se puede todavía visionar en las plataformas de video de internet. (NdT).
[125] Albert Moravia, in Géo, N°76, Juin 1985.

entre los machos y las hembras y las relaciones sociales entre los adultos y los jóvenes. Una relación de tipo familiar tan sólo existe entre la madre y sus hijos o entre los hermanos... Incluso las sociedades de homínidos, transformadas en razón del trabajo social, desconocen la estructura de familia[126]."

Tenemos aquí un modelo de sociedad matriarcal. Aparece de nuevo en Habermas una cuestión que parece preocupar los representantes del pensamiento cosmopolita: "No se permite el incesto entre la madre y el hijo adolescente, aunque no hay una limitación similar al incesto entre padre e hija, debido a que no existe el rol de padre." El rol de padre es evidentemente menos importante en las sociedades matriarcales donde prevalece la poligamia. Ya vimos como Jacques Attali hacía la promoción de ese modelo en su *Diccionario del siglo XXI*. Lo que es más llamativo y perturbador, es leer en otro libro de Jacques Attali que esa estructura social era la norma en los Judíos de los tiempos antiguos: "La poligamia es y seguirá siendo durante mucho tiempo, en efecto, la práctica admitida por los hebreos, como lo es para todos los pueblos de la región[127]."

Es también extraño toparnos aquí con la cuestión del incesto, tema tan presente en el judaísmo. Sabemos que los rabinos excusaron a las hijas de Loth. Según ellos, al acostarse carnalmente con su padre, se habían sacrificado por el bien de la humanidad. Otro pasaje revelador del Antiguo Testamento contaba como Amón, hijo de David, había violado su hermana Tamar: "¿A dónde iría yo con mi deshonra? Y tú serías uno de los perversos de Israel. Mira, habla al rey, que seguramente no rehusará darme a ti. "Pero él no quiso darle oídos, y, como era más fuerte que ella, la violentó y se echó con ella[128]."

Sabemos que el Talmud prohíbe a las madres judías dormir con sus hijos a partir de los nueve años y un día. Según ese libro santo, la misma prohibición es válida para el padre cuando la hija tiene más de tres años y un día. Según el Talmud, una viuda judía nunca puede tener perros, por lo que si vemos a una señora pasear su perro por la calle es que no es una viuda judía, aunque bien podría tener una perra. Recordemos al respecto que el Talmud fue concebido en Oriente y que se inspiró de costumbres orientales. El propio Léon Blum, antiguo presidente del Consejo de la IV República, escribía: "Nunca he podido comprender lo

---

[126] Jürgen Habermas, *La Reconstrucción del materialismo histórico*, Taurus Ediciones, Madrid, 1986-1992, p. 136

[127] Jacques Attali, *Los judíos, el mundo y el dinero*, Fondo de cultura económica, 2005, Buenos Aires, p. 24

[128] *Libros Históricos, Segundo Libro de Samuel (II Samuel, 13)*. (NdT).

que el incesto tiene de propiamente repulsivo. Es considerado un crimen en nuestra sociedad, y, sin querer entrar en los motivos de por qué el incesto es tolerado o prescrito en otras sociedades, noto simplemente que es natural y frecuente amar con amor a su hermano o su hermana[129]." El premio Nobel Thomas Mann, en su novela *Sangre de Welsungos*, describía como una joven judía se ofrecía a su hermano la víspera de su boda con un goy[130]. También es conocida la controvertida canción de Serge Gainsbourg con su hija Charlotte titulada *Lemon Incest*.

Otro fenómeno interesante que destacar, son los vínculos entre el judaísmo y la ley del divorcio que comenzó a dinamitar la célula familiar "patriarcal". El iniciador de la ley del divorcio en Francia fue Alfred Naquet. Químico, conferenciante, diputado y senador, era además el autor en 1882 de un libro titulado *Religión, propiedad, familia*, en el que reclamaba la comunidad de bienes y de mujeres: "El matrimonio es una institución fundamentalmente tiránica y atentatoria contra la libertad del hombre, la causa de la degeneración de la especie humana: es preferible el concubinato o la unión libre, sin intervención de la autoridad, sin consagración religiosa y reconocimiento legal." Vemos pues que Wilhelm Reich tenía predecesores.

Durante una de las sesiones de la Cámara de Diputados el 19 de julio de 1884, un orador católico, Monseñor Freppel, había tomado la palabra: "El movimiento que nos aboca a la adopción de la ley del divorcio es, en el sentido verdadero y literal de la palabra, un movimiento semítico, un movimiento que ha comenzado con el Señor Crémieux para terminar con el Señor Naquet." En efecto, fue el antiguo rabino de Bruselas, Astruc, quién redactó las disposiciones de la ley. De hecho, para todas estas cuestiones, uno puede consultar el código rabínico *Even HaEzer*. Según el tratado *Kethuboth*, se puede repudiar una mujer sin devolverle su pensión de viudedad en estos casos: si ésta le da alimentos prohibidos a su marido; si le engaña acerca de los periodos de sus menstruaciones; si no cumple con su deber con la *Halajá*[131]; si camina fuera de casa con la cabeza descubierta; si sale corriendo a la calle. Aba Saul añadía; si ella insulta a los padres de su marido en su presencia. Rabi Tarfon por su parte decía: si es chillona. Samuel entiende que se refiere a cuando ésta levanta la voz en casa y sus vecinos oyen su voz. Aunque según Rab, se trata únicamente de la

---

[129] Léon Blum, *Du Mariage*, 1937, p. 82
[130] Goy, (plural, goyim). Término judío para referirse a los no judíos, a los gentiles. (NdT).
[131] Prescripciones de la Ley judía. (NdT).

mujer que se oye desde otra habitación durante sus relaciones conyugales. En resumidas cuentas, parece que, con la ley del divorcio, la democracia se ponía de alguna manera al día con la Ley judía; y podría ser que la ley sobre el incesto de la Unión Soviética presentara la misma ventaja.

En este mismo sentido, podríamos incluso sospechar que la ley sobre la abolición de la pena de muerte en 1981, cuyo principal impulsor fue el ministro de justicia socialista Robert Badinter, también respondía a imperativos religiosos. Efectivamente, está terminantemente proscrito que los goyim toquen el cadáver de un Judío. Esa es la razón por la que, por ejemplo, numerosos equipos de rescate israelíes se habían desplazado hasta Tailandia tras el tsunami que había causado la muerte de cerca de 300 000 personas en Asia del Sureste, de las cuales muchas eran turistas. Los europeos habían enviado al lugar numerosos equipos de rescate, mientras que el Estado hebreo se había preocupado de encontrar de forma prioritaria los cuerpos Judíos. Efectivamente, éstos no podían ser manipulados bajo ninguna circunstancia por manos impuras, ni ser enterrados con los goyim.

También podría ser que el psicoanálisis estuviera completamente impregnado de temas hebraicos, pero este asunto requeriría también un estudio aparte[132]. Digamos simplemente que los psicoanalistas no han hecho más que sustituir el papel que tenían antiguamente los curas en los pueblos mediante la confesión. Pero con la pequeña diferencia de que la confesión era gratuita y que, en cambio, los psicoanalistas insisten en cobrar a sus pacientes onerosos emolumentos para garantizar el éxito de la terapia.

Para terminar con este capítulo freudiano, veamos un ejemplo de las ventajas de la introspección psicoanalítica: un programa de televisión ha tratado recientemente el malestar y la depresión en nuestras sociedades de principio de siglo XXI. Se nos presentaba varios métodos de grupo para combatir esos males y sentirse mejor consigo mismo. Uno estaba basado en el baile, la mirada y el contacto corporal, en el que todos sonreían y parecían plenamente satisfechos de esas sesiones en las que liberaban el cuerpo gracias al contacto con los demás. Un segundo método era dirigido por un psiquiatra: unos quince individuos estaban reunidos, sentados en círculo en una gran sala del consultorio en la que habían colocado colchonetas de gimnasio. Cada participante tenía que liberarse sacando a la superficie sus frustraciones emocionales bajo la mirada de los demás. "Tiene que ser como una

---

[132] Sobre el judaísmo y el psicoanálisis léase Hervé Ryssen, *Psicoanálisis del judaísmo*. (NdT)

tormenta que estalla en el cielo", decía el psiquiatra. De tal forma que algunas personas exhibieron con coraje, delante de millones de telespectadores, sus conflictos familiares, sus problemas interiores, sacudidos por los espasmos, los ojos bañados en lágrimas y la boca retorcida de dolor. El contraste entre los dos métodos era realmente impactante.

Después de haber observado las extrañas similitudes entre los preceptos religiosos y étnicos, por un lado, y las posturas políticas por el otro, uno se puede preguntar legítimamente si no es la totalidad de las teorías freudo-marxistas la que debería ser analizada desde el punto de vista de la religión hebraica. Éste sería sin duda un camino a seguir para intentar explicar más en profundidad los orígenes del pensamiento socialista y la génesis del ideal planetariano en general. En cualquier caso, estos conceptos trascienden unas oposiciones políticas que parecen cada vez más ficticias en los actuales sistemas democráticos occidentales.

3. El método planetariano

La unificación del globo requiere un trabajo continuo y paciente de educación de las masas, siempre atraídas por los viejos demonios del nacionalismo. Los Occidentales deben así aprender la tolerancia y la apertura al "Otro", ya que la construcción de la sociedad plural, multiétnica y multicultural es el único camino para alcanzar el Imperio global, sinónimo de Imperio de la Paz. Se trata pues, de sensibilizar por todos los medios la población acerca de los temas de la igualdad de los hombres y de la solidaridad planetaria. A este respecto, la operación "tsunami mediático" de enero del 2005, con motivo de la ola de marea gigante en Asia, fue un éxito excepcional. En efecto, un contribuyente sobre dos en Francia había hecho un donativo para las víctimas asiáticas, preferidas en adelante a sus propios compatriotas.

Los viejos reflejos identitarios ya no deben producirse, y todo debe ser puesto en marcha para culpabilizar las reacciones nacionalistas, residuo de un tribalismo de otros tiempos. Los europeos, y los hombres blancos en general, deben ser convencidos de que son los grandes responsables de los males de la humanidad. Son responsables del cambio climático, de la guerra en Irak, de la vil explotación de los países del Sur y del hambre en África. Toda su historia es una sucesión de monstruosidades: desde la Inquisición hasta Auschwitz, pasando por las guerras de religión, el genocidio de los indios, la colonización africana y la guerra de Argelia. La culpabilización de los europeos es en efecto la única manera de anihilar sus reflejos identitarios. De esta forma, estarán mucho más dispuestos a aceptar la construcción en su suelo de la sociedad plural. La construcción europea participa de esta visión del mundo, ya que suprimiendo las viejas naciones a favor de una entidad política de contornos pocos claros se diluyen todavía más los sentimientos de resistencia étnica. Los Estados Unidos son en ese sentido el modelo que hay que seguir, y, de hecho, numerosos antiguos intelectuales marxistas toman hoy en día la defensa de la América democrática precisamente por ese motivo. Son, de esta forma, los baluartes intelectuales de la alta finanza transnacional, cuyo principal interés es evidentemente promover en todo el mundo la edificación de sociedades democráticas en las que hombres de todos los colores, indiferenciados e iguales se reunirán para adorar la sociedad de consumo y disfrutar con un entusiasmo frenético todos los bienes y baratijas generados por la matriz, como unas hormigas que se aglutinarían por miles alrededor de unas gotas de insecticida deliciosamente dulce. Así pues, ya no hay más razas, ni religiones, ni fronteras, ni nada que pueda obstaculizar el ideal consumista y los designios de la alta finanza internacional. El sistema mediático se encarga de hacérnoslo comprender de la manera más lúdica y divertida posible, pero a veces también con la severidad del profesor de escuela.

Un gran desprecio por los sedentarios

El desprecio de las tradiciones ancestrales y de las culturas arraigadas forma un capítulo en toda regla de la filosofía planetariana. El arraigamiento, el linaje, el espíritu hereditario, la religión de los padres son unos lastres, unas trabas al progreso de la humanidad que hay que derribar lo antes posible.

Naturalmente, la creencia en las virtudes del desarraigo y del nomadismo es un denominador común de los intelectuales planetarianos. El famoso filósofo Emmanuel Lévinas expresó esta idea claramente en su ensayo *Difícil libertad*. Indudablemente, el mayor atraso jamás habido fue el de las civilizaciones paganas de la Antigüedad: "El paganismo es el espíritu local: el nacionalismo en todo cuanto tiene de cruel y despiadado, es decir, de inmediato, de ingenuo e inconsciente. El árbol crece y se reserva toda la savia de la tierra. Una humanidad arraigada... es una humanidad bosque, una humanidad prehumana". Las religiones politeístas europeas se basaban pues en creencias salvajes: había que sustituir esa barbarie por una religión del Libro, hacer penetrar en esos bárbaros rubios una religión del amor y de la fraternidad universal: "Si Europa hubiera sido desarraigada espiritualmente por el cristianismo, el daño no sería grande...¿Pero la desdicha de Europa no responde al hecho de que el cristianismo no la había desarraigado lo bastante?" Evidentemente, fue el genio de los beduinos semitas el que sacó Europa de su letargo: "El advenimiento de las Escrituras no es la subordinación del espíritu a una letra, sino la sustitución del suelo por la letra. El espíritu es libre en la letra y encadenado en la raíz. Es en el suelo árido del desierto donde nada se fija, que el verdadero espíritu descendió en un texto para realizarse universalmente[133]."

---

[133] Emmanuel Levinas, *Difícil libertad, Ensayos sobre el judaísmo*. Ediciones Lilmod, Buenos Aires, 2004, p. 165, 164

En realidad, todo lo creado hasta ahora por los europeos no les permitió nunca levantar el vuelo. Desde el Partenón hasta el Vaticano, desde Miguel-Angel hasta Renoir, desde Cervantes hasta Dostoyevski, desde Bach hasta Wagner, la civilización europea permaneció siempre en una cierta mediocridad. Esto es porque nuestro arraigamiento en el pasado y nuestras tradiciones hicieron de nosotros unos seres subdesarrollados, comparado con lo que nos podría haber aportado el genio nómada: "La libertad respecto de las formas sedentarias de la existencia es, quizá, la manera humana de ser en el mundo. Para el judaísmo, el mundo se hace inteligible ante un rostro humano y no como ocurre para un gran filósofo contemporáneo, que resume un aspecto importante de Occidente, en función de las casas, los templos y los puentes... Pone en un segundo plano los valores de arraigo e instituye otras formas de fidelidad y de responsabilidad. El hombre, después de todo, no es un árbol y la humanidad no es una selva. Formas más humanas, ya que suponen un compromiso consciente; más libres, ya que permiten entrever horizontes más vastos que los de la aldea natal y una sociedad humana[134]."

"La fe en la liberación del hombre está unida al desmoronamiento de las civilizaciones sedentarias, al decaimiento de las pesadeces del pasado, al desvanecimiento de los colores locales, a las fisuras que resquebrajan todos los armatostes y cosas obtusas ligados a los particularismos humanos. Hay que ser subdesarrollado para reivindicarlos como razón de ser y luchar en su nombre para tener un lugar en el mundo moderno[135]." Este era el mensaje que tenía para nosotros Emmanuel Levinas, uno de los mayores filósofos del judaísmo del siglo XX.

"La verdad ya no tiene que estar forzosamente ligada a la tradición: posee un valor idéntico para todos los que ya no están cegados por la

---

[134] Emmanuel Levinas, *Difícil libertad, Ensayos sobre el judaísmo*. Ediciones Lilmod, Buenos Aires, 2004, p. 112, 113
"La comunidad judía es, por el contrario, una comunidad que ubica la eternidad en su naturaleza misma. No sostiene su ser en una tierra, ni en una lengua, ni en una legislación sometida a las renovaciones y las revoluciones. Su tierra es "santa" y término de una nostalgia, su lengua es sagrada y no hablada. Su Ley es santa y no una legislación temporaria, formulada para el control político del tiempo. Pero el judío nace judío y confía en la vida eterna cuya certeza experimenta a través de los vínculos carnales que lo enlazan a sus ancestros y a sus descendientes." Emmanuel Levinas, *"Entre dos mundos" (El camino de Franz Rosensweig)*, Conferencia pronunciada el 27 de septiembre de 1959 en el Segundo Coloquio de Intelectuales Judíos de Lengua Francesa, organizado por la Sección Francesa del Congreso Judío Mundial, en *Difícil libertad, Ensayos sobre el judaísmo*, p. 217.
[135] Emmanuel Lévinas, *Difficile liberté*, Albin Michel, 1963, édition de 1995, p. 299

tradición", respondía Alain Finkielkraut. Son las ataduras del pasado las que nos impiden ver el futuro radiante delante de nosotros. Tiremos por la borda toda esa mitología engorrosa, todas esas viejas religiones y tradiciones de otros tiempos: "Un universo jerarquizado se abre ante la mirada firme que ha abolido el reino de los grandes relatos del origen[136]."

Alain Finkielkraut insistía particularmente en esta idea: si renegáis de vuestras raíces, si renegáis de vuestra patria, si renegáis hasta de vuestros antepasados y familiares, entonces tendréis una oportunidad de salvaros: "El Mal, dicho de otro modo, nace por las patrias y por los patronímicos. El Mal es el muerto que se apodera del vivo y es la dictadura ejercida por los apellidos sobre los nombres de pila. El Mal es el espíritu que, en vez de emprender el vuelo, cae aplastado por su propio peso y se hace carne[137]." El hombre posmoderno no estará vulgarmente atado al pasado. "Deja de rastrear las huellas del pasado dentro de sí mismo como en los demás." Su título de gloria, "es ser cosmopolita, y declarar la guerra al espíritu provinciano[138]."

Algo parecido nos decía Edgar Morin, cuando lamentaba "los grandes retrasos y parálisis debidos a los localismos y provincialismos." Millones de personas viven todavía en un universo retrógrado: "Los tabúes preñados de maldiciones que constituían las defensas inmunológicas de las culturas arcaicas y las religiones dogmáticas, se han convertido en obstáculos para la comunicación, la comprensión y la creación en la era planetaria[139]." Ciertamente, todavía queda mucho camino por recorrer hasta la culminación de ese nuevo mundo, esa "confederación planetaria" a la que aspiramos.

Leemos en George Steiner la misma desconfianza atávica hacia las naciones: "La nación se alimenta de mentiras por necesidad empírica", escribía. "El lugar de la verdad es siempre extraterritorial; su difusión pasa a ser clandestina por las alambradas y vigías del dogma nacional[140]."

Pierre Lévy quizá supo ser más pedagogo en su apología de la "ciudadanía planetaria": "Comprendo, y comparto la nostalgia del mundo donde bastaba seguir la vía de los antepasados para que todo

---

[136] Alain Finkielkraut, *La Humanidad perdida*, Anagrama, Barcelona, 1998, p. 16, 17
[137] Alain Finkielkraut, *La Humanidad perdida*, Anagrama, Barcelona, 1998, p. 149
[138] Alain Finkielkraut, *Le Mécontemporain*, Gallimard, 1991, p. 174-177
[139] Edgar Morin y Anne-Brigitte Kern, *Tierra-Patria*, 1993, Editorial Kairós, Barcelona, 2005, p. 148. El protestantismo estadounidense parece en ese aspecto mucho más adaptable que el catolicismo y, sobre todo, que el actual islam.
[140] George Steiner, *Pasión intacta. El texto, tierra de nuestro hogar*, Ediciones Siruela, Madrid, 1997, p. 422, 420

saliese bien, el mundo donde cada acto de la vida cotidiana era el cumplimiento sosegado de un ritual. Un mundo donde moraban los dioses. Ese mundo hermoso y ordenado...ese mundo que ya no existe. Pero debemos dejar atrás esa nostalgia porque se convierte fácilmente en fuente de sufrimiento y de rechazo horrorizado del movimiento real del mundo tal como va...Debemos convertirnos en los artistas de nuestras propias vidas. Nuestras raíces tendrán que transformarse en rizomas que crecen horizontalmente en todas las direcciones...Tendremos que hallar una identidad más profunda, más universal que la que nos fue propuesta por la cultura donde nacimos." No temáis más ahora, relájense, mis palabras os traen consuelo, vuestros músculos se relajan, sentís un gran calor invadiros suavemente..."Debemos comprender que las culturas identitarias son callejones sin salida. Al encerrarnos en culturas identitarias, nos separamos de aquellos que son diferentes...Las culturas identitarias nos dividen. Nos oponen. Corremos el riesgo de que nos encierren en el miedo y en el odio[141]."

En *La Nueva Edad Media*, Alain Minc se mostraba moralizador ante el auge de la extrema derecha, sin ocultar un cierto desprecio por los autóctonos un poco retrasados que no comprendían todavía el gran destino de la humanidad. Fustigaba severamente la "tentación pusilánime" de los franceses. "Existe dos usos posibles de la renta que nos proporciona nuestro Estado-nación unitario y centralizado. O bien encerrase bajo su ala protectora, acurrucarse como los habitantes de la Edad Media en el torreón de su castillo, ignorar lo más posible lo que ocurre fuera de él, y retomar nuestras viejas cantinelas aislacionistas y proteccionistas. O bien sentirse más fuertes ante el temporal, ver la oportunidad de hacerse más presentes en el mundo, querer ser combativos e innovadores, tratar de influir en el curso de los acontecimientos. No son dos tentaciones nuevas para Francia: siempre osciló entre el reflejo pueblerino y el universalismo."

Los pueblos y los campesinos franceses están de todas maneras condenados a desaparecer, tarde o temprano, quedando así purgada toda esa franja de la población típicamente francesa y anticuada; en todo caso, no lo suficientemente "cosmopolita". Esa población campesina, que siempre se ha negado a abrirse al mundo y a acoger a los extranjeros, siempre se ha refugiado en sus iglesias de la manera más mezquina. Hoy en día, vivimos la época de los mestizajes positivos. Los franceses deben seguir adelante, abrirse más al mundo: "Si persisten en su anterior visión del mundo y se empecinan en creer que vivimos un

---

[141] Pierre Lévy, *World philosophie*, Odile Jacob, 2000, p. 145-147

breve periodo de adaptación y que todo volverá a la normalidad, al orden tradicional, entonces estarán condenados. Los pusilánimes, los proteccionistas, los partidarios reaccionarios del Estado-nación, los angustiados, los xenófobos habrán ganado la partida y Francia hará el peor uso de las posibilidades que el nuevo desorden mundial le ofrece[142]." Pues este nuevo desorden mundial es un regalo que se nos hace, debemos creerlo; es una auténtica oportunidad que se le brinda a Francia.

Pero mientras que a los sedentarios se les invita a "hacer tabla rasa del pasado", a olvidar sus tradiciones ancestrales y a rechazar todo aquello que podría ligarlos a su comunidad de origen, en cambio la "Memoria" sigue teniendo una importancia capital, pero únicamente para los nómadas. Jacques Attali, en su *Diccionario,* nos decía que la Memoria es "la identidad y el bagaje del nómada, su lujo y su arma cuando se generaliza la precariedad y la amnesia." Por tanto, lo que es válido para unos, no lo es para los otros. El objetivo es disolver las sociedades sedentarias y favorecer el mundo nómada sin fronteras que abrirá el camino a la felicidad y a la paz universal.

El mismo espíritu de desarraigo se expresaba en la gran novelista austríaca Elfriede Jelinek. Después de la atribución del premio Nobel de literatura del 2004, ésta había querido precisar su pensamiento en una entrevista que relataba el diario comunista *L'Humanité*. En efecto, la novelista, "nacida de un padre judío socialista checo, fallecido prematuramente en un hospital psiquiátrico", deseaba desmarcarse de la imagen de la actual Austria, reaccionaria y conservadora, de "su vida cotidiana de operetas insípidas, con su culto beato de la naturaleza, sus dos cadenas de televisión pasadas de moda, su folclore musical reproducido en bucle, su apolitismo de buen tono, su cordialidad afectada." De aquella Austria nauseabunda, denunciaba "detrás de los resquemores, las viejas nostalgias de Imperio, el arraigo profundo del suelo y la tierra, la desconfianza hacia los extranjeros, el poder de un catolicismo retrógrado y su alianza con las persistencias de la ideología nazi". "Mi premio Nobel no debe ser considerado como una flor en el ojal de Austria[143]". De Austria, claramente no.

El gran poeta Heinrich Heine también fue en su época un gran insolente respecto de Alemania: con motivo del lanzamiento de una suscripción para la construcción de la estatua de Arminius, el vencedor de las legiones romanas, Heine aportó la cantidad simbólica de cinco céntimos. Aquel desprecio, que nunca fue olvidado por los alemanes,

---

[142] Alain Minc, *Le Nouveau Moyen-Age,* Gallimard, 1993, p. 246-247
[143] *L'Humanité* du 8 octobre 2004.

debe ponerse junto con todos los actos y todas las palabras que denotan el desprecio insondable de los espíritus cosmopolitas hacia todo lo que les es ajeno.

Bernard-Henri Lévy también se sublevaba en contra "del culto de las etnias, de las microculturas populares, de las identidades colectivas restauradas": "el fascismo no es sólo la música marcial de los devotos del Estado-Nación: también puede hablar algún dialecto, bailar unas jotas, marchar al son de las gaitas...Frente a todo eso, frente a tanta estupidez, a veces casi tengo ganas de entonar el himno de la Francia una y eterna. Delante de un corso en armas o de un bretón disfrazado de druida, estoy casi tentado de ponerme del lado de los partidarios incondicionales de la cohesión territorial del país. En realidad, lo que me retiene de hacerlo es que son todos iguales. Sean infra, supra o simples nacionalistas, en el fondo todos piensan de la misma forma, lo cual me repugna." Las "patrias de toda clase y sus parafernalias de antiguallas[144]" le repugnan sobremanera. No son más que la expresión de un "ensimismamiento tenso y pusilánime en las identidades más pobres". Veremos más adelante en este libro como los bolcheviques pusieron en práctica su desprecio por las tradiciones rusas.

En 1985, Pierre Bergé, el riquísimo dueño socialista de Yves Saint-Laurent, financiaba el lanzamiento de la revista *Globe*. El primer número ponía los puntos sobre las íes: "Obviamente, somos decididamente cosmopolitas. Evidentemente, todo lo que huele a terruño, las jotas, las gaitas, lo castizo o patriotero nos es ajeno, incluso odioso", escribía con delectación BHL[145]. Los dos creadores redactores del proyecto eran Georges-Marc-Benamou, un colaborador cercano del presidente Mitterrand, y Bernard-Henri Lévy, quién de paso declaraba al diario *Le Monde*: "Podéis escribirlo, considero que soy el mejor escritor, el ensayista más talentoso de mi generación[146]."

Guy Konopnicki, un autor que se había mantenido próximo a las ideas comunistas, decía lo mismo que los intelectuales demócratas sobre este tema. En uno de sus ensayos titulado *La Francia de la quiniela* (*La France du tiercé*), el escritor parecía no tener más que desprecio por el país que lo acogió: "Incluso la más pésima de las revistas de Broadway siempre superará el espectáculo lamentable de los

---

[144] Bernard-Henri Lévy, *L'Idéologie française*, Grasset, 1981, p. 212-216
[145] BHL, acrónimo del omnipresente filósofo mediático Bernard-Henri Lévy. (NdT).
[146] *Le Monde*, 21 de marzo de 1985. El gran talento de Bernard-Henri Lévy también quedó patente en una ocasión en España, cuando fue invitado por el programa *La Clave* de Televisión española, el 10 de noviembre de 1979, a debatir con Santiago Carrillo y Roger Garaudy, entre otros. (NdT).

bailes folclóricos con zocos", escribía amablemente. Lo cual no le impedía declarar a continuación: "En calidad de inmigrante, soy más francés que los franceses." Todos sus libros giran en torno a temas recurrentes: el racismo obrero, el judaísmo, lo casposo típicamente francés. ¿Francia?: "una santa trinidad: María-Iglesia-Prostíbulo." (*Les Filières noires*). "Los odios y rencores del pequeño galo" le dan arcadas; "sería mejor retorcerle el cuello al pequeño gallo galo y enderezar el claro genio francés. La modernidad política así lo exige. Hay que acabar de una vez por todas con esa Francia y salir de ese enclaustramiento hexagonal[147]."

En cambio, y siempre nos topamos con la misma paradoja, ese mundialista está obsesionado con la desaparición de la lengua yiddish[148]. Su libro, *Le Mur des fédérés* (*El Muro de los federados*), llevaba un subtitulo en yiddish, *Der Rote Yid* (*El Judío rojo*). Y cuando escribe una novela policíaca, la titula *Pas de Kaddish pour Sylberstein (No hay Kadish para Sylberstein)*. Hay que decir que el director de colección de su editorial era Bernard-Henri Lévy.

La Francia de los cabrones

De entre todos los autores planetarianos, Bernard-Henri Lévy es sin duda uno de los más vehementes y virulentos críticos de la sociedad tradicional. En cualquier caso, se trata del intelectual que usa los términos más duros para fustigar la Francia de los campanarios y del terruño, y todos los adversarios de la sociedad abierta. Este filósofo es además uno de los hombres más ricos de Francia, con una fortuna personal estimada en unos 150 millones de euros, heredada de la empresa comercial de madera que su padre había creado en Marruecos. Pero el hombre también dirige varias sociedades financieras. Al igual que Jacques Attali o Alain Minc, los filósofos socialistas y liberales son hoy en día unos reyes de los negocios y unas estrellas de la televisión que saben seducir el público[149].

---

[147] La geografía de Francia forma un hexágono. A menudo se alude así a Francia. (NdT).
[148] Lengua judeoalemana de Europa central. (NdT).
[149] BHL forma parte de esa nueva generación de intelectuales de la década de 1970 que se denominó "*Les Nouveaux Philosophes*". A partir de los años 80, Lévy participó en numerosas causas internacionales, desplegando una intensa militancia mediática por todo el mundo. Sus andanzas lo llevaron hasta Pakistán para apoyar a los Muyahidín afganos, Bosnia-Herzegovina en ayuda a los bosnios musulmanes frente a los serbios, Georgia durante la guerra de Osetia del Sur, Israel durante la guerra de Gaza del 2008, Libia para apoyar la revolución libia contra Muamar el Kadafi, el Kurdistán iraquí donde conoció los peshmrergas que luchaban contra Dáech, en Kiev tras el golpe de

En su libro *La Ideología francesa*, Bernard-Henri Lévy denunciaba las responsabilidades de los intelectuales franceses, cuyas ideas reaccionarias habían inevitablemente conducido el país al régimen de Vichy y a la Colaboración con la Alemania nazi. Los escritores socialistas no salían mejor parados que los pensadores patriotas y nacionalistas, en cuanto éstos atacaban a su vez la "plutocracia" y la República. De hecho, al principio del siglo XX, asistimos en Francia a un acercamiento ideológico entre las dos corrientes "antisistema" - socialista y nacionalista- que bien habría podido derribar la república si la guerra de 1914 no hubiera estallado. Los círculos socialistas revolucionarios más radicales se mostraban en aquel momento muy permeables a ciertos temas calificados hoy en día de "extrema derecha", mientras que, del otro lado, en los monárquicos de la Acción Francesa, encontrábamos a Charles Maurras soñando con un "socialismo liberado de su componente democrático y cosmopolita." Una derecha proletaria y un movimiento socialista-revolucionario iban a converger para dar a luz un nuevo movimiento político conocido bajo el nombre de "Fascismo".

En la extrema-izquierda, Georges Sorel, autor de *Reflexiones sobre la violencia*, era el intelectual del sindicalismo-revolucionario. Los sindicatos eran para él la clave del dispositivo, el arma que serviría a derribar el régimen plutocrático a través de una huelga general e insurreccional. Su socialismo estaba demasiado arraigado para Bernard-Henri Lévy, pues se había fijado como objetivo purgar la sociedad de la finanza internacional y del espíritu mercante. Palabras como "pueblo", "sangre" y "tradiciones" formaban aún parte del vocabulario de esos revolucionarios para quienes la democracia plutocrática, y no el "fascismo", era el enemigo prioritario. Y esto es precisamente lo que atemorizaba nuestro filósofo cosmopolita. En aquel entonces, no existía ningún cordón sanitario alrededor de la extrema derecha. El intercambio de ideas era todavía posible entre adversarios políticos. De tal forma que Sorel, en sus *Consideraciones póstumas*, ensalzaba tanto a Eduardo Drumont, el autor de *La Francia judía*, como a Charles Maurras que calificaba de "auténtico líder" inmunizado contra "el virus democrático". En el mismo espectro político, en el diario *La Guerre sociale* de Gustavo Hervé, se podía leer que el periódico *L'Humanité* de Jaurés era financiado por los Rothschild

---

Estado del Euromaiden de 2013, etc. En 2017 fue investido doctor *honoris causa* por la Universidad Bar Ilan por "más de 40 años de influyente contribución al pueblo judío y a su nación". Las Universidades de Tel Aviv y de Jerusalén le concedieron el mismo título en 2002 y 2008, respectivamente. (NdT).

y "enteramente entregado a servir sus tenebrosos objetivos". Ese era el ambiente en el que se movían numerosos anarquistas y socialistas y en el que iba a nacer la CGT (Confederación General del Trabajo). El culto del esfuerzo, de la lucha contra los valores liberales, contra las creencias democráticas, contra la filosofía de la Ilustración y la "impostura de los derechos humanos": esa era la línea de conducta que seguían los socialistas franceses antes de 1914.

Georges Sorel y Charles Maurras eran entonces las dos grandes figuras emblemáticas de la reacción francesa contra el régimen. La convergencia entre las dos corrientes revolucionarias tendría lugar en París, en diciembre de 1911. El círculo Proudhon había nacido. Por primera vez en la historia de Europa, hombres de izquierda y de derecha iban a presentar un discurso conjunto en el que se manifestaba la crítica de la plutocracia, el odio del cosmopolitismo, el desprecio del intelectualismo decadente, y el antisemitismo. El vocabulario socialista-revolucionario de la época podía chirriar en los oídos de nuestros modernos intelectuales planetarianos: "Existe dos noblezas, decía Eduardo Berth, el discípulo de Sorel: la de la espada y la del trabajo." Se necesita "el despertar de la fuerza y de la sangre contra el oro", para que se produzca "una derrota definitiva de la plutocracia" (*Cuadernos del Círculo Proudhon*, septiembre 1912). Durante tres años, el Círculo Proudhon trabajaría para apresurar el "despertar de la fuerza y de la sangre" y el advenimiento de un "socialismo campesino, guerrero y galo." Por aquel entonces, los patriotas de todo el mundo tenían las miradas puestas sobre Francia, mientras que Alemania era todavía la patria del marxismo y del "socialismo científico". Francia fue sin lugar a dudas el hogar del fascismo y del socialismo nacional, el país donde el dialogo entre nacionalistas y comunistas se estableció libremente.

La experiencia fue efímera y apenas estaba logrando desbordar los círculos intelectuales cuando la guerra de 1914 estalló y la interrumpió definitivamente. "Pero los monstruos andaban sueltos", escribía BHL; "la bestia inmunda había nacido[150]".

Georges Valois fundaría más tarde *Le Faisceau*, partido donde se mantendría esa síntesis doctrinal, y Berth se uniría al Partido comunista en 1920. Drieu La Rochelle, Lucien Rebatet, Marcel Deat y muchos más nunca olvidarían aquella experiencia. Mussolini reconocería que el socialismo francés había sido la fuente de inspiración del fascismo italiano. En 1926, declaraba: "A quién más debo es a Georges Sorel". Sorel reconoció en el fascismo italiano la encarnación de su socialismo,

---

[150] Bernard-Henri Lévy, *L'Idéologie française*, Grasset, 1981, p. 149

aunque también aplaudió la experiencia de octubre de 1917. En efecto, Sorel tenía a pesar de todo "una extraña tendencia a reivindicarse del marxismo, ahí donde Maurras sólo veía como mucho una doctrina judía."

Durante la entre-guerra, Bernard-Henri Lévy detectaba más bien un estado de ánimo general que una colusión ideológica entre socialismo y nacionalismo. Percibía en la literatura comunista el mismo discurso insano que en la literatura de extrema derecha, discursos que exaltaban la "raza", término muy en boga desde mediados del siglo XIX. El culto al cuerpo tenía una resonancia pagana que no podía más que disgustar al intelectual receloso ante las manifestaciones de fuerza. Cuando la ideología del régimen de Vichy exaltaba la juventud y la animaba a "regenerar sus fuerzas al aire libre, en una sana fraternidad", los comunistas hacían lo propio diez años antes cuando exaltaban el cuerpo y el vigor físico del pueblo. El diario *L'Humanité* había saludado el regreso de la delegación comunista que había ido a admirar en los terrenos deportivos de Moscú una "juventud feliz de vivir", "orgullosa de sus cuerpos robustos", que "rebosan de salud" y "dan la impresión formidable de la fuerza de su país." Bernard-Henri Lévy rechazaba ese entusiasmo de la época, y expresaba su repulsión instintiva ante "esa fantasía de un pueblo atlético, arraigado tanto en su cuerpo como en su tierra, su raza y su nación."

El mundo intelectual y político de la entre-guerra le repugnaba soberanamente. Aunque la extrema derecha no tenía el monopolio de la abyección: pues toda la intelligentsia francesa parecía haber preparado la llegada del Mariscal Pétain y el Holocausto. El Mariscal Pétain era naturalmente el personaje "verdaderamente más repugnante". Éste desveló, a través de su "singular delirio", "la amplitud demencial de su proyecto". Los intelectuales de extrema derecha sólo merecían el desprecio: "La alegría infame de los Brasillach, Céline, Drieu que aplauden el derrumbe de la democracia" sólo puede revolver el estómago. "Todos ellos disfrutaron en la abyección del nuevo orden[151]."

No se debe olvidar nunca que el ambiente que prevaleció en Francia después de la derrota de los ejércitos franceses fue únicamente posible porque había sido preparado años atrás por los intelectuales franceses, cuya cobardía resultó patética. "Alemania tuvo menos responsabilidad de lo que se suele creer en la abyección francesa[152]", aseguraba Lévy. No hubo "ningún otro caso igual en toda la Europa

---

[151] Bernard-Henri Lévy, *L'Idéologie française*, Grasset, 1981, p. 48
[152] Bernard-Henri Lévy, *L'Idéologie française*, Grasset, 1981, p. 56

derrotada, ninguna otra nación que Francia en reclamar tan tranquilamente sus títulos de la infamia[153]."

Péguy, Fabre-Luce, Maurras, "dan fe de nuestra antigüedad en la abyección". Esa gente representaba "la Francia de los cabrones", "la gran herida purulenta" del mundo intelectual. Maurice Barrés, el "príncipe de la juventud", se convierte, bajo la pluma de Lévy, en "el príncipe de la abyección, Barrés el antisemita, el loco furibundo y *boulangista*[154]". Péguy era un "tonto", y cuando hablaba de la "raza francesa" sólo inspiraba "un asco violento". El apuesto marqués de Morès tampoco le dejó un buen recuerdo, a juzgar por lo que encontró "en algunos de los folletos escritos por su estúpido cerebro". Maurras, "agitándose impacientemente", "coge unas rabietas de perro joven"; Léon Daudet era un intelectual con un "cerebro enfermo"; Jean Giono, "cuya filosofía se puede resumir en esta única convicción de que más vale vivir a rastras que arriesgarse a morir de pie", no era mejor que Thierry Maulnier y sus amigos de la Joven Derecha que exaltaban "una comunidad moldeada por viejas obsesiones." En cuanto a Céline, éste era sencillamente "el paladín de la escoria, el adalid de la inmundicia[155]."

Todos ellos permitieron la llegada al poder del Mariscal Pétain. "Sí, es ese hombre, juraba Lévy, son todos esos hombres los que, por primera vez en nuestra historia moderna, perpetraron el crimen absoluto de legalizar el racismo y la xenofobia. Fue dentro de sus filas que se pensó y planificó la solución final a la francesa. Son esos cerebros comunes y corrientes, penetrados de humanismo y cultura clásica, llenos de decoro y conformismo patrióticos, los que dieron a luz, durante cuatro años, a la versión francesa, tan profundamente francesa, de la abyección del siglo[156]." Vemos aquí despuntar fuertemente un desprecio inmenso hacia los indígenas. En realidad, "el racismo y la

---

[153] Bernard-Henri Lévy, *L'Idéologie française*, Grasset, 1981, p. 60

[154] Georges Ernest Jean Marie Boulanger fue un militar y político francés que tuvo un gran protagonismo en los primeros años de la Tercera república francesa. Se hizo muy popular ante la opinión pública francesa por sus discursos populistas, chovinistas y revanchistas en una sociedad todavía traumatizada por la pérdida de Alsacia y Lorena tras la Guerra Franco-Prusiana de 1870. (NdT).

[155] Bernard-Henri Lévy, *L'Idéologie française*, Grasset, 1981, p. 113, 235, 260, 146, 205, 210, 22. [Louis Ferdinand Céline, a pesar de sus polémicos y durísimos panfletos antisemitas, es considerado uno de los escritores más influyentes del siglo XX, pues desarrolló un nuevo estilo de escritura con unas características orales que modernizaron tanto la literatura francesa como la universal. Tras Marcel Proust, es el autor más traducido y popular de la literatura francesa del siglo XX; su novela más famosa es el *Viaje al fin de la noche*. (NdT).]

[156] Bernard-Henri Lévy, *L'Idéologie française*, Grasset, 1981, p. 68

xenofobia" estaban en todas las legislaciones de Europa y del mundo desde hacía siglos, en el sentido de que un ciudadano tenía derechos que no tenía un extranjero. Si los judíos habían conseguido la ciudadanía en 1790 en el territorio francés, tuvieron que esperar hasta 1870 para los departamentos de Argelia. En realidad, el "crimen absoluto" del que hablaba Lévy se refería a la pérdida de ciudadanía francesa en 1940.

Los comunistas franceses y los socialistas del siglo pasado no eran menos responsables de la "abyección francesa". En 1940, tras la derrota contra la Alemania nazi, los comunistas franceses solicitaron a las autoridades alemanas el derecho de publicar sus periódicos. Publicarían así *"El llamamiento al pueblo de París"*, en el que los redactores proponían "inculpar todos aquellos que habían empujado Francia a la guerra y engañado el pueblo de Francia". "Llegados a este nivel de desvarío, ya no basta con decir que los comunistas compartían con Vichy el mismo lenguaje o la misma temática: compiten por esa temática, le niegan su autoría al régimen y pretenden asumir ellos solos el discurso y el legado[157]." En definitiva, para Lévy, se puede decir que los comunistas y los fascistas se lanzaron "en una competición encarnizada para la apropiación y el control de la maldad del ambiente" en "una repugnante rivalidad mimética."

De hecho, las adhesiones del socialismo vendrían nutrir las filas del Mariscal con reclutas inesperados: Gaston Bergery, fundador en 1933 del Frente común antifascista; Frossard, veterano del socialismo; Spinasse, antiguo ministro de Léon Blum; Marcel Déat, ministro en 1936; Lagardelle, heredero de Georges Sorel y del sindicalismo revolucionario; Yvetot, uno de los más dignos sobrevivientes de las luchas obreras de principio de siglo; Charles Dhooges, anarquista. Todos se unirían al bando de la revolución nacional del Mariscal Pétain.

El socialismo de tradición francesa difundió todas las inmundicias: "Por último y para colmo de males, hay una dimensión puramente racial, increíblemente moderna, de la que no es exagerado decir que fue en las filas socialistas donde alcanzó primero su máxima intensidad[158]." En efecto, existe en el socialismo francés del siglo XIX la "idea de que el Judío es menos odioso, como se creía hasta entonces, por haber matado a Cristo, que por haberlo inventado" y que está "en el origen de esa lepra moderna que es el cristianismo: esa tendencia, inaugurada por Voltaire, continuada por Blanqui, y que culmina en los libros de Gustavo Tridon, blanquista y comunero que, ya desde 1865, amalgama

---

[157] Bernard-Henri Lévy, *L'Idéologie française,* Grasset, 1981, p. 86
[158] Bernard-Henri Lévy, *L'Idéologie française,* Grasset, 1981, p. 129

en el mismo aborrecible "semitismo" esos malos genios de la tierra que son el catolicismo y el judaísmo". "El racismo bestial que impregna el pensamiento de Proudhon", la literatura de extrema izquierda "más grosera, la de los Sorel, Malon, Chirac, Toussenel" son para desechar totalmente. Hay que "olvidar ese socialismo, aseguraba Lévy, con la misma energía y determinación que el socialismo marxista, leninista o estaliniano", al igual que Jules Guesde, ese "patriota chovinista, xenófobo, y durante un tiempo próximo al *boulangismo*[159]." La xenofobia impregnaba igualmente los textos de Vaillant-Couturier, que cantaba las "duras virtudes de los militantes "profundamente arraigados en la tierra" y cuyos apellidos "tienen el sabor de nuestro terruño"". El Partido comunista de los años treinta había integrado perfectamente las nociones de "país fuerte" o de "raza numerosa". Durante la polémica del caso Lyssenko en Francia, ¿no se proclamó Aragon el adalid del campo en contra "del arte decadente, degenerado, cosmopolita y antinacional"? Es esa noción de terruño y de arraigamiento lo que más repugnaba a Bernard-Henri Lévy, y no el socialismo en sí mismo. "Ahí está el apestoso reprimido. El racismo, la xenofobia, la moña y la estupidez. El trabajo, la familia, la patria y la Francia profunda[160]." En eso consistía "el delirio que brotaba del terruño y de los cerebros nacionales".

La única figura intelectual que se libraba era la de Julien Benda, el internacionalista que no estaba supeditado al marxismo y que inspiró el París de 1968, y su "magnífico "todos somos Judíos alemanes", arrojado como una bofetada en la cara de la otra Francia, la de los cretinos y de los canallas que preferían gritar "Cohn-Bendit a Dachau"".

La indignación de Bernard-Henri Lévy no se limitaba pues a los extremos del tablero político francés. Todo lo que está arraigado y es típicamente francés le repugna. Incluso Mounier y sus amigos de la revista *Esprit*, muy alejados de cualquier sentimiento racista o de antisemitismo, le desagradaban. En enero de 1941, la revista había elogiado el folclore y los bailes populares, donde sobresalían los afortunados que "conservan el recuerdo celular de su entorno étnico". BHL se enfadaba rabiosamente contra Mounier: ¿No es el propio Mounier, en 1940, el que pone como ejemplo en Francia "la vitalidad" y "la imaginación" que "el hitlerismo ha infundido en Alemania[161]"? Todas las tradiciones nacionales provocan sus sarcasmos y su desprecio. Se mofa de todos los autores franceses que exaltan el linaje

---

[159] Bernard-Henri Lévy, *L'Idéologie française*, Grasset, 1981, p. 166. (Ver nota 155)
[160] Bernard-Henri Lévy, *L'Idéologie française*, Grasset, 1981, p. 181
[161] Bernard-Henri Lévy, *L'Idéologie française*, Grasset, 1981, p. 212, 32

y los antepasados: Gustavo Thibon es un "teórico esforzado pero mediocre, ligeramente pastenco y vocero de nuestro terruño y del buen sentido común francés"; Mistral, poeta y cantor de la Provenza, "fue el único personaje, excepto Juana de Arco, a quién el Mariscal Pétain haya hecho el honor de dirigir un breve pero entero Mensaje". La cosa ha quedado clara, pues: todo lo que no es cosmopolita es bueno para la basura. Las viejas tradiciones francesas, el espíritu de pueblo, la solidaridad identitaria, etc., todo eso, para las mentes intelectuales planetarianas, debe ser borrado de una vez por todas.

La culpabilización sistemática

La idea planetariana no tiene asidero en los pueblos fuertemente impregnados de su identidad y que viven en medio de pueblos más numerosos. Las naciones industriales y ricas, en cambio, son más sensibles a toda clase de reproches sobre su pasado y la dominación que pudieron ejercer en algún momento. Evidentemente, la crítica se dirige contra los pueblos dominantes, y no contra los pueblos dominados. Pero desde hace varias décadas en Occidente, ésta se ejerce exclusivamente contra los Occidentales. Se trataría de puro masoquismo, si las víctimas fueran ellas mismas responsables de esas críticas acerbas que no dejan de echar abajo el orgullo de los pueblos europeos. Y éste no es siempre el caso. Los libros sobre el tema son innumerables; la "sensibilización" es omnipresente y continúa a través de la prensa, las editoriales, la televisión y el cine. Limitaremos así nuestras investigaciones a algunos ejemplos recientes y emblemáticos de esta empresa de acusación permanente.

En un libro del 2004, cuyo título era evocador -*El Crimen occidental*-, Viviane Forrester (nacida Dreyfus) trataba, después de muchos otros antes que ella, de denunciar la ignominia de los europeos. Su cobardía ante el calvario de los Judíos alemanes fue evidentemente criminal: "En los años treinta, escribía, lo que ya se sabía del historial de crímenes nazis y lo que divulgaba la prensa hubiera tenido que ser suficiente para provocar la oposición sin límite, intransigente y determinada de las naciones democráticas...Pero fieles a su genio de la inacción cuando se trata de Judíos, tan oportunamente diezmados, los responsables de las dos grandes potencias aunaron finalmente su ciencia de la pasividad." Debemos comprender aquí que los europeos deberían sentirse culpables de no haber querido volver inmediatamente a la masacre, en cuanto Hitler llegó al poder en 1933.

Esta complicidad de los Occidentales en los crímenes de la Segunda Guerra mundial quedó también en evidencia con su inacción durante la revuelta del gueto de Varsovia. "La única respuesta, escribía Viviane Forrester, fue el silencio, la inactividad mezquina y astuta, la obstrucción lucida y calculada, racista, del resto de Occidente."

"Millones de Judíos fueron asfixiados en las cámaras de gas, pero nadie amenazó a los alemanes con represalias –no hubo ninguna amenaza de gasear sus ciudades[162]." Todos los europeos son culpables pues, y no solamente los alemanes. Sobre este punto, nos limitaremos a apuntar que ni en las memorias de Churchill, ni en las del general De Gaulle, ni tampoco en las de Roosevelt se mencionan las cámaras de gas durante la guerra. Debe ser probablemente porque estos personajes eran unos cobardes.

Pero no importa, puesto que se trata ante todo de demostrar que los occidentales fueron culpables por haber cerrado los ojos ante lo que estaba pasando en Europa durante la guerra. Francia, que ya "no deseaba acoger Judíos provenientes de Alemania" era puesta en la picota: "El terror no era ver esos hombres, esas mujeres y eso niños exterminados y torturados, sino verlos liberados como una afluencia peligrosa; "¡No en nuestra casa! Las voces eran unánimes[163]", escribía Viviane Forrester. "La huida general, incluso el consentimiento por omisión ante el racismo nazi, fueron escamoteados, puestos en el olvido, no señalados. La inercia occidental ante la barbarie y su connivencia con el antisemitismo no fueron recordados, sino mantenidos lo más posible en un silencio consensuado de una memoria voluntariamente reprimida[164]."

A falta de ser una gran historiadora, Viviane Forrester habría sido sin duda una maravillosa fiscal cerca de Novosibirsk en 1937.

Sin embargo, nos parece poder identificar en su vindicta el origen de tal parcialidad. Cuando escribía, por ejemplo: "No se trataba de una

---

[162] Viviane Forrester, *Le Crime occidental*, Fayard, 2004, p. 15-16, 32-34.
["Quisiera recordar, delante de los representantes de tantas naciones, entre las que se cuentan algunas que no tienen judíos en su seno, lo que fueron, para los judíos de Europa, los años 1933-1945. Entre los millones de seres humanos que encontraron allí la miseria y la muerte, los judíos hicieron la experiencia única de un desamparo total. Conocieron una condición inferior a la de las cosas, una experiencia de la pasividad total, una experiencia de la Pasión. (...) El antisemitismo del siglo XX, que culminará en el exterminio de seis millones de judíos europeos, significó para los judíos la crisis de un mundo que el cristianismo había modelado durante 20 siglos." Emmanuel Levinas, *Difícil libertad, Ensayos sobre el judaísmo*. Ediciones Lilmod, Buenos Aires, 2004, p. 100, 189. (NdT).]
[163] Viviane Forrester, *Le Crime occidental*, Fayard, 2004, p. 36
[164] Viviane Forrester, *Le Crime occidental*, Fayard, 2004, p. 17

agresión particular contra una comunidad, sino de un ataque contra la humanidad en su conjunto, contra el concepto mismo de humanidad[165]."
Podemos afirmar sin demasiado riesgo de equivocarnos que éste es un sello característico que veremos a menudo en este libro bajo la pluma de otros eminentes personajes.

La ignominia de los europeos no se limita evidentemente al episodio de la Segunda Guerra mundial. Toda su historia da fe de su crueldad y de su abyección. Viviane Forrester insistía especialmente en ese punto: "Espolio, masacres y genocidios de pueblos han sido perpetrados en otros continentes durante siglos por y para los europeos. Todo ello con buena conciencia, con la aprobación y admiración del público ante tales proezas y su gratitud una vez saciada su gusto por las posesiones. Todo ello gracias a la aptitud de los occidentales para gestionar, borrar y ocultar lo que les incomoda, sin que por ello quede alterada la imagen del mundo que tienen, ni el papel que pretenden jugar...En nombre de su supremacía, con un sentido innato de la arrogancia y la certeza de una superioridad natural que justifica su prepotencia universal, los occidentales se dieron el derecho de decretar, sin escrúpulos, y como si fuera una evidencia, la no-importancia de numerosos seres vivientes juzgados molestos y la nulidad infrahumana de poblaciones enteras, incluso su presunta nocividad. A partir de entonces, espoliar, oprimir, perseguir, asesinar sin límites esas masas halógenas consideradas inoportunas y a menudo funestas, se convirtió en algo admisible, incluso necesario, o mejor aún: exigible[166]."

En contraportada del libro de Viviane Forrester, podíamos descubrir quienes eran en realidad los verdaderos verdugos del pueblo palestino: "Viviane Forrester demuestra hasta qué punto israelíes y palestinos no son víctimas los unos de los otros, sino víctimas ambos de una larga historia europea; la de los crímenes antisemitas de los que unos fueron presa y los otros no participaron." El caso ha quedado resuelto, pues: si los Palestinos son perseguidos actualmente y abatidos como conejos, la culpa es del hombre blanco europeo, arrogante y racista. En cualquier caso, no se podrá acusar la señora Forrester de escribir historia a la ligera y de inventar disparates. En efecto, su obra contiene una impresionante bibliografía: unas 277 referencias indicadas para un libro de 214 páginas. Sabemos pues que tenemos entre manos un libro serio, editado por Fayard, una editorial muy seria. En esa bibliografía, nos topamos por ejemplo con el libro de Aleksandr Solzhenitsyn sobre el papel de los Judíos en la revolución rusa. Dado

---

[165] Viviane Forrester, *Le Crime occidental*, Fayard, 2004, p. 42
[166] Viviane Forrester, *Le Crime occidental*, Fayard, 2004, p. 57, 65

que nosotros mismos hemos examinado exhaustivamente ese libro para las necesidades de nuestro presente estudio, podemos afirmar, sin riesgo de equivocarnos, que Viviane Forrester no lo usó para nada, y que, por consiguiente, su bibliografía desmesurada no refleja la calidad de su libro, aunque de todas formas éste es bastante pasable para el público al que va dirigido. Esta figura mundana de la flor y nata de París, hija del riquísimo banquero y armador Edgar Dreyfus, ya se había dado a conocer en 1996 con su libro *El Horror económico*, siendo éste un gran éxito en las librerías; lo que demuestra que la más descarada publicidad puede paliar todas las deficiencias. Pero, al fin y al cabo, lo más importante es que Viviane Forrester persevere en su trabajo: unos libros más y quizás logre escribir correctamente el francés.

Desde luego, Viviane Forrester no fue la primera en señalar la ignominia de la civilización europea. Un autor marxista como Lucien Goldmann, por ejemplo, discípulo de la escuela del gran George Lukacs, no podía dejar de denunciar el imperialismo de las naciones europeas y "la expansión colonial, con los superbeneficios[167]" que generaba. Esa expansión, decía, fue "notablemente analizada en sus funciones y consecuencias por Rosa Luxemburg". También fue notablemente analizada más recientemente por un verdadero historiador, Jacques Marseille, quién demostró en su tesis magistral, junto a varios historiadores anglosajones, que el imperio colonial francés fue una carga para la metrópolis, y que el Estado francés invirtió muchísimo y en vano[168]. El especialista actual de la cuestión, el universitario Bernard Lugan, ahonda en ese sentido en muchas de sus obras.

Esta tendencia natural y sistemática a cubrir de oprobio la civilización europea se ha extendido e insinuado en cierta literatura popular, de la que el escritor Bernard Werber es un buen representante. Es un autor exitoso: sus libros, como *Las Hormigas*, han vendido millones de ejemplares en todo el mundo. En otro de sus libros, un pequeño libro de ciencia ficción sin pretensión titulado *Nuestros amigos los humanos*[169], Werber ponía en escena un hombre y una mujer prisioneros en una jaula de vidrio, perdidos en alguna parte en el cosmos. En una pantalla gigante en el fondo de la habitación se proyectan unas imágenes de la Tierra a través de las cuales los dos humanos van a ser informados, como si estuvieran delante del telediario

---

[167] Lucien Goldmann, *Marxisme et sciences humaines*, Éditions Gallimard, 1970, Poche, p. 317
[168] Jacques Marseille, *Empire colonial et capitalisme français*, Albin Michel, 1984.
[169] Bernard Werber, *Nos Amis les humains*, Albin Michel, 2003

de las 21h, de que, durante su ausencia, un dictador pakistaní musulmán ha desvelado poseer una bomba terrorífica. Éste amenaza con destruir todo el planeta "si la India no se somete a todas sus exigencias acerca del Cachemira". Su ultimátum acaba dentro de diez minutos y nos acercamos a la destrucción planetaria total. Samantha[170] y Raúl, los dos humanos del espacio, quedan petrificados: finalmente la Tierra explota a cámara lenta en su pantalla. Se ven ahora en la situación de Adán y Eva, los últimos representantes de la especie humana que tendrán que debatir de la recreación de la humanidad. ¿Pero merece la humanidad una segunda oportunidad? "-La historia de la humanidad está jalonada de invasiones violentas, explica Raúl. Los indoeuropeos, por ejemplo, porque conocían la técnica del hierro, la organización en castas y el uso de los caballos, han durante cinco mil años sometido todos los pueblos vecinos, hasta imponer sus valores guerreros y su culto de los héroes combatientes. -¡Objeción!, interrumpe Samantha. Al mismo tiempo, algunos pueblos han defendido otros valores – Ciertamente, en la misma época, los fenicios, los hebreos, los cartagineses han creado y desarrollado el comercio, abierto emporios, la ruta de la seda, del té y de las especias. No disponían de ejércitos poderosos, pero proponían una alternativa a la invasión guerrera: la alianza y el comercio entre los pueblos. Para navegar mejor, inventaron la brújula, los mapas, la vela. Resultado: los cartagineses fueron destruidos por los romanos, los fenicios fueron masacrados y los hebreos fueron siempre perseguidos."

Este diálogo instructivo coloca a Bernard Werber entre los autores planetarianos, obsesionados con la destrucción de las civilizaciones sedentarias europeas y la apología sistemática de los semitas y de las civilizaciones semitas. De hecho, los temas de la culpabilización y del cosmopolitismo a menudo deciden el éxito de un libro, y no su valor literario, pues en ese plano los libros son la mayoría de las veces de una mediocridad palmaria.

También en su época, el gran Jean-Paul Sartre profesó opiniones acusatorias en contra de la civilización europea. En el prólogo del famoso libro tercermundista, *Los Condenados de la Tierra,* de Franz Fanon, expresó su sentimiento de intelectual marxista, henchido de culpabilidad por las injusticias del mundo, asumiendo decididamente la defensa de los pueblos colonizados: "La violencia colonial, decía, no sólo tiene por objetivo mantener a raya el hombre esclavizado, sino además deshumanizarlo. Nada se les perdonará para liquidar sus tradiciones, para sustituir nuestro idioma al suyo, para destruir su

---

[170] Los autores planetarianos suelen escoger nombres "americanos" para los personajes de sus novelas: Samantha, Jonathan, Jennifer, Samuel, Steven, etc.

cultura sin darles la nuestra; se les aturdirá de cansancio...se apuntará a los campesinos con fusiles. Si resisten, los soldados disparan y son hombres muertos." El odio de su propia cultura le hacía decir incluso: "Abatir un europeo es matar dos pájaros de un tiro, suprimir a la vez un opresor y un oprimido: sólo quedan un hombre muerto y un hombre libre; por primera vez, el superviviente siente debajo de sus pies un suelo nacional". "Con la muerte del último colono, expulsado o asimilado, la especie minoritaria desaparece, cediendo su lugar a la fraternidad socialista...Nosotros fuimos hombres a su costa, él se convierte en hombre a la nuestra. Otro hombre: de mejor calidad."

No hay aquí ningún espíritu de traición en realidad, ya que, para el marxista, el único enemigo a abatir es el sistema capitalista representado por la civilización occidental y los pueblos blancos. El deber de cualquier militante consciente de la explotación desvergonzada de los pueblos miserables del Sur por los capitalistas ricos del Norte es luchar a muerte para derrocar el poder de la burguesía: "En la Europa de hoy en día, el menor atisbo de distracción del pensamiento es una complicidad criminal con el colonialismo." Todos los Blancos, indistintamente, son explotadores. Todo lo que Europa ha creado, se lo debe al duro trabajo de los pueblos precolombinos, africanos y asiáticos, y al pillaje de sus riquezas en todos los continentes: "Sabéis perfectamente que somos explotadores, sabéis perfectamente que hemos tomado el oro y los metales, y luego el petróleo de los nuevos continentes y que lo hemos traído todo a las viejas metrópolis. Con excelentes resultados, por cierto: palacios, catedrales, capitales industriales; y cuando la crisis sobrevenía, los mercados coloniales estaban ahí para amortiguarla o evitarla." Europa, "ese continente grasiento y lívido" ha sido así "colmado de riquezas[171]" Ante tanta maldad e injusticia, insistía, "vuestra pasividad os coloca junto a los explotadores."

Jean Daniel, el famoso director de prensa, escribió en su día en la revista *L'Express*: "*Los Condenados de la Tierra,* son, evidentemente, todos los hombres del mundo subdesarrollado, del tercer mundo, todos aquellos que han trasladado a escala internacional la lucha de clases de la vieja Europa. Ese libro es una obra implacable, a veces irritante, siempre apasionante, excepcionalmente valiosa[172]."

---

[171] Las catedrales góticas fueron casi todas construidas entre el siglo XII y XIII, antes del descubrimiento de las Américas y la colonización.
[172] "Irritante" y "molesto" parecen ser las principales virtudes de los intelectuales planetarianos, que se sorprenden después de ser rechazados por el resto de la población.

De 1962 a 1966, Jean-Paul Sartre viajó hasta dos veces por año a Moscú, donde era recibido por Ilyá Ehrenburg y Fedine, los dos grandes intelectuales guardianes de la ortodoxia. Cuando falleció en 1980, el muy burgués Raymond Barre, ministro liberal de economía y de finanza, representó al afligido gobierno y rindió homenaje a "el campeón de la libertad", "el mayor filósofo del siglo". El muy liberal presidente de la república Valéry Giscard d'Estaing (1974-1981) pronunció su elogio fúnebre con estas palabras: "Siento su fallecimiento como si se apagara una de las mayores lumbreras de nuestro tiempo. A la comprensión del devenir trágico del ser humano, respondía con una generosidad auténtica, militante y, pese a todas las categorías, singularmente francesa." Aleksandr Solzhenitsyn, por su parte, se negó a conocerlo.

Notemos que un sucesor de Giscard d'Estaing, el también muy liberal presidente de la república Jacques Chirac, elogió al filósofo marxista Jacques Derrida cuando éste falleció en el verano del 2004. Una vez más, y como si fuera una costumbre, se evidenciaba la reverencia del liberalismo hacia el marxismo militante.

La tendencia a cubrir de estiércol la civilización europea y a culpabilizar los europeos se detectaba asimismo en el escritor ruso Vasili Grossman, autor de la extensa novela titulada *Vida y Destino*: "He aquí uno de los mayores libros del siglo, leíamos en la contraportada. Su autor, Judío ruso nacido en 1905, fue durante mucho tiempo un escritor y un periodista comunista de una ortodoxia absoluta. Cuando en 1952 empezó a escribir esta crónica de la batalla de Stalingrado ya no era el mismo hombre. Había vivido el desencadenamiento del antisemitismo en su propio país, escuchado los juicios, analizado el estalinismo. Retirado por el KGB, desaparecido durante veinte años, este libro ha sobrevivido milagrosamente. Aclamado como el "*Guerra y paz*" del siglo XX, esta obra maestra relata la epopeya de la supervivencia humana y es el primer gran grito de liberación ruso". Después de su publicación, "*Vida y Destino* recibió el premio a la Mejor novela extranjera". En sus 800 páginas, leemos este pasaje esclarecedor en el que el autor hacía decir a unos de sus personajes: "¿Qué aportó a los hombres esa doctrina de paz y amor [el cristianismo]? La iconoclasia bizantina, las torturas de la Inquisición, la lucha contra las herejías en Francia, Italia, Flandes, Alemania, la lucha entre protestantismo y catolicismo, las intrigas de las órdenes monásticas, la lucha entre Nikón y Avvakum[173], el yugo aplastante al que fueron

---

[173] Patriarca y eclesiástico rusos protagonistas de un cisma en la Iglesia ortodoxa en 1654. (NdT).

sometidas durante siglos la ciencia y la libertad, las persecuciones cristianas de la población pagana de Tasmania, los malhechores que incendiaron en África pueblos negros. Todo esto provocó sufrimientos mayores que los delitos de los bandidos y criminales que practicaban el mal por el mal[174]..."

Leyendo esas líneas, se podría pensar que Vasili Grossman hubiera podido escribir el guion de la famosa película *El Nombre de la rosa*, en lugar de Umberto Eco, una adaptación de un libro en el que se muestra el cristianismo medieval como una horrible purulencia. Todo esto no es fortuito. Ya en su momento, escritores como Heinrich Heine profesaban las mismas ideas cuando evocaban la Edad Media: "La Edad Media, siglos de supersticiones y de rapiña[175]..." Evidentemente, todos esos autores no son adeptos del catolicismo, y parecen incluso alimentar contra esa religión un odio bastante singular.

Un estudio más exhaustivo de la literatura mundial sin duda revelaría hasta qué punto esta idea es persistente en el mundo intelectual contemporáneo. Sean de origen marxista o liberal, los libros de historia que van en el sentido de la culpabilización de los europeos son innumerables. Pensamos aquí en los trabajos de Henri Rousso, de Serge Bernstein, de Catherine Coquery-Vidrovitch o de Vidal-Naquet, por citar sólo algunos autores de la esfera cultural francesa. Pero quizás sean todavía más impactante para el público en general las obras cinematográficas, las series de televisión y los documentales. Les dedicaremos un capítulo aparte.

La sabiduría es oriental

Para acabar con el racismo, se debe primero erradicar el concepto de raza. Se debe actuar en esa perspectiva. En su ensayo sobre el racismo, el escritor y sociólogo Albert Memmi afirmaba que "somos casi todos mestizos[176]." El problema parece ser que muchos hombres, sobre todo entre los europeos, parecen ignorarlo, y siguen viéndose diferentes de los otros hombres de la especie humana. Combatir ese racismo es una necesidad si queremos lograr esa humanidad unificada y fraternal: por todos los medios. "Se debe exorcizar y combatir esa plaga: dentro de uno mismo primero, pues el antirracismo debe ser en primer lugar una higiene mental; luego a través de la pedagogía, en la escuela y en la universidad; y finalmente mediante la represión, si es

---

[174] Vasili Grossman, *Vida y destino*, Galaxia Gutenberg, 2007, Barcelona, p. 303
[175] Heinrich Heine, *De l'Allemagne*, 1835, Gallimard, 1998, p. 466
[176] Albert Memmi, *Le Racisme*, Gallimard, 1982, Poche, 1994, p. 27

necesario[177]." El racismo de los europeos en contra de las minorías parece todavía muy extendido. Aún mayoritarios en Europa, los Blancos ocupan todavía las mejores plazas. Sin embargo, las olas de inmigración de finales de siglo XX han generado en treinta años una sociedad pluriétnica, al menos en Francia, si bien la mayoría de los inmigrantes ocupa todavía los puestos inferiores de la sociedad. Esta situación no puede explicarse científicamente por una causa específicamente racial, por lo tanto, se trata de una injusticia que se debe denunciar sin descanso. Pero combatir el racismo visible sólo sería tratar una parte del problema. En efecto, las poblaciones inmigrantes no son las únicas en padecer de discriminaciones. Otras minorías son igualmente víctimas de la sociedad europea. Hay que asociar todas esas minorías oprimidas para unir fuerzas contra el opresor.

Es así como Albert Memmi asociaba sistemáticamente en su análisis el caso de los Negros y de los "colonizados" con el de los Judíos, e incluso con el de las mujeres, de los proletarios y de los homosexuales. Todos son las víctimas de un único opresor. Se trata por lo tanto de unir fuerzas contra la única fuente de racismo y de azuzar todas las frustraciones, todas las injusticias para intentar erradicarlas. Una sociedad compuesta de minorías étnicas, religiosas, sexuales, todas iguales entre sí, es la mejor manera de erradicar definitivamente el nacionalismo y el extremismo. En democracia, el enemigo es invariablemente el mismo.

Para Albert Memmi, ser "minoritario" no es simplemente una noción demográfica: "Se puede ser minoría de varias maneras. En este amplio sentido, las mujeres y los colonizados, demográficamente más numerosos que los dominantes, son aminorados por ellos. Los Negros estadounidenses y los Judíos son doblemente minoritarios[178]." Pero el resultado viene a ser el mismo: la opresión. El racista "escoge la víctima más propicia, la más resignada, la que se deja golpear sin atreverse a reaccionar. Es una actitud muy cómoda. El racista se abalanza instintivamente sobre el oprimido, se dirige, para ejercer su triunfo, hacia hombres ya vencidos por la Historia. Esta es la razón por la que el extranjero es una presa fácil para el racista. La fragilidad del extranjero atrae el racismo, al igual que la debilidad atrae el sarcasmo y el desprecio." De tal forma que el proletario europeo, "para sentirse más grande", desprecia el trabajador extranjero. "En definitiva, cada cual busca en el escalón inferior respecto a quién parecer dominador y

---

[177] Albert Memmi, *Le Racisme*, Gallimard, 1982, Poche, 1994, p. 14
[178] Albert Memmi, *Le Racisme*, Gallimard, 1982, Poche, 1994, p. 97

relativamente extraordinario. El racismo es un placer al alcance de todos." Es una "compensación vana, mezquina e inicua."

"Mientras fueron colonizados, explicaba Albert Memmi, existió una arabofobia; la cual disminuye una vez que se convierten en una relativa potencia económica. Ahora bien, al mismo tiempo, los trabajadores inmigrantes la siguen padeciendo: esto es porque los infelices siguen bajo el yugo de los europeos[179]." Todos esos sufrimientos, hay que subrayarlo, no impiden que los futuros inmigrantes se peleen para conseguir un visado.

En 1977, un sondeo mostraba que "la hostilidad contra los Judíos y los Norteafricanos es principalmente por parte de los obreros y de los jubilados. ¿Pero, por qué los obreros franceses piensan así? Es porque los obreros franceses creen que los inmigrantes ponen en peligro las ventajas que tienen sobre ellos. El miedo al paro, por ejemplo, tampoco es ajeno a esa hostilidad. Hemos visto recientemente una extraordinaria conmoción en una población, todas las clases confundidas, de la región parisina, porque los inmigrantes musulmanes querían construir una mezquita...Ahora bien, en este caso los musulmanes no habrían aumentado su número o cambiado de naturaleza con la edificación de la mezquita. Esto confirma que el mal no proviene de la víctima sino del acusador[180]." La lógica de Albert Memmi es imparable.

El miedo a la diferencia caracteriza al racista. El temor dispara el reflejo discriminatorio. "Se debe insistir en este componente del racismo: el trastorno, el pavor ante la alteridad. De alguna manera, el extranjero es siempre extraño y aterrador. Y del espanto a la hostilidad, de la hostilidad a la agresión, la distancia no es grande."

"El racista es un hombre que tiene miedo; que tiene miedo de ser agredido o que tiene miedo porque se cree agredido, y que agrede para exorcizar ese miedo[181]." Es el "temor agresivo y denigrante a las mujeres o a los jóvenes, a los homosexuales o a los ancianos" lo que define el opresor, el racista en potencia. En pocas palabras, según Albert Memmi, el opresor es el hombre blanco heterosexual y en la flor de la vida. Pues los ancianos son demasiado débiles y los jóvenes lo suficientemente maleables y receptivos a las campañas de "sensibilización".

---

[179] Albert Memmi, *Le Racisme*, Gallimard, 1982, Poche, 1994, p. 169
[180] Albert Memmi, *Le Racisme*, Gallimard, 1982, Poche, 1994, p. 121
[181] Albert Memmi, *Le Racisme*, Gallimard, 1982, Poche, 1994, p. 147-149, 110. Albert Memmi es el inventor del concepto de Heterofobia: "El rechazo de los demás en nombre de cualquier diferencia".

"He vivido hasta el final de mi adolescencia en África del norte, en un ambiente de profundo recelo y desconfianza recíproca, por no decir más, entre las comunidades", explicaba Albert Memmi[182]. Aquí, en Francia, "el hábito de la democracia ha afortunadamente suavizado los rechazos recíprocos, lo cual es un gran progreso. Pero persiste un desprecio temeroso o irónico de lo extranjero, un entre sí distante, una hospitalidad casi nula, el gusto por el secretismo y un chovinismo que siempre retoña, que revelan que el temor agresivo hacia los demás está siempre latente[183]." Los franceses son claramente antipáticos, pero sin embargo es bueno instalarse en su país.

Los intelectuales planetarianos están tan perfectamente convencidos de su legitimidad que tienden a pensar que sus oponentes padecen alguna locura del espíritu. Albert Memmi nos daba una muestra de esa rareza que constituye indudablemente uno de los rasgos más característicos de la mentalidad cosmopolita, junto con ese incansable activismo que confiere a todos sus actos y discursos ese toque moralizador de maestro de escuela: "El racismo no es una enfermedad, sino una actitud arcaica, común a la especie. La psicoterapia de algunos racistas declarados, suponiendo que consintieran a ella, no la suprimiría. Se requiere una vigilancia constante y general, un esfuerzo individual y colectivo, que atañe tanto al psicólogo, al sociólogo como al político. La lucha contra el racismo exige una pedagogía continua, desde la infancia hasta la muerte[184]."

Albert Memmi nos recordaba de paso unos sabios preceptos: " "Recuerda, dice la Biblia, que fuiste extranjero en Egipto", lo que significa que se debe cuidar el extranjero porque tú mismo has sido extranjero y puedes volver a serlo un día." Obviamente, esta es una fórmula muy práctica que recordar a las personas en cuyo país uno se quiere instalar. En cualquier caso, es necesario un trabajo de información y de educación, aunque para erradicar el racismo, según Albert Memmi, "habrá que atacar la colonización o la estructura social y política de nuestras sociedades". Una verdadera revolución, en definitiva. "La universalización y la unificación de la Tierra, la

---

[182] Efectivamente, numerosos testimonios relatan la fuerte animosidad de las poblaciones musulmanas y cristianas en contra de los judíos en África del Norte. En su biografía, Albert Memmi describía así su estado de ánimo y el de sus congéneres: "Vivíamos en la expectativa entusiasta de tiempos nuevos e increíbles, y creyendo ver ya los signos precursores: la agonía de las religiones, de las familias y de las naciones. Sólo teníamos rabia, desprecio e ironía para los retrasados de la historia que se aferraban a esos residuos." Albert Memmi, *Portrait d'un juif*, Gallimard, 1962.
[183] Albert Memmi, *Le Racisme*, Gallimard, 1982, Poche, 1994, p. 40
[184] Albert Memmi, *Le Racisme*, Gallimard, 1982, Poche, 1994, p. 160

autoafirmación de los pueblos de África, de Asia y de América quizá haga que sea irrisorio considerar al otro inferior por su color de piel o la forma de su nariz." Para concluir con Albert Memmi, "recordemos que la sabiduría es oriental[185]", como lo decía tan bien.

El gran etnólogo y muy reconocido Claude Lévi-Strauss parecía menos explícito sobre el tema. Sin embargo, ha llegado a publicar importantes trabajos, como el famoso *Raza e historia,* "un clásico del antirracismo", publicado en 1952. Se trataba entonces de un encargo de la Unesco. En 1971, publicaría otra obra titulada esta vez *Raza y cultura,* para una conferencia de la Unesco que inauguraba un año internacional de lucha contra el racismo. Pero su compromiso antirracista no le impedía sentir algunas antipatías implícitas o explícitas: en *De cerca y de lejos,* escribía: "el colonialismo fue el pecado mayor de Occidente", designando así a los europeos como culpables ante la historia. De forma más explícita, escribía en una carta dirigida a Raymond Aron en 1967 sobre la política israelí: "Evidentemente no puedo sentir como una herida fresca en mi costado la destrucción de las pieles rojas, y reaccionar en sentido contrario cuando se trata de unos árabes palestinos, incluso cuando (como en este caso) los breves contactos que he tenido con el mundo árabe me han inspirado una antipatía inarraigable[186]." Así pues, la dificultad para deshacerse del racismo perdura, incluso en los espíritus más elevados. "Me sé judío y la ancianidad de su sangre, como decía hace tiempo, me agrada", escribía a continuación sin parecer querer renunciar a su propia identidad. Quizás se deba buscar ahí la explicación de algunas aversiones.

Abrir las fronteras

El recibimiento del extranjero es un principio esencial y una necesidad para la construcción de la "sociedad abierta". Marek Halter nos recordaba muy justamente las enseñanzas de la Torá: "Si un extranjero viene a vivir con vosotros en vuestro país, no lo oprimiréis. Será para vosotros como uno de los vuestros; lo amaréis como a vosotros mismos, porque habéis sido extranjeros en el país de Egipto."

"Hay que recordar a nuestros contemporáneos las sabias palabras del Levítico[187]", aseguraba Marek Halter. Es un poco cómico escuchar

---

[185] Albert Memmi, *Le Racisme,* Gallimard, 1982, Poche, 1994, p. 208, 213
[186] Claude Lévi-Strauss y Didier Eribon, *De cerca y de lejos,* Alianza Editorial, Madrid, 1990, p. 211, 207-208, 214
[187] Marek Halter, *Un Homme, un cri,* Robert Laffont, Paris, 1991, p. 142

un solicitante de asilo invocar los preceptos de su propia religión para convencer a su anfitrión de acogerlo; y el argumento cobra un sentido revelador cuando se sabe que los adeptos de esa religión forman parte de los que menos ponen en práctica la acogida del extranjero y la integración. De hecho, en este inicio de tercer milenio, los extranjeros en Israel – suponiendo que los Palestinos sean extranjeros- no son tratados según los preceptos bíblicos.

En su último libro, Edgar Morin tocaba de nuevo este tema lancinante en toda su obra: "La era planetaria ha suscitado innumerables migraciones de regiones indigentes a las naciones ricas, y en lugar del rechazo o el desprecio, la ética de la hospitalidad nos pide acoger al emigrante y adoptarlo en nuestra comunidad[188]." Se trata aquí de la comunidad francesa a la que ahora pertenece, evidentemente; el discurso es así perfectamente conforme con su idea de disolución de las comunidades y de las naciones.

El gran filósofo Jacques Derrida llegaba a las mismas conclusiones sobre la cuestión: "Yo subrayé que había mucho más sitio del que se decía para recibir a más extranjeros, y que la inmigración no había aumentado, contrariamente a lo que se afirmaba[189]." Efectivamente, son los racistas los que se imaginan que la inmigración aumenta, justo cuando todas las cifras demuestran que disminuye.

En *El Ideal democrático*, Shmuel Trigano también se situaba en esa perspectiva. Con ese estilo tan sutil que caracteriza sus escritos, el filósofo explicaba que su "obra se inscribe en el proyecto democrático de liberación de los hombres. El redescubrimiento de la singularidad y de la identidad sólo tienen sentido si sirven para afrontar el reto de vivir juntos, reconocer los hombres en el Hombre, e inventar, en definitiva, la hospitalidad en los derechos humanos". "Inventar" es algo vital para los pensadores planetarianos: "inventar" nuevos conceptos, "inventar" nuevos productos, "inventar" una nueva sociedad, "inventar" nuevos sufrimientos. Lo principal, ha quedado claro, es erradicar las viejas tradiciones que formaban la estructura de la antigua sociedad.

La "hospitalidad" está en el corazón del debate para la construcción del Nuevo Orden mundial. Pero en esta materia, cualquier mezquindad sería hacer una injuria al ideal democrático, tal como nos lo explicaba Shmuel Trigano: "La hospitalidad supone acoger en su hogar a invitados de más en nombre propio. Ese recibimiento es posible

---

[188] Edgar Morin, *El Método 6, Ética; capítulo: Ética planetaria*, Ediciones Cátedra-Anaya, Madrid, 2006, p. 183
[189] Jacques Derrida, Élisabeth Roudinesco, *Y mañana, qué...*Fondo de Cultura Económica, Buenos Aires, 2002, p. 71.

porque el anfitrión que invita está dispuesto a acogerlos en su seno, a abrirse más que ninguno y darles un lugar. Toda gira en torno a la consideración de ese lugar. Si ese lugar vacío es definido como el de un ciudadano, es decir un lugar ofrecido en el seno del pueblo por el pueblo, entonces lo que viene por añadidura es la identidad que – dado que ha acogido al otro- se convierte además en identidad colectiva. La acogida del otro ya no es sentida como una falta de identidad[190]." El problema de la inmigración "de más" es por lo tanto un falso problema, siempre y cuando se decide "abrirse más que ninguno". Había que pensarlo, efectivamente.

Aunque habría que definir correctamente la noción de "pueblo": "El pueblo es el marco en el que la identidad puede ser recibida y los individuos vivirla y formar su personalidad en ella. Lleva inscrito en él el principio de la diferenciación, de la alteridad en tanto en cuanto está fuera de control y es la fuente de exterioridad y de heteronimia en la condición humana[191]." No se puede ser más claro. Shmuel Trigano añadía, además: "La necesidad contemporánea de "comunidad" es una necesidad de hospitalidad en el universo frío y vacío de la ciudadanía que ha abandonado el espíritu colectivo y donde la experiencia de lo común se ha visto desconsiderada por culpa de las catástrofes que ha generado. La universalidad democrática, alcanzada así en la alianza de la identidad y de la hospitalidad, se liberará del poder y de la tentación de la totalidad, de manera que el Hombre podrá por fin nacer en el destino de los hombres[192]." ¡Extraordinario Shmuel! ¿Lo dejamos aquí?

En sus *Memorias (Tomo II)*, el premio Nobel Elie Wiesel se erigía como el apóstol de los refugiados y de los errantes, si bien con un discurso un tanto sensiblero: "¿Por qué el hombre no consigue ver en cada niño a su propio hijo? ¿Cuál debería ser nuestra actitud hacia el extranjero, el exiliado, el refugiado? ...Yo me pongo de su lado. Postura ética que reivindico. El Judío en mi adhiere a la comunidad de los errantes, los sin techo, los proscritos. Al lado de los que buscan un santuario...Todo ser humano - hombre, mujer o niño – es un santuario porque Dios reside en él. Y nadie tiene derecho de violarlo. En algunos países, se llama a los refugiados "ilegales". Ese término es ofensivo. Un ser humano nunca es ilegal. Sus actos pueden serlo, pero no su esencia... ¿Se puede albergar la esperanza de que, antes de que acabe, este siglo ponga fin a esas categorías sociales y políticas? Imaginemos una comunidad humana sin refugiados, sin desarraigados, sin exiliados:

---

[190] Shmuel Trigano, *L'Idéal démocratique*, Editions Odile Jacob, 1999, p. 337
[191] Shmuel Trigano, *L'Idéal démocratique*, Editions Odile Jacob, 1999, p. 308
[192] Shmuel Trigano, *L'Idéal démocratique*, Editions Odile Jacob, 1999, p. 338

¿construcción utópica del espíritu? El santuario humano es un ser que sueña su humanidad. Dentro de él, todo es simple: todos están ahí gracias a todos. Soñemos con el día en que toda la tierra se convierta en un santuario." Toda esta verborrea no impidía a Elie Wiesel escribir unas páginas más adelante: "No me gustan las grandilocuencias[193]."

Daniel Cohn-Bendit no es un filósofo. En él, la voluntad de instaurar la sociedad multirracial se expresa de manera más brutal. En 1987, el antiguo líder anarquista de mayo del 68 era aclamado en Davos, templo mundial del pensamiento único, de los valores mercantiles y del mundialismo. Es hoy en día teniente de alcalde de la ciudad de Fráncfort del Meno, en Alemania[194].

Tiene al menos el mérito de ser muy claro cuando evoca su pensamiento político. Según él, la construcción europea debe sustituir los viejos Estados-naciones. Corresponde al gobierno europeo decretar una política migratoria común: "Una ley de emigración de carácter europeo debe ir en el sentido de apertura y de mayor libertad e igualdad...Se podría establecer por ejemplo la cifra de un millón de entradas anuales para toda la Unión europea."

"En Fráncfort del Meno, escribía, la población residente está compuesta de un 25% de extranjeros, y se puede decir que Fráncfort no se vendría abajo si el porcentaje de extranjeros llegase un día a un tercio de la población global[195]."

El objetivo es romper de una vez por todas las pesadeces del pasado. Si hasta ahora, a lo largo de los siglos, Europa no ha hecho más que vegetar comparado con el magnífico desarrollo de los pueblos de los demás continentes, es porque no se había abierto lo suficiente a los extranjeros: "Rechazando a sus propios extranjeros contra toda razón, la Europa cristiana iba a entregar buena parte de su potencial creativo en manos de sus adversarios[196]." Evidentemente, se podrá decir exactamente lo contrario en otro pasaje del libro para justificar la larga existencia de la sociedad abierta. Lo esencial no es la verdad o la ciencia; lo esencial es el discurso y que el mensaje cale por todos los medios: a través de la publicidad machacona, las constantes repeticiones, el bombardeo mediático, e incluso la mentira si es preciso. Es así como Dani-el-Rojo afirmaba tranquilamente: "La inmigración que tenemos en la República federal desde hace unas décadas, no es un

---

[193] Elie Wiesel, *Memoires (Tome II)*, Éditions du Seuil, 1996, p. 130-132, 148
[194] Tercera ciudad de Europa en volumen de actividades financieras detrás de Londres y París y sede del Banco Central europeo.
[195] Daniel Cohn-Bendit, *Xénophobies*, Hamburg, 1992, Grasset, 1998, p. 14
[196] Daniel Cohn-Bendit, *Xénophobies*, Hamburg, 1992, Grasset, 1998, p. 102

fenómeno nuevo, sino que es una larga tradición en la historia de Alemania." Una "larga tradición" que se remonta probablemente a 1992-1993. Aunque hay que reconocer que "el procedimiento de naturalización alemán es una antigualla[197]."

Ante la ineptitud de los autóctonos para aceptar los esquemas planetarianos, Cohn-Bendit cree que más vale precipitar la evolución que hacerlo con suavidad mediante la persuasión: "Como sabemos que siempre habrá voces para gritar a la inundación ante la primera gota, sería sensato – durante un periodo de tiempo determinado- más bien incrementar la escala de capacidad permitida de admisión." De todas formas, la gente irredenta en sus territorios tiene tremendas dificultades para comprender la situación, y reacciona a la evolución de la sociedad de forma completamente ilógica.

La verdad según Cohn-Bendit es que "no existe ninguna relación de causa y efecto entre la proporción de población extranjera y el grado de xenofobia. La xenofobia es importante en los barrios con fuerte densidad demográfica extranjera, pero en general, los motivos son indirectamente relacionados con la presencia de extranjeros: la mayoría de las veces, se trata de barrios donde se juntan los perdedores y desfavorecidos de la sociedad...Mientras que la presencia real de extranjeros en carne y hueso permite unos acuerdos con los Alemanes, la presencia virtual o imaginada de un gran número de extranjeros genera preocupaciones, reservas, incluso resentimientos mucho más importantes." Explicación: cuanto más extranjeros hay en un barrio, más alemanes abandonan el barrio, y menos racismo hay; lo cual es efectivamente perfectamente lógico, y conduce Cohn-Bendit a llevar el razonamiento más allá: "Podríamos deducir que para frenar la xenofobia sería mejor aumentar, y no querer disminuir, el número de extranjeros[198]". De todos modos, no es tan necesario tratar con guantes de seda a los autóctonos atrasados, pues la mayoría de ellos son unos desgraciados, unos fracasados de la vida, unos "pequeños Blancos pusilánimes": "Ese odio hacia los extranjeros que le rodean, tanto socialmente como en la jerarquía, el individuo venido a menos también lo siente hacia sí mismo. Odia a los extranjeros porque intentan ocupar el espacio social que él no ha podido escalar, del que no ha podido salir[199]."

En su libro titulado *Esperando los bárbaros*, Guy Sorman, en el capítulo *¿Quién es alemán?*, citaba las palabras de Cohn-Bendit, el cual

---

[197] Daniel Cohn-Bendit, *Xénophobies*, Hamburg, 1992, Grasset, 1998, p. 25, 165
[198] Daniel Cohn-Bendit, *Xénophobies*, Hamburg, 1992, Grasset, 1998, p. 43-45
[199] Daniel Cohn-Bendit, *Xénophobies*, Hamburg, 1992, Grasset, 1998, p. 156

reiteraba sus convicciones multiculturales con su formidable aplomo: según él, una frontera cerrada favorecería las corrientes migratorias en ambos sentidos: "En Alemania, como en Francia, no hay nada mejor que una frontera cerrada para que el número de extranjeros aumente y transforme la emigración transitoria en poblamiento definitivo[200]." Por tanto, se debería abrir las fronteras para que la inmigración disminuyera.

"En Berlín, observaba Sorman, los turcos forman ahora una pequeña nación original cuya capital es el barrio de Kreuzberg…, y está hoy superpoblado de campesinos anatolios cuyos nietos, en tres generaciones, se han convertido en excelentes berlineses que no son ni turcos ni alemanes, a menos que sean ambas cosas a la vez. El gobierno les niega, dicen, la nacionalidad alemana."

Recordemos que la inmigración turca no es de una antigua colonia: la Turquía independiente fue aliada de Alemania durante la Primera Guerra mundial, y mantuvo durante mucho tiempo estrechos vínculos económicos con el Reich. Pero nunca fue una colonia, como sí lo fue Argelia respecto de Francia. El fenómeno migratorio en Alemania es en la actualidad tanto o más importante, lo que demuestra, sea dicho de paso, que el estatuto de antigua colonia no es la causa de la inmigración actual en Europa como tenemos la costumbre de creer. La fuerte presencia de una comunidad marroquí instalada en Holanda o en Suecia, por ejemplo, no tiene un comienzo de explicación en el fenómeno de la colonización. Se trata de una interpretación eminentemente política, que conlleva una idea de culpabilización y de compensación.

El análisis del racismo que hace Cohn-Bendit es siempre sorprendente, tan sorprendente como la respuesta de un comerciante del Sentier ante un tribunal[201]: "En el Oeste, donde la implantación de los inmigrados es fuerte y antigua, la coexistencia es más fácil. En consecuencia, no sería la presencia de extranjeros lo que provocaría el racismo, sino su ausencia: sería el fantasma del inmigrado, más que el inmigrado mismo, lo que suscitaría la violencia." Sólo queda por convencer a los franceses y alemanes de que ser moderno significa ser multicultural. Y "Cohn-Bendit sabe convencer, y multiplica las campañas antirracistas con el apoyo de emisoras locales de televisión, que difunden *spots* contra el patrioterismo nacionalista. Por ejemplo: un

---

[200] Guy Sorman, *Esperando a los bárbaros*, Seix Barral, 1993, Barcelona, p. 31.
[201] Alusión al tradicional barrio judío parisino copado por el comercio textil y con un largo historial de escándalos financieros. (Léase en Hervé Ryssen, *La Mafia judía*). (NdT).

mapamundi y un texto: "En cualquier lugar del mundo fuera de Alemania, nosotros, los alemanes, somos también extranjeros." Es un eco de aquel "Todos somos judíos alemanes" de mayo del 68, cuando el gobierno francés de entonces intentó expulsar al líder estudiantil hacia Alemania. Cohn-Bendit muestra preferencia por esta consigna dirigida a los extranjeros: "Por favor, no nos dejéis solos con los alemanes.""

""La barca está muy lejos de hallarse llena; más bien está demasiado vacía." La población envejece, los alemanes no quieren tener hijos, hay que reemplazarlos. ¡Bienvenidos pues los refugiados, los inmigrantes, todos los pobres del mundo! El nuevo destino de Alemania es acogerlos. No es grave el hecho de que Alemania se vaya haciendo cada vez menos alemana; al contrario: el mestizaje de los *Deutschtum* impedirá todo renacimiento del pasado nazi." Y para ello "Cohn-Bendit propone, pues, cuotas a la americana[202]."

Si hay que insistir tanto en la construcción de la sociedad plural, es porque es infinitamente estimulante: "El contrato firmado con la sociedad multicultural debe impedirnos volvernos demasiado hogareños y cómodos, tradicionalistas y complacernos en nuestro ámbito familiar[203]."

Los indígenas atrasados que se niegan a dejar la plaza se equivocan al oponerse, pues esta evolución es ineluctable: "Saber si la sociedad multicultural es deseable o no, esa cuestión seguirá levantando pasiones durante mucho tiempo; de una manera u otra, seguirá existiendo de todas las maneras, y es inútil preguntarnos si la deseamos sí o no[204]." "Nada sirve camuflar o diabolizar el descontento que provoca la sociedad multicultural en la población local, al igual que en los recién llegados. Se trata de una reacción fácilmente concebible y hasta inevitable. Preparémonos para olvidar su carácter un tanto sorprendente, y las cosas mejorarán más rápidamente." De todas formas, "el Estado democrático no tiene los medios para defenderse ante la inmigración. Toda esperanza en ese sentido es inútil. Puesto que la situación es así, más vale influenciarla y ajustarla, en vez de quedarse

---

[202] Guy Sorman, *Esperando a los bárbaros*, Seix Barral, 1993, Barcelona, p. 31-32, 47-51. "Ésta sería, dice, una manera de centrar el debate público sobre la evaluación de las cuotas más que sobre el principio mismo de la inmigración. Este debate sobre las cuotas sería concreto y suscitaría interesantes coaliciones: "Veríamos a la patronal manifestarse favorable a la inmigración por razones económicas, y aliarse con los defensores de los derechos del hombre y con los verdes, a fin de aumentar las cuotas."
[203] Daniel Cohn-Bendit, *Xénophobies*, Hamburg, 1992, Grasset, 1998, p. 158
[204] Daniel Cohn-Bendit, *Xénophobies*, Hamburg, 1992, Grasset, 1998, p. 26

de brazos cruzados y sufrir las consecuencias. Debemos acostumbrarnos a esa relativa inconveniencia."

Los indígenas europeos deben meterse en la cabeza que los "intentos de bloqueo son totalmente ilusorios ante el nuevo desorden mundial. Es el precio de la democracia[205]". "La sociedad de inmigración es hoy en día una realidad, y ningún poder en este mundo podrá darle marcha atrás[206]." Habéis leído bien: "Ningún poder en este mundo."

En su libro *La Máquina igualitaria*, publicado en 1987, Alain Minc hablaba en los mismos términos de la ineluctabilidad de la globalización, como si se tratara de profecías que debían cumplirse fatalmente, como si de revelaciones bíblicas se tratase. El capítulo titulado *Los diez mandamientos* no dejaba lugar a dudas y afirmaba: "Entre una Europa en plena decadencia demográfica y los países superpoblados del sur del Mediterráneo, el efecto de vasos comunicantes es inevitable. La inmigración será una fatalidad, un drama o una suerte, en función de cómo se comportará Francia. Fatalidad si, incapaces de enfrentar la situación, vamos de excusas en excusas, alternando entre discursos medio xenófobos, prácticas intolerantes, y de vez en cuando algo de valentía: como hoy, en cierto modo. Un drama, si una población envejecida, timorata, enroscada en sí misma, reacciona mediante la exclusión: una especie de África del Sur con rostro humano. Una suerte, si la sociedad francesa se da a sí misma la oportunidad de ser flexible, poner en práctica el crisol de razas y aprovechar de los inmigrantes el incremento de dinamismo que la demografía le prohibiría sino[207]."

Los franceses y los alemanes deben acoger a los extranjeros y mostrar un poco más de tolerancia, ya que su mezquindad tiende a veces a ser difícilmente soportable: "Su *ius soli* [derecho del suelo] sigue siendo ejemplar, pero su política respecto de los refugiados es tan parsimoniosa que denota un gran egoísmo[208]." Basta de mezquindades y pequeñeces pues. No hay que temer el futuro, no hay que ser timoratos. El egoísmo de los Franceses, "que se alarman de cien mil inmigrantes por año", tiene que tomar ejemplo de las nuevas virtudes alemanas durante la guerra de Yugoslavia. En efecto, Alemania ha acogido "con verdadera templanza", "más de quinientos mil inmigrantes oficiales por año, de los cuales dos cientos miles eran

---

[205] Daniel Cohn-Bendit, *Xénophobies*, Hamburg, 1992, Grasset, 1998, p. 170, 160
[206] Daniel Cohn-Bendit, *Xénophobies*, Hamburg, 1992, Grasset, 1998, p. 51
[207] Alain Minc, *La Machine égalitaire*, Grasset 1987, p. 264
[208] Alain Minc, *Le Nouveau Moyen-Age*, Gallimard, 1993, p. 38

yugoslavos exiliados, además de ilegales mucho más numerosos que en nuestro país[209]."

Los franceses pudieron de esta forma gozar de su prosperidad burguesa, como egoístas que son. "Preservados hasta ahora de la gigantesca inmigración Este-Oeste, gracias a una Alemania que le sirve de amortiguador, Francia sólo se ha enfrentado a una migración Sur-Norte."

Sin embargo, "la máquina a integrar sigue funcionando". "Ante los cambios migratorios, los franceses deberían felicitarse cada día de tener su derecho del suelo: éste les evita las desavenencias y fricciones que experimenta Alemania en su territorio, con comunidades inmigrantes en aumento constante y condenadas *ad vitam æternam* al estatuto de ciudadanos de segunda". Por una extraña paradoja, nos decía Alain Minc, rivalizando de osadía con Cohn-Bendit, "el derecho del suelo hará que a largo plazo Francia sea más homogénea que Alemania con su derecho de sangre." Es una idea quizás paradójica pretender que un país es más homogéneo instalando en él comunidades extranjeras. Pero la paradoja de hoy será un prejuicio mañana, a fuerza de repetición, gracias a la incansable propaganda que apoya las esperanzas planetarianas. Hay que "inventar" nuevos conceptos, ser atrevidos, no retroceder ante nada, incluso las prosopopeyas más enormes para embaucar todavía más el indígena atrasado y atónito. Naturalmente, si los alemanes adoptaran "en parte el derecho del suelo, darían un ejemplo saludable."

Diez años después, en *Ese Mundo que viene*, el muy liberal economista Alain Minc parecía aún motivado por la misma obsesión: "La inmigración, escribía, no es una desgracia que amenaza Europa; es, habida cuenta de su demografía, una necesidad vital." Evidentemente, está fuera de cuestión promover una política natalista. Al contrario, se debe aprovechar la ocasión para mestizar los pueblos europeos. Alain Minc no se diferencia en nada del diputado progresista Cohn-Bendit. "¿Soportarán los europeos el fenómeno a su pesar o bien lo vivirán como una oportunidad?" Puesto que el fenómeno es ineluctable, es inútil intentar oponerse a ello. Además, los indígenas han empezado por fin a comprenderlo: "La opinión pública ya no cree en el disparate de la inmigración cero y otras fantasías marcadas por la pura xenofobia." En este nuevo libro de Minc, nos topamos de nuevo con la misma tendencia a querer revolucionar, a trastocar las mentalidades y actitudes de las sociedades europeas: "Los Europeos deben inventar un nuevo modelo

---

[209] Alain Minc, *Le Nouveau Moyen-Age*, Gallimard, 1993, p. 20

de desarrollo económico[210]." Los pensadores planetarianos nunca descansan. En el fondo de su ser arde una perpetua agitación que genera el nerviosismo económico, el frenesí bursátil o la revolución social, así como una voluntad de destruir todo lo que no es el fruto de su imaginación mesiánica o de su "invención".

Europa abierta

La idea europea, tal como la concibe actualmente la Unión Europea de Bruselas, forma parte del arsenal ideológico de los partidarios de la globalización. La introducción del euro en el 2002 fue un formidable avance hacia la unificación del continente, si bien sólo fue una etapa, pues Europa debe ser un trampolín hacia la unificación mundial. Es exactamente el guion que entreveía Jacques Attali en su *Diccionario del siglo XXI*: "El euro conducirá a la creación de un gobierno europeo al final del primer cuarto de siglo. Servirá incluso de modelo, en la segunda mitad del siglo, para la creación hipotética de una única moneda mundial."

Estas son las perspectivas que también comparten los demás pensadores planetarianos. Aunque no se debería creer que, en la mente de sus creadores, la idea de suprimir las naciones en favor del ente europeo servirá para poner las bases de un poderoso imperio capaz de enfrentarse a los desafíos del siglo. Las motivaciones de un pensador precursor como Julien Benda, citado por Alain Finkielkraut en *La Humanidad perdida,* iban en otro sentido: "La frontera europea es sólo como una inmovilidad ilusoria en una evolución imposible de interrumpir. Con Europa, el hombre todavía prisionero de lo sensible habrá dado un gran paso hacia su destino verdadero", que no es otro que el de la unificación planetaria.

El sociólogo Bourdieu se inscribía en la filiación directa del pensador Julien Benda, cuando en un coloquio de intelectuales reunidos en Estrasburgo en noviembre de 1991 durante la guerra de Croacia, declaraba lo siguiente: "Me gustaría que fuéramos una especie de Parlamento Europeo de la Cultura. Europeo en el sentido de que para mí es una etapa, un grado de universalización superior, en el sentido de que es ya mejor que ser francés." En ese sentido, se podría considerar como Benda que "una Europa impía será necesariamente menos impía que la nación" porque "el europeo estará fatalmente menos apegado a Europa que el francés a Francia, que el alemán a Alemania. Se sentirá

---

[210] Alain Minc, *Ce Monde qui vient*, Grasset, 2004, p. 115, 136, 119

vinculado de una manera más laxa en la determinación por el suelo, en la fidelidad a la tierra." La voluntad de desarraigo es indudablemente la base del proyecto europeo a la que también se adhiere plenamente Alain Finkielkraut con, eso sí, su pequeño toque añadido de desprecio hacia los autóctonos: "Al volverse europeo, el francés trasciende su pequeñez natal, ensancha su pedazo de tierra y ocupa un espacio más amplio, más abstracto, más racional, más civilizado que la nación[211]."

Al final del siglo XX, después del derrumbe del bloque comunista, numerosos intelectuales se ilusionaron con los formidables avances de la construcción europea, la penetración del espíritu mundialista y la construcción acelerada de la sociedad plural. Su entusiasmo no menguó con la guerra que había estallado en la antigua Yugoslavia entre serbios, croatas y bosnios. Al contrario, muchos de ellos cogieron la pluma y se movilizaron con un gran ardor guerrero para defender la Bosnia multiétnica. Bernard-Henri Lévy y Alain Finkielkraut estaban en primera línea de los combatientes de la Libertad ultra-belicistas que incitaban a la guerra contra Serbia. Sus motivaciones eran entonces las mismas, tal como lo escribía Finkielkraut: "A las naciones pecadoras por el hecho mismo de ser naciones, Bosnia oponía su pureza ontológica y su inocencia multinacional. Liberados de todo linaje, ajenos a las divisiones, a las discordias y a la servidumbre carnales, sus ciudadanos no tenían que sonrojarse o que disculparse por su pertenencia: su nombre, más que un nombre, era el emblema del cosmopolitismo; su territorio, más que un lugar particular, era una maqueta de lo universal. Ser bosnio era mejor que ser esloveno, croata, albanés, macedonio o serbio[212]."

En el gobierno estadounidense de Bill Clinton, los influyentes hombres que promovían estos principios serían unos años más tarde los mismos que girarían entorno al presidente George Bush Jr.: mismo plumaje, mismo ramaje. La guerra era por tanto inevitable, y Serbia fue bombardeada a fin de "liberar" Bosnia y Kosovo.

En definitiva, la única manera de erradicar definitivamente las resistencias nacionales e identitarias es hacer desaparecer los pueblos en el gran mestizaje universal, y en primer lugar, los pueblos europeos que son los más susceptibles de oponerse al Nuevo Orden mundial: "El peligro mortal que el culto de la pertenencia, la segmentación de la humanidad y el confinamiento de los individuos en su raza o en su cultura representan para el mundo, no se podrá evitar definitivamente

---

[211] Alain Finkielkraut, *La Humanidad perdida*, Anagrama, Barcelona, 1998, p. 136-137
[212] Alain Finkielkraut, *La Humanidad perdida*, Anagrama, Barcelona, 1998, p. 138

más que con la instauración de sociedades pluriétnicas²¹³", confirmaba Alain Finkielkraut.

Las naciones étnicamente homogéneas representan el principal obstáculo para la instauración de una sociedad universal. Este es el desafío esencial de nuestra época. Después de los bombardeos estadounidenses sobre Serbia en 1999, los serbios fueron perseguidos por los albaneses de Kosovo y tuvieron que huir de su territorio histórico. En última instancia, la intervención occidental tuvo como consecuencia favorecer la progresión del islam y de las redes mafiosas en la zona, pero siempre en aras de la edificación de la Europa multicultural.

La idea planetariana no es sólo una filosofía reservada a los círculos intelectuales de la República. Impregna todos los grandes debates de la sociedad, inspira nuestros periodistas y nuestros políticos. Cuando el periódico *Courrier international* del 2 de mayo de 1996 titulaba en portada: "A Europa le falta inmigrantes", su director, Alexandre Adler, sabía que sería escuchado por el poder político.

Al mismo tiempo, Josef Alfred Grinblat, el jefe del departamento "Poblaciones y migraciones" establecía una política idéntica. En el informe que entregó a la ONU en 1999, acerca de los problemas planteados por la demografía vacilante de Europa y el envejecimiento de su población, preconizaba él también unas "migraciones de sustitución". Aquel informe preveía imponer a la Unión Europea no menos de un "flujo migratorio de 159 millones de no-europeos durante los próximos veinte años". El muy liberal Josef Grinblat satisfacía así sobradamente un hombre de izquierda como Daniel Cohn-Bendit.

En este sentido, vimos también otros numerosos ejemplos, como el del alcalde comunista de Bobigny, Bernard Birsinger, el cual concedía de forma gratuita en octubre del 2004 un inmenso terreno a los musulmanes de su municipio para construir una mezquita. En el departamento de Hauts-de-Seine (Altos del Sena), el alcalde liberal de Asnières, Emmanuel Aeschlimann, también hacía lo propio cediendo un terreno para la edificación de una mezquita a principio del año 2005. El primer ministro Nicolas Sarkozy (representante de la derecha "dura") ponía la primera piedra.

La construcción europea es un trampolín para la instauración de un gobierno mundial. De manera muy oficial, leíamos en la carta Nº 8 de la Fundación para la Innovación Política publicada en febrero del 2005

---

²¹³ Alain Finkielkraut, *La Humanidad perdida*, Anagrama, Barcelona, 1998, p. 142. En Alain Finkielkraut, *L'Humanité perdue*, Seuil, 1996, p. 147, para "(...) *no se podrá evitar definitivamente más que con la instauración de sociedades pluriétnicas*"

(una institución cercana al Presidente Jacques Chirac), un artículo titulado "¿Identidad europea?" escrito por el universitario François Ewald, presidente del consejo científico de la fundación: "La cuestión radica en saber si por Europa entendemos una gran nación delimitada en su territorio, como la Francia de Vidal de la Blache en su Hexágono, o una construcción política abierta, liberada de la noción de fronteras, emancipada de toda forma de identidades raciales, étnicas, religiosas o civilizadoras, destinada a expandirse constantemente en base a sus principios liberales." Como representante del jefe del Estado, Ewald nos desvelaba su gran idea de Europa: "Europa no tiene identidad: es una promesa. Está destinada a abrirse: a Ucrania mañana y, por qué no, pasado mañana, a los países del Magreb. ¿Qué mayor esperanza puede haber para el próximo siglo?"

El antiguo vicepresidente de la Comisión europea, el famoso Sir Leon Brittan, gran europeo descendiente de una familia lituana perseguida, preconizaba ya en 1994 la moneda única y la integración europea absoluta. Evidentemente, estaríamos equivocados si pensáramos que los tecnócratas en el poder en Bruselas dan muestras de una extraordinaria presciencia política, aunque todo parece ya programado de antemano.

Lógicamente, a menos que una reacción popular frene el proceso, Turquía entrará tarde o temprano en la Unión Europea; tras lo cual, le tocará a Marruecos, y luego a Israel, que ya figura en las competiciones europeas de fútbol y en los certámenes como la "eurovisión", por ejemplo. Todos los espíritus planetarianos ya se han comprometido de todo corazón a favor de la causa de Turquía, desde la extrema izquierda hasta la derecha liberal, y con el apoyo de los sucesivos gobiernos estadounidenses.

Así, el diputado europeo socialista Moscovici pensaba que "la adhesión de Turquía podría ser una protección contra el terrorismo y un factor de fortalecimiento de nuestra seguridad. El carácter musulmán de Turquía sería enriquecedor. Europa debe ser multicultural y multireligiosa. Debe ser abierta y reconocer varios legados." Del otro lado del tablero político, Lellouche, secretario general adjunto del gran partido de la derecha liberal tenía una opinión similar: "Hay que hacer todo lo posible para que el río del islam desemboque en el océano de la democracia y los derechos humanos[214]." La metáfora sólo es válida para el "club cristiano" europeo, pues en Israel, por ejemplo, el islam será siempre insoluble. Consejero diplomático de Jacques Chirac y vicepresidente del grupo de reflexión Francia-Israel, Lellouche sostenía

---

[214] *Le Parisien*, 15 de septiembre del 2004.

que: "pensar que el islam no es soluble en la democracia, es aceptar de antemano una guerra de civilizaciones. La cuestión consiste en saber si vamos a ayudar el islam a reconciliarse con los derechos humanos y la economía de mercado, o si lo dejamos refugiarse en una huida hacia atrás fundamentalista."

El jefe de la derecha liberal Nicolas Sarkozy, recién llegado de Israel, declaraba el 21 de diciembre del 2004 en una reunión del Círculo de los Europeos: "El problema no es Turquía, sino la identidad de Europa. Si queremos realmente expandirnos en esa región del mundo, debemos primero integrar Israel, cuya población, mayoritariamente de origen europeo, comparte nuestros valores."

Jacques Attali segundaba naturalmente estas palabras e incluso ahondaba en ese sentido: debemos integrar Turquía, escribía, porque "Francia, debido a sus anteriores elecciones geopolíticas, es una nación musulmana; el islam es la religión de dos millones de ciudadanos franceses y de un tercio de los inmigrantes en este país." Hay que meterse bien en la cabeza que Europa, al igual que Francia, ya es "una nación musulmana". Obviamente, Jacques Attali no planeaba hacer de Europa una tierra del islam, pero en su visión, el islam y la inmigración permiten disolver las viejas comunidades nacionales de Europa, desbaratar los sentimientos identitarios y desarraigar moralmente la población autóctona. El islam es por eso muy útil para los proyectos planetarianos.

En *Europa (s)*, en 1994, Jacques Attali ya había avisado: "Europa debería aceptarse a sí misma ya no como un club cristiano, sino como un espacio sin fronteras, desde Irlanda hasta Turquía, desde Portugal hasta Rusia, desde Albania hasta Suecia; que privilegie culturalmente el nómada respecto al sedentario, la generosidad respecto al repliegue sobre sí mismo, la tolerancia respecto a la identidad, en resumen, la multipertenencia respecto a la exclusión. Los debates abiertos recientemente sobre el derecho de voto de los extranjeros, sobre la ciudadanía y sobre el derecho de asilo abren la vía a esas mutaciones215."

Diez años después, el debate sobre la constitución europea inculca la idea de la fusión de los Estados y la creación de un gobierno europeo. Así pues, las cosas han evolucionado muy rápido desde la caída de la Unión Soviética, y eso es precisamente lo que agita los espíritus. La fiebre mesiánica parece haber alcanzado su paroxismo. Jamás Europa había sido inundada de tantos discursos planetarianos. Se insinúa en todas partes a través de los medios de comunicación: en la prensa, en la

---

[215] Jacques Attali, *Europe(s)*, Fayard, 1994, p. 196, 198

radio, en los reportajes televisados, en la publicidad, o en el cine, donde en apenas una década el mestizaje y el multiculturalismo se han erigido en una norma casi intangible. Todo esto no es muy natural. Se trata en realidad de una voluntad sistemática y obsesiva de realizar la creencia en el mensaje mesiánico de unificación mundial.

En esa perspectiva, la unificación de Europa es una etapa esencial, tal como lo preveía Jacques Attali en su *Diccionario del siglo XXI*, cuyo texto es al fin al cabo muy similar al de los famosos *Protocolos de los Sabios de Sión*, publicado éste a principio del siglo XX. Europa será el trampolín para proyectos más amplios: "Una Unión mediterránea de los tres países de Europa del Sur (Francia, España, Italia) con tres países del Magreb (Marruecos, Argelia, Túnez) sería una estrategia de recambio o incluso complementaria. A medio plazo, una unión como esa contaría con tantos habitantes como la Unión europea, y contribuiría a la estabilidad política de una zona vital para Francia. Se podría constituir primero un mercado común, y luego ir más lejos con una unión cultural y política... Evidentemente, los mercados del Sur no reemplazarían los de Europa – en cualquier caso, no antes de mucho tiempo. Pero el éxito de una unión mediterránea prepararía la apertura futura de los grandes mercados africanos. El mercado común entre Europa y África será el objetivo del siglo siguiente." No se puede ser más claro: la integración de Turquía no es más que una etapa del proceso.

En *El Mundo es mi tribu*, publicado en 1997, el ensayista Guy Sorman ya apoyaba la entrada de Turquía en Europa: "El acercamiento a Turquía es urgente, pues demostraría que se puede ser musulmán y europeo."

El gran periodista y director de prensa Alexandre Adler también militaba en ese sentido. En un artículo suyo en *Le Figaro* de octubre del 2004, demostraba tener algo de consideración hacia aquellos que pretendía embaucar: "No se debe decir a la opinión pública francesa que la entrada de Turquía es un asunto menor o que presenta pocos riesgos, pues este método no haría más que aumentar la angustia de un pueblo muy inteligente[216]." Esto contrasta un poco con las diatribas de Alain Minc y de Bernard-Henri Lévy en contra de los franchutes atrasados. Pero esta insidiosa lisonja era para vendernos mejor la mercancía con un mayor beneficio. Turquía, continuaba Adler, un país que tiene "elecciones libres, una prensa libre, intelectuales que no tienen nada que envidiar a los nuestros, universidades admirables y

---

[216] En la misma línea, tenemos el libro titulado *Los Franceses son estupendos (Les Français sont formidables)*, de Jean François Kahn, 1987.

abiertas al mundo" representa una "oportunidad inesperada". "Sepamos interpretar ahora esa señal para garantizar la libertad futura de nuestro continente". Nuestra libertad está en juego, evidentemente. En 1983, Alexandre Adler fue uno de los firmantes de una lista de apoyo a comunistas disidentes encabezados por Henri Fiszbin. Hoy en día, apoya abiertamente las posiciones políticas de la derecha liberal. Su currículo es finalmente bastante común con el de los pensadores cosmopolitas, los cuales en su gran mayoría se dieron cuenta que la democracia liberal era mucho más eficaz que el comunismo para la construcción de la sociedad sin fronteras.

Todo parece estar programado de antemano pues, a menos que algunas resistencias detengan la máquina. A este respecto, la victoria del "No" francés en el referéndum del 29 de mayo de 2005 quizá sea una señal de advertencia. Ponía de relieve el abismo que existía entre la élite política e intelectual, y el pueblo francés. Efectivamente, el 1 de marzo del 2005, los senadores y los diputados, reunidos en el Congreso de Versalles, habían votado con una aplastante mayoría (91,71%) a favor de la constitución europea y de la transición a una Europa federal. Tres meses después, el 29 de mayo del 2005, el censo electoral rechazaba esa constitución con un 55% de los sufragios.

Las guerras planetarianas

Retrocediendo un poco en la historia, uno puede darse cuenta de que cierta filia hacia Turquía ya era perceptible en los espíritus más "abiertos" del siglo XIX. En aquella época, la Europa balcánica estaba todavía bajo dominio del imperio otomano, el cual usaba una violencia extrema para sofocar los levantamientos nacionales de los europeos sometidos a su yugo. El aniquilamiento de miles de cristianos sin defensa suscitaba entonces la indignación de las consciencias civilizadas.

El levantamiento de los serbios de 1875, por ejemplo, había sido reprimido con un baño de sangre por los turcos, y la represión de los búlgaros, al año siguiente, había dado lugar a actos de barbarie atroces. Europa se conmovió por ello, y Willliam Gladstone, un hombre que todavía no había sido Primer ministro del Reino Unido publicó su célebre obra, *Los horrores búlgaros y la cuestión del Este (1876),* que condenaba Turquía y sobre todo la política pro-turca de Disraeli. Aquel Primer ministro judío – una excepción en la historia política inglesa – también embarcó Inglaterra en la guerra de Afganistán, que tanto costaría en vidas y dinero, bajo el sempiterno pretexto de unas presuntas ofensas que nunca habían existido. Esa vez también, Gladstone, en 1881, intentó enérgicamente oponerse a esa expedición desastrosa que tuvo como resultado que los británicos perdieran la simpatía de los afganos. Ciento veintitrés años después, en el 2002, los afganos iban a sufrir una nueva invasión anglosajona bajo la dirección de Georges Bush Jr y de sus asesores más cercanos, los "neoconservadores" ultrasionistas[217]. Los atentados del 11 de septiembre del 2001 en Nueva York no podían quedar impunes. Las Torres Gemelas de Nueva York, propiedad de Larry Silverstein, debían ser vengadas.

La invasión de Afganistán en el 2002 fue seguida por la invasión y ocupación de Irak por las tropas estadounidenses en el 2003. Todo esto a pesar de que Serbia, Irak y Afganistán no eran una amenaza para Europa, y si el Irak de Sadam Hussein pudo representar alguna amenaza, sólo era para Israel. Aquellas intervenciones militares estadounidenses se inscribían meridianamente en el gran proyecto planetariano. Se trataba de debilitar el islam en tierra del islam, ya que sus adeptos parecían hasta el momento los únicos dispuestos a oponerse con determinación a los partidarios del Nuevo Orden mundial. Lo ideal sería someter y convertir directamente todos los países musulmanes a las ventajas de la democracia de mercado y del laicismo militante. Pero, por otro lado, la política planetariana alienta la instalación de grandes masas musulmanas en los países europeos a fin de disolver las comunidades nacionales y suprimir las resistencias de los pueblos "étnicamente homogéneos".

De tal manera que Serbia fue acusada de llevar a cabo una política de limpieza étnica en sus territorios, y mereció ser castigada por la "comunidad internacional". En 1999, fue bombardeada concienzudamente por la aviación estadounidense. Y como de costumbre, para preparar la población europea a una nueva guerra, se descubría inmensas fosas comunes de cadáveres para avalar la tesis de un régimen sanguinario, se alarmaba los pueblos de Occidente con el peligro de un "nuevo Hitler" y los temibles ejércitos del tirano, aun cuando se trataba de un pequeño país empobrecido. A posteriori, la verdad fue que aquellas "fosas comunes" de cadáveres eran sobre todo cementerios militares. Al igual que la famosa fosa común de Timisoara

---

[217] Los neoconservadores son antiguos militantes de la extrema izquierda de los años 60 y 70 que durante los 80 y 90 se reciclaron como ultraliberales conservadores y ocuparon diversos puestos clave del mundo de la política y la cultura en Estados Unidos. Para un estudio detallado léase la obra de Mark Gerson, *"The neoconservative vision. From the cold war to the culture wars*, Madison Books, Maryland, USA, 1997. Citado en nota por Israel Shamir, *La otra cara de Israel*, Ediciones Ojeda, Barcelona, 2004, p. 183. (NdT)

en Rumanía durante la caída del régimen comunista, hubo que admitir que el número de víctimas tenía que ser dividido por diez. Toda esa propaganda, esa "sensibilización", tenía por objetivo preparar la opinión pública a una guerra programada.

Durante la ofensiva contra Serbia, el gobierno estadounidense había sido fuertemente influenciado por personalidades de convicciones ultrasionistas impregnadas de fe planetariana. El 5 de diciembre de 1996, el presidente Bill Clinton había renovado su gabinete de política extranjera. En el departamento de Estado, Madeleine K. Albright sustituía Warren Christopher. Albright era en realidad el apellido de su antiguo esposo, mientras que la "K." se refería a los Korbel, una familia originaria de Checoslovaquia. En el ministerio de Defensa, William Perry cedía su cartera a William S. Cohen. En la dirección de la CIA, John Deutch era finalmente preferido al nominado Anthony Lake[218], aunque ambos eran miembros del Consejo de relaciones extranjeras (el famoso CFR, *Council of foreign relations*). El antiguo adjunto de Lake, Samuel R. Berger, ocupaba ahora el puesto estratégico de Consejero de Seguridad Nacional.

Gracias a la intervención estadounidense, los musulmanes pudieron expulsar los serbios de su provincia histórica. El éxodo de los serbios se produjo paulatinamente, bajo el pro-consulado del antiguo ministro socialista Bernard Kouchner, delegado de la Organización de las Naciones Unidas. Los musulmanes son hoy en día mayoritarios, después de haber impuesto otra limpieza étnica en medio de la indiferencia general. Seis años más tarde, en junio del 2005, Bernard-Henri Lévy se expresaba acerca de su activismo político durante la guerra en Serbia en un programa de televisión, declarando: "Tuve arcadas cuando el presidente Mitterrand me declaró que mientras él estuviera vivo, Francia jamás haría la guerra a los serbios[219]."

El cambio de opinión de un autor comunista como Guy Konopnicki era bastante sintomático de la evolución ideológica de numerosos intelectuales judíos occidentales. Se lamentaba ahora del "antiamericanismo" que asolaba Francia, desde la extrema izquierda hasta la extrema derecha: "Esa falta de humanidad es propiamente repugnante", escribía. Miembro fundador de SOS-Racismo, había dimitido el 18 de enero de 1991 junto con el multimillonario Pierre

---

[218] Anthony Lake se convertiría tardíamente al judaísmo en el 2005, antes de casarse con su mujer judía. (NdT)

[219] BHL, sábado 25 de junio del 2005, programa *Forum* en la cadena francoalemana *Arte*.

Bergé, para protestar en contra de las posiciones pacifistas del movimiento durante la primera guerra del Golfo.

Escribía en ese momento: "Durante mucho tiempo, fui de los que manifestaban cuando las bombas caían en alguna parte del mundo. Esta vez, lo digo sin avergonzarme, he aplaudido el diluvio de fuego que se abatió sobre Irak." Opinión totalmente compartida por el popular cantante Patrick Bruel (Benguigui), quién también abandonaba su pacifismo militante para apoyar la acción de los más fervientes belicistas de la administración estadounidense. Es cierto que el interés de Israel estaba en juego.

A pesar de eso, Konopnicki no se dejaría acusar por nadie de racismo anti-musulmán: "He hecho campaña por la igualdad de derechos de los jóvenes árabes de nuestros suburbios, participado a la creación de SOS-Racismo, defendido la revuelta de los afganos contra la invasión soviética en 1979 y los combatientes musulmanes asediados en Sarajevo220." Pero en esta nueva crisis internacional, el escritor no podía permanecer decentemente indiferente, más aún cuando los judíos parecían estar directamente amenazados. Alentar el islam en Francia y combatirlo en el exterior; todo esto parece perfectamente coherente y corresponder a los ideales cosmopolitas.

"El fanatismo ha golpeado Nueva York con la destrucción de las Torres Gemelas, igual que había asolado Florencia y luego Berlín con la quema de libros y la *Kristallnacht* (*La noche de los cristales rotos*)." Konopnicki se atrevía a denunciar lo que todos los periodistas, sin excepción, habían ocultado durante aquellos acontecimientos: "Para Osama Ben Laden, la destrucción del World Trade Center era la prefiguración de otra destrucción con la que no era el único en soñar, la del Estado de Israel. Para él, las dos torres eran un Israel simbólico, un templo del poderío judío221." Había que decirlo, todo sea dicho. Se comprende mejor ahora las motivaciones de unos y otros y el combate sin cuartel de Konopnicki contra el nuevo enemigo planetario: "Los totalitarismos del siglo XX tenían en común el antisemitismo. El que está cobrando fuerzas en estos inicios de siglo XXI, por más que se vista de atuendos identitarios y se presente como la expresión de los pueblos olvidados, no destaca por su originalidad. El islamismo radical es una ideología de muerte que, como todas las demás, despierta el antisemitismo222."

---

[220] Guy Konopnicki, *La Faute des Juifs*, Balland, 2002, p. 17, 22
[221] Guy Konopnicki, *La Faute des Juifs*, Balland, 2002, p. 128, 69
[222] Guy Konopnicki, *La Faute des Juifs*, Balland, 2002, p. 191

Bajo estas circunstancias, hay que acudir a los europeos para hacer una guerra total a los enemigos de Israel. Para la ocasión, y una vez más, los intereses de Israel serán asimilados a los de "Occidente", y más aún, a los de la "civilización" y del "mundo entero": "La paz del mundo, declaraba Konopnicki, no está en las manos del gobierno de Israel. Al contrario, la paz sólo será posible, para Israel y para los Palestinos, si las potencias europeas y estadounidense son capaces de afrontar el islamismo y ponerlo en vereda por medios militares, económicos y políticos223."

Las esperanzas planetarianas se alimentan de la guerra entre los pueblos. Pero lo más asombroso, es que los intelectuales representativos de esa corriente de pensamiento consiguen con una desfachatez monstruosa hacerse pasar, desde hace lustros, por los adalides de la Paz.

Es precisamente lo que nos quería decir otro ferviente belicista, Elie Wiesel, el cual no dudaba en arroparse con grandes discursos de paz y amor para apresurar la guerra contra Irak en 1991: "No se trata solamente de ayudar a Kuwait, se trata de proteger el mundo árabe." Todos los Occidentales deben movilizarse en contra del "asesino de Bagdad". "Es imperativo hacer la guerra a su guerra. A la fuerza destructora que emplea en contra de la humanidad, se debe oponer una fuerza mayor para que la humanidad sobreviva. Pues de ello depende la seguridad del mundo civilizado, su derecho a la paz, y no solamente el futuro de Israel… ¿Sed de venganza? No: sed de justicia. Y de paz." El pueblo de Israel es siempre inocente, por lo que no se puede comprender por qué el dictador iraquí intentó vengarse sobre ese país de la agresión estadounidense: "Porque los estadounidenses y sus aliados atacan Bagdad, Irak bombardea Israel. Es una agresión sin sentido, criminal, absurda, pero viniendo de Sadam Hussein, esto no sorprende a nadie224."

Albert Einstein fue un gran activista del movimiento pacifista durante el periodo de entre-guerra. En el libro titulado *El Poder desnudo225*, algunas de las cartas publicadas en él esclarecen las motivaciones del gran hombre. En la primavera de 1914, Einstein abandonaba Suiza para instalarse en Berlín donde había sido nombrado director de un instituto científico. En aquel momento era pacifista, como da fe de ello lo que escribía a un amigo en diciembre de 1914: "La catástrofe internacional en la que estamos inmersos supone una

---

[223] Guy Konopnicki, *La Faute des Juifs*, Balland, 2002, p. 186
[224] Elie Wiesel, *Memoires (Tome II)*, Éditions du Seuil, 1996, p. 144, 16, 152
[225] Albert Einstein, *Le Pouvoir nu, Propos sur la guerre et la paix*, Hermann, 1991.

pesada carga para el internacionalista que soy." En aquellos años, se carteaba con el escritor pacifista francés Romain Rolland. Éste relataba así su primer encuentro con Einstein en 1915: "Einstein no espera ninguna renovación de Alemania por ella misma. Desea una victoria de los aliados que arruine el poder de Prusia y de la dinastía. A pesar de su falta de simpatía hacia Inglaterra, prefiere su victoria a la de Alemania porque sabrá mejor dejar vivir el mundo en paz... (Nótese también que Einstein es judío, lo cual explica su internacionalismo y el carácter sarcástico de su crítica.)"

Así pues, si comprendemos bien a Romain Rolland, Einstein era menos pacifista que patriota, si bien su patriotismo coincidía más bien con los enemigos de la nación alemana, la cual a pesar de todo le había acogido. Esto se debía a que se identificaba más con los ideales democráticos que con Alemania. En septiembre de 1918, Einstein escribía a otro corresponsal: "La salvación de Alemania reside en mi opinión en un proceso rápido y radical de democratización calcado sobre las instituciones democráticas de las potencias occidentales." Sus deseos se verían cumplidos el 9 de noviembre, el día de la proclamación de la república después de la derrota de Alemania. Escribía entonces: "Estoy encantado por el giro de los acontecimientos. La derrota alemana hizo maravillas. La comunidad universitaria me considera como una especie de archi-socialista."

Al final del año 1918, pronunciaba un discurso ante el Reichstag como representante universitario en el que manifestaba sus simpatías hacia las ideas comunistas: "La antigua sociedad en la que éramos gobernados por una clase que acaparaba el poder acaba de desmoronarse bajo el peso de sus propias faltas y los golpes liberadores de los soldados. Los Consejos[226] que éstos han inmediatamente elegido y que tomarán a partir de ahora las decisiones de acuerdo con los Consejos de Trabajadores deben ser reconocidos por ahora como los órganos de la voluntad popular. Les debemos, en estos días difíciles, una obediencia incondicional y nuestro ferviente apoyo." Esto era un apoyo muy franco a la revolución marxista.

Sin embargo, Einstein no perseveraría en esa vía radical. El 2 de abril de 1921, desembarcaba por primera vez en Estados Unidos, en compañía de Chaim Weizmann, el muy influyente líder del movimiento sionista. Sus actividades pacifistas eran entonces poco conocidas en EEUU y el objetivo de aquella primera estancia era recaudar los fondos necesarios para la construcción de una universidad hebraica en Jerusalén, proyecto que resultaría exitoso gracias, especialmente, a la

---

[226] "Consejos" es la traducción del término ruso "Soviets".

generosidad de una gran parte de la profesión médica estadounidense. Durante su estancia, Einstein dio varias conferencias científicas, dándose así más a conocer al público norteamericano.

En julio de 1922, de vuelta a Alemania, hacía estas confidencias a Max Planck: "Varias personas sensatas me han aconsejado abandonar Berlín durante un tiempo y de evitar cualquier aparición pública en Alemania. Según ellos, estaría en la lista de los que los nacionalistas tienen previsto asesinar." Diez días después, escribía a otro amigo: "Desde el horrible asesinato de Rathenau, la ciudad está como presa de una gran agitación. No pasa un día sin que me insten a ser más cuidadoso; tuve que ausentarme oficialmente y anular todas mis conferencias. El antisemitismo está ganando terreno." Para comprender el sentido de estas palabras, se debe recordar que después de la guerra, Alemania estaba inmersa en una guerra civil en la que los líderes bolcheviques – de los cuales numerosos Judíos como Rosa Luxemburgo y Karl Liebknecht – desempeñaron un papel protagonista.

En octubre de 1922, Einstein embarcaba en Marsella para un viaje a Oriente. En el trayecto de vuelta, pasaría por Palestina y España. El 26 de octubre de 1922, visitaba Colombo, en la isla de Ceilán (Sri Lanka), donde apuntaba en su cuaderno de viaje respecto a sus lugareños: "Su existencia parece limitarse a una vida apacible de seres sumisos, pero sin embargo serenos. Viendo vivir esta gente, se pierde toda consideración por los europeos, bastante más degenerados y brutales, más groseros y avariciosos." Este desprecio para con el hombre europeo será en el futuro una constante muy perceptible en toda la literatura y producción audiovisual planetarianas.

En 1924, era reelegido miembro de la Comisión de Cooperación intelectual de la Sociedad de Naciones. En abril de 1925, viajaba al mar de Plata. Primero a Buenos Aires y luego a Montevideo, Einstein escribía: "¡Qué el diablo se lleve estos grandes Estados y su orgullo! Si pudiera los desmenuzaría a todos en minúsculos países."

En 1930, afirmaba sin rodeos su pacifismo en una publicación: "Esos hombres que marchan en fila, radiantes, al son de una orquesta, me inspiran el desprecio más profundo. ¿Necesitan de verdad un cerebro? ¿No habría sido su médula espinal más que suficiente? El ejército no es para mí más que una vergonzosa malformación de nuestra sociedad que se debe intentar curar lo antes posible. Preferiría padecer mil torturas que participar en un espectáculo tan denigrante." Durante una recepción en Nueva York, pronunciaba ese mismo año un discurso en el que reafirmaba sus convicciones acerca del "rechazo incondicional de la guerra" y la "negativa a someterse a cualquier forma de servicio militar. En los países donde el reclutamiento existe, el primer deber de un pacifista consiste en rechazarlo." Se mantenía en sus treces en un discurso pronunciado en Lyon en 1931: "Pido a todos los periódicos que se vanaglorian de apoyar los ideales pacifistas que inciten a sus lectores a que se nieguen al servicio militar. Hago un llamamiento a cada hombre y mujer, desde el más poderoso al más humilde, a que declaren, antes incluso de que se inaugure el próximo mes de febrero en Ginebra la conferencia mundial para el Desarme, que se negarán a participar en cualquier guerra futura o a la preparación de cualquier forma de lucha armada."

Por aquellos años compartía sus convicciones con el doctor Freud. La relación entre ambos estaba en su apogeo en el verano de 1932, cuando, bajo el patrocinio del Instituto Internacional de Cooperación Intelectual, se desarrolló un debate público entre los dos hombres sobre las causas de la guerra y sus remedios. En ese verano, Einstein escribía una carta a Freud en la que decía: "La seguridad internacional implica que cada nación se deshaga, en cierta medida, de su libertad de acción, es decir de su soberanía[227]."

Toda esta agitación se interrumpió bruscamente en 1933, después del ascenso al poder de Hitler. La nueva situación política lo condujo a dar un giro de 180 grados en sus posiciones. Dejó entonces de apoyar el movimiento de resistencia a la guerra para empezar a apoyar el rearme de las potencias occidentales. El 5 de mayo de ese año, escribía en una carta a Paul Langevin: "Estoy convencido, por mi parte, de que todavía es posible hacerle frente a la amenaza alemana instaurando un embargo económico."

Desde el principio, renegó de su pasado de activista pacifista para hacerse el adalid de la guerra contra la Alemania de Hitler: "Aún es posible aplastar esos usurpadores que han tomado el poder." El 6 de junio, escribía a Stephen Wise, el rabino de la sinagoga libre de Nueva York, para que la prensa y los medios estadounidenses lanzaran una campaña de "sensibilización" sobre la guerra: "La prensa estadounidense debe informar el público de la amenaza militar alemana. A ella le corresponde hacerle ver los desastres que traería una nueva guerra en Europa." El pueblo estadounidense era entonces muy

---

[227] "Quien quiera realmente abolir la guerra debe declararse resueltamente a favor de que su propio país renuncie a una parte de su soberanía en favor de las instituciones internacionales: debe estar dispuesto a hacer que su propio país se someta, en caso de litigio, al laudo de un tribunal internacional." *America and the Disarmament Conference of 1932*, Mein Weltbild, Amsterdam, 1934, in *Ideas and Opinions by Albert Einstein*, Crown Publishers, Inc. New York, 1954, p. 101. (NdT)

pacifista y aislacionista: había que sacudirlo un poco para que entrara en guerra contra Alemania.

El 20 de julio, escribía además a la reina-madre Elisabeth de Bélgica: "Me permito decíroslo con toda franqueza: si fuera belga, no me negaría en la actualidad a realizar mi servicio militar. Lo aceptaría más bien de buen grado porque tendría la profunda convicción de contribuir, a través de mi acción, a la salvaguardia de la civilización." Es necesario que "Alemania tenga frente a ella una Europa unida y militarmente fuerte."

Por lo visto la dictadura bolchevique no le había llevado a las mismas consideraciones. No se trataba por lo tanto de la naturaleza dictatorial del régimen alemán lo que provocó su oposición y despertó su nuevo ardor belicista, sino la naturaleza antisemita del mismo: "Una banda de gánsteres ha logrado tomar el poder y mantiene el resto de la población en un estado de terror, adoctrinando la juventud de forma sistemática[228]."

Una nota suya "no publicada" de 1935, indicaba lo siguiente: "Lo que realmente convirtió a Hitler en el amo de Alemania fue el odio feroz que siempre albergó contra todo lo extranjero, la especial aversión que siente hacia una minoría sin defensa, la de los Judíos alemanes. Hitler nunca pudo soportar su sensibilidad intelectual que considera – y por una vez comparto su opinión- como extranjera a la raza alemana."

El 9 de abril de 1938, escribía: "No es menos preocupante e indignante asistir como espectador a la abolición de los derechos políticos e individuales elementales de una parte de la población de algunas naciones, antaño orgullosas de su herencia cultural...Alemania, al infligir persecuciones inhumanas a los Judíos en su propio país o en Austria, ha emprendido el camino de la destrucción que acabo de describir." Cuando escribía estas líneas, los Judíos habían efectivamente perdido el derecho de ejercer sus funciones en numerosas profesiones liberales: eran "persecuciones inhumanas" que prefiguraban las primeras persecuciones reales que tendrían lugar un poco más tarde, durante la Noche de los cristales rotos, el 9 de noviembre de 1938.

El 25 de octubre, en plena guerra, el *Jewish Council for Russian War Relief* (Consejo Judío de Asistencia al Pueblo Ruso) organizaba una cena de honor para Einstein. Indispuesto por motivos de salud en

---

[228] "En 1939, la Gestapo empleaba 7500 personas, contra 366 000 para el NKVD en la Rusia bolchevique (incluido el personal del gulag) ", in *Du Passé faisons table rase, Histoire et mémoire du communisme en Europe,* ouvrage collectif, sous la direction de Stéphane Courtois, Robert Laffont, 2002, p. 209

su residencia de Princeton en Estados Unidos, Einstein enviaría un mensaje en el que hallamos estas palabras: "Me gustaría finalmente decir unas palabras de capital importancia para nosotros Judíos. En Rusia, la igualdad de todos los grupos nacionales y culturales que componen hoy en día el país no sólo es evocada en los textos [legales], sino que es puesta en práctica. Por eso me parece la más elemental sabiduría querer ayudar a Rusia lo mejor posible, poniendo en marcha todos los recursos a nuestra disposición." He aquí otro ejemplo que demuestra que Einstein razonaba primero y ante todo como miembro de la comunidad judía. Sus tomas de posición sobre el militarismo, el pacifismo, la democracia, Alemania o Rusia no reflejaban más que sus intereses específicos, que podían cambiar según las circunstancias. Antimilitarista en los años 20, belicista con la llegada de Hitler al poder; pro-soviético desde el principio, se convertirá en antisoviético cuando los judíos serían apartados del poder después de la Segunda Guerra mundial. Las millones de víctimas del poder bolchevique durante la entre-guerra nunca despertaron su compasión, en ningún momento.

El 9 de junio de 1944, Einstein era entrevistado por el *Free World Magazine* de Nueva York al que declaraba: "No veo más soluciones: o bien aniquilamos el pueblo alemán, o bien lo mantenemos oprimido. No creo que sea posible ni de educarlo, ni de aprenderle a pensar y actuar de manera democrática – al menos en un futuro próximo."

Después de la guerra, y de que Chaim Weizmann, viejo amigo de Einstein y primer presidente del Estado de Israel falleciera el 9 de noviembre de 1952, le propusieron ser el segundo presidente del Estado judío. Pero Einstein rechazaría la oferta porque se sentía desprovisto de las aptitudes para dirigir un Estado. Esta era la opinión que tenía como sionista respecto del nuevo conflicto que dividía el mundo: "Debemos [el Estado de Israel] adoptar una política de neutralidad ante el antagonismo que divide el Este y el Oeste[229]."

Pero a veces resulta difícil distinguir el militante político del representante de su comunidad, como cuando escribía esta reflexión a Joseph Lewis al final del año 1954, pocos meses antes de su muerte: "Tiene usted razón en querer combatir la superstición y el poder de los sacerdotes, pues cuando sean vencidos – y no dudo de que un día acabaremos ganando- nos parecerá aún más evidente que el hombre debe buscar en su propia herencia la fuente de los males que lo afligen, y en ninguna otra parte."

---

[229] Carta de Albert Einstein a Zvi Lurie, miembro de la Agencia judía en Israel, 4 de enero de 1955, in Albert Einstein, *Le Pouvoir nu, Propos sur la guerre et la paix*, Hermann, 1991.

Durante la Segunda Guerra mundial, Iliá Ehrenburg fue el propagandista oficial de la URSS y del mariscal Stalin en la guerra contra la Alemania nazi. En numerosos poemas y textos, llamaba explícitamente a exterminar los alemanes, todos los alemanes, hombres, mujeres, jóvenes y ancianos sin distinción, hasta matar a los niños en los vientres de sus madres. Naturalmente, para los alemanes, Ehrenburg figuraba a la cabeza de la lista de los enemigos a abatir. Pero después de la victoria, el hombre se convirtió naturalmente en un apóstol de la paz. Es lo que nos contaba su biógrafa, Lilly Marcou: Este "nómada de la paz" ha pasado la mayor parte de su vida entre Moscú y París. "Testigo de la revolución de Octubre, de la guerra civil en España, de la entrada de los Alemanes en París", está "siempre en primera línea". Después de la guerra, sería "una de las grandes figuras del Movimiento por la Paz[230]." Tras haber aniquilado sus enemigos, efectivamente, se está siempre a favor de la paz.

El mito estadounidense

Poblado de inmigrantes desarraigados, los Estados Unidos representan evidentemente un poderoso símbolo en el imaginario planetariano. El novelista francés George Perec estaba naturalmente fascinado por el mito americano cuando se decidió a realizar una película con Robert Bober sobre Ellis Island. Esa isla de Nueva York, cerca de la estatua de la Libertad, fue el centro de inspección de emigrantes entre 1892 y 1954.

"No se sabe cuántos millones de europeos, sobre todo italianos, Judíos rusos y polacos, pasaron por aquel lugar, transformado desde entonces en museo." En una de sus obras titulada *Nací*, Georges Perec precisaba: "De 1892 a 1924, cerca de dieciséis millones de personas pasaron por Ellis Island, a razón de cinco a diez mil por día. La mayoría no estarían más que unas horas; dos o tres por ciento serían rechazados. En definitiva, Ellis Island no sería otra cosa que una fábrica de hacer estadounidenses, después de la inspección de los ojos, bolsillos, vacunación y desinfección. En 1954, Ellis Island sería cerrado definitivamente."

El lector puede también visionar la hermosa película de Elia Kazan, *América, América*. Una de las escenas finales muestra de forma sorprendente esa estación de tría donde, en pocos segundos, un funcionario atribuía a los inmigrantes una nueva identidad sustituyendo

---

[230] Lilly Marcou, *Ilya Ehrenbourg*, Plon, 1992, p. 11

un apellido incomprensible. Sin embargo, por muy bella que sea, la película de Elia Kazan no dejaba de ser una oda al desarraigo.

A través de un testimonio sincero y conmovedor, George Perec nos desvelaba el fondo de su identidad y el motivo de su nostalgia: "Yo nací en Francia, soy francés, llevo un nombre francés, Georges, un apellido casi francés: Perec. La diferencia es minúscula: no hay ningún acento agudo en la primera e de mi apellido, porque Perec es la grafía polaca de Peretz. Si hubiese nacido en Polonia, me llamaría, supongamos, Mordechai Perec, y todo el mundo sabría que soy judío. Pero no he nacido en Polonia, felizmente para mí, y tengo un apellido casi bretón, que todo el mundo escribe Perec o Perrec: mi apellido no se escribe exactamente igual que se pronuncia. A esta insignificante contradicción se une el sentimiento tenue, pero insistente, insidioso, inevitable, de ser de alguna manera extranjero en relación con algo de mí mismo, de ser "diferente", pero no tanto diferente de los "demás" cuanto diferente de los "míos231"". "Lo que fui a buscar a la isla Ellis es la imagen misma de ese punto de no retorno, la consciencia de esa ruptura radical...Me parece haber logrado que resuenen ocasionalmente algunas de esas palabras para mí inextricablemente ligadas al concepto mismo de "judío"; el viaje, la espera, la esperanza, la incertidumbre, la diferencia, la memoria, y esos dos conceptos imprecisos, irreparables, inestables y huidizos, que reflejan incesantemente, uno en el otro, sus luces temblorosas, y que se llaman "Tierra natal" y "Tierra prometida232"."

He aquí por fin un testimonio conmovedor y profundo que despierta naturalmente la simpatía. Estamos muy lejos del desprecio y del bluf político, científico y moral que hemos podido leer en otras partes, donde se mezclan en dosis variables la mentira, la desfachatez y la impudente propaganda.

Sea como fuera, el modelo estadounidense nunca tuvo mucho éxito en Francia. Desagrada a los marxistas debido a su liberalismo económico desenfrenado y su fe religiosa, y repugna a los nacionalistas por la omnipresencia de su lobby sionista, su poderío financiero arrogante, su *"melting pot"* y su materialismo indecente. Se podría añadir que su puritanismo protestante tampoco gusta a todo el mundo, especialmente en un país de raíz católica y hedonista como Francia233.

---

[231] George Perec, *Nací, textos de la memoria y el olvido*. Abada Editores, Madrid, 2006, p. 102-103

[232] George Perec, *Nací, textos de la memoria y el olvido*. Abada Editores, Madrid, 2006, p. 104-105

[233] Por lo menos hasta 1914, pues varios testimonios literarios dejan pensar que los franceses perdieron algo de su alegría de vivir desde entonces.

Su arquitectura desmesurada tampoco provoca un gran entusiasmo en el europeo bien nacido que sabe apreciar la mesura y el equilibrio. Sus costumbres alimentarias son además deplorables, sus teleseries a menudo infumables y el optimismo de rigor de sus habitantes tiene tendencia, hay que reconocerlo, a exasperar el francés medio, probablemente abrumado por tanta energía desbordante.

Los intelectuales planetarianos ven las cosas de otra manera. Invitado al programa de televisión *Riposte*, de Serge Moati, el muy influyente director de prensa y notable escritor Alexandre Adler exponía sus razones para apreciar el presidente estadounidense George Bush: "Es el más *colour blind* de todos los presidentes estadounidenses234", decía, es decir el que más colaboradores de color escogió entre sus consejeros políticos y ministros. Efectivamente, Colin Powell y Condoleezza Rice fueron los primeros Negros en conseguir puestos tan importantes en la administración estadounidense. Alexandre Adler, muy sensible a la multiculturalidad del gobierno estadounidense, declaraba incluso querer ver un día Colin Powell presidente de los Estados Unidos.

Pero a continuación vamos a presentar algunas aclaraciones que ayudarán a comprender las opiniones de Alexandre Adler: En Estados Unidos, en los años 50, el sur del Bronx (Nueva York) reunía una gran diversidad de comunidades, siendo la comunidad judía la más importante, con su sinagoga, sus mikves235, panaderías y carnicerías kasher236. La tienda Sickser se había especializado en productos para bebés y niños (carritos, cambiadores y sillas para bebés, cunas, etc....) Se hablaba el yiddish, aunque muchos clientes eran jamaicanos, negros e italianos. El dueño reclutó entonces un joven negro desocupado de 13 años que vivía en el barrio. Puntual, concentrado en su trabajo, honesto, estaba tan dispuesto a aprender que trabajó en la tienda hasta el final de su instituto, ascendiendo poco a poco los escalones: descarga de camiones, preparación de los pedidos, gestión del almacén, etc. A pesar de ser de origen jamaicano, aprendió a hablar yiddish, especialmente con los clientes jasídicos237que no hablaban inglés. En definitiva, se convirtió en el "*shabat goy*" ideal (empleado goy de familias judías para realizar las tareas esenciales prohibidas durante el shabat). Con 17 años

---

[234] Programa de televisión *Riposte*, presentado por Serge Moati, 6 de junio del 2004.
[235] Baños de purificación judíos.
[236] "Correcto" o "apropiado" para ser consumido, es decir que cumple con los preceptos de la religión judía.
[237] El judaísmo jasídico es un movimiento religioso ortodoxo y místico dentro del judaísmo. Léase en *Psicoanálisis del judaísmo*.

entró en el City College de Nueva York, en el que trabaría amistad con estudiantes judíos ya que los conocía perfectamente y hablaba su dialecto. A lo largo de sus estudios (ingeniería y biología), ese conocimiento del judaísmo le fue muy valioso. Cuando años más tarde visitó Israel, declaró al Primer ministro Yitzak Shamir: *"Men kent reden yiddish"* (Podemos hablar en yiddish). Los dos hombres conversaron entonces en yiddish. Su nombre era: general Colin Powell, ministro de Defensa estadounidense238.

Alexandre Adler es una figura mediática importante de la Francia de principios de siglo XXI. En su juventud, en la Escuela Normal Superior239, abrazó el comunismo de su maestro Louis Althusser para adherir rápidamente al Partido comunista. En mayo de 1981, se entusiasmó con la llegada de los socialistas al poder. Es actualmente asesor ocasional del Presidente de la República. Tras los atentados del 11 de septiembre del 2001, Adler se comprometió todavía más: "Estoy en guerra", declaraba. El odio a los Estados Unidos era según él "la forma más perversa y perniciosa del odio de sí mismo". Defendía Georges Bush y los Estados Unidos, apoyaba incondicionalmente Israel y Ariel Sharon, y militaba a favor de la entrada de Turquía en Europa. Según el diario *Libération* (20 de junio del 2004), es Judío y Alemán a través de sus padres; su padre "se empeña en comer cerdo por sus convicciones materialistas, ¡pero mantiene la cabeza cubierta!" Tiene presente un viejo dicho yiddish de su madre: "Cuando te escupen en la cara, no hay que decir que llueve". Así, también le vimos comparecer como testigo en un juicio contra el productor de la radio *France Inter* Daniel Mermet, un "pedazo de bruto", acusado de haber dejado de forma complaciente expresarse un auditor antiisraelí en el buzón de voz del programa *Là bas si j'y suis*. Sin embargo, aseguraba "no querer amordazar a nadie". Aborrece los "desaliñados de izquierda", especialmente José Bové: "No me gustan los Poujade240que se hacen pasar por unos Mahatma Gandhi, sobre todo cuando todo acaba siendo un vulgar antijudaísmo."

---

[238] Extracto de Zev Roth, *Targum Press*, 2000, citado en *Faits et Documents* del 1 de julio del 2003.
[239] La ENS es considerada la escuela más prestigiosa de Francia y forma a la élite de la investigación científica de ese país. (NdT).
[240] Poujade: político y sindicalista francés de mediados de siglo XX. El término *poujadisme* se convirtió en un término peyorativo, designando una forma de corporativismo considerada demagógica. Poco a poco fue adquiriendo un significado cercano al del "populismo". José Bové es un político y sindicalista agrícola, figura del movimiento altermundialista en los años 2000. (NdT).

En resumen, más allá de las camisetas políticas que llegara a enfundar, la única constante invariable en su discurso radica en sus convicciones mundialistas, su apoyo a Israel y su rechazo epidérmico a todo lo que es demasiado "típico francés", como por ejemplo el campesino José Bové. A pesar de pertenecer a la extrema izquierda, las posiciones antisionistas de ese movimiento no granjean las simpatías de aquellos que colocan el apoyo a Israel por encima de cualquier otra consideración.

El economista y mediático Alain Minc era otro ferviente partidario de Estados Unidos. En 1991, respaldó la primera ofensiva estadounidense contra el Irak de Sadam Hussein: "La proliferación nuclear, decía, con un Irak poseedor de la bomba se ampliaría de forma insoportable." Justificaba así la hegemonía estadounidense y su preponderancia sobre la diplomacia europea: "No tardaremos en echar de menos a este guardián americano que treinta años de gaullo-mitterandismo nos enseñaron a mofar, a pesar de beneficiarnos de su protección. Con él, el orden en Europa no estaba garantizado; sin él, el desorden lo está241."

En *Le Figaro* del 19 de noviembre del 2004, Guy Sorman también ensalzaba los méritos de Estados Unidos: "Los Estados Unidos tienden o pretenden ser universal. A todos prometen la libertad y la igual dignidad, sin discriminación de raza ni de religión: procuran una prosperidad económica sin precedente en su territorio y la expanden fuera de sus fronteras. ¿Qué exigen a cambio? Un mínimo de lealtad, pero ninguna servidumbre. ¿Se les puede reprochar de exportar la democracia sin tener en cuenta la diversidad de las culturas? En efecto, ¿pero no es preferible a la promoción de la tiranía con el pretexto de esa diversidad cultural?" Mismo plumaje, mismo ramaje, Bernard-Henri Lévy declaraba: "Quiero aclarar que no considero el "*Deep South*", la patria del Klu Klux Klan, el país del napalm sobre Vietnam y de los aliados de Pinochet, como el parangón indiscutible de la libertad. Lo que digo es que el odio tosco, brutal y total de Estados Unidos como tal, es, sin lugar a duda, el odio a la libertad242."

Demos ahora la palabra a un estadounidense célebre, el escritor mundialmente conocido Norman Mailer. Abramos su reciente ensayo titulado *¿Por qué estamos en guerra?*, para ilustrarnos, no sobre las causas de la guerra que están llevando a cabo los EEUU, sino sobre la mentalidad de los intelectuales planetarianos estadounidenses. Leíamos en la contraportada del libro: "Más allá de la guerra en Irak, ¿cuáles son

---

[241] Alain Minc, *Le Nouveau Moyen-Age*, Gallimard, 1993, p. 28, 30
[242] Bernard-Henri Lévy, *L'Idéologie française*, Grasset, 1981, p. 280

los motivos secretos de la administración Bush? ¿Está destinada esa formidable presencia militar en Oriente-Medio a ser un trampolín para la hegemonía de Estados Unidos en el resto del mundo? ¿Cuáles son las raíces profundas del conservadurismo estadounidense? ¿Sus medios, sus objetivos, su moral? Norman Mailer nos ofrece un libro contundente y sin concesiones – en la línea de su famoso libro publicado hace más de treinta años, *¿Por qué fuimos al Vietnam?* Mailer piensa Estados Unidos, piensa el mundo, por encima de las cortapisas religiosas que moldean los pensamientos y las acciones de unos y otros. Sus reflexiones han suscitado debates muy acalorados en Estados Unidos."

El programa era pues muy alentador, pero desafortunadamente hallábamos los mismos tópicos, los mismos fallos que en nuestros intelectuales franceses: "Somos una nación cristiana, escribía al hablar de Estados Unidos en guerra. La preposición "judeo" en la fórmula "judeocristiano" no es más que un adorno."

Efectivamente, los cristianos, y solamente ellos, son los belicistas encarnizados, contrariamente a lo que puedan decir los antisemitas. Los conservadores cristianos son individuos extremadamente peligrosos: "Cuando cayó la Unión Soviética, los conservadores patrioteros pensaron que era su ocasión de apoderarse del mundo. Pensaban que eran los únicos que sabían cómo dirigirlo. Por consiguiente, su ansia era voraz. Se enfurecieron cuando Clinton fue elegido. Es una de las razones de que le odiaran tanto. Estaba frustrando la conquista del mundo. Desde su punto de vista, allá por 1992, parecía una empresa facilísima y posible[243]."

En contra de la derecha reaccionaria estadounidense y en contra de los Blancos cristianos y racistas que amenazaban con ejercer una dominación mundial desde el gobierno estadounidense, Norman Mailer se posicionaba como el puntal incondicional de los oprimidos y el adalid de la sociedad multirracial: "En el mundo moderno de la tecnología, no sé si la raza o la cultura es una cuestión trascendental. A largo plazo, el mundo tiende a no tener razas...No considero que la inmigración sea un problema apremiante, salvo en el sentido de que algunos blancos les enfurece tanto que no pueden pensar en cosas más importantes. Piensan que Estados Unidos se va al garete. Muy bien, el país se va a pique, pero de un modo que no tiene nada que ver con las razas o la inmigración excesiva. Por poner un ejemplo, Norteamérica se pierde por culpa de la televisión. En la publicidad, los anunciantes elevan la mentira y la manipulación al rango de valores internos... La

---

[243] Norman Mailer, *¿Por qué estamos en guerra?*, Editorial Anagrama, 2003, Barcelona, p. 90

mala arquitectura, un márquetin invasor, el plástico omnipresente..., estas fuerzas letales me preocupan mucho más que la inmigración. Podría seguir hablando a este respecto. Nuestro principal problema no es la inmigración, sino la empresa norteamericana. Ella es la fuerza que ha conseguido arrebatarnos a nuestro país[244]". "Si nuestra democracia es el experimento más noble de la historia de la civilización, puede ser también el más singularmente vulnerable[245]", concluía Norman Mailer.

Las similitudes con las palabras de Daniel Cohn-Bendit o de Alain Minc acerca de la inmigración y la sociedad plural son bastante llamativas. Vemos la misma desconfianza hacia la religión cristiana, el mismo desprecio respecto de los blancos autóctonos que se alarman de verse minoritarios, la misma disposición para achacar a los demás sus propias vilezas, tanto en la programación de la guerra, que en la voluntad de "dominar el mundo" o en la "mentira y la manipulación".

La mentalidad y los reflejos ideológicos de los periodistas e intelectuales estadounidenses de obediencia planetariana parecen perfectamente idénticos a los de nuestros intelectuales franceses y europeos. El 17 de octubre del 2002, el *Courier international*, periódico que dirigía Alexandre Adler, había publicado un reportaje titulado: *El Final de la sociedad blanca en EEUU*. En él se podía leer un artículo que confirmaba la opinión de Norman Mailer y de Daniel Cohn-Bendit: "Suelo decir que no es un problema racial lo que hay en Estados Unidos. Es un problema de razonamiento", declaraba Yehudi Webster, profesor de sociología en la universidad de California de Los Ángeles, quién añadía: "La mayoría de los antropólogos están de acuerdo en decir que la noción de raza no tiene ningún fundamento."

En el mismo reportaje, un artículo de Patrick Goldstein denunciaba la dominación de los Blancos sobre Hollywood: "Hollywood también padece del hecho de que sus círculos dirigentes sigan siendo con demasiada frecuencia inmaculadamente blancos." Formulado así, parece claramente que los racistas blancos dominan la capital del cine. Un tercer artículo presentaba el "libro fascinante" de Leon E. Wynter titulado *La Piel de América: cultura popular, grandes negocios y el fin de la América blanca*[246]. El escritor se basó "en todos los ejemplos

---

[244] Norman Mailer, *¿Por qué estamos en guerra?*, Editorial Anagrama, 2003, Barcelona, p. 98-101
[245] Norman Mailer, *¿Por qué estamos en guerra?*, Editorial Anagrama, 2003, Barcelona, p. 121
[246] Leon E. Wynter, *American skin: Pop culture, Big Business and the end of White America*, Crown Publishers, New York, 2002

para demostrar que las viejas definiciones raciales ya no tienen validez y que la cultura popular americana es cada vez más "transracial"."

"Lo multirracial corresponde a una expectativa del mercado, no porque sea políticamente correcto, sino porque es así como América quiere verse, como una sociedad multirracial unificada." El autor del artículo, un tal Michiko Kakutani, añadía, sin embargo: "Esta visión es cuando menos simplista. Leon Wynter no tiene en cuenta los problemas persistentes del racismo y las clasificaciones raciales de nuestro país, y el afán por demostrar la tesis central de su libro le lleva a negar la evidencia."

"Negar la evidencia": es un reproche que también hacía Aleksandr Solzhenitsyn a los que se negaban a reconocer sus responsabilidades en los crímenes del comunismo. Pero cuando Patrick Goldstein fingía denunciar el racismo blanco en Hollywood, no sólo negaba una evidencia, sino que además acusaba a otros de lo que él mismo se sentía responsable. Pues es bien sabido que no son los "Blancos" quienes dominan Hollywood, sino la comunidad judía, cuyos miembros se identifican unas veces con los "Blancos" y otras veces con las minorías, según las circunstancias y sus intereses exclusivos.

Hollywood, nos decía Jacques Attali en *Los judíos, el mundo y el dinero*, es un feudo judío: "Las firmas esenciales de hoy sí lo son: Universal, Fox, Paramount, Warner Bros, MGM, RCA y CBS son todas creaciones de inmigrantes judíos de Europa del Este". "Adolf Zukor llega de Hungría en 1890 (...) en 1917 funda la Paramount Pictures, que pone al servicio de la propaganda de guerra." Carl Laemmle, originario de Lauphaim, en Württemberg, es aprendiz de sastre, crea en 1912 Universal Studios. Los tres hermanos Warner, nacidos en Polonia, fundan en 1923 la Warner Bros. Louis B. Mayer, nacido en Minsk, funda la Metro. En 1916, Samuel Goldfish crea la Goldwyn, la cual fusiona en 1924 con la Metro. La firma se convierte en la Metro Goldwyn Mayer, "luego la MGM, lo que muchos traducen en yiddish -lengua hablada corrientemente en Hollywood en esa época- por Mayer Ganze Mishpoje (toda la familia Mayer)". "Goebbels denuncia entonces a Hollywood como una *jüdisches Geselschaft*, sin que los medios estadounidenses ni los productores judíos reaccionen. Cuando, en una conferencia de prensa, Cecil B. De Mille denuncia en 1937 "los abusos de la influencia judía sobre la industria cinematográfica", John Ford abandona la sala dando un portazo; pero ningún productor judío protesta[247]."

---

[247] Neal Gabler, *An Empire of Their Own: How the Jews Invented Hollywood*, New York, 1988, citado en Jacques Attali, *Los judíos, el mundo y el dinero*, p. 416

Si bien Dysney no fue fundado por un judío, su presidente actual lleva el mismo apellido que el famoso líder bolchevique: Eisner. "David Sarnoff nace cerca de Minsk en 1891 y emigra a Nueva York en 1905 (...) tiene la idea de combinar radio y fonógrafo. En 1926 pone en condiciones la primera red de radiodifusión, y después se convierte en presidente de RCA, en 1930. En 1939 lanza la televisión, fundando la NBC." William S. Paley, hijo de un emigrado ruso, lanza la CBS el mismo año. "Mientras tanto, de 1924 a 1938, 150 mil judíos originarios de Alemania y de Austria logran pasar a los Estados Unidos, pese a las cuotas muy restringidas reservadas a los judíos del Reich[248]." Esta es la verdadera naturaleza del dominio "blanco" en Hollywood.

Además, es perfectamente deshonesto denunciar el imperialismo de los Blancos cristianos como causa de la guerra en Irak cuando se conoce de sobra la influencia de los círculos judíos próximos a Georges Bush. El colmo es que esa misma gente acusa luego a otros de "mentir y manipular". En el momento de la intervención estadounidense, en efecto, si bien el ministro de Defensa Donald Rumsfeld no era judío, sus adjuntos en cambio sí lo eran. Paul Wolfowitz era el secretario de Estado adjunto de Defensa; fue nombrado en marzo del 2005 director del Banco Mundial. Douglas Feith, vicesecretario de Estado de Defensa, era el encargado de supervisar la entrada de Turquía en la Unión Europea. Mickael Rubin era el encargado de los asuntos Irán-Irak. Richard Perle era el jefe de gabinete de Dick Cheney, cuyo adjunto en el Consejo Nacional de Seguridad era John Hannah, el cual a su vez había nombrado Elliott Abrams al puesto crucial de responsable de Oriente Medio. John Bolton era el subsecretario de Estado al control de armas en el Departamento de Estado de Colin Powell. Tenía por adjunto David Wurmser. Entre los neoconservadores situados en diferentes puestos estratégicos, se puede mencionar Ari Fleischer, portavoz de George Bush, Thomas Dine, director de Radio-Liberty, o el temible Robert Kagan, doctrinario de la guerra preventiva e inspirador de la política exterior de George Bush.

Los intelectuales "neoconservadores", los ideólogos actuales de la política estadounidense son intelectuales judíos de extrema izquierda de los años 60 reconvertidos al reaganismo en los años 80[249]. A su cabeza,

---

[248] Jacques Attali, *Los judíos, el mundo y el dinero*, Fondo de cultura económica, 2005, Buenos Aires, p. 413-417

[249] Los lectores pueden visionar el interesante documental de Adam Curtis, escritor y documentalista británico de la BBC, titulado *El Poder de las pesadillas* (2004). En él se expone los orígenes ideológicos de esos neoconservadores, mayoritariamente judeoestadounidenses, y su implicación en la política exterior de EE. UU. en Afganistán en colusión con el islamismo radical, así como en la posterior "guerra contra el terror"

figuraban periodistas famosos, como Irving Kristol y Norman Podhoretz. El primero fundaría el *Weekly Standard*, que compraría el multimillonario Ruppert Murdoch y que su hijo William Kristol dirigiría después. El segundo creó *Commentary*. Estos dos periódicos serían veinte años más tarde los baluartes de una derecha violentamente proisraelí.

No olvidemos tampoco que George Tenet, quién provenía de los servicios de inteligencia israelíes, era entonces el director de la CIA, y Marc Grossman el subsecretario de Estado de Defensa. Estos eran los "cristianos" que denunciaba Norman Mailer como responsables de la guerra de Irak.

Por primera vez, en abril del 2004, una revista anglosajona había emitido algunas críticas sobre los objetivos del entorno ultra-sionista de Georges Bush. La revista canadiense *Adbuster*, ampliamente difundida por todo el territorio norteamericano, incluido EE. UU., dedicaba un largo artículo a los halcones de la Casa Blanca titulado *Bush White House Jewish Neo-Conservtives: ¿Why won't anyone say they are Jewish? (Neoconservadores judíos de la Casa Blanca de Bush: ¿Por qué nadie dice que son judíos?)*

En Francia, estas informaciones apenas trascendieron y únicamente circularon en los círculos de extrema derecha y musulmanes, aunque una búsqueda exhaustiva en internet permitía acceder a todas las informaciones. El 23 de mayo del 2004, el antiguo delegado estadounidense en Oriente Medio Anthony Zini había también criticado duramente en una entrevista a la NBC la política del gobierno Bush, acusando los responsables de la administración "mayoritariamente Judíos y neoconservadores" de haber "secuestrado la política exterior de Estados Unidos para servir sus propios intereses." Unos días antes de la misma semana, el senador Ernest Hollins había acusado Bush de haberse dejado llevar a la guerra a fin "de complacer los halcones judíos antes de las elecciones presidenciales."

El senador John Kerry, rival de Bush, había inmediatamente calificado esas palabras de "absurdas". Aunque recordaremos aquí que el propio John Kerry, adversario de Georges Bush en la elección presidencial, descendía de una familia judía originaria de Europa central. Su abuelo, nacido Fritz Kohn, transformó su apellido en 1902 cuando todavía estaban en Checoslovaquia en Frederick Kerry. Su hermano Cameron se había casado con Kathy Weismann, la cual era una judía tradicionalista. John Kerry se había beneficiado en Francia de una cobertura mediática y publicitaria inaudita para su campaña. Todo

---

de la organización "Al Qaeda". Véase también la nota 217. (NdT).

el mundo podía creer en su victoria a juzgar por el complaciente trato mediático hacia su candidatura. En Francia, él habría sido elegido sin lugar a duda. El problema era que las elecciones tenían lugar en Estados Unidos, y éste fue ampliamente derrotado por Georges Bush para gran sorpresa del público francés. Pero nadie le dio mucha importancia, y el incesante flujo de actualidades del régimen democrático se llevó por delante la atención de la opinión pública.

La influencia de los medios de comunicación, como podemos darnos cuentas, es la piedra angular del sistema democrático. Los abotargamientos mediáticos que acaban deshinchándose repentinamente después del suceso son innumerables. La atención de los telespectadores es inmediatamente requerida por el tintineo de otra campanilla de modo que el anterior cuento chino ya se olvida rápidamente. Un ejemplo entre mil: las elecciones legislativas en Rusia de diciembre del 2003. Todos los medios preveían un resultado aplastante de los demócratas, reunidos en el partido Iabloko (la Manzana, otro Apple). No se hablaba entonces más que de Iabloko, cuya influencia era evidentemente determinante. El auge de Iabloko era irresistible. El presidente de Iabloko, Grigori Iavlinski – un gran hombre político judeo-ruso – tenía por lo visto todas las de ganar y hacerse con una victoria histórica. Iabloko iba por fin sacar a Rusia de la depresión y preservarla del espectro del nacionalismo. Iabloko por aquí; Iabloko por allá. Si las elecciones hubiesen tenido lugar en Francia, Iabloko hubiese llegado al poder sin duda alguna. Pero las elecciones tuvieron lugar en Rusia, y Iabloko sólo consiguió el 1,5% de los sufragios. Desde entonces, ya no se oyó hablar más de Iabloko.

La alta finanza transnacional

En el imaginario marxista, la alta finanza sólo puede estar al servicio de la reacción y del fascismo. La supuesta alianza entre las dos fuerzas es efectivamente un tema esencial para reunir los oponentes del sistema capitalista. Fue lo que inspiró por ejemplo un autor a la vez marxista y libertario como Daniel Guérin[250] en su libro *Fascismo y gran capital*, publicado en 1965 y que todavía sigue influenciando muchos activistas anarquistas. No obstante, no se requieren grandes estudios para comprobar que el "gran capital" apoya ampliamente las esperanzas planetarianas. Aunque existen probablemente viejas familias francesas

---

[250] Doctrinario anarquista y homosexual nacido en una familia de la gran burguesía. Su madre era una Eichtal, descendiente del banquero y Barón israelita fundador de la Escuela libre de Ciencias políticas.

de raigambre provincial para financiar la reacción, o incluso la extrema derecha, en cambio los grandes multimillonarios apoyan siempre la democracia plural y la globalización. Y la diferencia entre un millonario, propietario de una gran finca, y un "nuevo rico" multimillonario, es la misma que entre montar en bicicleta y conducir un Rolls-Royce.

Samuel Pisar, por ejemplo, fue uno de los mayores financiadores del partido socialista que contribuyó a la victoria de François Mitterrand en 1981. Es además un escritor famoso, autor de un *best-seller* internacional, *La Sangre de la esperanza*. Al igual que Marek Halter, nació en Polonia, en Bialystok exactamente; como Marek Halter, él y su familia vieron a las tropas soviéticas llegar después del reparto de Polonia entre Alemania y la URSS en 1939. Ante el avance de las tropas alemanas el 22 de junio de 1941, las dos familias serían evacuadas hacia el Este por las autoridades soviéticas como medida de protección. Samuel Pisar emigraría después de la guerra a Francia, donde haría fortuna, aunque siempre mantendría estrechas relaciones con la URSS: "Desde hace veinticinco años, viajo a través de la Unión Soviética", explicaba. Formó parte de un grupo de financieros y hombres de negocios internacionales que mantuvieron viva la colaboración comercial entre Occidente y la URSS. El primero en iniciar aquella colaboración, ya desde 1918, fue el famoso estadounidense Armand Hammer, "presidente de la sociedad occidental Petroleum y multimillonario a los veinte años". Samuel Pisar se convirtió en su amigo, y con él viajó a Moscú en 1972. "Actualmente ciudadano estadounidense, también fui hecho de niño súbdito soviético." Aun así, sigue amando "la Francia de los derechos del hombre, patria de corazón de todos los hombres del mundo[251]."

En su libro *El Recurso humano*, Pisar contaba algunos recuerdos interesantes que permiten comprender su visión del mundo. Comprometido con los socialistas que llegaron al poder en 1981, Jacques Sttali era también uno de sus amigos. Éste último era, según sus palabras, "sin duda el más fascinante almacén de ideas. Le llaman el *"sherpa"* del Presidente – en referencia a los famosos guías capaces de adentrarse en las alturas del Himalaya." Samuel Pisar estaba también estrechamente vinculado a los ministros socialistas Robert Badinter, Laurent Fabius, Pierre Beregovoy – cuyo suicidio será siempre un recuerdo doloroso – así como al riquísimo hombre de negocios estadounidense David Rockefeller.

---

[251] Samuel Pisar, *La Ressource humaine*, Jean-Claude Lattès, 1983, p. 148, 34, 18

Conocía perfectamente las principales plazas bursátiles del mundo: "Hay un gurú en Wall Street. Se dedica al dólar y a los enamorados del dólar. Es el economista en jefe de la poderosa Salomon Brothers, que coloca en el público las emisiones de bonos de la mayoría de los gobiernos y multinacionales del planeta. Se llama Henry Kaufman. Cuando habla, y no necesita muchas palabras, las bolsas del mundo empiezan a tener esperanza o a temblar. Sus pronósticos son seguidos en un segundo, registrados por los bancos, interpretados por las cancillerías. Las fortunas se hacen y deshacen[252]."

Sus convicciones políticas no son en absoluto contradictorias con sus actividades financieras, muy al contrario. Su cosmopolitismo financiero va de la mano con su cosmopolitismo humanista. Como todos los intelectuales planetarianos, sus ideas sobre el mundo son casi obsesivas, como si el hombre estuviera animado no solamente de convicciones filosóficas, sino además de una ardiente fe religiosa. Y esa fe se traduce aquí también en un incansable proselitismo activista: "Los conceptos de raza, de nación, de ideología, han naufragado para siempre", explicaba. "Continuamos desperdiciando nuestras fuerzas en disputas de otros tiempos – de fronteras, de doctrinas, de ideologías, de razas, de propiedades. Al contrario, podemos reunirlas para alzarnos mediante un esfuerzo común a cotas más altas de evolución[253]." Compartía incansablemente estas reflexiones con Jean-Jacques Servan-Schreiber, el influyente director de prensa fundador de *L'Express*, otro de sus amigos. "Transformamos el universo. No se trata de reparar. Hay que inventar[254]." Y de nuevo, reconocemos aquí el vocabulario que aprecian tanto Alain Minc, Jacques Attali, Edgar Morin y Pierre Lévy.

Entre los hombres más influyentes del planeta, también tenemos al famoso George Soros, uno de los hombres más ricos del mundo y símbolo de la especulación internacional. Cuando compra minas de oro, la cotización del metal amarillo sube, y baja cuando los mercados se enteran de que ha vendido. Fue en 1992, cuando alcanzó el apogeo de su gloria después de uno de los golpes financieros más sonado del siglo. En unos pocos días, detectó la debilidad de la moneda británica y movilizó unos diez mil millones de dólares contra la libra esterlina. El banco de Inglaterra vaciló ante los ataques especulativos y tuvo finalmente que devaluar y salir del Sistema Monetario europeo. Soros se convirtió entonces en "el hombre que quebró el banco de Inglaterra". De paso, embolsó más de mil millones de dólares en una semana. Sin

---

[252] Samuel Pisar, *La Ressource humaine*, Jean-Claude Lattès, 1983, p. 24, 313
[253] Samuel Pisar, *La Ressource humaine*, Jean-Claude Lattès, 1983, p. 356, 360
[254] Samuel Pisar, *La Ressource humaine*, Jean-Claude Lattès, 1983, p. 23

embargo, se posicionaba como un opositor al ultraliberalismo: "Si los mercados no son regulados rápidamente, vamos a tener que hacer frente a catástrofes peores que las de los años treinta."

Con todo y eso, no vemos muy bien en qué este adversario del ultraliberalismo y de Georges Bush se distingue de los economistas de la escuela neoliberal de Chicago. Creada por Milton Friedman, ésta, como la definía Israel Shamir, es "la expresión casi científica de la tendencia mammonita que proclama la superioridad de las fuerzas del Mercado." Hayek, otro célebre economista de esta ideología no se distinguía en nada de los ideales de George Soros, cuando escribía que "la liquidación de la soberanía de los Estados es el objetivo necesario y lógico del programa liberal."

Supuestamente opositor del ultraliberalismo, en cambio no lo es del poder del dinero. George Soros ha invertido 4 mil millones de dólares en Argentina, y compró una propiedad de 350 000 hectáreas en Patagonia. Pero la reputación sulfurosa de este temible manipulador de mercados no sólo se debe a sus talentos de especulador. A parte de ser multimillonario, George Soros es también filósofo y filántropo, y un hombre muy misterioso. Cada año dona 300 millones de dólares para alimentar una red de fundaciones que ayudan, especialmente en Europa del Este y en Rusia, a fomentar la "sociedad abierta". Desde la caída del comunismo en 1989, dedica a su *Fundación para una Sociedad abierta* la mayor parte de su tiempo. El mayor financiero del mundo invierte en ella la mitad de sus ingresos y, según él mismo dice, el 80% de su tiempo. No lo hace por bondad de corazón ni por caridad – palabra que aborrece- sino para defender los principios de libertad y los derechos humanos: "La democracia participativa y la economía de mercado son ingredientes esenciales de una sociedad abierta, como también lo es un mecanismo para regular los mercados, en particular los mercados financieros, así como algunos acuerdos para conservar la paz y la ley y el orden a escala global[255]." De esta forma, Soros financia proyectos culturales y científicos, ayuda escritores, artistas y "la prensa independiente y democrática" (sic). En 1995, las fundaciones Soros disponían de cincuenta oficinas en el mundo y empleaban un millar de personas. Sus fundaciones enseñan la tolerancia y los valores democráticos de la "sociedad abierta", especialmente en los países de Europa central. Quizá por eso sea la diana de ataques virulentos, incluso a veces ataques de odio.

---

[255] George Soros, *La crisis del capitalismo global; La sociedad abierta en peligro.* Editorial Debate, Madrid, 1999, p. 127

Sus padres fueron burgueses de Budapest. En la primavera de 1944, los nazis entraron en la capital húngara, haciendo pedazos el mundo armonioso del pequeño George y "abriendo ante él una era de inseguridad". Entre la Gestapo y la SS, y bajo identidades falsas, George Soros tuvo que aprender a sobrevivir. En 1947 se instalaría en Londres, una etapa de su vida que no lo impediría traicionar a Inglaterra en 1992, como ya vimos. "Mi padre era esperantista, contaba Soros. Fue gracias a los beneficios que sacó de la publicación de un periódico en esperanto que pudo hacerse con algún capital en bienes raíces. Es la única persona que conozca en haber vivido de sus rentas. Logró salir de Hungría en 1956 y nos reunimos en Estados Unidos ese año[256]."

En el plano ideológico, George Soros se identificaba con la herencia del Siglo de las Luces. "La Ilustración ha proporcionado los cimientos de nuestras ideas sobre la política y la economía; de hecho, de toda nuestra visión del mundo. Los filósofos de la Ilustración no se leen ya- de hecho, pueden resultarnos ilegibles- pero sus ideas han arraigado en nuestra forma de pensar. El dominio de la razón, la supremacía de la ciencia, la fraternidad universal del hombre: estos fueron algunos de sus temas principales[257]". "La Ilustración ofreció un conjunto de valores universales y su recuerdo continúa vivo aun cuando parezca un tanto desvaído. En vez de desecharla, deberíamos actualizarla[258]", escribía. Aunque se sentía sobre todo tributario del filósofo Karl Popper, quién en su libro *La Sociedad abierta y sus enemigos*, publicado en 1945, había desarrollado las ideas que él haría suyas, hasta el punto de tomar prestado el nombre de aquel libro para el nombre de su fundación. "Recibí una gran influencia de Karl Popper, cuya obra *La sociedad abierta y sus enemigos* explicaba que los regímenes nazi y comunista...tenían una característica en común: afirmaban estar en posesión de la verdad definitiva e imponían sus ideas al mundo mediante el uso de la fuerza."

El papel de George Soros y de los multimillonarios occidentales en la caída del sistema comunista sigue siendo desconcertante. Sobre ese tema, declaraba simplemente: "En 1979, cuando había ganado más dinero del que podía necesitar, constituí una fundación llamada *Open Society Fund*, cuyos objetivos definí como ayudar a abrir las sociedades cerradas, ayudar a hacer más viables las sociedades abiertas y fomentar

---

[256] George Soros, *Le Défi de l'argent*, Plon, 1996, p. 43, 47
[257] George Soros, *La crisis del capitalismo global; La sociedad abierta en peligro*. Editorial Debate, Madrid, 1999, p. 120
[258] George Soros, *La crisis del capitalismo global; La sociedad abierta en peligro*. Editorial Debate, Madrid, 1999, p. 125

un modo de pensamiento crítico. A través de la fundación, me vi profundamente involucrado en la desintegración del sistema soviético[259]."

Hallamos al respecto un análisis interesante del periodista Neil Clark[260] que escribía: "La opinión convencional, compartida por muchos en la izquierda, es que el socialismo se derrumbó en Europa del Este debido a sus debilidades sistémicas y al fracaso de la élite política para conseguir el apoyo popular. Eso puede ser cierto en parte, pero el papel de Soros fue crucial. A partir de 1979, distribuyó 3 millones de dólares al año a disidentes como el movimiento polaco Solidaridad, la Carta 77 en Checoslovaquia y Andréi Sájarov en la Unión Soviética. En 1984, fundó su primer *Instituto de la Sociedad Abierta* en Hungría y aportó millones de dólares a los movimientos de la oposición y a los medios de comunicación independientes. Aparentemente destinadas a construir una "sociedad civil", estas iniciativas estaban diseñadas para debilitar las estructuras políticas existentes y allanar el camino para la eventual colonización de Europa del Este por el capital global. Soros afirma ahora, con la inmodestia que le caracteriza, que fue responsable de la "americanización" de Europa del Este.

Los yugoslavos se resistieron obstinadamente y devolvieron al gobierno al Partido Socialista no reformado de Slobodan Milosevic. Soros estuvo a la altura del desafío. Desde 1991, su *Open Society Institute* canalizó más de 100 millones de dólares a las arcas de la oposición anti-Milosevic, financiando partidos políticos, editoriales y medios de comunicación "independientes" como Radio B92, la pequeña y valiente emisora estudiantil de la mitología occidental, que en realidad estaba financiada por uno de los hombres más ricos del mundo en nombre de la nación más poderosa del mundo." Lo que inspiraba Soros con su "Sociedad abierta" quizá no fuera tanto el respeto de los derechos humanos y las libertades fundamentales, como el grado de "apertura" de los antiguos países comunistas a la liberalización económica y a las privatizaciones de bienes de Estado a precios de saldo. "Más de una década después de la caída del Muro de Berlín, Soros es el rey sin corona de Europa del Este. Su Universidad Centroeuropea, con campus en Budapest, Varsovia y Praga y programas de intercambio en Estados

---

[259] George Soros, *La crisis del capitalismo global; La sociedad abierta en peligro.* Editorial Debate, Madrid, 1999, p. 11, 12
[260] *George Soros, NS Profile*, by Neil Clark, The New Statesman, 2 June 2003, citado en Israel Shamir, *Pardès, Une étude de la Kabbale*, Al Qalam, 2005. Artículo en https://anarchitext.wordpress.com/2011/04/26/ns-soros/

Unidos, propaga sin pudor el espíritu del capitalismo neoliberal y clona la próxima generación de líderes políticos proamericanos de la región."

Indudablemente, la mundialización actual es más conforme a sus intereses y a su ideal que el antiguo sistema estatal y rígido de la antigua URSS. "Para estabilizar y regular una economía verdaderamente global, es necesario algún sistema global de toma de decisiones políticas. En una palabra, necesitamos una sociedad global que respalde nuestra economía global. Una sociedad global no significa un Estado global. Abolir la existencia de los mercados no es viable ni deseable; pero en la medida en que hay intereses colectivos que trascienden las fronteras estatales, la soberanía de los estados debe subordinarse al derecho internacional y a las instituciones internacionales[261]." Soros parecía aquí más mesurado que algunos intelectuales planetarianos franceses, quienes, ya lo hemos visto, aspiran a la desaparición de todas las fronteras. Sus convicciones son sin embargo globalistas:

"El desafío supremo de nuestro tiempo es establecer un código de conducta de validez universal para nuestra sociedad global... Por eso necesitamos algunas reglas válidas universalmente para la relación entre el Estado y la sociedad que salvaguarden los derechos del individuo...La sociedad debe movilizarse para imponer principios al comportamiento de los estados, y los principios que es necesario imponer son los principios de la sociedad abierta... Los estados democráticos...deberían ceder parte de su soberanía para establecer el dominio del derecho internacional y encontrar fórmulas para inducir a otros estados a hacer lo mismo. Esto parece bueno en principio, pero debemos tener cuidado con las consecuencias no buscadas. La intervención en los asuntos internos de otro estado está repleta de peligro, pero la no intervención puede ser más perjudicial aún[262]." En la misma tónica que el director de prensa Jean François Kahn, que denunciaba sin reír la oleada de ideología "políticamente correcta" en los medios de comunicación, Georges Soros no dudaba en declarar, con una deliciosa desfachatez: "Me doy cuenta de que voy a contracorriente."

Cuando habla de "injerencia", George Soros no sólo está teorizando. En diciembre del 2004, las elecciones en Ucrania daban la victoria al presidente pro-estadounidense. Después de los países de Europa central y de Europa del Este a principio de los años 90, y

---
[261] George Soros, *La crisis del capitalismo global; La sociedad abierta en peligro*. Editorial Debate, Madrid, 1999, p. 28
[262] George Soros, *La crisis del capitalismo global; La sociedad abierta en peligro*. Editorial Debate, Madrid, 1999, p. 255-256

después de Georgia una década más tarde, había llegado el turno de Ucrania de salir de la órbita rusa y entrar en Occidente después de lo que se llamaría la "revolución naranja", a causa del color de las camisetas que estrenaron sus partidarios. En este caso también, tampoco hace falta llevar a cabo investigaciones exhaustivas para comprender el papel de la finanza internacional en el triunfo de la "sociedad abierta" en la que estaba implicada a su vez la "Freedom House" de Madeleine Albright, la cual, recordémoslo, dirigía el Departamento de Estado estadounidense en 1999 durante los bombardeos sobre Serbia.

Dos meses más tarde, en *Le Figaro* del 24 de febrero del 2005, leíamos que "el multimillonario filántropo George Soros ha pedido que se excluya a Rusia del G8 [países más industrializados], para sancionar el retroceso de las libertades." Hay que decir que su incansable actividad no parecía agradar a las autoridades rusas y bielorrusas, pues éstas habían prohibido sus fundaciones en sus territorios. La única explicación que se puede encontrar a esta intolerancia es evidentemente la ingratitud de esos gobiernos y un incomprensible antisemitismo. No obstante, a pesar de esta oposición limitada y localizada, el "multimillonario filántropo" no se desanimaba: En marzo del 2005, lanzaba, en asociación con el Banco Mundial, un programa a favor de los Cíngaros (gitanos) de Europa central titulado *Década para la inclusión gitana*. Al igual que los filósofos y los cineastas, la actividad de los financieros planetarianos es incansable, febril y obsesiva. Nunca se detiene.

El cine planetariano

Se suele decir que, en democracia, los medios constituyen el "cuarto poder" detrás del poder ejecutivo (el Gobierno), el legislativo (la Asamblea) y el judicial (los Tribunales). La importancia que han adquirido los medios audiovisuales en nuestro universo cotidiano probablemente desmienta ese orden establecido por los juristas y politólogos. La verdad es que los medios, especialmente la televisión, desempeñan un papel esencial en el lavado de cerebro y la formación de las opiniones de nuestros contemporáneos. No es necesario darle más vueltas a la cuestión.

En la pantalla de nuestro televisor, el cine es sin duda el vehículo más popular para transmitir los mensajes a las masas, invitadas preferentemente a asistir a "las corazonadas" de los programas de televisión y de los críticos que van siempre para las películas con mayor carga de humanismo e ideología.

El cine planetariano propaga el mismo mensaje que la filosofía del mismo género: se trata siempre, bajo una forma u otra, de llevar el espectador a concebir un mundo sin fronteras y de inculcarle la tolerancia hacia el "Otro", sea este inmigrante, homosexual, monstruoso, extraterrestre, mongólico o incluso simplemente normal. El único individuo que no tiene cabida en el mundo que está por venir es aquel que defiende la cultura de sus antepasados y su territorio. Evidentemente, no se trata aquí de denunciar los Indios del Amazonas o las tribus africanas amenazadas por la modernidad que no se quieren dejar expoliar, sino de arrastrar exclusivamente por el fango los racistas blancos atrasados que todavía rechazan la sociedad plural.

En el universo audiovisual, es mucho más difícil teorizar y presentar racionalmente al público todos los detalles de la evolución del mundo. El público no debe reflexionar mucho, pues lo que desea es ante todo relajarse. Se debe por lo tanto sensibilizarlo a una causa a través de unas emociones plasmadas en la pantalla. A tal efecto, el mensaje se basará sobre todo en los comportamientos humanos, las características étnicas de los individuos y un ambiente propicio a la detestación o a la simpatía de los personajes. De tal forma que un personaje y su comportamiento deberá encarnar una idea: por ejemplo, un colono malo y un colonizado bueno, o un cura hipócrita y retorcido y un maestro de escuela laico, abierto y tolerante. A menudo, la propaganda más grosera es incluso la más eficaz con el público más popular. Así, películas maniqueas como Rambo, con Sylvester Stalone, han perjudicado mucho más al comunismo que los debates intelectuales delante de las cámaras de televisión. Pero la mayoría de las veces, el mensaje es subyacente y contenido dentro de la calidad del personaje. La imagen se presta perfectamente a la apología del mestizaje y de la tolerancia, tema recurrente del cine planetariano.

La mezcla o diversidad étnica en el cine se ha hecho realmente visible en Occidente a partir de los años 90, a menudo como un aspecto secundario de la película al que se suponía que el público no prestaría mucha atención. Desde entonces se banaliza cada vez[263].

Las primeras películas que pusieron en escena parejas mixtas son tan sorprendentes que hemos tenido que tratar el tema a parte. Hasta

---

[263] El lector actual sabe que este fenómeno es ahora la norma generalizada. Las grandes productoras y plataformas audiovisuales (Netflix, HBO, Disney, etc) e incluso los gigantes tecnológicos (Amazon, Apple) han diversificado y masificado este tipo de producción audiovisual (películas y series). La publicidad invasiva de las grandes compañías y corporaciones es también unánimemente multirracial y promueve activamente el mestizaje en Occidente. (NdT).

donde sepamos, no hubo otra película de ese género antes de la del director estadounidense Stanley Kramer, quién, en 1967, fue probablemente el primero en hacer la apología del mestizaje en Estados Unidos con su película *Adivina quién viene esta noche*. Kramer imaginaba una joven belleza presentando a su marido a sus padres. Éste, lo habéis adivinado, es un negro simpático, culto e inteligente cuyo encanto natural y amabilidad acaban con la desconfianza instintiva y perversa de los burgueses blancos estadounidenses. La película consiguió diez nominaciones a los Oscars. Sin embargo, la producción cinematográfica de ese tipo pareció agotarse durante los años siguientes, aunque quizás sería necesario investigar más a fondo para poder asegurarlo. En cualquier caso, este tipo de guiones y mensajes recuperaron visibilidad en los años 90. En 1995, *The Affair* (EE. UU.), Paul Seed ponía en escena un soldado negro estadounidense durante la Segunda Guerra mundial. Éste sufre el desprecio de sus compañeros: son unos Blancos racistas muy malos y arrogantes. Con su amigo, es afectado a la cocina del comedor de los oficiales donde conoce a Maggie, una madre de familia cuyo marido está en el frente. Rápidamente, los dos se sienten atraídos. Pero su relación está mal vista: ella es inglesa y blanca, y él es estadounidense y negro.

Quentin Tarantino también suele acostumbrar su público a la diversidad étnica: en *Pulp Fiction* (EE. UU., 1993), asistimos a los delirios asesinos de un dúo llamativo, un Blanco y un Negro. El jefe de la banda es un Negro; su mujer es una blanca completamente yonquí y demacrada. En *Jackie Brown* (1997), el personaje principal es un Negro, traficante de armas cuya mujer es una pequeña rubia también totalmente drogada. En *Reservoir Dogs* (1992), los personajes son unos perros rabiosos que se devoran entre sí en una masacre final impresionante. Son todos blancos y más o menos chalados. El director Bob Rafelson también promovió la mezcla étnica en *Sin motivo aparente*, estrenada en el 2002.

El cine inglés también experimentó esa tendencia multicultural. En *My beautifull laundrette* (RU, 1990), el director Stephen Frears nos servía un cóctel de clichés políticamente correcto: Omar, un joven pakistaní, es encargado por su tío de reflotar una lavandería automática destartalada de un barrio pobre de Londres. Como es muy dinámico, consigue renovarla y hacer funcionar de nuevo el negocio. Contrata a un viejo amigo, un pobre macarra homosexual inglés que se convertirá en su amante. La pandilla de amigos de éste se rebela contra el hecho de que uno de los suyos trabaje para los "Pakis". Evidentemente, son muy racistas y vagos. Afortunadamente, los pakistanís están ahí para hacer funcionar la economía y preñar a las inglesas, como se puede ver en la película. Apología del mestizaje y de la homosexualidad, denuncia del racismo: la película recibió el Cesar[264] a la mejor película extranjera, a pesar de ser totalmente soporífica. Si alguien vio el final, podría contárnoslo. En *Dirty Pretty things* (RU, 2002), el mismo Stefen Frears, un auténtico cineasta planetariano, narraba la historia de Okwe, un nigeriano clandestino que lleva una dura vida, taxista de día y vigilante de noche en un hotel. Una noche, éste descubre por fin en una de las habitaciones un corazón humano, una bonita mujer blanca que le hará amar la vida en Inglaterra.

La producción francesa en esta materia es ejemplar: en 1988, en *Romuald et Juliette*, Coline Serreau nos mostraba una historia de amor interracial. Romuald (Daniel A.) es el joven directivo de una importante empresa que se enamora de la mujer de la limpieza, una caribeña madre de cinco hijos. El guion no es creíble, pero refleja muy bien la voluntad de inculcar la "tolerancia" y la "apertura" al otro.

En 1989, Gérard Oury nos proponía *Vainilla-Fresa*: Dos agentes secretos tienen por misión hacer estallar un barco que transporta misiles: Él es negro, experto en explosivos y la mar de simpático; seudónimo: ¡Vainilla! Ella es blanca, y nadadora de combate, seudónimo: ¡Fresa!

En 1993, Mathieu Kassovitz presentaba la película *Métisse*: Lola es una "esplendorosa mulata del caribe" que tiene dos amantes. Uno es blanco, judío y rapero, y el otro negro, hijo de diplomático y estudiante en derecho. Un día, Lola los cita para anunciarles que está embarazada. Entre los dos hombres estalla la guerra, pero el racismo entre el Judío y el Negro no es para tanto y rápidamente harán un *ménage à trois*: el Judío, el Negro musulmán y la mestiza cristiana. "Una comedia tonificante que no le teme al peso de las tradiciones, ni al choque de culturas", según un gran semanal de la prensa francesa.

La película *Un, deux, trois soleil*, de Bertrand Blier (Francia, 1993) es un modelo en su género: cuenta la vida oscura y ordinaria de Victorina (Annouk Grinberg, la esposa del director), originaria de los barrios marginales. Su madre está loca, su padre es alcohólico, y su primer amor ha sido asesinado por un palurdo, un *"beauf"*. Apacigua su temperamento violento, conociendo a Mauricio el cual la empreña dos veces. El poli blanco, un imbécil, está casado con una negra que le engendra pequeños mulatos. La profesora blanca sólo sueña con ser montada por sus alumnos negros y moros. En una escena, Jean-Marielle deja su puerta abierta por la noche para que puedan entrar unos

---

[264] Premio de la Academia francesa equivalente al premio Goya de España. (NdT)

pequeños ladrones negros, invitándoles a cenar con estas palabras: "Eres una suerte para mi país. Cuando seas mayor, cásate con una francesa bien blanca."

En 1997, el director Robert Guédiguian presentaba *Marius et Jeanette*: En Marsella, Jeanette vive sola con sus dos hijos que tuvo en dos camas diferentes. Su hija grande se la dejó un cabrón que la abandonó: un blanco estúpido. El chico de 12 años es un pequeño mulato africano que estudia muy bien en la escuela. Lamentablemente, su padre, al que echa de menos porque era encantador, falleció en una obra. Jeanette conoce entonces a Marius. Es un grandullón taciturno vigilante en una fábrica inutilizada. Todos los personajes de la película son buena gente del pueblo llano, algunos de los cuales no ocultan sus simpatías comunistas. La película ganó naturalmente el César a la mejor actriz de 1998.

Bernard Stora es el director de la película *Un Dérangement considérable* (1999): "Desde su infancia, Laurent Mahaut dedica toda su energía al sueño de su vida: ser futbolista. Si logra ser profesional podrá cubrir las necesidades de su madre Rosa, y sus hermanastros Djamel y Nassim." Bernard Stora también escribió el guion de la película televisiva *Une autre vie* (2004): el joven maliense Ismael Traoré ha venido a Marsella estudiar medicina a pesar de que su tío haya arreglado su matrimonio. En el hospital, conoce a Marta, una hermosa blanca, y desatiende a su joven esposa africana. Para Bernard Stora, la apología del mestizaje parece ser una obsesión: mientras que en la novela de Emmanuel Roblès, el médico es un Blanco, Stora lo ha sustituido por un Negro para sensibilizar el público sobre esta temática: un telefilme oportuno para "la semana de la integración" en France 3. En *La Tresse d'Aminata* (1999), Dominique Baron ponía en escena una adolescente senegalesa adoptada de niña por una familia bretona. En el 2003, el director Olivier Lang rodó un capítulo de la serie *Doctor Dassin generalista*, titulado *Secretos muy bien guardados*: "Dassin se encuentra con una pareja poco ordinaria que levanta sus sospechas: un francés de cincuenta años, entrenador deportivo, y una joven africana de dieciocho años que vive de forma demasiado dependiente de su marido."

En *El hombre de otro lugar* (Francia, 2004), François Luciani contaba la historia de Pedro, un médico del caribe que se hace cargo de la consulta médica vacante en un pequeño pueblo de provincia. Estamos en 1893, y nadie había visto un hombre de color. Evidentemente, nuestro médico es muy simpático. Es liberal, grande, generoso, tiene buena percha y rebosa bondad y sabiduría. Frente a él, François Luciani nos muestra unos Blancos desconfiados e incultos que no le llegan a la suela de los zapatos. Y puesto que los pacientes desdeñan su consultorio, éste estalla: "¡¿Pero ¡¿quién se creen que son?!, ¡esta gente en su país frío y lluvioso!" Un día, un zoo ambulante aparece por el pueblo en el que observa a unos hermanos de raza enjaulados detrás de un cartel que pone "caníbales". Los Blancos, evidentemente, se ríen tontamente, cruelmente. La sangre le hierve ante tal espectáculo, pero el enfado se le pasa porque tiene un gran corazón. De hecho, la mujer más hermosa del país ya parece estar prendada de él. En otra escena, la criada de nuestro doctor nos informa que el contramaestre de la fábrica tiene la costumbre de cepillarse todas las obreras, y cuando éstas quedan embarazadas son despedidas. "-No se muere de compasión, toda esa gente que va a misa los domingos", concluye la mujer. La religión católica, naturalmente, es la religión de los cabrones y de la hipocresía. Otra escena: una epidemia se propaga en el pueblo; cuando el valeroso médico se da cuenta de la gravedad de la situación, entra en el consejo municipal donde están reunidos los notables. Por supuesto, el racismo de los malos hace que no pueda sesionar en el consejo, pero, sin embargo, gracias a su superioridad natural, se hace oír vehementemente: "- ¡Bravo, Señores! A fuerza de avaricia y estulticia, ¡habéis conseguido una epidemia de cólera!" Pero qué más da, lo importante es que haya encontrado un corazón tierno en ese océano de bajezas. Sin duda, tenemos con esta película edificante el sello cosmopolita. François Luciani es de una familia de repatriados de Argelia, al igual que el director-actor Roger Hanin. Juntos han realizado una hermosa película contra la intolerancia.

En el mismo sentido, la serie de televisión PJ (Policía Judicial) reflejaba bastante bien la voluntad obsesiva de sensibilización de las masas a través de historias siempre muy "políticamente correctas". Un capítulo de esta serie planteaba la situación: un suburbio de las afueras. Tiros con armas por parte de un grupo de "jóvenes" que escuchan la música un poco alto. Uno de los policías – una poli- es una activista de extrema derecha. Pero más tarde descubrimos que tiene un hijo que ocultaba, un mulato. El padre es un antillano, miembro de la seguridad del Frente Nacional. Este guion ""*capilotractado*"[265]" es de Alain Krief...

En el 2004, el cineasta Eduardo Molinaro nos ofreció *Los Corazones de los hombres*: Un avión sanitario, proveniente del Congo, vuela hacia París con unos niños que deben ser operados. Un equipo de médicos franceses cae bajo el encanto de esos adorables chiquillos que

---

[265] Tirado por los pelos (*del latín: capilus-tractus*). (NdT).

son la Francia del futuro. En *Si tuviera millones*, el guionista Philippe Niang parecía él también obsesionado con poner en escena la diversidad étnica, pues además reincidía en *Un bebé negro en un capazo blanco*. Veremos en otro capítulo que los apellidos asiáticos son a veces engañosos.

En el 2005, Claude Berri nos presentaba *Uno se queda, otro se va* (con un reparto étnico: Daniel Auteuil, Pierre Arditi, Charlotte Gainsbourg, Nathalie Baye y Miou-Miou). "Dos amigos de larga data, Daniel y Alain, cincuentones, casados desde unos quince años, van a conocer el amor. Para Daniel, será Judith (éstos siempre se casan dentro de la comunidad), después de que el hijo que tuvo con Ana-María quedara tetrapléjico tras un accidente de moto. Alain, por su parte, conoce a Farida, una joven senegalesa que ha contratado como vendedora en su tienda de arte africano." En el 2004, salía la serie de televisión "típicamente francesa" *Plus Belle la vie*[266], en la que se nos muestra sistemáticamente jóvenes mujeres blancas con Negros, mientras los jóvenes hombres blancos juegan el papel de homosexuales. Los guiones son de Olivier Szulzynger.

La marca de fábrica planetariana se reconoce también en el racismo más o menos latente en los guiones, pero siempre muy visible en la pantalla. La película *Los niños del Brasil* (RU, EE. UU., 1978), adaptación de la novela, narra la historia de un cazador de nazis en los años 70, Ezra Liberman, que desvela un complot organizado por un grupo de antiguos nazis emigrados en Paraguay. El horrible doctor Mengele, antiguo médico torturador de Auschwitz, es su jefe. Vive en una lujosa villa suficientemente aislada del mundo para poder continuar con sus perversas actividades experimentales sobre la genética humana. Parece reinar sobre un rebaño de criados amorfos, casi esclavizados: es el hombre blanco prepotente en todo su esplendor. Los nazis parecen formar parte de la élite del régimen militar de Paraguay, organizan recepciones en palacios suntuosos. Han elaborado un misterioso complot asesino, pero éste será desbaratado gracias a la tenacidad del justiciero Liberman. La película es de Franklin J. Schaffner.

En *Al filo de la sospecha* (EE. UU., 1985), un director de un gran diario californiano es acusado de haber asesinado salvajemente a su mujer para percibir la enorme herencia. Persuadida de su inocencia, una célebre abogada acepta defenderlo. Sin embargo, a lo largo del proceso, algunos elementos del caso le hacen dudar, especialmente el comportamiento de un testigo que presenta todos los signos de un

---

[266] 18 temporadas en 2022. (NdT).

peligroso psicópata: es rubio y de tipo nórdico. Parece peligroso e incluso agrede a la abogada en el aparcamiento. Sin embargo, éste no será el culpable sino su propio cliente, el director de prensa que supo seducirla pérfidamente. Él también es un tipo rubio nórdico, pero la abogada logrará la prueba de su culpabilidad por casualidad, después de haber ganado el juicio y exculpado a su cliente. Decide entonces denunciarlo y confesar públicamente la ignominia del fiscal. En efecto, en un caso que se remontaba a años atrás, éste había hecho desaparecer una parte del expediente que hubiera permitido que otro inculpado no fuera condenado a diez años de prisión. El desafortunado injustamente encarcelado era un Negro. Los Negros son buenos, los Blancos son malos, y la película es de Richard Marquand.

En *Cry Freedom* (RU, 1987), Richard Attenborough nos transportaba a la África del Sur de los años 1970 en el que el régimen de Apartheid era impuesto a los Negros por los Afrikaners. El director de un periódico liberal hace suya la causa de los Negros y entabla amistad con uno de los principales líderes, Steve Biko. Éste es asesinado en la cárcel por unos Blancos a cuál más vil y ruin. Los Negros, en cambio, son todos conmovedores, dignos y respetables. Sus manifestaciones pacíficas son duramente reprimidas por una policía implacable. Una película que avergüenza de ser blanco, y ese es precisamente el objetivo.

En la misma línea, el director Chris Menges realizó *Un mundo aparte* (RU, 1988), que describía las tensiones en África del Sur en 1963. Los Blancos sudafricanos son naturalmente racistas, y la policía es retratada de la peor manera posible: odiosa, obtusa y obsesionada por un enemigo inaprensible. La obra de Menges recibió naturalmente el Gran Premio del jurado de Cannes en 1988. En *Arma letal 2* (1989), Richard Donner nos mostraba también los sudafricanos blancos como innobles traficantes de droga.

Con *Mississipi Burning* (EE. UU., 1988), Alan Parker se inspiraba de una historia verdadera de los años 60. El FBI estadounidense investiga la desaparición de tres jóvenes hombres pertenecientes a una asociación de defensa de los "derechos cívicos". Éstos – un Negro y dos Judíos- han sido matados por unos racistas del Ku Klux Klan. En esa pequeña ciudad del Sur de los Estados Unidos, los Blancos son cobardes, viles, mezquinos e incluso francamente abyectos. Sus mujeres obedecen dócilmente pero sólo sueñan con separarse de semejantes individuos. La película de Milos Forman, *Ragtime* (EE. UU., 1991), no presentaba ningún otro interés que ser una película moralizadora: en 1906 en Nueva York, un pianista negro que se ha comprado un coche es víctima de la envidia y racismo de una banda de blancos estúpidos.

En *El sendero de la traición*, Costa-Gavras (EE. UU., 1988) denunciaba las milicias de extrema derecha en Estados Unidos. Un locutor de radio un poco provocador y "liberal" es asesinado en un aparcamiento. Éste era judío, y sus asesinos dejaron una pintada en la escena del crimen: "ZOG" (*Zionist occupation government*). Los policías del FBI investigan una milicia de extrema derecha del medio-oeste. Una hermosa chica es encargada de infiltrarlos. Gary se enamora rápidamente de ella dejando entrever sus rasgos de psicópata. Éste insiste, por ejemplo, en que le acompañe de caza con sus amigos. Es una caza un poco particular puesto que se trata de una cacería humana contra un joven Negro al que sueltan de noche en un bosque. El hombre será naturalmente abatido ante los ojos de la joven mujer. Gary pensaba probablemente impresionar su nueva conquista amorosa, pero ésta ha quedado asqueada por lo que presenció. Sin embargo, sus superiores del FBI con los que mantiene el contacto insisten para que prosiga la infiltración en la red de extrema derecha. De hecho, un campo paramilitar pone en evidencia la importancia de la organización: tienen armas muy sofisticadas y dan muestras de tener una gran determinación. Finalmente, todos serán detenidos. Pero la lucha contra la hidra está muy lejos de haber acabado, pues se sabe que esas redes son apoyadas por poderosos personajes, destacados hombres políticos que ocultan sus intenciones y actúan bajo mano.

La célebre película de Jonathan Demme, *El silencio de los corderos* (EE. UU., 1991), contaba la persecución por parte del FBI de un peligroso psicópata que dejaba detrás de sí cadáveres de jóvenes mujeres atrozmente mutiladas. La famosa "agente Starling", Clarisse, una joven mujer policía con muchas agallas sigue la pista del asesino en serie. El peligroso tarado se llama Billy: es un rubio alto de ojos azules. Vive solo en una casa sórdida y tiene secuestrada su próxima víctima aterrorizada en un pozo en el sótano. Billy ama las mariposas y las armas de fuego. Una breve secuencia nos muestra una enorme cruz gamada encima de su cama.

En *La Tapadera* (*The Firm*, EE. UU., 1993), Mitch McDeere (Tom Cruise) es un joven diplomado que acaba de ser reclutado por la Firma, un poderoso bufete de abogados de Memphis. En un principio es seducido y fascinado por las ventajas que le ofrecen, pero poco a poco se da cuenta de que los dirigentes trabajan en realidad para una banda mafiosa de Chicago. Todos los abogados presentados – una buena treintena- son blancos, católicos y de tipo nórdico. Simbolizan la élite estadounidense más hipócrita y repulsiva imaginable. La película es de Sydney Pollack.

En 1993, se estrenaba una comedia titulada *La familia Addams 2: La tradición continúa*. La familia Adams es un poco especial: no se sabe muy bien si son brujos o vampiros, pero sin duda veneran el demonio. Viven en una mansión aislada en una colina; visten de negro, tienen el cabello negro y la tez cadavérica. Su moral es abyecta; tienen la pasión por hacer el mal, aunque su excentricidad los hace enternecedores. Los dos hijos son llevados a un campamento de verano junto al resto de pequeños estadounidenses, casi todos rubios y conformando la mayoría imbécil, cobarde e intolerante. Pronto los dos pequeños diablillos de pelo negro serán puestos en cuarentena por el vil rebaño de pequeños rubios moldeados por la moral burguesa. Pero los pequeños Adams no se van a dejar pisotear así como así. Van a reunir a su alrededor los otros individuos oprimidos del campamento, todos los niños de pelo negro injustamente despreciados por esos rubios arrogantes. Todos juntos, van a dar un golpe de efecto en el espectáculo de fin de vacaciones al que asistirán los padres. Los rubios reciben entonces una sonada bronca bien merecida. Los malos y feos son en realidad los buenos, y los cabrones son invariablemente los rubios: la película es de Barry Sonnenfeld.

La milla verde (EE. UU., 1999) es una película de Frank Darabont. En el corredor de la muerte de un penitenciario estadounidense, en 1935, hay guardianes de prisión innobles y prisioneros llenos de humanidad. Todo esto es totalmente plausible. Los poderes sobrenaturales del coloso negro, acusado de la violación y asesinato de dos niñas, lo son menos. Éste es bueno e inocente como un cordero, aunque acusado injustamente. Será la víctima de los hombres, de la injusticia, y de la crueldad de los guardianes psicópatas - los blancos.

En *El creyente* (*The Believer*, EE. UU., 2001), jóvenes neonazis son reclutados por una poderosa organización extremista. Dany, su jefe, el único tipo inteligente de la banda, es en realidad un Judío angustiado que se ha desvinculado de su comunidad. Una escena final del guion pretende hacernos creer de forma inverosímil que esas organizaciones nazis son apoyadas por la gran burguesía estadounidense: la película es de Henry Bean; el guion de Mark Jacobson.

El jurado (*Runaway jury*, EE. UU., 2002) es la historia de la manipulación de los jurados por el lobby de la industria armamentística en Estados Unidos. Los "malos" son caucásicos nórdicos manipuladores, tremendamente organizados y eficaces, que trabajan para el lobby de las armas de fuego. Espionaje, violencia, chantaje y manipulación son su especialidad; no dejan ningún cabo suelto para ganar el juicio, pero, afortunadamente, esos cabrones van a perder gracias a la inteligencia del pequeño abogado Dustin Hoffman: una película de Garry Fleder con el guion de David Lieven y Brian Koppelman.

El espíritu políticamente correcto está evidentemente presente en el dibujo animado para toda la familia de Disney: *Pocahontas* (EE. UU., 1995), de Mike Gabriel y Eric Goldberg. Pocahontas, una joven india independiente, rechaza el marido que le ha designado su padre y se encapricha de un joven aventurero inglés menos racista que los demás. Finalmente, renunciará a él para permanecer con su pueblo. Los ingleses son avariciosos, crueles y repugnantes, mientras que los indios son buenos, sabios, nobles y respetuosos. Pocahontas ha sido diseñada para gustar a todo el mundo: es morena, sexy, la tez bronceada, los ojos almendrados y tiene algo de la India, la Negra, la China, la Berebere y la Gitana. Ella reivindica magníficamente su "etnicidad planetaria[267]".

El cine francés no se queda atrás en esta disciplina de flagelación de la población mayoritaria. Jean-Jacques Annaud, en *La Victoire en chantant* (Francia, 1976) nos presentaba un panorama de la presencia francesa en África en 1915, donde una población de colonos, exclusivamente compuesta de cretinos alcohólicos, vive enfrentada a unos Negros con gran sentido del humor.

En 1984, con *Tren infernal (Train d'enfer)*, Roger Hanin realizaba una gran película militante. En el ejemplar del 11 de enero de 1985 del semanal independiente *Tribune juive*, el director de la revista, el rabino Jacques Grunewald, conocido por sus simpatías izquierdistas, comentaba así la película de Roger Hanin: "Asesinato atroz en un tren: un joven árabe es linchado y defenestrado por tres reclutas achispados. A partir de ese caso, un acto racista de tres marginados, Roger Hanin ha construido una película de la que pretende sacar una gran lección moral implicando esta vez a toda la Francia profunda. Ya no se trata de tres chicos aislados y borrachos. Se trata de una verdadera red neonazi que incluye toda una ciudad, incluso el mundo entero." *Tribune juive* añadía finalmente: "Roger Hanin asegura que como judío argelino ha aprendido desde su infancia a amar a los árabes. Por lo visto, no le han enseñado a amar a los franceses." *Train d'enfer* se benefició de las ayudas del organismo oficial de anticipo de ingresos, presidido por Bernard-Henri Lévy, es decir que recibió una subvención financiada por el dinero del contribuyente francés.

---

[267] El lector puede consultar el interesante libro de Norbert Multeau, *Les Caméras du diable* [*Las Cámaras del diablo*], Éditions Dualpha, 2001.

En *Fuera de la ley* (*Hors-la-loi*, Francia, 1984), "quince adolescentes de origen étnico variado se fugan de un centro correccional. Irrumpen en el baile de un pueblo y el dueño de un bar, un racista, acaba abriendo fuego sobre ellos."

En 1995, en *El Odio* (*La Haine*), Mathieu Kassovitz describe el odio contra la sociedad francesa que atormenta a tres jóvenes: un Árabe, un Negro y un Judío de un suburbio. Vemos de nuevo en esta película la tendencia a asimilar los Judíos con los más desfavorecidos de la población. Mathieu Kassovitz se hace el abanderado de una parte de los inmigrantes reacios a las leyes y que gritan su odio del sistema. Los negros y los moros se convierten así en la encarnación del nuevo mito del héroe rebelde, aunque invitados regularmente en todos los platós de televisión y beneficiándose del apoyo de las grandes productoras y discográficas. Mathieu Kassovitz reincidía en el 2000 con *Los ríos de color púrpura*: en los glaciares de Los Alpes, cadáveres atrozmente mutilados son hallados con los ojos arrancados y las manos cortadas. Los investigadores siguen un rastro que les va a conducir hasta la universidad local que resulta ser una cantera de peligrosos neonazis. De nuevo, el guion de la película es poco creíble, aunque es ampliamente suficiente para el público al que va dirigido.

Con *Taxi*, estrenada en 1998, Gérard Pirès tuvo un éxito fenomenal: Sami Naceri, un loco al volante logra vencer una banda de peligrosos malhechores. Éstos son alemanes de tipo nórdico, tan estúpidos como malvados. En *Les Enfants du soleil*, estrenada en el 2004, Alexandre Arcady pretendía contarnos el drama de los franceses de Argelia, aunque su película era más bien una celebración de la comunidad israelita. El francés "*pied noir*[268] católico y de corte limpio" como lo dice el autor, se llama Lacombe. Igual que "Lucien Lacombe", el miliciano simplón y peligroso inventado por el escritor Patrick Modiano para la película de Louis Malle.

En 1999, Alain Berberian nos entregaba su última película, *Six-Pack*: en París, un comisario de policía se empeña en querer arrestar un asesino en serie estadounidense. El hombre ya ha asesinado y mutilado cinco mujeres. Pero éste resulta ser el agregado cultural de la embajada estadounidense y goza de la inmunidad diplomática. Todo indica que el ministerio obstruye la investigación para impedir el arresto del culpable. En efecto, el caso es utilizado por París para influir en las negociaciones comerciales con Washington. Los malos son interpretados por hombres de tipo europeo nórdico (el jefe de la policía,

---

[268] Francés repatriado de Argelia después de la independencia. (NdT).

el psicópata) mientras que los buenos (el comisario Nathan, el inspector Saul), una vez más, son interpretados por actores muy morenos.

En el 2004, el director de cine Stéphane Kurc nos presentaba *Le Triporteur de Belleville (El Manoseador de Belleville)*: en 1940, durante la gran debacle militar de las tropas francesas, Víctor Leizer, un joven Judío del barrio de Belleville, ha perdido su regimiento. Junto con otro soldado perdido, vagan por la campiña francesa desertada por sus habitantes. Por la tarde, los dos compañeros se topan con un grupo de senegaleses en una granja. El jefe de los senegaleses resulta ser catedrático de francés en Dakar. Le han obligado a participar en esta guerra lejos de su tierra. Se expresa perfectamente, con un lenguaje pulido: "- ¡Caballeros, dejémonos de entelequias!". El buen hombre preferirá morir con gran dignidad, abatido por los alemanes, en vez de dejarse capturar lejos de su país. Entre los millones de soldados movilizados en el frente, los Judíos y los Negros eran sin duda mayoritarios, aunque un rápido cálculo nos daría que como mucho eran un 1 o 2%. Pero cuando se trata de sensibilizar el telespectador francés, todo vale. Naturalmente, en el guion de Stéphane Kurc los malos son muy malos y los buenos son muy buenos.

Pudimos ver otra ridiculez en un episodio de *La Crim*, un telefilme típicamente francés: un *skinhead* (personaje imaginario, un individuo violento de extrema derecha, cabeza rapada) es apuñalado hasta la muerte en las afueras de la ciudad. Todo hace pensar que el culpable ha sido un árabe, por lo que éste queda detenido. Pero la investigación va a demostrar que el asesino fue el padre del cabeza rapada, pues ya no soportaba más que su hijo fuera de extrema derecha. Además, antes de fallecer, éste había matado al hermano del árabe que también resultaba ser un amigo de infancia. Este guion delirante salió de la pluma de Ramsay Lévy.

En la comedia romántica *El fabuloso destino de Amélie Poulain* (Francia, 2001), el guion y los personajes eran demasiado franceses: Serge Kaganski, crítico de la revista *Les Inrockuptibles*, no podía soportarlo y declaraba en el diario *Libération* del 30 de mayo del 2001: "Es una película de estética congelada y que presenta sobre todo una Francia retrógrada, étnicamente limpia, nauseabunda". Este odio de Francia y de los franceses parece una obsesión incurable. Si todos esos directores hubieran querido abocarnos al suicidio, no lo habrían hecho de otra forma. De hecho, esa Francia "nauseabunda" quedó muy bien retratada por François "Truffaut" en *El último metro* (1980), película que relataba la vida de un teatro durante la ocupación alemana, y en la que se podía discernir perfectamente la abyección francesa, por un lado, y el genio de la humanidad por el otro. Éste saldrá a la luz en la escena final, aclamado fervorosamente por todos los espectadores que reconocen por fin el único, el admirable genio creador encarnado en la persona del pequeño "Lucas Steiner", obligado a ocultarse en el sótano del teatro durante todo aquel tiempo.

En la comedia de Alain Berbérian, *La Ciudad del miedo* (*La Cité de la peur*, Francia, 1994), el actor Dominique Farrugia vomitaba en la cara de un cabrón en una escena hilarante. Y es que resulta mucho más divertido cuando la gente mofada se ríe tontamente con quién se befa en su cara. Como decía el verso de Dante: "En medio de nosotros, el embustero se ríe de nosotros", o algo parecido.

El espíritu planetariano en la producción cinematográfica se manifiesta también de forma natural a través de cierto anticristianismo. En su película "magnífica y obsesiva", *Fanny y Alexander* (Suecia, 1982), el brillante director Ingmar Bergman oponía dos personajes: un obispo – austero y sombrío – de la Iglesia Luterana, y un judío – suave y encantador. El obispo maltrata a sus hijos adoptivos que secuestra en un granero sin ventanas. Estos serán salvados por el Judío, que también ayuda la madre a liberarse. El obispo muere atrozmente, y el Judío lo sustituye a la cabeza de la familia. Bergman no pretendía que su fabula tuviera el menor atisbo de realismo: su Judío, un ortodoxo que viste una *yarmukle* negra, bebe vino en compañía de los Suecos durante la Navidad – algo que un judío religioso jamás haría por nada del mundo. Pero lo importante no radica en eso, ya lo habéis comprendido. Ya en 1960, en *El fuego y la palabra*, Richard Brooks nos mostraba que detrás del rostro del buen pastor Elmer Gantry podía esconderse la peor escoria. Su película fue naturalmente premiada con un Oscar.

Pero el modelo en su género sigue siendo hasta la fecha la célebre película de Jean-Jacques Annaud[269], *El Nombre de la rosa* (Francia, 1986), cuyo guion proviene de la novela del escritor italiano mundialmente conocido Umberto Eco: se trata de una trama policíaca que se desarrolla en un monasterio benedictino del Norte de Italia a principio del siglo XIV. Los clichés sobre la Edad Media se acumulan a lo largo de toda la película: así, todos los monjes sin excepción son unos tarados, o de una forma u otra, anormales. Se lucran y engordan a cuenta de los pobres campesinos que les entregan sus escasas cosechas,

---

[269] Sin ningún parentesco con Marthe Hanau, cuya estafa en los años 1930 fue famosa. La reacción de un pequeño ahorrador timado en aquel escándalo financiero ha sido descrita en una escena divertida del magnífico libro de Henri Vincenot, *La Billebaude*. [Léase en Hervé Ryssen, *La Mafia judía*.]

mientras sobreviven en el fango y gracias a la basura que los monjes les tiran. La Iglesia católica es una perversión completa: mantiene los espíritus en la servidumbre y en el temor al diablo; el monasterio guarda bajo llave los libros griegos que podrían desestabilizar su poder. Guillermo de Baskerville, el monje franciscano, magistralmente interpretado por Sean Connery, logrará finalmente desentrañar el enigma y recuperar algunas de esas obras prohibidas salvándolas de las llamas. Todo acaba evidentemente con el colofón esperado: la tortura y la hoguera. La película fue realizada con la colaboración del experto Jacques Le Goff, un historiador de la escuela marxista. Aunque si se quiere una visión no marxista de la magnífica época que fue la Edad Media, se puede leer con provecho el pequeño libro de Régine Pernoud titulado *Pour en finir avec le moyen âge*, publicado por la editorial Seuil en 1977. Nadie podrá jamás hacernos creer que se construyeron las catedrales con un pueblo de miserables desgraciados, hambrientos y esclavos. Notemos también que en ningún momento de la película es cuestión de una "rosa". Se trata evidentemente de un título para los iniciados de la cábala. En efecto, hemos descubierto que el escritor Umberto Eco acaba de escribir en el 2005 el prólogo de un libro de Moshé Idel, titulado *Mystiques messianiques*, en el que se establece un vínculo entre el mesianismo hebraico y el marxismo: "Muchos han visto las huellas del mesianismo hasta en la concepción de Marx de una transformación del mundo gracias a la redención de las masas proletarias270." Ya sabíamos que según Marx la religión era "el opio del pueblo", pero había que comprender que, en la mente del filósofo, se trataba sobre todo de la religión católica.

Pero sigamos el espíritu anticatólico en la sonada película *Amen*, del director Constantino Costa-Gavras. El actor Mathieu Kassovitz encarna el papel de un joven jesuita que durante la Segunda Guerra mundial intenta sacar el Vaticano de su inmovilismo e incitar el Papa Pío XII a denunciar públicamente la barbarie nazi. El cartel de la película mostraba una esvástica y una cruz católica superpuestas. Las críticas fueron evidentemente elogiosas para esta película "conmovedora y verídica".

---

[270] Moshé Idel, *Mystiques messianiques, de la Kabbale au Hassidisme XIII-XIX siècles*, Calmann-Lévy, 2005. *Messianic Mystics*, Yale University Press, New Haven, London, 1998. [Moshé Idel ocupa la Cátedra de Pensamiento Judío de la Universidad Hebrea de Jerusalén. Es el sucesor del gran Gershom Scholem (1897-1982), erudito, filólogo e historiador israelí, figura destacada dentro y fuera del judaísmo, unánimemente considerado como el más importante especialista mundial en mística judía. (Léase más adelante la nota 543). (NdT).]

Las vírgenes suicidas (EE. UU., 1999) es una película de Sofia Coppola: Hacia 1970, en un pueblo de Michigan, Cecilia, 13 años, educada por unos padres católicos integristas, se defenestra. Todas sus hermanas se suicidarán tras de ella, demostrando así que la educación católica no vale la de una buena familia judía: "Una película inteligente y conmovedora" nos decía una revista de televisión. En la película *Brazil*, de Terry Gilliam (EE. UU., 1984), atisbamos brevemente los malos hábitos de unos adeptos del catolicismo a través de una mujer mayor que no para de recauchutarse con cirugías estéticas: un auténtico cadáver ambulante.

También se puede citar *Cadena perpetua* (EE. UU., 1994), una popular película en la que el director de prisión resulta ser un redomado cabrón al mismo tiempo que un cristiano muy piadoso. La película es de Frank Darabont, que ya vimos anteriormente, que confirma así su vocación planetariana.

El cine planetariano, al igual que la filosofía sobreentendida en él, tiene por objetivo destruir el arraigo y las tradiciones. *El Club de los poetas muertos* fue realizada en 1990 con ese objetivo. La película nos muestra un internado de élite en Estados Unidos, una vieja y noble institución para los hijos de la alta sociedad. Allí, un profesor de letras, el señor Keating va a alterar la vida de sus estudiantes y dinamitar los viejos valores polvorientos de esos cristianos retraídos. Esta película revolucionaria, aunque no lo parezca, invita el espectador a rechazar las tradiciones y las normas. El director fue Peter Weir.

Es también el mensaje de la película *Colegio privado*, de Robert Mandel[271](*School Ties*, EEUU, 1992): David Green integra una de las escuelas preparatorias más cotizadas de Nueva-Inglaterra. Sus cualidades intelectuales y deportivas hacen rápidamente de él una estrella de esa institución. Para David, se le abren las puertas de las mejores universidades y la esperanza de salir de su humilde condición. Pero para ser admitido por sus ricos compañeros, moldeados por prejuicios antisemitas, y para ser amado de una joven de buena familia, David ha tenido que ocultar su judeidad...hasta el día en que la verdad estalla. Es en ese momento que comprendemos que la iglesia católica está compuesta por individuos repugnantes.

Incluso en un divertido dibujo animado como *Shrek* (EE. UU., 2001), vemos ese mensaje de desprecio hacia la vieja civilización europea. En la Edad Media, Shrek es un ogro bueno y entrañable que vive recluido en el bosque. Él será el que se enfrente al dragón y salve

---

[271] Ningún parentesco conocido con Ernest Mandel, líder troskista de la Cuarta Internacional de Trabajadores.

la bella princesa. El rey es un enano agresivo y ridículo, poco representativo de la tradición europea. Pretende casarse con la princesa, pero Shrek, que se ha enamorado de ella, interviene en el último momento en la catedral donde se celebra la ceremonia. La destrucción de las vidrieras de la catedral por el dragón es todo un símbolo. Es lo que nos deja el cuento de William Strig, autor de la novela, y Ted Elliot, el guionista.

El domingo 3 de abril del 2005, el Papa Jean-Pablo II fallecía. La cadena de televisión TF1 decidía finalmente desprogramar la película estadounidense *Seven*, cuya trama sigue una especie de tarado católico que ha decidido llevar a cabo siete asesinatos que simbolizan su odio de los siete pecados capitales. La película del director cosmopolita David Fincher será por lo tanto emitida en otra ocasión. La misma noche, la cadena France 2 decidía también cambiar su programación: la película *Pactar con el diablo* (*The Devil's Advocate*, EE. UU., 1997) era pospuesta a fin de no ofender los reaccionarios susceptibles. Esa deferencia excepcional respecto del publico católico traducía probablemente una aprensión ante las posibles reacciones epidérmicas de personas largo tiempo humilladas, pues no vemos por qué los responsables mediáticos estarían dispuestos a sentir alguna compasión o mansedumbre hacía unos contribuyentes sumamente despreciados.

"Hagamos borrón y cuenta nueva". A falta de poder borrar por completo la historia antes de 1789, se puede adulterar un poco, paulatinamente, para acostumbrar el público a aceptar el universo cosmopolita y plural de la sociedad del futuro. Así es en *Wild wild West* (EE. UU., 1999): en 1869 en Estados Unidos, unos científicos de renombre han desaparecido misteriosamente. El presidente Grant pide entonces a los agentes West y Gordon de resolver ese enigma. La aventura es una sucesión de anacronismos y divertimientos increíbles, en la que el director Barry Sonnenfeld tuvo la buenísima idea de incluir un actor negro como héroe (Will Smith). *El Pacto de los lobos* (Francia, 2001), narra la historia de la bestia de Gévaudan: una bestia misteriosa asola las montañas de Gévaudan en 1766, dejando numerosas víctimas detrás de si sin que nadie logre identificarla y matarla. La gente está atemorizada. Es un monstruo salido del infierno o un castigo de Dios, no se sabe muy bien. El caso adquiere una dimensión nacional y atenta contra la autoridad del Rey. El caballero Gregorio de Fronsac es entonces enviado a la remota región para intentar detener la masacre. Está acompañado por el extraño y taciturno Mani, un indio iroqués de la tribu de los Mohawk. Es cinturón negro de kung fu y da unas tremendas palizas a los campesinos de la zona, probablemente muy racistas: es una película de Christophe Gans. En *Robin Hood*, de Kevin Reynolds (EE. UU., 1991), un Negro trae la pólvora a Europa y acompaña al héroe legendario. En el 2001, el director Peter Brook también tuvo que escoger a un actor negro para interpretar *Hamlet*, de Shakespeare, ante la falta de buenos actores blancos. Recordemos la intriga: el rey de Dinamarca acaba de fallecer. Su mujer, la reina Gertrudis, madre de Hamlet, se vuelve a casar con Claudio, hermano del difunto marido. Pero el espectro del Rey aparece ante su hijo para pedirle que lo vengue, pues ha sido vilmente asesinado...Algo serio está pasando en el reino de Dinamarca. Respecto de la obra de Shakespeare, *El Judío de Venecia*, renombrada púdicamente *El Mercader de Venecia*, escrita en 1597, "Peter Brook dirá de ella: "Mientras exista en el mundo un solo antisemita, jamás la montaré[272]"." La diversidad étnica está indudablemente en boga, también en el teatro, pues en el 2005 en Broadway, la obra *Julio Cesar* de Shakespeare incluía también un actor negro en el papel de Brutus. La dirección correspondía esta vez a Daniel Sullivan.

El ideal planetariano se manifiesta con mucho éxito a través del cine de ciencia ficción. Steven Spielberg, en *E.T., el extraterrestre* (EE. UU.,1982), nos enseña a acoger el otro, el extranjero, lo cual es un Bien absoluto. *Star Strek*, la mítica serie donde todas las minorías étnicas son representadas está evidentemente completamente impregnada de espíritu planetariano. Algunos detalles no pasan desapercibidos para los iniciados que saben reconocer algunos de los principios de la sociedad de Vulcano. Los guionistas de la serie televisada son Leonard Nimoy y William Shatner. Los malos son sorprendentemente representados con rasgos de hombres caucásicos mientras que los buenos forman una humanidad multiétnica.

En *Terminator II* (EE. UU., 1991), el cíborg asesino disfrazado de policía tiene los rasgos de un hombre blanco de ojos azules y rasgos nórdicos, mientras que el genio de la informática, que concibe el microchip destinado a revolucionar la humanidad, es un negro arrepentido dispuesto a destruir el fruto de su trabajo para salvar la humanidad.

Independence day, de Roland Enerich (EE. UU., 1996) fue una buena comedia: un inmenso platillo volante invade el cielo planetario, soltando numerosas naves más pequeñas que se posicionan sobre las

---

[272] Jacques Attali, *Los judíos, el mundo y el dinero*, Fondo de cultura económica, 2005, Buenos Aires, p. 254

mayores ciudades del mundo. Un informático neoyorquino descifra los códigos con los que se comunican los extraños viajeros. No son nada amistosos, y se preparan a atacar la Tierra. Los dos héroes que van a salvar el planeta son un Negro y un Judío jasídico. No hace falta ocultar nada, pues el público no ve nada.

En *Matrix*, de Larry y Andy Wachowski (EE. UU., 1999), los humanos están sometidos a un programa informático que domina sus vidas y todos sus pensamientos. Creen existir, pero en realidad son los esclavos de las máquinas. Sólo existe un pequeño foco de resistencia humana: Sion. La película está llena de mensajes cabalísticos: el héroe, Neo, es "el elegido", el liberador mítico de la humanidad anunciado por las profecías que va a salvar "Sion", tal como lo revela "el Oráculo". Los humanos son representados bajo la forma de una sociedad multiétnica, mientras que la matriz, que pretende dominar el universo, es representada por unos agentes del sistema con rasgos de hombre blanco. El icónico Agente Smith, con su traje y corbata, es evidentemente muy perverso y malévolo. Una vez más, los Blancos deben asumir las responsabilidades de los verdaderos tiranos: pues la matriz existe "de verdad": ella produjo la película.

En definitiva, no saldremos nunca de este esquema de culpabilización. Todo esto no sería tan grave si el esquema no fuera sistemático, pero hay que rendirse a la evidencia de que la repetición de idénticos modelos revela una voluntad precisa de inculcar a las masas europeas un mensaje muy claro, en el que observamos que la "tolerancia" puede aparentarse a un veneno poderoso e indoloro que adormece la víctima antes de abatirla. Ciertamente, se podría objetar que la mayoría de las estrellas de Hollywood son todavía Blancas, pero no se debe perder de vista que el objetivo no es destruir totalmente las sociedades blancas, tan útiles para la prosperidad de los negocios, sino en conducirlas a adoptar la sociedad plural en la que podrán ocupar el lugar que les corresponde: es decir, el segundo lugar. Además, esta gente representa todavía la gran mayoría del público que acude a las salas de cine. Hay que ser un poco suaves con ellos, y llevarlos progresivamente a aceptar las nuevas normas planetarianas. De todas maneras, tal como lo muestra muy bien la popular película de Steven Spielberg, *En busca del arca perdida* (*Raiders of the Lost Ark*, EE. UU., 1981), el poder de Yahweh es tan grande que ni tan siquiera es posible soñar con oponerse a él.

Con todo y eso, se puede mirar con cierto interés la comedia de Barry Levinson: *La Cortina de humo* (*Wag the Dog*, EE. UU., 1997). La Casa Blanca está hecha un caos: dos semanas antes de las elecciones, el presidente se ha visto envuelto en un escándalo sexual. Para distraer la atención, el asesor del presidente, experto en manipulaciones (Robert de Niro), lanza un rumor sobre una guerra completamente imaginaria. Para montarla en escena, contacta con un productor de cine (Dustin Hoffman). Los dos van a crear una distracción para el público y engañar toda la población con montajes televisivos completamente falsos. Una película divertida en la que podemos apreciar como el sistema está lo suficientemente seguro de su poder para denunciarse a sí mismo.

Pero el ideal planetariano se difunde también muy bien mediante las letras de una canción y sus ritmos. No cabe duda de que, desde hace unas décadas, sobre todo desde hace unos treinta años, los ritmos y la música negra disfrutan de una amplia difusión mediática y de una llamativa publicidad. No juzgamos aquí la calidad musical de los artistas ni los estilos musicales. Nos limitamos simplemente a constatar, por ejemplo, que el rap, tan en boga últimamente, es a priori una música de difícil acceso para los oídos europeos, y que sólo pudo imponerse tras beneficiarse de la promoción y el bombardeo constante de todo el sistema mediático. Hoy en día, los europeos están acostumbrados, como con el resto. De hecho, el ser humano se acostumbra a todo.

Recordemos que la industria discográfica está muy concentrada. Por sí solo, Edgar Bronfman, que figura entre las diez mayores fortunas mundiales, ha adquirido las productoras Polygram, Deutsche Gramophon, Decca, Philipps Music Group. Como lo admitía el diario *Libération* (23 de mayo de 1998), "esas adquisiciones van a seguir concentrando la distribución discográfica mundial en un pequeño núcleo de multinacionales, hasta hacer que el mercado sea inaccesible a los sellos independientes." Que Edgar Bronfman sea además el presidente del Congreso judío mundial es algo totalmente anexo a estas consideraciones económicas y musicales.

La canción clásica o "música popular" también puede con sus letras ser un magnífico soporte para los ideales planetarianos. Podemos citar France Gall, cuando canta las canciones de Michel Beger, en "*Il jouait du piano debout*"; o Julien Clerc, con "*Mélissa métisse d'Ibiza...*"; sin olvidar el gran Serge Gainsbourg con "*couleur café*", entre muchas otras. Jean Ferrat, originario de Rusia, donde su padre era joyero, eligió ser cantante para transmitir sus ideas humanistas. De hecho, estaba muy comprometido con el partido comunista. "El comunismo, decía, es la esperanza del mundo. Bien, de acuerdo, a veces la historia no avanza a un ritmo constante. Hay avances y retrocesos." En *Nuit et brouillard, Potemkine, Les Guerilleros, Les Nomades, Cuba si, Les derniers Tsiganes, A moi l'Afrique, Hospitalité, Bruit des bottes*, etc., cantaba la tolerancia y el amor de la humanidad. Alain Bashung componía le *"chant des potes"* (*"el canto de los colegas"*) durante la gran época de SOS Racismo. Defensor de los sin papeles (clandestinos), declaraba en febrero de 1997: "La inmigración no es el problema. Aquellos que lo dicen lo hacen para ocultar su falta de imaginación." Clémentine Célarié canta muy mal, pero lo importante son las letras de la canción: "Lo hice mestizo, hijo mío, para que la tierra se uniera", cantaba. Nos hablaba de su hijo Abraham. Clémentine defiende las grandes causas humanitarias, atreviéndose incluso a besar en la boca a un hombre seropositivo en un plató de televisión. Preguntaba entonces al presentador de televisión: "¿Me seguiría en una cadena de besos en la boca entre homosexuales, heterosexuales, seropositovos, seronegativos, todos mezclados?" Aquel 2 de abril del 2005, día del *"Sidaction"* de lucha contra el sida, fue memorable. La pobre Clémentine estaba tan confusa y vergonzosa después de desafinar tanto en su dúo con Michel Jonasz. Compositor del *"joueur de blues"*, Michel Jonasz, hijo de inmigrantes húngaros comunistas, tiene el buen gusto de saber separar su amor de la música y su pasión de activista; y lo hace con cierto talento. Al contrario que Jean-Jacques Goldman, que prefiere llenar sus textos de mensajes planetarianos, como en su álbum *"Entre gris claro y gris oscuro"*, entre otros[273]. Charles-Elie Couture parecía también atormentado por las mismas obsesiones, al igual que Johnny Clegg, cantante sudafricano apodado el "zulú blanco" y militante a favor de la abolición del Apartheid. Por su parte, Eddy Mitchell había cantado en una gala de apoyo al ejército en la Navidad de 1990 en Irak. También se puede mencionar el cantante comprometido Georges Moustaki, griego "procedente de una familia judía", o Perret, cuya canción *Lily* todavía hace sangrar el corazón de las adolescentes. Fue en el despacho de Eddy Barclay donde conoció a su esposa Simone Mazaltarim, a la que luego rebautizaría Rebeca. A riesgo de sentirse aislado, el cantante Renaud, uno de los pocos auténticos parisinos que quedan, también debe catalogarse entre los cantantes panetarianos, siempre dispuesto a movilizarse a favor de las causas humanitarias y alzarse contra las injusticias y la intolerancia.

---

[273] *"Entre gris clair et gris foncé"*: recordemos las palabras de Jacques Attali: "cada cual tendrá el derecho de pertenecer a varias tribus hasta entonces antagónicas, de ser ambiguo, de situarse en los confines de dos mundos". Parecen repelidos por todo lo que es franco, claro, de contornos nítidos y precisos, como el diablo teme el agua bendita y los vampiros los dientes de ajo.

Los nuevos guetos

Por supuesto, la gran revolución planetariana puede asustar a los más timoratos. A penas salidos del comunismo, ¿habría que abalanzarse en otra utopía mundialista? Ciertamente, las ideas comunistas, por muy generosas que fueran, tuvieron unas consecuencias catastróficas y sería bueno ser un poco precavidos antes de lanzar la humanidad en una nueva carrera hacia el paraíso terrestre. En aquel entonces, también se trataba de "hacer tabla rasa del pasado" y de destruir el viejo mundo.

Edgar Morin se dió cuenta de la gravedad de los riesgos incurridos: "El sueño del florecimiento personal de cada uno de nosotros, de la supresión de cualquier forma de explotación y dominio, del justo reparto de bienes, de la solidaridad efectiva entre todos, de la felicidad generalizada, llevó a quienes querían imponerlo a utilizar medios bárbaros que arruinaron su empresa civilizadora. Cualquier decisión de suprimir conflictos y desórdenes, de establecer armonía y transparencia, desemboca en su contrario, y sus desastrosas consecuencias son manifiestas. Como nos ha mostrado la historia del siglo, la voluntad de instaurar la salvación en la tierra ha desembocado en la instalación de un infierno. No debemos caer de nuevo en el sueño de la salvación terrestre...Existe pues un problema clave274", concluía sabiamente. Y es que después de haber contribuido a destruir cualquier cosa parecida a la tradición, uno está obligado a constatar algunas perturbaciones en el funcionamiento de las sociedades occidentales que se traducen por un "desencadenamiento mundial de las fuerzas ciegas, de *feedback*275positivos, de locura suicida…potencias de autodestrucción y de destrucción, latentes en cada individuo y cada sociedad…el mortífero atractivo de las drogas duras, especialmente la heroína, se difunde irresistiblemente." Todo esto parece muy inquietante efectivamente: "Los *feedback* positivos que conducen al *runaway* pueden, eventualmente, producir una mutación. Pero sería preciso que las fuerzas de control y regulación prevalecieran. Se trata pues de frenar el diluvio técnico sobre las culturas, la civilización, la naturaleza, que amenaza las culturas y la civilización y la naturaleza. Se trata de reducir la velocidad para evitar una explosión o una implosión276." En

---

[274] Edgar Morin y Anne-Brigitte Kern, *Tierra-Patria*, 1993, Editorial Kairós, Barcelona, 2005, p. 136
[275] Retroalimentación, respuesta o reacción en un sistema. (NdT).
[276] Edgar Morin y Anne-Brigitte Kern, *Tierra-Patria*, 1993, Editorial Kairós, Barcelona, 2005, p. 115, 116, 118. "Podríamos considerar el estado caótico y conflictual de la era planetaria como su estado normal, sus desórdenes como ingredientes inevitables de su

resumen, mantenemos el rumbo, pero levantando suavemente el pie del pedal del acelerador.

Al igual que Edgar Morin, Alain Finkielkraut también notaba las mismas dificultades en el nacimiento de esta nueva sociedad mundial. La desaparición de las religiones ancestrales y las tradiciones, y la aceleración del establecimiento del paraíso multicultural han operado una transformación quizás un poco brutal para los autóctonos europeos, pues, lamentablemente, hay que reconocer que "nunca antes hubo tantos suicidios en Francia y en Europa." Así pues, la tasa de natalidad se ha desplomado vertiginosamente y el consumo extraordinario de ansiolíticos y antidepresivos se ha disparado.

El *Diccionario del siglo XXI* de Jacques Attali contiene también algunos pasajes inquietantes que contrastan con el entusiasmo planetariano desenfrenado del tono general de la obra. Tras varias consideraciones sobre la "paz" universal, las entradas del diccionario – en orden alfabético- se referían curiosamente a las palabras "rebelión", "revuelta", "revolución", "riesgos", "brujería" (*sorcellerie*), "esterilidad" (*sterilité*). Jacques Attali no nos ocultaba las dificultades por venir. Dejemos hablar el oráculo: Con el reto de la "inmigración", "nuevas epidemias aparecerán, así como barreras levantadas para contener los extranjeros al igual que en la época de la gran peste... Muchas nuevas enfermedades estarán relacionadas con el nomadismo. Será el primer obstáculo serio que oponerle, pero también el primer embrión de policía planetaria." El pueblo de antaño podrá ser añorado por aquellos que lo conocieron: "Los habitantes de las ciudades del Norte querrán recuperar la vida cotidiana de los pueblos del siglo XX. Abandonarán las grandes aglomeraciones urbanas e intentarán ejercer en el campo todos los trabajos que se puedan ejercer a distancia. Financiarán seguridad privada para vivir en paz. Los pueblos residenciales y sus alrededores se convertirán en parques protegidos, campos voluntarios para ricos" ...o para cualquier otra categoría de ciudadanos que quiera huir del nuevo paraíso multiétnico. Todo esto no es nada halagüeño y alentador, y sorprende que nuestros intelectuales, conscientes de todos estos males en ciernes, estén aún por la labor de ir más allá. Después de la experiencia comunista, el nuevo futuro planetariano, parece realmente lleno de amenazas y peligros de todo tipo.

Alain Minc también era plenamente consciente del modelo que nos proponía cuando observaba la evolución actual de la sociedad de finales

---

complejidad, y evitar utilizar el término, hoy trivializado y comodín, de crisis." *Tierra-Patria*, p. 112

de siglo XX: "Tal vez el tejido social francés se rompa. El aumento del paro, la aparición en los suburbios de barrios prohibidos, el auge de la exclusión social, la despoblación del campo, la presión ejercida por la inseguridad, el miedo del extranjero: son realidades innegables[277]". "La tasa de criminalidad en Francia se ha multiplicado por cuatro en veinticinco años y los robos a mano armada por diez. La gran delincuencia no para de ganar terreno y la pequeña se dispara, todo esto en medio de un clima de hiperemotividad." El fantasma de la inseguridad ha tomado cuerpo durante estos últimos años: "Con la delincuencia de los barrios, la inseguridad anida en el corazón mismo de la vida cotidiana y la amenaza directamente. Con los disturbios en los suburbios de las afueras, se pone de manifiesto la existencia de espacios extraterritoriales desde donde puede surgir un ataque contra la sociedad tradicional. Con los crímenes se pone en evidencia el poder cada vez mayor de todas las mafias. A través de cada una de sus manifestaciones, la violencia demuestra hasta qué punto nuestro mundo está a la defensiva frente a la insidiosa expansión de todas las zonas grises y, con ellas, todas las formas de desorden. Miedo del otro, además del resurgimiento de grandes epidemias[278]." Sin embargo, según Minc, no deberíamos pararnos en este simple balance, pues "comparado con otros lugares, Francia parece un oasis." Así pues, si lo entendemos bien, el trabajo debe realizarse en primer lugar sobre nosotros mismos.

Bernard-Henri Lévy mantenía el mismo discurso paradójico. Después de haber denunciado todos los nacionalismos, integrismos y populismos en *La Pureza peligrosa,* admitía, él también, que el mundo por venir iba a ser caótico: "Creo que las grandes metrópolis estarán dominadas cada vez más por las mafias y los guetos...Creo en una proliferación de las guerras, todas ellas civiles...que Estados Unidos volverá a comenzar la guerra de Secesión, pero en otros lugares y bajo otras formas: wasps contra latinos; blancos contra gente de color. Creo que habrá tantas guerras como ciudades, tantas guerras de secesión como megalópolis...Creo que Estados enteros caerán bajo las acciones de las mafias planetarias; y que, si no es bajo sus acciones, caerán entre sus manos[279]."

El ensayista Guy Sorman, en su excelente obra de 1992 titulada *Esperando a los bárbaros,* también se percataba de los problemas relacionados con la sociedad plural en formación. El capítulo *El Juez, el drogadicto, el inmigrado,* ilustraba perfectamente, como decía

---

[277] Alain Minc, *Le Nouveau Moyen-Age*, Gallimard, 1993, p. 236
[278] Alain Minc, *Le Nouveau Moyen-Age*, Gallimard, 1993, p. 98
[279] Bernard-Henri Lévy, *La pureza peligrosa,* Espasa Calpe, Madrid, 1996, p. 166-167

George Soros, la "difícil convivencia entre el burgués y el bárbaro". La condena de Ozeye, un africano que revendía heroína, a seis años de cárcel, suscitaba en Guy Sorman estas consideraciones: "El caso de Ozeye movilizó durante meses a varios inspectores de policía, que estuvieron vigilándolo hasta hacerle caer en la trampa; movilizó también a jueces, procuradores, escribanos, abogados, guardias de seguridad, funcionarios de prisiones. ¿No habrá podido dedicarse todo este tiempo y todo este dinero a castigar delitos más graves, o a impedirlos280?" ¿Debemos comprender que un camello que vende heroína a adolescentes en la calle no es finalmente algo muy grave? Vemos que, al igual que George Soros, partidario de la liberalización de las drogas, el muy liberal Guy Sorman se hace el portavoz de cierta tolerancia. "Ozeye y la droga vienen ambos de fuera, y ambos representan la irrupción del desorden en la sociedad burguesa." Los franceses de mentalidad todavía demasiado burguesa deberán acostumbrarse a la modernidad y abrirse a las culturas foráneas.

El capítulo titulado *Los Holandeses negros* establecía a priori un diagnóstico bastante severo de la sociedad plural: "El 80% de los delitos y crímenes cometidos en Ámsterdam son obra de individuos de estas minorías: en las cárceles, una de cada dos celdas está ocupada por alóctonos, cuando éstos no representan más que un 5% de la población total281." Una socióloga nacida en Surinam, Philomena Essed, "comprobó que la educación insuficiente o un dominio imperfecto de la lengua explicaban el 50% de las diferencias de salarios o del retraso profesional con relación a los blancos. El otro 50% resulta de causas no objetivas, sólo explicables por la discriminación racial...Las minorías no deben integrarse, sino que son los holandeses los que deben hacer su autocrítica. Es hora ya de que conozcan las debilidades de su propia cultura, de que acepten que son racistas, de que reconozcan todo lo que las culturas alógenas podrían aportarles", explicaba la señora Essed. Guy Sorman precisaba que Philomena Essed, investigadora en el Centro de Estudios Raciales y Étnicos de Ámsterdam, era remunerada por el Estado tolerante que ella denunciaba, y añadía acertadamente que "en una sociedad democrática esto constituye quizá el signo más característico: la disidencia es subvencionada282."

---

[280] Guy Sorman, *Esperando a los bárbaros*, Seix Barral, 1993, Barcelona, p.8. "Los inmigrantes del exterior y los drogados del interior. ¿Está la sociedad burguesa, blanca y occidental, sitiada por los nuevos bárbaros? ¿Es una amenaza real o imaginaria?" En Portada de *Esperando a los bárbaros*, Seix Barral, 1993.
[281] Guy Sorman, *Esperando a los bárbaros*, Seix Barral, 1993, Barcelona, p. 15
[282] Guy Sorman, *Esperando a los bárbaros*, Seix Barral, 1993, Barcelona, p. 15, 17-18

Tras una vuelta por Alemania, donde había coincidido con Daniel Cohn-Bendit, Guy Sorman volaba a los Estados Unidos para ver más de cerca "las tribus americanas". La universidad de Stanford fue la primera etapa de su periplo estadounidense: "Stanford es el reflejo de una Norteamérica que ya no es totalmente blanca: gracias a la *acción afirmativa*, la más vigorosa de todas las universidades del país y el 45% de los estudiantes de Stanford pertenecen a una minoría": un porcentaje que corresponde a su número en el estado de California. Sharon Parker, la responsable de la Oficina de multiculturalismo, explicaba que la universidad financia los clubs y las manifestaciones de las comunidades negra, mexicano-norteamericana e india. "La asociación de gays, lesbianas y bisexuales se sentía discriminada porque no disponía de un local donde reunirse, y Sharon Parker consiguió para ellos el antiguo cuartel de bomberos del campus, que fue desalojado para concedérselo. Los blancos, como tales, no tienen derecho a nada; la raza superior debe aprender humildad; sus antiguas fraternidades han sido prohibidas bajo la sospecha de que perpetuaban tradiciones racistas." Esto es la discriminación positiva. Aunque "queda un último obstáculo en el camino de las minorías: el del diploma. El 45% de los estudiantes ingresados pertenece a las minorías, pero sólo el 20% obtiene su diploma. Y eso ocurre porque las pruebas para la obtención del título son, hasta ahora, las mismas para todos. ¿Habría que diversificar criterios también a este nivel? Algunas universidades de segunda fila lo hacen ya, aunque sólo sea por atraer a las minorías[283]." Así pues, la discriminación positiva o *"acción afirmativa"* además de ya facilitar la entrada en la universidad, también facilitará la obtención de un diploma para esas minorías, que, de hecho, pronto representarán la mayoría[284]. Los Blancos que no estén satisfechos pueden todavía emigrar a otra parte si lo desean: la puerta está abierta.

A continuación, Sorman visitaba San Diego: "Somos culpables; debemos reparar nuestras faltas, proclama Maureen O'Connor, alcaldesa de San Diego, una de las ciudades más prosperas de California. La señora O'Connor es republicana, ultraconservadora, pero la acción afirmativa, en su opinión, no es una de la izquierda... ¿Cómo enseñarle a un capataz blanco y varón que no hay que mirar a los ojos

---

[283] Guy Sorman, *Esperando a los bárbaros,* Seix Barral, 1993, Barcelona, p. 78, 79, 80
[284] "El país también superó otros dos hitos en su camino a convertirse en una sociedad mayoritariamente minoritaria en las próximas décadas: Por primera vez, la proporción de personas blancas cayó por debajo del 60%, pasando del 63,7% en 2010 al 57,8% en 2020. Y la población menor de 18 años es ahora mayoritariamente de color, con un 52,7%." https://www.washingtonpost.com/dc-md-va/2021/08/12/census-data-race-ethnicity-neighborhoods/, 12 de agosto 2021. (NdT)

de un peón mexicano, porque eso es atentar contra su cultura? ¿Cómo hacer trabajar juntos a una mujer bombero de origen laosiano con un filipino, un mexicano y un capitán de origen irlandés, cuando ni hablan la misma lengua? No existe respuesta estereotipada; la única solución es saber escuchar. Nosotros escuchamos atentamente lo que las minorías pueden enseñarnos, y resulta apasionante285", contaba Maureen O'Connor.

En Boston, Guy Sorman nos explicaba que todos los candidatos de las oposiciones para entrar en la policía "deben aprobar un mismo examen, pero los resultados son contabilizados sobre dos listas distintas de aptos: la de los blancos y la de los otros. El alcalde, el jefe de policía, el de los bomberos están obligados a reclutar un número igual de funcionarios de cada lista" para facilitar la entrada de gente de color. En Dallas, las empresas con las que el ayuntamiento saca a concurso público son en prioridad empresas gestionadas por "minorías". "El Consejo municipal se ha fijado por objetivo reservar el 35% de los contratos de la ciudad a las *disadvantaged business entreprises*, las BDE. ¿Qué es una BDE? Una empresa gestionada o controlada por el representante de una minoría protegida – mexicano-americano, negro, indio – o por una mujer... ¿Puede un empresario anglo ser DBE? Sí, si es mujer o minusválido286."

Esto es la ideología "PC" (políticamente correcto) en Estados Unidos. Evidentemente, este sentimiento de culpabilidad de los Blancos no es natural. Es el fruto de un largo trabajo realizado por los intelectuales marxistas y liberales de la segunda mitad del siglo XX. A estas corrientes de pensamiento vino agregarse en Estados Unidos una corriente afrocentrista, que tiende a devolver a África su lugar en la evolución cultural de la humanidad. Se afirma que Cleopatra era negra o casi negra, que el patrimonio egipcio habría sido trasladado a Atenas por los cretenses y los fenicios. El Occidente le debería por lo tanto a los Negros no solamente su patrimonio genético, puesto que el homosapiens ha surgido en África, tal como nos lo enseñan los antropólogos, sino también su herencia filosófica y religiosa287.

La obra de referencia sobre este tema es la del profesor Martin Bernal. "Da clases de ciencias políticas en Cornell, en el centro del estado de Nueva York. Es el gurú del afrocentrismo, y su libro *Atenas negra* es una revisión radical de los orígenes de la civilización occidental que se ha convertido en piedra angular del nuevo sistema de

---

[285] Guy Sorman, *Esperando a los bárbaros*, Seix Barral, 1993, Barcelona, p. 81
[286] Guy Sorman, *Esperando a los bárbaros*, Seix Barral, 1993, Barcelona, p. 84, 86
[287] Guy Sorman, *Esperando a los bárbaros*, Seix Barral, 1993, Barcelona, p. 103-106

enseñanza negro." Bernal, por su parte, es Blanco, de origen inglés, apuntaba sin reír Guy Sorman[288]. "Mi objetivo es reducir la arrogancia intelectual de los europeos, dice en su conclusión." Otra vez, nos topamos con ese espíritu de venganza y ese odio incandescente que anima a los intelectuales planetarianos.

A esta empresa de demolición controlada de la cultura clásica, varios intelectuales franceses han prestado una colaboración, a veces involuntaria, pero a menudo decisiva. "De la obra de Lévi-Strauss, se aprovecha de manera especial su idea de que no hay jerarquía entre las culturas: no hay ni civilizados ni salvajes". "De esto ha deducido el PC un relativismo cultural generalizado. Pero el verdadero gurú del PC, personalmente comprometido en la batalla, es Jacques Derrida. Sin referencia a Derrida es difícil ya enseñar literatura en Estados Unidos. Este filósofo francés, conocido en Francia sólo por una minoría, impera en los mejores campus universitarios de los Estados Unidos. Su método, llamado de "desconstrucción" del texto, subraya la inestabilidad radical del sentido y privilegia al lector con relación al autor", escribía Guy Sorman. Lo que un estudiante piensa de un autor se convierte en más importante que lo que el propio autor escribe.

"La lectura de Shakespeare ya no se hace para entender a Shakespeare, sino para entenderse uno a sí mismo, para elevar su propia conciencia y no sus conocimientos. La negativa a aprender se convierte en una forma de legítima defensa contra la opresión de la verdad y de la racionalidad. La verdad, en la teoría deconstruccionista, no es verdad: es sólo un discurso jerárquico, logocentrismo o, mejor, "falogocentrismo", escribe Derrida, de "los viejos machos blancos y muertos" ... ¿Qué es lo que queda de la cultura clásica cuando se ha pasado por ella la trituradora de la desconstrucción y del relativismo? Nada – admite Henry Louis Gates-, una cabeza pensante del movimiento PC que dirige el departamento de Literatura en Harvard. Nada, pero no es esto lo grave. Lo que se llamaba cultura, valores, moral, no era más que una ideología impuesta por los amos de ayer a las minorías oprimidas. Ahora son las minorías quienes hablan..." Mis alumnos –concluye Gates- se buscan todos orígenes minoritarios; cuando encuentran en sí 1/32 sangre india, se ponen locos de alegría, y hasta cambian de nombre. Ya no son estúpidamente norteamericanos, son multiculturales[289]."

---

[288]Bernal es un apellido histórico: un tal Bernal fue el "médico judío de la expedición de Cristóbal Colón" que habría traído a Europa las primeras hojas de tabaco, escribía Roger Peyrefitte en *Les Juifs*, Éditions Flammarion, 1965, p. 157
[289]Guy Sorman, *Esperando a los bárbaros*, Seix Barral, 1993, Barcelona, p. 110, 111,

Ser PC está de moda. Una moda radical y conformista. No es necesario estudiar con ahínco para ser PC; basta con estar en la línea, eso es todo. Esto nos recuerda una anécdota de uno de nuestros amigos cuyo padre le había enseñado a sacar buenas notas en las clases de filosofía en el instituto. Mientras que una de sus compañeras de clase se quejaba de las malas calificaciones cosechadas a pesar de sus esfuerzos, Marcos decidió desvelarle su secreto: no era el trabajo asiduo lo que le permitía sacar buenas notas, pues, de hecho, no pegaba golpe. Simplemente, sabía que aquella "profesora[290]" estaba impregnada de ideología PC, por lo que orientaba sistemáticamente sus disertaciones en el sentido planetariano, siempre "insistiendo erre que erre" en lo mismo: "Si dices lo que piensas, le había dicho su padre, ella te joderá; pero si tu escribes lo que quiere escuchar, entonces ¡tú la jodes!" En las pruebas orales nunca se le olvidaba vestir su camiseta "Lévis", escrito en letras grandes, para granjearse la complacencia del jurado. Ese era el secreto de Marcos que le permitió conseguir su diploma en la gran escuela de Ciencias políticas de París, modelo de PC a la francesa. Respecto a la otra estudiante compungida, decía: "¡Ella no entendía nada!" Todo esto es bastante baladí cuando se tiene dieciséis o diecisiete años, pero también es cierto que muchos adultos occidentales se encuentran en la misma situación.

Guy Sorman añadía otra observación: "Los profesores de hoy son los estudiantes contestatarios de 1968". Aquel año, la universidad de Berkeley, frente a la bahía de San Francisco, "en las laderas de las colinas de California, ha surgido una de las revoluciones más auténticas del siglo...Un cocktail asombroso – estudiantes ricos y profesores izquierdistas importados de Europa, como Herbert Marcuse; una mescolanza de psicoanálisis, de libertad sexual, de música de fondo, de drogas psicodélicas y de vulgata marxista – cambió de arriba abajo Berkeley, para extenderse luego por toda América, por el Japón y por Europa." Finalmente, la revolución se institucionalizó en Berkeley, y hoy en día "casi la totalidad de las actividades comunitarias financiadas por la Universidad del Estado son controladas por *blacks*, chicanos o *native Americans*, o por gays, lesbianas y bisexuales. El hombre blanco resiste aún, pero, en definitiva, su supremacía parece condenada. El destino del hombre blanco parece sellado por la demografía", escribía

---

112
[290]Vimos con Albert Memmi y Wilhelm Reich, que las mujeres occidentales debían ellas también liberarse de la opresión del hombre blanco. La feminización del vocabulario, a finales de siglo XX, forma parte de la corriente PC en Francia. Pero su uso sigue siendo muy marginal debido a las reticencias de la población.

Guy Sorman que resumía así perfectamente el resultado tangible del activismo marxista sobre la civilización europea. "Veinticinco años después, los blancos son minoritarios. Los blancos están metidos como en un *sandwich* entre los asiáticos, que obtienen mejores resultados que los blancos en los cuestionarios de admisión, y los negros y latinoamericanos, que se benefician de la acción afirmativa. Los estudiantes blancos, que, en su mayoría, proceden de escuelas blancas, se ven confrontados por primera vez en su vida al hecho de constituir una minoría y al de ser blanco...la lucha de clases se ha visto sustituida por una lucha de clases también inevitable: los pueblos de color han reemplazado al proletariado como clase explotada y destinada a convertirse en dominante[291]."

Con todo y eso, Guy Sorman no condenaba la sociedad plural, muy al contrario, tal como lo atestiguan estas líneas escritas con al menos el mismo aplomo que Daniel Cohn-Bendit: "El hecho nuevo de la inmigración en Europa no es tanto el número, o su origen étnico o religioso, como la no-integración del inmigrado en las empresas...Nuestros antepasados raramente eran galos...nuestros orígenes son turbios, y por eso no lo queremos reconocer...Porque todos somos multiculturales, al menos desde la invasión de los romanos. Por otra parte, Francia, que contaba centenares de dialectos, *patois* y lenguas regionales hace un siglo, era entonces más multicultural que hoy[292]." Y respecto al cierre de fronteras, ni lo pensemos: "¿Cerrar las fronteras? Es imposible. Imposible porque los ciudadanos con documentación en regla no lo admitirían. ¿Qué francés aceptaría esperar dos horas en el aeropuerto de Roissy ante la ventanilla de control hasta que la policía compruebe la identidad de cada viajero y la autenticidad de cada pasaporte? La expulsión de los extranjeros en situación irregular no es más que un recurso teórico, y por las mismas razones: ¿qué francés se resignaría a ser atrapado en una *razzia* policial, en el metro, por ejemplo, y tener que esperar a que la policía vaya separando los ciudadanos que están en regla de los que no están[293]?" El argumento es irrefutable.

Los franceses son todavía demasiado pusilánimes ante la modernidad de la sociedad plural, más aún cuando la evolución de la sociedad francesa de estos últimos años revela a la vista de todos unas tensiones larvadas hasta ahora. La verdad nos obliga a decir que

---

[291] Guy Sorman, *Esperando a los bárbaros*, Seix Barral, 1993, Barcelona, p.113, 114
[292] Guy Sorman, *Esperando a los bárbaros*, Seix Barral, 1993, Barcelona, p. 158, 159, 163
[293] Guy Sorman, *Esperando a los bárbaros*, Seix Barral, 1993, Barcelona, p. 194

numerosas depredaciones son cometidas cada año en contra de los lugares de culto y cementerios cristianos. Por ejemplo, una veintena de casos de ese tipo fueron registrados en cinco meses, entre diciembre del 2003 y abril del 2004. Decenas de tumbas cristianas fueron profanadas, iglesias vandalizadas, sus vidrieras destruidas, las estatuas hechas pedazos, sin que el fenómeno alarmara los medios de comunicación. Por el contrario, la menor pintada antisemita en un buzón o en una tumba en un cementerio judío provocan el desencadenamiento de toda la máquina mediática y el desplazamiento del ministro.

Pero de todas las tensiones y choques provocados por la nueva sociedad plural actualmente en formación, la manifestación de los estudiantes de secundaria del 8 de marzo del 2005 en París ha quedado como un símbolo y un presagio para el futuro. Como suele ocurrir, numerosos "jóvenes" de las afueras aprovecharon aquella ocasión para saquear y agredir en los aledaños de la manifestación. Esa vez, las violencias fueron particularmente impresionantes, especialmente contra los propios estudiantes. Lo importante no fueron los hechos en sí, ya que las agresiones a franceses por parte de bandas étnicas llevan produciéndose en los suburbios desde hace muchos años. El hecho más reseñable fue que por primera vez, la gran prensa evocó abiertamente el fenómeno a raíz de la manifestación. Asistimos por lo tanto a un giro histórico: por primera vez, los medios de comunicación decidían denunciar, ya no el racismo de los Blancos contra los inmigrantes (unas decenas de agresiones por año de los cientos de miles de actos de violencia contabilizados), sino por fin lo que todos los franceses de las afueras sabían desde hacía tiempo: la violencia de algunos inmigrantes contra los franceses autóctonos. Una asociación "contra el racismo antiblanco" fue inmediatamente creada...por Yoni Smadja, el cual lanzaba una petición apoyada por Hachomer Hatzaïr y Alain Finkielkraut, el cual había cambiado de chaqueta para colocarse ahora a la vanguardia de la "reacción".

Sin embargo, examinado la cosa más de cerca, veíamos que los intereses defendidos eran siempre los mismos, y que el repentino interés mostrado al "pequeño blanco" era meramente circunstancial. Resultaba bastante claro que, en la sociedad francesa actual, la comunidad judía empezaba a temer cada vez más la presencia masiva de inmigrantes musulmanes más que a la extrema derecha, cubierta de barro y basura desde hacía décadas y alrededor de la cual se había establecido a propósito un cordón sanitario. Esta ofensiva respondía también a las "provocaciones" anti-sionistas del humorista franco-camerunés Dieudonné, el cual seguía atacando la comunidad con sus sarcasmos, a pesar de las diecisiete querellas interpuestas por las asociaciones "antirracistas" contra él. ¡Abajo los Negros, pues[294]!

El diario *Le Monde* lanzaba la ofensiva con un artículo de Luc Bronner, que titulaba su artículo del 10 de marzo: *El espectro de las violencias anti- "Blancos"*, en el que leíamos que "los alborotadores expresan su odio hacia los pequeños franceses a los que agreden". Luc Bronner citaba las palabras de algunos de ellos, como Heikel: "No fui a la manifestación, fui para llevarme algunos teléfonos y golpear a la gente. Había pequeños grupos que corrían, que alborotaban. Y en medio, unos payasos, los pequeños franceses con caras de víctimas." Con su banda, afirmaba haber recuperado unos quince teléfonos usando la violencia. Heikel formaba parte de esos 700 a 1000 jóvenes, según la policía, venidos principalmente de Seine-Saint-Denis y de los distritos del norte de París para agredir los estudiantes durante la manifestación. En las palabras de esos jóvenes se juntan explicaciones económicas ("ganar dinero fácil"), lúdicas ("el placer de zurrar") y una mezcla de racismo y de envidia social ("vengarse de los Blancos"). La misma situación llegó a repetirse decenas de veces: uno o dos alborotadores se acercan a un manifestante y lo amenazan para robarle su móvil, su lector MP3 o su cartera; si la presa se resiste, o incluso si acepta, ésta es golpeada, tirada al suelo y pateada. La mayoría de las veces, otros jóvenes, hasta diez, acuden para ensañarse con la víctima en el suelo.

---

[294]Dieudonné M'Bala M'Bala es un actor y cómico francés de origen camerunés muy conocido y polémico en Francia. Dieudonné se ha caracterizado por una activa militancia política. Aunque inicialmente alineado con posiciones izquierdistas y antirracistas, a principio de los años 2000 sus posturas bascularon hacia puntos de vista considerados como "antisemitas" dando lugar a notables polémicas que se han ido intensificando con el paso de los años. Políticamente el humorista se ha ido acercando a los postulados del Frente Nacional en particular, y de la extrema derecha en general, abrazando posturas "negacionistas". Tal situación ha derivado en numerosos problemas judiciales y en la prohibición del Gobierno francés de Emmanuel Valls de algunos de sus espectáculos. En esos años de principio de siglo XXI difundió en Francia la tesis antisemita norteamericana de que los judíos habían tenido un papel fundamental en la trata de negros y en su explotación en las plantaciones del sur de Estados Unidos, idea que había sido adoptada y difundida por Nación del Islam, pero que había sido rebatida por fantasiosa por figuras prominentes del mundo negro estadounidense como el académico Henry Luis Gates. Michel Wieviorka ha comentado que los espectáculos de Dieudonné "atraen la simpatía de una población que ya no tiene nada que ver con el antisemitismo clásico (nacionalista, cristiano, de extrema derecha), a riesgo de combinarse con él: personas de origen subsahariano o norte africano, y a veces antillano, pueden identificarse con el odio a esos judíos sospechosos de haber participado en su desgracia histórica y de no querer que hoy se hable de ese pasado, lo cual es una construcción falaz". (Fuente wikipedia). [Sobre la Trata de Negros y otros negocios, léase Hervé Ryssen, *La Mafia judía*, 2008-2022]. (NdT).

En su idioma, llaman a los "pequeños Blancos" "*bolos*". "Un *bolos*, es un primo, una víctima" explicaba Heikel, sin poder explicar, al igual que los demás el origen de la palabra. "Es como si llevará escrito en la frente "ven a tomar mis cosas"". "Los *bolos* miran al suelo porque tienen miedo, porque son unos cobardes", afirmaba otro estudiante. "Los "pequeños Blancos" no saben pelear y no andan en manada. El riesgo de atacarles es menos grande." Otras fuentes en internet nos informaban de que los estudiantes, literalmente aterrorizados, quedaron atónitos ante la pasividad de los antidisturbios, los cuales se quedaban riendo de sus desgracias. Es cierto que, ante el menor desliz por su parte, los policías suelen ser sancionados y condenados por actuaciones juzgadas racistas, motivo por el que probablemente cierta desmotivación haya hecho mella en ellos.

Ese artículo de prensa era una novedad en el panorama mediático, pues, habitualmente, el discurso que prevalece constantemente es el de denuncia de una sociedad blanca, arrogante, mezquina, beata, obtusa y racista que debe ser sustituida por la sociedad plural.

El domingo 17 de abril del 2005, un programa de televisión volvía a poner el foco sobre aquellos incidentes. Daniel Schneidermann había invitado en su plató al sociólogo Michel Kokoreff y Yoni Smadja, de la asociación Hachomer Hatzaïr que había lanzado la petición contra el racismo anti-blanco. Algunos periodistas, durante la investigación, habían reconocido que los agresores eran mayoritariamente Negros. Laurence Ulbrich, del diario *France Soir,* fue la única en no admitirlo publicamente ("Había de todo, no había una sola etnia"), mientras que Cyprien Haese, de *e-télé*, decía que "sólo había visto Negros". Como vemos, los testimonios de los seres humanos son a menudo diversos y cuestionables, hoy como siempre.

Se puede decir que el libro de Bernard Stasi de 1984, *La inmigración, una suerte para Francia,* ha envejecido mucho, aunque como apuntaba muy bien Daniel Cohn-Bendit: "Debemos acostumbrarnos a esta relativa pequeña molestia."

4. El mesianismo

El mesianismo es la espera del mesías. Es la creencia de que un mesías vendrá establecer el reino de Dios sobre la Tierra. Los cristianos han reconocido en Jesucristo su mesías, pero los Judíos siguen esperando el suyo. Para ellos, la espera del mesías se confunde con el proceso de unificación de la humanidad y la desaparición de las fronteras nacionales. Cuando esto se produzca, el pueblo de Israel podrá por fin ser reconocido por todos como el pueblo elegido por Dios.

El activismo mesiánico

El comunismo cristalizó las esperanzas planetarianas durante la mayor parte del siglo XX[295]. Sin embargo, después de la Segunda Guerra mundial, el compromiso con el ideal comunista parecía difícilmente compatible con el apoyo a Israel. Éste iba a ser un factor determinante que precipitaría la ruptura de numerosos intelectuales planetarianos con el comunismo soviético. Ya lo vimos: la URSS había rápidamente tomado partido a favor de la causa árabe desde 1949 y comenzado a denunciar el sionismo bajo todas sus formas. Aquello fue una ruptura dolorosa para muchos intelectuales de izquierda, como lo explicaba Marek Halter: "Marcuse, cuando lo conocí, ya era célebre y mayor. Nos escribimos por primera vez en 1967, cuando la guerra de los Seis Días de Oriente Medio había colocado el conflicto israelí-árabe en el centro de las disputas y polémicas de izquierda. Éramos entonces unos cuantos en apoyar el derecho a la existencia del Estado de Israel y al mismo tiempo la reivindicación nacional palestina. En los círculos intelectuales, aquello parecía contradictorio. Se nos calificó de sionistas y se nos acusó de ser objetivamente los lacayos del imperialismo estadounidense. Para amortiguar el golpe, para hacernos escuchar, necesitábamos el apoyo de personalidades prestigiosas. Pensamos en Marcuse. Respondió en seguida a la carta que le escribimos. Como Judío, ante el anti-israelismo casi histérico de la izquierda, especialmente de la extrema izquierda que se declaraba próxima a él,

---

[295]Léase Hervé Ryssen, *El Fanatismo judío*. (NdT).

Marcuse sentía el mismo malestar que nosotros: desgarramiento y solidaridad[296]."

En 1968, Marek Halter conoció a Alain Krivine, el jefe de la Liga comunista revolucionaria: "Como Judío, creo que comprendía perfectamente nuestra lucha y nuestras motivaciones; y, a pesar de las ideas que defendía, pensaba que podíamos tener razón. Muchos Judíos comprometidos con los movimientos de extrema izquierda me dijeron haber temido por la existencia de Israel, añadiendo irónicamente: "Ahora que ya no hay peligro para su existencia física, podemos ser anti-israelíes.""

Era exactamente lo que se podía leer en un libro de otro activista comunista de aquella época, Guy Konopnicki: En 1967, "lo confieso, me sentí aliviado por dos veces cuando Israel tomó la ofensiva. Como comunista, porque podía condenar la agresión imperialista. Como judío, más secretamente, porque no podía ignorar que una victoria árabe significaría una masacre. Nunca olvidé aquellos momentos, ni quién era yo entonces, en aquel tiempo en que no sabía nada de Lacan y de la división del sujeto. En la sala del 120 de la calle Lafayette, sede histórica del PCF, tomaba la palabra junto a Guy Hernier, como judío en servicio, para denunciar la maleficencia del sionismo ante una asamblea de jóvenes y estudiantes comunistas. Era el séptimo día, ¡como en Génesis! Ya no había ningún peligro. Pero la víspera, ay, la víspera...El sexto día, confesé mi alivio, incluso mi orgullo, a otro esquizofrénico como yo en aquel momento, mi camarada Alexandre Adler. ¡Festejamos riéndonos juntos de aquella victoria del enemigo de clase[297]!" Así pues, el discurso oficial no reflejaba en nada las convicciones íntimas y las angustias de esos militantes. ¿No vemos aquí reflejado el mismo espíritu que los marranos, aquello Judíos de España a los que los Reyes Católicos habían dejado dos opciones en 1492, la conversión o el exilio? Sabemos que los que habían elegido la conversión habían continuado durante décadas a practicar en secreto el judaísmo, y precisamente por eso España había establecido, lo que todavía muchos nombran con espanto, la Inquisición, cuya misión era encauzar a los católicos por el buen camino[298].

---

[296]Marek Halter, *Un Homme, un cri*, Robert Laffont, Paris, 1991, p. 116
[297]Guy Konopnicki, *La Faute des Juifs*, Balland, 2002, p. 121-122
[298]Sobre la Santa Inquisición española, y otros muchos temas controvertidos de la historia, aconsejamos el indispensable libro de Jean Sévillia: *Historiquement correct, pour en finir avec le passé unique*, Perrin, 2003. *Históricamente incorrecto, para acabar con el pasado único*, Ed. El Buey mudo, 2005.

El apoyo a Israel también determinó las reacciones de muchos intelectuales durante la primera guerra del Golfo que los estadounidenses y sus aliados occidentales declararon a Irak en 1991. Después de la invasión de Kuwait por Sadam Husein, era necesario organizar una gran coalición occidental para obligarlo a retroceder, pues el hombre amenazaba Israel y tenía además el descaro de "identificarse con Nabucodonosor", el rey de Babilonia que había deportado a los judíos. Su caída en el 2003, tras la segunda guerra del Golfo, estaba programada. La "lucha por la Paz" pasaba otra vez por los bombardeos y la guerra.

El compromiso de los intelectuales con las grandes causas humanitarias nunca es totalmente desinteresado. Sucede lo mismo con todo lo que crea y realiza el espíritu planetariano. Siempre tiene un significado político, una dimensión ideológica y un afán activista. El artista no trabaja para la belleza o movido por el puro desinterés, sino para influenciar y convencer a sus contemporáneos de una idea o de un ideal que le interesa. "He vacilado durante mucho tiempo entre la pintura y la escritura, reconocía Marek Halter. Cada vez que intentaba transmitir una idea o compartir una indignación a través de la pintura era un fracaso." Halter tuvo entonces que buscar otro medio para expresar sus ideas e intentar influenciar los acontecimientos del mundo.

Su indignación logró expresarse de forma especialmente conmovedora en relación con el doloroso capítulo de la Segunda Guerra mundial. Nacido en una familia judía polaca, Marek Halter experimentó en su infancia los tormentos del exilio. Su familia huyó primero hacia la URSS, cuando se produjo el avance de las tropas alemanas en Polonia en 1940, y luego en 1941 al penetrar en la URSS. La ofensiva alemana hizo que el régimen comunista organizara la evacuación masiva de Judíos detrás de los montes Urales para protegerlos. Así pues, fue en la patria del socialismo donde Marek Halter pasó la mayor parte de su infancia. Llegado a París después de la guerra, se movió por los círculos de las Juventudes comunistas y militó a favor de la defensa de Israel. En un libro importante de su bibliografía, *El Loco y los Reyes*[299], Marek Halter recordaba su incansable lucha por la Paz en Oriente Medio. Lo hemos resumido aquí por ser tan característico del intelectual comprometido.

En 1968, viajaba a Israel donde conocía a Golda Meir. De regreso a París, fundaba una revista. Partía entonces a Nueva York donde fraguaba contacto con intelectuales judíos que se habían apartado de la izquierda debido a las posiciones anti-israelíes de la URSS, y

---

[299]Marek Halter, *Le Fou et les rois*, Albin Michel, Poche, 1976

consiguiendo de paso unos patrocinios para su periódico. Regresaba a Francia vía Israel para organizar una conferencia internacional sobre la paz en Oriente Medio y la defensa de Israel dentro de la izquierda. "Fuimos a llevar el texto a la Plaza de Vosges, a la señora rusa que había mimeografiado todas nuestras octavillas de mayo de 1968[300]." Partía luego a Berlín-Este con Bernard Kouchner (futuro gauleiter de Bosnia, ndr) para participar a una conferencia; pasaba por Ginebra antes de viajar de nuevo a Israel (el viaje era pagado por Jean Daniel, de *Le Nouvel Observateur*) y regresar finalmente a París. Una conferencia en la universidad de Harvard lo llevaba a Estados Unidos. "Un ahora más tarde, estaba en el avión de Nueva York". Visitaba después a Herbert Marcuse en California, pasando por Israel antes de regresar a París "con el plan que habíamos preparado y la lista de personalidades que queríamos invitar" a una conferencia internacional en Roma. "Una llamada telefónica de Tel-Aviv me devolvió a la realidad". "Entre todas esas llamadas, hubo una de Mendés France[301]: quería verme"

Su activismo por la Paz era incansable: "Ámsterdam, La Haya, Colonia, Fráncfort, donde creamos el Grupo de estudios socialistas para la paz en Oriente Medio, perteneciente al Comité internacional. Encuentros, citas, etc. No podíamos medir la utilidad de todas estas iniciativas más que por lo que se contaba en el diario *Le Monde*, nuestra caja de resonancia mediática, o en *Le Nouvel Observateur*." Conferencias en Budapest, luego en Bolonia: "Tuvimos que pedir prestado dinero para el viaje a Daniel Jacoby, el secretario general de la Liga de los Derechos Humanos que estaba con nosotros." Turín, Roma, Florencia, Venecia, París. Regresaba a Beirut: "No fuimos a Damasco. Esa misma noche recibimos un telegrama: nos esperaban en el Cairo el día siguiente." "No podía creerlo. En mis recuerdos de infancia de niño polaco, Egipto era el país donde, como narraba la leyenda de Pascua, los hebreos habían vivido en la esclavitud. Allí habían construido las pirámides, antes de liberarse en las orillas del Nilo y partir hacia la Tierra prometida". "Decidimos regresar a Beirut". Regreso al Cairo, luego a París, desde donde despegaba otra vez hacia Roma con Bernard Kouchner. "En mayo de 1972, estábamos de nuevo en Israel." Volvía a París, tomaba un avión a Ginebra, y regresaba de nuevo a París. "La operación Eliav había fracasado; nuestra cita en Londres había sido anulada y nos habían desprogramado la conferencia de Bolonia".

---

[300]La colusión entre los revolucionarios de mayo de 1968 y la muy burguesa Plaza des Vosges puede parecer sorprendente, pero algunas solidaridades – étnicas, religiosas, mesiánicas – pueden a veces vencer las fronteras sociales.

[301]Mendès-France, antiguo primer ministro de la IV República francesa. (NdT).

"Nueva York: acabo de tener una charla con los estudiantes sobre el tema: ¿Hay que cambiar al hombre para cambiar la sociedad? ¿O hay que cambiar la sociedad para poder cambiar el hombre?" París, Israel, París otra vez, luego Buenos Aires: "He sido invitado por el comité argentino para la paz en Oriente Medio" (queda mucho por hacer, ndr). "Los Argentinos no dudaron en aplaudir las ideas que yo defendía. Les tranquilizaba. Así pues, se podía defender Israel y seguir siendo de izquierda". "El 6 de octubre de 1973, estaba en Nueva York cuando me enteré de la noticia: la guerra, una vez más, había estallado en Oriente Medio." Viaje a Israel: "Pasamos por París donde encontré a mi madre enferma. Retrasamos nuestra salida. Sanae quedo aliviada, como si temiera volver a Egipto. Voló inmediatamente a Estados Unidos, desde donde me telefoneó más tarde para decirme su intención de regresar a Israel."

Ahí está. Estos fueron cuatro años de la vida trepidante de Marek Halter. Si la cuestión de la guerra y la paz en Oriente Medio no fuese tan grave, uno pensaría en una de esas películas cómicas que el cine a veces produce, donde el ambiente frenético marca un ritmo alocado a unas aventuras burlescas. Su actividad imparable no se limitó a esos cuatro años de entre-guerra en Oriente Medio (1968-1973) y a la lucha por la Paz. Su compromiso humanitario prosiguió. En su libro *Un hombre, un grito*, leíamos las gestas de su desbordante actividad militante. "El 16 de noviembre de 1979, Elena Bonner, la mujer de Andréi Sájarov me telefoneó desde Moscú. Los Juegos Olímpicos se van a celebrar en la Unión Soviética, y me pide que organice una campaña en favor de los prisioneros políticos[302]." Marek Halter se había convertido a su vez en un especialista de la defensa de las grandes causas humanitarias, pues, dos años antes, ya había lanzado un "llamamiento para boicotear la Copa del mundo de futbol en Argentina". En efecto, se estimaba que "entre ochenta mil y cien mil Judíos habían abandonado Argentina desde que la Junta militar había tomado el poder." Se trataba por lo tanto de repetir el mismo golpe de efecto con los Juegos Olímpicos en la Unión Soviética, culpable de impedir a los *"refúseniks"* judíos emigrar a Israel, y alertar así la opinión pública mundial: "Había que aprovechar esos juegos para hacer una gran manifestación internacional a favor de los derechos humanos." Había que protestar "en contra de la indignidad de un país que reclamaba el honor de recibir el mensaje olímpico. Los Juegos olímpicos de Moscú, al igual que el Mundial de Buenos Aires, finalmente se celebraron. Pero nuestra campaña dio sus frutos: los

---

[302] Marek Halter, *Un Homme, un cri*, Robert Laffont, Paris, 1991, p. 118

deportistas estadounidenses – a petición del presidente Jimmy Carter – y los de Alemania del Oeste decidieron boicotear." (febrero de 1980).

Así es la vida de Marek Halter. Con una agenda tan apretada y tal ajetreo alrededor del mundo, nos parece bastante claro que el gran escritor puede ser considerado miembro de la "hiperclase" definida por Jacques Attali. "Desde que tengo edad para luchar, lucho. Y cuanto más lucho, más me abruma mi impotencia[303]", confesaba el hombre. El combate contra la opresión es en los Judíos una herencia de los siglos de atroces persecuciones que padecieron. La vida de Marek Halter es un sufrimiento; el combate por la Paz en Oriente Medio es su "cruz", su carga desde hace muchos años: "Todo sufrimiento es único para el que sufre. Contar mi vida, hacer que mi memoria sangre no hubiera servido de nada si no fuera para explicar mis reacciones en Israel y en Palestina[304]." Es importante comprender que el combate por Israel es el combate de toda la humanidad: Según el Talmud, "había seis cientas mil personas al pie del monte Sinaí cuando Moisés dio la Ley. Sólo un tercio eran judíos. El segundo tercio pertenecía al pueblo de Jethro, jefe de un pueblo nómada y suegro de Moisés; el tercer tercio estaba compuesto por esclavos egipcios[305]." Esto significa que Dios no sólo dio la Ley al pueblo Judío, sino a todos los hombres, incluidos los esclavos goyim, lo cual es una magnífica noticia para nosotros.

El enfoque vital del premio Nobel de la Paz Elie Wiesel puede compararse con el de Marek Halter. Las similitudes de las vidas y acciones de ambos son bastante reveladoras de una actitud militante que conforma en definitiva el fondo de la personalidad cosmopolita. Las *Memorias* de Elie Wiesel son interesantes para comprender las motivaciones del gran hombre y la mentalidad planetariana en general:

"Durante treinta años recorro los continentes hasta la extenuación: a fuerza de hablar en las conferencias he llegado al punto de no soportar el sonido de mi voz[306]." Al igual que Marek Halter, recorre el planeta en todos los sentidos para predicar la paz y el amor universal, para intentar influenciar las políticas de los grandes de este mundo: "Frente a los traficantes del odio, siempre estaremos del mismo lado. Nuestras firmas figuran en las numerosas peticiones a favor de los derechos humanos[307]." Y añadía también: "Me veía recorriendo la Tierra, yendo

---

[303]Marek Halter, *Le Fou et les rois*, Albin Michel, Poche, 1976, p. 47
[304]Marek Halter, *Le Fou et les rois*, Albin Michel, Poche, 1976, p. 85
[305]Marek Halter, *Un Homme, un cri*, Robert Laffont, Paris, 1991, p. 192
[306]Elie Wiesel, *Mémoires, tome II*, Éditions du Seuil, 1996, p. 214
[307]Elie Wiesel, *Mémoires, tome II*, Éditions du Seuil, 1996, p. 47

de ciudad en ciudad, de país en país, como el loco de los cuentos de rabí Nahman, recordando a los hombres de lo que son capaces, para bien y para mal, atrayendo sus miradas sobre los innumerables fantasmas amontonados y acechando a nuestro alrededor[308]."

"La victoria de François Mitterrand fue recibida por mí como un acto de justicia...la capital está de fiesta, sobre todo en la plaza de la Bastilla. Celebran la rosa victoriosa. Cantan, bailan...En el Panteón, Roger Hanin dirige la ceremonia. Conmovedor, el semblante recogido del nuevo jefe elegido, solitario pero majestuoso delante de la cripta de Jean Moulin[309]. Fuera está lloviendo a cántaros. Con la cabeza descubierta, el nuevo presidente escucha, inmóvil, estoico, el cuarto movimiento de la Novena Sinfonía de Beethoven dirigido por Daniel Barenboim... Una vez establecido el contacto entre nosotros, éste resulta ser sólido y fructífero. Mitterrand insiste en recibirme cada vez que venga a París. Me lo repite[310]."

Con motivo de la visita del presidente Ronald Reagan a Alemania en 1985, invitado por el canciller Helmut Kohl y durante la cual estaba previsto una visita al cementerio militar alemán de Bitburg, Elie Wiesel se indignó ante lo que consideraba una afrenta, dirigiéndose así al presidente estadounidense: ""Los niños judíos, señor Presidente, los he visto, fueron arrojados a las llamas, estaban vivos todavía…"¿Logré convencerle? La televisión lo mostró agobiado, con los rasgos marcados por el dolor. ¿Quizás por el temor también? ¿Logré hacerle entrever el sufrimiento que infligía a innumerables víctimas, a sus familias y amigos? ...Una vez terminada la ceremonia me veo arrastrado al jardín donde quedó atrapado en el torbellino mediático. Nunca hubiera creído que habría tantos corresponsales acreditados en la Casa Blanca. Las preguntas vienen de todas partes...En el interior, en un elegante salón, se sirve el champán. Un oficial de los Marines me entrega un sobre cerrado. Me retiro a un rincón para abrirlo. Una nota escrita apresuradamente: "Estoy en el despacho de al lado porque he venido de incógnito; no puedo mostrarme; te he visto en la pantalla hace un rato; estoy orgulloso de ti." Reconozco la escritura: Jacques Attali." Attali era efectivamente un buen amigo, y Elie Wiesel lo confirmaba: "Nos vemos cada vez que me recibe el presidente Mitterrand ya que hay

---

[308]Elie Wiesel, *Mémoires, tome II*, Éditions du Seuil, 1996, p. 530
[309]Jean Moulin (1899-1943), fue un político y militar francés, director del Consejo Nacional de la Resistencia durante la ocupación de Francia por los ejércitos del Tercer Reich. Perseguido por la Gestapo y el Gobierno de Vichy, fue finalmente capturado, torturado y asesinado. Considerado como uno de los héroes de la Resistencia francesa, yace enterrado en el Panteón de París. (NdT)
[310]Elie Wiesel, *Mémoires, tome II*, Éditions du Seuil, 1996, p. 436

que pasar por su despacho para entrar en el de su jefe...Mi relación con él es excelente[311]."

En 1986, Elie Wiesel recibió el premio Nobel. Tras la pompa de las ceremonias en Oslo, dio una conferencia tras otra en Estocolmo, Copenhague, Jerusalén y Auschwitz, junto con el secretario de Estado estadounidense Henry Kissinger. En París, escribía: "Jacques Chirac me entrega la gran medalla bermeja. Gracias a Helena Ahrweiler, rectora y cancillera de las universidades de París, y Jacques Sopelza, presidente de la universidad de París I, se me otorga el Doctorado honoris causa de la Sorbona...El violinista Ivry Gitlis toca para nosotros su nueva composición. Helena Ahrweiler es maravillosa por su inteligencia y erudición[312]."

En Moscú, durante el periodo final del régimen soviético, Elie Wiesel parecía hablar como amo y señor: "Tomando la palabra en enero de 1990, durante una conferencia acerca de la "supervivencia global", insistía sobre el papel de la educación a través de la memoria. De nuevo, hablaba como judío. Reclamé a Mijaíl Gorbachov una actitud más firme en contra del racismo y el antisemitismo...Le pedí al presidente de la URSS que abriera los archivos de los juicios infames de la época estalinista: le dije que teníamos derecho a saber cómo los escritores yiddish Peretz Markish y Der Nister vivieron su encarcelamiento y su ejecución[313]."

Con todo y eso, sus iniciativas no siempre resultaban todas exitosas: "Una intervención me dejó un sabor amargo. Se trataba del caso de Abraham Sarfati. A principio de los años ochenta, Tahar Ben Jelloun me pidió usar mis contactos en Estados Unidos para ayudar ese prisionero político judío y comunista que el rey de Marruecos se negaba a liberar. Hablé con las personas que rodeaban al presidente Jimmy Carter, a senadores, a amigos periodistas; todos los esfuerzos fueron vanos[314]."

En la Rumanía pos-soviética, Elie Wiesel era recibido como un soberano venido a dar sus órdenes: "Aurel Munteanu, el embajador permanente de Rumanía en las Naciones Unidas nos escolta en todos nuestros desplazamientos. Le expreso mi indignación por el resurgimiento del antisemitismo, tradicional en su país... Recibido en

---

[311]Elie Wiesel, *Mémoires, tome II*, Éditions du Seuil, 1996, p. 347, 402

[312] Elie Wiesel, *Mémoires, tome II*, Éditions du Seuil, 1996, p. 415

[313] Elie Wiesel, *Mémoires, tome II*, Éditions du Seuil, 1996, p. 216

[314]Elie Wiesel, *Mémoires, tome II*, Éditions du Seuil, 1996, p. 120. Abraham Sarfati fue el fundador del partido comunista marroquí. Tahar Ben Jelloun, que se sentía cercano a él, escribió un libro titulado *El Racismo explicado a mi hija* (*Le Racisme expliqué à ma fille*).

audiencia privada por el presidente Iliescu y su Primer ministro Petru Roman que solicitan nuestra ayuda para Rumanía, sobre todo en materia económica, especialmente de Washington, les respondo que no lo haré. ¿Por qué ayudar a un régimen que tolera el odio? ... "Pero los niños hambrientos, objeta Petru Roman, ¿os olvidáis de ellos?" Le respondo: "No nos hagáis responsables de sus sufrimientos; ¡Ustedes sois los responsables! Haced que silencien el odio en vuestro país y el mundo entero vendrá en vuestra ayuda." Aun así, el presidente Iliescu me pareció sincero. Ordenó que se enjuiciara los redactores y editorialistas de los semanales antisemitas. También me invitó a acompañarle a Sighet para que le enseñe mi ciudad natal[315]."

En 1990 en Oslo, Elie Wiesel organizaba un coloquio contra el odio. La lista de participantes era impresionante: el presidente François Mitterrand, el presidente checo Vaclav Havel, el antiguo presidente estadounidense Jimmy Carter, Nelson Mandela: "A los hombres y mujeres de todos los orígenes, de todas las naciones y de todas las confesiones, lanzamos este llamamiento a unir sus esfuerzos para combatir el odio que amenaza nuestra humanidad[316]..."

"Es extraño, escribía Wiesel a la vuelta de una página: cuanto más me enfado, cuanto más molesto, cuanto más manifiesto mis exigencias y descontento, más me aplauden. Pronunció discursos impactantes e hirientes que deberían impedir que los participantes traguen su comida, y sin embargo me aplauden y felicitan...después de la cena. Así es, vaya usted a entender[317]."

Al igual que su amigo Marek Halter, el sociólogo Edgar Morin puso tierra de por medio con el comunismo después de la Segunda Guerra mundial. En su libro *Reliances,* explicaba: "Por muy bárbaro que fuese, el comunismo estaliniano encarnaba el futuro, la paz universal, la fraternidad. Formo parte de esos comunistas de guerra que abandonaron el partido después de la guerra. No veía que el totalitarismo fuera compartido por los dos sistemas. Para nosotros, al contrario, era el capitalismo – lo que llamábamos las democracias burguesas- el que representaba el vientre de la bestia inmunda de donde salía el fascismo, la guerra, la muerte[318]." Ciertamente, su heroico compromiso con la resistencia al nazismo le había otorgado cierta legitimidad para expresarse contra el comunismo: "Mi familia proviene de la gran familia sefardita del Mediterráneo. Morin es el seudónimo

---

[315] Elie Wiesel, *Mémoires, tome II,* Éditions du Seuil, 1996, p. 421
[316] Elie Wiesel, *Mémoires, tome II,* Éditions du Seuil, 1996, p. 503
[317] Elie Wiesel, *Mémoires, tome II,* Éditions du Seuil, 1996, p. 48
[318] Edgar Morin, *Reliances,* Éditions de l'Aube, 2000, prefacé par Antoine Spire, p. 31

que tuve durante la Resistencia, aunque fuera por error. Había elegido Manin, el personaje de *La Esperanza* de Malraux, pero desde el principio lo confundieron con Morin. Mantuve ese seudónimo, incluso tuve la tentación de legalizarlo después de la guerra, de cambiar de apellido. Pero renuncié. Vivo actualmente en la ambigüedad. En mis papeles, pone Nahoum alias Morin, Nahoum-Morin[319]." Sin embargo, la oposición al comunismo soviético no implicaba una oposición frontal con los partidarios del marxismo en Francia, ya que las ideas humanistas comunes a todos ellos les hacía coincidir en lo esencial.

Contrariamente a Marek Halter o Edgar Morin, el gran filósofo francés Jacques Derrida permaneció marxista ortodoxo hasta el fin de sus días. Fallecido el 9 de octubre del 2004 de un cáncer que lo había estado carcomiendo durante meses, había sido nominado para el premio Nobel antes de su muerte. Derrida había empezado a publicar en los años 60 hasta convertirse en el "Papa" del pensamiento "políticamente correcto" en las universidades estadounidenses. Su trabajo de "deconstrucción" no es nada menos que una empresa de desguace de la metafísica occidental. "No hay futuro sin Marx", escribía en 1993 en *Espectros de Marx*. El día de su fallecimiento, el diario comunista *L'Humanité* dedicaba varias páginas a la obra de este inmenso filósofo. Su gran lector y traductor, Geoffrey Benington, explicaba el trabajo y compromiso del filósofo, obsesionado toda su vida con la igualdad y el humanismo: "De la deconstrucción del texto hasta su compromiso a favor de los disidentes checos en 1982 que le llevaría a pasar dos días en la cárcel en Praga, pasando por su lucha contra las violencias racistas, su defensa del preso Mumia Abu-Jamal[320] en el Parlamento internacional de los escritores, del que era vicepresidente, su apoyo a los huelguistas de diciembre de 1995 y contra la expulsión de los sin papeles en nombre del concepto de la hospitalidad, Jacques Derrida nunca dejó de...comprometerse siguiendo las modalidades intelectuales y las formas que le eran propias[321]." En cuanto a la forma

---

[319]Edgar Morin, *Reliances*, Éditions de l'Aube, 2000, p. 25

[320]Mumia Abu-Jamal fue un afroamericano condenado a muerte por el asesinato de varios policías blancos en EE. UU. Numerosos comités de apoyo a su causa se formaron en todo Occidente.

[321] He aquí un ejemplo de "deconstrucción" filosófica aplicado al concepto de "Hospitalidad" por Jacques Derrida:

"J.D- (...) Yo opongo regularmente la hospitalidad incondicional, hospitalidad pura u hospitalidad de visitación -que consiste en dejar venir al visitante, el recién llegado imprevisto sin pedirle cuentas, sin reclamarle su pasaporte-, a la hospitalidad de invitación. La hospitalidad pura o incondicional supone que no se invitó al recién llegado allí donde yo sigo siendo dueño en mi casa y donde yo controlo mi casa, mi territorio, mi lengua, allí donde él (según las reglas de la hospitalidad condicional, por

y el estilo, el filósofo de la "deconstrucción" tenía indudablemente uno: su pensamiento extraordinariamente profundo quedaba bastante mal reflejado por una prosa demasiado pesada. En efecto, las frases del filósofo de la "deconstrucción" tenían cada una el peso de un saco de cemento.

El filósofo Etienne Balibar también quedo marcado de por vida por el poderoso genio con el que se topó en su juventud. Balibar era el autor de otro artículo de aquella edición de homenaje de *L'Humanité*. Contaba así: "Recuerdo su llegada a la Escuela Normal Superior, donde preparábamos la agregaduría. Venía precedido de su reputación de "mejor fenomenólogo de Francia". Para nosotros Derrida era sobre todo el autor del deslumbrante ensayo sobre el origen de la geometría de Husserl, en el que la cuestión de la historicidad de la verdad era arrebatada a los debates entre el sociologismo y el psicologismo. Recuerdo la publicación en 1967 de los tres manifiestos de aquel nuevo método que llamarían más tarde "deconstrucción": *La voz y el fenómeno, De la gramatología, La escritura y la diferencia*. Compartíamos la convicción de que los intelectuales y los artistas tenían un papel que desempeñar en la constitución de una resistencia multiforme y multipolar contra el control de las soberanías estatales o de mercado que generan la violencia de masa y se retroalimentan de ella...Venía de dar un ejemplo de diálogo constructivo al unir sus

---

el contrario) debería someterse de algún modo a las reglas en uso en el lugar que lo recibe. La hospitalidad pura consiste en dejar su casa abierta al recién llegado imprevisto, que puede ser un intruso, hasta un intruso peligroso, capaz eventualmente de hacer daño. Esta hospitalidad pura o incondicional no es un concepto político o jurídico. En efecto, para una sociedad organizada que posee sus leyes y que quiere conservar el dominio soberano de su territorio, de su cultura, de su lengua, de su nación, para una familia, para una nación que tiene interés en controlar su práctica de la hospitalidad, realmente es preciso limitar y condicionar la hospitalidad. En ocasiones es posible hacerlo con las mejores intenciones del mundo, porque la hospitalidad incondicional también puede tener efectos perversos. No obstante, esas dos modalidades de la hospitalidad siguen siendo irreductibles entre sí. Esta distinción exige la referencia a la hospitalidad cuyo sueño y deseo en ocasiones angustiado conservamos, la de la exposición a (lo) que llega. Esta hospitalidad pura, sin la cual no hay concepto de hospitalidad, vale para el pasaje de las fronteras de un país, pero también tiene un papel en la vida corriente: cuando alguien llega, cuando llega el amor, por ejemplo, tomamos un riesgo, nos exponemos. Para comprender estas situaciones hay que mantener ese horizonte sin horizonte, esa ilimitación de la hospitalidad incondicional, sabiendo siempre que no es posible convertirla en un concepto político o jurídico. No hay sitio para ese tipo de hospitalidad en el derecho y la política.
E.R.- En este asunto usted interviene de una manera deconstructiva." En Jacques Derrida, Élisabeth Roudinesco, *Y mañana qué*...Fondo de Cultura Económica, Buenos Aires, 2002, p. 69-70. (NdT).

fuerzas con las de "su viejo enemigo Habermas", para desmontar la máquina de propaganda de guerra sin fin contra el terrorismo y los Estados rebeldes."

Recordemos aquí que los comunistas se habían manifestado en contra de las dos guerras estadounidense en Irak en 1991 y en el 2003. Se trataba para ellos, tal como los numerosos folletos distribuidos por ellos daban a entender, de una "guerra racista e imperialista". Los malvados Blancos continuaban queriendo dominar el planeta, como en los tiempos de las colonias. En realidad, el ejército estadounidense era multiétnico, mientras que las tropas de Saddam Hussein estaban compuestas únicamente de árabes. Si hubo algún racismo en aquellos trágicos sucesos, éste debe buscarse en la administración estadounidense, la cual era efectivamente bastante monocroma, como ya hemos visto. Pero este aspecto se escapa por completo a la comprensión de los simples militantes comunistas, al igual que a la mayor parte de las masas occidentales.

Para terminar con este capítulo de elogios fúnebres a una personalidad tan eminente, sólo nos faltan las palabras de un personaje que reproducimos a continuación: "Con sus trabajos, Jacques Derrida trataba de encontrar el gesto libre que está en el origen de todo pensamiento. Compartía la misma pasión por el pensamiento griego y el pensamiento judío, la filosofía y la poesía. Pensador de lo universal, Jacques Derrida se veía como un ciudadano del mundo. Será recordado como un inventor, un descubridor, un maestro extraordinariamente fecundo." Al igual que el presidente Valéry Giscard d'Estaing o el ministro Raymond Barre habían hecho el elogio de Jean-Paul Sartre en su tiempo, Jacques Chirac[322] – el autor de estas líneas- encarnaba de nuevo desde su eminente posición el saludo fraternal del liberalismo al marxismo militante. Como no pensar en la novela de George Orwell, *1984*, que describe los métodos de la sociedad totalitaria: Goldstein el disidente, Goldstein el insumiso, Goldstein el rebelde que encarna la resistencia clandestina, es recibido en el despacho presidencial y saluda respetuosamente a Big Brother. En este caso, tenemos a Big Brother felicitando a Goldstein por toda su obra[323]. En el sistema totalitario imaginado por Orwell, en efecto, la resistencia no es más que una oposición ficticia organizada por el propio sistema que permite localizar

---

[322] Jacques Chirac era todavía presidente de la República en el 2004.
[323] Léase la intrigante obra publicada bajo el nombre de J.B.E Goldstein, *Théorie et practique du collectivisme oligarchique*, traduction originale publiée sous le titre de *Теория и практика олигархического коллективизма*. 1948, Vettaz Edition Limited, 2021. (*Teoría y práctica del colectivismo oligárquico*). (NdT).

y suprimir los oponentes. Desembarazado de la Unión Soviética, el marxismo cultural, anidado y financiado dentro de las democracias, parece desempeñar eficazmente el papel de lugar de encuentro de todas las insatisfacciones y frustraciones.

Una característica reseñable de Jacques Derrida era que sentía una desconfianza instintiva hacia las comunidades orgánicas que no eran la suya: "Siempre desconfié del culto de la identidad, así como de lo comunitario, que con tanta frecuencia le está asociado. Continuamente, trato de recordar la disociación cada vez más necesaria entre lo político y lo territorial...No vacilo en apoyar, por modestamente que sea, causas tales como las de las feministas, los homosexuales, los pueblos colonizados, hasta el momento en que la lógica de la reivindicación me parece potencialmente perversa o peligrosa. El comunitarismo o el Estado-nacionalismo son las figuras más evidentes de ese riesgo, y por tanto de ese límite en la solidaridad[324]."

Estas declaraciones son muy esclarecedoras y por completo sintomáticas. Es así como numerosos intelectuales apoyaron la inmigración de poblamiento, hasta el día en que esos inmigrantes de origen musulmán se mostraron agresivos hacia la comunidad judía. Se pueda datar el gran giro ideológico del pensamiento planetariano en Francia al año 2000. En efecto, a partir de la segunda Intifada palestina, millones de jóvenes árabes de Francia empezaron a manifestar muy claramente su solidaridad con el pueblo palestino y su hostilidad hacia los Judíos. Fue lo que provocó que filósofos como Alain Finkielkraut se refugiaran en las faldas de los patriotas franceses después de haberlos cubierto de estiércol y basura, y a apoyar la creación de una asociación "contra el racismo anti-blanco". Los Judíos, que hasta ese momento se habían sistemáticamente asimilado a las demás minorías oprimidas, a esos pobres inmigrantes sin defensa, tal como lo proclamaba la "Liga contra el racismo y el antisemitismo", debían de ahora en adelante ser asimilados a Occidente y a la civilización. Fue entonces cuando se invocaron los valores de la República y el espíritu ciudadano de los franceses para combatir el islamismo agresivo en todo el mundo. En resumidas cuentas, se es reaccionario o progresista según las circunstancias, y, sobre todo, según los intereses objetivos que corresponden invariablemente a los intereses de la causa planetariana y de la propia comunidad. Pues, aunque se aborrece las naciones y el espíritu tribal, alentando el desarraigo, el rechazo de las tradiciones y

---

[324] Jacques Derrida, Élisabeth Roudinesco, *Y mañana qué*...Fondo de Cultura Económica, Buenos Aires, 2002, p. 31

del pasado, en cambio se cultiva con asiduidad la "Memoria" y el espíritu comunitario para sí mismo.

Jacques Derrida nació en 1930 en El-Biar, en una familia judía de Argelia. Al igual que el polaco Marek Halter, parecía estar realmente bajo la influencia de una imperiosa necesidad vital de actuar a través de un incansable activismo en defensa de todas las causas que creía justas. En el libro de diálogos con la psicóloga Elisabeth Roudinesco, aparecían más claramente sus motivaciones: "Creo poder decir que mi vigilancia fue incansable, desde los 10 años, respecto del racismo y el antisemitismo."

"Usted dice en *La contracalle* que no quería pertenecer a la comunidad judía. Detestaba la palabra comunidad, como hoy detesta, tanto como yo, el etnicismo, el comunitarismo. Por otra parte, y a propósito de esa triple identidad (judía/magrebí/francesa), habla de identidad disociada...Hoy me parece difícil no reflexionar sobre esta cuestión, tanto para desviarse de la tentación comunitaria como para conservar algo- un resto- de una suerte de "sentimiento de la judeidad" ..." Derrida respondía: "En mí, ese "sentimiento" es oscuro, abismal, sobre todo inestable. Contradictorio. Muy poderoso y lábil a la vez. (Como si una profundidad de memoria me autorizara a olvidar, tal vez a negar lo más arcaico, a distraerme de lo esencial. Esta distracción activa, hasta enérgica, me desvía al punto de que en ocasiones también lo encuentro inconsistente, accidental, superficial, extrínseco.) Nada para mí cuenta más que mi judeidad que, sin embargo, en tantos aspectos, cuenta tan poco en mi vida. (Bien sé que tales declaraciones parecen contradictorias, hasta privadas de sentido común. Pero solo lo serían a la manera de ver de quién no podría decir "yo", de una sola pieza, sino expulsando fuera de sí toda alteridad, toda heterogeneidad, toda división, hasta todo altercado, toda "explicación" consigo mismo. No estoy solo conmigo mismo, no más que otro, no soy uno solo. Un "yo" no es un átomo indivisible.) ...En verdad cultivé el retiro, hasta me mantengo alerta ante toda comunidad judía. Pero delante del menor signo de antisemitismo, no niego ni negaré jamás mi judeidad[325]."

Era lo que ya había declarado en 1992 en *Puntos suspensivos*, donde decía sentir en su fuero interno un "deseo de integración en la comunidad no judía, una mezcla de fascinación dolorosa y de desconfianza, con una vigilancia nerviosa y una aptitud agotadora para percibir los signos de racismo, tanto en sus configuraciones más

---

[325]Jacques Derrida, Élisabeth Roudinesco, *Y mañana qué...* Fondo de Cultura Económica, Buenos Aires, 2002, p. 123-125, 207

discretas como en sus negaciones más ruidosas[326]." Nos topamos continua e invariablemente con esta obsesión en todos los intelectuales planetarianos, sea ésta declarada y explícita, o subyacente y ambigua.

Shmuel Trigano también siguió la línea de esa tradición de intelectuales franceses de posguerra, cuyas pasiones mesiánicas explican en parte el entusiasmo actual por el universalismo y el ideal planetariano. Después de la terrible prueba del holocausto, explicaba Trigano, vió la luz en París "un pensamiento específicamente judío-francés" en lo que se denominó en los años 1960-1970 "la Escuela de París", con intelectuales como Edmond Jabes, Emmanuel Lévinas, Jacques Derrida, Georges Perec o Maurice Blanchot. "Sólo en ese lugar, en Francia, donde se mantenía vivo el recuerdo y la búsqueda de lo universal, pudo el judaísmo europeo renacer tan rápido al salir de las tinieblas de la noche." Esa Escuela pretendía hacer audible el mensaje espiritual del judaísmo en los términos del pensamiento contemporáneo. "El holocausto obligaba a la consciencia judía a responsabilizarse ante la humanidad. El genocidio comprometía el hombre moderno e instaba por lo tanto a la consciencia judía a producir una respuesta a la modernidad deficiente, una compensación. Al asegurar su singularidad, los Judíos eran así los testigos de lo humano. No se trataba de borrar la especificidad del martirio judío en un universal abstracto, sino de considerarla como el centro del destino humano universal."

Así pues, si entendemos bien Shmuel Trigano, la especificidad del pensamiento judío debe convertirse en una referencia para todo el mundo. Éste añadía además con su estilo incomparable: "Todos los hombres modernos se convierten de alguna forma en "judíos", inscribiéndose bajo el signo de la letra, y los judíos se convierten en hombres, pero ya no tienen donde morar en la Ciudad en cuanto Judíos, es decir bajo su nombre de Hombre[327]." Al contrario, explicaba Trigano, "en el sionismo, es el acceso a la humanidad (y ya no a la ciudadanía) lo que está en juego, el reto central (puesto que es esa humanidad la que deniega en el fondo el antisemitismo al Judío, disociándolo de su ciudadanía sin aceptarlo en su judeidad que es su forma de humanidad)." Las 338 páginas del libro nos enseñan a manejar correctamente los distintos conceptos, quizás un poco arduos de aprehender para los espíritus menos familiarizados con las ideas de esta nueva escolástica, "la Escuela de París".

---

[326]Jacques Derrida, *Points de suspensions, Entretiens*, Galilée, 1992, p. 130
[327]Shmuel Trigano, *L'Idéal démocratique*, Editions Odile Jacob, 1999, p. 101, 115

"Todos los límites a la restauración de la singularidad judía de posguerra interpelan actualmente el mundo judío, que ha planteado la cuestión del Judío al Hombre, para que se haga la pregunta a sí mismo, y para plantear a los hombres la cuestión del Hombre. La cuestión judía es en definitiva la cuestión del Hombre que los judíos plantean a los hombres[328]." Shmuel Trigano no se detenía ahí: incluso "Sartre no ha pensado en esta inversión de su propuesta que se ha convertido en proverbial: "El judío es un hombre a quien otros hombres tienen por judío[329]"...Sería el principio de una nueva era", concluía brillantemente el filósofo.

El Judío es la humanidad, y la humanidad es el Judío. Esta ya era la opinión de Elie Wiesel, quién escribía en sus *Memorias*: "Es así y nada se puede hacer al respecto: el enemigo de los judíos es el enemigo de la humanidad...Matando a los judíos, los asesinos emprendían el asesinato de toda la humanidad...La tragedia judía de Auschwitz ha afectado a toda la humanidad, pero sólo fue después de Hiroshima que hemos tomado conciencia de ello. En ese sentido, se puede pensar hoy en día que todo el mundo se ha convertido (metafóricamente) en judío. Dicho de otro modo, se ha producido una fusión total entre la condición judía y la condición humana[330]."

En su libro *El Recurso humano*, el financiero Samuel Pisar narraba algunos recuerdos interesantes y evocadores de su visión del mundo. El pequeño inmigrante de Polonia era ahora un hombre riquísimo acostumbrado a las recepciones en el palacio de Versalles: "Ya había estado tres veces en Versalles para asistir a tres veladas distintas, a cuál más bella. Habíamos celebrado el capitalismo, luego el comunismo, y finalmente el sionismo. David Rockefeller, dueño de la famosa Chase Manhattan Bank, pilar de Wall Street, había reservado la Galería de los Espejos para una cena extraordinaria en honor a su consejo de administración internacional. La flor y nata de la industria y la finanza mundial estaban presente...David Rockefeller regresaba de Moscú donde le había acompañado. Allí, le ví participar en un acto poco convencional: la inauguración de la primera sucursal en Unión Soviética de la Chase Bank que abría sus oficinas en la avenida Karl-Marx...

Mi tercera velada en Versalles fue la del Barón Guy de Rothschild, príncipe reinante sobre el más célebre imperio industrial y financiero de

---

[328] Shmuel Trigano, *L'Idéal démocratique*, Editions Odile Jacob, 1999, p. 97, 303
[329] Citando Jean-Paul Sartre, *Reflexiones sobre la cuestión judía*, Seix Barral, Barcelona, 2005.
[330] Elie Wiesel, *Mémoires, tome II*, Éditions du Seuil, 1996, p. 72, 319, 135

Europa, quién fue el anfitrión de aquella cena. El personal de la recepción Rothschild vestía con un estilo impecable y circulaba con peluca por la galería de Las Batallas. Saboreaba aquella paradoja: en ese ambiente bélico iba a pronunciar el discurso que introducía el debate de la velada sobre el tema bautizado por mi "Las armas de la Paz". Y, a modo de ejemplo, acerca de las posibilidades de coexistencia y de cooperación entre Israel y el mundo árabe. Frente a los magníficos frescos de los mariscales franceses de la Historia que nos observaban, pensaba, mientras hablaba, en los actuales mariscales, los de Israel: Dayan, Weizmann, Sharon, quienes a su vez rendían culto a las armas y a la guerra para la supervivencia de su patria, el Estado judío[331]."

Como vemos, los financieros del socialismo tienen a veces pensamientos bastante alejados de las preocupaciones de sus electores europeos. Como en el caso de Guy Konopnicki, comprobamos que los hermosos discursos no se corresponden necesariamente con los pensamientos del orador. Aunque desprecia el pasado, Samuel Pisar sabe apreciar y disfrutar de las estancias del palacio de Versalles; aunque trabaja para la paz, también milita a favor de Israel y sus generales. Lo que trasciende de estas contradicciones- y veremos en otro capítulo que hay otras- es la fe; una fe mesiánica que sostiene sus esperanzas planetarianas: "Así como desprecio los indecibles estragos del pasado, también creo en un futuro ilimitado para la inteligencia del hombre pacificado. Ni el sufrimiento, ni el miedo, ni el horror, han hecho tambalear en mi esta fe. Una fe absoluta[332]." Con esta declaración de fe ponía punto final a su libro.

George Soros está animado por esa misma fe mesiánica tanto como Samuel Pisar. Para él, la vida es una lucha. Aboga por el triunfo de "la sociedad abierta universal" que debe suceder al sistema que se derrumbó al Este y que "representaba la quintaesencia de la sociedad cerrada." Esa lucha pasa por continuas campañas de "sensibilización[333]" de las poblaciones: "Contribuimos activamente a la formación de profesores y a la publicación de nuevos manuales escolares para sustituir las obras marxistas-leninistas. Estamos imprimiendo en Rusia millones de libros cada año, y continuaré nuestro esfuerzo para mantener con vida los grandes periódicos, es decir la

---

[331] Samuel Pisar, *La Ressource humaine*, Jean-Claude Lattès, 1983, p. 20-21
[332] Samuel Pisar, *La Ressource humaine*, Jean-Claude Lattès, 1983, p. 379
[333] Este término es preferible al de "propaganda", éste último quizás esté demasiado marcado por reminiscencias totalitarias.

prensa cultural que desempeñó un papel tan grande en la historia de ese país[334]."

"- ¿El hecho que usted sea judío ha tenido algo que ver con su adhesión a la sociedad abierta?" "- Sin lugar a duda, respondía. Cuando uno ve cómo reaccionan los judíos a las persecuciones, uno se da cuenta que tienen tendencia a buscar una o dos puertas de salida, siempre las mismas. O bien trascienden sus problemas orientándose hacia algo universal, o bien se identifican con sus opresores e intentan ser como ellos. Yo provenía de una familia asimilacionista y elegí la primera vía. Una tercera posibilidad es el sionismo, la fundación de una nación donde los Judíos sean mayoritarios." George Soros podría haber mencionado explícitamente la vía comunista en la que los Judíos tuvieron un protagonismo tan "eminente", pero veremos en otro capítulo como todo parece indicar que pasaron página y que es preferible, sobre este punto de la historia, no apelar demasiado a la "memoria". "Estoy orgulloso de ser judío. Creo que el genio judío existe. Basta observar el éxito de los judíos en la ciencia, la vida económica y las artes. Es el resultado de sus esfuerzos para trascender su condición de minoría y lograr algo universal. La judeidad es un elemento esencial de mi personalidad y, como ya dije, estoy muy orgulloso de ello. También soy consciente de que llevo en mí una parte de utopía judía en mi forma de pensar. Mis fundaciones están vinculadas a esa tradición. Así que, para responder a su pregunta inicial – ¿tienen mis opiniones algo que ver con mi herencia judía? - diría que sí, con total seguridad. Y no veo por qué eso sería un problema."

Las expectativas planetarianas parecen aquí estar determinadas por la judeidad: "Cuando era adolescente, soñaba con ser un superhombre. Ya he hablado alguna vez de mis pulsiones mesiánicas[335]." Y es, efectivamente, esa fe mesiánica la que anima invariablemente los espíritus planetarianos y que los conduce a ese incansable activismo que caracteriza cada una de sus acciones. Hecha su fortuna, George Soros tiene ahora los medios de influenciar ampliamente el curso de la historia: "Me fascina literalmente la historia, en la que tengo un profundo deseo de influir." Nunca se detienen. En este pueblo militante, toda la vida está condicionada por esa fe absoluta, en la necesidad de una unificación planetaria para ver por fin realizarse las profecías.

---

[334] George Soros, *Le Défi de l'argent,* Plon 1996, p. 115
[335] George Soros, *Le Défi de l'argent,* Plon 1996, p. 186

Las fuentes religiosas del mundialismo

La filosofía de la Ilustración, que había impregnado progresivamente las capas dirigentes de la sociedad del Antiguo Régimen a lo largo del siglo XVIII, había finalmente desembocado en la caída de la monarquía y la instauración de la República. Al proclamarse la igualdad de todos los seres humanos, la revolución francesa había sentado las bases políticas del primer paso hacia la instauración de un mundo mejor. Francia se convertía así en "el país de los derechos humanos": ya no sería un país habitado por franceses, de manera vulgarmente tribal, sino una nación con vocación universalista cuya misión histórica sería en adelante trabajar a favor de la hermandad universal. En estos tiempos que corren, Francia es el laboratorio moderno donde debe edificarse la sociedad multicultural, multiétnica y multirracial; es un ejemplo para toda humanidad antes de la disolución general de todas las naciones; a través de ella se realiza el destino de la humanidad.

Pero el Siglo de las Luces del XVIII, la Revolución francesa y la instauración de la República, marcados por el sello de la igualdad y de la lucha antirreligiosa, representaban para los Judíos cosas muy distintas, más que unos simples cambios políticos. Es lo que nos decía el célebre filósofo Emmanuel Levinas, en su ensayo *Difícil libertad*: "En las juderías de Europa oriental, Francia era el país donde las profecías se realizaban[336]." En todos los países de Europa donde las ideas liberales de la revolución se impusieron a lo largo del siglo XIX, los gobiernos otorgaban a los Judíos los mismos derechos que a los Europeos. Fue el principio de la integración de las comunidades judías en la sociedad europea y, para ellos, el principio de un prodigio ascenso social, financiero y político.

Encontramos a menudo en los autores planetarianos ese gusto por las profecías, esa fe absoluta en la exactitud de sus análisis, como si estuvieran sustentados en una fe religiosa. Emmanuel Levinas ha podido aportarnos algunas aclaraciones sobre esta cuestión. Las antiguas profecías serían por lo visto el fermento intelectual de nuestros modernos filósofos:

"Es posible, en efecto, agrupar las promesas de los profetas en dos categorías: política y social. La injusticia y la alienación introducidas por la dimensión arbitraria de las potencias políticas en todo emprendimiento humano habrán de desaparecer; pero la injusticia

---

[336]Emmanuel Lévinas, *Difficile liberté*, Albin Michel, 1963, édition de 1995, p. 330, 334

social, el dominio ejercido por parte de los ricos sobre los pobres, desaparecerán al mismo tiempo que la violencia política. La tradición talmúdica, representada por Rabí Chiya ben Abba, hablando en nombre del Rabí Yochanan, ve en los tiempos mesiánicos la realización simultánea de todas esas promesas políticas y sociales...En cuanto al mundo futuro, éste parece situarse en otro plano. Nuestro texto lo define como "privilegio de quien te aguarda". Se trata, en principio, de un orden personal e íntimo, exterior a las realizaciones de la historia que están a la espera de una humanidad en vías de unirse en un destino colectivo...Existe sobre ese punto una opinión contraria, la de Samuel, quien afirma: "Entre este mundo y la época mesiánica, no hay más diferencia que el fin del 'yugo de las naciones' -de la violencia y de la opresión políticas- ". Texto muy conocido, que Maimónides retomará procurando, por su parte, hacer una síntesis entre la opinión de Samuel y la de Rabí Yochanan337."

Las profecías hebraicas nos prometen así el progreso de la humanidad hacia un mundo sin fronteras, unificado, y paralelamente a eso, la supresión de las desigualdades sociales. La paz reinará sobre el orbe, la abundancia manará de la tierra y los hombres vivirán del aire, libres y felices, en una igualdad perfecta. Evidentemente, reconocemos aquí tanto las fuentes primitivas del marxismo como las que inspiran actualmente nuestra ideología planetariana de principio de tercer milenio y que, a través de la publicad, hace soñar a tantos de nuestros conciudadanos.

La liberación del hombre sólo se puede concebir a escala humana y mundial. Y esta idea, tal como nos lo confirmaba el filósofo Emmanuel Levinas, "la propia idea de una humanidad fraternal, unida en un mismo destino, es una revelación mosaica[338]." Es a través de la destrucción de las viejas naciones que las promesas divinas se cumplirán y que Israel podrá por fin guiar toda la humanidad hacia la felicidad y la prosperidad: "[Nuestros] viejos textos enseñan, precisamente, el universalismo depurado de todo particularismo del terruño propio, de todo recuerdo de lo plantado. Enseñan la solidaridad humana de una nación unida por las ideas[339]", escribía Levinas que parecía haber olvidado la lección de la Torre de Babel.

---

[337] Emmanuel Levinas, *Difícil libertad, Ensayos sobre el judaísmo*. Ediciones Lilmod, Buenos Aires, 2004, p. 283, 284
[338] Emmanuel Lévinas, *Difficile liberté*, Albin Michel, 1963, 1995, p. 310
[339] Emmanuel Levinas, *Difícil libertad, Ensayos sobre el judaísmo*. Ediciones Lilmod, Buenos Aires, 2004, p. 254

"Tenemos la reputación de creernos el pueblo elegido y esta reputación provoca mucho daño a ese universalismo. La idea de un pueblo elegido no debe ser considerada como un orgullo. No es conciencia de derechos excepcionales, sino de deberes excepcionales. Es el atributo de la conciencia moral misma. Conciencia que se sabe en el centro del mundo y para ella el mundo no es homogéneo: en la medida en que soy siempre el único que puede responder al llamado, soy irreemplazable para asumir las responsabilidades. La elección es un plus de obligaciones para el cual se enuncia el "yo" de la conciencia moral340...Los judíos son necesarios para el futuro de una humanidad que, sabiéndose salvada, ya no tiene nada más que esperar. La presencia de los judíos recuerda a los conformistas de todo tipo que no todo está bien en el mejor de los mundos.³⁴¹." Es una extraña revelación por parte de un intelectual declarar ingenuamente que los Judíos están sobre la tierra para impedir que los demás pueblos vivan según sus propias normas.

El discurso es cuanto más curioso si tenemos en cuenta que, paradójicamente, los preceptos que se intentan inculcar en los demás no parecen tener validez para el pueblo judío: "Israel iguala la humanidad, pero la humanidad contiene algo de lo Inhumano y entonces Israel se refiere a Israel, al pueblo judío, a su lengua, a sus libros, a su ley, a su tierra." Israel saca su fuerza de su pasado y de su memoria. Es en la clara conciencia de existir como un pueblo unido, arraigado en sus tradiciones y religión, que puede seguir prosperando entre las naciones, sin temor a desaparecer por asimilación o mestizaje.

Esta es la explicación de tal paradoja: "Contrariamente a las historias nacionales, el pasado de Israel, como una civilización antigua, está fijado sobre las naciones como un cielo estrellado. Somos la escalera viviente hacia el cielo342... Esta "posición aparte de las naciones" -de la que habla el Pentateuco- encuentra su realización en el concepto de Israel y su particularismo. Se trata de un particularismo que condiciona la universalidad. Y se trata más exactamente de una categoría moral que de Israel como hecho histórico, incluso si el Israel histórico ha permanecido fiel, en realidad, al concepto de Israel y se adjudicó en moral responsabilidades y obligaciones que no exige de nadie, pero que sostienen el mundo...El judaísmo promete una reconquista, una alegría de la posesión de sí en el temblor universal, un

---

³⁴⁰Emmanuel Levinas, *Difícil libertad, Ensayos sobre el judaísmo*. Ediciones Lilmod, Buenos Aires, 2004, p. 199
³⁴¹Emmanuel Lévinas, *Difficile liberté*, Albin Michel, 1963, 1995, p. 261
³⁴²Emmanuel Lévinas, *Difficile liberté*, Albin Michel, 1963, 1995, p. 280, 288

resplandor de eternidad a través de la corrupción343." Obviamente, la corrupción se refiere a las demás naciones del mundo a las que se pide que olviden su pasado, sus tradiciones y su religión para facilitar el advenimiento de las profecías y conformarse así a las leyes del pueblo elegido.

Las palabras de Emmanuel Levinas presentaban similitudes claras, tanto en el fondo como en la forma, con las de Jacob Kaplan, el Gran Rabino del Consistorio central. En *La verdadera cara del judaísmo344*, éste exponía una visión que reflejaba la misma fe mesiánica en la unificación del mundo y en la Paz universal. "Del mesianismo, escribía, recuerdo el pasaje más célebre: "El lobo habitará con el cordero, el leopardo se recostará con el cabrito; el ternero, la bestia de presa, y el engordado juntos, y un niño pequeño los conducirá. La vaca y la osa pacerán, sus crías se recostarán juntas; y el león comerá paja como el buey. Un niño de pecho jugará sobre la cueva de la cobra, y un recién destetado extenderá su mano sobre el escondrijo de la víbora. Nada malo o vil se hará en todo mi monte sagrado; porque la tierra estará llena de devoción a Yahweh, como las aguas cubren el mar345ª". "Es, evidentemente, una imagen de las relaciones que se establecerán entre las naciones, felices de mantener la unión y la concordia entre ellas", añadía Kaplan.

Para lograr este resultado, la humanidad dispone desde 1948 de un texto de referencia: "Para el advenimiento de una era sin amenazas para el género humano, podremos valernos de la declaración universal de los Derechos del Hombre, proseguía el rabino Kaplan. Es esencialmente una obra de justicia y puesto que se basa en la justicia, es una obra de paz. El protagonismo del presidente René Cassin en la redacción de esta declaración es conocido de todos nosotros [el público de la sinagoga de la calle de la Victoria en París, ndlr], pero no así las dificultades con las que tuvo que lidiar al respecto346…El propio René Cassin lo reconoció en una nota a pie de página de su conferencia en la que precisaba: "los talmudistas han sido los primeros en sostener que los preceptos del Decálogo constituían el reconocimiento de los derechos del hombre a

---

343Emmanuel Levinas, *Difícil libertad, Ensayos sobre el judaísmo*. Ediciones Lilmod, Buenos Aires, 2004, p. 111, 249
344Jacob Kaplan, *Le vrai visage du judaïsme*, Stock, 1987.
345Jacob Kaplan, *Le vrai visage du judaïsme*, Stock, 1987. *Communication à l'académie des sciences morales et politiques, février 1985.[a: Isaías, XI, 6-9, Biblia Israelita Nazarena, 2011. En Bibliatodo.com para las versiones de la biblia en español. (NdT).]*
346René Cassin fue el secretario general de la Alianza israelita universal. En 1945, el general de Gaulle le nombró a la cabeza del Consejo de Estado. Sus restos descansan en el Panteón, en el templo de los grandes hombres de la República francesa.

la vida, a la propiedad, a la religión..." El respeto de la Declaración universal de los derechos humanos es una obligación tan imperiosa que implica el deber para todos de contribuir a todas las acciones encaminadas a su aplicación universal e integral." Toda la humanidad debe someterse. Se podría decir que los "Derechos humanos" son la herramienta privilegiada para alcanzar las promesas divinas347.

A propósito de los estrechos vínculos entre las ideas democráticas y el judaísmo, Shmuel Trigano lo confirmaba mencionando que las comunidades judías medievales eran regidas por una carta de derechos y deberes que vinculaba a los miembros entre ellos: "La idea hebraica de alianza es así una de las fuentes capitales de la democracia moderna348."

En lo que concierne a la justicia social, proseguía Jacob Kaplan, "las enseñanzas del judaísmo son muy claras: Israel está a favor de la igualdad social, no solamente porque sufrió más que nadie de la injusticia y todavía la padece allí donde la civilización todavía no ha llegado o está en retroceso, sino porque su doctrina, penetrada del amor de la humanidad y de la pasión por la justicia, sigue siendo, hoy como antaño, la más emotiva de las protestas elevadas en nombre de Dios y de la consciencia en contra de los abusos de la fuerza y la violación del derecho349...El mundo se beneficiará de la estabilidad gracias a la armonía que se establecerá entre los pueblos a través del respeto de la justicia, y gracias a ese respeto desaparecerán las injusticias sociales, la desnutrición, la miseria, los tugurios, los egoísmos y la indiferencia respecto a la suerte de los demás. Por supuesto, se tardará mucho tiempo en alcanzar esa meta. El judaísmo lo sabe350."

La unificación de las naciones sólo podrá realizarse mediante la erradicación de los viejos prejuicios: "Para el Judío creyente, abolir el racismo y preparar el advenimiento de la fraternidad humana es poner en práctica la doctrina bíblica de la unidad del género humano351." Por desgracia, ocurre con demasiada frecuencia que el judaísmo sea "la

---

[347]"El judaísmo sólo puede sobrevivir en la medida en que es reconocido y propagado por laicos que, fuera de todo judaísmo, son los promotores de la vida común de los hombres", Emmanuel Levinas, *Difícil libertad, Ensayos sobre el judaísmo*. Ediciones Lilmod, Buenos Aires, 2004 p. 244. (NdT)

[348]Shmuel Trigano, *L'Idéal démocratique*, Editions Odile Jacob, 1999, p. 88

[349]*Cahier de la Voix d'Israel*, 1937, in Jacob Kaplan, *Le vrai visage du judaïsme*, Stock, 1987.

[350]Jacob Kaplan, *Le vrai visage du judaïsme*, Stock, 1987. *Communication à l'académie des sciences morales et politiques, février 1985.*

[351]Jacob Kaplan, *Le vrai visage du judaïsme*, Stock, 1987. *Sermon prononcé à la synagogue rue de la Victoire le 20 avril 1967.*

diana de los enemigos de la civilización". Esto sucede porque "en todas las épocas, en todos los países, Israel, perseguido, martirizado, ha encarnado los principios que debían triunfar con el progreso del espíritu humano. Cuando Nemrod persiguió Abraham, el fundador de nuestra religión, culpable para él de no prosternarse ante falsos dioses, ¿cuál de los dos representaba la civilización? ¿Nemrod, el tirano cruel e idólatra, o Abraham, el pastor pacífico y virtuoso? ¿Cuándo en tiempos de Judas Macabeo, Antíoco IV Epífanes quiso imponer a los Judíos los dioses frívolos y la moral disoluta de Grecia, con quién estaba el futuro de la civilización? Con los griegos, ligeros, burlones, amorales, o con los Judíos, serios, sobrios y dignos352?"

La creencia en la superioridad del pueblo judío es aquí evidente, pero no nos equivoquemos: el pueblo judío no es racista, no puede ser racista. Tal como lo escribía Elie Wiesel, "en todas las conferencias en las que abordo los temas judíos, pongo de relieve la ética del judaísmo que, por definición, niega el racismo. Un Judío no puede ser racista; un Judío tiene el deber de combatir cualquier sistema que considere al otro como un ser inferior. Es por eso por lo que cualquiera –sin importar el color, el origen o la condición social- puede convertirse en judío: debe simplemente aceptar la Ley353."

"Si en la historia del mundo, ningún pueblo ha sido tan martirizado como el pueblo de Dios, escribía el rabino Kaplan, y si cada vez que la civilización hace una pausa o que la barbarie levanta cabeza, los miembros de la comunidad judía son las primeras víctimas de la reacción, esto es porque el judaísmo está a la vanguardia de la

---

[352] Jacob Kaplan, *Le vrai visage du judaïsme*, Stock, 1987, chapitre " *Racisme et judaïsme*".

[353] Elie Wiesel, *Mémoires, tome II*, Éditions du Seuil, 1996, p. 217. [Notaremos aquí que si bien en teoría el judaísmo está abierto a todos, en realidad es extremadamente difícil para un goy ser aceptado dentro del judaísmo. Cualquier rabino os lo confirmaría – o no. Pero también existe una alternativa para los goyim que consiste en adoptar el Noajismo (https://noahideworldcenter.org/). Emmanuel Levinas lo explicaba de esta forma: "El pensamiento judío tradicional proporciona, por lo demás, el marco para concebir una sociedad humana universal, que abarque a los justos de todas las naciones y de todas las creencias, con quienes es posible la intimidad última – aquélla que el Talmud formula, reservando a todos los justos la participación en el mundo futuro...Con alguien que no es judío practicando la moral, con el Noachide, un judío puede comunicar tan íntima y religiosamente como con un judío. El principio rabínico según el cual los justos de todas las naciones participan del mundo futuro, no expresa sólo simplemente una perspectiva escatológica. Afirma la posibilidad de esta intimidad última, más allá de los dogmas afirmados por unos u otros, la intimidad sin reserva. Allí reside nuestro universalismo. En la caverna donde reposan los patriarcas y nuestras madres, el Talmud hace descansar también a Adán y a Eva: es para toda la humanidad que llegó el judaísmo", *Difícil libertad, Ensayos sobre el judaísmo*, p. 192, 199. (NdT)]

civilización." En las exhortaciones del quinto libro de Moisés, está escrito: "Porque tú eres un pueblo consagrado a Yahweh tu Elohim: de todos los pueblos de la tierra Yahweh tu Elohim te escogió a ti para ser su pueblo especial[354]." Israel es el elegido del Señor. "Según la bella imagen de uno de nuestros más célebres teólogos de la Edad Media, Juda Halevi, la comunidad judía es, por voluntad de Dios, la semilla que hará germinar la humanidad futura...De tal forma que las ideas del judaísmo, fortalecidas por el poder de la verdad e indestructibles por la violencia, se extienden por todo el mundo para convertirse en el alimento espiritual de los pueblos civilizados."

Por lo tanto, queda claro que, sin el pueblo judío, los pueblos europeos, así como los demás pueblos del mundo, son incapaces de elevarse al nivel de la civilización. A lo que el gran rabino Kaplan añadía: "Ninguna fuerza terrestre impedirá la evolución de la humanidad tal y como la quiere Dios, ningún poder de este mundo podrá apartarnos de la tarea que Él nos asignó. Tenemos la certeza inquebrantable, fundada a la vez en las promesas bíblicas y en la experiencia del pasado más remoto y reciente. Llegará, ciertamente, esa época reclamada por esta voz que, como un grito de invencible esperanza, ha atravesado ya siglos y milenios y que atravesará, si es necesario, otros siglos, otros milenios, pero que acabará siendo escuchada por todos: "En aquel día Yahweh será el único, y Su Nombre será el único Nombre[355a]"." Recordemos de paso las palabras de Daniel Cohn-Bendit: "La sociedad de inmigración es hoy en día una realidad, y ningún poder en este mundo podrá darle marcha atrás[356]." Tales convicciones parecen motivar de forma subyacente a muchos intelectuales, artistas y hombres políticos de nuestra época.

Podemos ahora darnos cuenta hasta qué punto la ideología marxista ha en cierto modo secularizado la espera mesiánica. En ese sentido, George Steiner pudo presentar el marxismo desde el punto de vista de las profecías bíblicas: "El marxismo es en el fondo un judaísmo que se impacienta. El Mesías ha tardado demasiado en venir, o más exactamente, a no venir. Le corresponde al hombre instaurar el reino de la justicia en esta tierra, aquí y ahora. El amor debe cambiarse por amor, la justicia por justicia predicaba Karl Marx en sus manuscritos de 1844 en los que se oye el eco transparente de la fraseología de los Salmos y de los profetas. En el programa igualitario del comunismo, no queda

---

[354] *Deutoronomio VII, 6*, Biblia Israelita Nazarena, 2011.
[355] Jacob Kaplan, *Le vrai visage du judaïsme*, Stock, 1987, Sermon du 22 mai 1950. a : *Zacarías, XIV, 9*, Biblia Kadosh Israelita Mesiánica.
[356] Daniel Cohn-Bendit, *Xénophobies*, Hamburg, 1992, Grasset, 1998, p. 51

gran cosa que no haya sido ya implacablemente predicado por Amós, cuando éste anunciaba el anatema lanzado por Dios contra los ricos y su abominación de la propiedad. Allí donde el marxismo triunfó, incluso y especialmente bajo sus formas más brutales, éste cumplió esa venganza del desierto sobre la ciudad tan manifiesta en Amós y los demás textos proféticos y apocalípticos de la retribución social357." El tema de la venganza es efectivamente recurrente en el universo mental de los partidarios del globalismo; veremos las consecuencias dramáticas que tuvieron en la Rusia bolchevique.

La proximidad del pensamiento de George Steiner con el de Levinas o el del rabino Kaplan sigue siendo claramente perceptible en la idea que se hacía del papel del judaísmo: "Así que los judíos han hecho en tres ocasiones un llamamiento a la perfección individual y social, han sido los centinelas nocturnos que no aseguran el reposo, sino que, por el contrario, despiertan al hombre del sueño de la autoestima y de la comodidad común y corriente. (Freud nos despertó incluso de la inocencia del sueño[358].)" Una vez más, resuena el mismo eco en las palabras de Daniel Cohn-Bendit cuando nos decía: "El contrato firmado con la sociedad multicultural debe impedirnos volvernos demasiado hogareños y cómodos, tradicionalistas y complacernos en nuestro ámbito familiar359."

"No es el pueblo deicida al que el cristianismo persiguió hasta el límite de la extinción durante la Edad Media, es "el hacedor de Dios", el portavoz que no ha dejado de recordar a la humanidad lo que podría llegar a ser, lo que debe llegar a ser para que el hombre sea verdaderamente hombre...Con la completa extinción física de todos los judíos de la faz de la tierra, la demostración y la prueba de la existencia de Dios se derrumbaría, y la Iglesia perdería su razón de ser: la Iglesia se hundiría360." Una vez más, la idea de que los demás pueblos son de alguna forma unos subdesarrollados es bastante claramente expresada. El pueblo judío se sitúa por encima de las otras naciones que deben conformarse con sus principios para poder acceder a su vez al rango de humanidad.

Comprendemos mejor ahora las visiones extáticas del filósofo Pierre Levy en *World Philosophie*, un libro que pretende sin embargo ser profano y dirigirse al público en general: "Hombres y mujeres, ricos

---

[357] George Steiner, *De la Bible à Kafka*, 1996, Bayard, 2002, pour l'édition française.
[358] George Steiner, *Pasión intacta. A través de ese espejo, en enigma*, Ediciones Siruela, Madrid, 1997, p. 447
[359] Daniel Cohn-Bendit, *Xénophobies*, Hamburg, 1992, Grasset, 1998, p. 158
[360] George Steiner, *De la Bible à Kafka*, 1996, Bayard, 2002, p. 22, 24

y pobres, ateos y creyentes, budistas y católicos, gente de aquí y gente de allá, ¿por qué no amarse? ¡Eso es! Ahora mismo, ya mismo...Ayudemos a los pobres, ayudemos a los ricos, no hay ninguna diferencia. Necesitamos aprender que no hay ninguna jerarquía social, ni arriba, ni abajo, y que todas esas distinciones no tienen importancia. Esto podría realmente contribuir a cambiar la sociedad." En verdad, continuaba diciendo Levy, "la idea de clase social es un callejón sin salida, al igual que la idea de nación361." ¿No traduce aquí exactamente las profecías?

Alain Finkielkraut también se entusiasmaba por la buena acogida y disposición del público europeo y occidental para estas nuevas ideas: "El sujeto posmoderno desea inspirarse de esa" libertad respecto de las formas sedentarias de la existencia" que constituye, según Levinas, la definición judía de lo humano362." De ahí proviene "el entusiasmo contemporáneo por la temática judía del exilio". En lugar de la palabra "exilio", sugerimos humildemente a Alain Finkielkraut que tal vez sea preferible usar otro término; el de "trashumancia", por ejemplo, pues parece que esa doble concepción de la humanidad no corresponde más que a la de un pastor y su rebaño.

El desarrollo del pensamiento planetariano a través de los siglos y las revoluciones necesitaría evidentemente un estudio en toda regla, especialmente a través del análisis de los textos religiosos heredados de la tradición mosaica. En el marco del presente estudio, no podemos menos que presentar uno de los representantes más importante y esencial de esa historia: Baruch Spinoza, que podremos observar a través de la mirada del ensayista Alain Minc: "Spinoza fue el primero de una genealogía muy especial, la de los marginados judíos, en los márgenes de su comunidad y a veces violentamente opuestos a ella, todos intelectuales rupturistas, todos sin ascendencia, pero todos en el origen de una descendencia deslumbrante, o a veces poco honorable. Spinoza, Marx, Freud, Einstein: sorprendente cuarteto que ilustra la idea, inaceptable para las autoridades establecidas de la comunidad judía, de que el judaísmo nunca es tan decisivo en el curso de la humanidad que cuando se instala fuera de sus propios muros363."

---

[361] Pierre Lévy, *World philosophie*, Odile Jacob, 2000, p. 183, 184
[362] Emmanuel Levinas, *Difícil libertad, Ensayos sobre el judaísmo*. Ediciones Lilmod, Buenos Aires, 2004, p. 112, citado en Alain Finkielkraut, *Le Mécontemporain*, Gallimard, 1991, p. 177
[363] Alain Minc, *Spinoza, un roman juif*, Gallimard, 1999, p. 12-13. (Ver nota 348).

Al igual que Marx, y muchos otros intelectuales, Spinoza era un Judío en rebeldía contra su propia comunidad: "Además de estúpidos, los Judíos son también malvados...Su mezquindad sólo es comparable a la de los Hebreos cuyo odio a los extranjeros es bien conocido...No han destacado por encima de las otras naciones en ciencia o en piedad...No fueron los elegidos de Dios en base a la verdadera vida y las altas especulaciones...Si en algo prevalecieron sobre las demás naciones, fue en la prosperidad de sus negocios, en lo que atañe a la seguridad de la vida y en la fortuna con la que superaron grandes peligros." La elección de los Judíos sólo se debería por lo tanto a su riqueza. En efecto, "hoy en día, los Judíos no tienen absolutamente nada que atribuirse que los sitúe por encima de las naciones[364]". "¡Hay algo de Drumont[365] en este hombre!", se exclamaba Alain Minc. Sin embargo, Spinoza no fue excomulgado en 1656 porque profesara un antijudaísmo primario, sino porque difundía ideas sacrílegas, casi ateas, y porque atacaba todas las religiones. Era un marginal, un disidente, un revolucionario. "Si la excomunión hubiese existido en la tradición judía, Marx lo habría sido y Freud, a pesar de ser un buen judío, habría corrido la misma suerte. Únicamente Einstein se habría librado[366]."

Era también un personaje curioso: "Todos los que se acercaron a Spinoza dieron fe de su dificultad para reírse, incluso sonreír. El genio taciturno, el filósofo melancólico, el pensador nostálgico en busca de un pasado sumergido, sólo ríe en una circunstancia: ante unas arañas que luchan hasta la muerte o cuando una de ellas está a punto de descuartizar a la otra...Sólo se ríe al ver los insectos practicar el desmembramiento con la misma precisión con que los verdugos proceden en la plaza de Grève[367]."

Baruch Spinoza había nacido en Ámsterdam en una familia judía portuguesa. Holanda, explicaba Alain Minc, -la república burguesa de las Provincias unidas-, fue "la primera sociedad libre de Occidente." En el siglo XVII, reinaba en Holanda una gran tolerancia religiosa y el país se había convertido en el refugio oficial para todos los proscritos de la época. Pero la pequeña Holanda era también una temible potencia comercial. El gran negocio de los protestantes holandeses y mercaderes judíos era entonces el comercio internacional que desarrollaron hasta

---

[364] Alain Minc, *Spinoza, un roman juif*, Gallimard, 1999, p. 106
[365] Eduardo Drumont fue un escritor antisemita de finales de siglo XIX. Fue el autor de *La Francia judía* (1886), libro que tuvo un éxito considerable.
[366] Alain Minc, *Spinoza, un roman juif*, Gallimard, 1999, p. 10, 12-13
[367] Alain Minc, *Spinoza, un roman juif*, Gallimard, 1999, p. 120-121. [Actual Plaza del Ayuntamiento de París. Bajo el Antiguo Régimen, la Place de Grève (hasta 1803) servía también para las ejecuciones públicas. (NdT)].

hacer del país la primera nación comercial de Europa durante décadas. Esa preeminencia económica, así como el foco de oposición que representaba mediante la difusión de la religión reformada, irritaba a otras potencias, especialmente la Francia de Luis XIV. En 1672, la guerra estalló entre los dos países, y Francia invadió la pequeña república.

Aquello dio lugar a un episodio rocambolesco. En plena guerra, Spinoza, que siempre había elogiado los méritos de los Países Bajos, cruzó la línea del frente del territorio enemigo para atender la invitación de Stouppe, el nuevo gobernador de la ciudad de Utrecht nombrado por el Gran Condé, famoso duque de Enghien y Mariscal de Francia. "Más adelante se fusilará por menos que eso", notaba justamente Alain Minc368. Esa escapada incomprensible sigue siendo un misterio en la vida de Spinoza. ¿Por qué tanto empeño en ver a Condé? ¿Qué quería de él? ¿Esperaba un protector?

Stouppe, aunque protestante de origen suizo, tenía poca consideración por la nación holandesa. Los holandeses, aunque adhieridos al protestantismo, acogían en su país todas las religiones y todas las sectas: "católicos romanos, luteranos, brownistas, anabaptistas, socianistas, independientes, cuáqueros, borelistas, armenios, moscovitas, libertinos, judíos, persas y una gran cantidad de investigadores que no saben a qué grupo pertenecen." Por lo tanto, concluía Stouppe, el verdadero Dios de los holandeses es Mammón, es el dinero369. A propósito de Spinoza, Stouppe escribía: "Hace unos años, escribió un libro llamado *Tractatus theologico-politicus*: el objetivo esencial parece consistir en destruir todas las religiones, sobre todo la judía y la cristiana, y en abrir la puerta al ateísmo, al libertinaje y a la libertad para todas."

"¿Cómo reprochar a Stouppe invadir un país que sólo tiene de protestante el nombre y cuya tibieza teológica es tan grande que nadie se atreve a refutar las ideas demoníacas de Spinoza370?"

---

[368] Las acusaciones de traición son recurrentes.

[369] Se puede leer con interés la célebre tesis de Max Weber sobre la relación entre el espíritu capitalista y la religión calvinista (*La ética protestante y el espíritu del capitalismo*, 1920), libro regularmente reeditado; también se puede leer la obra de Werner Sombart, *Les Juifs et la vie économique*, Payot, 1923), libro inencontrable (excepto quizás para el buen hermano Guillermo de Baskerville) y nunca reeditado, pero igual de interesante e instructivo. [Reeditado desde entonces en francés en el 2012. *Los Judíos y la vida económica*, también editado en español por la Universidad Completense de Madrid en el 2008. (NdT)].

[370] Alain Minc, *Spinoza, un roman juif*, Gallimard, 1999, p. 180-182

Tras un largo periodo de tiempo de silenciamiento de su obra, escribía Alain Minc, "Spinoza se abre camino a lo largo del siglo XVIII de forma cada vez menos subterránea, pasando el relevo unas décadas más tarde a Hegel, originando a partir de ahí todo lo que sigue371." En el siglo XX, "el redescubrimiento del filósofo político" se produce paradójicamente bajo los auspicios de "dos ramas, una liberal, y otra marxista, Popper y Althusser haciendo en este caso el inesperado papel de gemelos." Nos encontramos aquí con los gérmenes del marxismo y del liberalismo, las dos vertientes del globalismo amalgamadas en sus orígenes dogmáticos por el cemento mosaico.

Como Marx, Spinoza, aunque irreligioso y rechazado por su comunidad, no era menos judío: "Spinoza está penetrado de arriba abajo por las formas de pensar y de sentir características de la viva inteligencia judía. Siento, escribía Minc, que no podría sentirme tan próximo a Spinoza si yo mismo no fuera judío y si no me hubiera desarrollado en un ambiente judío...Spinoza es un intelectual judío...Para algunos, Spinoza es la mala novela de un judío: para otros, es la novela de un mal judío; indudablemente, es una novela judía372."

En una novela de ciencia-ficción titulada de forma elocuente, *Vendrá*, el prolífico Jacques Attali nos trasmitía una parte del mensaje religioso y político del ideal mesiánico. En su relato, imaginaba a un niño prodigio que podría llegar a ser el Mesías tan deseado por Israel. En un ambiente apocalíptico, el padre del muchacho viaja a Israel para entrevistarse con los rabinos.

Presentamos a continuación unos breves extractos que permiten comprobar la permanencia de ciertos temas en la literatura planetariana como son el humanismo, África, la sociedad abierta, el "temblor", la "escalera", los "nómadas", "inventar", "salvar la humanidad", la guerra, la venganza y el incesto. Lean con atención:

"Jonathan no tenía ni doce años. Estaban a punto de abandonar el desierto etíope cuando Mortimer empezó a extrañarse por su forma de hablar y sus gestos. Sin duda, ya conocía desde hacía tiempo la singularidad de su hijo mayor...Después de quince años pasados en África aliviando y curando las víctimas de las barbaries, Mortimer volvía a ser el profesor Simmons de Londres...Una semana antes, dos policías habían venido a interrogar educadamente a Mortimer sobre Jonathan y sus vínculos con la Open Society. Circulaba entonces en las universidades y en algunos antros una canción suya que hablaba de un

---

[371] Alain Minc, *Spinoza, un roman juif*, Gallimard, 1999, p. 12
[372] Alain Minc, *Spinoza, un roman juif*, Gallimard, 1999, p. 225-227

volcán, de lava, de Oriente, de nidos de aves y de un temblor de tierra373."

Para entender la verdadera naturaleza de su hijo, Mortimer viajaba entonces a Jerusalén para consultar unos sabios dentro de una cripta. Los rabinos reunidos, intrigados y con gran curiosidad por el fenómeno, se encontraban "exactamente debajo de la entrada de lo que había sido el Sacrosanto del segundo Templo, justo ahí donde había estado hace más de dos mil años." Uno de los rabinos explicaba: "No somos superiores. Somos diferentes. Nos hubiera gustado que nos ignoraran, olvidados en nuestras tierras. Pero nos echaron de ellas. Nos convertimos en nómadas obligados a acechar el enemigo y a inventar el tiempo. Después de eso, caímos en la esclavitud. Cuando nos liberaron, Dios nos asignó la misión de salvar a los hombres y de hablar en Su Nombre. Nosotros no lo pedimos. Cuando haya encima de nuestras cabezas...ya no algunas piedras y hierbajos, sino el único lugar digno de acoger a Dios en este planeta, entonces el mundo podrá prepararse para un tiempo perfecto[374]." Basta para ello, por lo tanto, con reconstruir el Templo en el lugar de la Gran Mezquita, como lo proponen realmente hoy en día un número cada vez más grande de judíos israelíes ortodoxos. "La oración, repite levantando su mirada hacia los ojos de su invitado, es como una gran escalera que sube al cielo...Nuestros textos dicen que "el ejército celestial se alzará con gran tumulto", que "los cimientos del mundo serán sacudidos. La guerra de los poderosos en los cielos se extenderá por todo el mundo" ...Nuestra Cábala explica que el Enviado vestirá entonces las ropas de la venganza, destruirá al malvado rey, vengará Israel antes de volver a ocultarse en el jardín de Eden375."

Otra escena presentaba esta conversación entre los rabinos:

"Según Ustedes, ¿incluso los tabúes sexuales serán abolidos?, sonrío Mortimer. - ¡Absolutamente!, afirmó Nahman. - ¿Incluso el incesto?, se atrevió a preguntar Mortimer. - ¡Blasfemas, Nahman!, gritó MHRL, impidiendo que el joven rabino respondiera[376]."

Es este tipo de alusiones lo que permite comprender lo que inquieta desde hace mucho tiempo a muchos espíritus. A menudo, la literatura cosmopolita está salpicada de estas alusiones que únicamente perciben

---

[373] Jacques Attali, *Il viendra*, Fayard, 1994, p. 29
[374] Jacques Attali, *Il viendra*, Fayard, 1994, p. 82
[375] Jacques Attali, *Il viendra*, Fayard, 1994, p. 192, 227
[376] Jacques Attali, *Il viendra*, p. 264. El alfabeto hebraico sólo contiene consonantes. Es por eso que Cohen, Kun, Kahn, Caen o Cohn, por ejemplo, son el mismo apellido y designan el "sacerdote" en hebreo.

los iniciados. Esos guiños de ojos provocan la sonrisa cómplice de aquellos lectores que saben que el público en general casi nunca las ve, ni las comprende. Lo mismo ocurre con el siguiente pasaje:

"- El escriba Ezra afirma explícitamente que el orden mesiánico reinará cuatro siglos. Después, se establecerá otro orden que ningún espíritu humano puede aún concebir. Una especie de vida espiritual pura y perfecta, más allá de toda contingencia material y política. Ya no habrá poder, ni ambición, ni hambre, ni sed, ni enfermedad, ni sexualidad, ni escasez. Sin necesidad de tabúes, ya que ya no habrá deseos. Sólo entonces, las leyes naturales dejaran de ser vigentes[377].

"- ¿Pero por qué creéis que el destino del mundo depende de la buena voluntad de un pueblo minúsculo? Los Judíos siguen siendo el pueblo elegido, pero no es su historia en esta tierra la que determina la llegada del Mesías.

"-Quizás porque los judíos, con su locura, son capaces de originar muchas masacres y cataclismos, murmura Eliav girándose sobre sí mismo.

- ¡No son los únicos sin duda! ¡No pueden ellos solos desencadenar el Apocalipsis!

-Digamos que las locuras judías pueden más fácilmente que las otras tener consecuencias universales.

- ¡Eso es verdad! Si los locos del Partido de la Reconstrucción comenzaran a reconstruir el Templo, eso provocaría seguramente una guerra planetaria.

- ¡Estoy de acuerdo! Sin embargo, es nuestro derecho, quizás incluso nuestro deber. Somos los descubridores de Dios, el pueblo sacerdote de la humanidad. Sería normal que tuviésemos nuestro Templo ahí donde nuestra religión ha sido fundada mucho antes que las demás. Nadie puede hacer nada al respecto. Ni tan siquiera nosotros[378]", concluía el personaje de Jacques Attali. La fe religiosa presenta indudablemente ciertas ventajas muy cómodas: como la de evitar hacer preguntas y lamentarse sobre los "daños colaterales", tal como se suele decir desde la Guerra del Golfo. No hay nada que hacer...

El mesianismo nace la mayoría de las veces de una frustración histórica. Aparece en la consciencia colectiva como la reparación de una pérdida, como una promesa utópica destinada a compensar la desgracia actual. En su libro *El Mesianismo*[379], David Banon explicaba

---

[377] Jacques Attali, *Il viendra*, Fayard, 1994, p. 266
[378] Jacques Attali, *Il viendra*, Fayard, 1994, p. 309
[379] David Banon, *Le Messianisme*, Presses Universitaires de France, 1998.

que "desde su origen, las visiones de los profetas de Israel aparecen en el contexto de una serie de catástrofes nacionales: Isaías profetiza en el horizonte la destrucción del reino por los asirios; Jeremías y Ezequiel tras el derrumbe del reino de Judá y el exilio de Babilonia. Más tarde, la escatología talmúdica responderá a la destrucción del segundo Templo por los Romanos y la dispersión de los Judíos. Incluso la Cábala es vista por Gershom Scholem (1897- 1982) como "la respuesta religiosa del judaísmo" a la expulsión de los Judíos de España380..." El mesianismo está, pues, ligado a la experiencia del fracaso.

"En su esencia, es la aspiración a lo imposible. La tensión mesiánica es una espera febril, una esperanza inquieta que no conoce ni sosiego ni reposo...La tensión mesiánica hace que el pueblo judío siempre viva expectante ante la inminencia de una transformación radical de la vida sobre la faz de la tierra...La redención está siempre cerca, pero si adviniese sería inmediatamente cuestionada en nombre de la propia exigencia absoluta que pretende llevar a cabo". "La redención prometida al final de los tiempos sustenta una realidad que está siempre más allá de lo existente, y que, por lo tanto, nunca se alcanzará. Pero el hombre debe aspirar a ella constantemente. El Mesías es siempre aquel que debe llegar un día...pero el que finalmente aparece no puede ser más que un falso Mesías[381].": "En los días venideros el Monte de la Casa de Yahweh quedará afirmado por sobre las montañas, y más elevado que las colinas; y todas las naciones lo contemplarán con gozo... Así Él juzgará entre las naciones y arbitrará entre los muchos pueblos y forjarán sus espadas en rejas de arado y sus lanzas en podaderas; no alzará espada nación contra nación; nunca más conocerán la guerra. ¡Oh Casa de Yaaqov! Vengan, caminemos a la luz de Yahweh." (Isaías, II, 2, 4, 5, Israelita Nazarena, 2011).

No es sólo para Israel que esa sociedad se reúne en torno al Templo reconstruido, sino para toda la humanidad, explicaba además David Banon: "**Sólo un poco más de tiempo, grita Hageo, y Dios estremecerá el cielo y la tierra, el mar y la tierra firme, y estremecerá todas las naciones, y la élite de todas las naciones vendrá y colmaré de gloria esta casa382.**" (Hageo, II, 6-7) En realidad, si uno consulta directamente el

---

[380]Léase también en Hervé Ryssen, *Psicoanálisis del judaísmo*, y en Gershom Scholem, *Le Messianisme juif*, 1971, Les Belles Lettres, 2020 (edición en francés), Gershom Scholem, *The Messianic Idea in Judaism: And Other Essays on Jewish Spirituality*, Schocken, 1995 (edición en inglés). (NdT).
[381]David Banon, *Le Messianisme*, Presses Universitaires de France, 1998, p. 5-7, 11
[382]Una quincena de ministros franceses, entre otras eminentes personalidades de la República, estuvieron presentes en la última cena del Consejo representativo de las instituciones judías de Francia (Crif), en febrero del 2005. Las recepciones anuales del

texto en la Torá (Antiguo Testamento), sin pasar por David Banon, podemos leer lo siguiente: "Porque esto es lo que Yahweh-Tzevaot [de los ejércitos] dice: 'No tardará mucho antes de que una vez más Yo haga temblar los cielos y la tierra, el mar y la tierra seca; y Yo haré temblar todas las naciones, para que los tesoros de todas las naciones fluyan hacia adentro; y Yo llenaré esta casa con Gloria, dice Yahweh-Tzevaot. "La plata es mía y el oro es mío," dice Yahweh-Tzevaot". (Hageo, II, 6-8, Kadosh Israelita Mesiánica). Vemos como el texto es ligeramente diferente según las versiones; esta está quizás un poco menos impregnada de nobleza, pero el cambio presenta unos beneficios no despreciables.

Consultando de nuevo la biblia, hallamos también lo siguiente en Hageo: "Yo derribaré los tronos de los reinos, Yo destruiré el poder de los reinos de las naciones..." (Hageo, II, 22, Kadosh Israelita Mesiánica). Si fuéramos supersticiosos, podríamos pensar que estas palabras son efectivamente proféticas: ¿no parecen describir la situación europea en 1919, cuando el zar de Rusia, el emperador de Alemania, el emperador de Austria-Hungría y el Sultán otomano habían perdido sus tronos después de cuatro años de guerra mundial? Recordemos simplemente que la declaración Balfour del 2 de noviembre de 1917 – del nombre del ministro inglés - otorgaba a los Judíos un hogar nacional en Palestina. Esto ocurría al mismo tiempo que los bolcheviques, financiados por algunos poderosos financieros neoyorquinos, derrocaban el zar aborrecido por Israel. Todo eso no tuvo nada que ver con una intervención divina, pero alimenta de forma retrospectiva el mito secreto de los espíritus mesiánicos.

Para explicar la convicción que tienen los Judíos de liderar la marcha de la humanidad, David Banon nos invitaba a leer las visiones de Zacarías: "Cuando ese tiempo venga, mi palabra será cumplida si diez hombres de diez idiomas de las naciones se agarrarán al manto de un Judío, y dirán: "Iremos contigo, porque hemos oído que Yahweh está contigo."" (Zacarías, VIII, 23, Kadosh Israelita Mesiánica). "Incluso Malaquías, introduce en su profecía una amplia perspectiva de futuro anunciando que el profeta Elías será el mensajero del Mesías (Malaquías, III, 1 y 23)". Pero si verificamos las fórmulas mágicas directamente en el texto, de nuevo hallamos informaciones suplementarias indispensables para la comprensión de la mentalidad que anima nuestros actuales intelectuales: "[Ustedes] pisotearán a los malvados, porque serán polvo bajo sus pies en el día que estoy

---

Crif se han convertido en un acontecimiento obligatorio de primer orden en la República francesa.

preparando —dijo Yahweh de los Ejércitos." (Malaquías, III, 21, Israelita Nazarena 2011). Y he aquí donde empezamos a comprender el origen del término "malvado" que vemos también de forma recurrente en cierta literatura y discursos bélicos que promulgan la guerra contra el Mal.

"La era mesiánica tal como ha sido descrita por todos los profetas consiste en la supresión de la violencia política y de la injusticia social." Los tiempos mesiánicos marcan el fin de la violencia política y de todas las alienaciones, aunque el advenimiento de esa nueva era vendrá acompañado de grandes catástrofes. Esto decía el maestro Rabi Yohanan: "Durante la generación en la que venga el Mesías, hijo de David, los eruditos de la Torá serán minoría; en cuanto al resto del pueblo, sus ojos llorarán de tristeza y de dolor, y las calamidades se sucederán. Y se introducirán severos decretos; antes de que pase el primero vendrá rápidamente el segundo." (Sanedrín 97a[383]). "Esa época es temida no solamente por culpa de las guerras despiadadas en las que perecerá el Mesías, sino también por la degradación de las costumbres y de las creencias que terminan en una regresión hacia la bestialidad[384]."

Quizás sea esta la razón que explique el hecho de que numerosas personalidades influyentes fomenten "la degradación de las costumbres" y las "guerras despiadadas": se trataría simplemente de preparar la llegada del Mesías.

La fecha de su llegada es todavía desconocida, y, al respecto, los Sabios del Talmud prohíben terminantemente hacer conjeturas: "Que los que calculan el fin de los días sean malditos" (Sanedrín 97b), pues son un obstáculo y una perturbación para el pueblo. Pero su venida es ineluctable: "Para que sea posible, la consciencia humana debe ser preparada, que aspire a ello con todas las fibras de su ser[385]"; de ahí esa tensión, esa febrilidad, esa agitación permanente, esa constante "sensibilización".

"En 1967 se fomentó y enfatizó un enfoque neo-mesiánico de la Guerra de los seis días, interpretada como la manifestación de la presencia divina junto al pueblo de Israel, y, con la conquista de Jerusalén y de Judea-Samaria, que permitía a los Judíos recobrar la totalidad de la Tierra de Israel, se anunciaba la era mesiánica[386]." Así pues, para los sionistas religiosos la tierra de Israel estaba por fin en su

---

[383]Fuente en https://www.sefaria.org. (NdT).
[384]David Banon, *Le Messianisme*, Presses Universitaires de France, 1998, p. 15-16
[385]David Banon, *Le Messianisme*, Presses Universitaires de France, 1998, p. 49
[386]David Banon, *Le Messianisme*, Presses Universitaires de France, 1998, p.110

totalidad en manos de los Judíos. ¿Qué sentido tenía por lo tanto una nueva guerra en 1973? Ante las dudas y los temores de la población, el Gush Emunim, un movimiento mesiánico, aportó esta respuesta: "La guerra del Kippur de 1973 fue percibida "como uno de los dolores del alumbramiento del Mesías"." La guerra resultó por lo tanto ser otro sufrimiento para el pueblo de Israel, a pesar de su aplastante victoria sobre los ejércitos árabes. Por su parte, los Judíos ultra-ortodoxos interpretaban los acontecimientos de esta forma: "Los sufrimientos de Israel han llegado ahora a un nivel aterrador; el pueblo de Israel está sobrecogido por los dolores del alumbramiento. El tiempo de la liberación inminente ha llegado. Es la única verdadera respuesta a la destrucción del mundo y a los sufrimientos que se han abatido sobre nuestro pueblo... ¡Preparaos para la redención que pronto vendrá!... El liberador de justicia está detrás de nuestras paredes, y ¡el tiempo para prepararse a recibirlo es muy corto[387]!" "Es imposible, continuaba Rabi Schneerson, que el consuelo no venga, pues los padecimientos son insoportables." En resumidas cuentas, cuánto más sufrís, cuánto más mostráis vuestros sufrimientos, cuánto más gritáis vuestros sufrimientos, más apresuráis la venida del Mesías. Esto quizás pueda explicar algunos comportamientos a veces un poco invasivos.

El libro de Moshé Idel, *Mesianismo y mística*, nos hacía más comprensible ese universo mental tan diferente al nuestro. La figura de Rabi Shelomo Molkho (ex Diogo Pires), un marrano portugués que regresó al judaísmo tuvo un papel destacado a principio del siglo XVI. Éste sabio nos proporciona un ejemplo singular de pensamiento mesiánico: "La sensación que tenía Molkho de ser el mesías es indudable, escribía Moshé Idel. En uno de sus poemas, da a entender que es el mesías, hijo de José[388]." Durante su vida, y en las generaciones después de su muerte, muchos lo consideraron una figura mesiánica. He aquí algunos versos, según el texto manuscrito:

"Con palabras ocultas/Digo a la gente/ Palabras escogidas/ Como pólvora perfumada/ Desde el Monte Carmel/Dios envía/ El hombre de la buena noticia/ De la venganza contra los Pueblos/Las naciones combatirán/ Los héroes harán presión/ Los extranjeros serán quebrados/

---

[387] David Banon, *Le Messianisme*, Presses Universitaires de France, 1998, p. 120. Rabi Iosef Itzjak Schneerson (1880-1950), maestro Jabad-Lubavitch citado por David Banon. Sobre los Jabad-Lubavitch léase *Psicoanálisis del judaísmo, (2022).*
[388] Según la teología judía se prevén dos Mesías: El Mesías guerrero, el Mesías ben Joseph (Hijo de José), que muere fracasando, pero preparando el terreno escatológico, y el Mesías ben David (Hijo de David) que reinará después de la Redención. (NdT).

Y tendremos la paz/ La ciudad del Norte/ Pedirá un hijo para su hija/ El hijo de Esaú que es Edom389/ El joven Shelomo/ Afilará su espada/ La más fina/ Para venir en ayuda a su pueblo/ Para sacarlo de las tinieblas/ Las naciones temblarán/ Darán regalos/ Y los insultos serán/ Cambiados por el saludo390."

"El poema de Molkho evoca claramente el advenimiento de una doble venganza: contra Edom y contra Ismael", es decir contra la cristiandad y el islam, comentaba Moshé Idel, quién añadía un poco más adelante: "Algunos detalles de esta leyenda relatan sus esfuerzos para hacer tambalear la Iglesia...Dios revela no solamente como luchar contra el cristianismo o como acercarse al verdadero secreto de la ciencia, sino también como romper la fuerza del cristianismo para que ocurra la Redención391."

En los años 70 del siglo XVI, las creencias y las esperanzas mesiánicas eran indisociables de algunos personajes históricos, entre los cuales se impuso Isaac Luria, el creador de la nueva Cábala, conocida bajo el nombre de "Cábala de Ari" y cuya influencia fue enorme. De nuevo, nos topamos aquí con los temas habituales que preocupan a los pensadores modernos de finales de siglo XX y principio de XXI: Según Luria y sus discípulos en tierras palestinas, "los cabalistas deben liberar las chispas divinas. Como parte de este proceso mesiánico, deben destruir las cáscaras que las retienen cautivas, o bien hacerlas estallar. Ahora bien, esas cáscaras son identificadas con las naciones del mundo, lo cual significa que los países exteriores a la tierra de Israel no tienen valor en sí mismos y que conviene dominarlos. Por lo tanto, según esta concepción, la tierra de Israel es el centro del mundo392."

A mitad de siglo XVII, Rabi Naftali escribía a su vez: "Que el aire exterior de los diferentes países donde viven las naciones sea purificado en el futuro gracias a la pureza de la tierra de Israel, la cual, incluso en los tiempos de desolación, preserva su santidad." El odio incandescente del cristianismo o el desprecio sin fin de Bernard-Henri Levy, Alain Minc o Emmanuel Levinas, han atravesado los siglos. Únicamente la pureza de Israel podrá salvar la humanidad.

---

[389] Según la exégesis hebraica, Esaú es tradicionalmente asimilado a Edom, la Cristiandad. También a Amalek, según su genealogía.
[390] Moshé Idel, *Messianisme et mystique*, Éditon du Cerf, 1994, p. 65-66
[391] Moshé Idel, *Messianisme et mystique*, Éditon du Cerf, 1994, p. 48
[392] Moshé Idel, *Messianisme et mystique*, Éditon du Cerf, 1994, p. 87-89. [Sobre el Mesianismo y la Cábala de Ari léase además Hervé Ryssen, *Psicoanálisis del judaísmo*, (NdT)].

El gran escritor y poeta alemán del siglo XIX, Heinrich Heine, también había sentido gran atracción por la biblia al final de su vida: "He vuelto al Antiguo Testamento. ¡Qué gran libro! Más notable que su contenido es para mí su forma, esa lengua que es, por así decirlo, un producto de la naturaleza, como un árbol, como una flor, como las estrellas, como el propio hombre. Todo brota, fluye, resplandece, sonríe. Es realmente la palabra de Dios, mientras que los demás libros sólo dan fe del genio refinado del hombre[393]."

La biblia era para él una "patria portátil", como lo decía a su vez Bernard-Henri Levy, que retomaba la expresión olvidándose de citar sus fuentes. Pero todo no parece tan maravilloso en el Antiguo Testamento. Sin querer ofender a nadie, tendemos a compartir la opinión de Voltaire sobre ese texto, pues tan ajeno nos parece a nuestra propia cultura. A decir verdad, cuesta un poco comprender como esos textos pudieron fascinar a millones de hombres protestantes de Europa del Norte. Es indudable sin embargo que ese libro inspiró a los puritanos ingleses en su conquista de América. Identificándose al pueblo hebreo, los conquistadores anglosajones de esa nueva tierra de Canaán exterminaron los indios como los hebreos lo habían hecho durante su conquista de la Tierra prometida, tal como lo narra el libro de Josué. En efecto, los innumerables masacres y exterminios constituyen la parte esencial de "este santo y bello libro de educación, escrito para los niños de todas las edades[394]", como apuntaba Heinrich Heine. No obstante, en él "la cólera de Yahweh" no para de tronar: "Cualquiera que blasfeme El Nombre de Yahweh será puesto a muerte; la congregación completa lo apedreará. El extranjero como el ciudadano será puesto a muerte si él blasfema El Nombre." (Levítico, XXIV, 16, Kadosh Israelita Mesiánica). Así las cosas, bajaremos el tono, matizando nuestras afirmaciones...

---

[393]Heinrich Heine, *De l'Allemagne*, 1835, Gallimard, 1998, p. 285. "En mi libro más reciente, me he expresado a propósito de la transformación que ha tenido lugar en mi espíritu, acerca de las cosas divinas. Desde entonces me ha llegado, con cristiana impertinencia, innumerables preguntas acerca de qué caminos ha tomado en mí la óptima iluminación...Les gustaría saber si no he visto, como Saul [Pablo], una luz por el camino de Damasco...No, ánimas piadosas, jamás he ido a Damasco ni sé nada de Damasco, salvo que recientemente se ha acusado a los judíos de allí de comerse a capuchinos viejos...En realidad ni visión, ni voz celeste, ni sueño maravilloso, ni milagrero fantasma me han puesto en el camino de la salvación, sino que debo mi nueva luz única y sencillamente a la lectura de un libro... Y ese libro se llama...el Libro, la Biblia...El que ha perdido a su Dios puede volver a encontrarlo en este libro...", en Heinrich Heine, *Sobre la historia de la religión y la filosofía en Alemania*, Alianza Editorial, Madrid, 2008, p. 221-222

[394]Heinrich Heine, *De l'Allemagne*, 1835, Gallimard, 1998, p. 467

Evidentemente, la rabia de destrucción de las naciones que hemos observado en nuestros autores contemporáneos tiene allí su origen primario. Quebrar y someter las naciones, destruir sus tradiciones, saquear sus templos, esclavizar los pueblos conquistados y aprovechar sus riquezas: tales son las leyes divinas a las que hay que someterse: "Cuando Yahweh su Elohim los introduzca en la tierra en la cual van a entrar para poseerla, desalojará a muchas naciones delante de ustedes... [cuando] Yahweh tu Elohim te las entregue y tú las derrotes, debes destinarlas a la destrucción: no les den tregua ni les den cuartel. No harás alianza matrimonial con ellas: no les des tus hijas a sus hijos ni tomes sus hijas para tus hijos. Porque ellas apartarán de mí a los hijos de ustedes para adorar a otras deidades, y la ira de Yahweh se encenderá contra ustedes, y él te exterminará prontamente. Más bien, esto es lo que harán con ellas: derribarán sus altares, demolerán sus pilares, cortarán sus postes sagrados, y echarán al fuego sus imágenes esculpidas. Porque tú eres un pueblo consagrado a Yahweh tu Elohim: de todos los pueblos de la tierra Yahweh tu Elohim te escogió a ti para ser su pueblo especial." (Deuteronomio VII, 1-6, Israelita Nazarena 2011).

Y no crean que los débiles se librarán, al contrario: "Maten a viejos, a jóvenes, a muchachas, a mujeres y a niños; pero no se acerquen a ninguna persona que lleve la marca. Comiencen aquí en mi Santuario". Así que comenzaron con los hombres ancianos que estaban delante de la Casa." (Ezequiel IX, 6, Israelita Nazarena 2011). Y también: "¿Ustedes dejaron a las mujeres vivir? ...Ahora maten a todo varón entre los pequeños, y maten a toda mujer que haya dormido con un hombre. Pero a las muchachas jóvenes que nunca hayan dormido con un hombre, mantengan vivas para ustedes." (Números XXXI, 15-18, Kadosh Israelita Mesiánica). "(...) Él saqueó la ciudad y rasgó el vientre a todas las mujeres que estaban preñadas." (II Reyes; XV, 16, Kadosh Israelita Mesiánica).

"Ustedes devorarán todos los pueblos que Yahweh su Elohim les entregue – no les muestren ninguna piedad, y no sirvan a sus dioses... Si ustedes piensan para sí: "Estas naciones son más numerosas que nosotros; ¿cómo las podemos desposeer?" No obstante, no les tendrán temor, recordarán bien lo que Yahweh su Elohim hizo a Faraón... Yahweh hará lo mismo a todos los pueblos de los cuales ustedes temen. Además, Yahweh su Elohim enviará la avispa entre aquellos de ellos que hayan quedado y aquellos que se hayan escondido perezcan delante de ustedes. Ustedes no temerán de ellos, porque Yahweh su Elohim está allí con ustedes, un Elohim grande y temible. Yahweh su Elohim echará a aquellas naciones delante de ustedes poco a poco... Yahweh su Elohim los entregará a ustedes, enviando un desastre tras el otro sobre ellos hasta que hayan sido destruidos. El entregará a los reyes de ellos a ustedes, y ustedes borrarán sus nombres de debajo del cielo; ninguno de ellos podrá soportarlos hasta que ustedes los hayan destruido." (Deuteronomio VII, 16-24, Kadosh Israelita Mesiánica). "Ahora ve y ataca a Amalek, y destruye completamente todo lo que ellos tienen. No los perdones, sino mata hombres y mujeres, niños y bebés, vacas y ovejas, camellos y asnos. Y lo dedicarás a él y todo lo de él para destrucción." (I Samuel XV, 3, Kadosh Israelita Mesiánica)

"Los hijos de Yahudáh tomaron otros 10 000 vivos, los trajeron a la cumbre de la Roca y los echaron de la cumbre de la Roca; así que todos fueron aplastados en pedazos." (II Crónicas, XXV, 12, Kadosh Israelita Mesiánica).

La conquista de Palestina por Josué representó uno de los puntos culminantes de esa furia destructora y exterminadora: En Maceda, en Libna, en Laquis, en Eglón, en Hebrón y en Débir, las alegres masacres se sucedieron de forma monótona, repetitiva: toda la población fue pasada a cuchillo: "Yahoshúa [Josué]... los destruyó completamente, a todos allí – no dejó a nadie". "Así que Yahoshúa atacó toda La Tierra – las colinas, el Neguev, el Shefelah y las laderas de las montañas – y a todos sus reyes; él no dejó a nadie, sino que destruyó completamente todo lo que respiraba, como Yahweh el Elohim de Yisra'el había ordenado[395]." (Josué X, 28-40, Kadosh Israelita Mesiánica).

El libro de Ester narra cómo los judíos lograron desbaratar el plan del malvado Hamán, Primer ministro de Asuero, y como hicieron exterminar 75 000 enemigos, gracias a Ester, la amante del rey. He aquí un extracto del texto bíblico en el que el "Gran Rey Asuero", todavía bajo la influencia del malvado Hamán, decretaba:

"El gran rey Ajashverosh [Asuero] escribe estas cosas a los príncipes y gobernadores que están bajo él desde India a Kush [Etiopía] en las ciento veintisiete provincias:

Después que me convertí en señor para muchas naciones y tuve dominio sobre toda la tierra, sin ser alzado por la presunción de mi autoridad, sino conduciéndome con equidad y afabilidad yo decidí asentar a mis sujetos en una vida calmada, y a hacer mi reino pacífico

---

[395]El escritor soviético Iliá Ehrenburg, propagandista oficial del régimen, escribió en octubre de 1944: "¡Matad! ¡Matad! No hay inocentes entre los alemanes, ni entre los vivos, ni entre los por nacer. Venced violentamente el orgullo de las mujeres germanas. Tomadlas como legítimo botín. Matad, matad, valerosos soldados del Ejército rojo en vuestro irresistible asalto." (in Amiral Doenitz, *Dix ans et vingt jours*, p. 343-344).

y abrirlo para pasaje a las costas más lejanas, cual es deseado por todos los hombres. "Ahora, cuando pregunté a mis consejeros cómo llegó esto a suceder, Haman…declaró a nosotros que en todas las naciones en la tierra había disperso cierto pueblo malicioso, que tenía leyes contrarias a todas las naciones, y continuamente despreciaba los mandamientos de los reyes. Así, la unión de nuestros reinos, honorablemente intencionada por nosotros, no puede ir hacia delante. Viendo entonces nosotros comprendemos que este pueblo solo está continuamente en oposición a todos los hombres, difiriendo en la extraña manera de sus leyes, y maldito efecto a nuestro estado, obrando todo daño que puedan para que nuestro reino no pueda ser firmemente establecido. Por lo tanto, hemos ordenado que todos aquellos que sean señalados por escrito a ustedes por Haman, quien está ordenado sobre los asuntos, y es próximo a nosotros, serán todos, con sus esposas e hijos totalmente destruidos por la espada de sus enemigos, sin toda misericordia y piedad..." (Ester III, 13, Kadosh Israelita Mesiánica). La bella Ester, amante del rey, "no divulgó su pueblo o sus lazos familiares porque Mordejai la había instruido de no decir nada a nadie." (Ester II, 10, Kadosh Israelita Mesiánica). Gracias a su gran belleza e influencia, Ester logró convencer el rey de que emitiera otro decreto: "La carta decía que el rey había otorgado a los Yahudim [Judíos] en todas las ciudades el derecho de reunirse y defender sus vidas destruyendo, matando y exterminando cualquier fuerza de cualquier pueblo o provincia que los atacara a ellos, sus pequeños o sus mujeres o que tratara de tomar sus bienes por saqueo, en el día designado en cualquiera de las provincias del rey Ajashverosh, a saber, el día decimotercero del duodécimo mes, el mes de Adar." (Ester VIII, 11-12, Kadosh Israelita Mesiánica). "Los yahuditas dieron a sus enemigos un golpe de espada, matando y destruyendo; hicieron con sus enemigos lo que quisieron…El resto de los yahuditas que estaban en las provincias del rey se congregó de igual manera y peleó por sus vidas. Dispusieron de sus enemigos, matando a setenta y cinco mil de sus adversarios. Esto ocurrió el día trece del mes de Adar; y el día catorce del mismo mes reposaron y lo hicieron día de banquete y de regocijo." (Ester IX, 5-17, Israelita Nazarena 2011). Esta gran victoria es el origen de la fiesta de Purim que los Judíos celebran actualmente un mes antes de la Pascua: un poco como si los Polacos recordaran y festejaran cada año un antiguo y sangriento pogromo del siglo XVII. Extrañas costumbres...

A partir de ese momento, los judíos pudieron disfrutar de todas las riquezas conseguidas:

"Entonces Yahweh echará a todas estas naciones delante de ustedes; y ustedes desposeerán naciones más grandes y fuertes que ustedes." (Deuteronomio XI, 23, Kadosh Israelita Mesiánica). Y además: "Cuando Yahweh su Elohim los haya llevado a La Tierra que El juró a sus padres Avraham, Yitzjak y Ya'akov que Él les daría – ciudades grandes y prósperas, las cuales ustedes no edificaron; casas llenas de todo tipo de cosas buenas, que ustedes no llenaron; cisternas de agua cavadas, que ustedes no cavaron; viñas y olivares, que ustedes no plantaron – y que hayan comido hasta saciarse; entonces tengan cuidado de no olvidarse de Yahweh su Elohim, quien los sacó de la tierra de Mitzrayim [Egipto], donde vivían como esclavos." (Deuteronomio VI, 10-12, Kadosh Israelita Mesiánica).

"Referente a los hombres y mujeres que puedas tener como esclavos: comprarás esclavos y esclavas de las naciones que los rodean a ustedes. También puedes comprar los hijos de extranjeros que viven con ustedes y miembros de su familia nacidos en tu tierra. También los puedes dejar en herencia para que los posean tus hijos; de estos grupos puedes tomar tus esclavos para siempre. Pero en cuanto a tus hermanos los hijos de Yisra'el, no se tratarán el uno al otro con dureza." (Levítico XXV, 44-46, Kadosh Israelita Mesiánica).

"Reyes serán tus padres adoptivos, y princesas, tus nodrizas. Ellos se inclinarán a ti, rostro hacia la tierra y lamerán el polvo de tus pies. Entonces tú sabrás que yo soy Yahweh —aquellos que esperan por mí no se lamentarán." (Isaías XLIX, 23, Kadosh Israelita Mesiánica).

"Extranjeros reconstruirán tus muros, sus reyes estarán a tu servicio; porque en mi ira Yo te golpeé, pero en mi misericordia Yo te amo. Tus puertas siempre estarán abiertas, no se cerrarán de día ni de noche, para que la gente te traiga las riquezas de los Goyim, con sus reyes como cautivos. Porque la nación o el reino que no te sirva perecerá; sí, esas naciones serán totalmente destruidas." (Isaías LX, 10-12, Kadosh Israelita Mesiánica).

En resumidas cuentas, todas estas joviales chanzas pueden resumirse con esta profesión de fe: "Yahweh, ¡cuánto odio a los que te odian! ¡Estoy desolado a causa de tus enemigos! ¡Los odio con odio ilimitado! Ellos se han convertido en mis enemigos también." (Salmos CXXXIX, 21-22, Kadosh Israelita Mesiánica).

¿Pueblo elegido para ser el número 1? Obviamente, con semejantes textos sagrados, era inevitable granjearse algunos enemigos. Si al Antiguo Testamento (la Torá) le añadimos el Talmud y la Cábala, entonces esto conduce inevitablemente a una situación incómoda con sus vecinos.

El Antiguo Testamento inspiró naturalmente los sarcasmos más cáusticos de Voltaire, que leemos en innumerables pasajes de su obra: "Nunca acabaría si quisiera entrar en el detalle de todas las inauditas extravagancias que rebosan de ese libro; el sentido común jamás fue atacado con tanta indecencia y furor." (Voltaire, *Sermont des Cinquantes*).

"Dos bueyes...arrastraban (la caja fuerte) en un carro; el pueblo cayó ante ella boca abajo sobre la tierra, y no se atrevía mirarla. Adonai hizo perecer un día de muerte súbita a 5070 judíos por haber mirado su caja fuerte, si bien se contentó con infligir hemorroides a los Filistinos que robaron su caja fuerte y con enviarles una plaga de ratas a sus campos, hasta que éstos no le hubieran presentado cinco figuras de ratas de oro y cinco figuras de ojetes de oro devolviéndole su caja fuerte... ¿Es posible que el espíritu humano haya sido tan imbécil para imaginar supersticiones tan infames y fabulas tan ridículas?" (Voltaire, *Profession de foi des théistes. Des Superstitions*).

"Dios ordena expresamente a Isaías caminar desnudo y enseñar las nalgas (Isaías XX). Dios ordena a Jeremías ponerse un yugo al cuello (Jeremías XXVII, 2). Dios ordena a Ezequiel cocinar el pan con mierda (Ezequiel IV, 12). Dios ordena a Oseas casarse con una fulana...Añadan a todos estos prodigios una serie ininterrumpida de masacres, y veréis que todo es divino en ellos, pues nada hay que se rija según las leyes llamadas honestas entre los hombres." (Voltaire, *Mélanges. Il faut prendre un parti*, ch. 22).

Algunas cifras exageradas también provocaban su ironía. La cantidad de animales sacrificados por los hebreos parecía inverosímil: "Para el sacrificio de ofrenda a Yahweh, Salomon ofreció veintidós mil bueyes y ciento veinte mil ovejas." (I Reyes VIII, 63). O bien: "Vespasiano y Tito hicieron un asedio memorable que acabó con la destrucción de la ciudad. Flavio Josefo, el exagerador, sostiene que durante esa corta guerra hubo un millón de Judíos masacrados. No es de extrañar que un autor que pone quince mil hombres en un pueblo mate a un millón de hombres." (Voltaire, *Dictionnaire philosophique*).

Otras costumbres relatadas en la biblia suscitaban más repugnancia que ironía en Voltaire: "Los Judíos, siguiendo sus leyes, sacrificaban víctimas humanas. Ese acto religioso concuerda con sus costumbres; sus propios libros los representan degollando sin misericordia a todos los que se encuentran y reservando sólo a las niñas para su propio uso." (Voltaire, *Dictionnaire philosophique*).

A propósito de Abimelec degollando a setenta de sus hermanos, Voltaire escribía: "Los críticos se alzan contra esta abominable multitud de fratricidas...Pareciera que los Judíos sólo matan por el placer de matar. Se les presenta continuamente como el pueblo más feroz e imbécil que haya ensangrentado la tierra. (Voltaire, *Mélanges. La Bible enfin expliquée*).

"No hallaréis en ellos más que un pueblo ignorante y bárbaro, que combina desde tiempos antiguos la más sórdida avaricia con la más detestable superstición y el más invencible odio hacia todos los pueblos que los toleran y enriquecen." (Voltaire, *Dictionnaire philosophique*, no expurgado[396]).

"Habéis sido testigos de las barbaridades y de las supersticiones de este pueblo...Todos los demás pueblos han cometidos crímenes; Los Judíos son los únicos en haberse vanagloriado de ello. Nacieron todos con la rabia del fanatismo en el corazón, como los bretones y los germanos nacen con el cabello rubio. No me extrañaría en absoluto que esta nación resulte un día funesta para todo el género humano." (Voltaire, *Mélanges, deuxième lettre de Memmius à Cicéron*).

¿No coincidía en esto Voltaire con Jacques Attali y las palabras de su rabino?: "- Quizás porque los judíos, con su locura, son capaces de originar muchas masacres y cataclismos, murmura Eliav girándose sobre sí mismo."

Finalmente, tenemos que admitir, tras leer estas odiosas consideraciones de Voltaire, que el espíritu de Las Luces del siglo XVIII no se había librado todavía de las miasmas nauseabundas del antisemitismo. Pero Tácito, Cicerón, Ronsard, Shakespeare, Quevedo, Chateaubriand, Gogol, Hugo, Balzac, Dostoyevski, Renan, Schopenhauer, Michelet, Bakunin, Proudhon, Nietzsche, Wagner, Gide, Giraudoux, Morand, Hamsun, Vincenot y cientos más también han expresado los mismos horrores. Por muy apóstol de la tolerancia que fuese Voltaire, vemos que estaba todavía impregnado de unos prejuicios de otra era que no desaparecerían hasta los siglos siguientes, con el paso del tiempo y gracias a la educación ciudadana. Con todo y eso, la vigilancia sigue siendo necesaria ante este fenómeno, ya que la destrucción de la Alemania nazi bajo las bombas de fósforo e incendiarias no nos preserva ad vitam aeternam del resurgimiento de los rancios prejuicios de la Edad Media. La cuestión consiste ahora en saber si el genio de Voltaire justifica que se le siga estudiando en los institutos públicos. ¿No forma parte, después de todo, como lo decía justamente Derrida, de esos *"White Dead European males*[397]"?

---

[396]voltaire-integral.com/19/juifs.htm
[397]"Los viejos machos blancos muertos"

SEGUNDA PARTE

EL FIN DE UN SUEÑO MESIÁNICO

La realización de la idea socialista en el siglo XX y la construcción de Estados socialistas después de la revolución bolchevique de 1917 representó un episodio absolutamente singular en el desarrollo de la idea planetariana. Efectivamente, durante varias décadas, fue principalmente el marxismo el que movilizó las esperanzas de los partidarios del globalismo. Aunque muchos de sus intelectuales occidentales se fueron sumando al bando de la democracia liberal, a medida que se constataba el fracaso de la experiencia comunista, la caída del bloque soviético no fue menos sorprendente y brutal, y quedó como el cierre de un paréntesis de la historia que algunos desean olvidar a toda costa. En este caso el "deber de memoria histórica" no es de recibo.

Desde la caída del muro de Berlín, las lenguas se han soltado un poco. Es ahora de buena ley hablar de los crímenes comunistas desde la desaparición del régimen, al contrario de cuando éste ejercía su dictadura y criticarlo era considerado una opinión reaccionaria, incluso odiosa. Los horrores que fueron cometidos son ahora conocidos, después de haber sido ocultados por la élite intelectual occidental durante décadas. Y es que el mundo y las mentalidades evolucionan. Pronto, quizás, será posible hablar libremente del papel de los Judíos en la revolución comunista. Hasta donde sepamos, Aleksandr Solzhenitsyn ha sido el primero en publicar en Occidente un libro que trate el tema en su conjunto. Antes que él, los historiadores tenían por costumbre, o bien de eludir totalmente esas informaciones o bien de revelarlas de manera demasiado parcial para constituir un factor explicativo. El análisis de algunas obras históricas revela sin embargo que el asunto era conocido, pero que era de buen gusto no hablar de ello. Si hemos decidido en el presente estudio analizar este aspecto de la historia del comunismo es porque nos pareció una etapa esencial del derrotero de las esperanzas planetarianas, las cuales no están únicamente compuestas por las visiones idílicas y fraternales de los oráculos, tal como lo vamos a ver.

1. Las saturnales bolcheviques

La interpretación de la historia del siglo XX se ha visto un tanto trastocada por la publicación de un libro en el año 2003. Se trata del libro del mayor disidente soviético, universalmente célebre Aleksandr Solzhenitsyn, cuya pluma ya había hecho tambalear el régimen con *El Archipiélago gulag,* libro en el que desvelaba la realidad de los campos de concentración en la Unión Soviética –una realidad que la élite intelectual occidental admitiría finalmente con mucha dificultad.

Por lo tanto, sólo al final de su vida publicaría *Doscientos años juntos (1795-1995),* cuyo segundo tomo trata del papel de los judíos durante el periodo soviético. El testimonio de Aleksandr Solzhenitsyn presenta un especial interés, no solamente por la amplitud de las investigaciones que llevó a cabo, sino también por la notoriedad internacional de su autor y, sobre todo, por el hecho de que su libro es la única síntesis sobre el tema destinado al público en general, lo cual explica el increíble éxito que tuvo su publicación.

Hubo por lo tanto que esperar 70 años para tener por fin acceso a sorprendentes revelaciones, poco sospechosas de parcialidad, pues sus innumerables referencias bibliográficas provienen esencialmente de fuentes hebraicas. De hecho, fue este terremoto en la historiografía lo que nos dio la idea de comenzar nuestras propias investigaciones, ya que nos pareció entonces que una gran parte de la historia había quedado en la sombra, perjudicando así la comprensión de los acontecimientos contemporáneos. Hemos por lo tanto establecido aquí un resumen de este libro fundamental, intentando respetar el tono general de la obra del autor ruso. No hemos añadido nada a fin de no desnaturalizar el propósito de Aleksandr Solzhenitsyn.

Los trenes de plomo

La revolución rusa de 1917 se divide en dos episodios: una revolución burguesa y democrática, en el mes de febrero, y una revolución comunista, bolchevique, que tuvo lugar en el mes de octubre del mismo año. En febrero, Rusia todavía estaba en guerra junto a sus aliados franceses e ingleses. Millones de hombres fueron movilizados para combatir contra los imperios centrales. El primer acto legislativo del Gobierno provisional, contrariamente a lo que se podía esperar, no tuvo nada que ver con la apremiante y trágica situación bélica. El 20 de marzo de 1917, el Gobierno adoptaba la resolución preparada por el ministro de Justicia, Kerenski, que abrogaba "cualquier discriminación de derechos por pertenecer a una confesión, una doctrina religiosa o un grupo nacional". La publicación del acta suscitó un gran entusiasmo y número de declaraciones apasionadas en la prensa occidental. La esposa de Maxime Vinaver, Rosa Georguieva, contaba en sus memorias: "Aquel suceso coincidió con la Pascua judía. Parecía un segundo éxodo de Egipto." El anuncio de la emancipación de los Judíos de Rusia suscitó un estallido de alegría en las comunidades judías de Occidente y de todo el mundo[398].

Según las memorias de muchos autores, desde los primeros días de la revolución los observadores quedaron atónitos ante la cantidad de Judíos entre los miembros de las comisiones de interrogatorio, al igual que entre los vendedores de revistas en los espacios públicos. La revolución parecía haber dado rienda suelta a su actividad política; podían de ahora en adelante actuar a la vista de todos. Un observador imparcial como el pastor metodista Simons, un estadounidense que había vivido diez años en San Petersburgo y que conocía muy bien la ciudad, contestó en 1919 a la comisión de investigación del Senado de Estados Unidos: "Poco tiempo después de la revolución de marzo de 1917, veíamos por todas partes en San Petersburgo grupos de Judíos alzados sobre bancos o cajas de jabón arengando las muchedumbres[399]."

Las semanas de marzo fueron marcadas por medidas enérgicas tomadas en contra de los antisemitas declarados o que tenían la reputación de serlo. También fueron arrestados jueces de instrucción, procuradores, editores y libreros. Las librerías de la Unión monárquica fueron incendiadas. Por todas partes en Rusia, se detenía a cientos de personas por el mero hecho de haber ocupado algún cargo de responsabilidad durante el régimen zarista, o simplemente por su manera de pensar.

Los órganos de represión fueron rápidamente organizados. En San Petersburgo se constituyó inmediatamente una milicia revolucionaria

---

[398] Esto nos recuerda la precipitación con la que la nueva República francesa otorgó la nacionalidad francesa a los Judíos de Argelia en 1870, como si no hubiera nada más urgente justo cuando los ejércitos prusianos asediaban la capital.
[399] Alexandre Soljénisyne, *Deux siècles ensemble,* Éditions Fayard. 2003, p. 43

que tuvo como portavoz el periodista Solomón Kaplun, el futuro esbirro de Zinóviev. El abogado Goldstein se convirtió en presidente de la comisión especial creada por el colegio de abogados de la ciudad a fin de decidir, sin juicio previo, del destino de miles de personas detenidas o a punto de serlo por sus opiniones subversivas. "Por primera vez en la historia de Rusia, los Judíos ocuparon altos cargos en la administración central y local[400]." Dentro de la intelliguentsia, había efectivamente muchos Judíos, aunque esto no permite afirmar que la revolución fuera judía. La revolución de febrero fue sin lugar a duda llevada a cabo por rusos, aunque, escribía Solzhenitsyn, "su ideología tuvo un papel significativo y determinante, absolutamente intransigente respecto del poder histórico ruso."

La realidad del poder estaba en manos de un "Comité ejecutivo del Soviet de diputados obreros y soldados" constituido en las primeras horas de la revolución y que era una especie de gobierno en la sombra que privaba de autonomía y poder real al Gobierno provisional. La composición de ese Comité ejecutivo levantaba muchas preguntas en la prensa y el público ruso. En efecto, durante dos meses sus miembros sólo se presentaron bajo seudónimos y se cuidaron de no aparecer en público, de tal forma que no se sabía muy bien quién gobernaba Rusia. "Más tarde se supo que en el Comité ejecutivo había una decena de soldados embrutecidos que permanecían apartados. De la treintena de miembros verdaderamente activos, más de la mitad eran socialistas judíos. Había rusos, caucásicos, letones y polacos, pero los rusos representaban menos de un cuarto" de los efectivos.

El misterio de los seudónimos intrigaba los círculos cultos de San Petersburgo y generaba dudas y preguntas en la prensa. Esta disimulación provocaba la exasperación general, incluidas las capas populares de la población. En mayo, tras dos meses de silencio, no quedó más remedio que desvelar públicamente la verdadera identidad de todos los miembros del Comité ejecutivo. Boris Katz se presentaba bajo el seudónimo de "Kamkov"; Lourié se ocultaba tras el de "Larine", y Mandelstam bajo el de "Liadov". Para la gente de aquella época, únicamente los ladrones disimulaban su identidad o cambiaban de nombre y apellido. Es cierto que muchos habían conservado sus seudónimos de los tiempos de la clandestinidad, cuando había que esconderse, pero muchos otros tomaron un seudónimo en 1917. Una cosa está clara: si un revolucionario se disimula detrás de un seudónimo, es que quiere engañar a alguien, y quizá no sólo a la policía y el gobierno. ¿Cómo saber quiénes son realmente nuestros nuevos

---

[400]Alexandre Soljénisyne, *Deux siècles ensemble*, Éditions Fayard. 2003, p. 44

dirigentes, se preguntaba el hombre de la calle? Cuando en el mes de mayo fueron propuestos las candidaturas de Zinóviev y Kamenev para el Presídium del Soviet, los gritos saltaron en la sala: "¡Denos sus verdaderos apellidos!"

En los dos famosos trenes que cruzaron Alemania- el de Lenin (30 personas) y el de Natanson-Martov (160), los Judíos eran una mayoría aplastante; casi todos sus partidos estaban representados. Entre esos dos cientos individuos, muchos llegarían a tener un rol significativo en la vida política rusa. Quedó rápidamente claro que sería muy difícil volver atrás después de semejante entusiasmo destructor. Era lo que pensaba David Aisman, quién escribía notablemente convencido de ello: "Los Judíos deben consolidar a toda costa las conquistas de la revolución." No cabe la menor duda de lo que les ocurriría a los Judíos "en caso de que venciera la contrarrevolución", pues ello daría lugar a ejecuciones masivas. Es por eso que "esta innoble canalla debe ser cortada de raíz. Y su simiente debe ser igualmente destruida[401]". "Este ya era el programa de los bolcheviques, pero expresado en términos bíblicos", concluía Solzhenitsyn.

El bolchevismo no era muy popular entre los Judíos antes del putsch de Octubre. De hecho, la revolución de Febrero ya les había otorgado los derechos cívicos y la plena libertad para expresarse y actuar, de tal forma que una revolución bolchevique no les parecía necesaria. Pero justo antes de que ésta se produjera, los S.R. (Socialistas-Revolucionarios) de izquierda, liderados por Natanson, Kamkov y Steiberg, sellaron una alianza con Trotski y Kamenev y tuvieron un papel destacado junto a los bolcheviques en las primeras victorias que consiguieron.

La proporción de Judíos en las instancias dirigentes del aparato de gobierno que iba a tomar el poder era significativa. En el último Congreso del partido obrero socialdemócrata ruso que había tenido lugar en Londres en 1907, celebrado en común con los mencheviques, había habido 160 Judíos sobre 302 delegados, es decir más de la mitad. Durante el VI Congreso de verano del Partido comunista ruso de los bolcheviques (el nuevo nombre del Partido obrero), once miembros fueron elegido al Comité central, entre los que figuraban Grigori Zinóviev, Yákov Sverdlov, Lev Davídovich Bronstein "Trotski" y Moiséi Solomónovich Uritski. El primer "Politburó", que iba a tener un tan brillante futuro, fue elegido durante la sesión histórica del 10 de octubre de 1917 en la calle Karpova, en el apartamento de Himmer y

---

[401] Rousskaïa Volia, 1917, 13 abril, p. 3 [p. 62]. Entre corchetes: las referencias del libro de Solzhenitsyn.

Flaksermann. Entre sus siete miembros figuraban Trotski, Zinóviev, Kamenev y Sokolnikov. Fue durante esa reunión que fue tomada la decisión de lanzar el golpe de Estado bolchevique.

Aturdidos por la atmósfera de libertad de los primeros meses de la revolución de Febrero, muchos oradores judíos no vieron ni comprendieron que sus frecuentes apariciones en las tribunas de los mítines comenzaban a suscitar el asombro y la sospecha de buena parte de la población. Mientras que en el momento de la Revolución de Febrero no había "antisemitismo popular" en Rusia, excepto en la Zona de residencia402, éste se desarrolló en los primeros meses posteriores. Este sentimiento no hizo más que crecer después, y una ola de exasperación popular se desató contra estos Judíos advenedizos que no ocultaban su entusiasmo revolucionario y ocupaban funciones en las que nunca se les había visto, pero que nadie veía en las filas de espera de hambrientos delante de las tiendas. A pesar de ello, no hubo ni un sólo pogromo en todo el año 1917.

Octubre

Sabemos que, en la noche del 27 de octubre, durante una reunión calificada de "histórica", el Congreso de los Soviets promulgó su "decreto sobre la paz" y su "decreto sobre la tierra". Lo que es menos conocido, es que en medio de esos dos decretos también se adoptó una resolución que estipulaba que "los Soviets locales debían impedir a las fuerzas oscuras perpetrar pogromos contra los Judíos u otras categorías de población[403]." Otra vez, de nuevo, la cuestión judía se había antepuesto a la cuestión campesina.

Si bien no hubo ni un sólo ministro Judío, sí que hubo cuatro Judíos a cargo de secretarías de Estado, aunque bien es cierto que éstas no tenían mucho peso comparado con el Comité ejecutivo, cuya influencia era determinante. La primera oficina política del Comité central ejecutivo de los Soviets estaba compuesta por nueve miembros, de los cuales cinco eran Judíos (los socialistas revolucionarios Gotz y Mandelstam, el menchevique Dan, el bundista[404] Liber, y un

---

[402]Antes de la Revolución de Febrero, los Judíos sólo estaban autorizados a instalarse y vivir en las regiones occidentales del imperio, en Polonia, Ucrania y Moldavia. [Sobre La Zona de residencia (el Yiddishland revolucionario) y las revoluciones comunistas en Europa, léase Hervé Ryssen, *El Fanatismo judío*. (NdT).]

[403]León Trotski, *Histoire de la révolution* (en ruso), Berlín, tomo II, p. 361. [p.82]

[404]A principio del siglo XX, el Bund era la principal organización política judía de la Zona de Residencia. Reunía a miles de militantes. Léase en Hervé Ryssen, *El Fanatismo judío*. (NdT).

bolchevique de primer plano: Kamenev), el Georgiano Nikolay Chkheidze, el Armenio Saakian, el polaco Kruchinski, y finalmente Nicolski: ¡un Ruso! Estos eran los que habían tomado el poder en Rusia en aquel momento crítico de su historia. "La mayoría de los rusos- desde el hombre de a pie hasta el general- quedaron literalmente estupefactos con la repentina y espectacular aparición de esas nuevas caras entre los oradores de los mítines, organizadores de manifestaciones y dirigentes políticos."

Lenin era ruso, aunque mestizo de varias razas diferentes: su abuelo paterno, Nikolái Uliánov, era de sangre calmuca y chuvasia; su abuela, Anna Alekséyevna Smirnova, era una calmuca; su otro abuelo, Israel (Aleksandr, su nombre de bautizo) Davidovich Blank, era judío; y su otra abuela, Ana Groschop, era la hija de un alemán y una sueca. "Pero esto no cambia al asunto, precisaba Solzhenitsyn, pues nada permite excluirlo del pueblo ruso. No podemos de ninguna manera renegar de él."

Desde el regreso de Lenin a Rusia, subsidios secretos habían llegado a los bolcheviques provenientes de Alemania vía la Nia Banken de Olof Aschberg, pero también a través de banqueros rusos que habían huido al extranjero. El conocido investigador estadounidense Anthony Sutton encontró documentos de archivos después de medio siglo que nos informaban de que entre esos banqueros bolcheviques estaba el tristemente célebre Dimitri Rubinstien, el cual había sido liberado de prisión a favor de la revolución de Febrero, y que había huido a Estocolmo. También estaba Abram Jirinovski, un pariente de Trotski y de Lev Kamenev. Entre los miembros del sindicato, estaban "Denisov, del antiguo Banco de Siberia, Kamenka, del Banco Azov-Don, y Davidov, del Banco para el Comercio exterior. Otros banqueros bolcheviques eran: Grigori Lessine, Shifter, Yákov Berline y su agente Isidoro Kohn[405]."

Estos habían salido de Rusia, pero otros, mucho más numerosos, venían de Estados Unidos con el objetivo de construir "el Nuevo mundo de la Felicidad universal". Venían cruzando los océanos desde Nueva York o San Francisco; algunos eran antiguos súbditos del Imperio ruso, otros eran ciudadanos estadounidenses que ignoraban todo del idioma ruso y del país, pero todos animados del entusiasmo revolucionario más

---

[405]Anthony Sutton, *Ouol strit i bolchevitskaïa revolioutsiia. Wall Street and the Bolshevik Revolution*, traduction de l'anglais, 1998, p. 141-142, [p. 115]. [*Wall Street and the Bolshevik Revolution: The Remarkable Story of the American Capitalists Who financed the Russian Communists*, Clairview Books, 2011. (NdT)].

extático. Toda esa gente tenía buenas razones para regresar a Rusia, y durante los primeros meses su influencia no hizo más que crecer.

En febrero de 1920, Winston Churchill se expresaba al respecto en las páginas del *Sunday Herald*. En un artículo titulado *Sionismo contra bolchevismo*, Winston Churchill escribía: Una "banda de personajes extraordinarios salida del inframundo de las grandes ciudades de Europa y Estados Unidos ha agarrado del cuello al pueblo ruso y prácticamente se ha convertido en el amo indiscutible de un inmenso reino[406]."

Muchos nombres y apellidos conocidos figuraban entre los que habían regresado a Rusia. Citemos por ejemplo Gruzenberg, que había vivido en Inglaterra y luego en Estados Unidos. Lo vemos en 1919 ocupar el puesto de cónsul general de la URSS en México (país en el que los revolucionarios fundaban grandes esperanzas); el mismo año, lo vemos sesionar en los órganos centrales del Komintern. Vuelve a la acción en Suecia, luego en Escocia, donde es arrestado. Reaparece un poco más tarde en China en 1923 bajo el apellido de Borodine con toda una cuadrilla de espías, "siendo el principal consejero político del Comité ejecutivo del Kuomintang", posición que le permitiría favorecer la carrera de Mao Tse-Tung y de Zhou Enlai. Sin embargo, Chiang Kai-shek sospecharía Borodine-Gruzenberg de llevar a cabo actividades subversivas, expulsándolo de China en 1927. Regresaría entonces a la URSS donde se convertiría en redactor jefe de la Oficina de información soviética. Sería finalmente fusilado en 1951.

Desde las primeras horas en el poder, los bolcheviques recurrieron a los Judíos, ofreciendo a unos, puestos de dirección, a otros, tareas ejecutivas dentro del aparato soviético. Un gran número de ellos respondieron a la llamada y se comprometieron inmediatamente. Fue un verdadero fenómeno de masas. Desde ese momento, los Judíos que abandonaban las provincias de la antigua Zona de residencia ya no trataron de instalarse en provincias antiguamente prohibidas, sino que hicieron todo lo posible para instalarse en las grandes capitales. Lenin era conocedor de este hecho, aunque consideraba inoportuno que la prensa lo subrayara: "El hecho de que gran parte de la *intelliguentsia* media judía se haya fijado en las ciudades rusas ha prestado un gran servicio a la revolución. Son ellos los que, en la hora fatídica, salvaron la revolución. Si logramos apoderarnos del aparato del Estado y reestructurarlo, fue exclusivamente gracias a ese vivero de nuevos

---

[406] Ernst Nolte, *La guerra civil europea, 1917-1945*, Fondo de cultura económica, México, 2001, p. 131.

funcionarios- lúcidos, instruidos y razonablemente competentes407." Este hecho era confirmado a su vez por Leonard Schapiro: "Miles de Judíos se unieron en masa a los bolcheviques, ya que veían en ellos los defensores más encarnizados de la revolución y los internacionalistas más fiables. Los Judíos también abundaron en las capas inferiores del aparato del Partido408." Pasmanij también lo confirmaba: "La aparición del bolchevismo está ligado a las particularidades de la historia rusa, pero su excelente organización, el bolchevismo se lo debe en parte a la acción de comisarios judíos409." Efectivamente, la supresión de la Zona de residencia en 1917, provocó el éxodo instantáneo de los Judíos hacia el interior del país, a la conquista de las capitales.

El golpe por la fuerza de Octubre coincidió en el tiempo con la declaración Balfour, la cual ponía las bases para un Estado judío independiente en Palestina. Una parte de la nueva generación judía había tomado el camino de Herzl y Jabotinski, pero en aquellos años la mayoría de Judíos había cedido a los cantos de sirenas del bolchevismo. La vía de Herzl aparecía todavía lejana e irreal, mientras que la de Trotski permitía a los Judíos ganar prestigio enseguida. El Bund y los sionistas también se habían dividido y sus lideres se habían unido al bando de los vencedores, renegando de los ideales del socialismo democrático. "La parte más importante y activa del Bund, que había asumido hasta entonces el papel de representar las masas obreras judías, se integró a los bolcheviques410."

Los otros partidos socialistas, los Socialistas-revolucionarios y los mencheviques, que contaban con muchos Judíos en sus filas y a su cabeza, también dudaron en incorporarse a los bolcheviques y se dividieron. Entre los tránsfugas mencheviques, el famoso Lev Mejlis figuraba dentro del secretariado de Stalin, en el comité de redacción de la *Pravda411*, encabezando el departamento político del Ejército rojo, en el Comisariado de la Defensa y comisario en el Control de Estado. Sus cenizas están selladas en el muro del Kremlin. Aunque todo sea dicho, también hubo algunos Judíos entre los jefes de la resistencia a los bolcheviques, apuntaba Solzhenitsyn.

---

[407]V. Lénine, *O evreiskom voprose v Rossii* [*Sobre la cuestión judía en Rusia*], préface de S. Diamanstein, M., Proletarii, 1924, p. 17-18. [p. 87]

[408]Leonard Schapiro, *The role of the Jews in the russian revolutionnary movement*, vol. 40, London, Athlone Press, 1961, p. 164. [p. 88]

[409]Alexandre Soljénisyne, *Deux siècles ensemble*, Éditions Fayard. 2003, p. 89

[410]I. M. Biekerman, RiE, *Rossa i evrei*, (*Rusia y los Judíos*), Berlin, 1924, Paris, 1978, p. 44

[411]Fue la publicación oficial del Partido Comunista entre 1918 y 1991. (NdT).

Liderando el Ejército rojo, el mítico Trotski fue un incontestable internacionalista, y se le puede creer cuando declaraba con énfasis que rechazaba cualquier pertenencia a la comunidad judía. Pero a juzgar por las elecciones que hizo en sus nominaciones, es evidente que los Judíos le eran más cercanos que los Rusos. Sus dos asistentes más próximos eran Glazman y Sermuks; el jefe de su guardia personal era un tal Dreiter; y cuando hubo que encontrar un sustituto autoritario y despiadado para ocupar el puesto de comisario a la Guerra, nombró Efraím Sklianski, un médico que no tenía nada que ver con un militar o un comisario. En Moscú, este individuo pasaba por ser el primer comprador de diamantes. "Había sido descubierto en Lituania, durante el control de equipaje de la mujer de Znóviev, Zlata Bernstein-Lilina, con joyas de un valor de varios millones de rublos412." Este tipo de anécdotas empaña un poco la leyenda según la cual los primeros jefes revolucionarios eran unos grandes idealistas desinteresados.

La primera acción realmente importante de los bolcheviques fue la firma del tratado de paz separada de Brest-Litovsk, que cedía a Alemania una enorme porción de territorio ruso, a fin de asentar el poder bolchevique sobre el resto del territorio. El jefe de la delegación signataria era Adolf Iofe; el jefe de la política extranjera era Trotski. Su secretario y apoderado, I. Zalkin, había ocupado el gabinete ministerial y llevado a cabo una purga dentro del antiguo aparato. Sverdlov estaba a la cabeza del Estado, Zinóviev y Kamenev dirigían las dos capitales, el primero siendo además el jefe del Komintern (la Internacional); Solomón Lozovski comandaba el Profintern (Sindicato Rojo Internacional) y Oscar Ryvkine el Komsomol (la organización juvenil). Después de éste, la dirección de la Internacional comunista de la Juventud fue retomada por Lazar Abramóvitch Chatskine. La Comisión panrusa para las elecciones a la Asamblea constituyente había sido encargada al joven Brodski; en cuanto a la Asamblea, su gestión recayó en Uritski, quién, con la ayuda de Drabkin, tuvo que constituir una nueva cancillería.

Es imposible revisar todos los nombres de aquellos que ocuparon puestos importantes, incluso muchos de los puestos claves. Entre las figuras destacadas, hay que citar "la ilustrísima Rosalía Samoilovna Zulkind-Zemliatchka, verdadera furia del terror" que dejó para la historia su nombre asociado a las masacres de Crimea. En 1917-1920, era la secretaria del comité de los bolcheviques de Moscú junto a Zagorski, Zelenski y Piátniski (Ósip Arónovich Tarchis). La estrella en ascenso de aquel mundillo revolucionario era Lázar Moiséyevich

---

[412]Alexandre Soljénisyne, *Deux siècles ensemble*, Éditions Fayard. 2003, p. 94

Kaganóvich, quién era entonces el presidente del Comité de provincia del Partido en Nizhni-Nóvgorod (la tercera ciudad de Rusia), donde hizo reinar un "terror masivo". Arkadi Rosengoltz fue otro de los actores del golpe de Estado en Moscú. Fue también miembro de los Consejos de guerra de varios cuerpos de ejército. Fue el más próximo asistente de Trotski. Semjon Najimson fue el "feroz comisario de la región militar de Yaroslavl". Samuel Zwilling tomó las riendas del Comité ejecutivo de la región de Oremburgo. Abraham Bielenki era el jefe de la guardia personal de Lenin; Samuel Filler, un aprendiz apoticario de provincia, se alzó hasta el presídium de la Cheká de Moscú. Sería largo y fastidioso citarlos a todos.

El papel de los judíos fue especialmente visible y relevante en los órganos administrativos que lidiaban con el problema más acuciante de aquellos años: el abastecimiento. También aquí, la lista de responsables que ocupaban los puestos claves es particularmente elocuente. "Las requisiciones debían ser ejecutadas sin tener en cuenta las consecuencias, confiscando todo el grano de los pueblos, dejando al productor sólo una ración de hambruna si fuere necesario". Tal era la directiva oficial del comisario para el Aprovisionamiento de la provincia de Tiumén. Grigori Indenbaum exigió, en un telegrama firmado por su mano, "la más despiadada represión y la confiscación sistemática del trigo". Dio órdenes a los campesinos que no habían proveído al Estado de la cantidad fijada de lana de oveja, de esquilmarlas una segunda vez al final del otoño (justo antes del invierno). Otros comisarios igual de incompetentes hacían distribuir mijo para las siembras, o incluso semillas de girasol tostadas, o amenazaban con prohibir sembrar malta[413]. En el X Congreso del Partido, la delegación de Tiumén informó que "los campesinos que se negaban a entregar su trigo eran colocados de pie en las fosas, rociados de agua y morían ahí congelados."

La presencia de algunos Judíos al lado de los bolcheviques tuvo atroces consecuencias durante esas semanas y meses terribles. Entre ellos figura el asesinato de la familia imperial, ordenado finalmente por Lenin, que había previsto la indiferencia total de los aliados y la debilidad de las capas conservadoras del pueblo ruso. Si bien el asesinato del hermano del zar el Gran Duque Miguel Románov fue perpetrado por Rusos, en cambio se sabe que los Judíos más proactivos estuvieron presentes en el momento álgido de los acontecimientos en torno al asesinato del zar y de su familia. Los guardias eran Letones, Rusos y Magiares, pero dos personajes tuvieron un papel decisivo:

---

[413] Alexandre Soljénisyne, *Deux siècles ensemble*, Éditions Fayard. 2003, p. 243

Filipp Isáyevich Goloshchokin y Yákov Yurovski. Goloshchokin, íntimo amigo de Yákov Sverdlov, era miembro del Comité central del partido bolchevique. Tras el golpe de Estado, se convirtió en el amo absoluto de la región de los Urales, como comisario militar y secretario del Comité del Sóviet de los Urales. En cuanto a Yurovski, éste se vanagloriaba con aplomo de haber sido el mejor: "Fue la bala de mi Colt la que dejó tieso a Nicolas." Voikov, el comisario de Aprovisionamiento de la región facilitó los barriles de gasolina y de ácido sulfúrico necesarios para destruir los cuerpos. Después de la Segunda Guerra mundial, "después de que el poder comunista hubiera roto las relaciones con el judaísmo mundial, Judíos y comunistas se sintieron incómodos y el miedo les invadió, prefiriendo guardar silencio y disimular la fuerte participación de los Judíos en la revolución. A su vez, cualquier veleidad de recordar aquellos sucesos era calificada por los Judíos de intención antisemita414."

El Terror

En los momentos más álgidos de 1918, Lenin grabó en un gramófono un "discurso especial sobre el antisemitismo y los Judíos": "La maldita autocracia zarista siempre ha puesto los obreros y los campesinos incultos en contra de los judíos...La hostilidad hacia los Judíos sólo es vivaz allí donde la cábala capitalista ha oscurecido el espíritu de los obreros y campesinos. Los Judíos son nuestros hermanos, oprimidos como nosotros por el capitalismo. Son nuestros camaradas que luchan como nosotros en pro del socialismo. ¡Vergüenza debería darles a los que siembran la hostilidad hacia los Judíos!" Las grabaciones de este discurso fueron difundidas por todas partes, en las ciudades y pueblos de Rusia, a través de los trenes especiales de propaganda que recorrían el país. Se difundía este discurso en los clubes, en los mítines y en las asambleas.

El 27 de julio de 1918, justo después de la ejecución de la familia imperial, el Sovnarkom (Consejo de Comisarios del Pueblo) promulgó una ley especial sobre el antisemitismo, cuya conclusión había sido escrita de la mano de Lenin: "El Sovnarkom ordena a todas las diputaciones soviéticas erradicar el antisemitismo. Los instigadores de pogromos y aquellos que los propaguen serán declarados fuera de la ley" Firmado: Vl. Uliánov (Lenin). En aquella época, declarar los antisemitas "fuera de la ley", como lo había confirmado Lourié- el

---

[414] Alexandre Soljénisyne, *Deux siècles ensemble*, Éditions Fayard. 2003, p. 90

promotor del "comunismo de guerra"-, significaba lisa y llanamente "fusilarlos".

Para reprimir las revueltas, el poder bolchevique necesitaba un ejército regular. En 1918, León Trotski, con la ayuda de Efraím Sklianski y de Yákov Sverdlov, creó el Ejército rojo. En sus filas y en su cadena de mando, los combatientes judíos eran numerosos. El investigador israelí Aron Abramovich ha establecido en los años 1980 listas detalladas de Judíos que habían ocupado puestos de mando en el Ejército rojo, desde la guerra civil hasta la Segunda Guerra mundial. Su estudio demostraba que entre los jefes de Estado Mayor en los consejos revolucionarios de los veinte ejércitos, entre uno y dos sobre tres eran judíos (cerca de dos tercio). "La proporción de Judíos en los puestos adjuntos políticos era especialmente elevada en todos los escalones del ejército", así como en el aprovisionamiento de los cuerpos de ejército y en la medicina militar.

La Cheká, o Comisión extraordinaria de toda Rusia para la lucha contra la contrarrevolución y el sabotaje, institucionalizó el Terror rojo incluso mucho antes de que éste fuera oficialmente proclamado el 5 de septiembre de 1918. De hecho, lo instituyó desde su misma creación, en septiembre de 1917 y lo siguió aplicando después de la guerra civil. Desde enero de 1918 , ya se aplicaba la "pena de muerte in situ, sin juicio ni instrucción". Luego vinieron las redadas de cientos y miles de rehenes, perfectamente inocentes que fusilaban de noche o ahogaban en los ríos en barcazas llenas a rebosar de prisioneros. La Cheká se convirtió en el nervio principal de la dirección del Estado. En Sebastopol, tras el derrumbe de la resistencia, se pasaba por las armas y ahorcaba a los sospechosos por decenas, por cientos. La avenida Najímov estaba llena de ahorcados que habían sido detenidos en plena calle y ejecutados sin juicio[415]. Es totalmente ridículo afirmar que "los fusileros más fanáticos y cuidadosos de las Chekás no eran para nada Judíos, supuestamente ritualistas, sino generales y oficiales, antiguamente fieles servidores del trono[416]". "¿Quién habría tolerado a éstos en la Cheká? respondía Solzhenitsyn. Cuando se les invitaba, ¡era para fusilarlos!" A la vista de los documentos de archivos disponibles, un investigador contemporáneo – el primero en examinar el papel de las minorías en el aparato de Estado soviético- llegó a la conclusión de que "en la época del Terror rojo, las minorías nacionales eran más del 50% del aparato central de la Cheká, y cerca del 70% en los puestos de responsabilidad." Entre esas minorías nacionales,

---

[415] S.P. Melgounov, *La Terreur rouge en Russie*, Berlin, 1924.
[416] *Tribune juive*, París, 1924, 1 de febrero, p. 3. [p. 139].

además del gran número de Letones y de una cantidad no desdeñable de Polacos, la cantidad de Judíos también era notable, sobre todo entre los responsables. Entre los jueces de instrucción que tenían la misión de combatir la contrarrevolución, la mitad estaba compuesta por Judíos.

Este estado de cosas hizo que la población rusa en su conjunto, tanto en las filas de los Rojos como de los Blancos, juzgara que el Terror era un "terror judío". Rebeca Plastinima-Maizel, por ejemplo, miembro del comité revolucionario de la provincia de Arcángel, era famosa por su crueldad en el Norte de Rusia. Gustaba de "agujerear las nucas y las frentes" deliberadamente. Fusiló con sus propias manos a más de un centenar de personas e hizo carrera hasta convertirse en miembro de la Corte suprema en los años cuarenta.

¿Y qué decir de las hecatombes del Don, el caudaloso río que sumergió a miles de cosacos en la flor de la vida? En agosto de 1919, el Ejército de Voluntarios que entró en Kiev descubrió las fosas comunes de cadáveres fusilados. Como siempre, se fusilaba primero a la élite rusa. En Kiev, el número de colaboradores de la Cheká oscilaba entre 150 y 300. La proporción de Judíos respeto del total de colaboradores era de uno sobre cuatro, pero la mayor parte de los puestos claves estaba entre sus manos: de los 20 miembros de la comisión, es decir los que decidían de la suerte de la gente, 14 eran judíos. En un hangar reconvertido, los verdugos hacían entrar la víctima completamente desnuda, le ordenaban ponerse boca abajo en el suelo y la ejecutaban de un disparo en la nuca. Las ejecuciones se hacían con revólveres (la mayoría de las veces con un Colt). La víctima siguiente era llevada al mismo sitio y se tumbaba al lado. Cuando el número de víctimas sobrepasaba la capacidad de aforo del hangar, las nuevas víctimas eran colocadas encima de los cuerpos de los que habían sido asesinados anteriormente417.

Dinamitar las iglesias

En el verano de 1918, se produjo el asalto al clero ortodoxo. La persecución de los sacerdotes y la profanación de reliquias fueron acompañadas de un desencadenamiento inaudito de sarcasmos en la prensa. El magistrado instructor Chpitsberg, encargado de los asuntos de la Iglesia, ultrajaba públicamente la creencia religiosa del pueblo y se mofaba abiertamente en su libro (*La peste religiosa*, publicado en 1919) de los rituales sagrados, y en el que daba nombres abominables a

---

[417]Alexandre Soljénisyne, *Deux siècles ensemble*, Éditions Fayard. 2003, p. 148

Cristo. Semejante odio y desprecio hacia la religión de los rusos no podía pasar desapercibido ni dejar de llamar la atención.

Solzhenitsyn estimaba que se había cometido varios graves errores, como nombrar Gubelman-Yaroslavski a la cabeza de la Unión de los Sin-Dios, rebautizar la iglesia San Vladímir en "Najímson", transformar Elisabetgrado en "Zinóvevsk", y darle el nombre de "Sverdlovsk" a la ciudad de Ekaterimburgo, localidad donde el zar había sido asesinado. S. Boulgakov, que había observado con atención lo que pasaba con el cristianismo ortodoxo bajo el yugo de los bolcheviques, escribía en 1941: En la URSS, la persecución de los cristianos ha superado en violencia y en amplitud todas las precedentes persecuciones conocidas a través de la historia. Ciertamente, no se debe imputar todo a los Judíos, pero tampoco hay que minimizar su influencia418." Indudablemente, las feroces persecuciones, los crímenes y los asesinatos perpetrados contra la religión mayoritaria hirieron profundamente el pueblo ruso.

A lo largo de los años veinte, el clérigo ruso fue aniquilado sin piedad. También fueron destruidos los fundamentos y representantes de la ciencia rusa de numerosas disciplinas– historia, arqueología, etnología; los rusos ya no debían tener pasado. La propia noción de "historia de Rusia" fue abandonada. La propia palabra "ruso", cuando uno decía por ejemplo "yo soy ruso", era percibida como provocadora y contrarrevolucionaria. En las columnas de la *Vetchernaïa Moskva*, V. Blum se permitía exigir "barrer toda la basura histórica de las plazas de nuestras ciudades": el monumento a Minin y Pozharski en la Plaza Roja, el monumento conmemorativo del milenio de Rusia en Novgorod, la estatua de San Vladímir en Kiev; "todas esas toneladas de metal deberían estar desde hace tiempo en un vertedero."

El dinamitero en jefe Kaganóvich hizo volar por los aires la Catedral de Cristo Salvador de Moscú, e insistió para que se arrasara también la Catedral de San Basilio. La iglesia ortodoxa estaba en la diana de los ataques públicos de toda una facción de "ateos militantes", con Gubelman-Yaroslavski a la cabeza. Si bien hubo muchos hijos de campesinos rusos implicados en tales acciones, fue, sin embargo, la participación de las otras nacionalidades en las persecuciones perpetradas contra la iglesia ortodoxa la que causó fuerte impresión y quedó grabada en las memorias.

Tales fueron los verdugos de la revolución. ¿Pero qué fue de las víctimas? Rehenes y prisioneros en cantidades industriales - Rusos; los fusilados y ahogados en barcazas repletas - Rusos; los oficiales- Rusos;

---

[418] Alexandre Soljénisyne, *Deux siècles ensemble*, Éditions Fayard. 2003, p. 107

los nobles- en mayoría Rusos; los sacerdotes- Rusos; los miembros de los Zemstvos[419]- Rusos; los campesinos que huían del alistamiento en el Ejército rojo y arrestados en los bosques- todos Rusos. Si se pudiera hoy en día encontrar los nombres y apellidos y hacer una lista, contando desde 1918, de todos los fusilados y ahogados durante los primeros años del poder soviético, y si se estableciera las estadísticas, nos sorprendería comprobar que la revolución no tuvo de ninguna manera un rasgo internacionalista, sino definitivamente anti-eslavo[420]. No, proseguía Solzhenitsyn, "los Judíos no fueron la fuerza motriz del golpe de Estado de Octubre. Éste no les aportaba nada, ya que la revolución de Febrero ya les había otorgado una plena y total libertad. Pero tras la toma de poder por la fuerza, la joven generación laicizada cambio rápidamente de cabalgadura y se lanzó con confianza al galope infernal del bolchevismo."

Korolenko, por muy liberal y tolerante que fuera, apuntaba en sus cuadernos en la primavera de 1919: "Entre los bolcheviques, hay un gran número de Judíos y de Judías. Su falta de tacto, su confianza en sí mismo son chocantes e irritantes[421]." Otras observaciones hechas en el momento han llegado hasta nosotros. Najivin, por ejemplo, apuntó las impresiones que tuvo en los inicios del poder soviético: en el Kremlin, en la administración del Sovnarkom, "reinan el desorden y el caos. Sólo se ven Letones y más Letones, Judíos y más Judíos. Nunca fui antisemita, pero esto...Había tantos que saltaba a la vista, todos jovencísimos." En los primeros años del poder soviético, los Judíos estaban en mayoría no solamente en las altas esferas del Partido, sino también en las capas inferiores y en las administraciones locales. Aronson, autor del *Libro de los Judíos en Rusia*, mencionaba: "La acción de numerosos bolcheviques judíos que han trabajado en las localidades, en calidad de agentes subalternos de la dictadura y que han causado innumerables daños a la población del país[422]." No era tanto el origen nacional lo que se cuestionaba, sino la actitud antinacional y antirrusa, el desprecio de esa "ralea internacional" hacia todo lo que los siglos de historia rusa habían acumulado.

---

[419]El zemstvo: forma de gobierno local instituido por las reformas liberales del Imperio ruso del zar Alejandro II. (NdT).
[420]Alexandre Soljénisyne, *Deux siècles ensemble*, Éditions Fayard. 2003, p. 103
[421]Alexandre Soljénisyne, *Deux siècles ensemble*, Éditions Fayard. 2003, p. 99
[422]G. Aronson, *Evreiskaïa obschestvennost v Rossii 1917-1918*, Petite Encyclopédie juive - 2, 1968, p. 16

Una, dos, tres revoluciones

La voluntad de exportar la revolución a toda Europa423llevó los bolcheviques a entrar en Polonia. La población judía local, al parecer, recibió calurosamente el Ejército rojo y se posicionó masivamente del lado de los bolcheviques. "Batallones completos de obreros judíos tomaron parte en los combates contra los Polacos" en 1920. Los Soviets, que habían formado precipitadamente un gobierno para ese país, colocaron a su cabeza a Félix Dzerzhinski y su mano derecha Marchlevsky. El ex-farmacéutico Rotenberg, que había sido jefe del NKVD en Moscú, fue nombrado como especialista de los "casos de sangre"; Bela Kun y Zalkind participaron también en el gobierno antes de partir a "depurar Crimea tras el fracaso en Polonia".

La revolución roja se extendió en 1919 a Hungría y Alemania. Un investigador estadounidense, John Müller, escribió que "la parte de activistas judíos era absolutamente desproporcionada" en el partido comunista alemán que lideraba la muy famosa Rosa Luxemburg. El levantamiento de Múnich tuvo como jefe un judío "de estilo bohemio", el crítico literario Kurt Eisner. Éste fallecería asesinado, pero en la muy católica y conservadora Baviera, el poder recayó en "un nuevo gobierno de intelectuales judíos de izquierda que proclamaron la "República soviética de Baviera" (Landauer, Toller, Muzam, Neirat). Una semana más tarde, esta república fue derrocada "por un grupo todavía más radical" que proclamó la "Segunda República soviética de Baviera", dirigida por Eugen Leviné." En mayo de 1919, la revuelta fue aplastada. "Que los dirigentes de las revueltas comunistas sofocadas hayan sido judíos es una de las causas principales del repunte del antisemitismo político en la Alemania posrevolucionaria424", reconocía John Müller. Ucrania aprovechó la guerra civil para proclamar su independencia en enero de 1918. Inmediatamente después, comenzó la ofensiva bolchevique, seguida por la instauración de un nuevo gobierno establecido en Kiev a finales de mes. El nuevo comisario de la ciudad de Kiev era Gregory Chudnovsky; en las finanzas fue nombrado Kreisberg; en la prensa, Raichman; en el ejército, Schapiro. "Los apellidos judíos tampoco escaseaban en las más altas cumbres de las autoridades bolcheviques en los centros de Odessa o Yekaterinoslav425". Todo esto era suficiente, escribía Solzhenitsyn, para nutrir las conversaciones acerca de los "bolcheviques judíos". La

---

[423]Léase Hervé Ryssen, *El Fanatismo judío*, (NdT).
[424]John Müller, *L'Antisémitisme et le communisme*, 1990.
[425]Alexandre Soljénisyne, *Deux siècles ensemble*, Éditions Fayard. 2003, p. 155

firma del tratado de paz con Alemania en Brest-Litovsk, a principio del mes de febrero de 1918, cambió radicalmente las cosas. El gobierno de Ucrania independiente regresó a Kiev, amparado por las bayonetas austro-alemanas, lo que permitió a los Cosacos interceptar los comisarios Judíos y fusilarlos. Los pogromos se produjeron un poco más tarde: así pues, no fue el Ejército blanco el que los desencadenó, sino los ejércitos ucranianos del demócrata Petliura y del socialista Vinnichenko. De diciembre de 1918 a agosto de 1919, los pogromos causaron, según los datos de la comisión de la Cruz roja internacional, cerca de 50 000 víctimas. Aquellos pogromos "explican en gran parte la débil y reticente ayuda que Occidente aportó a los ejércitos blancos[426]", estimaba Solzhenitsyn. Además, los cálculos de Wall Street eran naturalmente favorables a los bolcheviques ya que se preveía que serían los futuros dueños de las riquezas de Rusia.

En cuanto a la Entente[427], que no había reconocido ninguno de los gobiernos blancos, ésta se apresuró en reconocer todos los gobiernos nacionales que se formaban en las periferias de Rusia. Los ingleses se abalanzaron sobre los pozos de petróleo de Bakú; los Japoneses ocuparon el Extremo Oriente y Kamchatka y los Estadounidenses ayudaron a la ocupación del litoral por los bolcheviques. Los Aliados se hacían pagar muy caro, en oro o en concesiones, toda la ayuda a los ejércitos blancos. Al abandonar Arcángel, en el frente del Norte, los ingleses se llevaron una parte de los equipamientos militares de la época de los zares, entregaron otra a los Rojos y tiraron por la borda el resto para que los Blancos no pudiesen aprovecharlos. En el verano de 1920, Francia aportaba una escasa ayuda a Wrangel para que liberara Polonia y seis meses más tarde exigía el pago de los alimentos entregados a los combatientes rusos refugiados en Galípoli.

Ese mismo año, un texto asombroso tuvo un éxito extraordinario en toda Europa: *Los Protocolos de los Sabios de Sion* habían tenido unas tiradas formidables en Francia, Inglaterra, Alemania, y Estados Unidos. Los *Protocolos* habían sido presentados al zar Nicolas II en 1906. "¡Qué anticipación! ¡Qué exactitud en la ejecución!", se exclamó el zar. Sin embargo, ordenó prohibir el texto tras haber ordenado a Stolypin una investigación que dictaminó que se trataba de una falsificación.

---

[426]Alexandre Soljénisyne, *Deux siècles ensemble*, Éditions Fayard. 2003, p. 171
[427]Entente cordial (entendimiento cordial) es la denominación del tratado de no agresión y regulación de la expansión colonial entre Reino Unido y Francia firmado en 1904 y base de la alianza en la Primera Guerra mundial. Sigue vigente a día de hoy. (NdT).

La conquista de las capitales

Los puestos importantes en las dos grandes capitales procuraban evidentemente muchas y grandes ventajas, como el disfrute de los apartamentos vacíos dejados por los propietarios. En esos apartamentos podían venir a vivir toda una parentela proveniente de la antigua Zona de residencia. La gente migraba en masa de Odesa a Moscú. Fue un verdadero éxodo que afectó a decenas de miles de personas. Esos nuevos inquilinos recibían abundantes provisiones de un centro de distribución especial: "caviar, queso, mantequilla, esturión ahumado nunca faltaban en sus mesas. Todo era especial, concebido especialmente para la nueva élite: jardines de infancia, escuelas, clubes, bibliotecas, etc...Los chicos de las casas vecinas odiaban a los de las "casas soviéticas" y solían meterse con ellos a la primera oportunidad[428]."

Desde 1917, muchos judíos se abalanzaron en masa sobre Leningrado, Moscú y las grandes ciudades. En 1926, había en Unión Soviética 2 211 000 judíos establecidos en las ciudades (83% de la población judía, y 467 000 en el campo). Si bien representaban cerca del 23% de la población urbana en Ucrania y hasta el 40% en las ciudades de Bielorrusia, sólo eran el 1,82% de toda la población soviética. En 1923, Biekerman expresaba su inquietud: "A día de hoy, el Judío está en todas partes, en todos los escalones del poder. El hombre ruso lo ve al mando de Moscú, la primera capital de todas las Rusias, a la cabeza de Petrogrado, a la cabeza del Ejército rojo. Ve que la avenida San Vladímir lleva ahora el nombre del glorioso Najímson. El hombre ruso ve en el Judío al juez y al verdugo; a cada paso, se topa con Judíos que no son comunistas, igual de indigentes que él, pero que a pesar de ello toman las riendas de todo y trabajan a favor del poder soviético. No es de extrañar que el hombre ruso, comparando lo antiguo con lo nuevo, esté convencido de que el poder actual es judío, que ese poder está hecho para los Judíos y que sirve sus intereses[429]."

La burguesía judía no había sido eliminada tan sistemáticamente como la burguesía rusa. Los comerciantes judíos podían encontrar apoyo y protección en el aparato soviético donde tenían familiares o relaciones que intervenían a su favor o les avisaban con antelación de las confiscaciones de bienes o de las redadas.

Los Rusos hacían cola durante diez horas en el frío o bajo la lluvia delante de las tiendas de Estado, por lo que sentían gran descontento

---

[428] Alexandre Soljénisyne, *Deux siècles ensemble*, Éditions Fayard. 2003, p. 126
[429] Alexandre Soljénisyne, *Deux siècles ensemble*, Éditions Fayard. 2003, p. 220

máxime cuando comparaban con las tiendas relativamente bien aprovisionadas de los comerciantes judíos. Lourié-Larin, el fanático organizador del "comunismo de guerra", reaccionó rápidamente a este malestar popular: "No disimulamos el aumento de la población judía en Moscú y en otras grandes ciudades. Esto será también inevitable en el futuro." Predijo incluso la llegada de 600 000 Judíos suplementarios de Ucrania y Bielorrusia. "No se debe considerar este fenómeno como algo vergonzoso que el Partido debería disimular. Hay que hacer entender a la clase obrera que todo aquel que se declare públicamente contrario a la venida de los Judíos a Moscú es, conscientemente o no, un contrarrevolucionario." La migración de Judíos hacia las grandes ciudades no se detuvo durante los años treinta. La Enciclopedia judía nos informa de que en Moscú había 131 000 judíos después del censo de 1926, 226 000 en 1933 y 250 000 en 1939[430]. Fue lo que se llamó en los años veinte, la "conquista" de las capitales y de las grandes ciudades de Rusia, donde las condiciones de vida y de abastecimiento eran notablemente mejores. Movimientos similares de población se produjeron dentro de las ciudades hacia los barrios más agradables.

Los verdugos en movimientos

En 1922, los Judíos representaban el 26% de los miembros del Comité Central elegido durante el Congreso. Entre los 25 miembros del Presídium del Partido, cuyos retratos había publicado la *pravda*, 11 eran Judíos, 8 Rusos, 3 Caucásicos y 3 Letones. En 1918, en la mesa del Presídium, los Judíos eran mayoría absoluta[431]. Zinóviev había reunido a su alrededor un gran número de Judíos en los órganos de gobierno de Petrogrado. En el XII Congreso del Partido, en 1923, tres de los seis miembros del Politburó eran judíos. Semejante desproporción numérica en las altas esferas del Partido debía parecer insoportable para algunos dirigentes, escribía Solzhenitsyn.

En cuanto al poder real, la Cheká ocupaba el segundo puesto. El especialista de los archivos de la época, Kritchevski, citaba unos datos interesantes: "A mediados de los años veinte, la proporción de representantes de minorías nacionales se redujo progresivamente. Para el OGPU[432] en su conjunto, ésta descendió a un 30-35% y en los

---

[430]Alexandre Soljénisyne, *Deux siècles ensemble*, Éditions Fayard. 2003, p. 344
[431]Alexandre Soljénisyne, *Deux siècles ensemble*, Éditions Fayard. 2003, p. 226
[432]La policía secreta del Estado, desde la inicial Cheká, se fue reorganizando a partir de 1922 en el GPU, que se convirtió a su vez en 1923 en el OGPU, y posteriormente, a grandes rasgos, en el NKVD, MVD y finalmente, el KGB. (NdT)

órganos dirigentes a un 40-45%, mientras que durante el periodo del Terror rojo, las cifras eran respectivamente de 50% y 70%. Sin embargo, se puede constatar la disminución del porcentaje de Letones y el aumento del de Judíos. Los años veinte vieron una importante afluencia de dirigentes Judíos en los órganos de dirección del OGPU[433]." "De los cuatro adjuntos de Dzerzhinski, cuando éste estaba a la cabeza del OGPU, tres eran judíos: Yagoda, Gerrson y Loutski.

Cuando examinamos las carreras de todos estos verdugos, vemos como estaban siempre en movimiento, pasando de un puesto a otro con una asombrosa movilidad. Esas incesantes idas y venidas en todo el territorio se explicaba en tiempos de Lenin por la insuficiencia manifiesta de dirigentes fiables y por la desconfianza bajo Stalin: había que cortar de raíz los vínculos que pudieran formar en los lugares de destino.

Para celebrar el décimo aniversario de la gloriosa Cheká, el omnipresente Iósif Unszlicht (judío polaco), uno de los fundadores y Vice-presidente de la Cheká en 1921, enumeraba en un decreto los apellidos de aquellos que habían sido condecorados por "méritos excepcionales". "Cada uno de ellos habría podido reducirnos a cenizas con un pequeño gesto de la mano", precisaba Solzhenitsyn: Guénrij Yagoda, Mijaíl [Meier Abramovich] Trilisser, Yákov Agránov (durante años se dedicó a inventar por completo las acusaciones en los juicios políticos más importantes), Zinovi Katnelson, Marvei Berman, Lev Belski, etc. Nejamkin, nacido en una familia jasídica de Gomel, fue fiscal de la Unión Soviética y miembro de la delegación soviética en el juicio de Nuremberg, "todo un símbolo[434]" para Solzhenitsyn. En la mente del campesino ruso, ese sinfín de nombres que era incapaz de pronunciar, desde el polaco Dzerzhinski pasando por el letón Vatsetis, planteaba ciertas preguntas. Los Letones, precisamente, eran también una minoría bastante ruidosa: fueron los fusileros letones los que dispersaron la Asamblea constituyente y aseguraron luego la protección de los dirigentes del Kremlin durante toda la guerra civil.

"En aquella época, todo el poder no estaba en manos de los Judíos. El poder era plurinacional, e incluía un buen número de Rusos. Pero aunque su composición fuera muy heteróclita, ese poder giraba en torno a posiciones deliberadamente antirrusas, con una voluntad de destruir el Estado ruso y las tradiciones rusas." Pero, como apuntaba Leonard Shapiro, "cualquiera que tuviera la desgracia de caer en manos de la

---

[433]Kritchevski, *Les Juifs dans l'appareil de la Tchéka et du Guépéou dans les années vingt*, Moscu-Jerusalem, 1999.
[434]Alexandre Soljénisyne, *Deux siècles ensemble*, Éditions Fayard. 2003, p. 230.

Cheká estaba casi seguro de enfrentarse a un juez de instrucción judío, o de ser fusilado por su orden435."

Desde las primeras conferencias internacionales en las que participó la URSS – la de Génova, la de la Haya (1922), Europa no pudo no percatarse que las delegaciones soviéticas estaban compuestas mayoritariamente de judíos. En un estudio de un tal M. Zarubezhnie titulado *Los Judíos en el Kremlin*, este autor, basándose en el Anuario del Comisariado del pueblo de Asuntos Exteriores del año 1925, remarcaba que "no existía ningún país donde el Kremlin no enviara uno de sus fieles Judíos."

Negar la evidencia

Los rápidos éxitos de los Judíos en la administración bolchevique no pasaron desapercibidos ni en Europa ni en Estados Unidos. Fueron incluso admirados, y después del golpe de Estado de Octubre, la opinión pública judía de Estados Unidos no ocultó para nada sus simpatías hacia la revolución rusa. Se les había conferido un "poder feroz e ilimitado", escribía Solzhenitsyn. Pues esta era la verdad: a lo largo de los años veinte, muchos se precipitaron para servir el Moloch bolchevique, sin pensar en el desgraciado país que iba a servir de campo de experimentación. Gorki fue un día violentamente atacado en la prensa por un artículo en el que reprochaba al gobierno soviético haberles otorgado demasiados cargos de responsabilidad. No tenía nada en contra de los judíos como tales, pero creía que los Rusos debían dominar y ser mayoritarios. El periódico moscovita *Der Emes* ("*La Verdad*"), se indignó: "En resumidas cuentas, propone que los Judíos renuncien a participar en los asuntos del Estado. ¡Que salgan de ahí! Una decisión de este tipo sólo puede ser tomada por contrarrevolucionarios o cobardes."

Ya desde los años veinte, al final de la guerra civil, se propagaron argumentos tendentes a disculpar a los Judíos. Se apuntaba las condiciones de vida en las que se encontraban muchos Judíos tras el golpe de Estado de Octubre. El 42% de la población judía de Rusia ejercía una actividad comercial decretada prohibida por el nuevo poder, y por consiguiente se hallaba en una situación precaria sin otra alternativa que entrar en el aparato de estado soviético para no morir de hambre. El escritor Pomerants justificaba así el ingreso masivo de Judíos en la administración: "No había otra salida para ellos que la

---

[435] Alexandre Soljénisyne, *Deux siècles ensemble*, Éditions Fayard. 2003, p. 231

administración pública". "¿No había otra salida?", se indignaba Solzhenitsyn. "Pero las decenas de miles de funcionarios rusos que se negaron a servir el bolchevismo prefirieron resistir, aun a costa de mil sufrimientos. Además, ellos no recibían la ayuda alimentaria de organismos como la Junta o el ORT436, financiados por los Judíos adinerados de Occidente." Alistarse en la Cheká nunca fue la única alternativa, tal como también sostenía Pasmanik437.

De la misma forma, el argumento según el cual los Judíos de Rusia se lanzaron en los brazos de los bolcheviques por culpa de las vejaciones sufridas en el pasado no se sostiene. Hay que comparar la situación con los dos otros golpes por la fuerza comunistas en Baviera y en Hungría, ocurridos en el mismo momento que el de Lenin. Leemos esta descripción en I. Levine438: "El número de Judíos que sirven el régimen bolchevique en esos dos países es muy elevado. En Baviera, hallamos entre los comisarios los Judíos Levine, Axelrod, el ideólogo anarquista Landauer y Ernst Toller", mientras que "la proporción de Judíos que han tomado las riendas del movimiento bolchevique en Hungría es del 95%. Ahora bien, la situación de los derechos civiles de los Judíos era excelente en Hungría, donde no existía ninguna limitación desde hacía mucho tiempo; en el ámbito cultural y económico, los Judíos disfrutaban de una posición tan relevante que los antisemitas hablaban incluso de control total de los Judíos." Recordemos también que la entrada masiva de Judíos en el aparato soviético se había producido a finales de 1917, es decir antes de que ocurrieran los pogromos durante la guerra civil en 1919. Por lo tanto, no son éstos sucesos los que motivaron los Judíos a comprometerse con el bolchevismo, al contrario; la participación desmedida de los Judíos en el bolchevismo fue la causa de los pogromos de 1919.

El periódico parisino *Tribune juive* mencionó este tema descartando tajantemente cualquier forma de posible debate o de introspección acerca de lo ocurrido en Rusia: "La cuestión de la responsabilidad de los Judíos en la revolución rusa sólo ha sido planteada hasta ahora por los antisemitas. Sale ahora el anuncio de una campaña de arrepentimiento y de acusaciones. Nada nuevo, excepto una retahíla de nombres de la que estamos hasta la coronilla439."

---

[436]Obchtchestvo Pemeslennogo Trouda soudé evreiev: Asociación para el trabajo artesanal de los Judíos.
[437]D.S. Pasmanik, *La Révolution russe et les Juifs*, p. 156, [p. 111]
[438]Alexandre Soljénisyne, *Deux siècles ensemble*, Éditions Fayard. 2003, p. 114
[439]Alexandre Soljénisyne, *Deux siècles ensemble*, Éditions Fayard. 2003, p. 150, 171

Los sentimientos de Borís Pasternak eran bastante singulares. Cuando describía, en su *Doctor Zhivago*, "esa manera púdica, sacrificada, que tienen los Judíos de mantenerse apartados" y "su fragilidad y su incapacidad para devolver los golpes", un contemporáneo de aquellos años se quedaba "mudo de estupefacción", escribía Solzhenitsyn. Otro autor judío declaraba a propósito de los años veinte: "En las aulas universitarias, a menudo eran los Judíos los que marcaban la pauta, sin darse cuenta que su festín intelectual tenía lugar en el trasfondo de la destrucción del pueblo mayoritario del país." Y añadía: "Me sorprende la unanimidad con la que mis compatriotas niegan cualquier responsabilidad en la historia rusa del siglo XX440."

"Palabras como éstas serían saludables para nuestros dos pueblos si no fueran tan irremediablemente minoritarias y aisladas..." Pues "no es parar saldar cuentas que se debe recordar la historia, ni para reiterar acusaciones mutuas...Es en un espíritu de análisis clarividente de la historia que debe aclararse la cuestión de la participación masiva de los judíos en la administración bolchevique y en las atrocidades cometidas por ésta. No es de recibo eludir la cuestión diciendo: "era la chusma, renegados del judaísmo, no tenemos que responder por ellos". Si los Judíos de Rusia sólo guardan memoria de aquella época para justificarse, añadía Solzhenitsyn, eso significaría que el nivel de consciencia nacional ha bajado, que esa consciencia estaría perdida. Los Alemanes podrían ellos también recusar su responsabilidad respecto al periodo hitleriano diciendo: "no eran verdaderos Alemanes, eran la escoria de la sociedad, no nos pidieron nuestra opinión". Pero todos los pueblos responden de su pasado, incluso de sus periodos más ignominiosos. ¿Cómo responder? Esforzándose para concienciarse y comprender: ¿cómo algo así pudo producirse? ¿dónde está nuestra culpa? ¿Existe el peligro de que se vuelva a producir? Es con ese espíritu que el pueblo judío debería responder tanto de sus revolucionarios asesinos como de sus filas de individuos que se pusieron a su servicio. No se trata aquí de responder ante los demás pueblos, sino ante uno mismo, ante su consciencia y ante Dios. Al igual que nosotros, Rusos, debemos responder por los pogromos, por nuestros campesinos incendiarios, insensibles a la misericordia, y por nuestros soldados rojos caídos en la locura, y por nuestros marineros transformados en bestias salvajes441."

---

[440]G. Chourmak, *Choulgine et ses apologètes*, Novy mir, 1994, n°11, p. 244, [p. 299]
[441]Alexandre Soljénisyne, *Deux siècles ensemble*, Éditions Fayard. 2003, p. 131

La sospecha asesina

El antiguo antisemitismo había sido completamente barrido del país por la arrolladora revolución de Octubre. Los que habían protegido el trono, todos los pequeños burgueses de las ciudades habían sido fusilados o encerrados en campos. No había antisemitismo entre los obreros y los campesinos rusos antes de la revolución, y la intelliguentsia sentía "una profunda simpatía hacia los Judíos", como por cierto lo reconocían los dirigentes bolcheviques. Pero el antisemitismo resurgió con más fuerza. "Apareció en regiones donde los Judíos eran antaño casi desconocidos y donde la cuestión judía ni tan siquiera pasaba por la mente de los habitantes442." En los ambientes obreros o campesinos, las reacciones eran elocuentes: "Basta con que un Judío- fuera éste un simple conocido- se una a ellos para que cambien de conversación."

El órgano de prensa de los sionistas en París, *Rassvet*, escribía en 1922: "Recientemente, Gorki ha declarado en esencia que "los bolcheviques judíos contribuyen ellos mismos al auge del antisemitismo en Rusia con su comportamiento a menudo fuera de lugar. ¡Es la pura verdad!"." Y no se trataba de Trotski, Kamenev o Zinóviev, "Gorki no habla de ellos, sino de los Judíos comunistas de las bases, aquellos que están a la cabeza de los organismos soviéticos de pequeña y mediana importancia, aquellos que, a través de sus funciones, entran en contacto cotidiano y permanente con la población443." El reclutamiento de los agentes administrativos era muy favorable a los Judíos, ya que se aprovechaban ampliamente de la solidaridad que les unía los unos a los otros. "Esta preferencia por los suyos suele adoptar una forma bastante burda y humillante para los demás", escribía Maslov.

Los responsables bolcheviques tenían otras explicaciones. Para ellos, el antisemitismo era ante todo una cuestión de clase social, y no de nacionalidad. Pero también se podía ver "la mano de una organización contrarrevolucionaria clandestina que propaga mentiras entre las clases trabajadoras444". Según Larine, el "foco central del antisemitismo" estaba en realidad en la burguesía urbana: "La lucha contra el antisemitismo burgués se confunde con la cuestión de la erradicación de la propia burguesía", explicaba el bolchevique. Así, "el antisemitismo burgués desaparecerá con la burguesía."

442Maslov, *La Russie, après quatre ans de révolution*, Paris, 1922
443D.S. Pasmanik, *La Révolution russe et les Juifs*, p. 198
444Larine (Michel Lourié), *Les Juifs et l'antisémitisme*. [p. 246-252]

Larine reconocía sin embargo que en el mundo obrero el antisemitismo se manifestaba de manera "más frecuente e intensa que años atrás". Estaba claro que se trataba de una propaganda orquestada por organizaciones secretas del Ejército blanco: "Detrás de la propaganda anti-judía vemos la mano de organizaciones clandestinas monárquicas". "El antisemitismo, concluía Larine, es una movilización oculta contra el gobierno soviético, y los que están en contra de la posición del gobierno soviético sobre la cuestión judía están, por consiguiente, en contra de los trabajadores y a favor del capitalismo."

A partir de ahí, se podía poner en marcha la maquinaria propagandística soviética a fin de "sensibilizar" a la población: "Es esencial hacer que las masas comprendan que la agitación anti-judía prepara en realidad la contrarrevolución. Las masas deben aprender a desconfiar de cualquiera que manifieste simpatías antisemitas. Las masas deben ver en él o bien un contrarrevolucionario, o bien un intermediario de las organizaciones secretas monárquicas445." Se organizará en las fábricas sesiones públicas del "tribunal popular para casos relacionados con el antisemitismo". Se debe "informar los elementos retardatorios, reprimir los elementos activos...No hay ningún motivo para que no se aplique la ley de Lenin."

Ahora bien, según esa famosa ley de Lenin del 27 de julio de 1918, precisaba Solzhenitsyn, "los antisemitas activos debían ser declarados "fuera de la ley"- es decir fusilados- por ser culpables de incitar los pogromos", y no solamente por participar en ellos. La ley animaba a los Judíos a denunciar cualquier ofensa a su dignidad nacional. El artículo 59-7 del Código penal de 1922 ("incitación al odio y a la división nacional o religiosa") era ampliamente suficiente para pronunciar sentencias que podían ir hasta la confiscación de bienes o la pena de muerte. Ese artículo se refería a las disposiciones relativas a los crímenes contra el Estado del 26 de febrero de 1927 que "ampliaban la noción de incitación al odio nacional" incluyendo "la difusión, la redacción o posesión de documentos escritos". La simple posesión de documentos escritos podía generar las peores complicaciones.

De tal manera que en mayo de 1928, la lucha contra el antisemitismo figuró, como era debido, en la orden del día de las reuniones del Partido, y debía ser mencionada en las conferencias públicas, la prensa, la radio, el cine y los manuales escolares; había que mostrarse implacable y aplicar las sanciones disciplinarias más severas. A continuación, vino una violenta campaña de prensa: "¡A muerte los cómplices de la contrarrevolución!" Los militantes comunistas de un

---

[445]Larine (Michel Lourié), *Les Juifs et l'antisémitisme*. [p. 251]

distrito de Moscú decidieron incluir la cuestión en los programas escolares: "El antisemitismo no siempre es tratado con la severidad que se debería. Debería clasificarse como una perversión social, como el alcoholismo o el libertinaje446."

En 1929, el secretario del Comité central del Komsomol, Rachmanov, declaraba que "lo más grave, en las circunstancias actuales, es el antisemitismo oculto". Los que conocían nuestra lengua soviética, explicaba Solzhenitsyn, comprendían en seguida que se trataba de combatir las opiniones únicamente en base a la sospecha. Grigori Landau decía respecto de sus contradictores judíos: "Sospechan y acusan de antisemitismo a todas las nacionalidades que nos rodean. Los que expresan opiniones desfavorables sobre los Judíos son considerados por ellos como antisemitas declarados, mientras que aquellos que no lo hacen son considerados antisemitas ocultos447." El más furibundo antisemita no podría haber encontrado mejor argumento para que el pueblo identificara el poder soviético con los Judíos. En 1930, el Tribunal Supremo tuvo que aportar las siguientes aclaraciones: el artículo 59-7 no debía ser aplicado "en caso de agresión a individuos pertenecientes a minorías nacionales en el contexto de una disputa personal". Esto revelaba que la máquina judicial ya funcionaba a pleno rendimiento.

La tierra no es suficiente

En su afán por conseguir créditos, el poder soviético buscó la simpatía y favor de la burguesía extranjera, y muy particularmente de la burguesía judía de la diáspora. Sin embargo, esta fuente de financiación se agotaría rápidamente y hubo que encontrar una forma de volver a impulsar la ayuda exterior. Parece ser que el grandioso proyecto de colonización de tierras tenía fines propagandísticos. De hecho, la idea de una rehabilitación del trabajo de la tierra para los Judíos levantó una ola de alegre esperanza en la comunidad judía internacional. Fueron organizadas recaudaciones en numerosos países y todo el mundo contribuyó. Se preveía al principio trasplantar hacia el sur de Ucrania y Crimea unas cien mil familias judías, es decir cerca del 20% de la población judía de la Unión Soviética. También se preveía crear regiones judías autónomas. El objetivo era vincular fuertemente

---

[446] "El antisemitismo no es una opinión. Es una perversión. Una perversión que mata." Discurso de Jacques Chirac durante la inauguración del memorial de la Shoah (Holocausto), en París, el martes 25 de enero del 2005.

[447] Alexandre Soljénisyne, *Deux siècles ensemble*, Éditions Fayard. 2003, p. 253

los Judíos del resto del mundo con el poder comunista. Se podría de esta forma chantajear a los ricos Estadounidenses: si el poder soviético se derrumbara, un inmenso pogromo arrasaría todas las colonias judías fundadas; por eso sería necesario apoyar el poder soviético a cualquier precio.

En otoño de 1924, un Comité gubernamental para el Asentamiento rural de Trabajadores judíos fue creado, flanqueado por una Unión panrrusa de Voluntarios para el Asentamiento de Trabajadores judíos. Solzhenitsyn traía a colación un recuerdo de infancia con un punto de ironía: "En 1927-1928, en la escuela, nos obligaban a cotizar, es decir a pedir dinero a nuestros padres – para la Asociación de los Amigos de los niños de dicha Unión panrrusa. Numerosas asociaciones fueron creadas en varios países para apoyar aquella iniciativa."

Sin embargo, esos asentamientos judíos no se desarrollaron como se esperaba. Primero porque "muchos Judíos, aunque desempleados, se negaron a dedicarse a la agricultura448." Además, el asentamiento de colonos judíos en Crimea provocó reacciones hostiles por parte de los Tártaros y el campesinado local provistos ya de escasas tierras. Esa región era sin embargo donde más esperanzas se habían depositado, aunque, a decir verdad, aquel proyecto molestó los sionistas estadounidenses que veían en él una alternativa al sionismo y a la idea de regreso a Israel. Este programa de conversión de los Judíos a la agricultura fue por lo tanto un fracaso. Sólo se establecieron cinco mil familias en Crimea en vez de las quince mil esperadas. Muchos colonos regresaron a sus antiguos lugares de residencia, o marcharon a las ciudades más cercanas. Los koljós judíos fueron integrados a los demás y los proyectos de colonización judía en Ucrania y Crimea fueron definitivamente abandonados. La iniciativa más importante en la materia sería el Birobiyán, un territorio asiático que se pretendía convertir en una república judía. Pero de nuevo ese plan fue un fracaso, pues sólo el 14% de los colonos judíos permanecieron allí. En 1933, la población judía alcanzaba a duras penas 6000 personas.

La élite intelectual

La cultura judía de los años veinte ya era una cultura soviética "proletaria", pero en lengua yiddish. Como tal, pudo beneficiarse del apoyo del Estado para sus periódicos y sus teatros. En cambio, la cultura "burguesa" en hebreo fue erradicada. Una ola de detenciones acabó con

---

[448]*Petite Encyclopedie juive*, Jérusalem, 1976, p. 185

los círculos sionistas en septiembre de 1924. La historia del pueblo judío fue completamente ocultada en el mismo momento en que la escuela histórica y la filosofía rusa eran desmanteladas. El Teatro de Estado judío, subvencionado por el régimen, trabajaba para poner en ridículo las costumbres y la religión de las pequeñas comunidades judías de Rusia anteriores a la revolución y se esforzaba en prestigiar la autoridad del régimen soviético ante los ojos de los Judíos de todo el mundo a través de numerosas giras en Europa. Bajo la influencia de la ideología comunista, la juventud judía se había alejado de su religión y de su cultura nacional para dedicarse a construir la sociedad igualitaria.

Una autora de los años 90, Sonja Margolina lo confirmaba: "Los judíos fueron sometidos a un proceso de bolchevización política y de sovietización social: la comunidad judía como estructura étnica, religiosa y nacional desapareció sin dejar rastro."

Pero mientras las autoridades golpeaban sin piedad a la Iglesia Ortodoxa, considerándola como uno de los "enemigos más peligroso del régimen soviético[449]", el poder bolchevique, en principio hostil a cualquier forma de religión, tuvo una actitud bastante tolerante respecto de la práctica religiosa de los Judíos. La mayoría de las sinagogas siguió funcionando, siendo además la comunidad judía la única en Moscú en conseguir la autorización para construir nuevos edificios religiosos en los años 20. En el otro lado, imperaba el furor destructivo de los Komsomols durante la Pascua ortodoxa: "Arrancaban los cirios de las manos de los feligreses, tiraban las tortas de Pascua bendecidas, trepaban a las cúpulas para arrancar las cruces. Miles de hermosas iglesias fueron destruidas, reducidas a montones de piedras y miles de sacerdotes fueron fusilados, otros miles deportados en campos[450]."

Desde los primeros años del régimen, las puertas de la ciencia y de la cultura se abrieron de par en par a la intelligentsia y juventud judía. Al principio, la élite cultural era regentada por Olga Kameneva, la hermana de Trotski. Muchos Judíos ocuparon la dirección de estudios cinematográficos, arte muy apreciado por Lenin por su potencial propagandístico. El éxito mundial de *El acorazado Potemkin* de Eisenstein, por ejemplo, fue una máquina de guerra en favor de los Soviets que atizaba el odio hacia la vieja Rusia. La masacre en el gran escalera de Odesa fue una "pura invención". Eisenstein serviría varias veces a Stalin como propagandista. Con Alejandro Nevski, que exaltaba el patriotismo de los Rusos narrando la victoria de 1242 contra los Caballeros Teutónicos, galvanizaba las tropas contra la Alemania

---

[449]*Petite Encyclopedie juive, tome VIII*, Jérusalem, 1976, p. 194
[450]Alexandre Soljénisyne, *Deux siècles ensemble*, Éditions Fayard. 2003, p. 287

hitleriana. En efecto, durante la guerra, Stalin se había dado cuenta de que sólo el patriotismo podría motivar los soldados, reticentes a dar su vida por la ideología marxista y el sistema comunista. Los sentimientos patrióticos de la mayoría de los Rusos fueron de esta forma explotados y puestos al servicio del Estado soviético.

El pintor favorito de Stalin era Isaac Brodski, el cual se convirtió en el retratista oficial del régimen. Pintó varios retratos de Lenin, de Trotski, y de otros dignatarios del régimen y fue nombrado en 1934 director de la Academia de Bellas Artes. En cuanto al Teatro soviético, éste estuvo dominado por la figura de Meyerhold. Tuvo sus admiradores incondicionales, pero también algunos detractores. A.Tirkova-Williams contaba en sus memorias que solía quebrar la moral de los autores y actores "con su espíritu dogmático y su dureza insensible".

La ruina de los comerciantes

El sentimiento general de simpatía permitió a los dirigentes soviéticos negociar fácilmente la ayuda financiera de Occidente, especialmente la de Estados Unidos. Sin esa ayuda, hubieran sido incapaces de sacar el país de la depresión económica. El hombre de negocios estadounidense Armand Hammer, el favorito de Lenin, obtuvo en 1921 la concesión de los yacimientos de amianto de Alapáyevsk. Más tarde, exportaría de forma descarada a EEUU los tesoros de las colecciones imperiales. Hammer regresaría periódicamente a Moscú bajo Stalin y Jrushchov para llevarse cargueros repletos de iconos, cuadros, porcelanas y piezas de orfebrería Fabergé[451].

El éxito de los dos primeros planes quinquenales no se debió únicamente a la explotación forzada de las masas obreras; necesitó también la abundante entrega de material y la colaboración de expertos. Todas esas mercancías afluyeron de los países capitalistas occidentales, principalmente de Estados Unidos. Los comunistas soviéticos pagaban generosamente en especie – minerales, madera, materias primas – exportando todas las riquezas saqueadas del antiguo imperio de los zares. Esas transacciones se hacían bajo la supervisión de los grandes magnates de la finanza internacional y transitaban por las rutas comerciales inauguradas durante la guerra civil. Navíos repletos de oro

---

[451] "Armand Hammer (...) se convierte en uno de los jefes del comercio Este-Oeste, conciliando su amistad con Lenin y su plena adhesión al sistema capitalista. Explota minas de amianto en la URSS, importa autos, tractores, y adquiere obras de arte rusas ante el Estado a cambio de productos industriales." En Jacques Attali, *Los Judíos, el mundo y el dinero*, Fondo de cultura económica, Buenos Aires, 2005, p. 403.

y obras de arte del museo del Hermitage iban a parar a los puertos del otro lado del atlántico. El historiador estadounidense Anthony Sutton pudo rastrear en los archivos diplomáticos y financieros abiertos recientemente las reuniones entre Wall Street y los bolcheviques[452].

"Los bolcheviques y los banqueros tienen una plataforma común: el internacionalismo." En ese sentido, escribía Solzhenitsyn, el apoyo "de Morgan y Rockfeller a las empresas colectivizadas y a la abolición de los derechos individuales" no tenía nada de extraño. Los financieros estadounidenses siempre se habían negado rotundamente a prestar dinero a Rusia antes de la revolución, tomando como pretexto las vejaciones que padecían los Judíos, a pesar de los jugosos beneficios que hubieran podido embolsar. Ahora bien, si en aquella época estaban dispuestos a menoscabar sus propios intereses, estaba claro que ahora, a principio de los años treinta, la menor sospecha de persecución contra los Judíos en Unión Soviética habría alejado el "imperio Rockfeller" del mercado soviético y éste habría dejado de apoyar a los bolcheviques.

Durante el periodo de liberalización económica llamado NEP (Nueva política económica, 1921-1926[453]), en Moscú, en 1924, el 75% de las farmacias y de las perfumerías eran propiedad de Judíos, el 55% de los comercios de productos manufacturados, el 49% de las joyerías. "Al llegar a una ciudad que no conocía, el comerciante judío se hacía con la clientela haciendo grandes descuentos en el mercado privado. A menudo, los Judíos figuraban entre los que se habían enriquecido primero durante la NEP. El odio que se les profesaba era también debido a que tenían muchas relaciones en el aparato soviético que les facilitaba muchos procedimientos y trámites[454]." Esto era confirmado además por la impresionante lista publicada en los *Izvestia* del 22 de abril de 1928 de "aquellos que no habían pagado sus impuestos o habían eludido las recaudaciones".

Al final del año 1926, empezó el desmantelamiento completo de la NEP. Ese proceso empezó con la prohibición del comercio privado de los granos. Durante el año 1927 se empezó a fijar los precios de venta en el comercio. Los Judíos, que se dedicaban mayoritariamente a las finanzas, el comercio y el artesanado, se vieron afectados en primera

---

[452] Anthony Sutton, *Wall Street ant the Bolshevik Revolution. Wall Street et la révolution bolchévique*, p. 210 [p. 302]
[453] Nueva Política Económica: fue una política económica de "capitalismo de Estado" aprobada por Lenin para estabilizar la ruinosa situación económica después de la revolución y la guerra civil. (NdT).
[454] Alexandre Soljénisyne, *Deux siècles ensemble*, Éditions Fayard. 2003, p. 255

línea por las medidas anticapitalistas. Fuertes sanciones golpearon el comercio privado: confiscación de mercancías y de bienes inmuebles y privación de derechos cívicos. Los experimentos en materia social y económica, las nacionalizaciones y colectivizaciones de todo tipo no sólo afectaron a la mediana burguesía; también privó de recursos a los pequeños comerciantes y artesanos. Los comerciantes tuvieron que cerrar sus tiendas por culpa de la presión fiscal y muchos comerciantes judíos terminaron en la calle. Hasta tal punto, que al final del año 1929, el Soviet de los comisarios del pueblo publicó una resolución "sobre las medidas que tomar a favor de la situación económica de las masas judías." Muchos pasaron entonces al servicio del Estado, pero siempre en el ámbito financiero, bancario y comercial.

El enemigo del campesino

Los kulaks no eran mucho más que los mujiks, los campesinos rusos. Poseían un caballo y dos o tres vacas, y contrataban algunos meses al año uno o dos jornaleros campesinos más pobres que ellos; pero esta "clase", debido a sus reticencias al colectivismo, era problemática para el poder soviético. En el XV Congreso del Partido de diciembre de 1927, hubo que abordar el espinoso problema del campesinado. Stalin debió probablemente pensar que para esa campaña, que iba a ser masivamente dirigida contra las poblaciones eslavas, era más seguro confiar en los Judíos que en los Rusos. Dentro del Gosplán (Comité para la planificación económica), Stalin mantuvo una sólida mayoría judía. En las instancias que concibieron y ejecutaron la colectivización estaba naturalmente Larine, así como León Kristman, quien dirigió el Instituto agrario a partir de 1928; Yákov Yakovlev-Epstein estuvo a la cabeza del Comisariado de Agricultura. "Sería falso, evidentemente, explicar esta despiadada empresa de destrucción del campesinado inculpando a los Judíos por el papel que desempeñaron, precisaba Solzhenitsyn. Si Yakovlev-Epstein no hubiera estado ahí, un Ruso habría perfectamente podido tomar las riendas del Comisariado de Agricultura; la historia soviética lo ha demostrado sobradamente." Aunque no por ello dejaba de ser cierto que Lenin había orientado su estrategia en contra del pueblo ruso que consideraba como el "obstáculo principal[455]".

Todas las grandes plumas permanecieron mudas ante "ese frío exterminio del campesinado ruso." Todo Occidente se quedó silencioso

---

[455] Alexandre Soljénisyne, *Deux siècles ensemble*, Éditions Fayard. 2003, p. 294

durante esos años terribles en los que 15 millones de campesinos fueron arruinados, encerrados como animales, expulsados de sus hogares y deportados hacia una muerte segura en los confines de la taiga y de la tundra. ¿Alguien levantó la voz para defender a los campesinos? Poco tiempo después, en 1932-1933, entre cinco y seis millones de personas murieron de inanición por culpa de una hambruna planificada y organizada por el poder soviético para acabar de rematar el campesinado. "La prensa libre del mundo libre" permaneció muda una vez más. Ucrania había sido especialmente afectada y mortificada durante ese periodo en que muchos Judíos habían sido "investidos de un poder de vida y de muerte sobre el campesinado". Esta fue la razón por la que los Ucranianos tuvieron la impresión de que la hambruna era directamente imputable a los Judíos. "Fue durante la colectivización que arraigó definitivamente la idea del Judío como enemigo implacable del campesino – hasta en los lugares más remotos donde nadie había visto jamás a Judíos en carne y hueso456."

Nada ha cambiado

Entre 1923 y 1924, Stalin y Trotski lucharon duramente por el poder. Luego Zinóviev también reclamó con el mismo ensañamiento el primer puesto del Partido. Engañados por Stalin, Zinóviev y Kamenev se aliaron con Trotski en 1926 en una "Oposición unificada". "Dicho de otra manera, explicaba Solzhenitsyn, tres dirigentes judíos de primer orden se posicionaron en un mismo frente." En algún momento, Stalin había probablemente considerado la baza del antisemitismo contra esa oposición unificada. Aquello podía parecer ventajoso a corto plazo, pero su incomparable perspicacia política le disuadió de ello justo cuando parecía que había optado por esa solución. Sabía que los Judíos eran en esa época aún muy numerosos en el Partido, y que eran muy valiosos para granjearse el apoyo del extranjero. Finalmente, seguramente pensó que todavía necesitaría a los dirigentes judíos del Partido. De hecho, nunca se separó de su esbirro preferido, Lev Mejlis, ni tampoco de su fiel camarada de la guerra civil, Moisés Rujimovich. Denunció las manifestaciones de antisemitismo en la lucha contra la Oposición y promovió la penetración de los Judíos en numerosas instancias e instituciones457. En el XVI Congreso de 1930, Stalin

---

[456]Sonja Margolina, [p. 84]
[457]Alexandre Soljénisyne, *Deux siècles ensemble*, Éditions Fayard. 2003, p. 292

declaró que el "chauvinismo ruso" representaba "el principal peligro para la cuestión nacional".

Cuando la oposición Trotskista quedó completamente derrotada, el número de Judíos en el aparato del Partido se redujo considerablemente, aunque esa purga no era en absoluto anti-judía. En el Politburó seguía en un puesto destacado Lázar Kaganóvich, "tipo siniestramente despiadado y ridículamente mediocre", que hizo nombrar todos sus hermanos en puestos importantes458. A principio de los años treinta, dos oposiciones, completamente rusas en cuanto a su pertenencia nacional, la de Rýkov-Bujarin-Tomski por una parte, y la de Syrtsov-Ryutin-Uglanov por otra, fueron aplastadas por Stalin. Se apoyó para ello en los dirigentes judíos bolcheviques.

La actividad de muchos Judíos perduró dentro de organismos como la GPU, el ejército, la diplomacia y en el frente ideológico. Nos limitaremos aquí a dar una breve visión general, basada en los diarios de la época y las enciclopedias judías más recientes. En el Presídium de la Comisión central de control del XVI Congreso del Partido (1930), había 10 Judíos sobre los 25 miembros; si se compara con la situación del Comité central del Partido en los años veinte, vemos que nada había realmente cambiado: los Judíos constituían una sexta parte de los efectivos. Pero el poder real de los bolcheviques se concentraba en las manos de los Comisarios del pueblo. En 1936, se contaba ocho Judíos entre ellos: Maksim Litvínov en Asuntos Exteriores; el no menos célebre Guénrij Yagoda en Asuntos Internos; Lázar Kaganóvich en Ferrocarriles; I. Weitser en Comercio Exterior; M. Kalmanovich en los Sovjós (Comisariado creado en 1932); Grigory Kaminski en Sanidad; Z. Belenski dirigía la comisión de control soviético. En ese mismo gobierno figuraban también numerosos apellidos judíos en los Vice-comisariados de varios comisariados de Finanzas, de Comunicaciones, de Transportes, de Agricultura, de Justicia, de Instrucción, de Defensa, etc. Stalin ya había nombrado el siniestro Yakovlev-Epstein para llevar a cabo la colectivización del campo. Éste sería presidente del Soviet de los Koljós a partir de 1934.

Desde el principio, ocuparon puestos importantes en los órganos políticos del ejército. Todo el servicio político central del Ejército rojo había pasado por las manos de Lev Mejlis (Solzhenitsyn aportaba una larga lista de inspectores, directores, jefes de servicio y fiscales militares). En 1934, el GPU se metamorfoseó en NKVD (Comisariado del pueblo para Asuntos Internos), con Guénrij Yagoda a su cabeza. Por una vez, se habían hecho públicos los nombres de los Comisarios de la

---

458 Alexandre Soljénisyne, *Deux siècles ensemble*, Éditions Fayard. 2003, p. 304

Seguridad de Estado, y la mitad de ellos eran judíos (Solzhenitsyn aportaba otra larga lista de personalidades). Abram Slutsky era jefe del servicio de inteligencia exterior soviético del NKVD; dirigía por lo tanto los servicios de espionaje. Sus adjuntos eran Borís Berman y Serguei Chpiguelglas. Tres días después del nombramiento de Nikolái Yezhov al comisariado de Asuntos Internos, su adjunto entraba en funciones: se trataba de Matvei Berman, que mantenía al mismo tiempo su puesto a la cabeza del Gulag. Mijaíl Litvine se convertía en jefe del servicio de los ejecutivos del NKVD. Isaac Shapiro, otro fiel colaborador, era nombrado a la cabeza del secretariado del NKVD. En diciembre de 1936, había siete Judíos en los diez departamentos del glorioso servicio GUGB (Directorio principal de la Seguridad del Estado) del NKVD, la policía secreta.

En 1990, gracias a la Glasnot (la "transparencia"), una sorprendente información desvelaba que los furgones para gaseamientos (cámaras de gas ambulantes) no habían sido inventados por Hitler, sino por Isai Davidovich Berg, jefe del servicio económico del NKVD de la región de Moscú. Berg era el encargado de ejecutar las sentencias del NKVD regional. Su misión era conducir los condenados al lugar de ejecución. Pero cuando empezaron a funcionar a pleno rendimiento tres tribunales a la vez, la tarea de los pelotones de ejecución se volvió casi imposible. Alguien tuvo entonces una idea novedosa: desnudar las víctimas, atarlas y amordazarlas para que no gritaran y arrojarlas en furgones cerrados, camuflados en furgonetas de reparto del pan. Durante el largo trayecto, los gases se escapaban al interior del vehículo. A llegar al destino, al borde de una fosa cualquiera, los prisioneros ya yacían muertos[459]. Berg fue fusilado en 1939, pero no por sus métodos atroces, sino acusado de conspiración. Fue rehabilitado en 1956, a pesar de figurar en su historial aquella mortífera invención. "No se puede negar, concluía Solzhenitsyn: la Historia ha consagrado a muchos Judíos como ejecutores del triste destino del pueblo ruso."

Uno siente vergüenza ajena al leer eso

Lázar Kogan había sido nombrado jefe del Gulag, antes de ser enviado al canal del Mar Blanco. Zinovi Katznelsohn era el segundo en esa jerarquía. A partir de 1936, Israel Pliner ocuparía la jefatura del

---

[459] Alexandre Soljénisyne, *Deux siècles ensemble*, Éditions Fayard. 2003, p. 322. El periodista y fotógrafo polaco Tomasz Kizny ha documentado ese periodo: *La Grande Terreur en URSS 1937-1938*, Les Editions Noir Sur Blanc, 2013.

Gulag, y bajo sus órdenes concluirían las obras del canal Moscú-Volga. Hay que recalcar que los secretarios de los comités regionales no ostentaban el poder absoluto, sino que eran más bien los potentados de la GPU-NKVD, verdaderos señores de todos esos territorios. Estos potentados regionales cambiaban constantemente de lugar de destino, en el mayor secreto, y tenían derecho de vida y muerte sobre cada uno de los habitantes. Se conocen algunos por sus nombres completos, otros únicamente por sus apellidos, otros sólo por sus iniciales.

"El Letón Ans Bernstein, escribía Solzhenitsyn, uno de mis testigos para la redacción de *Archipiélago Gulag,* estimaba que había logrado sobrevivir en los campos de trabajos forzados porque en los momentos más oscuros había acudido a unos Judíos que le habían tomado por uno de los suyos, debido a su apellido y su apariencia, y que desde entonces siempre le habían ayudado. También observó que en los campos donde estuvo encarcelado (los de Buriepolomski, por ejemplo, cuyo jefe era un tal Perelman), los Judíos siempre eran reclutados para los puestos de empleados libres (Chulman, jefe del departamento especial; Grindberg, jefe de campo; Keguels, jefe mecánico de la fábrica) y éstos elegían a su vez como adjuntos a Judíos entre los detenidos...El Judío libre no era tan tonto como para ver en un Judío prisionero a un "enemigo del pueblo", como sí lo hacía un Ruso adoctrinado con otro Ruso. Veían en él ante todo un compatriota desafortunado."

A veces, un grupo de prisioneros Judíos al socaire se formaba, despreocupados de su supervivencia. ¿Qué hacían entonces? El ingeniero Abram Zisman contaba una anécdota: en el presido Novo-Arcángel, "aprovechamos un tiempo libre para contar cuantos pogromos anti-judíos había habido en tiempos del Estado Ruso. Esta cuestión interesó a los responsables del campo. El jefe del campo era el capitán Gremine [N. Gerchel, hijo de un sastre judío]. Éste envió una carta a Leningrado, a los archivos del antiguo MVD. La respuesta nos llegó ocho meses después: entre 1811 y 1917, había habido 76 pogromos anti-judíos en todo el territorio ruso, y el número de víctimas había sido alrededor de 3000" (no se precisaba si se trataba únicamente de muertos).

La magnitud de las cifras de muertes bajo el régimen soviético es obviamente muy distinta. El famoso penitenciario del Canal Mar Blanco-Báltico engulló en los años 1931-1932 cientos de miles de campesinos rusos y ucranianos. En un periódico datado de agosto de 1933, dedicado a la finalización del canal, podíamos leer la lista de las personas condecoradas: muchas medallas modestas para los encofradores y carpinteros, pero medallas prestigiosas –la Orden de Lenin – para ocho personas cuyas fotos fueron publicadas en gran formato. Entre ellas, solamente dos ingenieros, pues se recompensaba toda la cúpula dirigente de la obra. A la cabeza del colectivo estaba Guénrij Yagoda, comisario del NKVD; Mavtei Berman, jefe del Gulag; Semion Firine, jefe del BelBalt; Lázar Kogan, jefe de construcción; Yákov Rappoport, jefe segundo de construcción; Naftali Frenkel, jefe de trabajos de la obra Mar blanco (y considerado el mal genio de todo el archipiélago). Cuarenta años después de los hechos, Solzhenitsyn publicaba los retratos de aquellos "seis miserables" en *Archipiélago Gulag*: "Se me ha reprochado haber publicado los retratos de los jefes de la obra del famoso canal Mar Blanco-Báltico, y se me ha acusado de haber seleccionado únicamente a Judíos. Pero yo no he seleccionado a nadie: he publicado las fotos de todos los jefes de campo que figuraban en un anuario publicado en 1936. ¿Quién tiene la culpa de que fueran Judíos460?" "Los he tomado tal cual como estaban, sin seleccionarlos, pero todo el universo se indignó. ¡Era antisemitismo! ¿Y dónde estaban mirando cuando esos retratos fueron publicados por primera vez en 1933? ¿Por qué no manifestaron entonces su indignación?" Así pues, las reflexiones de algunos intelectuales pueden resultar provocadoras. Cuando, por ejemplo, el señor S. Schwartz habla de "la leyenda del dominio de los Judíos" y "de las ideas falsas sobre el poder exagerado de los Judíos dentro de los órganos del Estado461", uno se queda perplejo. Según él, los intelectuales judíos simplemente no tenían "casi ninguna otra posibilidad de supervivencia, excepto el servicio del Estado". "Uno siente vergüenza ajena al leer eso, se indignaba Solzhenitsyn. ¿Cuál es esa situación de opresión y de desesperanza que no os deja como posibilidad de supervivencia más que los puestos más privilegiados?"

La gran carnicería

Las grandes purgas estalinistas de 1937-1938 fueron para los Judíos un golpe brutal e inesperado que supuso la alteración de todo su universo. Si se estudia las listas de altos dignatarios que perecieron en 1937-1938, se constata, en efecto, que los Judíos representaron una gran proporción. "Un historiador contemporáneo escribió: Si bien los representantes de esta nacionalidad estaban a la cabeza del 50% de los

---

[460] Alexandre Soljénisyne, *Deux siècles ensemble*, Éditions Fayard. 2003, p. 317
[461] S. Schwartz, *L'antisémitisme en Union Soviétique*, New York, 1962, p. 118, [p. 335]

principales servicios del aparato central para los Asuntos Internos, en cambio ya sólo ocupaban el 6% de los puestos el 1 de enero de 1939462." Basándonos en las numerosas listas de fusilados publicadas en estos últimos diez años, y en base a los tomos biográficos de la *Nueva Enciclopedia* judeorrusa, explicaba Solzhenitsyn, somos capaces de rastrear la suerte de los chekistas, de los jefes del Ejército Rojo, de los diplomáticos y de los dirigentes del Partido. En efecto, fueron los chekistas los que pagaron un mayor precio por su pasado durante las purgas ""yezhovianas"", apodadas así por el apellido del nuevo amo del NKVD, Nikolái Yezhov. La gran carnicería no perdonó a los viejos bolcheviques: Kamenev y Zinóviev, por supuesto, pero también Riazanov y Goloshchokin. También desapareció el verdugo de Crimea, Bela Kun en persona, y con él otros doce comisarios del pueblo del gobierno comunista de Budapest. Únicamente Kaganóvich siguió en sus funciones participando incluso en otras purgas. En el verano de 1938, todos los comandantes de las regiones militares, sin excepciones, habían sido liquidados. Entre los altos responsables políticos que habían perecido figuraban la totalidad de los 17 comisarios de ejércitos, 25 de los 28 comisarios de cuerpos de ejército y 34 de los 36 comisarios de división. Había una fuerte proporción de Judíos en las listas de jefes de guerra fusilados en 1937-1938463, pero en sí mismo, este fenómeno no había sido percibido como una ofensiva específicamente dirigida contra los Judíos: los Judíos cayeron en la picadora porque ocupaban un gran número de puestos eminentes.

A mediados de los años treinta, Stalin se había percatado de las complicaciones que resultaban de una toma de posición demasiada hostil en contra de los judíos, a semejanza de Hitler y el Partido Nacionalsocialista464. Aun así, es posible que albergara cierta animosidad hacia ellos- las memorias de su hija tienden a confirmarlo— aunque no lo dejara vislumbrar ante sus más próximos colaboradores. Junto a su lucha frontal contra los trotskistas, Stalin no descuidaba otro aspecto muy ventajoso para él: la posibilidad de tener por fin vía libre para reducir la influencia de los Judíos dentro del Partido. Además, con las amenazas de guerra que se avecinaban en Europa, Stalin debió presentir que "la internacional proletariana" no le sacaría de apuros, sino más bien los sentimientos patrióticos de los Rusos que habría que

---

[462]Kostyrtchenko, *La politique de Staline*, Moscou, 2001, p. 210, [p. 320]
[463]Souvenirov, *La Tragédie de l'Armée rouge*, 1998, [p. 324]
[464]Recuerde el lector el famoso titular de la portada de *The Daily Express of London* del 24 de marzo de 1933: *"Judea Declares War on Germany - Jews of All the World Unite - Boycott of German Goods - Mass Demonstrations."*(NdT).

reanimar para la ocasión. Con todo y eso, el ambiente oficial del régimen soviético en los años treinta estaba exento de antipatía hacia los Judíos. Hasta la guerra, la inmensa mayoría de los Judíos soviéticos se mantuvo en línea con el régimen[465].

Nunca en primera línea

La invasión del territorio por los ejércitos alemanes conllevó la rápida evacuación de las poblaciones que más tenían que temer de los nazis. Varias fuentes judías subrayan de forma inequívoca las medidas enérgicas tomadas por las autoridades soviéticas en esta materia, y que permitieron a muchos Judíos escapar del exterminio. En muchas ciudades, los Judíos fueron evacuados antes que los demás. Eran prioritarios, al igual que los altos funcionarios, los obreros de la industria y los trabajadores. El poder soviético había fletado miles de trenes especialmente para la evacuación de los Judíos lo más lejos posible, más allá de los Urales[466]. La amplitud de la evacuación de los Judíos por el régimen soviético ante la invasión alemana ha sido unánimemente reconocida. Los documentos del Comité antifascista europeo lo confirman: "Fueron evacuados a Uzbekistán, Kazajistán, y a otras repúblicas de Asia central al principio de la guerra cerca de un millón y medio de Judíos." En total, desde el inicio de la guerra hasta noviembre de 1941, 12 millones de personas fueron evacuadas de las zonas amenazadas hacia el interior del país.

Durante la Segunda Guerra mundial, los Judíos continuaron desempeñando un papel muy importante en los engranajes del poder y del Ejército Rojo. Un historiador israelí publicó una lista nominativa de los generales y almirantes judíos en la que se podía contar 270 nombres, una cifra colosal. También citaba los cuatro comisarios del pueblo en tiempo de guerra: además de Kaganóvich, también estaban Borís Vannikov para Municiones, Semión Guinzburg para Construcción, e Isaac Zaltsman para la Industria de blindados. En esa lista figuraban también los comandantes en jefe de 4 ejércitos, los comandantes de 23 cuerpos de ejército, de 72 divisiones y de 103 brigadas[467]. "En ningún ejército aliado, incluido el ejército estadounidense, los Judíos han ocupado puestos tan elevados como en el ejército soviético", confirmaba I. Arad. No está justificado por lo tanto hablar de exclusión de los Judíos de los puestos más elevados durante el conflicto.

---

[465] Alexandre Soljénisyne, *Deux siècles ensemble*, Éditions Fayard. 2003, p. 348
[466] Léase al respecto los testimonios de Marek Halter y de Samuel Pisar.
[467] Alexandre Soljénisyne, *Deux siècles ensemble*, Éditions Fayard. 2003, p. 386

Sin embargo, la inmensa mayoría de los eslavos tuvieron la desagradable impresión de que los Judíos hubieran podido participar en la guerra de forma más valerosa, de que podría haber habido más Judíos en primera línea con los soldados rasos. Una cosa "clamaba el cielo": eran mucho más numerosos en los Estados Mayores, en la intendencia, en el cuerpo médico, en varias unidades técnicas de la retaguardia, y, naturalmente, en el personal administrativo, junto con todos los chupatintas de la maquinaria propagandística, e incluso en los orquestas de variedades y las compañías de teatro ambulantes del frente468. Un historiador israelí constataba con mucho pesar "la impresión muy extendida en el ejército y en la retaguardia de que los Judíos rehuían participar en los combates469." No obstante, se debe reconocer que algunos Judíos sí que fueron temerarios y asumieron grandes riesgos. El célebre "Orquesta rojo de Trepper y Gurévich, que espío en las filas hitlerianas hasta el otoño de 1942 y comunicó informaciones muy valiosas, es un ejemplo famoso. Los dos agentes fueron encarcelados por la Gestapo antes de serlo en la URSS después de la guerra.

Otro historiador contemporáneo, basándose en los documentos de archivo desclasificados en los años 90, llegaba a esta conclusión: "A lo largo de los años 40, el papel de los Judíos en los órganos de represión siguió siendo extremadamente importante; sólo se redujo a cero después de la guerra, durante la campaña contra el cosmopolitismo470." A finales de los años 70, Dan Levine escribía: "Estoy de acuerdo con el profesor Branover que considera que la Catástrofe fue en gran medida un castigo por ciertos pecados, principalmente el de haber liderado el movimiento comunista471". "Pero tales opiniones no constituyen una tendencia mayoritaria, escribía Solzhenitsyn. Hoy en día casi todos los Judíos consideran esta apreciación como insultante y blasfematoria. Y es desastroso472."

Una muerte sospechosa

En 1947, Stalin, probablemente para contrarrestar Gran Bretaña, pero también para conseguir nuevos apoyos, abogó activamente por la creación de un Estado judío independiente en Palestina, tanto desde la ONU con Gromyko, como permitiendo la entrega de armas

---

[468] Alexandre Soljénisyne, *Deux siècles ensemble*, Éditions Fayard. 2003, p. 391
[469] S. Schwartz, *Les Juifs en Union Soviétique*, p. 154
[470] L. Kritchevski, *Les Juifs dans l'appareil du Vétchéka dans les années 20*, 1999
[471] Dan Lévine, *Au bord de la tentation*, interview in "22", 1978, n°1, p. 55
[472] Alexandre Soljénisyne, *Deux siècles ensemble*, Éditions Fayard. 2003, p. 421

checoslovacas. En mayo de 1948, la URSS decidió en 48 horas reconocer la proclamación de independencia de Israel. Inmediatamente, las solicitudes de inmigración a Israel se multiplicaron, aun cuando parecía que el Estado israelí adoptaría una actitud pro-occidental y que la influencia de Estados Unidos sería preponderante.

Esto convenció Stalin de cambiar de política a finales de 1948, pero sin efecto de anuncio. El Comité antifascista judío, que se había convertido en el órgano representativo del conjunto de los Judíos soviéticos fue desmantelado por etapas. Sus locales fueron sellados, el diario y la editorial cerrados. En enero de 1949, Stalin lanzó una ofensiva contra los Judíos que trabajaban en la esfera cultural. Desde 1946, algunos informes del Comité central señalaban que "de los veintinueve críticos de teatro en activo, sólo seis eran rusos", pero el ataque contra Fadeev, el todo poderoso presidente de la Unión de escritores y favorito de Stalin resultó ser un fracaso. Este asunto de "los críticos de teatro", que iba a reaparecer en 1949, sirvió de preludio a la larga campaña contra los "cosmopolitas" que desembocó a posteriori en la "glorificación imbécil de la superioridad rusa en todos los campos de la ciencia, de la técnica y de la cultura." La mayoría de las veces, los "cosmopolitas" no eran detenidos, sino públicamente amonestados y destituidos de sus puestos. Fueron apartados de las redacciones de los periódicos, de las instituciones ideológicas y culturales, de la agencia TASS, de las editoriales de Estado, de las facultades de letras, de los teatros, de la Filarmónica y a veces también del Partido[473]. Las purgas se ampliaron a los círculos científicos, a la industria y a la administración. Entre 1948 y 1953, los Judíos fueron masivamente desalojados de las altas esferas. Los puestos de responsabilidad dentro del KGB, de los órganos del Partido y del ejército les fueron vetados, y en numerosas universidades, instituciones culturales y científicas, el númerus clausus fue restablecido. A partir de entonces, la comunidad judía internacional iba a vincular aún más su destino al de Estados Unidos.

A partir del otoño de 1952, Stalin ya avanzaba a cara descubierta: las detenciones empezaron a producirse entre los profesores de medicina de Kiev en octubre, así como en los círculos literarios. La noticia se difundió inmediatamente entre los Judíos de la Unión Soviética y del resto del mundo. En noviembre, tuvo lugar en Praga un juicio al más puro estilo estalinista. El juicio de Slanski, primer secretario del Partido comunista checoslovaco, tuvo un carácter abiertamente anti-judío. De los once condenados que fueron ahorcados,

---

[473]Alexandre Soljénisyne, *Deux siècles ensemble*, Éditions Fayard. 2003, p. 435

ocho eran Judíos. El sionismo era directamente denunciado como el nuevo canal a través del cual se infiltraba la traición y el espionaje en el Partido comunista.

Mientras tanto, en el verano de 1951, se urdía en la sombra "el Complot de los médicos". En 1937, durante el juicio de Bujarin, ya se había acusado a los médicos del Kremlin de prácticas criminales contra algunos dirigentes soviéticos. Se repitió la misma jugada. Este caso provocó una ola de persecución de los médicos judíos en todo el país. Éstos ya no se atrevían a ir al trabajo y sus pacientes se apartaron de ellos por miedo a consultarlos. Este fue el primer error cometido por Stalin, afirmaba Solzhenitsyn, el primero de su carrera. La explosión de indignación en todo el mundo había coincidido con unas acciones enérgicas provocadas en el interior del país por unas fuerzas que hacía suponer que habían decidido acabar con Stalin. Encerrado y protegido detrás de sus puertas blindadas, Stalin no comprendió que las implicaciones de este caso podían constituir un peligro personal para él. Tras el comunicado oficial sobre la trama de los médicos, Stalin vivió 51 días. Solzhenitsyn se mantenía extrañamente discreto sobre la muerte del dictador. ¿Qué había ocurrido realmente? "La exculpación y liberación de los médicos fue sentida por los Judíos soviéticos de la vieja generación como una repetición del milagro de Purim", escribía, como si la fecha hubiese sido elegida de antemano. En efecto, Stalin desapareció el mismo día que la fiesta de Purim, fecha en la que Ester salvó a los Judíos de Persia de la masacre ordenada por Hamán[474].

En los tres meses siguientes, las relaciones diplomáticas con Israel fueron restablecidas. Esto y el fortalecimiento de la posición de Beria hizo que renaciera brevemente entre los Judíos soviéticos la esperanza de que se abrieran nuevas perspectivas prometedoras. Pero su rápida eliminación, el triunfo de Nikita Jrushchov sobre sus adversarios en el Partido y la destitución de Kaganóvich en 1957 marcó definitivamente un punto de inflexión. Era el final de una época. Las cifras hablan por sí mismas: "Los Judíos habían desaparecido no solamente de los órganos directivos del Partido, sino también del gobierno[475]."

Un cambio de rumbo repentino

Buena parte de la comunidad judía internacional que ya se había apartado del bolchevismo se volvió ahora bruscamente en contra de él.

---

[474] K. Chtourman, in "22", 1985, nº42, p. 140-141, [p. 443]
[475] L. Shapiro, *Les Juifs en Russie soviétiques après Staline*, p. 360

"Fue en ese momento, escribía Solzhenitsyn, cuando, en un movimiento de arrepentimiento purificador, deberían haber reconocido la participación activa que habían tenido en el triunfo del régimen soviético, así como el cruel papel que habían desempeñado en él. Pero no lo hicieron, o apenas." Autores como F. Kolker escribieron: "Entre las numerosas nacionalidades que habitaban en Unión Soviética, los Judíos siempre fueron considerados aparte, como el elemento menos fiable476." Iou Chtern iba incluso más allá en las denegaciones: "La historia soviética está enteramente marcada por una voluntad constante de destruir y exterminar los Judíos...El poder soviético fue especialmente duro con los Judíos477."

"¿Qué clase de amnesia hay que padecer para escribir algo así en 1983? ¿Es posible haber olvidado todo hasta ese extremo?", se indignaba de nuevo Solzhenitsyn. Afortunadamente, existen algunas reflexiones que denotan cierta toma de consciencia, incluso un verdadero arrepentimiento por parte de algunos Judíos. Esto escribía por ejemplo Dan Levine, un intelectual estadounidense instalado en Israel: "En Rusia, gran parte del antisemitismo popular proviene del hecho de que el pueblo ruso ve a los judíos como la causa de todo lo que tuvieron que soportar durante la revolución478". "¡Qué alegría oír eso!, se exclamaba Solzhenitsyn, y que esperanza479!" Esto nos confirma la idea de que quizás sea posible un reconocimiento recíproco, sincero e indulgente entre Rusos y Judíos.

Pero al romper bruscamente con el bolchevismo, muchos Judíos no sintieron el menor atisbo de arrepentimiento en su alma, ni tan siquiera un poco de vergüenza. Al contrario, se volvieron con furor en contra del pueblo ruso. A principio de los años 70, los ataques contra Rusia no pararon de aumentar: un artículo anónimo firmado por un tal S. Teleguine, y titulado "Una pocilga humana", salió publicado en Samizdat480. El texto rebosaba de desprecio hacia Rusia, considerada como una simple materia bruta de la que ya nada había que sacar. B. Jazanov escribía a su vez: "La Rusia que veo a mi alrededor me repugna...es un establo de Augías único en su especie...sus habitantes piojosos...llegará un día en que sufrirá un castigo terrible por todo lo que representa a día de hoy481." Otro autor, Arcady Belinkov, se había

---

[476]F. Kolker, *Un nouveau plan d'aide aux Juifs soviétiques*, in "22", 1978, n°3, p. 147
[477]Iou Chtern, in "22", 1984, n°38, p. 130
[478]Dan Lévine, *Au bord de la tentation*, interview in "22", 1978, n°1, p. 55
[479]Alexandre Soljénisyne, *Deux siècles ensemble*, Éditions Fayard. 2003, p. 481
[480]Samizdat fue la copia y distribución clandestina de literatura prohibida por el régimen soviético. (NdT).
[481]B. Khazanov, *Novaïa Rossia*, in VM, 1976, n°8, p. 143

refugiado en el extranjero en 1968. Lo que escribía desde allí a continuación denotaba que se había convertido menos en un adversario del régimen que en un adversario del pueblo ruso: "País de esclavos, país de señores...un rebaño de traidores, de delatores, de verdugos...el miedo era ruso, preparaban ropa de abrigo y esperaban a que golpearan la puerta...Una sociedad miserable de esclavos, de descendientes de esclavos, de antepasados de esclavos...una sociedad de bestias que tiemblan, llenos de miedo y de odio...se cagaban en los pantalones, atemorizados por lo que podría ocurrir482." Notemos que ni una sola vez, Belinkov utilizó la palabra "soviético". Yakov Yakir tuvo unas declaraciones parecidas: "Se arrastraban a cuatro patas y se prosternaban delante de los árboles y las piedras, a pesar de que les dimos el Dios de Abraham, de Isaac y de Jacobo483." Por su parte, M. Grobman declaraba directamente que "la Ortodoxia es una religión de salvajes".

El cambio repentino de numerosos Judíos de Rusia confirmaba las reflexiones del líder sionista Zeev Jabotinsky, que notaba ya a principio del siglo XX: "Cuando el Judío se asimila en una cultura extranjera, no hay que fiarse de la profundidad ni de la consistencia de la transformación. Un Judío asimilado cede ante el primer empuje, abandona la cultura prestada sin la menor resistencia en cuanto está convencido de que su reinado se ha terminado[484]." A.B. Joshua, un autor contemporáneo escribía sin contemplaciones: "Un Judío "galout[485]"es un ser amoral. Se aprovecha de todas las ventajas del país que lo acoge, pero al mismo tiempo no se identifica completamente con él"; "Esa gente exige un estatuto especial que no posee ningún pueblo en el mundo: que se les permita tener dos patrias, una en la que viven, y otra en la que "vive su corazón". Luego se preguntan por qué son odiados486."

Abandonar el barco a toda costa

La emigración de los Judíos fuera de la URSS se convirtió en el problema número uno para la consciencia universal. Todo aquel que, a

---

[482] A. Bélinkov, in Novy Kolokol, Londres, 1972, p. 323-350
[483] Iakov Iakir, in Nacha strana, Tel-Aviv, 1973, 12 décembre. Cité d'après Novy Journal, 1974, n°117, p. 190
[484] Alexandre Solzhenitsyn, *Deux siècles ensemble, tome II*, Fayard, p. 550 y VI. Jabotinski, VI. Feulletons, StP, 1913, p. 251, 260-263.
[485] "Galout": en exilio, de la diáspora.
[486] A.B. Joshua, article cité, p. 159, [p. 555].

lo largo de los años 1950-1980, escuchara los programas de radio o televisión estadounidenses sobre la URSS, tenía la impresión de que no había cuestión más grave en el país que la cuestión judía. Se trataba de defender los Judíos refuzniks, aquellos Judíos que se habían visto denegado el visado para viajar a Israel. En Estados Unidos y en Europa, el apoyo a la emigración de los Judíos era cada vez más apremiante. Cientos de manifestaciones de protesta fueron organizadas. Las más masivas tuvieron lugar los "domingos de solidaridad" anuales en Nueva York, que llegaron a reunir hasta 250 000 personas entre 1974 y 1987.

Cuando en 1972, el Presídium del Soviet supremo de la Unión Soviética estableció para los candidatos a la emigración más instruidos la restitución de la inversión del Estado en su instrucción, estalló un clamor de protesta planetaria. Ninguno de los crímenes masivos cometidos por el régimen había suscitado semejante protesta mundial, tan unánime por un impuesto sobre los inmigrantes provistos de una educación superior. Los académicos estadounidenses, cinco mil profesores, firmaron una petición en el otoño de 1972[487]. Los dos tercios de los senadores estadounidenses bloquearon el tratado comercial que se estaba negociando y que acordaba a la URSS la cláusula de la Nación más favorecida. "Los parlamentarios europeos siguieron el ejemplo, y el gobierno soviético cedió. Sólo prestaremos nuestra ayuda si el gobierno soviético acepta dejar salir a los Judíos – y ¡únicamente los Judíos! Aquí nadie tuvo nunca el derecho de emigrar, y nunca jamás los políticos de Occidente protestaron cuando millones de nuestros compatriotas quisieron huir de este régimen aborrecido", escribía Solzhenitsyn. Quince millones de campesinos fueron exterminados durante la "deskulakización", seis millones de campesinos fueron matados de hambre en 1932, sin mencionar las ejecuciones de masa y las millones de personas que acabaron en los campos de trabajo, y durante todo ese tiempo, se firmaba de forma complaciente tratados con los dirigentes soviéticos, se prestaba dinero y buscaba los favores del régimen. Únicamente cuando los Judíos se vieron perjudicados y privados de sus derechos, entonces todo Occidente quedó impactado y preso de una profunda compasión. Bastaba con que un desconocido refuznik firmara una declaración de imposibilidad de emigrar para que inmediatamente ésta fuera retransmitida junto con las noticias mundiales más importantes en *Radio-Liberté*, *La Voix de l'Amérique* o la *BBC*. "Incluso hoy en día, cuesta creer que se beneficiaran de tal alboroto mediático."

---

[487]Léase el testimonio de Marek Halter al respecto.

La emigración judía de la URSS empezó en 1971: 13 000 personas en un año (el 98% de ellas se instalaron en Israel); 32 000 en 1972, 35 000 en 1973, etc. Al principio se señalaba aquellos que no emigraban a Israel, pero rápidamente los Judíos emigraron cada vez más a los opulentos Estados Unidos. A mediados de los años 80, la libertad de emigrar a Israel fue total. En aquel barco en peligro de naufragio que era la Unión Soviética, disponer de un bote salvavidas era un inmenso privilegio. Tras setenta años de régimen soviético, los Judíos habían conseguido de repente el derecho a marcharse. El inicio del Éxodo marcó el final de los dos siglos en los que Judíos y Rusos habían tenido que convivir[488].

---

[488] Aunque unos pocos Judíos permanecieron para inaugurar la era pos-soviética democrática y supieron aprovechar las nuevas oportunidades. Léase Hervé Ryssen, *La Mafia judía*. (NdT).

2. Una discreción ejemplar

Evidentemente, el libro de Aleksandr Solzhenitsyn ha arrojado nueva luz sobre la historia del siglo XX y el desarrollo de la idea planetariana. Sólo nos queda ahora comprender por qué este aspecto de la historia contemporánea ha sido ocultado hasta fechas recientes. El estudio de otras importantes obras sobre la revolución bolchevique confirma, aunque de forma mucho menos contundente, el trabajo del gran disidente ruso.

La disputa de los historiadores

Ernst Nolte ha originado lo que se conoció en Alemania como "la disputa de los historiadores". Este investigador fue rechazado por el gremio de los historiadores por haber intentado explicar que el fenómeno nacionalsocialista había sido ante todo una reacción a la revolución bolchevique. En *La guerra civil europea, 1917-1945*, publicado en 1997, retomaba su análisis anterior sintetizándolo, y beneficiándose esta vez del apoyo de Stéphane Courtois, autor principal del famoso *El libro negro del comunismo*, quién escribía en el prefacio [de la edición francesa, ndt]: "El partido nazi se reivindicó primero como el partido de la contra-dictadura bolchevique, como el partido de la contra-guerra civil. El anti-bolchevismo se hizo anti-marxismo, tomando como pretexto la presencia de numerosos Judíos en los estados-mayores revolucionarios, incluso en Alemania, como por ejemplo durante la República de los Consejos de Baviera en 1919. Ahora bien, fue en Múnich donde Hitler intentó su primer golpe subversivo en 1923… Nolte sostiene que, en vista de las circunstancias, el antisemitismo hitleriano se alimentó de la fuerte presencia de activistas de origen judío en el movimiento comunista, tanto ruso como alemán[489]."

Era efectivamente lo que escribía Nolte, quién recordaba que el antisemitismo no formaba parte en absoluto de la política del gobierno imperial: "En la Primera Guerra mundial el Imperio alemán había

---

[489]Ernst Nolte, *La Guerre civile européenne, 1917-1945*, Munich, 1997, Éditions de Syrtes, 2000, 625 pages, p. 10-11

puesto en práctica entre sus aliados turcos y en los territorios orientales ocupados una política decididamente favorable a los judíos, y los partidos antisemitas, cuya influencia no era superior a la de las correspondientes agrupaciones y tendencias existentes en Francia, Rusia y Rumanía, casi habían desaparecido en los años anteriores a 1914. Debió haber ocurrido algo muy especial para que pudiera surgir una judeofobia tan radical como la de Hitler y Rosenberg[490]."

En la Alemania de la República de Weimar, el temor al bolchevismo era muy grande en amplias capas de la población. Lo que ocurría en la URSS era mucho más conocido por los alemanes que por los franceses, debido a la correspondencia con los cientos de miles de rusos de origen alemán instalados en las colonias del Volga desde el siglo XVIII. Las masacres espantosas, la hambruna planificada y la represión política habían generado en Alemania una imagen especialmente negativa de la experiencia soviética. "La gran hambruna de 1931-1933, en la que perecieron millones y sobre todo en Ucrania, donde se extinguieron pueblos enteros" causó pavor. "En Alemania se contaba con información bastante buena al respecto, porque los sucesos afectaron a un considerable número de campesinos de ascendencia alemana, cuyas conmovedoras llamadas de auxilio fueron difundidas por la Acción de Socorro Hermanos en Apuros [*Hilfswerk Brüder in Not*][491]." Desde el inicio del régimen, las declaraciones de los dirigentes anticiparon los acontecimientos que siguieron: el 17 de septiembre de 1918, en una reunión del Partido de Petrogrado, Grigori Zinóviev pronunció estas palabras en su discurso: "A fin de vencer a nuestros enemigos, tenemos que contar con nuestro propio militarismo socialista. De los 100 millones con que cuenta la población de Rusia bajo los soviets, debemos ganar a 90 para nuestra causa. En cuanto a los demás, no tenemos nada qué decirles; hay que exterminarlos[492]."

Según Nolte, los actores de la revolución bolchevique eran conocidos. La diferencia entre los liberales y conservadores de Occidente "se reconocía con mayor facilidad en la diferencia de si hacían constar sólo la participación extremadamente fuerte de elementos ajenos al pueblo en la Revolución rusa o si veían en los judíos una causa particular de ésta. Durante los primeros meses que siguieron

---

[490]Ernst Nolte, *La guerra civil europea, 1917-1945*, Fondo de cultura económica, México, 2001, p. 29
[491]Ernst Nolte, *La guerra civil europea, 1917-1945*, Fondo de cultura económica, México, 2001, p. 157
[492]Ernst Nolte, *La guerra civil europea, 1917-1945*, Fondo de cultura económica, México, 2001, p. 91, citando David Shub, *Lenin*, Wiesbaden, 1957, *Severnaia Kommuna*, 18 de septiembre 1918, p. 375

a la Revolución de Febrero, hubo numerosos observadores, sobre todo en Francia e Italia, que se irritaron mucho de que los promotores de la paz con tanta frecuencia tuviesen o hubieran tenido apellidos alemanes como Zederbaum, Apfelbaum o Sobelsohn[493]."

Sería sin embargo erróneo creer que Ernst Nolte se centró en este tema en particular. Nada más lejos de la realidad. De las 550 páginas de su libro, sólo se menciona el papel de los Judíos en la revolución bolchevique en las páginas que hemos citado aquí. Únicamente en el caso de las grandes purgas de 1936-1938 Nolte habló más en detalle de este aspecto del problema: "La purga cobró a un número considerable de víctimas entre judíos, letones y polacos y, de manera general, entre los integrantes de las minorías nacionales. Zinóviev, Kámenev Gamarnik, Yakir y otros más eran judíos...El hecho de que la mayoría de los principales representantes de la tendencia crítica occidental o intelectual fueran judíos facilitó su eliminación, pese a que la Unión Soviética era el único país del mundo que estipulaba la pena de muerte por antisemitismo494."

En *Los Fundamentos históricos del nacionalsocialismo*, publicado en 1998, se podía notar en Ernst Nolte algunos pasajes furtivos que confirmaban las observaciones de Aleksandr Solzhenitsyn. Para Hitler, escribía, "el marxismo es obra de los judíos. Y esta idea no era un mero delirio, ya que Thomas Mann y Winston Churchill la compartían."

No obstante, la interpretación de Ernst Nolte nos parece un poco frágil. La lucha de Hitler y de los nacionales-socialistas en contra de lo que denominaban "judeobolchevismo" no puede por sí solo resumir el antisemitismo nazi. El auge del nacionalsocialismo no fue únicamente una reacción a la barbarie soviética, y Nolte parecía olvidar que millones de alemanes, que habían sufrido de la inflación y del paro, sentían un cierto resentimiento contra la república de Weimar, un régimen democrático cuyo cosmopolitismo no aprobaban. Probablemente se tratara para Nolte, en medio de un clima de represión intelectual imperante en Europa, y especialmente en la Alemania de la segunda mitad de siglo XX, de intentar una nueva aproximación histórica, distinta a la predominante que consistía en explicarlo todo en base a la locura de Hitler y de todo el pueblo alemán. A falta de poder acusar el régimen de la República de Weimar, lo cual le habría valido el ostracismo de sus pares y probablemente expuesto a un juicio, Nolte

---

[493]Ernst Nolte, *La guerra civil europea, 1917-1945*, Fondo de cultura económica, México, 2001, p.131
[494]Ernst Nolte, *La guerra civil europea, 1917-1945*, Fondo de cultura económica, México, 2001, p. 272, 274

basó su explicación en la tesis del rechazo del comunismo, un enfoque actualmente tolerado y hasta alentado en cierta medida en las democracias occidentales, siempre y cuando no se toque los temas que desveló Solzhenitsyn495. De hecho, nos parece que Nolte escribió con poca convicción que: "la glorificación de la sociedad multicultural" es una cosa "necesaria496"; como si tuviera que hacer ciertas concesiones o señales para disculparse por adelantado de terribles acusaciones.

Al principio de su libro sobre *Los Fundamentos históricos del nacionalsocialismo,* Nolte publicó una parte de su correspondencia con el célebre historiador francés François Furet que evidenciaba perfectamente las presiones que este último también había recibido por apoyar el historiador alemán. En su primera carta dirigida a Nolte, François Furet comentaba así su famoso intercambio de cartas de 1996497: "Cuando dediqué a usted una larga observación, tuve plena conciencia de que al hacerlo iba a despertar en su país, pero también fuera de él, un ambiente de hostilidad hacia mi libro. Eso mismo ocurrió; el simple hecho de que yo lo citara ha provocado en la izquierda un reflejo francamente "pavloviano". Incluso historiadores anglosajones tan disímiles como Eric Hobsbawn o Tony Judt me han reprochado que yo no citara más nombre que el de usted, sin considerar necesario justificar tal excomunicación. Es preciso romper el anatema de ese razonamiento mágico; por lo tanto, menos que nunca me arrepiento de mis actos."

Stalin, "el Georgiano"

François Furet había provocado un pequeño terremoto al posicionarse al lado de Ernst Nolte en la polémica. En su libro, *El Pasado de una ilusión498,* explicaba así: "Uno de sus méritos fue el de

---

[495]El libro de Solzhenitsyn probablemente pudo ser publicado en francés y ser ampliamente difundido porque la editorial Fayard estaba vinculada por contrato con el autor. Sin embargo, el libro no tuvo ninguna promoción publicitaria en los medios en Francia. [Lamentablemente, no existe traducción al español. El lector puede consultar en internet esta reseña de la obra del escritor ruso: *Solzhenitsyn, Rusia y los judíos: nuevas consideraciones,* de Daniel J. Mahoney. (NdT)]

[496]Ernst Nolte, *Les Fondements historiques du national-socialisme,* Milan, 1998, Paris, Editions du Rocher, 2002, pour la traduction française, p. 162

[497]Ernst Nolte, *Les Fondements historiques du national-socialisme,* Milan, 1998, Paris, Editions du Rocher, 2002, p. 9, y en Ernst Nolte, *La guerra civil europea, 1917-1945,* p. 523 (Carta de François Furet a Ernst Nolte).

[498]François Furet, *Le Passé d'une illusion, essai sur l'idée communiste au XXe siècle,* Paris, Robert Laffont, 1995. François Furet, *El Pasado de una ilusión, Ensayo sobre la idea comunista en el siglo XX,* 1995, Lectulandia.com, Editor digital Queequeg.

haber pasado por alto, muy pronto, la prohibición de establecer paralelos entre comunismo y nazismo: prohibición más o menos general en Europa occidental, especialmente en Francia y en Italia, y particularmente absoluta en Alemania." En 1963, el libro de Ernst Nolte, *El Fascismo en su época*, y luego, en 1966, *Los Movimientos fascistas*, explicaban que el extremismo bolchevique había provocado fatalmente una respuesta alemana. "Lo triste fue que, en la discusión de los historiadores alemanes sobre el nazismo, la interpretación de Nolte se debilitó por exagerar su tesis: quiso hacer de los judíos los adversarios organizados de Hitler, en tanto que aliados de sus enemigos... Tratando de descifrar la paranoia antisemita de Hitler, Nolte, en un escrito reciente, pareció encontrarle una especie de fundamento "racional" en una declaración de Chaim Weizman en septiembre de 1939, en nombre del Congreso Judío Mundial, en la que exige a los judíos del mundo entero luchar al lado de Inglaterra. Su argumento es a la vez chocante y falso499."

"El judío de antes de 1914 era burgués o socialista, escribía Furet. El de la posguerra también es comunista. El personaje ofrece la ventaja incomparable de encarnar a la vez el capitalismo y el comunismo, el liberalismo y su negación. Bajo la forma del dinero descompone sociedades y naciones. Bajo el disfraz bolchevique, amenaza hasta su existencia. Es aquel en quien se encarnan los dos enemigos del nacionalsocialismo: el burgués y el bolchevique, que son también las figuras de la *Zivilisation*, las dos versiones del homo oeconomicus, las dos formas del materialismo actual500." No sabemos si era exactamente una "ventaja", como decía François Furet irónicamente a fin de desacreditar la extravagancia de las ideas antisemitas, para los Judíos o para los antisemitas. En efecto, esta doble cualidad puede parecer tan grotesca para cualquier persona que no esté familiarizada con el tema que aquellos que se hacen eco de tales teorías se arriesgan a ser vistos como unos iluminados. Sus adversarios pueden entonces fácilmente presentarlos como tales, como vamos a verlo.

Es cierto, en todo caso, que el combate hitleriano contra el bolchevismo no era suficiente para explicar el fenómeno nacionalsocialista, tal como lo planteaba Nolte: "Hitler detesta en el bolchevismo la última forma de la conjura judía, e hizo del combate contra las ambiciones bolcheviques sobre Alemania uno de sus

---

[499]François Furet, *El Pasado de una ilusión, Ensayo sobre la idea comunista en el siglo XX*, p. 580
[500]François Furet, *El Pasado de una ilusión, Ensayo sobre la idea comunista en el siglo XX*, p. 209-210

primeros lemas. Pero comparte con los bolcheviques el odio y el desprecio a la democracia liberal, y la certidumbre revolucionaria de que la época de la burguesía ha llegado a su fin. El punto de partida de la conquista judía, sus raíces más profundas están allí, en el liberalismo moderno, y más adelante en el cristianismo, al que los comunistas también intentan desarraigar. El enfrentamiento entre nacionalsocialismo y bolchevismo no se da así en primer lugar en el aspecto ideológico."

En efecto, si bien la lucha de Hitler estaba dirigida de manera frontal contra el bolchevismo, su odio notable hacia la democracia liberal hacía que fuera indulgente con los militantes comunistas que deseaban como él derribar el régimen burgués. Las purgas estalinistas, la expulsión de los principales dirigentes judíos de la URSS durante las purgas de 1936-1938 reforzarán esa tendencia cuyo primer resultado fue el pacto Molotov-Ribbentrop del 23 de agosto de 1939. En adelante, las dos naciones anti-burguesas estarían unidas contra el Occidente capitalista.

"Stalin, escribía François Furet, se ha liberado de la vieja guardia, en gran parte judía, de los compañeros de Lenin: Trotski, Zinóviev, Kámenev y Rádek, perseguidos o sometidos desde 1927. "No es Alemania la que se volverá bolchevique", vaticina Hitler ante Rauschning en la primavera de 1934, sino el bolchevismo el que se transformará en una especie de nacionalsocialismo. Además, hay más nexos que nos unen al bolchevismo que elementos que nos separan de él. Hay, por encima de todo, un verdadero sentimiento revolucionario, vivo por doquier en Rusia, salvo donde hay judíos marxistas. Siempre he sabido darle su lugar a cada cosa y siempre he ordenado que los antiguos comunistas sean admitidos sin demora en el partido. El pequeñoburgués socialista y el jefe sindical nunca serán nacionalsocialistas, pero sí el militante comunista[501]"."

Tampoco hay que pensar que el libro de François Furet se centrara mucho en el papel y responsabilidad de los Judíos en el comunismo o la democracia; muy al contrario. *El Pasado de una ilusión* es en ese sentido un modelo de discreción: de las 800 páginas de la edición de bolsillo, solamente encontramos tres páginas dedicadas al tema: no se mencionaba nada en su libro sobre el papel de los Judíos en el socialismo y la revolución de 1917, a parte de lo citado aquí. Tampoco ni una palabra sobre su papel en las revoluciones en Baviera y en Hungría, que también explicaba en parte el antisemitismo húngaro de

---

[501] François Furet, *El Pasado de una ilusión, Ensayo sobre la idea comunista en el siglo XX*, p. 213. Hermannn Rauschning, *Hitler me dijo*.

entre-guerras. "El experimento, mal recibido en Hungría, sucumbe el 1 de agosto de 1919 a la intervención de tropas rumanas, después de 133 días de existencia502", escribía simplemente. En cambio, insistía varias veces sobre la nacionalidad de Stalin: "El ex seminarista georgiano se pone a la altura..."; "Siendo georgiano, se vuelve más ruso que los rusos"; "Stalin, georgiano, eligió ser ruso por ser revolucionario..."; "El georgiano ocupa la cumbre del aparato..."; "El dictador georgiano..."; "El cínico georgiano503..."

Furet eludió todo lo posible evocar los orígenes de los otros grandes jefes bolcheviques, excepto en el caso de algunos retratos de eminentes personajes. Rosa Luxemburgo, escribía, es "la primera en criticar Octubre en nombre del marxismo revolucionario...se inquieta por la Revolución rusa, antes de morir asesinada...Pero Octubre le asusta. Siente miedo ante el monstruo naciente que privaría de todo sentido a su existencia. Joven judía polaca, nació y creció en Varsovia. Luego pasó sus años universitarios en Zurich, estudiando historia, economía política, *El capital*. En 1898 se instala en Berlín como en el centro del movimiento obrero Europeo...ella no pertenece a ninguna patria sino por entero a la revolución504."

"Los dos hombres clave del Komintern en París fueron Fried y Togliatti. Judío húngaro de Eslovaquia, Eugen Fried se convierte en miembro de la oficina de organización del Komintern durante los años veinte. Enviado a Francia en el otoño de 1930, en calidad de agregado a la dirección del PCF, controla un "colegio de dirección", encargado de supervisar la política en curso, e instituye los métodos de selección de los cuadros. A partir de 1932 forma, con M. Thorez, una especie de tándem en que Fried protegía a Thorez. En 1934, lo apoya contra Doriot e inicia el "viraje" hacia la política del Frente Popular...El 24 de octubre Thorez, quien está bajo la tutela de Fried, su superior inmediato en la Internacional, va a proponer al Partido Radical un Frente Popular antifascista cuyos alcances rebasarán los de la SFIO505. Fried parece haber inventado la designación de "Frente Popular", que conocerá un

---

[502]François Furet, *El Pasado de una ilusión, Ensayo sobre la idea comunista en el siglo XX*, p. 350

[503]François Furet, *El Pasado de una ilusión, Ensayo sobre la idea comunista en el siglo XX*, p. 152, 153, 156, 169, 222, 218

[504]François Furet, *El Pasado de una ilusión, Ensayo sobre la idea comunista en el siglo XX*, p. 99

[505]La Sección Francesa de la Internacional Obrera, más conocida por su abreviatura SFIO, fue el partido político de los socialistas franceses desde su fundación en 1905 hasta 1969. Su nombre señala su carácter de sección nacional de la Segunda Internacional (Internacional Obrera). (wikipedia, NdT).

gran porvenir". "Eugen Fried, escribía Furet, joven veterano eslovaco del primer periodo, que escapó de la aventura de Béla Kun en 1919 e ingresó en el aparato de la Internacional en 1924; en 1928 fue miembro del Politburó del partido checo, y luego se le instaló en París con plenos poderes. Fried es en Francia el hombre de lo que Robrieux llama la "glaciación", término que designa el predominio completo y directo de la Internacional sobre el PCF506."

Entre los partidarios y desilusionados del comunismo, François Furet detallaba las evoluciones políticas de tres eminentes personalidades: Pascal, Borís Souvarine y Georg Lukacs.

Pascal, uno de los primeros testigos extranjeros de la revolución rusa, fue un joven intelectual católico francés. Anotó diariamente en un cuaderno todo lo que vio y pensó desde 1917 hasta 1927 en Rusia. Se había unido a los bolcheviques en febrero de 1917. Rusoparlante, fue destinado a la misión militar francesa de San Petersburgo, donde permanecería mucho tiempo hasta amargarse por el curso de los acontecimientos. Del pueblo ruso amaba "el igualitarismo de los pobres, el socialismo utópico, el espíritu cristiano de comunidad." Las causas de su amargura eran algo difusas: "La Revolución bolchevique ha muerto, no ha producido más que un Estado burocrático, beneficiario de un nuevo capitalismo", escribía Furet. Pascal había mantenido una correspondencia con Borís Suvarin, excluido de la Internacional en 1924. Furet afirmaba incluso que: "Pascal no amó la revolución aunque fuese rusa, como los comunistas occidentales, y aun muchos bolcheviques, sino porque era rusa y por tanto cristiana507." Pascal regresaría finalmente a Francia en 1933 donde tuvo una carrera de profesor de historia de Rusia.

Borís Suvarin era de la misma generación que Pascal. "Nació en Kiev, en una familia de pequeños joyeros judíos que emigra y se instala en París a finales del siglo pasado". Fue uno de los primeros bolcheviques francés en los primeros meses de 1918, y sería desde entonces uno de los artífices de la incorporación de una mayoría del partido socialista al bando de Lenin. Fue elegido al Presídium de la Internacional en compañía de bolcheviques ilustres como Zinóviev, Radek, Bujarín o Bela Kun. Con sólo veintiséis años, fue secretario ejecutivo de la Internacional, aunque sería excluido del Partido tras la muerte de Lenin por desviacionismo derechista. Abandonó entonces

---

[506]François Furet, *El Pasado de una ilusión, Ensayo sobre la idea comunista en el siglo XX*, p. 599 (nota 298), 242, 249-250

[507]François Furet, *El Pasado de una ilusión, Ensayo sobre la idea comunista en el siglo XX*, p. 124, 125,

Moscú para instalarse en Yalta, en Crimea, la pequeña comuna libertaria donde conocería a Pascal. Suvarin se convertiría en un historiador del fracaso del comunismo. Después de la Segunda Guerra mundial, sería casi el único intelectual en combatir el pro-soviétismo casi unánime en la opinión pública francesa.

Si bien en el caso de Pascal y Borís Suvarin " uno y otro acaban por librarse del maleficio", tal no fue el caso del tercer hombre ilustre seleccionado por François Furet: George Lukacs, quién ejemplificó todo lo contrario. Fue el ejemplo típico de una creencia política que sobrevivió más de medio siglo a la observación y a la experiencia. "El más grande filósofo contemporáneo de la enajenación capitalista vivió preso de la enajenación comunista durante toda su existencia... Lukács nació en 1885, en la aristocracia judía de Budapest: la familia es rica por ambos lados: la madre por herencia, el padre por su talento508." El padre, Joseph Löwinger, "aprendió el comercio sobre la marcha. Habiendo entrado a la banca a los 18 años, a los 24 era el jefe de la sucursal húngara del Banco angloaustríaco, y uno de los principales hombres de finanzas del Imperio. Ennoblecido muy pronto por el emperador Francisco José, y converso, cambia de nombre en 1910 y se vuelve Joseph von Lukács." Su hijo, Georg, entraría en guerra contra su padre: será Comisario del pueblo adjunto a la educación en la efímera república húngara de los Consejos, a imitación del modelo soviético. "Contamos con fotografías extraordinarias de ese Lukács mitad civil, mitad soldado, arengando a los soldados "proletarios", en un largo impermeable abotonado hasta el cuello, de donde surge un fino rostro de intelectual, mitad Groucho Marx, mitad Trotski", nos decía socarronamente François Furet509. Más tarde se convertiría en el "más grande filósofo del comunismo" con libros como *Historia y consciencia de clase* (Moscú, 1923) o *El Asalto a la razón* (1954). Participó activamente a la instauración de la dictadura estalinista en Hungría después de la guerra. Aceptó ser ministro de cultura en el gabinete de Nagy en 1956, unos días antes de la intervención de los blindados soviéticos en la capital.

El libro de François Furet dejaba por lo tanto entrever aquí y allá algunas informaciones que corroboraban la obra de Solzhenitsyn. Sólo que estaban dispersas y eran anecdóticas, haciendo así imposible que

---

[508] François Furet, *El Pasado de una ilusión, Ensayo sobre la idea comunista en el siglo XX*, p. 127, 136, 137, 138

[509] François Furet, *El Pasado de una ilusión, Ensayo sobre la idea comunista en el siglo XX*, p. 138, 141. Esto nos recuerda la imagen de Solzhenitsyn sobre los oradores subidos sobre cajas de jabón que arengaban a la muchedumbre en 1917.

un lector desinformado pudiera poner de relieve y apreciar el fenómeno esencial que tanta importancia tuvo para la comunidad judía mundial. Al leer a Nolte, y más aún a Furet, uno tiene la impresión de que la preocupación por la respetabilidad ha prohibido a estos dos grandes historiadores escribir lo que parece que sí sabían.

Libro negro, blanco pudor

Dos años después de *El Pasado de una ilusión*, se publicó *El Libro negro del comunismo*[510], famosa obra colectiva dirigida por Stéphane Courtois. Lamentablemente, ésta tampoco fue muy audaz. Traducido en todos los países de Europa, este libro ha marcado un antes y un después en el análisis de la experiencia comunista, si bien el papel de los Judíos es un tema que se toca superficialmente. Los pasajes mencionados aquí, puestos unos tras de otros, no deben inducir a error, pues las 850 páginas de la obra sólo abordan el tema de forma muy secundaria.

Nicolas Werth, uno de los colaboradores, admitía sin embargo que "el viejo fondo de antisemitismo popular, siempre dispuesto a volver a salir a la superficie, asoció inmediatamente a judíos y bolcheviques en cuanto que estos hubieron perdido el crédito del que habían disfrutado de manera momentánea, inmediatamente después de la revolución de octubre de 1917. El hecho de que una proporción importante de los dirigentes bolcheviques más conocidos (Trotsky, Zinóviev, Kamenev, Rykov, Radek[511], etc.) eran judíos justificaba, a los ojos de las masas, esta identificación de bolcheviques con judíos.[512]"

Algunas frases como estas estaban cargadas de ambigüedades: "En 1942, el Gobierno soviético, deseoso de presionar sobre los judíos americanos a fin de que estos impulsaran al Gobierno americano a abrir con más rapidez en Europa un "segundo frente" contra la Alemania nazi, creó un comité antifascista judeo-soviético presidido por Salomón

---

[510]Stéphane Courtois, Nicolas Werth, *Le Livre noir du communisme. Crimes, terreur, repression*. Paris, Robert Laffont, 1997.

[511]En 1938, la escritora Marieta Chaguinian publicó un libro sobre los Uliánov donde recordaba las raíces judías de Lenin. "Stalin quiso incluso borrar las raíces judías de Lenin cuando la hermana mayor del líder bolchevique intentó escribir una historia de la familia Uliánov (el verdadero apellido de Lenin). "Sin duda no es un secreto para ti que las investigaciones sobre nuestro abuelo han demostrado que provenía de una familia judía pobre, escribía a Stalin. Este hecho podría servir para combatir el antisemitismo". -"Ni una palabra sobre esto, le respondió el dictador"." (citado en Thierry Wolton, *Rouge, brun, le mal du siècle*, p. 132).

[512]Stéphane Courtois, Nicolas Werth, *El Libro negro del comunismo. Crímenes, terror y represión*. Espasa-Planeta, 1998, p. 105

Mijoels, el director del famoso teatro yiddish de Moscú. Algunos centenares de intelectuales judíos desplegaron una casta actividad en el mismo: el novelista Ilia Ehrenburg, los poetas Samuel Marshak y Peretz Markish, el pianista Emile Guilels, el escritor Vassili Grossman, el gran físico Piotr Kapitza, padre de la bomba atómica soviética, etc. Rápidamente, el comité desbordó su papel de organismo de propaganda oficiosa para convertirse en aglutinador de la comunidad judía, en organismo representativo del judaísmo soviético[513]." ¿Significa esto que los judíos estadounidenses presionaron a su propio gobierno para ampliar el campo de batalla de la guerra, como si hubieran podido presionar para entrar en la guerra, a pesar del pacifismo de la población y el compromiso electoral del presidente Roosevelt?

El capítulo titulado *La otra Europa víctima del comunismo*, fue escrito por Andrzej Paczkowski y Karel Bartosek. En esta parte de la obra podíamos leer lo siguiente: "Los judíos comunistas, muy bien representados en el aparato internacional comunista, continuaron ocupando tras la guerra los puestos claves en muchos partidos y aparatos de Estado de Europa central. En su síntesis sobre el comunismo húngaro, Miklos Molnar escribió: "En lo más alto de la jerarquía, los dirigentes son, casi sin excepción, de origen judío, igual que, en proporción menos elevada, en el aparato del Comité central, en la policía política, en la prensa, la edición, el teatro, el cine...La promoción fuerte e incontestable de los cuadros de mando obreros no puede enmascarar el hecho de que provienen de la pequeña burguesía judía[514]."

Misma historia en Rumanía: "En Rumanía, la suerte de la kominterniana judía Anna Pauker fue arreglada en 1952. Pertenecía a la troika dirigente junto con Gheorghiu Dej, jefe del partido, y Vasile Luca. Según un testimonio no recogido por otras fuentes, Stalin, durante un encuentro con Dej en 1951, se extrañó de que no se hubiera arrestado aún en Rumanía a los agentes del titismo y del sionismo y pidió "mano dura". Así, Vasile Luca, ministro de Finanzas, fue destituido en mayo de 1952 junto con Teohari Georgescu, ministro del Interior, y después condenado a muerte; conmutada la pena por la de cadena perpetua, murió en la cárcel. Ana Pauker, ministra de Asuntos Exteriores, fue destituida al principio de julio. Detenida en febrero de 1953 y liberada

---

[513] Stéphane Courtois, Nicolas Werth, *El Libro negro del comunismo*, Espasa-Planeta, 1998, p. 279

[514] M. Molnar, *De Béla Kun à Janos Kadar. Soixante-dix ans de comunisme hongrois*, Paris, Presses de la Fondation nationale des sciences politiques, p. 187, en Stéphane Courtois, Nicolas Werth, *El Libro negro del comunismo*, Espasa-Planeta, 1998, p. 485

en 1954, se dedicó a la vida familiar. La represión de resabios antisemitas afectó con ella a los cuadros de niveles inferiores515."

En su capítulo sobre la *"Revolución mundial, guerra civil y terror"*, Stéphane Courtois se mantuvo perfectamente discreto sobre las revoluciones en Alemania, en Baviera y en Hungría. Dado que las declaraciones citadas más arriba son los únicos pasajes del libro que hacían mención de la cuestión planteada por Solzhenitsyn, se puede afirmar una vez más que el problema fue en gran medida eludido.

En *Hacer tabla rasa del pasado. Historia y memoria del comunismo en Europa,* otra obra colectiva publicada en el 2002 y centrada sobre la historia del comunismo en Europa, Stéphane Courtois demostró algo más de valentía, y citaba por ejemplo el famoso caso del coronel Nicolski: "Su nombre real era Boris Grünberg. Era agente del KGB en Rumanía, convirtiéndose en 1948 en el director adjunto de la siniestra Securitate- la policía política-, personalmente implicado en miles de asesinatos, inventor del aterrador experimento de "reeducación" de la cárcel de Pitesti. Nicolski murió apaciblemente en su espléndida villa en Bucarest el 16 de abril de 1992. ¿Por qué su nombre es desconocido de la opinión pública europea, particularmente de la izquierda y de la extrema izquierda, tan prestos para movilizarse en defensa de los derechos humanos? ¿No tenían los "enemigos del pueblo" exterminados por Nicolski el derecho a ser defendidos516?"

Del mismo modo, podíamos leer en esta obra que la justicia en Rusia en tiempos de los zares era infinitamente más clemente que bajo el régimen bolchevique: "Mientras que en Rusia, de 1900 a 1913, los tribunales ordinarios habían pronunciado 1 085 422 condenas, en cambio se pronunciaron 33 374 906 entre los años 1937 y 1954 – de las cuales 13 033 condenas a muerte. Para las penas privativas de libertad, la relación es de 1 a 20 entre el periodo 1900-19013 y el periodo 1940-1953...Los tenientes de Stalin pidieron más prudencia, mientras Molotov justificaba el Terror y Kaganóvich – que había supervisado la hambruna organizada en el Kubán y el Cáucaso del Norte- recomendaba "hacer las cosas con sangre fría517"."

A los que quisieran hacer recaer todo el peso de los crímenes sobre los hombros de Stalin, para así disculpar Lenin y Trotski, Stéphane

---

[515]Stéphane Courtois, Nicolas Werth, *El Libro negro del comunismo*, Espasa-Planeta, 1998, p. 485, 486

[516]*Du passé faisons table rase, Histoire et mémoire du communisme en Europe*, ouvrage collectif, sous la direction de Stéphane Courtois, Robert Laffont, 2002, p. 49

[517]*Du passé faisons table rase, Histoire et mémoire du communisme en Europe*, Stéphane Courtois, Robert Laffont, 2002, p. 81

Courtois respondía por adelantado: "Trotski fue el fundador de los campos de concentración soviéticos en el verano de 1918 y encubrió bajo su propia autoridad innumerables masacres". "Fue el general en jefe que llevó a cabo la represión contra los marinos, obreros y campesinos de la isla de Kronstadt en rebeldía contra la "autocracia bolchevique" en marzo de 1921; después de los violentos combates, los rebeldes fueron aplastados con sangre el 18 de marzo por la mañana, justo cincuenta años después de la proclamación de la Comuna de París; mil prisioneros y heridos fueron fusilados allí mismo, otros 213 fueron condenados a muerte...En el verano de 1923, otra vez, Trotski alentó fuertemente la preparación de una insurrección armada en Alemania, contribuyendo a empeorar el clima de guerra civil que reinaba en el país...y afirmaba en *Defensa del terrorismo*, publicado en 1920: "Debemos poner fin de una vez por toda a la fábula papista-cuáquerista acerca del signo sagrado de la vida humana". Edwy Plenel[518]olvida que Trotsky no se contentó con actuar, sino que también justificó ampliamente sus acciones, incluso las más criminales en su libro...Uno se queda por lo tanto perplejo ante la amnesia sistemática en un periodista informado y un trotskista empedernido como él. Por lo visto, demasiada memoria mata la historia[519]."

En la historiografía del comunismo, escribía Stéphane Courtois, las reacciones conservadoras se cristalizan "en cuatro libros emblemáticos: *The Age of extremes*, de Eric Hobsbawm, *The Road to Terror*, de J. Arch Getty y Oleg Naoumov, *El Siglo de los comunistas*, dirigido por un grupo de universitarios franceses, y *Las Furias*, de Arno Mayer. Los cuatro son representativos de tres generaciones filo-comunistas: la de los viejos marxistas y comunistas occidentales, la generación académica de los años 1970, y finalmente la generación del 68 izquierdista y comunista." Stéphane Courtois podría haber notado otras similitudes entre los autores de esos libros, más próximas a nuestro tema de estudio.

Hobsbawm habría mostrado según él un gran sesgo en sus análisis: "No solamente no se detiene en el pacto germano-soviético de 1939, en el reparto de Polonia – ni una palabra sobre Katyn-, en la anexión de los Países Baltos y Besarabia por parte de Stalin, sino que ni siquiera

---

[518]Edwy Plenel, trotskista no arrepentido, fue durante un tiempo director de redacción del "periódico de referencia" *Le Monde*. Actualmente dirige Mediapart.fr, un portal de internet de información, investigación y divulgación.

[519]*Du passé faisons table rase, Histoire et mémoire du communisme en Europe*, Stéphane Courtois, Robert Laffont, 2002, p. 83-84

evoca la guerra civil provocada en Grecia por los comunistas en 1946, el "golpe de Praga" de 1948 o el bloqueo de Berlín en 1948-1949520."

"Algunos de estos bloqueos también se aprecian en Francia donde, por ejemplo, en la tradicional *Fiesta de la Humanidad*, fue publicado en septiembre del 2000 *El Siglo de los comunismos*, una obra colectiva promocionada con un anuncio atrayente que rezaba así: "¿Y si el Libro negro no hubiera dicho todo?..."" Es posible, en efecto. Compuesto de textos de una veintena de autores, el libro dirigido por Michel Dreyfus minimiza todo lo que denunció Stéphane Courtois.

En cuanto a Arno Mayer, éste ocultaba literalmente las dos grandes hambrunas provocadas de 1921-1923 y de 1932-1933. "A la primera, que hizo cerca de cinco millones de muertos, no dedica más que unas pocas líneas, sin señalar que fue en buena parte provocada por las requisiciones exorbitantes del poder bolchevique...A la hambruna de 1932-1933 y sus seis millones de muertos, sólo le dedica media página ¡sobre 680!", y sin mencionar además su carácter organizado "hoy en día ampliamente demostrado521."

De las 567 páginas del libro de Stéphane Courtois, poco más se puede encontrar que mencione el papel de los Judíos en el comunismo. Martin Malia, un especialista de la cuestión soviética y coautor de uno de los capítulos de la obra sobre las atrocidades se sorprendía, haciendo remarcar: "Hubo incluso en *Le Monde* una tribuna abierta sobreexcitada, escrita por un conocido investigador, que denunciaba la introducción de Courtois de *El Libro negro*, tachándola de ¡antisemita522!" Efectivamente, un poquito sigue siendo demasiado.

Las notas a pie de página

Vemos pese a todo que se han dicho muchas cosas, aunque de manera diluida, dispersa y anecdótica, para no dar pie a terribles acusaciones y no alarmar los lectores. En una biografía muy documentada de Hitler publicada en 1976 del historiador estadounidense John Toland, también hallamos algunos indicios que confirman los escritos de Solzhenitsyn. Al salir de la Primera Guerra mundial, Alemania y Hungría vivían una situación revolucionaria: una

---

[520]*Du passé faisons table rase, Histoire et mémoire du communisme en Europe*, Stéphane Courtois, Robert Laffont, 2002, p. 92-93

[521]*Du passé faisons table rase, Histoire et mémoire du communisme en Europe*, Stéphane Courtois, Robert Laffont, 2002, p. 106

[522]*Du passé faisons table rase, Histoire et mémoire du communisme en Europe*, Stéphane Courtois, Robert Laffont, 2002, p. 218

República soviética húngara fue proclamada liderada por un desconocido, Bela Kun. "Judío, al igual que veinticinco de sus treinta y dos comisarios523, lo que llevó al *Times* de Londres a caracterizar el régimen de "mafia judía". El triunfo de Bela Kun envalentonó a los izquierdistas de Múnich524". La revolución en Múnich fue una revolución de café, una inocente versión de la sangrienta realidad: "Su líder espiritual era Ernst Toller, el poeta, y su plataforma exigía también nuevas reformas artísticas en el teatro, la pintura y la arquitectura a fin de liberar el espíritu de la humanidad. El gabinete era un cúmulo de excéntricos pintorescos...Esta vez tomaron las riendas del gobierno comunistas profesionales, dirigidos por Eugen Leviné, un nativo de San Petersburgo e hijo de un comerciante judío. El Partido Comunista los había enviado a Múnich para que organizaran la revolución, y después de arrestar al poeta Toller, constituyeron rápidamente un auténtico soviet525."

El escenario bávaro confirmaba el análisis de Ernst Nolte acerca de Adolfo Hitler: "El odio que albergaba hacia los judíos se había intensificado ante lo que él mismo había presenciado en las calles de Múnich. En todas partes, judíos en el poder: primero Eisner, después anarquistas como Toller, y por último comunistas rusos como Leviné. En Berlín había saltado a la palestra Rosa Luxemburgo; en Budapest, Béla Kun; en Moscú, Trotsky, Zinóviev y Kamenev. La conspiración que Hitler sólo sospechaba antes quedaba cada vez más confirmada en la realidad526."

Vemos aquí las mismas observaciones expresadas por Churchill sobre la revolución bolchevique, respecto de esa "siniestra pandilla de anarquistas judíos... ideólogos de una secta temible, la más temible del mundo527", que había agarrado del cuello el imperio ruso. John Toland añadía: "En todo el mundo, otras personas, además de Hitler, consideraban que los judíos eran el germen de la revolución y el comunismo...Por todo Occidente se propagó una campaña de rumores

---

[523]Una obra publicada en el 2002 por *Publications de l'Université de Saint-Étienne* confirmaba esta declaración, pero con algunas diferencias: "Muchos de los miembros del gobierno de Bela Kun formaban parte de esos "Judíos asimilados" de finales de siglo XIX. Había treinta y cinco comisarios del pueblo de origen judío sobre los cuarenta y cinco que conformaban el gobierno." (Suzanne Schegerin-Vulin, *Une Famille sur les chemins de l'Europe*, Publications de l'Université de Saint-Étienne, 2002, p. 67)

[524]John Toland, *Adolf Hitler*, Ediciones B, Barcelona, 2009, p. 132

[525]John Toland, *Adolf Hitler*, Ediciones B, Barcelona, 2009, p. 132-133

[526] John Toland, *Adolf Hitler*, Ediciones B, Barcelona, 2009, p. 137

[527] John Toland, *Adolf Hitler*, Ediciones B, Barcelona, 2009, p. 1362 (nota Lacquer 313-314).

según los cuales la Revolución rusa se había costeado con dinero de los judíos: uno de los principales responsables alemanes de proporcionar fondos a Lenin fue Max Warburg, cuyo hermano era Paul Warburg, un director del Sistema de la Reserva Federal de Estados Unidos; y ¿no era el suegro de su hermano Felix Warburg el mismo Jacob Schiff de Kuhn Loeb y Compañía que había financiado la revolución bolchevique? Esta acusación se lanzó de nuevo años después, el 3 de febrero de 1939, desde el *Journal American* de Nueva York: "Hoy el nieto de Jacob, John Schiff, calcula que el viejo donó unos 20 millones de dólares para el triunfo final del bolchevismo en Rusia528."

Hay que subrayar sin embargo que estas consideraciones quedaban relegadas en las notas a pie de página, al final del libro en la página 1362. Una vez más, no hay que perder de vista que los pasajes citados son los únicos que se refieren a este doloroso tema en un libro de casi 1500 páginas.

Otros textos ya habían confirmado con anterioridad algunos aspectos de la historia contemporánea que hasta ahora nos habíamos perdido de forma sorprendente, y que Aleksandr Solzhenitsyn desvelaría. Así pues, se puede por ejemplo leer en la Enciclopedia Británica lo siguiente: "El gobierno de Béla Kun estaba compuesto casi por completo de Judíos529." El historiador Barnet Litvikof, autor de *A peculiar People: inside the jewish world today*, precisaba: "En el momento de apogeo de la tiranía de Stalin, una vez que el control de los países satélites fue total, unas poderosas personalidades judías se hicieron muy visibles en las jerarquías comunistas de Polonia, de Checoslovaquia, Hungría y Rumanía: Hillary Minc y Jacob Berman en Varsovia, Erno Gero, Mátyás Rákosi y Mihály Farkas [nacido Hermann Löwy] ocupaban puestos similares en Hungría, mientras que Ana Pauker se convertía en la dueña y señora indiscutible de Rumanía, con una autoridad comparable a la de Rudolf Slansky en Checoslovaquia530."

El mismo autor añadía: "Lavrenti Beria, miembro del presídium del Partido comunista soviético, reprochó a Rákosi haber colocado a Judíos en los puestos claves del partido." Era por lo tanto muy probable, tal como lo sostenía Solzhenitsyn, que hubiera una dimensión antisemita en la revuelta húngara de 1956531: "El levantamiento en

---

[528] John Toland, *Adolf Hitler*, Ediciones B, Barcelona, 2009, p. 1361-1362 (notas)
[529] Encyclopedia Britannica, édition 1946, vol. 13, p. 517
[530] Barnet Litvikoff, *A peculiar People:inside the jewish world today*, Weidenfield and Nicholson, London, 1969, p. 104-105
[531] Alexandre Soljénisyne, *Deux siècles ensemble*, Éditions Fayard. 2003, p. 449

Hungría de 1956 había tenido un carácter anti-judío – algo pasado por alto por los historiadores-, quizás por el gran número de Judíos dentro del KGB húngaro. ¿No fue ésta una de las razones, aunque no la principal, por la que Occidente no apoyó el levantamiento húngaro?"

El mesianismo trotskista

Para los trotskistas, el episodio soviético, por muy desafortunado que fuera, no invalidaba de ninguna manera la validez de la doctrina marxista y las enseñanzas de Lenin. Para ellos la URSS no era un Estado comunista, sino apenas un "Estado burocrático degenerado". Los excesos que se pudieron cometer debían ser imputados a Stalin, el principal responsable del fracaso de la "patria del proletariado". Al decretar la construcción del "socialismo en un solo país" al fallecer Lenin en 1924, su política sólo podía desembocar en el fracaso, mientras que en el plano económico, la NEP era considerada un regalo que Stalin y Bujarin habían hecho a los campesinos ricos, a los traficantes y a los comerciantes. Los trotskistas combatieron esa tendencia derechista, y propusieron una alternativa que cabía en tres palabras: industrialización, colectivización y planificación. Para ellos, la solución no podía consistir en una pausa revolucionaria, sino todo lo contrario, en su aceleración. Se trataba de dirigirse hacia la militarización total del país, programa que Stalin aplicaría al pie de la letra unos años más tarde. La proposición de la oposición de izquierda al estalinismo consistía finalmente en que con ellos al mando, la revolución habría sido más radical y, sobre todo, más limpia y habría abarcado toda la Tierra.

Lev Davidovich Bronstein, "Trotski", había nacido en 1879 en una familia "campesina" de ricos judíos: su padre había hecho fortuna en el comercio de cereales; poseía cien hectáreas de tierras y arrendaba unas tres cientos. No era religioso e ignoraba el yiddish, pero su hijo, el joven Lev (León), aun así, iría a una escuela hebraica. Después de la revolución abortada de 1905 en Rusia, León Trotski viajaría a Viena donde fundaría el periódico *La Pravda*, desarrollando allí la teoría de la "revolución permanente" con la que preveía la extensión de la revolución a toda Europa, y luego a todo el planeta. En 1917, se convertiría en el jefe del Ejército rojo. Tras su expulsión de la URSS en 1929, procuraría escribir sus memorias durante sus primeros meses de exilio, un libro hoy en día de culto titulado *Mi Vida*. Marcel Bleibtreu, todavía lo recordaba: "En 1934, *Mi Vida* es publicado en versión abreviada. Me fascinó. Para el niño que era, ese libro era una mina de reflexiones políticas, históricas y militares. Para mi padre, el apellido Trotski formaba parte de la trilogía monumental: Freud, Einstein, Trotski – ¡las tres grandes glorias judías532!"

Efectivamente, el fenómeno trotskista estuvo muy fuertemente influenciado por la presencia dentro de él de activistas de origen judío, especialmente de Europa central. En *Los Trotskistas*, el autor Christophe Nick retomaba, para uno de sus capítulos, el título del libro de Alain Brossat y Silvia Klinberg publicado en 1983: *El Yiddishland revolucionario533*. La llegada a Francia a principio de siglo XX de una gran ola de inmigración judía proveniente de Europa oriental iba a ser determinante para el desarrollo del movimiento. De hecho, buena parte de los principales directivos de ese movimiento fueron Judíos asquenazíes: Frank, fundador del Partido Comunista internacionalista (PCI), fue el padre de la tendencia del *pablismo* que desembocaría en la creación de la Liga Comunista revolucionaria. "Nació en París en 1905 de padres recientemente llegados de Vilna, en Lituania." Barta fue el fundador de la Unión Comunista internacionalista (UCI) en 1947. Nació en 1914 en Buhusi, en Rumanía, en una familia de pequeños comerciantes judíos. Su verdadero nombre era David Korner. Fue un activista en la sombra: el hombre que originó el movimiento que se convertiría más tarde en Lucha Obrera (LO) sólo dio una discreta entrevista en toda su vida; a un antiguo militante de LO para una tesis universitaria. Otra gran figura del trotskismo francés fue Lambert, el fundador de la tercera gran organización trotskista francesa. Su verdadero nombre era Boussel y había nacido el 9 de junio de 1920 en París, de padres judíos rusos recién instalados en la capital. Él y sus amigos adhirieron a la *Achomer Hatzaïr*, "la joven guardia", organización de scouts sionistas de izquierda. El jefe histórico de la Liga Comunista revolucionaria (LCR), Alain Krivine, provenía de una familia que había huido de los pogromos de Rusia y llegado a Francia al final del siglo XIX. Henri Weber, actualmente senador socialista, que fue cofundador de la Liga comunista con Alain Krivine, era originario de Europa central: "En 1938, en vísperas de la guerra, sus padres, relojeros judíos, vivían en Cznanow, en Alta Silesia534." Mauricio y Charly Najman, "los dos principales cabecillas trotskistas de los

---

[532]Christophe Nick, *Les Trotskistes*, Éditions Fayard, 2002, p. 44

[533]El lector también puede consultar los libros de estos autores: *Il était une fois la révolution*, de Benoît Rayski ; *Les Juifs de mai*, de Benjamin Stora; *68: une révolution juive*, de Annie-Paule Derczansky; así como la revista *Passages* n°8. [Léase también al respecto en Hervé Ryssen, *El Fanatismo judío*. (NdT).]

[534]Henri Weber (1944-2020). Léase la esquela del Palacio del Eliseo en nota del traductor en Anexo. (NdT).

universitarios y estudiantes de instituto de los años 1969-1978", así como Robi Morder, "otro líder estudiantil de los años 1970", también provenían de Europa central, al igual que Michel Rodinson, el hijo de Maxime, director de la publicación de *Lucha Obrera*. El 8 de octubre de 1998, la revista *L'Express* desveló por fin la verdadera identidad del mentor de Arlette Laguiller, la pasionaria de Lucha Obrera: el famoso y misterioso Hardy se llamaba en realidad Robert Barcia; éste había nacido en París en 1928, y dio sus primeros pasos políticos con Barta (David Korner).

"Estos ejemplos podrían multiplicarse sin fin", decía Christophe Nick. "En la LCR, en los años 1970, una broma resumía perfectamente la situación: "¿Por qué no se habla yiddish en el buró político de la Liga comunista? ¡Porque Bensaíd es sefardita535!" En efecto, Daniel Bensaíd, originario de África del Norte (sefardita), no entendía el yiddish que hablaban los otros responsables trotskistas de origen asquenazí.

Un historiador israelí, Yaír Auron, también estudió y publicó un libro sobre esta faceta del mundo judío titulado *Los Judíos de extrema izquierda en mayo de 1968*, confirmando ampliamente las informaciones de Christophe Nick: "De los doce miembros del buró político de la Liga en sus inicios, había que sumar Bensaíd a los otros diez Judíos originarios de Europa del Este y un solo miembro no judío." Cualquiera diría que se trataba en realidad del sabbat goy de la oficina, es decir un "goy de servicio" como los tenían tradicionalmente las familias judías para abrir las puertas, encender la luz o descolgar el teléfono durante el sabbat. Yaír Auron escribía además: "De los "cuatro grandes" de mayo del 68, Daniel Cohn-Bendit, Alain Krivine, Alain Gesmar, Jacques Sauvageot, los tres primeros son judíos." Una nota precisaba: "Marc Kravetz también tuvo un papel importante en mayo del 68. También es de origen judío." Por lo demás, esto lo reconocía explícitamente Daniel Cohn-Bendit en su autobiografía *El Gran follón*: "Los Judíos representaban una mayoría no desdeñable, por no decir la gran mayoría de los militantes."

Obviamente, sabemos que el trotskismo tuvo sus horas de gloria durante los acontecimientos de mayo de 1968. El 19 de mayo se reunieron los dirigentes de las tres más importantes organizaciones trotskistas para decidir de la formación de un comité permanente de coordinación y llamar a la unificación. Barcia, en nombre de la UCI se reunió en aquella ocasión con "Frank y Michel Lequenne del PCI, Alain Krivine y Daniel Bensaíd de la LCR. Juntos redactaron una

---

[535] Christophe Nick, *Les Trotskistes*, Éditions Fayard, 2002, p. 31-34

proclamación solemne", escribía Christophe Nick. Con Alain Geismar, jefe maoísta y Daniel Cohn-Bendit, representante del ala anarquista, se podía decir que la revuelta de mayo de 1968 estaba efectivamente en buenas manos.

En el bando maoísta, la tendencia era la misma: la Izquierda proletaria era dirigida por Alain Geismar, actualmente inspector general de la Educación Nacional, y Benny Levy (alias Víctor) que sería secretario particular de Jean-Paul Sartre antes de hacer su *teshuvá* y *aliyá*[536]. Éste se convertiría luego en rabino y profesor en una yeshivá (escuela judía) de Jerusalén. Igualmente, escribía Yaír Auron, "a la cabeza de la dirección de la organización estudiantil del partido comunista francés en los años 70, muchos eran también judíos." Recordemos por ejemplo Zarka, el cual se convertiría en director del diario *L'Humanité*. Y lo mismo podemos observar en el caso de los activistas que cayeron en el gansterismo puro y duro, como Goldman, autor de numerosos atracos. Su biografía oficial reveló que Goldman, por muy revolucionario que fuera, solía salir a festejar con los miembros del Betar después de las ofensivas israelíes en junio de 1967, durante la guerra de los Seis días. Los testimonios de Marek Halter o de Guy Konopnicki, como ya hemos señalado en estas páginas, confirman a su vez que los revolucionarios internacionalistas de extrema izquierda siempre habían mantenido intacto, más o menos en secreto, su amor hacia Israel.

Vemos a fin de cuentas que los trotskistas tenían las mismas denodadas disposiciones militantes, y, todo sea dicho, francamente mesiánicas, que los intelectuales más formales y tranquilos que ya hemos estudiado. En las filas de la Liga Comunista revolucionaria, escribía Christophe Nick, destacaba el cineasta Romain Goupil: "Está lleno de odio hacia los que viven en la obsesión del gueto de Varsovia. Un odio que le llevó a jugarse el pellejo en los años 90 en Sarajevo, donde, en una pequeña película para la televisión, bajaba a toda velocidad en un coche balizado por la avenida de los Snipers, como señuelo voluntario para los francotiradores serbios, pasando las marchas y repitiendo miles de veces en el micrófono de su megáfono:"¡¡Sarajevo-Sarajevo-Sarajevo-Sarajevo[537]!!...".." Había ahí, bajo una forma un poco más primal, una obsesión comparable a la de Bernard-Henri Levy cuando éste también se erigía en defensor apasionado de Sarajevo pero mediante la pluma y el micrófono.

---

[536]Teshuvá: Arrepentirse de sus pecados y volver a la práctica del judaísmo. Aliyá: emigrar a la tierra de Israel. (NdT).
[537]Christophe Nick, *Les Trotskistes*, Éditions Fayard, 2002, p. 73

Después de 1968, los tres dirigentes de la Liga – Alain Krivine, Daniel Bensaíd y Henri Weber- colocaron Romain Goupil a la cabeza del movimiento juvenil.

En 1968, el encargado de la seguridad de las Juventudes comunistas revolucionarias era Shapira. Jean-Luc Benhammias, actualmente miembro del Consejo económico y social y antiguo secretario nacional de los Verdes (ecologistas), se acordaba perfectamente de aquellos felices años estudiantiles; al igual que el filósofo André Glucksmann, que pasó de la Juventudes comunistas revolucionarias a la Izquierda proletaria. El belga Ernest Mandel, secretario de la IV Internacional, fue también el consejero económico de Castro en Cuba; y Boris Fraenkel fue el traductor de Wilhelm Reich en francés.

Los años 70 fueron realmente muy turbulentos. "He aquí Gérard Karstein. Es estudiante en la universidad de Orsay cuando en 1973, el ministro de Defensa Michel Debré intenta reformar las prórrogas militares. Gérard se lanza en una batalla que culminará en la huelga más larga de la historia de la Educación nacional: seis semanas de ocupación de los institutos y de las universidades. La Liga comunista fue sin duda la animadora del movimiento con su figura estudiantil de entonces: Michel Field538." Gérard Karstein también estuvo en el origen de los comités de soldados en los años 70. Efectivamente, durante su servicio militar no pudo evitar continuar con la propaganda. Pues ya sean novelistas, cineastas o políticos, la esperanza mesiánica que llevan dentro les conduce invariablemente a militar continuamente, sin interrupción, con una propaganda incasable y perpetua que nunca se detiene: "Compré entonces una duplicadora de segunda mano en Emaús539, y la introduje en el cuartel...Nos encantaba todo lo que era clandestino540." Dos años más tarde, había más de dos cientos comités de soldados en todo el territorio francés. La Liga organizó para el tradicional desfile del 1 de mayo de 1976 la primera manifestación nacional de soldados en uniforme: más de un centenar de militantes que acababan de jurar bandera en la mili desfilaban con pasamontañas y el puño en alto fuertemente protegidos por varios centenares de miembros del Servicio de Seguridad de la Liga.

Como bien se sabe, muchas personalidades de las artes, del espectáculo, del cine, de la política y de los medios dieron sus primeros

---

[538]Christophe Nick, *Les Trotskistes*, Éditions Fayard, 2002, p. 218
[539]Conocida fundación caritativa creada por el Abate Pierre, durante décadas personalidad preferida de los franceses. (NdT)
[540]Christophe Nick, *Les Trotskistes*, Éditions Fayard, 2002, p. 86

pasos en organizaciones trotskistas, y a menudo éstos siguen secretamente fieles a sus ideales. De hecho, lo que mejor caracteriza la formación militante del trotskista es la disimulación y el entrismo, es decir la penetración de organizaciones enemigas o rivales por medio de militantes formados y fieles que ocultan sus verdaderas opiniones. Cientos de miles tuvieron como misión infiltrarse en ambientes hostiles, a fin de recabar informaciones e influir en sus líneas políticas. Esta aptitud para la disimulación, ese gusto por la clandestinidad y la organización policial, el culto de lo secreto, el rigor, incluso la austeridad de la vida del militante, a semejanza del gran jefe bolchevique, constituyen la especificidad del movimiento trotskista. En los medios de comunicación, los trotskistas son multitud, y buena prueba de ello sería la simbólica fiesta de cumpleaños de los 50 años de Alain Krivine, la cual tuvo lugar en Saint-Denis en los famosos estudios de cine de AB Producciones, en los platós de rodaje de Azoulay (A) y Bensoussan (B)541.

En su *Ensayo de topología general*542publicado en el 2001, Daniel Bensaíd, el ideólogo de la Liga comunista, se detuvo largamente sobre el caso de los marranos, aquellos Judíos de Portugal y España que fueron perseguidos por la Inquisición en el siglo XVI. Habiendo optado por la conversión al cristianismo para evitar la expulsión, éstos habían abjurado oficialmente de su fe mosaica, aunque seguían practicando en secreto su culto. La comunidad marrana, que luego se diseminó por todo el mundo, pudo de esta forma atravesar los siglos fingiendo ser buenos católicos yendo a misa los domingos. Para Daniel Bensaíd, esa comunidad simbolizaba el espíritu del mesianismo judío, y, en ese sentido, el trotskismo no sería más que su avatar moderno: "El mesianismo, escribía Bensaíd, es una expectación fervorosa…Se afirma en la espera de las catástrofes históricas que los profetas instan a evitar, siguiendo la profunda dialéctica del desastre y de la esperanza. A diferencia del pesimismo apocalíptico que se alimenta del castigo, éste estimula un optimismo de la voluntad…Sedienta de una nueva era, la esperanza mesiánica traza así un proyecto político… y se deja llevar por el sueño de una conquista sin batalla. Como preludio pacífico de la guerra mesiánica propiamente dicho, la secreta aspiración revolucionaria queda entonces unida de forma inextricable a la concepción tradicional de la vida judía…Esta es la gran lección que hay

---

[541]Grupo audiovisual *AB Productions*. En total, se escribieron y rodaron más de 30 series y 3000 episodios, principalmente para la juventud francesa en los años 90. (NdT).
[542]*Essai de taupologie générale*. Daniel Bensaïd. [Del mamífero "*taupe*" en francés, es decir el "topo", y no "*topologie*". (NdT).]

que sacar de la historia de los marranos: La verdadera fe debe siempre permanecer oculta: "Todo Judío debe convertirse en un marrano". Dicho de otra forma, debe aprender a vivir en el secreto[543]."

---

[543]Daniel Bensaïd, *Résistances, essai de taupologie générale*, Fayard, 2001, en *Les Trotskistes*, p. 224.
Hervé Ryssen ha ampliado el estudio de estos aspectos de la religión judía en *Psicoanálisis del judaísmo*, en particular el concepto de Mesianismo analizado por el eminente pensador judío Gershom Scholem. Éste escribió al respecto en una de sus obras lo siguiente:
"Hay un punto importante en el que el apocalipsis secularizado o teoría catastrófica de la revolución (que tan importante papel desempeña en los debates actuales) sigue vinculado a su punto de partida en la teología judía, del que procede, aunque no lo confiese. Es este rechazo a la interiorización radical de la redención. No es que en la historia del judaísmo hayan faltado intentos de descubrir también una dimensión semejante en el mesianismo judío (especialmente, y como era de esperar, en la mística). Pero en todas sus configuraciones históricas, el judaísmo ha rechazado completamente la tesis de una interiorización químicamente pura de la redención. Una interioridad que no se expresara también en lo exterior, que no se vinculara a ello de principio a fin, no valía aquí absolutamente nada. El avance hacia el núcleo es aquí, a la vez, avance hacia fuera. La redención, entendida como restauración de todas las cosas en su lugar correspondiente, reproduce, justamente, una totalidad que nada sabe de una distinción semejante entre interioridad y exterioridad. El elemento utópico del mesianismo, que tan ampliamente domina la tradición judía, se refería a este todo, y sólo a este todo.
La diferencia entre la moderna "teología de la revolución" que se nos ofrece desde diferentes lugares y la idea mesiánica del judaísmo consiste, en buena medida, en un desplazamiento terminológico: en la nueva versión, la historia se convierte en prehistoria y la experiencia humana de la que hemos hablado hasta ahora no es ya la experiencia auténtica, que sólo será conferida a una humanidad redimida. Esto vino a simplificar las consideraciones en torno al valor o la falta de valor de la historia previa, de la que habría desaparecido ya el elemento esencial de la libertad y la autonomía del hombre, desplazando de este modo toda la discusión sobre los valores auténticos, genuinos, de lo humano, al plano escatológico. Tal es la actitud que apunta tras los escritos de los principales ideólogos de ese mesianismo revolucionario, como Walter Benjamin, Theodor Adorno, Ernst Bloch y Herbert Marcuse, en todos los cuales es evidente un vínculo, reconocido o no, con su herencia judía." Gershom Scholem, *Hay un misterio en el mundo. Tradición y secularización. (Algunas consideraciones sobre la teología judía en este tiempo)*, Mínima Trotta, 2006, Madrid, p. 40-41. (NdT)

TERCERA PARTE

LA MENTALIDAD COSMOPOLITA

La experiencia comunista ha sido un excelente revelador de la mentalidad mosaica. Jamás, en efecto, los Judíos se habían comprometido tanto en un proyecto político, tan masivamente y con tanto ímpetu. El fracaso de esta primera experiencia no ha anulado las esperanzas planetarianas, muy al contrario, pues los avances de la democracia occidental demuestran que el liberalismo y la socialdemocracia están teniendo éxito ahí donde el comunismo fracasó tan lamentablemente. No obstante, creemos que tenemos derecho a recibir algunas explicaciones sobre el papel que tuvieron unos y otros en las atrocidades que fueron cometidas, aunque, por decirlo suavemente, uno se queda bastante perplejo ante las explicaciones de algunos intelectuales occidentales sobre la cuestión. La teoría del "chivo expiatorio" presta de nuevo una ayuda inestimable a estos autores, aunque tampoco dudan en proponer las teorías más inverosímiles y retorcidas para hacer creer a sus lectores unas verdades fruto de su imaginación. Los acusadores son, o bien unos ignorantes, o unos enfermos mentales. En cualquier caso, muestran una ingratitud deplorable, pues, a decir verdad, las comunidades judías siempre se han integrado a la población local y siempre han aportado un enriquecimiento cultural y material a las comunidades nacionales. La aportación de los Judíos a la cultura revela en efecto que se trata de un pueblo superdotado y de una refrescante vitalidad.

1. La memoria que falla

El análisis del fenómeno comunista a través de las obras universitarias demuestra de forma incontestable que el papel de los Judíos en la revolución era conocido de la intelliguentsia occidental. Solzhenitsyn fue simplemente el primero, en el 2003, en desvelar toda su magnitud en un libro de síntesis. Hemos visto que también se lamentaba de que numerosos intelectuales se negaban aún a reconocer la responsabilidad de algunos miembros de su comunidad en el drama ruso entre 1917 y 1949. El objetivo de este capítulo es observar esta tendencia a través de las publicaciones de los especialistas en "sovietología", pero también a través de las reflexiones entresacadas aquí y allá en libros para el público en general. No nos queda entonces más remedio que suscribir las conclusiones del gran disidente ruso. Entendemos que la cosa es delicada, sobre todo después de décadas de ocultación del fenómeno. Habría sido más sano abrir un debate al respecto tras la caída del muro de Berlín, por ejemplo, a falta de haberlo hecho antes. La Segunda Guerra mundial, después de 1945, ha ocultado totalmente este aspecto de la historia del siglo XX. Se puede incluso decir, sin riesgo de equivocarse, que la creciente cobertura mediática del drama que los Judíos europeos vivieron entre 1942 y 1945 ha sido una huida hacia delante. De nuevo, en vez de abrir un debate democrático y pacífico, se prefiere un implacable bombardeo de propaganda como distracción a un tema demasiado doloroso. La verdad es que los espíritus mesiánicos son muy conscientes de que la experiencia soviética fue un grave error. El comunismo sólo era válido como utopía movilizadora, como aguijón del ideal planetariano, y no como sistema de gestión de la sociedad. Después de un error tan desastroso, y, sobre todo, después de que la verdad sobre las atrocidades haya sido descubierta, uno sólo puede sentirse incómodo. Ese malestar, perceptible en los libros que vamos a analizar, se mantiene sin embargo muy en segundo plano comparado con la formidable impudencia que lleva a algunos autores a negar categóricamente cualquier responsabilidad, o todavía mejor (peor), a presentarse como víctimas.

Sobre todo no hablar de ello

Lo que hemos descubierto gracias a la obra de Solzhenitsyn, tal como lo hemos expuesto, era algo sabido por parte de los intelectuales pero muy poco desarrollado y explicado en los libros sobre la revolución rusa de tal forma que el público pudiera tomar conciencia de la magnitud del fenómeno. Al contrario, numerosos autores, entre los cuales los más destacados "especialistas" del comunismo, han procurado pasar por alto el tema abordado por el disidente soviético.

El famoso libro de Robert Conquest sobre las purgas estalinistas de los años treinta, *El Gran Terror*, no es que fuera muy prolijo sobre el papel desempeñado por los judíos en el régimen bolchevique. De las 528 páginas muy apretadas de su libro, el autor no mencionaba ni un sola vez los orígenes de los diferentes protagonistas. El término sólo aparecía una vez, en la página 289 para explicar que "un ingeniero judío fue detenido por haber elaborado los planes de una institución científica en forma de cruz gamada."(¡!) Está permitido fustigar los responsables a condición de no mencionar sus orígenes: "La depuración también arrambló con los comunistas húngaros, escribía Robert Conquest. Béla Kun, el instigador de la revolución húngara en 1919, fue una de las principales víctimas. Había dado rienda suelta a tales atrocidades en la ejecución del terror en Budapest y después en Crimea, que el propio Lenin le amonestó por su crueldad excesiva y le retiró el gobierno de la península544. Operó luego desde el Komintern, y fue en parte responsable del fracaso comunista en Alemania en 1921. Victor Serge lo describe como el típico intelectual incompetente y un déspota despreciable y corrupto545."

Otro gran "especialista" del tema es Martin Malia, quién publicó en 1995 *La Tragedia soviética*546, "una obra muy esperada por parte de uno de los mejores especialistas de la historia rusa", leíamos en la contraportada del libro: "Hasta hace poco, no veíamos este fenómeno más que a través de un cristal oscuro. Hasta el final, o casi, la realidad soviética fue un secreto bien guardado. Dado que la experiencia soviética es ahora un capítulo cerrado de la historia, ha llegado el momento de retomar el fenómeno comunista en su conjunto y analizarlo con el realismo y la serenidad del historiador."

---

[544]Esto nos recuerda el castigo similar que el general De Gaulle infligió a Raymond "Aubrac" por la crueldad con la que administró Marsella en 1944.
[545]Robert Conquest, *La grande terreur*, Stock, 1970, p. 408
[546]Martin Malia, *La Tragédie soviétique*, Éditions du Seuil, 1995

Y es con gran serenidad, hay que reconocerlo, que Martin Malia lograba la hazaña de no revelar una sola vez el papel de los Judíos en el bolchevismo a lo largo de las 630 páginas de su libro. Únicamente en la página 372, podíamos leer su existencia en Rusia: "Numerosos médicos del Kremlin, de los cuales muchos tenían apellidos judíos, fueron arrestados bajo la acusación de haber asesinado Zhdánov y cometido otros crímenes antisoviéticos." Corría entonces el año 1953 cuando estalló el conocido "complot de los médicos". Así pues, el lector sólo se quedará con que los Judíos fueron víctimas de persecuciones. En ningún momento, ni tan siquiera en relación a las purgas de 1936-1938, Martin Malia, profesor de historia en Berkeley, la prestigiosa universidad de California, tocó el tema. Todo esto no era fortuito, sino que resultaba, o bien de una intención deliberada, o bien del temor a ser acusado o ser destituido de su puesto universitario.

Observamos las mismas precauciones en "La" gran especialista francesa por antonomasia de la Unión Soviética, Helena Carrère d'Encausse (nacida Zourabichvili), miembro de la Academia francesa, en su libro titulado *La URSS desde la Revolución hasta la muerte de Stalin* y publicado en 1993. La historiadora también evitaba cuidadosamente hablar del tema que nos interesa, ni tan siquiera para decirnos que numerosos dignatarios judíos habían sido víctimas de las grandes purgas de los años treinta, lo cual, evidentemente, habría sido una forma de insinuar el gran protagonismo que habían tenido. Una vez más, la cuestión no se plantea hasta después de la guerra, únicamente para exponer las odiosas persecuciones que los Judíos de la URSS padecieron: "El antisemitismo se desarrolló desde finales de 1948 con la disolución del Comité antifascista judío y la detención de muchos de sus miembros547." A propósito del experimento revolucionario húngaro de 1919, escribía discretamente: "Para la inmensa mayoría de los húngaros, el gobierno de Bela Kun recuerda el desorden e incluso la violencia548."

Precisamente, hablemos del experimento húngaro. En *La Tradición rusa549*, en el capítulo titulado *La Tradición revolucionaria rusa* (páginas 171 a 498), Tibor Szamuely no mencionaba ni una sola vez nuestro tema. Hay que notar que el prefacio de la obra fue escrito por el propio Robert Conquest, quién indicaba respecto del autor: "El

---

[547]Hélène Carrèred'Encausse, *L'URSS de la Révolution à la mort de Stalin*, Édditions du Seuil, 1993, p. 256

[548]Hélène Carrèred'Encausse, *L'URSS de la Révolution à la mort de Stalin*, Édditions du Seuil, 1993, p. 308

[549]Tibor Szamuely, *La Tradition russe*, 1974, Stock, 1976, para la traducción francesa.

tío, del que lleva el mismo nombre, había tenido un papel eminente en la revolución húngara de 1919". Ese papel fue efectivamente "eminente", a falta de ser glorioso, lo cual no impidió que el sobrino del verdugo ocupara luego una cátedra en la universidad de Budapest de la que sería Vicecanciller en 1958, lo que demuestra que los Húngaros no son un pueblo ingrato. Subrayemos, para no ser injustos, que el libro está bien referenciado y que denota una gran cultura; además, es importante no atribuir a las personas los crímenes cometidos por sus parientes. Pero el hecho es que su tío y homónimo Tibor Szamuely, fue probablemente uno de los más funestos personajes de la historia húngara.

Jerôme et Jean Tharaud, de la Academia francesa, dejaron un testimonio sobrecogedor sobre la revolución húngara y que resumimos a continuación: Tibor Szamuely, un periodista sin formación, estaba a la cabeza de un destacamento de una treintena de hombres reclutados entre los "Muchachos de Lenin". Su tarea consistía en recorrer el campo para obligar a los campesinos húngaros a entregar sus productos alimentarios y en reprimir las revueltas que estallaban aquí y allá. Su tren blindado, armado de ametralladoras, se dirigía a los pueblos donde se había señalado alguna actividad o agitación sospechosa. Los campesinos denunciados por el soviet del lugar eran entonces llevados uno detrás de otro ante el tribunal revolucionario y eran sistemáticamente ahorcados. Ocho verdugos diplomados formaban parte de los treinta hombres que acompañaban a todas partes Szamuely. Su jefe, un tal Arpad Kohn Kerekes de veintitrés años de edad había, según el mismo había confesado, fusilado a cinco personas y ahorcado a trece; pero su acusación constaba de ciento cincuenta asesinatos. A veces, Tibor Szamuely se divertía atando el mismo la cuerda al cuello del torturado formando un bonito nudo de corbata. También le agradaba que éste le besara antes de morir. "Se le vio llevar su sadismo hasta el punto de obligar a un familiar del condenado a tirar de la silla que sostenía al pobre diablo. O bien a obligar a los niños de una escuela a desfilar en la plaza donde colgaban sus víctimas; o bien se las apañaba para hacer pasar una mujer, que ignoraba el paradero de su esposo, delante de su cadáver colgado de la rama de una acacia." Cada una de sus expediciones iba acompañada de las requisiciones de animales, vino, legumbres, trigo que se expedían luego en vagones a Budapest. "Luego, Szamuely volvía a la ciudad donde se le veía por la noche en el Othon Club, más dandi que nadie, sus cabello negro para atrás, una chaqueta de corte impecable, estrechando manos distraídamente y fingiendo no conocer a nadie." Durante la debacle, intentaría huir en coche, pero sería detenido en la frontera austriaca. Sacando entonces un pañuelo de su bolsillo, hizo como si se limpiara la frente y se voló lo sesos con un pequeño revolver. La comunidad israelita del lugar se negó a recibir su cadáver en el cementerio. Se le enterró a parte y sobre la lápida se escribió un epitafio con lápiz azul: "aquí murió un perro". He aquí el personaje "eminente" del que hablaba Robert Conquest.

El célebre historiador Michel Winock, profesor en el Instituto de Ciencias políticas de París, resolvió el problema a su manera. En su libro *Nacionalismo, antisemitismo y fascismo en Francia*, pasaba directamente de la situación a principio de siglo XX al capítulo siguiente referente a la situación de los años treinta. Únicamente mencionaba el tema de refilón en su conclusión, a fin de enfatizar el carácter totalmente inverosímil de la cuestión: "La revolución socialista y comunista completan la cristalización del mito judío, escribía Winock. No solamente es el hombre del Capital; es además el Subversivo revolucionario. No solamente destruye la sociedad desde arriba (banqueros, hombres de negocios, políticos francmasones), sino que también socava los fundamentos de la sociedad. Rothschild y Marx, mismo combate: la demolición de la sociedad occidental. La revolución bolchevique de 1917 aparece para los antisemitas como uno de los últimos avatares del "complot judío". El tema del "judeo-marxismo", del "judeo-bolchevismo", será usado hasta la saciedad en la prensa de extrema derecha durante los años treinta, aun cuando Stalin había empezado la liquidación de los comunistas judíos550."

En los autores "no especialistas" del comunismo, vemos también la misma dificultad para hablar del papel de los Judíos en la revolución bolchevique. Como por ejemplo con el mundialmente célebre Primo Levi, que escribía así: "La identificación del judaísmo con el bolchevismo, idea fija de Hitler, nunca ha tenido una base objetiva. Especialmente en Alemania, donde la inmensa mayoría de los Judíos pertenecía a la clase burguesa551." Primo Levi insinuaba probablemente que no se podía ser a la vez un burgués y un bolchevique. En *El oficio de los demás (L'altrui mestiere)*, escribía: "En el transcurso de poco más de una generación, los Judíos orientales pasaron de un modo de vida recluido y arcaico a participar activamente en las luchas obreras, a las reivindicaciones nacionales, a los debates sobre los derechos y la dignidad humana. Los Judíos han estado entre los protagonistas de las revoluciones rusas de 1905 y de febrero de

---

[550]Michel Winock, *Nationalisme, antisémitisme et fascisme en France*, collection Points Seuil, 1990, p. 204-205, 220
[551]Primo Lévi, *L'asymétrie et la vie, articles*, Robert Laffont, 2002, p. 166

1917. Durante los años veinte, sólo en Varsovia imprimían hasta tres periódicos diarios, etc552." ¿Perdón? ¿Octubre 1917? ¿La Revolución bolchevique": - ¡No me suena!

Jacques Attali expuso en algunas partes las inclinaciones revolucionarias de algunos de sus correligionarios: "En 1848, en toda Europa, muchos intelectuales, comerciantes, obreros, negociantes y artesanos judíos participan en las revoluciones nacionales. Antes que judíos se sienten alemanes, austríacos o franceses. En Alemania, Gabriel Riesser, nieto de un famoso rabino de Altana y líder de un movimiento de "judíos liberales", es uno de los conductores de las insurrecciones. Los jefes de las comunidades judías del Imperio -comerciantes ricos- también están a la cabeza de la revolución en Viena553." Attali también reconocía que los Judíos pudieron haber desempeñado un papel "eminente" en el movimiento revolucionario ruso: "Los judíos son tan numerosos en la avanzada del movimiento que, en 1896, en el 11 Congreso de la Segunda Internacional, el dirigente ruso Plejánov declara que son "la vanguardia del ejército de los trabajadores" en Rusia554." Su presencia en todos los grandes cambios modernos es de hecho innegable: "Mientras que los judíos rusos inventan el socialismo y los judíos austríacos descubren el psicoanálisis, los judíos norteamericanos, en primerísima fila, participan en el nacimiento del capitalismo norteamericano y en la americanización del mundo555."

Asimismo, debemos reconocer que los financieros judíos desempeñaron un papel clave en la guerra de 1905 que enfrentó Japón y Rusia. Por odio al zarismo y a Rusia, donde los Judíos no tenían la ciudadanía, los Judíos estadounidenses apoyaron Japón con todo su poderío financiero: En 1906, "Max Warburg y Jacob Schiff se convierten entonces en los financistas titulares de Japón. Schiff efectúa incluso un viaje triunfal al archipiélago, para gran furor de los rusos. Por primera vez, un emperador nipón invita a cenar a su mesa a un extranjero que no es miembro de una familia reinante556."

---

[552]Primo Lévi, *Le Métier des autres*, 1985, Gallimard, 1992, Folio, p. 275
[553]Jacques Attali, *Los judíos, el mundo y el dinero*, Fondo de cultura económica, 2005, Buenos Aires, p. 308
[554]Jacques Attali, *Los judíos, el mundo y el dinero*, Fondo de cultura económica, 2005, Buenos Aires, p. 349
[555]Jacques Attali, *Los judíos, el mundo y el dinero*, Fondo de cultura económica, 2005, Buenos Aires, p. 357
[556]Jacques Attali, *Los judíos, el mundo y el dinero*, Fondo de cultura económica, 2005, Buenos Aires, p. 378

Attali mencionaba a continuación el cometido de algunos Judíos durante las graves convulsiones que sacudieron Alemania después de la Primera Guerra mundial: "Hugo Preuss, jurista judío, redacta la Constitución de Weimar. Kurt Eisner dirige el gobierno revolucionario bávaro, a la cabeza de un equipo cuya mayoría de ministros son judíos. El antisemitismo estalla. La caza de judíos pronto es abierta. En la primavera de 1921, Kurt Eisner y varios de sus ministros judíos, así como Hugo Preuss, son asesinados557."

Ahora bien, para aquellos que considerasen acusar a los Judíos de ser los principales protagonistas del régimen bolchevique, Attali respondía de una manera que no dejaba lugar a la ambigüedad: "En 1925, el corresponsal del *Times* en la URSS, Robert Wilton, cree no obstante poder escribir todavía, basándose en nombres para sustentar lo dicho, que tres cuartas partes del Comité Central del Partido Comunista son judías, así como 17 ministros sobre 23 y 41 miembros del Politburó sobre 60. Es inverificable: los nombres no demuestran nada y el autor no presenta ninguna prueba convincente."

Además, los Judíos fueron perseguidos en la URSS, es bien sabido, pues tan pronto como 1920, "las organizaciones judías, acusadas de representar una "tendencia burguesa-clerical", son liquidadas...La enseñanza del hebreo, "lengua reaccionaria y clerical", también es prohibida...La aniquilación del judaísmo ruso prosigue. El exilio está cerrado para los judíos: ni hablar de partir para América. Rusia era un infierno abierto; la URSS se convierte en un infierno cerrado558." Tendrá que pasar mucho tiempo y también muchos sufrimientos y penalidades para que los Judíos consigan huir de aquel infierno soviético: "De 1968 a 1981, 250 mil judíos salen de la URSS, arrancados uno a uno por intervenciones occidentales, a cambio de suministros de trigo o de otras raciones alimentarias559." Fue una especie de nueva salida de Egipto. Los Rusos, por su parte, pudieron seguir sufriendo in situ en silencio.

Los Judíos, víctimas del comunismo

---

[557] Jacques Attali, *Los judíos, el mundo y el dinero*, Fondo de cultura económica, 2005, Buenos Aires, p. 405
[558] Jacques Attali, *Los judíos, el mundo y el dinero*, Fondo de cultura económica, 2005, Buenos Aires, p. 401-402
[559] Jacques Attali, *Los judíos, el mundo y el dinero*, Fondo de cultura económica, 2005, Buenos Aires, p. 472

Siguiendo con el estudio del divorcio entre Judíos y comunismo, y su voluntad de desmarcarse de él para endosar sus responsabilidades a los demás, uno llega rápidamente a unos análisis que tienden a presentar a los Judíos como las primeras víctimas del sistema soviético. Mejor aún, la lucha contra el régimen tiránico habría sido cosa suya. Quizás sea cierto, como pudimos comprobarlo con Soros ("Me vi profundamente involucrado en la desintegración del sistema soviético560"), pero si tal fue el caso, de ningún modo fue mediante un hecho de armas glorioso. Una cosa es segura, para una inmensa mayoría de ellos, la lucha contra el comunismo no empezó hasta 1949, cuando el régimen empezó a apartarlos de los puestos de dirección.

Escuchemos el lamento de Shmuel Trigano: "Que el comunismo haya sido criminal, ¿quién puede dudar de ello? Los Judíos soviéticos que tanto lo sufrieron, desde luego que no...El combate mundial llevado a cabo por el mundo judío contra la opresión que padecieron fue un momento importante en el proceso que contribuyó a la caída del comunismo561." Después de tanto dolor y de tantos sacrificios, las alegaciones de algunos intelectuales como Stéphane Courtois sólo pueden ser hirientes. En efecto, ese es el caso de *El Libro negro del comunismo*, libro en el que "vemos resurgir una "comunidad judía internacional" para explicar que el crimen comunista ha sido ocultado a favor del crimen contra los Judíos." Todo esto es verdaderamente desolador. Tanto más desolador que no hay nada de eso en *El Libro negro del comunismo562*.

Escuchando Marek Halter hablar largo y tendido sobre su combate contra el comunismo, pareciera que finalmente todo había acabado en una amarga decepción tras constatar el retorno al "tribalismo" de las poblaciones de Europa central. Y eso que gente como él se había entregado de lleno a favor de las poblaciones que sufrían el yugo soviético; o al menos para los refuzniks que anhelaban poder volar a Israel... En uno de sus libros, *Un Hombre, un grito,* Halter hablaba de su desesperación y tristeza al comprobar lo que los pueblos liberados del comunismo habían hecho con esa liberación: "Nos preocupábamos

---

[560] George Soros, *La crisis del capitalismo global; La sociedad abierta en peligro.* Editorial Debate, Madrid, 1999, p. 12
[561] Shmuel Trigano, *L'Idéal démocratique...à l'épreuve de la shoah*, Éditions Odile Jacob, 1999, p. 72
[562] Shmuel Trigano, *L'Idéal démocratique...à l'épreuve de la shoah*, Éditions Odile Jacob, 1999, p. 74. Después de verificar, no hemos hallado rastro de eso en *El Libro negro*, ni en la página 27, ni en ninguna otra parte. En cambio, leemos en dicha página la siguiente afirmación: "Jean Ellenstein ha definido el fenómeno estalinista como una mezcla de tiranía griega y de despotismo oriental."

por los que sufrían allí, en el Este, luchábamos por su libertad. ¿No habíamos organizado campañas para su liberación? ¿Agitado la opinión pública occidental? ¿Liberado varios disidentes olvidados en el Gulag o encerrados en asilos psiquiátricos?...Después de preocuparnos tanto por estos países, sentimos una verdadera tristeza, parecida a una gran decepción, cuando esos hombres y mujeres, a penas liberados de la esclavitud, en vez de seguir con esa liberación para alejarse de la naturaleza y el espíritu del clan primitivo, se dejaron llevar por reivindicaciones tribales...¿Pero cómo reprochar a los hombres del Este su "pulsión tribal", nosotros que siempre habíamos apoyado el derecho de los pueblos a la autodeterminación563?" Al leer esta última frase, tuvimos un breve rayo de esperanza. De hecho, por un breve instante, pudimos esperar que finalmente admitiera su propia "pulsión tribal", lo cual habría sido más lógico. Pero una vez más, nuestras esperanzas se desvanecieron.

Por lo demás, Marek Halter habría podido explayarse un poco más sobre el papel que tuvieron sus correligionarios entre 1917 y 1949. Nacido en Varsovia y exiliado en la URSS durante la Segunda Guerra mundial, Marek Halter pasó allí su infancia. Su familia había sido evacuada por las autoridades soviéticas al Este de los Urales, lo que confirmaba las palabras de Solzhenitsyn respecto a la evacuación masiva y prioritaria de los Judíos fuera de los territorios invadidos por los Alemanes. "Mi madre, escribía, tenía una tarjeta de miembro de la Unión de escritores soviéticos...Me incluyeron en la delegación de los Pioneros de Uzbekistán que iba a participar en la fiesta de la Victoria en Moscú...En el último momento, me designaron para ofrecerle a Stalin el ramillete de los Pioneros de Uzbekistán. Estaba tan emocionado que tuvieron que empujarme. Stalin tomó mis flores, pasó su mano por mi cabello y dijo algo que no entendí de lo turbado que estaba564." Está claro pues que en algunos entornos sociales la resistencia contra la tiranía empezó un poco tarde, y que, sobre todo, respondió a intereses muy concretos. Una vez más, la "memoria" es defectuosa. Después de "la memoria que sangra", tenemos con Marek Halter "la memoria que falla".

Elie Wiesel fue otro protagonista de aquella época. También suele reivindicar su acción a favor de los disidentes soviéticos. Y sería inapropiado acusarle de sólo movilizarse a favor de sus correligionarios: "¿Cuándo denuncio el odio del Judío, no estoy reprobando el odio del Otro? ¿Al exigir la libertad para los Judíos rusos,

---

[563]Marek Halter, *Un Homme, un cri*, Robert Laffont, Paris, 1991, p. 19
[564]Marek Halter, *Le Fou et les rois*, Albin Michel-Poche, 1976, p. 26, 33

no estoy también apoyando la causa de los disidentes565?" La cuestión es si habría hecho suya la causa de los disidentes antes de que el régimen se volviera en contra del "sionismo". La respuesta es evidente.

El testimonio de Samuel Pisar en su libro *El Recurso humano*, adolecía de las mismas deficiencias. En el texto siguiente, que relata la llegada de las tropas soviéticas en Polonia en 1939, el lector puede tener la impresión de que el régimen perseguía y deportaba a los Judíos a Siberia, cuando en realidad se sabe que se trataba de medidas de protección. Una vez más, notamos esa tendencia a hacerse la víctima: "En 1939, con diez años de edad, vi a los Soviéticos por primera vez. Hitler y Stalin se habían repartido el país. Desde el balcón de nuestra casa vi pasar a la caballería roja – eslavos, mongoles y musulmanes. Recuerdo el alivio de mis padres. Y lo compartía. Esa gente venía para librarnos de lo peor: escapar de la furia nazi. En verdad, pagamos caro esa salvación. Filas de espera interminables para el pan, las legumbres, la ropa. Angustias por culpa de las visitas nocturnas, los golpes en la puerta a medianoche. Un gran número de familias judías fueron subrepticiamente reunidas y exiliadas a Siberia. Todas las fábricas, todas las tiendas, expropiadas y nacionalizadas, entregadas a los funcionarios del Estado. Así fue como, veinte años después del pueblo ruso, recibimos en Bialystock la revolución bolchevique."

Al igual que Marek Halter, Samuel Pisar fue en su juventud un pequeño soldado entusiasta del bolchevismo: "Yo también me convertí en un pequeño bolchevique...Nuestros profesores nos contaban muchísimas historias sobre los crímenes cometidos por el Antiguo Régimen, especialmente contra nuestros correligionarios. Un Hombre Nuevo, el hombre socialista, emergía de la Historia566."

Solzhenitsyn tenía probablemente razón cuando afirmaba que los financieros judíos de Estados Unidos jamás habrían colaborado con el régimen si éste hubiera sido antisemita. Ahora bien, Samuel Pisar, y muchos más, edificaron sus colosales fortunas precisamente gracias a esa fructuosa colaboración: "Desde hace veinticinco años, declaraba, viajo por la Unión Soviética." Pisar pasó allí varias estancias gracias a su amigo Armand Hammer, el famoso multimillonario presidente de la sociedad occidental Petroleum: "Hammer, con veinte y tres años, se fue a la Unión Soviética. El joven capitalista estadounidense iba a conocer personalmente la mayoría de los dirigentes soviéticos, entablar amistad con ellos, y finalmente desarrollar con ellos la primera colaboración económica americano-soviética...De regreso a Estados Unidos,

---

[565] Elie Wiesel, *Mémoires, tome II*, Éditions du Seuil, 1996, p. 172
[566] Samuel Pisar, La Ressource humaine, Jean-Claude Lattès, 1983, p. 112-113

Hammer se iba a convertir en el "rey" de muchas cosas: el whisky, el ganado, el arte, el petróleo, etc...acumulando una de las mayores fortunas del mundo y un poder capaz, si así lo hubiera deseado, de tumbar la economía de muchos países. Su lujoso despacho de Los Ángeles está repleto de fotos con jefes de Estados firmadas con elogios...Fue con este fabuloso e insondable Hammer que llegué a Moscú en 1972[567]."

Samuel Pisar fue un superviviente milagroso de Auschwitz. En su libro, contó su calvario y explicó cuál sería el eje rector existencial de toda su vida: "Encontrar la salida, rápido, a toda costa." El siguiente relato es extraordinario:

"Yo era aquel chico pequeño que, a pocos metros, a pocos minutos de entrar en la cámara de gas, tuvo, necesariamente y contra todo pronóstico, que vencer la fatalidad y la muerte– inventando "una salida"." Aquel chico tenía entonces catorce años, y la única posibilidad de sobrevivir era hallar en sí mismo la manera de forzar el destino: "Llegamos al crematorio. Ya nadie puede escapar. Las columnas pasan delante de nosotros. Entonces nos agrupan. Los condenados intercambian en silencio miradas acorraladas en las que la rabia de estar atrapados se añade el miedo a la muerte inminente. Al fondo de la sala de espera donde estamos hacinados veo una cubeta de madera y un cepillo. En medio de la parálisis de las almas y de los cuerpos, de la desesperación, me pongo en cuclillas y empiezo a fregar el suelo con el vigor del preso activo y dócil que cumple con la tarea que se le ha asignado. Sin descuidar ningún rincón, realizo mi trabajo con regularidad y aplicación, mientras me aproximo, centímetro a centímetro, a lo que por allí parece ser una salida. Los guardias, que regularmente se asoman al interior a través de la puerta abierta, me ven. Se convierten en lo que esperaba en mi improbable plan: mis cómplices. -¡Oye, esta parte todavía está sucia, ¡hazlo de nuevo! Friego el suelo aún más fuerte. Subo a gatas los escalones que conducen a ese espejismo: una salida. Tomo la cubeta, el cepillo, y empiezo a alejarme. Un grito o un silbido diciéndome que me detenga; sólo aguardo esa fatalidad. Pero los guardias han dejado de interesarse por mí. Con paso indolente, vuelvo al anonimato del campo. Todavía vivo, llego a mi barracón y caigo rendido en la cama[568]."

Al igual que Marek Halter, él y su familia fueron evacuados al Este el 22 de junio de 1941, cuando las tropas alemanas invadieron la URSS: "Huyendo hacia el Este en un camión que mi padre había conseguido,

---

[567]Samuel Pisar, *La Ressource humaine*, Jean-Claude Lattès, 1983, p. 170, 171
[568]Samuel Pisar, *La Ressource humaine*, Jean-Claude Lattès, 1983, p. 48

veía los batallones del Ejército rojo transformados en columnas desordenadas, harapientas y famélicas. Ningún mando u autoridad, ninguna resistencia. Más que su derrota, fue la manera en que su valor se desvaneció lo que más me dejó estupefacto. La traición descarada, la colaboración ansiosa con el enemigo y la corrupción parecía en ellos como algo natural, e incluso para muchos, como una liberación569."

En el testimonio que dio del Ejército rojo traslucía una consternación y un desprecio que dejaba muy claro, una vez más, esa incapacidad absoluta para comprender la mentalidad de la gente que no es como ellos. El caso es que el pueblo ruso, que tanto había sufrido del colectivismo y de la política anti-eslava del bolchevismo, quizás no deseaba en 1941 dar su vida por un régimen que le trataba como un enemigo en su propio país. Esta circunstancia, ni Samuel Pisar, ni Marek Halter parecen capaces de verla o sentirla. Por otra parte, es una lástima que Samuel Pisar no haya narrado en su libro como pudo llegar a Auschwitz después de haber sido evacuado hacia el Este. Ese episodio de su vida habría ayudado a la comprensión del relato.

Siguiendo nuestra investigación, uno se da cuenta que algunos testimonios confirman efectivamente el papel de los Judíos en el bolchevismo soviético. Shmuel Trigano admitía perfectamente ese rol, pero únicamente después de la Segunda Guerra mundial. Como siempre yendo exactamente en contra de la realidad. Según él, los Judíos se embarcaron en el comunismo con un gran espíritu de sacrificio. Como de costumbre, no lo hicieron para ellos mismos, sino para toda la humanidad. En cambio, la caída del comunismo fue una experiencia muy dolorosa y los Judíos experimentaron entonces un infinito sufrimiento: "El compromiso con el comunismo se identificaba con la URSS que había triunfado contra el nazismo. Proporcionaba a los Judíos, que recordaban sus privaciones de derechos, un modelo de identificación y una situación que contrastaba con la marginalización y el rechazo fuera del sistema moderno que habían padecido. Encontraban así una forma de racionalizar sus sentimientos y experiencias...En nombre de la humanidad, se alistaron en una proporción significativa en las filas de un partido-paria del sistema político...El compromiso paroxístico y singular de los Judíos reflejaba así, en última instancia, el destino común de los Europeos... Se entiende así que el derrumbe de la URSS en 1989 representó para gran parte del mundo judío un punto de inflexión casi tan drástico como la S*hoah* [holocausto], idealizado debido al compromiso militante de posguerra. Fue en los años 1990, cuando los Judíos "salieron" verdaderamente de

---

[569]Samuel Pisar, *La Ressource humaine*, Jean-Claude Lattès, 1983, p. 115

los campos de concentración y constataron, en su fuero interno censurado, la desolación del mundo y la crisis de la ciudadanía democrática570."

El dolor es inmenso, podemos imaginarlo. Pero, ¿no escribía Shmuel Trigano, treinta páginas más adelante, que los Judíos habían tenido que sufrir del régimen comunista? No es la primera vez que observamos algunas contradicciones en una misma obra. Comprendemos sobre todo que algunos espíritus tienen el genio para darle la vuelta a las situaciones para enturbiar las aguas y, a fin de cuentas, imputar a los demás sus propias vilezas. Veremos más adelante los orígenes antiguos de esta singular aptitud para las contorsiones intelectuales. Ya comentamos anteriormente el caso de Norman Mailer, que acusaba a los conservadores cristianos y patriotas de haber fomentado la guerra contra Irak. En el mismo género francamente retorcido, podemos citar este pasaje de Jacques Attali: "Hasta se acusa a los judíos de ser indirectamente responsables de la Shoá: Hitler, expresan algunos historiadores alemanes como Ernst Nolte, no sería más que una respuesta al marxismo y a la Unión Soviética. Bastará con añadir que el marxismo y la URSS son "creaciones judías" para que el judío perseguidor se convierta -refinamiento supremo- ¡en responsable de su propia persecución571!" Por supuesto, esto no puede ser así ya que el judío es, por así decirlo, inocente por naturaleza.

No tenemos nada que ver con eso

Para algunos analistas, el comunismo es percibido como una ideología generadora de racismo. Obviamente, es una tesis que no podemos avalar de ninguna manera. A principio de los años 80, una ayuntamiento comunista de la región parisina había en efecto tomado algunas medidas contundentes contra la población inmigrante para complacer su electorado popular. Aquello fue un excelente pretexto para nuestros intelectuales para distanciarse todavía más. Evidentemente, se trataba de una escapatoria para poder rechazar con repugnancia una ideología en la que se habían visto peligrosamente envueltos.

Cuando hablaba de comunismo, el ensayista Albert Memmi recalcaba de forma intencional algunos aspectos específicos de la

---

570Shmuel Trigano, *L'Idéal démocratique...à l'épreuve de la shoah*, Éditions Odile Jacob, 1999, p.34-35
571Jacques Attali, *Los judíos, el mundo y el dinero*, Fondo de cultura económica, 2005, Buenos Aires, p. 483

situación: "Recordemos, escribía, la sorprendente actuación de algunas municipalidades comunistas que expulsaron con una extraordinaria brutalidad a trabajadores norteafricanos...Como políticos entendidos, supieron expresar el racismo potencial de sus tropas. Basta para ello con examinar las justificaciones que dieron de sus acciones: las jóvenes parejas ya no encuentran vivienda en los HLM[572], los hijos de los obreros ya no tienen sitio en los campamentos escolares, hablan cada vez peor el francés por culpa del contacto con los niños extranjeros; los inmigrantes son demasiado ruidosos por la noche en la calle, su cocina apesta en los rellanos y en las escaleras, su música es ensordecedora, rompen todo el mobiliario, etc. El crimen de los comunistas es haber usado esos sentimientos, desgraciadamente muy reales[573]."

Marek Halter hacía el mismo análisis y se alzaba en contra, aunque exagerando mucho, como de costumbre. Después de los "buldóceres comunistas de Vitry, de las manifestaciones fascistas de Dreux y de los asesinatos racistas en Lyon y Marsella, etc.", la situación francesa en 1981 es más que alarmante. El propio partido comunista se hace eco del racismo incalificable de los Franceses autóctonos: "Actualmente en Francia, en estos tiempos de crisis y de paro, se intenta enfrentar la población contra los inmigrantes, los trabajadores franceses contra los trabajadores inmigrantes. El Partido comunista con los buldóceres y el gobierno mediante decretos discriminatorios los señalan como chivos expiatorios. Están a punto de expulsarlos. Quinientos mil hijos de inmigrantes, nacidos aquí y que hablan nuestra lengua, están amenazados de expulsión[574]." Esto era lo que se podía leer en el diario *Le Quotidien de Paris* del 2 de mayo de 1981.

En su *Ideología francesa*, Bernard-Henri Lévy quemaba todos los cartuchos para denunciar ese comunismo con el que no se puede transigir: "Vemos que las filas del Partido comunista se nutren de buen grado de esos nuevos xenófobos", escribía comentando una encuesta a los franceses de 1980. "Esta colección de hipocresías y de infamias disimuladas es desde hace un siglo quizás la cosa mejor compartida por todos en Francia. Todavía a día de hoy, una mayoría de personas de este país, sean de izquierda o de derecha, de extrema izquierda o de extrema derecha, sigue entregándose felizmente a ellas[575]." En 1969, cuando Georges Pompidou entró en Matignon de Primer Ministro, *L'Humanité*, periódico comunista, y *Aspects de la France*, diario monárquico, se

---

[572]Viviendas de protección oficial. (NdT).
[573]Albert Memmi, *Le Racisme*, Gallimard, 1982, réedition de poche, 1994, p. 121
[574]Marek Halter, *Un Homme, un cri*, Robert Laffont, Paris, 1991, p. 142-146, 199
[575]Bernard-Henri Lévy, *L'Idéologie française*, Grasset, 1981, p. 216

atrevían ambos a titular en portada, evidenciando su aversión por el personaje: "El director del banco Rothschild ha formado el gobierno576."

Así pues, quedaba claro para BHL que el partido comunista era antisemita y racista, y que eso era un motivo ampliamente suficiente para rechazar esa ideología nauseabunda. Un hombre como George Marchais, que retomaba la cantinela de "Juana la campesina" y expresaba su "preocupación por la salud moral de nuestro pueblo577", le repugnaba profundamente. Su "comunismo con los colores de Francia" era el de Georges Sorel que reclamaba un "socialismo galo, tricolor y patriota". "No se debería avalar esta xenofobia ordinaria que hace que en el París de 1980, un hombre, una mujer y un niño estén literalmente en peligro de muerte por tener un tono de piel ligeramente distinto del nuestro578." Notemos sin embargo que desde hace varias décadas, los inmigrantes son cada vez más numerosos en querer afrontar el peligro, sin tener en cuenta la maldad, la agresividad y la ignominia de los Franceses. En definitiva, ni los mujiks rusos, ni los palurdos franceses estarán nunca a la altura para satisfacer estos señores.

Vemos que en estos escritores, la denuncia del comunismo es tanto más virulenta cuanto que permite segarle la hierba bajo los pies a todos aquellos que podrían todavía acusar a los Judíos de hacerse los propagandistas del "judeo-bolchevismo". El "deber de memoria" ya no es válido frente a la necesidad vital de olvidar- ¡lo antes posible!

Burdas falsificaciones y provocaciones antisemitas

Para el gran historiador del judaísmo, León Poliakov, no hay que negar completamente el papel que desempeñaron los Judíos en la revolución rusa, sino considerarlo en su justa medida para no dar pie a las divagaciones antisemitas y terminar así con "las quimeras que tanto obsesionan las imaginaciones cristianas en algunos puntos", como decía amablemente: "Algunos Judíos, admitía, desempeñaron un papel de primer plano, un papel más que suficiente para confirmar y dar por bueno, en opinión de la gran masa de antibolcheviques de todo tipo y condición, el viejo mito de la revolución judía." Pero el hecho es que

---

[576]Bernard-Henri Lévy, *L'Idéologie française*, Grasset, 1981, p. 280
[577]Famoso discurso de George Marchais, secreatrio del PCF, en Montigny-les-Cormeilles el 21 de febrero de 1981. Georges Marchais había exigido la interrupción de la inmigración dado el alto nivel de paro ya en aquella época, (NdT).
[578]Bernard-Henri Lévy, *L'Idéologie française*, Grasset, 1981, p. 97

"el primer gobierno formado en noviembre de 1917 por los bolcheviques sólo contaba con un Judío (Trotski) sobre los quince miembros."

En medio de las elucubraciones antisemitas, "faltaba una pieza al puzzle. Revolución judía o judeo-alemana, de acuerdo: ¿pero qué papel tuvieron los capitalistas internacionales judíos? Una serie de falsificaciones vendidas en Petrogrado por el periodista Eugenio Semionov al diplomático Edgar Sisson aportó la respuesta: los bolcheviques, es decir en primer lugar Trotski, fueron financiados por un "sindicato renano-westfaliano" a través del banquero judío Max Warburg y del bolchevique judío Furstenberg." El propio gobierno estadounidense publicó los documentos en septiembre de 1918 bajo el título de *The German-Bolshevik Conspiracy*. "La fecha del documento merece ser recordada, escribía Poliakov, ya que constituye la primera publicación oficial de una falsificación antisemita." La propaganda antisemita fue aún más allá con "el supuesto informe secreto del gobierno francés, fabricado en Nueva York por un emigrante ruso, que detallaba la lista de los principales dirigentes comunistas, todos Judíos excepto Lenin, y que describía sus objetivos de dominio universal sionista." Ese informe estaba "escrito en un lenguaje completamente inverosímil, en el que traslucía de alguna manera las quimeras que tanto obsesionan las imaginaciones cristianas en alguno puntos, quizás de forma crónica."

Estas odiosas mentiras continuaron tras la victoria de los comunistas. "Una tercera falsificación, el documento Zunder, tuvo en 1922 el honor de ser leído íntegramente en la tribuna del joven parlamento checoslovaco. Según una cuarta difundida en 1922 en Estados Unidos por el rey del automóvil Henry Ford, los Judíos del East Side de Nueva York habían designado el sucesor del último zar. Tales fábulas elaboradas en las oficinas de Rostov o de Kiev alertaban a todos los pueblos de la tierra sobre la existencia de una conspiración mundial Judía. Tampoco olvidemos el mito históricamente más influyente y dinámico, *Los Protocolos de los Sabios de Sion*, imprimidos a cientos de miles de ejemplares en los territorios controlados por los Blancos579." El 8 de mayo de 1920, el *Times* de Londres publicaba un artículo titulado *El peligro judío* en el que sugería que el Primer ministro británico Lloyd George había entablado negociaciones con un grupo de conspiradores. "La demostración se basaba en *Los Protocolos*

---

[579]Léon Poliakov, *Histoire de l'antisémitisme*, 1981, Calmannn-Lévy, 1991, Points Seuil, vol. 2, p. 394-395. Los Blancos rusos fueron la parte de la población rusa que no aceptó el golpe de Estado bolchevique y luchó en la guerra civil.

de los Sabios de Sion, contribuyendo así a su renombre en todo el mundo y amplificando la propaganda odiosa y engañosa580."

En la secuela de su *Historia del antisemitismo,* León Poliakov daba su opinión respecto de la "disputa de los historiadores". "Encontramos en Nolte los gérmenes de un renacimiento del mito de Hitler y una legitimación del nacionalsocialismo como única forma eficaz de lucha contra el marxismo. Hitler es presentado como el primer héroe nacional e internacional de la lucha contra el bolchevismo mundial judío581." Poliakov sacaba esta conclusión inapelable: "La argumentación de Nolte puede justificar los crímenes antisemitas por venir582." Aunque era cierto que "en los puestos de mando, los Judíos parecían victoriosos y todo poderosos. El Comité central del Partido contaba con tres Judíos de los siete miembros: Trotski, equiparable a Lenin en ese momento, y que iba a ser más popular que él en el ejército, así como Kamenev y Zinóviev, el jefe de la Tercera Internacional. Además, Yakov Sverdlov fue elegido presidente del Comité ejecutivo, es decir jefe del joven Estado soviético...Con todo y eso, los Judíos sólo formaban el 16% de los miembros del Partido, frente al 60% de origen ruso583."

En *Sol de invierno,* Jean Daniel aportaba a su vez su grano de arena con su análisis de la "disputa de los historiadores". Siguiendo su razonamiento, Ernst Nolte y Stéphane Courtois podrían ser sospechosos

---

[580]León Poliakov, *Histoire de l'antisémitisme,* 1981, Points Seuil, vol. 2, p. 411-412. [Es también interesante traer a colación una carta que generó cierta polémica en su época después de ser publicada el 1 de junio de 1928 en *La Revue de Paris.* Se trata de una supuesta carta escrita en 1879 por el rabino Baruch Levy dirigida a Karl Marx y que rezaba así: "El pueblo judío en su conjunto será su propio Mesías. Su reinado sobre el universo se realizará mediante la unificación de las demás razas humanas, la abolición de las monarquías y las fronteras que son el baluarte del particularismo, y el establecimiento de una República Universal que reconocerá en todas partes los derechos de ciudadanía de los judíos. En esta nueva organización de la humanidad, los hijos de Israel, ahora dispersos por toda la superficie de la tierra, todos de la misma raza y de iguales tradiciones, lograrán sin mucha oposición ser el elemento dirigente en todo y en todas partes si logran imponer a las masas trabajadoras el liderazgo judío. Así, con la victoria del proletariado, los gobiernos de todas las naciones pasarán a manos de los israelitas mediante la realización de la República Universal. La propiedad individual podrá entonces ser abolida por los gobernantes de raza judía, que podrán entonces administrar la riqueza de los pueblos en todas partes. Y así se cumplirá la promesa del Talmud de que, cuando lleguen los tiempos mesiánicos, los judíos tendrán bajo llave los bienes de todos los pueblos de la tierra." La autenticidad de la carta fue lo bastante convincente como para ser transcrita por Flavien Brenier "Salluste" en su libro *Los orígenes secretos del bolchevismo: Heinrich Heine y Karl Marx,* Paris: J. Tallandier, 1930, Déterna Éditions, 2014. (NdT).]
[581]León Poliakov, *Histoire de l'antisémitisme 1945-1993,* Points Seuil, 1994, p. 42-43
[582]León Poliakov, *Histoire de l'antisémitisme 1945-1993,* Points Seuil, 1994, p. 54
[583]León Poliakov, *Histoire de l'antisémitisme 1945-1993,* Points Seuil, 1994, p. 260

de antisemitismo debido a que plantearon – aunque fuera de manera extremadamente prudente- el problema de la fuerte presencia de Judíos en el régimen bolchevique. Obviamente, esto según él era altamente condenable e inaceptable como argumento para explicar el nacimiento del nacionalsocialismo por la sencilla razón de que los Judíos alemanes estaban perfectamente integrados en la sociedad alemana. "Sabía – contrariamente a François Furet, Besançon y Revel- que ese Stéphane Courtois no era uno de los nuestros. Que estaba más preocupado por poner la monstruosidad de Stalin por encima de la de Hitler584…Cabe señalar que ninguno de los dos historiadores que entablaron tan edificante diálogo sobre este tema es de origen judío: el francés François Furet y el alemán Ernst Nolte… Desgraciadamente para Ernst Nolte, la integración de los Judíos alemanes en la patria alemana había alcanzado tan sumo grado que éste tendría que haber obviado el obstáculo de la diferencia judía. ¿Cómo pudo Hitler ignorar esa integración de los Judíos en su país bajo el pretexto de que había un número inusual de judíos en los Estados-mayores del bolchevismo en Rusia y otras partes? Es una cuestión que Nolte no quiere plantear. Se niega a hacerlo de forma sospechosa585." Esto se llama marear la perdiz.

Vemos por lo tanto que Solzhenitsyn tenía razón cuando se indignaba del rechazo por parte de la gran mayoría de intelectuales judíos en aceptar su parte de responsabilidad en el experimento comunista. Durante este difícil ejercicio de mea culpa, hemos por lo menos podido apreciar el gran dominio que tienen de todas las formas de contorsión intelectuales, a cual más sorprendente. Al fin y al cabo, los Barnum, Zavata, Gruss, Amar, Pinder y otros circos ambulantes siempre estuvieron ahí para distraer y divertir los incorregibles pueblerinos que en el fondo seguimos siendo.

---

[584]Jean Daniel, *Soleil d'hiver*, Carnets 1998-2000, Grasset, Poche, 2000, p. 330
[585]Jean Daniel, *Soleil d'hiver*, Carnets 1998-2000, Grasset, Poche, 2000, p. 354

2. Explicar el fenómeno

El antisemitismo ya existía mucho antes de la revolución bolchevique, por lo que no se puede erigir ésta como única causa del fenómeno. ¿Qué explicaciones se pueden dar entonces a esas atroces persecuciones que padecieron los Judíos a lo largo de toda su historia? Los intelectuales presentan en primer lugar la teoría del chivo expiatorio, es decir la designación de un enemigo que sería responsable de todos los males y que habría que suprimir para asegurar la concordia social y la paz. Un segundo tipo de explicación pone de relieve el rechazo humano a la diferencia y la envidia de los mediocres hacia los que tienen éxito. El grupo social dominante tiene efectivamente una tendencia natural a rechazar el extranjero, el extraño, el marginal tanto como el advenedizo. Una tercera reacción manifiesta más bien una incomprensión total del fenómeno. La imposibilidad de explicar el mal conduce entonces, por consiguiente, a una cuarta explicación: la locura de los hombres, la enfermedad mental de los afectados.

Los chivos expiatorios

Hannah Arendt fue una figura central del mundo intelectual de la posguerra, y su libro *Los Orígenes del Totalitarismo* es todavía una obra de referencia para comprender las grandes transformaciones del siglo XX. Su interesante *Antisemitismo* constituye la primera de las tres partes de su libro. Hannah Arendt intentó demostrar en ella que el auge del antisemitismo en el siglo XIX no correspondió en absoluto al prodigioso incremento del poder de los Judíos en la sociedad europea desde su emancipación, tal como los espíritus superficiales lo creían hasta entonces, sino, de forma paradójica, a la pérdida de poder e influencia de los financieros judíos. En el antiguo Imperio germánico, dividido en cientos de pequeños principados casi independientes, se sabe que los príncipes alemanes tenían siempre a su alrededor, como grandes tesoreros, lo que se denominaba los "Judíos palaciegos". En los siglos XVII y XVIII, éstos eran sus consejeros financieros e intermediarios a nivel europeo.

Siguiendo el ejemplo dado por la Revolución francesa, la ciudadanía fue concedida a los Judíos en casi todos los países de Europa a lo largo del siglo XIX, con la notable excepción de Rusia y Rumanía. Tras los cambios revolucionarios y la reorganización territorial de Alemania, explicaba Hannah Arendt, "en las primeras décadas de esta evolución los judíos perdieron su posición exclusiva dentro de las finanzas públicas en beneficio de los empresarios de mentalidad imperialista; decayó su importancia como grupo, aunque algunos judíos conservaran su influencia, como consejeros financieros y como intermediarios intereuropeos. Estos judíos, sin embargo necesitaban aún menos de la comunidad judía en general, no obstante su riqueza, que los judíos palaciegos de los siglos XVII y XVIII, y por eso frecuentemente se separaron por completo de la comunidad judía. Las comunidades judías ya no se hallaban organizadas económicamente, y aunque a los ojos del mundo gentil algunos judíos de elevada posición siguieran siendo representativos de la judería en general, existía tras esa idea una escasa o nula realidad material[586]." Así pues, debemos creer que "como grupo, la judería occidental se desintegró junto con la Nación-Estado durante las décadas que precedieron al estallido de la primera guerra mundial." Se puede observar que "el antisemitismo alcanzó su cota máxima cuando similarmente los judíos habían perdido sus funciones públicas y su influencia y se quedaron tan sólo con su riqueza. Cuando Hitler llegó al poder, los Bancos alemanes estaban ya casi totalmente *judenrein* (y era precisamente en ese sector donde los judíos habían mantenido posiciones decisivas durante más de cien años)... Cabe decir lo mismo de casi todos los países de Europa occidental. El affaire Dreyfus no estalló bajo el Segundo Imperio, cuando la judería francesa se hallaba en la cumbre de su prosperidad e influencia, sino bajo la Tercera República, cuando los judíos habían desaparecido casi por completo de las posiciones importantes (aunque no de la escena política). El antisemitismo austriaco no se tornó violento bajo Metternich y Francisco José, sino en la República austríaca de la posguerra, cuando se hizo evidente que ningún otro grupo había sufrido tal pérdida de influencia y de prestigio en razón de la desaparición de la monarquía de los Habsburgo[587]." Un grupo dirigente es respetado si cumple una función útil para la sociedad. Se convierte rápidamente en

---

[586] Hannah Arendt, *Los Orígenes del Totalitarismo, Antisemitismo*, 1951, Taurus-Santillana, Madrid, 1998, p. 37. El banquero marrano de Elisabeth, los financieros de los ejércitos de Cromwell, de Federico II, del Emperador de Austria y de Bismarck no dictaban su política a los soberanos, ya que si se hubieran atrevido a engañarlos probablemente habrían acabado sus días en una mazmorra insalubre.
[587] Hannah Arendt, *Los Orígenes del Totalitarismo, Antisemitismo*, 1951, Taurus-Santillana, Madrid, 1998, p. 29

el blanco del resentimiento popular si sólo conserva los privilegios de su función sin asumir su responsabilidad social.

"El elemento judío anacional e intereuropeo se convirtió en objeto de odio universal precisamente por causa de su inútil riqueza y de desprecio por causa de su falta de poder588." Las acusaciones de los antisemitas sobre el poder de los Judíos no tenían así ningún fundamento válido. Los antisemitas, que personifican "la bajeza humana", no atacan a los poderosos, sino a "grupos desprovistos de poder o en trance de perderlo"; esto es, a grupos sin defensa. El caso Dreyfus fue un buen ejemplo, escribía Hannah Arendt, pues "no fue accidental el que esto sucediera poco después de que la judería francesa nativa, durante el escándalo de Panamá, cediera ante la iniciativa y la falta de escrúpulos de algunos aventureros judíos alemanes589."

El éxito del antisemitismo en la Francia de finales de siglo XIX también "puede atribuirse a la falta de autoridad de la Tercera República, que resultó aprobada por una escasa mayoría. A los ojos de las masas el Estado había perdido su prestigio junto con la monarquía, y los ataques al Estado ya no eran un sacrilegio.... Aquí era mucho más fácil atacar conjuntamente a los judíos y al Estado590".

"La creciente influencia de las grandes empresas en el Estado y la necesidad cada vez menor que el Estado experimentaba de los servicios judíos amenazaron al banquero judío con su desaparición y determinaron ciertos cambios en las ocupaciones judías... Cada vez eran más los judíos que abandonaban las finanzas estatales por los negocios independientes." Se dedicaron más a la vida cultural y artística: "La afluencia de hijos de prósperos padres judíos hacia profesiones cultas fue especialmente notable en Alemania y en Austria, donde una gran proporción de instituciones culturales, como periódicos, editoriales, la música y el teatro, se convirtieron en empresas judías. Lo que fue posible gracias a la preferencia y el respeto tradicionales de los judíos por las ocupaciones intelectuales determinó una verdadera ruptura con la tradición, la asimilación intelectual y la nacionalización de importantes estratos de la judería de Europa occidental y central. Políticamente, significó la emancipación de los judíos de la protección del Estado591".

---

[588]Hannah Arendt, *Los Orígenes del Totalitarismo, Antisemitismo*, 1951, Taurus-Santillana, Madrid, 1998, p. 37
[589]Hannah Arendt, *Los Orígenes del Totalitarismo, Antisemitismo*, 1951, Taurus-Santillana, Madrid, 1998, p. 88
[590]Hannah Arendt, *Los Orígenes del Totalitarismo, Antisemitismo*, 1951, Taurus-Santillana, Madrid, 1998, p. 60
[591]Hannah Arendt, *Los Orígenes del Totalitarismo, Antisemitismo*, 1951, Taurus-

A pesar de su notable ingeniosidad, la tesis de Hannah Arendt no ha sido retomada por ningún autor. A parte de haber eludido totalmente el fenómeno socialista, su explicación de un antisemitismo atacando una comunidad debilitada por su pérdida de poder en el siglo XIX contradecía totalmente todo lo admitido generalmente hasta entonces, a saber que la emancipación de los Judíos europeos había conllevado desde el principio un considerable aumento de su influencia. El aplomo a veces da resultado, como hemos podido constatar, pero en este caso, esta tesis nunca ha logrado imponerse. La imagen del fabuloso poder de los cinco hermanos Rothschild dominando la Europa del siglo XIX sigue siendo la referencia mítica de la "fortuna anónima y vagabunda592".

El gran escritor Primo Levi, cuya obra es estudiada en todos los institutos de Europa, tenía una interpretación más clásica del antisemitismo. Recordando la triste época que tuvo que vivir, nos decía: "Hubo leyes absurdas, injustas y vejatorias. Cada día los periódicos estaban repletos de mentiras e insultos. Asistíamos a una inversión ridícula y cruel de la verdad: los Judíos eran considerados no solamente como los enemigos del Estado, sino también como los negadores de la justicia y de la moral, los destructores de la ciencia y del arte, las termitas que, con su actividad oculta, socavan las bases del edificio social, los culpables del conflicto desde ahora inminente." Se infundía en los jóvenes Alemanes "un odio visceral, una repugnancia física hacia el Judío, destructor del mundo y del orden, culpable de todos los males.

Santillana, Madrid, 1998, p. 64

[592]Más interesante nos parece su análisis de la asimilación de cierta clase media judía de intelectuales, artistas y advenedizos: "La secularización, por eso, determinó finalmente esa paradoja, tan decisiva para la psicología de los judíos modernos, por la cual la asimilación judía en su liquidación de la conciencia nacional, en su transformación de una religión nacional en una denominación confesional y en su forma de responder a las frías y ambiguas demandas del Estado y la sociedad con recursos igualmente ambiguos y con trucos psicológicos - engendró un muy auténtico chauvinismo judío, si por chauvinismo entendemos el nacionalismo pervertido en el que "el individuo es él mismo lo que adora; el individuo es su propio ideal e incluso su propio ídolo". A partir de entonces el antiguo concepto religioso de pueblo elegido ya no fue la esencia del judaísmo; se trocó en la esencia de la judeidad... Allí donde los judíos fueron educados, secularizados y asimilados bajo las ambiguas condiciones de la sociedad y del Estado en la Europa occidental y central, perdieron esa medida de responsabilidad política que implicaba su origen y que los notables judíos siempre habían sentido, aunque fuera en la forma de privilegio y de dominio. El origen judío, sin connotaciones religiosas y políticas, se convirtió en todas partes en una cualidad psicológica, se tornó "judeidad" y desde entonces pudo ser considerado solamente dentro de las categorías de la virtud o del vicio." En *Los Orígenes del Totalitarismo, Antisemitismo*, p. 81, 88

Como todo poder absoluto, el nazismo necesitaba un antipoder, un anti-Estado, sobre el que descargar la culpa de todos los problemas, presentes y pasados, verdaderos y supuestos, que los Alemanes sufrían. Sin defensa y a menudo considerados como los "Otros", los Judíos constituían el anti-estado ideal, el objetivo contra el que se podía dirigir la exaltación nacionalista y maniquea que la propaganda nazi alimentaba en el país593." Para Primo Levi, "el antisemitismo es un hecho antiguo y complejo, cuyas raíces son bárbaras, casi prehumanas (existe, como es bien sabido, un racismo zoológico en los animales sociales); pero es resucitado periódicamente en virtud de un cálculo cínico cuya utilidad en tiempos de instabilidad y de sufrimiento político permite encontrar o inventar un chivo expiatorio al que atribuir todos los problemas pasados, presentes y futuros, y sobre el que descargar las tensiones agresivas y vindicativas del pueblo. Los Judíos, dispersos y sin defensa, se presentaban, después de la diáspora, como las víctimas ideales. La Alemania de Weimar estaba enferma e inestable, necesitaba un chivo expiatorio594."

Hallamos en los intelectuales franceses la misma clase de explicaciones. Albert Memmi analizaba así el antisemitismo alemán de los años treinta: El Judío, escribía, "era especialmente cómodo. Su estereotipo negativo ya estaba ampliamente extendido por lo que podía servir fácilmente de desahogo para la agresividad del pueblo alemán, como del resto de los pueblos conquistados...Se podía fabricar jabón con su grasa, fanales con su piel y tejido con su cabello595."

En *Tierra-Patria*, el sociólogo Edgar Morin también nos aportaba su explicación del antisemitismo hitleriano. Después de la guerra, "las desgracias y angustias del paro y de la miseria reavivan el sentimiento de humillación nacional provocado por el tratado de Versalles, y el miedo al comunismo "apátrida" inflamará el deseo de revancha nacionalista y el odio a los judíos, señalados por Hitler como diabólicos manipuladores de un complot internacional plutócrata-bolchevique596." Lo cual era efectivamente una visión delirante de la realidad.

---

[593] Primo Lévi, *L'asymétrie et la vie, articles*, Robert Laffont, 2002, p. 90

[594] Primo Lévi, *La Stampa*, 20 de mayo de 1979, in *L'asymétrie et la vie, articles*, Robert Laffont, 2002.

[595] Albert Memmi, *Le Racisme,* Gallimard, 1982, réédition de poche, 1994, p. 92, 93. Por muy sorprendentes que parezcan hoy en día, esas atrocidades eran comunmente admitidas por la historiografía de los años 1980. Fueron abandonadas a lo largo de los años 1990.

[596] Edgar Morin y Anne-Brigitte Kern, *Tierra-Patria*, 1993, Editorial Kairós, Barcelona, 2005, p. 25-26

Por su parte el humanista Marek Halter, el incansable defensor de la Paz, no ocultaba cierta pesadumbre, como ya vimos anteriormente, ante la evolución de los países del Este tras la caída de los regímenes totalitarios: "Esta nueva situación ha hecho resurgir la arcaica animadversión hacia el otro, lo diferente, al que se acusa otra vez de todos los males, al que se humilla y al que, dado el caso, se mata. Ahora bien, en la historia de esos países, el otro, el extranjero, el diablo, siempre fue el Judío. De ahí el resurgimiento del antisemitismo. Se hace responsable a los Judíos de todo lo que ha fallado, falla o fallará en la Unión Soviética. Se les acusa de las persecuciones estalinistas, de la destrucción del patrimonio ruso, de la miseria económica, e incluso de la perestroika."

Todo esto era completamente falso, claro, pero estas calumnias daban pie a las peores hipótesis: "Por lo tanto, los Judíos tienen miedo, explicaba Marek Halter, y una vez más se ven obligados a exiliarse, siempre víctimas, siempre perseguidos. Es por eso que huyen a Israel." Es importante comprender que "no es, como algunos árabes creen, para perjudicar a los Palestinos que Israel los recibe, sino para salvar hombres perseguidos[597]." Así pues, debemos comprender que las persecuciones que sufrieron los Judíos en los países de Europa del Este, tras la caída del comunismo, no fueron relatadas por ningún medio porque los antisemitas, que poseían dichos medios de comunicación, seguramente organizaron una conspiración del silencio sobre el tema. "A mis amigos palestinos, les digo lo siguiente: No temáis. Esos Judíos soviéticos abandonan su país porque el ambiente se ha vuelto hostil para ellos; no irán instalarse ni en Cisjordania ni en Gaza, donde el entorno sería todavía más hostil." Este discurso era probablemente necesario para tranquilizar una población palestina legítimamente preocupada por el flujo de cientos de miles de colonos de origen soviético en los años 1990. Esperemos simplemente que en este caso los Palestinos demuestren un poco más de gratitud que las poblaciones de Europa liberadas del yugo comunista, pues de lo contrario Marek Halter corre el riesgo de hundirse en la más profunda desesperación.

Con respecto a la interpretación del antisemitismo, Shmuel Trigano escribía por su parte: "Sé por experiencia que el antisemitismo es un fenómeno comparable a un instrumento de medición social. Permite detectar el grado de enfermedad de una sociedad...A la tempestad, al paro, a la inflación, al caos social, al terrorismo, al miedo,

---

[597] Marek Halter, *Un Homme, un cri*, Robert Laffont, Paris, 1991, p. 291-292

hay que encontrar unos culpables. Siempre es culpa de alguien – la culpa del otro598."

En un libro de entrevistas titulado *Retratos judíos*599, publicado en Alemania en 1989, las opiniones de varias personalidades judías de Alemania y Europa central que vivieron las trágicas horas de la Segunda Guerra mundial coincidían con los testimonios precedentes. Hemos extraído a continuación algunas declaraciones que se refieren a nuestro tema, a saber las raíces del antisemitismo, la identidad judía y el espíritu universalista. Estos testimonios son especialmente importante porque todas estas personalidades forman parte de la élite social y intelectual de la comunidad judía.

El primero de ellos es Bruno Bettelheim, psicosociólogo nacido en 1903 en Viena: "- ¿Cuáles fueron a su juicio las causas del antisemitismo histórico ? - Difieren según las épocas. Creo en todo caso que los cristianos no perdonaron a los Judíos el hecho de que el origen de su religión sea judío y que el propio Cristo fuera judío. Resultaba difícil vivir con eso, ¿verdad? Pero el inconsciente seguía sabiendo que Jesús Cristo era un Judío. Además, siempre era muy cómodo tener a mano un chivo expiatorio."

Edward Goldstücker, profesor de literatura en Brighton, nacido en 1913 en Odbiel, en Checoslovaquia:

"-¿Qué explicación tiene usted para el antisemitismo? - Los judíos eran una minoría extranjera que se encastillaba en su diferencia. Minoritarios, estaban por lo tanto sin defensa y constituían un blanco ideal para los que querían liberar sus pulsiones agresivas."

Arthur Brauner, productor de cine en Berlín, nacido en 1918 en Lodz, en Polonia:

"-¿Se puede explicar el antisemitismo de los Alemanes y de los otros pueblos? - Si un Estado de Israel hubiese existido durante los dos mil años de la diáspora, no habría habido antisemitismo. Por lo menos no bajo esta forma y de esta dimensión. Pero como durante dos mil años no hubo Estado de Israel, los Judíos estuvieron sin poder. Se es respetado y estimado cuando uno es fuerte, aunque sólo sea por miedo."

George Tabori, escritor, actor y director en Viena, nacido en Budapest en 1914: "En lo que respecta al antisemitismo, las explicaciones sociológicas y económicas habituales no cuadran. Se ha

---

[598]Shmuel Trigano, *L'Idéal démocratique...à l'épreuve de la shoah*, Éditions Odile Jacob, 1999, p. 43
[599]Herlinde Loelbl, *Portraits juifs, Photographies et entretiens*, L'Arche éditeur, Francfort-sur-le Main, 1989, 2003 pour la version française.

manifestado hostilidad contra los Judíos incluso en lugares donde claramente no representaban una competencia ni una amenaza económica. El ejemplo más reciente que me viene en mente es Austria. El antisemitismo es al fin y al cabo una ideología de la cobardía. Uno proyecta sus propios miedos y su propia agresividad sobre los demás; luego se sienten amenazados y golpean. Por supuesto, es mejor escoger un grupo débil y desarmado, un grupo que no puede defenderse. Los Judíos siempre han sido los chivos expiatorios ideales y las primeras víctimas en las situaciones de crisis. Fueron los Judíos los que formularon las leyes – los Diez mandamientos, las prescripciones de higiene de Moisés – y, a decir verdad, el Sermón de la montaña no es más que una reformulación de los antiguos textos proféticos. Esas leyes son buenas, algo razonable, en cierto modo un código moral perfecto. Pero nos es imposible respectarlas todas hasta el final. De ahí ese sentimiento de mala consciencia, de irritación permanente hacia los Judíos. Ellos representan la ley bíblica y su mera existencia recuerda a los cristianos el ideal inaccesible[600]. -¿Hay algún país que usted considere como su patria? - Durante mucho tiempo mantuve la nostalgia de Hungría, pero ahora eso es agua pasada. Para mí, toda esa palabrería sobre la patria y el patriotismo es nociva." Había declarado anteriormente: "Nueva York es una ciudad judía. Uno se siente, por así decirlo, como en casa."

En su análisis sobre la situación en Próximo Oriente, el gran periodista y escritor estadounidense Norman Mailer parecía estar principalmente preocupado por la suerte de los Judíos, sin ningún tipo de consideración para los pueblos extranjeros. Según él, el antisemitismo no sería más que un medio muy práctico utilizado por los países árabes para justificar su incuria. "A los países árabes les interesa que Israel sea el malo de la película. Aunque soy judío hasta los tuétanos, no soy un patriota judío en el sentido de defender a Israel, mi Israel, contra viento y marea. No tengo esos sentimientos. Pero sí pienso que el final del Holocausto nos dio un gran ejemplo de lo crueles, lo inhumanos que fueron entonces los jeques y máximos dirigentes de muchos países árabes. Podrían haber dicho: "Dejemos que los judíos ocupen esta tierra. No va a perjudicarnos. Hasta podríamos utilizarlos para nuestros fines". No lo hicieron. Optaron por considerar enemigos a los supervivientes del Holocausto. Utilizaron a Israel para desplazar hacia él el odio contra sus propios regímenes." Y de nuevo, observamos las mismas circunvalaciones, las mismas habituales contorsiones que permiten darle la vuelta a los problemas de la forma más inverosímil.

---

[600] Notemos este admirable ejemplo de contorsión intelectual.

Escuchen sino esto: "Los saudíes disponen ahora de un magnífico ardid: utilizan a los palestinos como justificación de su odio a Israel, cuando, de hecho, consideran que Israel es su salvaguarda contra los palestinos[601]." Esta dialéctica nos recuerda las palabras de Cohn-bendit sobre la inmigración en Alemania, cuando éste escribía explícitamente que había que abrir las fronteras para limitar la inmigración y favorecer la inmigración para hacer disminuir el racismo.

Esta tendencia de fondo a invertir los valores y a negar las evidencias más establecidas fue puesta en evidencia por Friedrich Nietzsche, quién lo expresó admirablemente en su *Genealogía de la moral*: "Han sido los judíos los que, con una consecuencia lógica aterradora, se han atrevido a invertir la identificación aristocrática de los valores (bueno = noble = poderoso = bello = feliz = amado de Dios) y han mantenido con los dientes del odio más abismal (el odio de la impotencia) esa inversión, a saber, "¡los miserables son los buenos; los pobres, los impotentes, los bajos son los únicos buenos; los que sufren, los indigentes, los enfermos, los deformes son también los únicos piadosos, los únicos benditos de Dios, únicamente para ellos existe bienaventuranza,- en cambio vosotros, vosotros los nobles y violentos, vosotros sois, por toda la eternidad, los malvados, los crueles, los lascivos, los insaciables, los ateos, y vosotros seréis también eternamente los desventurados, los malditos y condenados[602]!" La inversión acusatoria es una fuerza poderosa y temible[603].

Finalmente, Norman Mailer proseguía ingenuamente el hilo de su reflexión acerca del antisemitismo de las naciones árabes en el Próximo Oriente, afirmando: "Si los dirigentes árabes hubieran tenido un poco de bondad, podrían haber dicho que aquella gente había pasado por un infierno...En vez de eso les declararon enemigos. Los israelíes no tuvieron más remedio que intentar fortalecerse. Al hacerlo, algunos de los mejores rasgos del carácter judío- la ironía, el ingenio, el amor a la verdad, el amor a la sabiduría y a la justicia- sufrieron deterioros internos...Por eso me inclino a pensar, concluía Mailer, que la mejor explicación del 11 de septiembre es que el demonio ganó una gran batalla aquel día. Sí, Satán fue el piloto que guió aquellos aviones hacia aquel desenlace atroz[604]."

---

[601]Norman Mailer, *¿Por qué estamos en guerra?*, Editorial Anagrama, 2003, Barcelona, p. 104, 105

[602]Friedrich Nietzsche, *La Genealogía de la moral*, Alianza Editorial de bolsillo, 2005, Madrid, p. 46

[603]Léase Hervé Ryssen, *El Espejo del judaísmo*. (NdT)

[604]Norman Mailer, *¿Por qué estamos en guerra?*, Editorial Anagrama, 2003, Barcelona, p. 105-106, 121

Los asesinatos políticos

No deberíamos pensar que los Judíos son incapaces de defenderse. Esta opinión muy extendida después del dramático trance que fue para ellos el holocausto, tiende a acreditar la idea antisemita de una debilidad intrínseca del pueblo judío y la supuesta superioridad de la "raza aria". Los Judíos, al contrario, han demostrado en muchas ocasiones que tenían la energía necesaria para enfrentarse a sus opresores y que sabían defender sus derechos y sus intereses con bastante vigor.

Para responder a la aserción de Boris Pasternak, respecto a "esa manera púdica, sacrificada que tienen los Judíos de mantenerse apartados", a "su fragilidad y a su incapacidad para devolver los golpes", podríamos empezar citando algunos ejemplos de actos de valentía que Solzhenitsyn expuso en su libro que ilustraban el coraje físico y prolongado alentado por el espíritu de venganza. En la época zarista, cuando los revolucionarios rusos optaron por el terrorismo, los Judíos eran en esos movimientos todavía una rara excepción. Pero a finales de los años 1870, hubo en el movimiento "La Voluntad del Pueblo" (*Naródnaya Volia*) algunos judíos como Aaron Gobet, Salomon Wittenberg, Meir Mlodetsky, Grigori Goldenberg, Aaron Zundelevitch, Saveli Zlatopolsky, Deitch y Hessia Helfmann. Tras el asesinato de Alejandro II, su presencia provocó contra ellos un estallido de indignación popular. Pero el hecho es que *La Revista de la Voluntad del Pueblo* estuvo de acuerdo con esos desórdenes invocando el papel de los Judíos "explotadores del pueblo". Esto demuestra que en aquel momento su influencia dentro de la Organización era insignificante. Pero a finales de los años 1880, la situación había cambiado, escribía Solzhenitsyn. Después de la creación del partido S.R. (Socialista-revolucionario), los Judíos conformaron una sólida mayoría dentro de la dirección de ese movimiento. Los miembros del círculo interno de directivos del partido eran Mendel, Wittenberg, Levine, Levite y Azef. La sección de combate de los S.R. había sido creada y fue dirigida por Grigori Gershuni de 1901 a 1903, luego por Yevno Azef de 1903 a 1906, y Zilberberg de 1906 a 1907. Se puede constatar una evolución análoga dentro de los movimientos social-demócratas.

Un libro de 1965 titulado *Los Terroristas*[605], de Roland Gaucher, aportaba algunas precisiones acerca de la acción del Partido socialista-revolucionario. Éste utilizó desde el principipo la acción armada para lograr el derrocamiento del régimen zarista. Desde su origen, se creó la

---

[605] Roland Gaucher, *Les Terroristes*, Éditions Albin Michel, 1965

Organización de Combate. Era la punta de lanza del Partido. Pronto se convirtió en casi autónoma y fue capaz de llevar el terror al corazón del dispositivo enemigo. "Gershuni fue el verdadero creador de la O.C. De origen judío, antiguo preparador de farmacia, tenía unos treinta años en la época en que redactó los estatutos de la Organización. Bajo su dirección, los hombres de la O.C. asesinaron el ministro de Interior Dmitri Sipiaguin, dispararon sobre el príncipe Obolensky y mataron el gobernador Bogdanovich en 1903." Von Pleve sucedió a Sipiaguin como ministro de Interior en 1902. Un año después del nombramiento de Von Pleve, el ingeniero Yevno Azef sustituía Gershuni pero era capturado por la policía en Kiev. El 15 de julio de 1904, una bomba acababa con la vida de Von Pleve. El gran-duque Sergio fue asesinado a su vez en un atentado. La O.C., que había sufrido importantes bajas, fue disuelta después de varios desacuerdos dentro del Comité Central. Un nuevo grupo de terroristas fue entonces creado por Zilberberg con el nombre de Destacamento de Combate. Pero éste se desintegró en febrero de 1907. Se sabe además que Piotr Stolypin, el ministro de Interior del zar que había impulsado una importante reforma agraria entre 1906 y 1910, fue asesinado en Kiev el 2 de septiembre de 1911 por el extremista judío Bogrov durante las ceremonias del tresciento aniversario de la dinastía.

Durante la revolución bolchevique, el conde Von Mirbach, embajador alemán, fue abatido por Blumkine, un joven de dieciocho años de edad. Éste pertenecía a la Cheká y era miembro del partido S.R. de izquierda. Quería con ese homicidio reavivar la hostilidad entre Rusia y Alemania.

En la Rusia roja, dos ilustres actos terroristas perpetrados por judíos contra los propios bolcheviques merecen un lugar aparte especial: el 30 de agosto de 1918, Moiséi Uritski, el jefe de la Cheká, fue asesinado por un estudiante S.R. llamado Leonid Kannegisser. El mismo día, Lenin tomaba la palabra en un mitín en el que tronó contra los enemigos de la revolución. Después de abandonar la sala y estando a punto de subirse a su automóvil, Fanny Kaplan, una antigua anarquista se acercó a él y disparó tres balas, dos impactaron en el hombro y el cuello de Lenin.

Leonid Kannegisser, de la nobleza hereditaria por su abuelo, había entrado en la escuela de alumnos-oficiales en 1917. Se conocen sus motivaciones por una carta enviada a su hermana la víspera del atentado en la que decía querer vengarse de la paz de Brest-Litovsk, que estaba avergonzado de ver los Judíos contribuir a instalar los bolcheviques en el poder, y que, además, vengaría la ejecución por la Cheká de

Petrogrado de unos de sus camaradas de la escuela militar606. "Sin embargo, una cosa es desconcertante, se preguntaba Solzhenitsyn: ¿Cómo es posible que más tarde, en pleno terror rojo y mientras se pasaba por las armas en todo el país a miles de rehenes inocentes completamente ajenos al caso, la familia Kannegisser fuera liberada de prisión y autorizada a emigrar? Los padres y amigos habían incluso elaborado un plan de ataque armado contra la Cheká de Petrogrado para liberar el prisionero, y todos, tras ser arrestados, fueron liberados y se quedaron viviendo en Petrogrado sin ser molestados. La garra bolchevique no es reconocible en este caso. Semejante clemencia se explica tal vez por la preocupación de las autoridades bolcheviques por no enojar los círculos judíos influyentes de Petrogrado. La familia Kannegisser había mantenido su fe judaica y la madre de Leonid declaró en un interrogatorio que su hijo había disparado contra Uritski porque éste se había apartado del judaísmo."

El atentado de Fanny Kaplan contra Lenin también evidenció unas circunstancias sospechosas. "Quizás se trate de un acto político de una militante cercana a los Socialistas-revolucionarios, pero existen fuertes presunciones, según estudios recientes607, de que Fanny Kaplan no haya disparado contra Lenin, y que simplemente haya sido detenida "para cerrar la investigación" y servir de culpable conveniente."

Otros asesinatos políticos fueron cometidos por miembros de la comunidad judía fuera de Rusia: El caso de Friedrich Adler es bastante conocido. Éste había abatido en 1916 el primer ministro austríaco, aunque fuera posteriormente indultado. Desde su cárcel austríaca, consiguió el perdón de R. Abramovich, un importante líder menchevique, escribiendo una carta a Lenin en el verano de 1918.

En 1927, tuvo lugar en París el muy sonado juicio de Samuel Sholem Schwarzbard, un relojero cuya familia había perecido en los pogromos de Ucrania, y que, en París, había abatido de cinco disparos el jefe nacionalista ucraniano Simon Petliura. Los abogados habían legitimado el asesinato, pues debía ser considerado como un justo castigo. Schwarzbard fue absuelto por el tribunal francés y liberado. Aun así, el fiscal había hecho saber al acusado que Petliura vivía en Polonia y que: "Usted no lo mató allí porque sabía que en Polonia se os habría llevado ante un tribunal militar de excepción."

En 1927 también, el joven Koverda había querido "llamar la atención de la consciencia mundial" asesinando el bolchevique Voikov

---

606Alexandre Soljénitsyne, *Deux siècles ensemble*, Fayard, 2003.
607B. Orlov, *Le Mythe de Fanny Kaplan*, ME, 1975, n°2, citado por Solzhenitsyn, *Deux siècles ensemble,* p. 124

en Varsovia. Fue condenado a diez años de prisión que cumplió íntegramente. En 1929, en Moscú, Lazar Kolenberg asesinó Slatchev, antiguo general blanco que se había pasado a los Soviéticos, culpable de haber tolerado los pogromos de Nikoláyev. Kolenberg fue declarado irresponsable durante la instrucción y liberado608.

En Rumanía, "la primera acción decisiva de los comunistas, antes incluso que la creación oficial del partido, fue el atentado perpetrado por el militante Max Goldstein en el hemiciclo del Senado de Bucarest, el 8 de diciembre de 1920, que dejó un saldo de numerosas víctimas609.

En el libro *La Guerra civil europea* del historiador Ernst Nolte610, también se mencionan otros casos de asesinatos políticos: en 1936, el joven David Frankfurter asesinó el jefe de organización nacionalsocialista suizo Wilhelm Gustloff. La alta dirección del Estado había entonces impedido que se produjeran cualquier tipo de desmanes y exacciones en vista de los inminentes Juegos olímpicos.

También se puede citar, evidentemente, el asesinato del 7 de noviembre de 1938 del secretario de la legación alemana Ernst vom Rath por el joven Herschel Grynszpan, en la embajada parisina del Reich. Nolte escribía al respecto: Este acto podría ser uno de los factores "desencadenante de la llamativa reaparición del antisemitismo justo en el momento en que todo parecía indicar que cualquier política, para tener éxito, debía concentrarse de manera exclusiva en el anticomunismo. Bajo los auspicios de las leyes de Nuremberg, los judíos alemanes habían vivido varios años de relativa tranquilidad, durante los cuales recibieron apoyos para emigrar, y el gran número de judíos que permaneció en el país desarrolló una vida comunitaria dotada de asombrosa diversidad y vitalidad. En la economía, las posiciones judías estaban intactas y quien reparase en el hecho de que, además de la firma de Adolf Hitler, las leyes económicas con bastante frecuencia estaban signadas por varios banqueros judíos611." Con todo, el acto de Grynszpan fue seguido por exacciones de todo tipo contra los Judíos de Alemania durante lo que se llamó la "Noche de los cristales rotos", saldándose con treinta y seis muertos.

608Alexandre Soljénitsyne, *Deux siècles ensemble*, Fayard, 2003, p. 212

609Romulus Rusan, in *Du Passé faisons table rase, Histoire et mémoire du communisme en Europe*, ouvrage collectif, sous la direction de Stéphane Courtois, Robert Laffont, 2002, p. 372

610Ernst Nolte, *La guerra civil europea, 1917-1945*, Fondo de cultura económica, México, 2001, p. 292

611Ernst Nolte, *La guerra civil europea, 1917-1945*, Fondo de cultura económica, México, 2001, p. 291

El asesinato de Trotski en México por un agente estalinista en 1940 quedó grabado en las memorias. El trabajo se llevó a cabo con una extraordinaria barbarie, pues el antiguo jefe del Ejército rojo fue asesinado a golpe de culata de pistola en el cráneo. Pero no por ello los responsables del asesinato, enviados por Stalin, se librarían de la picadora soviética, tal como apuntaba *El Libro negro*: "En octubre de 1951, Stalin asestó otro golpe a Beria al ordenarle detener a un grupo de viejos cuadros judíos de la seguridad y de la judicatura entre los que se encontraban el teniente coronel Eitingon, que, siguiendo las órdenes de Beria, había organizado en 1940 el asesinato de Trotsky; al general Leonid Raijman, jefe de interrogatorio del NKVD que había participado en el montaje de los procesos de Moscú; al coronel Lev Schwarzmann, torturador de Babel y de Meyerhold, y al juez de instrucción Lev Sheinin, brazo derecho de Vyshinsky, el fiscal de los grandes procesos de Moscú de 1936-1938...Todos fueron acusados de ser los organizadores de una vasta "conspiración nacionalista judía" dirigida por...Abakumov, el ministro de Seguridad del Estado y colaborador cercano de Beria612."

En Palestina, los Judíos abrieron un nuevo capítulo de su historia. Rápidamente tuvieron la ocasión de demostrar su capacidad ofensiva. Cuando empezaron a instalarse en Palestina, los conflictos con los árabes estallaron en seguida y grupos de combate se crearon en ambos lados. Menájem Begin fue uno de los jefes del Irgún. Pero en el Grupo Stern o Leji, el uso de la violencia era mucho más sistemático. El grupo fundado por Abraham Stern había nacido de una escisión dentro del Irgún, el cual a su vez era el resultado de una disidencia respecto de la Haganá, una milicia judía de combate contra los árabes. En 1920, Zeev Jabotinsky ya había formado el movimiento sionista revisionista para reclamar inmediatamente la creación de un Estado judío independiente en el territorio correspondiente a las fronteras de la Palestina histórica. Ese objetivo, según él, sólo podía ser alcanzado si los Judíos estaban dispuestos a tomar las armas y combatir, respondiendo golpe por golpe a las redadas terroristas que los árabes perpetraban contra las colonias judías. En 1937, creó su propia organización de combate, el Irgún (*HaIrgun HaTzva'i HaLe'umi BeEretz Yisra'el*), la Organización militar nacional. El Irgún estaba organizado según los principios militares ya vigentes entre los miembros de un movimiento de juventud anterior, el Betar.

---

[612]Stéphane Courtois, Nicolas Werth, *El Libro negro del comunismo*, Espasa-Planeta, 1998, p. 283, 284

El Irgún empezó su actividad arrojando bombas en los mercados árabes o colocándolas en autobuses de viajeros, en represalia del terrorismo de los árabes. En febrero de 1939, el Irgún lanzó una serie de terribles ataques. La Haganá difundió ampliamente un folleto que recordaba la palabra biblíca: "No matarás" (*Exódo* XX: 13), a lo que el Irgún contestó con otra cita: "Pero si ocurren otros daños, la penalidad será vida por vida, ojo por ojo, diente por diente, mano por mano, pie por pie, quemadura por quemadura, herida por herida, golpe por golpe."(*Exódo* XXI: 23-25) Esta violencia no iba a tardar a volverse en contra de los británicos que administraban la región bajo el mandato de la Sociedad de Naciones. Hasta aquel momento, se habían establecido cuatro cientos cincuenta mil Judío en Palestina, provocando la consecuente ira de los Palestinos. El gobierno Chamberlain publicó entonces el Libro blanco el 17 de mayo de 1939 que llegaba a esta tajante conclusión: el fin de la emigración judía. Estallaron violentas manifestaciones y los miembros del Estado-mayor del Irgún fueron arrestados. Durante la guerra contra la Alemania nazi, la mayoría de los jefes del Irgún estimaron que las operaciones contra los británicos debían de todas formas ser suspendidas hasta el final de la guerra. Pero Abraham Stern consideraba que el único enemigo era Gran Bretaña.

Un partido radical judío asesinó Folke Bernadotte, conde de Wisborg, por haber propiciado en la ONU la atribución de Jerusalén a Jordania. El conde Bernadotte nunca fue debidamente honrado por la memoria judía, pues a pesar de que él también había salvado miles de Judíos durante la guerra, se le repudió por haber sido demasiado proárabe a continuación. El futuro ministro israelí Isaac Shamir ordenó su asesinato. La explicación que daba Jacques Attali del suceso era lacónica y reveladora: "En agosto, el conde Bernadotte viene a negociar un acuerdo en nombre de la ONU: propone que Israel devuelva el Néguev y Jerusalén a cambio de Galilea, cosa que ambos bandos rechazan; Bernadotte es asesinado613."

Lord Moyne (Walter Edward Guiness), ministro de Estado del gobierno de Churchill en Próximo Oriente, fue también asesinado, abatido de tres disparos a bocajarro, así como su chófer. Dos jóvenes judíos de veintitrés y diecisiete años perpetraron el atentado: Bet Zuri y Hakim. El Irgún atacaba las instalaciones militares y hasta ahorcaba oficiales británicos. El 1 de julio de 1946, los hombres del Irgún hicieron estallar el hotel King David que servía de cuartel general

---

[613]Jacques Attali, *Los judíos, el mundo y el dinero*, Fondo de cultura económica, 2005, Buenos Aires, p. 454

británico en Jerusalén. Hubo 200 muertos y heridos. Indudablemente, todas esas violencias precipitaron la salida definitiva de los británicos.

Durante la guerra de Argelia, algunos miembros de la comunidad judía tuvieron allí también un rol de primer orden. El 6 de mayo de 1956, una explosión accidental se produjo en el hospital Mustafa de Argel, donde un externo llamado Daniel Timsit experimentaba con sus ingredientes. El FLN (Frente de Liberación Nacional) había facilitado a su vez una villa en las afueras de Argel al Partido comunista argelino (Meyer, los hermanos Timsit, Smadja, Habib Giorgio) para su laboratorio. La disolución del PCA en septiembre de 1955 incitó a sus miembros a entrar en la lucha armada. El 30 de septiembre de 1955, dos bombas explotaron en varias calles comerciantes. Una en el *Milk Bar*, plaza de Isly, la otra en la *Cafetaria*, calle Michelet. Por lo visto, una joven "europea", Daniela Mine, había colocado la bomba en el *Milk Bar* por cuenta del FLN[614].

Más recientemente, se puede mencionar y recordar el asesinato del militante nacionalista francés François Duprat, en París, en marzo de 1978. Falleció en la explosión de su vehículo, siendo su esposa gravemente herida. El atentado nunca fue dilucidado, pero las orientaciones antisionistas de las víctimas no dejan lugar a dudas sobre el origen de los posibles promotores del atentado.

Esta lista no es exhaustiva, pero a la vista de estos casos, está claro que los Judíos no son corderitos que se dejan llevar dócilmente al matadero. El tema de la venganza es por lo demás un tema muy recurrente en sus escritos, de manera explícita o subyacente. En el calendario judío, se celebran dos días de venganza: el primero es Purim, día en que, según el Libro de Ester, los Judíos mataron a 75 000 Gentiles en Persia. Fue en ese día de Purim, el 25 de febrero de 1994, que Baruch Goldstein, un inmigrante de Brooklyn (Nueva York) instalado en Hebrón (Israel), masacró con un fusil de asalto veintinueve musulmanes piadosos reunidos en la Tumba de los Patriarcas[615]. Fue linchado por los supervivientes de la masacre, pero su tumba se convirtió desde entonces en lugar de peregrinaje para los judíos ortodoxos. Fue también el día de Purim el señalado para ejecutar los ministros de la Alemania nazi en Nuremberg en 1946. De la misma forma que también se eligió ese día festivo de Purim para inmolar dos cientos mil Iraquíes con la ofensiva del ejército del aire estadounidense en 1991. En el 2003, los Estados Unidos declararon la guerra el día 20 de marzo: ese día

---

[614]Roland Gaucher, *Les Terroristes*, Éditions Albin Michel, 1965.
[615]Lugar altamente sagrado donde están supuestamente enterradas tres parejas bíblicas sumamente importantes: Abraham y Sara; Isaac y Rebeca; Jacob y Lea. (NdT).

correspondía al 16 de Aadar, el último día de la fiesta religiosa de Purim que conmemora la victoria de los Judíos contra los Persas del malvado Hamán, gran canciller del rey Asuero. Como lo expresaba claramente un largo artículo de la agencia telegráfica judía del 18 de marzo del 2003: "Para los rabinos, no es una coincidencia que la guerra contra Irak esté de nuevo asociada con el día de Purim". Recordemos además que fue curiosamente ese día que murió Stalin. Purim es un día propicio para la venganza, aunque el día del Juicio final también puede ser igual de favorable. Poco tiempo después se celebra la fiesta de Sucot (la Fiesta de las Cabañas o de los Tabernáculos), durante la cual el Mesías puede por fin ser revelado.

Conocer mejor al otro

El antisemitismo puede también explicarse por la ignorancia de los hombres y por el temor que el ser humano manifiesta ante lo que es diferente de él. Conocerse mejor reduciría evidentemente el mal. Es cierto que los Judíos han podido llamar la atención y suscitar la envidia debido a su éxito social y material. Esto se sobreañade al viejo antisemitismo de origen cristiano.

En el mundo helenista de la Antigüedad y de Egipto, afirmaba Albert Memmi, la "judeofobia se inscribía dentro de una xenofobia más general hacia la gente venida de fuera. En el mundo antiguo, se trata ante todo de una fobia más bien de carácter cultural que religiosa. Las creencias y las costumbres de los judíos eran mal conocidas, a menudo de forma fantasiosa, lo cual aumentaba la ansiedad de sus conciudadanos." La sabiduría y sensatez de los Griegos y de los Egipcios eran a fin de cuentas limitadas, ya que tras varios siglos de convivencia todavía no habían comprendido las nobles costumbres de los "Judíos". No habían logrado vislumbrar toda la humanidad de ese pequeño pueblo. Sin embargo, lo peor estaba aún por llegar: "La hostilidad específica contra los Judíos habría empezado hacia el siglo primero, con el advenimiento del cristianismo." De tal forma que la civilización europea alcanzó a lo largo de su historia nuevas cotas de intolerancia y estupidez. Fue en la España de los Reyes Católicos donde la primera legislación racista de Europa fue instaurada, a fin de preservar la sangre española de la contaminación de esos Judíos que se habían convertido al catolicismo, pero que seguían judaizando en secreto. Los marranos se habían convertido poco a poco en la fobia de los Españoles bien nacidos, los cristianos viejos. Fue allí, en ese momento histórico, que Europa dio ejemplo del colmo de la estupidez humana: "Cuando los Españoles hablan de pureza de sangre, la suya naturalmente, sugieren que la de los otros, Judíos y Moros, sería impura. Estrictamente hablando, esto evidentemente no tiene ningún sentido. Tal vez se trataba de una especie de miedo oscuro a los Marranos, personajes más o menos secretos616." Como vemos, los Españoles del siglo XVI no eran mucho más inteligentes que los Griegos y los Egipcios de la Antigüedad617.

El libro *Retratos judíos*618 nos aportaba sobre este punto unos testimonios interesantes, sacados de unas entrevistas con brillantes personalidades.

Rafael Buber, albacea testamentario del filósofo Martin Buber; nacido en 1900 en Sils y fallecido en Jerusalén en 1990: "A día de hoy, estoy convencido de que buena parte del sentimiento de rechazo es fruto de la extrañeza de nuestra fe. Los no-judíos no saben casi nada sobre ella."

Fred Lessing, hombre de negocios de Nueva York, nacido en 1915 en Bamberg: "El hecho de que todos los hombres odien a los Judíos es bastante normal: simplemente porque son diferentes. En Baviera, por ejemplo, los Prusianos eran los más odiados porque eran diferentes y querían seguir siéndolo. Y también porque se creen mejor que los demás."

Erika Landau, psicoterapeuta en Tel-Aviv y nacida en 1931 en Chernivtsí: "Se teme la diferencia porque no se comprende. Los Judíos siempre se han desmarcado de las sociedades donde vivían. Por eso preocupaban. Como minoría, los Judíos tenían que ser los mejores, aprender mejor, obtener mejores notas, ganar más dinero. Y eso ha suscitado evidentemente una envidia colosal. Es ese malestar y esa envidia los que llevaron al odio de los Judíos."

Erwin Leiser, director y periodista, nacido en 1923 en Berlín: "Siempre fueron un estorbo. Siempre establecieron normas que los demás consideraban intolerables, cuando sólo las establecían para ellos mismos. Los Judíos siempre tienen que hacer un poco más que los demás, incluso en su relación con Dios. No son "elegidos" porque sean una élite, sino porque son "especiales". Dios se propone llevar a cabo

---

[616]Albert Memmi, *Le Racisme*, Gallimard, 1982, Poche, 1994, p. 88

[617]Tampoco Francisco de Quevedo en el siglo XVII cuando escribía de forma intempestiva: "Ratones son, Señor, enemigos de la luz, amigos de las tinieblas, inmundos, hidiondos, asquerosos, subterráneos"; "Sólo permite Dios que dure esta infernal ralea para que, en su perfidia execrable, tenga vientre donde ser concebido el Anticristo", en *Execración de los judíos*, Madrid, 1633. (NdT).

[618]Herlinde Loelbl, *Portraits juifs, Photographies et entretiens*, L'Arche éditeur, Francfort-sur-le Main, 1989, 2003

un proyecto particular a través de ellos: poner a prueba la humanidad de los otros pueblos. ¡Tal vez el mundo se sentiría más ligero y más tranquilo sin los Judíos619! Sé que estoy marcado por mi pasado. No lo esquivo, lo hago revivir en mis películas." Los libros y las películas son los vectores privilegiados de este mensaje universal que se intenta transmitir a los demás hombres.

Gershom Schocken, editor y hombre político nacido en 1912 en Zwickau y muerto en 1990 en Tel-Aviv: "El antisemitismo siempre ha existido, y siempre existirá mientras haya Judíos. Ya existía en la Antigüedad, antes incluso que el antisemitismo cristiano. Y aquel antisemitismo se explica muy claramente por el hecho de que de todos los pueblos del mundo griego, los Judíos eran los únicos que se negaban a confraternizar con los demás. No comían, ni bebían, ni se casaban con los no-Judíos. A esto se añadía la negativa de los Judíos a interesarse por la religión de los otros pueblos. Declaraban imperturbablemente: "Sólo existe un Dios, es nuestro Dios y lo demás sólo es idolatría." Esta actitud que consiste en decir: "Las costumbres de los otros son abominables, hay que mantenerse apartados de ellas", los cristianos la retomaron evidentemente de nosotros, los Judíos. Es esta obstinada afirmación de un Dios único al que sólo se puede rezar, lo que separó los Judíos de la Antigüedad de los demás pueblos. Los cristianos, por su parte, reprocharon sobre todo a los Judíos de no haber reconocido a Jesús. Fue entonces cuando uno de los apóstoles tuvo esa idea genial desde el punto de vista de la propaganda, decir que los Judíos habían matado el Salvador. Este antisemitismo inicial del cristianismo se basaba además en la competencia, pues desde el origen, los cristianos eran una secta judía que quería que todos los Judíos reconocieran a Jesús como el Mesías. Por cierto, algo parecido ocurrió en este siglo en Rusia entre Judíos y comunistas. En efecto, en los inicios del movimiento comunista, sus dirigentes eran casi exclusivamente judíos, y los comunistas consideraban entonces la juventud judía como el principal reservorio de militantes. Pero también existían movimientos judíos anticomunistas o no comunistas, como el sionismo y el Bund, motivo por el cual el comunismo estaba molesto con el sionismo y el Bund por arrebatarle potenciales militantes. Esto explicaba esa hostilidad inicial entre comunistas y sionistas: para un comunista básico, de hace setenta años, un sionista tenía que haber sido comunista. En vez de eso, adhería a ese nacionalismo imbécil, reaccionario y burgués, el sionismo. Finalmente, la útima causa de antisemitismo es evidentemente esa envidia que por sí sola podría explicarlo todo. Sin

---

[619] Esta idea se encuentra también en Levinas, Cohn-Bendit y George Steiner.

olvidar la xenofobia que reina en todas partes en el mundo, entre todos los pueblos. ¡Hay muchas causas del antisemitismo!"

En total, de las dieciocho personalidades entrevistadas que se expresaron sobre el tema en ese libro titulado *Retratos judíos*, Gershom Schoken era el único en haber admitido la fuerte implicación de los Judíos en la gran aventura bolchevique. La explicación más frecuente y recurrente entre todas las personas interrogadas era la que definía el antisemitismo como un desahogo contra un "chivo expiatorio sin defensa".

El gran escritor ruso Vasili Grossman, "el Tolstoi del siglo XX", miraba con ojos más severos las deplorables manifestaciones de antisemitismo. Fue con Ehrenburg, Eisenstein y Zalavsky, uno de los principales propagandistas de la época estalinista. Aunque al mismo tiempo, escribía en secreto varias obras antiestalinistas, publicadas solamente después de su muerte[620]. Su novela *Todo fluye* encierra en efecto una dura crítica de Stalin y Lenin, a la vez que muestra cierta simpatía hacia Trotski. Grossman demostraba también cierto desprecio por los Rusos, algo a lo que los Franceses también están acostumbrados con las lecturas edificantes de Alain Minc, BHL o Daniel Cohn-Bendit. Vasili Grossman afirmaba que toda la historia rusa no era más que esclavitud, que el alma eslava era una esclava milenaria. No obstante, en sus artículos durante la guerra, el tono empleado era muy distinto para galvanizar los bravos "*popovs*" contra los nazis. En aquellos años veía entonces en esa misma alma rusa "un ímpetu irresistible" y "un poder férreo que no se puede ni doblegar ni quebrar". Podemos identificar la misma peculiaridad que Albert Einstein, pacifista convencido en 1933, y militarista fogoso después del ascenso de Hitler al poder. También en este caso, se razona exclusivamente en función del interés muy particular del pueblo judío.

Para Grossman, los antisemitas que se desahogan contra un chivo expiatorio son unos débiles e inútiles. En *Vida y destino*, se lamentaba de que "incluso un genio como Dostoyevski vio un judío usurero allí donde debería haber visto los ojos despiadados del contratista, el fabricante y el esclavista rusos." En cambio, destacar un maravilloso violinista judío o un gran humorista judío no conlleva generalmente ningún problema.

"El antisemitismo, explicaba, es un espejo donde se reflejan los defectos de los individuos, de las estructuras sociales y de los sistemas

---

[620]Esto nos recuerda a Spinoza que, en su primer libro, reconocía que escribía lo contrario de lo que pensaba, haciéndolo saber al lector por vía de su prologuista (in Alain Minc, *Spinoza*).

estatales. Dime de qué acusas a un judío y te diré de qué eres culpable... Y el nacionalsocialismo, al acusar al pueblo judío que él mismo había inventado de racismo, de ansia de dominar el mundo y de una indiferencia cosmopolita hacia la nación alemana, proyectaba sobre los judíos sus propios rasgos." Ya nos hemos topado con este tipo de razonamiento.

"Pero éste es sólo uno de los aspectos del antisemitismo, escribía Vasili Grossman. El antisemitismo es la expresión de la falta de talento, de la incapacidad de vencer en una contienda disputada con las mismas armas; y eso es aplicable a todos los campos, tanto la ciencia como el comercio, la artesanía, la pintura. El antisemitismo es la medida de la mediocridad humana.... El antisemitismo es la expresión de la falta de cultura en las masas populares, incapaces de analizar las verdaderas causas de su pobreza y sufrimiento. Las gentes incultas ven en los judíos la causa de sus desgracias en lugar de verla en la estructura social y el Estado. Pero también el antisemitismo de las masas no es más que uno de sus aspectos. El antisemitismo es la medida de los prejuicios religiosos que está latente en las capas más bajas de la sociedad... Sólo atestigua que en el mundo existen idiotas, envidiosos y fracasados[621]."

El misterio absoluto

Las líneas a continuación van a permitir comprender mejor el asombro y la indignación de Solzhenitsyn. Ante tal desfase con la realidad, uno no sabe si la incomprensión de la situación corresponde a una astucia para engañar "el otro", o bien si refleja de algún modo una sinceridad conmovedora.

Shmuel Trigano no ocultaba su sorpresa ante las manifestaciones de antisemitismo, y decía así: "Uno de los mayores misterios de la modernidad es sin lugar a dudas (mucho antes que el racismo) el fenómeno del antisemitismo, todavía inexplicado a pesar de una biblioteca inmensa sobre el tema...No se ha comprendido hasta el día de hoy por qué los hombres modernos, los ciudadanos del *demos*, han atacado a otros ciudadanos bajo el pretexto de que eran judíos...El más grande historiador del antisemitismo, León Poliakov, ha escrito una grandiosa historia del antisemitismo, pero al leerlo, seguimos sin saber por qué les pasó a los Judíos. El fenómeno antisemita es seguramente

---

[621] Vasili Grossman, *Vida y destino*, Galaxia Gutenberg, 2007, Barcelona, p. 362, 363, 364

uno de los fenómenos más importantes que, al igual que el fascismo y el totalitarismo, ha permanecido como un misterio[622]."

Esto es también exactamente lo que nos decía el filósofo francés André Glucksmann, en su libro titulado *El Discurso del odio*, publicado en el 2004: "El odio hacia los judíos es el enigma entre todos los enigmas. Esa pasión destructiva atraviesa los milenios, reviste distintas formas, renace continuamente de las cenizas de los distintos fanatismos que la motivan. Pareció ser cristiana, pero cuando Europa se descristianizó, alcanzó su acmé. La creíamos extinguida después de Hitler, he aquí que se mundializa... Para el antisemita, el objeto de su aversión sigue siendo un ovni. No sabe de quién ni de qué está hablando...El judío no es de ningún modo la causa del antisemitismo; hay que analizar esa pasión por y para sí misma, como si ese judío que persigue sin conocerlo no existiera...Dos milenios que el judío incomoda. Dos milenios siendo una pregunta viviente para todo el mundo. Dos milenios de inocencia, sin tener nada que ver con nada[623]."

Para el premio Nobel Elie Wiesel, los antisemitas son los enemigos del género humano. Es sencillamente imposible que unos individuos puedan albergar racionalmente hostilidad contra los Judíos: "Es así y nada se puede hacer al respecto, escribía: el enemigo de los judíos es el enemigo de la humanidad. E inversamente. Matando a los judíos, el asesino mata más que judíos. Empieza con los judíos, pero luego la tomará inevitablemente con las otras etnias, religiones o grupos sociales...Matando a los judíos, los asesinos emprendían el asesinato de toda la humanidad[624]."

En sus *Memorias,* Elie Wiesel escribió también: "Una novelista francesa ha publicado en un mensual parisino un artículo titulado: "Los Judíos me molestan"- de hecho, empleó un término más grosero, pero el sentido sigue siendo el mismo. ¿Qué demuestra eso? ¿Que la sociedad está enferma? El antisemitismo siempre ha servido de barómetro moral. El odio del Judío nunca se ha limitado únicamente al Judío: desborda y apunta a las otras minorías. Se empieza por odiar el Judío, se acaba por detestar los que son diferentes, que vienen de otra parte, que piensan y viven de otra manera. Es por eso que el antisemitismo no sólo concierne a los Judíos; afecta a la sociedad donde vivimos en su conjunto...Mientras escribo estas líneas, la marea antisemita no para de subir. Sesenta y cinco grupos racistas, más o menos influyentes, propagan el odio en Estados Unidos. En Japón, los

---

[622]Shmuel Trigano, *L'Idéal démocratique...*, Odile Jacob, 1999, p. 17, 92
[623]André Glucksmann, *Le Discours de la haine*, Plon, 2004, p. 73, 86, 88.
[624] Elie Wiesel, *Mémoires, tome II*, Éditions du Seuil, 1996, p. 72, 319

libros antisemitas figuran en las listas de mejores ventas...Ahora bien, una vez liberado, el odio no conoce límites. El odio llama al odio. El odio mata lo humano dentro del hombre antes de matarlo[625]."

¿Es el destino del pueblo judío tener que soportar todos los sufrimientos eternamente? ¿Existe alguna forma de poner fin a las injusticias en este mundo?: "Los judíos en la historia han sido víctimas, no asesinos....Los Judíos han sido condenados no por lo que habían hecho o dicho, sino por haber sido lo que eran: los hijos y las hijas de un pueblo cuyo sufrimiento es el más antiguo de la Historia[626]." Pero seguimos sin saber por qué son las víctimas eternas.

Alexandre Adler, el director del conocido periódico *Courrier international*, tampoco sabía explicar el fenómeno, a pesar de su inmensa cultura: "¿Por qué haber hecho de los Judíos una especie de patrón, de zero absoluto de la política de aniquilamiento racialista de la humanidad? Afirmo sosegadamente que a esta pregunta se ha podido dar una serie de concatenaciones de causas y efectos que esclarecen con breves rayos de luz algunos aspectos de esta política, pero que jamás aún se ha explicado su repentino surgimiento. Remitimos nuestros lectores a esas explicaciones corrientes donde el racialismo colonial del siglo XIX se mezcla con el sectarismo pagano de los inicios de la biología moderna, al eugenismo generalizado, incluso en los regímenes democráticos, al antisemitismo alemán madurado en las retortas de Richard Wagner, en la lozanía estúpida y satisfecha de Guillermo II y de su hijo, exacerbado por el rápido ascenso de las élites judías en la República de Weimar y los supuestos traumatismos insoportables de la Primera Guerra mundial que, curiosamente, sólo generaron en otras partes, como en Francia o en Inglaterra por ejemplo, exagerados sentimientos pacifistas. Comprendemos cada vez mejor el modus operandi del genocidio, en cambio no comprendemos muy bien la brusca aparición de ese agujero negro, de ese abismo[627]."

En *Difícil libertad*, el gran filósofo Emmanuel Levinas manifestó al principio algunas reticencias ante las palabras de Simone Weil que decía sentirse "indignada" por las incontables crueldades perpetradas por los Judíos relatadas en el Antiguo Testamento. Si bien estaba de acuerdo en que "la exterminación de los pueblos cananeos durante la conquista de la Tierra Prometida, sería el más indigesto de todos los pasajes indigestos de la Biblia", tal como mantenía Simone Weil[628], su

---

[625]Elie Wiesel, *Mémoires, Tome II*, Éditions du Seuil, 1996, p. 128-129
[626]Elie Wiesel, *Mémoires, Tome II*, Éditions du Seuil, 1996, p. 241, 283
[627]Alexandre Adler, *Le Figaro*, 26 de enero del 2005
[628]Se trata aquí de la filósofa Simone Weil (1909-1943), y no de la política francesa

respuesta en cambio era sorprendentemente aguda- o descarada, a elegir: "Lo extraordinario es que a nosotros nos ocurre otro tanto. Lo extraordinario es que la conciencia judía, formada precisamente en el contacto de esta dura moral con obligaciones y sanciones, aprendió allí el horror absoluto de la sangre629". "Ser perseguido, ser culpable sin haber cometido ninguna falta, no es pecado original, sino la otra cara de una responsabilidad universal- de una responsabilidad hacia el Otro- más antigua que cualquier pecado[630]."

El libro *Retratos judío* nos aportaba otra vez algunos testimonios ilustrativos y convergentes:

Walter Laqueur, historiador y escritor en Londres, nacido en 1921 en Breslau: "-¿De dónde proviene el antisemitismo? - No se sabe exactamente, respondía. Es muy raro que los historiadores tengan respuestas claras e inequívocas. Observamos ese fenómeno de exclusión respecto de todos los pueblos dispersos: tanto con respecto a los chinos en Asia, a los Indios en África y a todos los pueblos que no viven reunidos en un país que les pertenezca."

Yeshayahu Leibowitz, filósofo de las religiones y bioquímico, nacido en Riga en 1903, decía: "Adolf Hitler no es el punto culminante del antisemitismo alemán tradicional: es un fenómeno de una naturaleza totalmente distinta, que es históricamente incomprensible. Para mí, el antisemitismo no es un problema de los Judíos sino de los goyim[631]."

Esto era exactamente lo que escribía Jean-Paul Sartre en su célebre ensayo de 1946 titulado *Reflexiones sobre la cuestión judía*[632]: "Richard Wright, el escritor negro, decía recientemente: "No hay problema negro en los Estados Unidos; no hay sino un problema blanco". De igual manera diremos que el antisemitismo no es un problema judío: es nuestro problema...necesitamos estar muy ciegos para no ver que el antisemitismo es en primer término asunto nuestro[633]". "Nada comprenderíamos del antisemitismo, en efecto, si no recordásemos que el judío, objeto de tanta execración, es perfectamente inocente y, me atrevería a decir, inofensivo. Por eso el

---

Simone Veil, superviviente de Auschwitz, impulsora de la ley que legalizó el aborto en Francia en 1975. [La política Simone Veil descansa desde el 2018 en el Panteón de París, con los grandes personajes de la nación francesa. (NdT)]

[629]Emmanuel Levinas, *Difícil libertad, Ensayos sobre el judaísmo*. Ediciones Lilmod, Buenos Aires, 2004, p. 166

[630]Emmanuel Levinas, *Difficile liberté*, Albin Michel, 1963, 1995, p. 290

[631]Herlinde Loelbl, *Portraits juifs*, L'Arche, 1989, 2003 para la versión francesa.

[632]Jean-Paul Sartre, *Réflexions sur la question juive*, 1946, Gallimard, 1954.

[633]Jean-Paul Sartre, *Reflexiones sobre la cuestión judía*, Ediciones Sur, Buenos Aires, 1948, p. 141

antisemita se preocupa de hablarnos de asociaciones judías secretas, de francmasonerías peligrosas y clandestinas. Pero si encuentra a un judío cara a cara, la mayoría de las veces es un ser débil y que, mal preparado para la violencia, ni siquiera logra defenderse. Esta debilidad individual del judío, que lo entrega de pies y manos a los pogromos634."

"Los judíos son los hombres más pacíficos. Son enemigos apasionados de la violencia. Y esta dulzura obstinada que conservan en medio de las persecuciones más atroces, ese sentido de la justicia y de la razón que oponen como su defensa única a una sociedad hostil, brutal e injusta, acaso sea lo mejor del mensaje que nos traen y el verdadero signo de su grandeza635." En realidad, las calumnias contra ellos y la hostilidad constante de los Europeos son la verdadera raíz del problema: "pues tan pronto nos muestran, detrás del judío, el capitalismo internacional, el imperialismo de los "trusts" y de los armamentistas, tan pronto el bolcheviquismo, con su cuchillo entre los dientes, y no se vacila en hacer igualmente responsables del comunismo a los banqueros israelitas, a quienes debería inspirar horror, y del imperialismo capitalista a los miserables judíos que pueblan la *rue des Rosiers636.*"

"El judío es un hombre a quienes los demás hombres consideran judío: es ésta la verdad simple de donde hay que partir... el antisemita hace al judío...En efecto, hemos visto que, contrariamente a una opinión difundida, el carácter judío no provoca el antisemitismo sino que, a la inversa, es el antisemita quien crea al judío...Si el judío no existiera, el antisemita lo inventaría637."

El Judío, explicaba Sartre, "puede escoger entre ser valeroso o cobarde, triste o alegre; puede escoger entre matar a los cristianos o amarlos. Pero no puede escoger no ser judío. O mejor dicho, si escoge esto último, si declara que el judío no existe, si niega en sí mismo violentamente, desesperadamente el carácter judío, es judío precisamente por ello. Pues yo, que no soy judío, no tengo nada que

---

[634] Jean-Paul Sartre, *Reflexiones sobre la cuestión judía*, Ediciones Sur, Buenos Aires, 1948, p. 42

[635] Jean-Paul Sartre, *Reflexiones sobre la cuestión judía*, Ediciones Sur, Buenos Aires, 1948, p. 109

[636] Jean-Paul Sartre, *Reflexiones sobre la cuestión judía*, Ediciones Sur, Buenos Aires, 1948, p. 35. [*La Rue des Rosiers* se encuentra en el centro del tradicional barrio judío del Marais (ahora "barrio homosexual", como Chuecas en Madrid, en el distrito IV de París). (NdT).]

[637] Jean-Paul Sartre, *Reflexiones sobre la cuestión judía*, Ediciones Sur, Buenos Aires, 1948, p. 64, 133, 12

negar, ni que probar, mientras que el judío, si ha decidido que su raza no existe, tiene que probarlo638."

A primera vista, la cosa es indudablemente un poco complicada para quién no esté familiarizado con la cuestión. No sabemos si la cosa se aclararía al comprobar que "Sartre", del latín sartor, significa "sastre" y que Jean-Paul Sartre era el sobrino nieto de Albert Schweitzer, premio Nobel de la Paz; Schweitzer era el apellido de la madre de Jean-Paul Sartre.

Efectivamente, todo esto parece algo enrevesado, pero volvemos a encontrar nuestras balizas cuando Sartre expone con razón otro rasgo característico del pensamiento judío: "El mejor medio de no sentirse judío es razonar porque el razonamiento es válido para todos y puede ser rehecho por todos: no hay una manera judía de hacer matemáticas...Tiene la afición de la inteligencia pura, que le gusta ejercer a propósito de todo y de nada...Se considera como un misionero de lo universal...No es por azar que Léon Brunschvieg, filósofo israelita, asimila los progresos de la razón y los de la Unificación (unificación de las ideas, unificación de los hombres)639." Efectivamente, ya nos hemos topado con esa clase de afición al razonamiento.

Con Jean-Paul Sartre, los temas marxistas (la lucha de clases, la revolución, el internacionalismo, etc.) son muy recurrentes. Su análisis del antisemitismo es por lo tanto bastante similar al de Larin, el jefe bolchevique citado por Solzhenitsyn: "El antisemitismo es una representación mítica y burguesa de la lucha de clases y que no podría existir en una sociedad sin clases...En una sociedad sin clases y fundada en la propiedad colectiva de los instrumentos de trabajo, cuando el hombre, liberado de las alucinaciones del trasmundo, se lance por fin en su empresa, que es hacer existir el reino humano, el antisemitismo no tendrá ya ninguna razón de ser640."

En conclusión, el filósofo escribía: "Ni un solo francés será libre mientras los judíos no gocen de la plenitud de sus derechos. Ni un solo francés estará seguro mientras un judío, en Francia y en el mundo entero, pueda temer por su vida641." Con estas palabras terminaba este

---

[638] Jean-Paul Sartre, *Reflexiones sobre la cuestión judía*, Ediciones Sur, Buenos Aires, 1948, p. 83

[639] Jean-Paul Sartre, *Reflexiones sobre la cuestión judía*, Ediciones Sur, Buenos Aires, 1948, p. 103-105

[640] Jean-Paul Sartre, *Reflexiones sobre la cuestión judía*, Ediciones Sur, Buenos Aires, 1948, p. 139

[641] Jean-Paul Sartre, *Reflexiones sobre la cuestión judía*, Ediciones Sur, Buenos Aires, 1948, p. 142

brillante ensayo que ha contribuido tan poderosamente a la comprensión del problema.

El antisemitismo es todavía más difícil de entender puesto que desde su emancipación en el siglo XIX, los Judíos de Occidente se integraron en sus países respectivos dando a menudo muestras de un patriotismo de buena ley. Es lo que defendía Patrice Bollon, en la revista literaria *Le Figaro littéraire* del 18 de noviembre del 2004. Francia, decía, puede enorgullecerse de haber sido el primer país europeo en haber otorgado a los Judíos la emancipación y el pleno reconocimiento de derechos equivalentes a los de los otros ciudadanos. También fue el país que en 1870 procedió "a la naturalización colectiva de 35 000 judíos sefarditas de Argelia, apartados durante siglos por los Otomanos dentro de un estatuto de súbditos de segunda clase, tributarios de su libertad de culto con impuestos desproporcionados y una marginalización económica y social." La Francia republicana los liberó en 1870, gracias a la acción enérgica del ministro de justicia Gambetta y de Adolphe (Isaac Jacob) Cremieux, que a su vez era el presidente de la Alianza israelita universal. El patriotismo de los Judíos franceses tuvo muchas ocasiones de manifestarse a lo largo de los años en favor del país de los Derechos del Hombre. Durante la Primera Guerra mundial, por ejemplo, escribía Patrice Bollon, "hubo en proporción más muertos en sus filas que en los Franceses autóctonos." Esta aserción parecía sin embargo desmentir la opinión comúnmente admitida hasta entonces, así como el propio Sartre escribía en 1946: "Si se ha creído establecer que el número de soldados judíos era, en 1914, inferior al que debió ser, fue porque se tuvo la curiosidad de consultar las estadísticas[642]." No obstante, en el museo del ejército, en París, en la gran sala dedicada a la Primera Guerra mundial, se puede observar en una gran vitrina, el uno al lado del otro, dos cascos de *poilus*[643] perforados por balas enemigas. Uno de los dos pertenecía a un "Dupont", pero el otro, y esto es lo importante, pertenecía a un "Lévy", lo cual demuestra muy claramente que muchos judíos derramaron su sangre para defender la patria, como indicaba la etiqueta del casco.

Finalmente, Patrice Bollon estaba de acuerdo con Daniel Sibony en decirnos que los Judíos "son el espantajo que se inventan los antisemitas para negar o reprimir, bajo la apariencia de su identidad, sus propios "fallos" o "falta de identidad"". Llegados a este punto de

---

[642] Jean-Paul Sartre, *Reflexiones sobre la cuestión judía*, Ediciones Sur, Buenos Aires, 1948, p. 13
[643] Soldados franceses de la Primera Guerra mundial, apodados así. (NdT)

nuestro estudio, y ante razonamientos tan sutiles, el lector perspicaz reconocerá el "estilo" inconfundible, ese pliego intelectual adquirido tras largos años de estudio del Talmud644. Ese maravilloso libro es muy útil para aprender a salirse de las situaciones más extremas, para "encontrar la salida", como dirían Samuel Pisar y George Soros.

La incomprensión de los Judíos frente al fenómeno del antisemitismo quedó muy bien ilustrado a través de otro valioso testimonio; el del gran escritor Stefan Zweig. En *El mundo de ayer, memorias de un Europeo,* éste relató la vida en la capital austríaca al principio del siglo XX y las grandes transformaciones que siguieron. Su padre, originario de Moravia, era un poderoso industrial del textil; su madre procedía de una familia de banqueros establecidos en Suiza, París y Nueva York. "Su forma de vida me parece tan típica de la llamada "buena burguesía judía" (la burguesía que hubo de dar a la cultura vienesa valores tan esenciales y que, como contrapartida, hubo de ser totalmente exterminada645)". Viena era en aquella época junto con París la capital cultural y artística de Europa. "Acogedora y dotada de un sentido especial de la receptividad, la ciudad atraía las fuerzas más dispares, las distendía, las mullía y las serenaba; vivir en semejante atmósfera de conciliación espiritual era un bálsamo, y el ciudadano, inconscientemente, era educado en un plano supranacional, cosmopolita, para convertirse en ciudadano del mundo646." El genio de Viena, escribía Zweig, "había consistido desde siempre en armonizar en su seno todos los contrastes nacionales y lingüísticos, y su cultura era una síntesis de todas las culturas occidentales; quien vivía y trabajaba allí se sentía libre de la estrechez del prejuicio. En ningún otro lugar era más fácil ser europeo647."

En Viena, sin embargo, algunas tradiciones imperantes desagradaban soberanamente al joven intelectual que era. Manifiestamente, la integración de los jóvenes judíos en la sociedad germánica no era del todo completa: "Era en las salas de esgrima de las

---

[644]Patrice Bollon informa de que acaban de publicar tres obras sobre el mismo tema: *La France et les Juifs, de 1789 à nos jours,* de Michel Winock, 22€; *La République et les antisémites,* de Nicolas Weill, 12€; *L'Énigme antisémite,* de Daniel Sibony, 14€. Rápido, todo el stock debe desaparecer.

[645]Stefan Zweig, *El mundo de ayer; memorias de un Europeo,* Acantilado 44, Barcelona, p. 8

[646]Stefan Zweig, *El mundo de ayer; memorias de un Europeo,* Acantilado 44, Barcelona, p. 11, 12

[647]Stefan Zweig, *El mundo de ayer; memorias de un Europeo,* Acantilado 44, Barcelona, p. 17

"corporaciones" donde se inculcaba esta noble y principal actividad a los nuevos estudiantes y, además, se los iniciaba en las costumbres de la asociación... beber hasta vomitar, vaciar de un trago y hasta la última gota una jarra grande de cerveza (la prueba de fuego) para así corroborar gloriosamente que uno no era un "blando", o vociferar a coro canciones estudiantiles y escarnecer a la policía marcando el paso de la oca y armando jaleo por las calles de noche. Todo eso era considerado "viril", "estudiantil" y "alemán", y cuando las corporaciones, con sus gorras y brazales de colores, desfilaban agitando sus banderas en sus "callejeos" de los sábados, esos mozalbetes simplones, llevados por su propio impulso hacia un orgullo absurdo, se sentían los auténticos representantes de la juventud intelectual...A nosotros, en cambio, esta *actividad boba* y brutal sólo nos producía asco, y cuando tropezábamos con una de esas hordas con brazales, doblábamos sabiamente la esquina...y así evitar cualquier encuentro con aquellos tristes héroes648."

Durante la Primera Guerra mundial, Stefan Zweig logró librarse del servicio militar: "Aunque había cumplido los treinta y dos años, de momento no tenía ninguna obligación militar, porque en todas las revisiones me habían declarado inútil, algo de lo que en su momento me había alegrado de corazón... el heroísmo no forma parte de mi carácter. En todas las situaciones peligrosas, mi actitud natural ha sido siempre la de esquivarlas. De modo que busqué una actividad en la que pudiera hacer algo sin parecer un agitador, y la circunstancia de que un amigo, oficial de alta graduación, trabajara en el archivo hizo posible que me emplearan allí". "En Viena me había distanciado de los amigos de antes y no era el momento para hacer nuevas amistades. Mantuve algunas conversaciones únicamente con Rainer Maria Rilke, porque nos comprendíamos íntimamente. También a él conseguimos reclamarlo para nuestro solitario archivo de guerra, pues habría sido la persona más inútil como soldado a causa de sus nervios hipersensibles, a los que la suciedad, los malos olores y los ruidos causaban un auténtico malestar físico649."

Stefan Zweig se rebelaba contra las mentiras destinadas a servir el patriotismo guerrero de la monarquía austro-húngara: "Docenas de personas juraban en Alemania que justo antes de estallar la guerra habían visto con sus propios ojos automóviles cargados de oro que iban

---

[648]Stefan Zweig, *El mundo de ayer; memorias de un Europeo*, Acantilado 44, Barcelona, p. 51

[649]Stefan Zweig, *El mundo de ayer; memorias de un Europeo*, Acantilado 44, Barcelona, p. 118-122

de Francia a Rusia; las historias sobre ojos vaciados y manos cortadas, que en todas las guerras empiezan a circular puntualmente al tercer o cuarto día, llenaban los periódicos650." Vemos que la credulidad de la muchedumbre no tenía límites; en cuanto a los relatos de los testigos oculares, éstos eran definitivamente cuestionables. El lavado de cerebro de Estado y la propaganda que se inmiscuía por todas partes en la vida pública lo decidieron a abrazar la causa del pacifismo. No era algo sencillo en plena guerra. En la Pascua de 1917, Stefan Zweig presentó una tragedia que iba a contracorriente del espíritu dominante. Tomó como tema para ella la figura de Jeremías, el profeta judío: "¿No era mi pueblo el que siempre era vencido por todos los demás pueblos, una y otra vez, y, sin embargo, los sobrevivía gracias a una fuerza misteriosa, precisamente la de convertir la derrota en victoria...¿Acaso nuestros profetas no conocían de antemano esa persecución y expulsión eternas que hoy nos vuelven a arrojar a la calle como un desecho651?" Contrariamente a sus expectativas, la obra fue bien acogida y tuvo bastante éxito. La realidad es que tres años de guerra habían atenuado el chauvinismo y había un mayor deseo de paz.

Después del armisticio, la situación en Austria y sobre todo en Alemania fue extremadamente difícil. El asesinato de Walter Rathenau, el rico magnate alemán de la electricidad, que venía de ser nombrado ministro, sacudió todo el imperio. El escritor nos dejaba acerca de la situación un testimonio alucinante de lo ocurrido en el Reich tras la derrota y la muerte de Rathenau, que era también amigo suyo:

"El marco cayó en picado y no se detuvo en su caída hasta que alcanzó la fantástica y terrorífica cifra de billones...Viví días en que por la mañana tenía que pagar cincuenta mil marcos por un periódico y, por la noche, cien mil...Los cordones de zapato costaban más que antes un par de zapatos, no, qué digo, más que una zapatería de lujo con dos mil pares de zapatos; reparar una ventana rota costaba más que antes toda la casa; un libro, más que antes una imprenta con todas sus máquinas. Con cien dólares se podían comprar hileras de casas de seis pisos en la Kurfürstendamm; las fábricas no costaban más, al cambio del momento, que antes una carretilla...Miles de parados deambulaban ociosos por las calles y levantaban el puño contra los estraperlistas y los extranjeros en sus automóviles de lujo que compraban una calle entera como si fuera una caja de cerillas...Creo conocer bastante bien la historia, pero, que

---

[650]Stefan Zweig, *El mundo de ayer; memorias de un Europeo*, Acantilado 44, Barcelona, p. 121

[651]Stefan Zweig, *El mundo de ayer; memorias de un Europeo*, Acantilado 44, Barcelona, p. 131

yo sepa, nunca se había producido una época de locura de proporciones tan enormes. Se habían alterado todos los valores, y no sólo los materiales; la gente se mofaba de los decretos del Estado, no respetaba la ética ni la moral, Berlín se convirtió en la Babel del mundo. Bares, locales de diversión y tabernas crecían como setas. Lo que habíamos visto en Austria resultó un tímido y suave preludio de aquel aquelarre, ya que los alemanes emplearon toda su vehemencia y capacidad de sistematización en la perversión. A lo largo de la Kurfürstendamm se paseaban jóvenes maquillados y con cinturas artificiales, y no todos eran profesionales; todos los bachilleres querían ganar algo, y en bares penumbrosos se veían secretarios de Estado e importantes financieros cortejando cariñosamente, sin ningún recato, a marineros borrachos. Ni la Roma de Suetonio había conocido unas orgías tales como lo fueron los bailes de travestís de Berlín, donde centenares de hombres vestidos de mujeres y de mujeres vestidas de hombres bailaban ante la mirada benévola de la policía. Con la decadencia de todos los valores, una especie de locura se apoderó precisamente de los círculos burgueses, hasta entonces firmes conservadores de su orden. Las muchachas se jactaban con orgullo de ser perversas; en cualquier escuela de Berlín se habría considerado un oprobio la sospecha de conservar la virginidad a los dieciséis años; todas querían poder explicar sus aventuras, y cuanto más exóticas mejor...

"En el fondo, el culto orgiástico alemán que sobrevino con la inflación no era sino una febril imitación simiesca...Quien vivió aquellos meses y años apocalípticos, hastiado y enfurecido, notaba que a la fuerza tenía que producirse una reacción, una reacción terrible". "Nada envenenó tanto al pueblo alemán, conviene tenerlo siempre presente en la memoria, nada encendió tanto su odio y lo maduró tanto para el advenimiento de Hitler como la inflación...una generación entera no olvidó ni perdonó a la República Alemana aquellos años."

Pero para Stefan Zweig, los responsables de esta gigantesca debacle no fueron los jefes marxistas que vimos a la obra en los capítulos precedentes, ni los plutócratas especuladores que edificaron sus fortunas colosales sobre la miseria alemana; no, los responsables fueron los reaccionarios y los nazis: "Los que habían empujado al pueblo alemán a aquel caos ahora esperaban sonrientes en segundo término, reloj en mano: "Cuanto peor le vaya al país, tanto mejor para nosotros[652]"". Stefan Zweig podría haber recordado el papel nefasto de algunos financieros. Tres de ellos, Strauss, Goldschmidt y Gutman

---

[652]Stefan Zweig, *El mundo de ayer; memorias de un Europeo*, Acantilado 44, Barcelona, p. 160-162

organizaron la caída del marco para comprar a vil precio una parte de la industria alemana. Afortunadamente para ellos, pudieron escapar de las consecuencias: Strauss murió en Suiza, Gutman en Estados Unidos y Goldschmidt en Londres.

La llegada al poder de Hitler en 1933 iba a significar para los Judíos un nuevo éxodo. El testimonio de Zweig sobre este punto era bastante instructivo: "Una masa gigantesca" huía "con pánico del incendio hitleriano, asediaba las estaciones de tren en todas las fronteras" de Europa. A "todo un pueblo expulsado al que se negaba el derecho a ser pueblo y, sin embargo, un pueblo que durante dos mil años no había deseado otra cosa que no tener que emigrar nunca más y sentir bajo sus pies en reposo una tierra, una tierra tranquila y pacífica." En 1942, ignorando todavía todo del genocidio, Zweig escribía desde Estados Unidos: "Pero lo más trágico de esta tragedia judía del siglo era que quienes la padecían no encontraban en ella sentido ni culpa." Este agudo observador que era Stefan Zweig, de veras ¿no había visto nada de la agitación marxista que sus propios correligionarios habían protagonizado en todas las ciudades de Alemania, ni tampoco nada del papel de los grandes especuladores? ¿Cómo es posible que este brillante escritor – el único, a nuestro parecer, entre todos los que hemos revisado, que manifiesta un verdadero talento literario – sea tan obtuso y paradójico en cuanto se trata de intentar comprender las reacciones hostiles de la población? El sentimiento de su propia identidad que nos exponía cuando se trataba de su obra de teatro en 1917, el desprecio declarado hacia sus compatriotas universitarios o su identidad de "ciudadano del mundo" podrían haber constituido un punto de partida de explicación, o al menos de interrogación. ¿Cómo es posible que no vea la contradicción evidente que existe entre manifestar su orgullo de ser judío antes de la contienda europea y después aducir que siempre había estado "integrado"? Para él, y a pesar de su brillante inteligencia, tampoco había una "explicación" al resurgimiento de los sentimientos antisemitas.

"Los judíos del siglo, en cambio, habían dejado de ser una comunidad desde hacía tiempo. No tenían una fe común, consideraban su judaísmo más una carga que un orgullo y no tenían conciencia de ninguna misión...Con todo su afán, cada vez más impaciente, aspiraban a incorporarse e integrarse en los pueblos que los rodeaban, disolverse en la colectividad..., así, los unos ya no comprendían a los otros, refundidos con los demás pueblos: desde hacía tiempo eran más franceses, alemanes, ingleses o rusos que judíos...¿Cuál era la causa, el sentido y la finalidad de esta absurda persecución? Se les expulsaba de sus tierras y no se les daba ninguna otra. Se les decía: no queremos que habitéis entre nosotros, pero no se les decía dónde tenían que vivir. Se les achacaba la culpa y se les negaban los medios para expiarla. Y se miraban los unos a los otros con ojos ardientes en el momento de la huida y se preguntaban: ¿Por qué yo? ¿Por qué tú?

¿Por qué yo y tú, a quien no conozco, cuya lengua no comprendo, cuya manera de pensar no entiendo, a quien nada me ata? ¿Por qué todos nosotros? Y nadie sabía la respuesta. Ni siquiera Freud, la cabeza más clara de la época, con quien yo hablaba a menudo aquellos días, veía una solución o un sentido a tal absurdo653."

Podemos repetir aquí las palabras de Primo Levi quién, en *La Asimetría y la vida*, unos días antes de su muerte, afirmaba acongojado: "Hubo Auschwitz, por lo tanto no puede haber Dios. No encuentro una solución al dilema. La busco, pero no la encuentro."

La ingratitud de los demás

El multimillonario filósofo Georges Soros también manifestó la misma incomprensión del antisemitismo, más aun cuando el hombre había invertido sin contar para mejorar las condiciones de vida de la población de la Europa liberada del yugo del comunismo: "A causa de mi exagerado poder, escribía, me he convertido en el objetivo principal de los discursos antisemitas que alimentan la eterna teoría del complot judío. Si alguna vez hubo un hombre que encajara en el estereotipo del Judío-plutócrata-sionista-bolchevique, ese soy yo... ¡Ahí está la prueba de que las buenas acciones son siempre castigadas! Mi objetivo cuando creé la *Open Society Foundation* en 1979 era llegar a una sociedad donde tales teorías cayeran en desuso. Pero al convertirme en el abogado de la sociedad abierta, he concentrado en mí una especie de poder místico que ha finalmente alimentado la teoría de la conspiración." Esto le llevaba a la conclusión de que "no se puede atacar el antisemitismo de frente, y tampoco haremos que desaparezca prohibiéndolo. La educación sigue siendo la mejor opción para abordar el problema. El antisemitismo es el consuelo de los ignorantes. Si lo sacas al aire libre y lo expones a la luz, se desvanece654."

En *Los Judíos, el mundo y el dinero* de Jacques Attali, también encontramos esta idea de que los que se oponen a los Judíos muestran una gran ingratitud. En el año 325, fecha fundacional en que se celebró

---

[653]Stefan Zweig, *El mundo de ayer; memorias de un Europeo*, Acantilado 44, Barcelona, p. 218-219
[654]George Soros, *Le Défi de l'argent*, Plon, 1996, p. 185, 188

el Concilio de Nicea, escribía Jacques Attali, "se consolida el antijudaísmo cristiano, con base en el odio hacia aquel que trajo la buena palabra. El odio hacia quien prestó un servicio. Esto se encontrará mucho más tarde en la relación con el dinero: el odio por aquel que presta dinero a los

otros tras haberles provisto a su Dios[655]."

A propósito de otros episodios de la historia judía, simplemente el autor se abstendrá simplemente de dar más explicaciones al lector. Por ejemplo, la expulsión de los Judíos de las corporaciones no merece ninguna explicación lógica por parte de Attali, sino la estupidez y la maldad de los goyim: "A comienzos del milenio, tanto en el Sur de Europa como en tierra del islam y en Constantinopla, los judíos constituyen sus propias corporaciones de artesanos. En el Norte ingresan a las corporaciones cristianas, a veces abiertamente, otras de manera clandestina. Luego, tanto en el Norte como en el Sur, las corporaciones, que se han vuelto omnipotentes, los excluyen de las profesiones artesanales, hasta de los oficios menos buscados... Entonces, en muchos lugares de Europa, ya prácticamente no les queda otra cosa que el comercio de caballos, el oficio de carnicero y, sobre todo -¡trágico atolladero!-, el de prestamista, oficio estratégico en esta fase del capitalismo naciente y la constitución de las naciones. Como los obligan a ejercerlo, van a hacerlo hasta el hartazgo. Para su mayor desdicha. Una vez más, serán útiles y los odiarán por los servicios prestados[656]."

Esta es una idea lancinante en la obra de Jacques Attali, y vuelve como un leitmotiv: "Con seguridad, los rabinos tienen razón al desconfiar: pese a la coexistencia popular y a su utilidad económica, el odio está de regreso. Mediante una sabia mezcla de teología y economía, pronto Occidente se librará de sus acreedores acusándolos de deicidio. Así, las comunidades judías van a convertirse en blanco de nuevos ataques, deslizándose incesantemente de un campo a otro. Hay resentimiento contra los judíos por haber suministrado su Dios y su dinero, pues están resentidos consigo mismos por no poder ya abstenerse ni de Uno ni del otro[657]."

---

[655]Jacques Attali, *Los judíos, el mundo y el dinero*, Fondo de cultura económica, 2005, Buenos Aires, p. 95
[656]Jacques Attali, *Los judíos, el mundo y el dinero*, Fondo de cultura económica, 2005, Buenos Aires p. 167
[657]Jacques Attali, *Los judíos, el mundo y el dinero*, Fondo de cultura económica, 2005, Buenos Aires p. 177, 178

El desagradecimiento de los goyim quedó patente en muchas otras ocasiones a lo largo de la historia: "Durante el cautiverio de Luis IX, en 1253, la regente Blanca de Castilla, su madre, decide expulsar a todos los judíos de sus Estados; luego, como tantos otros gobernantes, escoge hacerles pagar una parte del enorme rescate - 400 mil libras- reclamado para la liberación del soberano. A su regreso, el futuro San Luis, en señal de gratitud hacia aquellos que le permitieron volver vivo ...¡los destierra!...Sin embargo, los judíos logran quedarse a cambio del pago de un nuevo impuesto."

Otro pasaje elocuente decía así: "Los dos mil judíos venecianos están tan bien integrados a los diversos comercios que el doge se preocupa y, a partir de 1420, les impone llevar un sombrero amarillo para distinguirlos." Idéntica situación tras su expulsión de España en 1492: "Pobres y ricos parten juntos, sin bienes o casi sin ellos, y sin comprender por qué los echan."

"En Bagdad ya habían tenido esa vivencia durante el siglo IX, o en Londres en el XII, en Córdoba en el XIII, en Sevilla en el XV, en Frankfurt en el XVIII: tanto más se los odiaba cuanto mayor era el espectro de servicios que prestaban658." El gran reportero Albert Londres supo expresar el gran dolor de pueblo judío ante tantas injusticias con esta exclamación: "*¡Shalom!* quiere decir *¡La paz contigo!*, y en todas partes donde lanzáis vuestro saludo, judíos, ¡la guerra os responde659!"

Un testimonio del libro *Retratos judíos* ilustraba muy bien esa forma de pensar y la incomprensión ante el rechazo y la vindicta de los "otros".

Gottfried Reinhardt, productor de películas, nacido en 1913 en Berlín: "Los Judíos desempeñaron en Alemania un papel más importante de lo que cabía esperar de su porcentaje en la población. Casi todos los bancos alemanes, la Deutsche bank, la Dresdner Bank y la Commerz Bank, habían sido fundados por Judíos. Y ni siquiera estoy hablando de los numerosos bancos privados. El banquero de Bismarck era el señor Bleichröder. El mejor amigo del emperador Guillermo II era Albert Ballin, propietario de la línea marítima Hamburgo-Nueva York, el cuál sintió tan drámaticamente el desenlace de la Primera

---

[658] Jacques Attali, *Los judíos, el mundo y el dinero*, Fondo de cultura económica, 2005, Buenos Aires p. 197, 218, 327
[659] Albert Londres, *El judío errante ya ha llegado*, Editorial Melusina, 2012, p. 201. [Albert Londres (1884-1932) fue un escritor y periodista francés. Fue uno de los fundadores del periodismo de investigación, crítico de los abusos del colonialismo y las prisiones de trabajos forzados. (NdT).]

Guerra mundial que se suicidó. Los Judíos alemanes también tuvieron un papel muy importante en el ámbito científico. Ullstein y Mosse eran los papas de la prensa alemana, y el *Berliner Tageblatt* era entonces probablemente uno de los mejores periódicos del mundo. Lo trágico, es que fue precisamente en Alemania, un país que debía tanto a los Judíos, donde los nazis lograron imponerse. Los Judíos prestaron servicios inmensos a Alemania, y lo hicieron con gusto. Evidentemente, no podían imaginarse que todo aquello acabaría tan mal. Esto es lo más trágico de todo. A fin de cuentas, Goebbels había estudiado con Gundolf en Heidelberg, y fue allí donde defendió su tesis. Después solicitó un puesto de periodista en el *Berliner Tageblatt,* y si Theodor Wolff se lo hubiese dado, quizás todo habría sucedido de manera diferente."

¿Cómo expresar de otra forma que se tolera a los Goebbels a condición de que permanezcan en su sitio de pequeños chupatintas modélicos en un diario donde el jefe sigue siendo el jefe?

El análisis de un universitario no nos deparaba más explicaciones, excepto la confirmación de ese universo mental heredado de la religión mosaica, tan profundamente distinto del de los goyim[660]. El profesor A. Neher, de la universidad de Estrasburgo, se expresó de esta manera en un simposio del Instituto de sociología contemporánea de Bruselas: "Una cosa que posee el judaísmo y que no poseen las demás espiritualidades, es la inocencia. Somos inocentes, y sentimos aún más profundamente que somos inocentes porque hemos sido acusados. Hemos sido acusados entre 1933 y 1945, y todavía lo somos a menudo a día de hoy; de ser los enemigos del mundo, del género humano, de ser explotadores, de haber sido los disgregadores de las civilizaciones europeas, etc, etc, etc,. Ahora bien, sabemos que somos inocentes, y que esa inocencia, que es de naturaleza espiritual y que nos inspira toda nuestra tradición religiosa, bebe de las fuentes de la tradición de la Torá, de la mística judía y del Talmud. Es esta inocencia de la que debemos ser conscientes en la actualidad, y de la que nunca, nunca debemos renegar, bajo ninguna circunstancia. Sí, somos inocentes de varios crímenes que fueron cometidos, pero cometidos por otros. Sí, el cristianismo es culpable. Toda la historia de la Edad Media y todo lo que condujo al siglo XX, a Auschwitz e Hiroshima, es en gran parte el resultado, ciertamente no del mensaje cristiano, pero sí de la interpretación que los cristianos y las iglesias cristianas han dado de ese mensaje. El judaísmo, por su parte, está fuera de esa responsabilidad en Europa...El judaísmo sólo podrá dialogar con el Tercer Mundo en la

---

[660] Nos parece pertinente contraponer de forma radical el método de aprendizaje del Talmud y el del *Órganon* de Aristóteles. (NdT)

medida en que se comprometa con esta inocencia... con ese mundo de los pueblos negros, de los pueblos de color, que tampoco fueron cómplices de los crímenes que Europa cometió, y que encontrarán en el mensaje judío un mensaje fraternal, un mensaje con el que el Tercer Mundo se identificará y reconocerá la luz de esta inocencia que es el reparto común de esos pueblos y el pueblo judío661." Sólo queda convencer a los Palestinos e Iraquíes de esta inocencia.

Infames acusaciones

Pero a pesar de ello, nos vemos obligados a levantar el velo sobre las acusaciones de los cristianos y los goyim en general. En *Los Judíos, el mundo y el dinero*, Jacques Attali nos daba al menos algunos antecedentes de explicación de este antisemitismo que dura desde hace siglos y que atraviesa todas las fronteras. Ya en época remota, en el Egipto de los faraones, las reacciones eran netamente perceptibles: "Sus faraones, entre ellos Ramsés II (-1294/ -1229), se encarnizan contra los hebreos. Están preocupados por su cuantía, su solidaridad, su influencia todavía no desdeñable en el aparato estatal y el ejército." La reacción de los Egipcios no se hizo esperar: "Aíslan a los hebreos, les prohíben ejercer ciertos oficios, casarse, tener hijos, matan a todos los recién nacidos y convierten a los sobrevivientes en esclavos662."

En la Europa cristiana, la Cristiandad, los Judíos también eran objeto de la hostilidad general: "Prestamistas de Dios, prestamistas de dinero, los acusan indistintamente de ser ladrones, explotadores, parásitos, acaparadores, usureros, complotadores, bebedores de sangre, envenenadores, asesinos de niños, profanadores de hostias, enemigos de Dios, asesinos de Cristo, celosos de Jesús." En Polonia, "en 1683, algunos sastres cristianos acusan de deshonestidad a competidores judíos. Se producen nuevas matanzas". "En 1569, Pío V los acusa una vez más de "falsedades", de "traición" y de haber, por "sus rapiñas, arruinado los Estados de la Iglesia663"" Obviamente, todas esas acusaciones eran totalmente absurdas, al igual que la acusación de traición, muy recurrente en la obra de Jacques Attali: "En todos los rincones del Imperio Romano los acusan de financiar sublevaciones

---

[661] Herlinde Loelbl, *Portraits juifs, Photographies et entretiens*, L'Arche éditeur, Francfort-sur-le Main, 1989, 2003.

[662] Jacques Attali, *Los judíos, el mundo y el dinero*, Fondo de cultura económica, 2005, Buenos Aires, p. 27

[663] Jacques Attali, *Los judíos, el mundo y el dinero*, Fondo de cultura económica, 2005, Buenos Aires, p. 178, 238-239, 242

contra Roma." Del mismo modo, parece que las comunidades judías de España hicieron suya la causa de los invasores musulmanes: "El arzobispo de Toledo acusa a los judíos de traición en favor de los sarracenos, con lo que provoca una sublevación; organiza, además, el saqueo de las sinagogas664." Con todo, se debe reconocer que tuvieron un papel comprometedor: "Con su ayuda, las tropas musulmanas vencen al rey Roderico en julio de 711 y rápidamente conquistan toda la península, con excepción de algunos enclaves en el norte." La España multicultural bajo dominio musulmán, en la que los cristianos tenían que montar en burros y pagar un impuesto, mientras que los musulmanes iban a caballo, quedó en la memoria de los Judíos como una edad de oro que se añora enormemente: "Los judíos jamás conocieron· un lugar de estadía más bello que ese Islam europeo del siglo VIII." Ciertamente, en aquella época dorada ocuparon los más altos puestos y responsabilidades: "El califa Omar II emprende el refuerzo de la presencia musulmana en el aparato estatal. Intenta reemplazar a todos los funcionarios *dhimmis665* por musulmanes. En consecuencia, trata de librarse de los altos funcionarios judíos, que se han vuelto demasiado numerosos y demasiado influyentes. Pero no lo logra, por falta de dirigentes valiosos, tanto que los religiosos musulmanes reprochan a los califas su excesiva benevolencia para con los judíos666." Así pues, hay que señalar que los musulmanes tampoco eran más capaces que los rusos bolcheviques de administrar su propio Estado.

Este compromiso con el islam conquistador se vuelve a observar en el papel de algunos financieros del Gran Turco. Juan Ha-Nassi, escribía Attali, era el financiero más importante del Sultan Solimán II. En 1565, le convenció "de que solicite al papa la liberación de judíos retenidos como rehenes en Ancona." En 1569, "Nassi aconseja a Solimán atacar Venecia para tomar Chipre, que quiere convertir en un refugio para los judíos. Resulta un desastre: en 1571, la guerra termina

---

664Jacques Attali, *Los judíos, el mundo y el dinero*, Fondo de cultura económica, 2005, Buenos Aires, p. 102, 204. ["Averiguado está que la invasión de los Árabes fue únicamente patrocinada por los judíos que habitaban en España. Ellos les abrieron las puertas de las principales ciudades. Porque eran numerosos y ricos, y ya en tiempo de Egica habían conspirado, poniendo en grave peligro la seguridad del reino." Marcelino Menendez Pelayo, *Historia de los Heterodoxos españoles*, Tomo I, Ed. F. Maroto, Madrid, 1880. p. 216. (NdT).]

665*Dhimmis*: creyentes de fe monoteísta que viven sometidos en una región invadida por la conquista musulmana a los que se les otorga un estatus de protección y se les permite conservar su fe original (abrahámica), bajo una tributación especial. (NdT).

666Jacques Attali, *Los judíos, el mundo y el dinero*, Fondo de cultura económica, 2005, Buenos Aires, p. 134.

con una derrota en Lepanto frente al ejército veneciano comandado por don Juan de Austria667." "Dos años más tarde, tras la victoria de Lepanto, el gobierno de Venecia, a su vez, decide expulsar del gueto a todos los judíos, que son declarados cómplices de los turcos y agentes del duque de Naxos [Ha-Nassi, ndla]; luego, como tantas veces en la historia, anula esta decisión a cambio del pago de un impuesto668." Jacques Attali podría haber añadido: "y como tantas veces en la historia, los Judíos prefieren pagar antes que marcharse." Así pues, "los judíos de Venecia son considerados cómplices de Juan Ha-Nassi, quien cae en desgracia y muere en 1579... Pero el período fausto ha pasado. Como siempre sucede en una etapa de decadencia, los judíos son perseguidos."

También hallamos en el libro de Jacques Attali otra vil acusación de traición: "En 1744, cuando la emperadora María Teresa decide expulsar a los judíos de Bohemia bajo la acusación de espionaje en provecho de los prusianos...A pedido de judíos de su entorno, el rey de Inglaterra y los Estados Generales de los Países Bajos intervienen ante María Teresa, quien termina por anular el decreto de expulsión a cambio del pago de 240 mil florines669."

Esta acusación regresaba una vez más un poco más adelante, aunque quedaba atenuada por la pluma de Jacques Attali, en vista del comportamiento heroico de numerosos Judíos durante la retirada de la *Grande Armée* napoleónica: "En Prusia, una tímida emancipación, decidida en 1812, no llega a la práctica, pues se acusa a los judíos de ser espías a sueldo de Napoleón -no obstante, van a proteger su huida durante la retirada de Rusia-". "100 mil polacos (entre ellos, judíos) mueren como héroes cubriendo la retirada del Gran Ejército670."

A pesar de todas estas informaciones que pudimos leer esparcidas por las páginas de ese libro espeso, hay que saber que el pueblo judío obedece a algunas leyes intangibles: "Aceptar la ley del anfitrión sin

---

[667] Jacques Attali, *Los judíos, el mundo y el dinero*, Fondo de cultura económica, 2005, Buenos Aires, p. 226, 227. [Ejército de la coalición católica llamada Liga Santa, formada principalmente por el Imperio Español y la República de Venecia. (NdT).]

[668] Jacques Attali, *Los judíos, el mundo y el dinero*, Fondo de cultura económica, 2005, Buenos Aires, p. 242

[669] Jacques Attali, *Los judíos, el mundo y el dinero*, Fondo de cultura económica, 2005, Buenos Aires, p. 283

[670] Jacques Attali, *Los judíos, el mundo y el dinero*, Fondo de cultura económica, 2005, Buenos Aires, p. 306, 342. En los *Cahiers du capitaine Coignet*, encontramos sin embargo este testimonio: "Los judíos y los rusos degollaron mil franceses; las calles de Vilna cubiertas de cadáveres. Los judíos fueron los verdugos de nuestros franceses. Afortunadamente la Guardia los detuvo y el intrépido mariscal Ney restableció el orden." (*Cahiers du capitaine Coignet*, 1850, la retraite de la Grande Armée, 1812.)

violar la suya...También con el ciudadano que debe ser absolutamente fiel a toda república que lo recibe671", nos explicaba Attali. Efectivamente, esta parece la única manera de vivir en paz en casa de quién uno se instala.

Con todo y eso, la "fidelidad al país de acogida" no parece ser un principio tan intangible. Karl Popper, por ejemplo, el mentor de George Soros, súbdito austríaco antes de la Primera Guerra mundial, tenía una noción muy personal de la "fidelidad al país de acogida". Este filósofo vienés, que sería "el defensor apasionado de las libertades y el crítico imparcial de todas las formas de totalitarismos", "el incansable detractor de las modas intelectuales y de los oscurantismos", "el autor de la crítica más radical y más completa del marxismo", escogió su bando durante la guerra, pero no precisamente el del país que lo acogió: "A partir de los primeros meses de 1915, me di cuenta, tras la invasión de Bélgica, que un acto contrario a los acuerdos internacionales había sido perpetrado y que era una violación de los tratados. Esto me convenció de que nosotros no teníamos razón, de que nuestro bando se había equivocado. Así que deduje que teníamos que perder672." El patriotismo de los intelectuales cosmopolitas no tiene, la mayoría de las veces, nada que ver con el país en el que viven, sino que corresponde a los intereses de la idea planetariana. El país que hay que apoyar en un conflicto es aquel que da las mayores garantías democráticas y financieras. Y en este caso, Francia e Inglaterra desempeñaron ese papel en 1915.

Hay más contradicciones que señalar dentro de la misma obra de Jacques Attali. Por ejemplo, daba a entender que los Judíos fueron obligados a dedicarse al comercio del dinero porque en la Edad Media los Judíos habían sido excluidos de forma incomprensible de todos los demás oficios. Sin embargo, unas cien páginas antes, el autor nos había informado de que en la Roma antigua, los propios rabinos habían prohibido a los miembros de la comunidad judía entrar en esas asociaciones: "También administra las relaciones con los no judíos, en ocasiones para limitarlas. Así, cuando Roma impone la creación de colegios de artesanos, los tribunales rabínicos exhortan a los judíos a no hacerse miembros para no tener que trabajar el día del Shabat673."

---

[671]Jacques Attali, *Los judíos, el mundo y el dinero*, Fondo de cultura económica, 2005, Buenos Aires, p. 490
[672]Karl Popper, *La Leçon de ce siècle*, Anatolia, 1992, p. 32
[673]Jacques Attali, *Los judíos, el mundo y el dinero*, Fondo de cultura económica, 2005, Buenos Aires, p. 83

El aislamiento voluntario de los judíos con respecto a las demás comunidades vuelve a aparecer en este pasaje: "El Talmud dice: "El vino de los gentiles está prohibido en virtud de sus hijas. No es posible beberlo juntos". Una vez más, aparece el temor a los matrimonios mixtos." Vemos estas mismas disposiciones también más adelante: "Pero como por encima de todo se teme la asimilación, los rabíes velan por hacer respetar las prescripciones alimentarias, prohibiendo que todo judío comparta una comida o beba con un cristiano. Instan a sus fieles a agruparse en los mismos barrios, alrededor de una sinagoga, de un baño ritual, de un cementerio. A veces reclaman la facultad de cerrar ellos mismos ambos extremos de su calle con un portal para defenderse mejor en caso de agresión. En lo sucesivo, en este tipo de barrios, el rabino, el maestro de escuela, el carnicero y algunos artesanos ya nunca tienen contactos con los gentiles[674]." Así pues, los propios Judíos habrían tomado la iniciativa de encerrarse en lo que luego sería llamado gueto.

Respecto a la reticencia secular de los Judíos hacia la agricultura, ésta podría explicarse en parte por ciertas consideraciones religiosas. Así, Jacques Attali presentaba la siguiente explicación: "Los hijos de Adán se matan entre sí. A Caín -cuyo nombre significa "adquirir" o "envidiar" -le toca en suerte la tierra. Abel -cuyo nombre remite a la nada, el soplo, la vanidad, el humo- recibe los rebaños. Cuando el campesino niega al pastor el derecho de paso, uno de los dos hermanos pierde la vida...El homicidio del pastor no es un simple fratricidio; el verdadero culpable es la misma tierra, esa tierra maldita que a Caín sólo le había tocado en suerte para acoger en ella a su hermano. Si la Biblia otorga el buen papel a la víctima nómada, si deja sobrevivir al homicida sedentario, es para lanzarlo, a su vez, a un viaje redentor[675]." La tierra es culpable pues, y "por otra parte, el Talmud les prohibía labrar suelo extranjero[676]" nos recordaba Albert Londres, el "Príncipe de los reporteros". He aquí pues unos indicios de explicación del fracaso de las colonias agrícolas de la URSS, en Crimea y en Birobiyán.

Otras contradicciones saltaban a la vista. Cuando en la página 242, Attali relataba las acusaciones del papa Pío V, quién en 1569 los acusaba "una vez más de "falsedades", de "traición" y de haber, por "sus rapiñas, arruinado los Estados de la Iglesia""", como si se tratara de burdos

---

[674]Jacques Attali, *Los judíos, el mundo y el dinero*, Fondo de cultura económica, 2005, Buenos Aires, p. 144, 177

[675]Jacques Attali, *Los judíos, el mundo y el dinero*, Fondo de cultura económica, 2005, Buenos Aires, p. 19

[676]Albert Londres, *El judío errante ya ha llegado*, Editorial Melusina, 2012, p. 73

inventos, parecía olvidar que él mismo había puesto por escrito los indicios que acreditaban esas acusaciones. En la página 263, por ejemplo, leíamos estas líneas: En la misma época en Lisboa, "los judíos enmascarados...importan, venden y a veces transforman especias, drogas, algodón, sedas, perlas y diamantes. Confunden las pistas para que no se sepa quién es el verdadero propietario de los cargamentos que transportan." Asimismo, en la página 199, escribía: "A veces, los nombres escogidos remiten voluntariamente a oficios humildes para ocultar fortunas". Y en la página 150: "Regidos por el derecho talmúdico, tanto los contratos como los créditos de los mercaderes judíos son muy protegidos. Sus letras de cambio y de crédito a menudo son redactadas en hebreo para que resulten indescifrables para eventuales piratas. Cuando los policías locales aprenden a descifrar el alfabeto hebreo, los correos utilizan códigos secretos formados por esos mismos caracteres. Los litigios son solucionados por tribunales rabínicos que aplican su derecho, y no el del país por el cual transitan. El derecho es nómada, viaja con el mercader." En otras palabras, el derecho de los sedentarios es nulo y sin efecto[677].

Pero el "fraude" y la "astucia", como lo contaba muy bien el poeta Ronsard, se remontan mucho más atrás en la historia, tal como lo confesaba discretamente Jacques Attali: "Todos los medios son buenos, inclusive la astucia: Abraham llega hasta hacer pasar a su mujer Sara por su hermana, ¡confiando así en recibir regalos de quienes quisieran desposarla[678]!"

Una sensibilidad epidérmica

Hemos podidos comprobar que la mayoría de los intelectuales cosmopolitas se negaban a asumir cualquier responsabilidad en los acontecimientos trágicos que plagaron la historia comunista, especialmente en Rusia. También hemos constatado que muchos de ellos no ven ninguna explicación válida al antisemitismo y consideran que el mal proviene necesariamente de los demás. Ciertamente, la mentalidad mosaica puede parecernos bastante singular y de una sinceridad desarmante. Veamos pues, a través de la literatura y la

---

[677] En su *Diccionario del siglo XXI*, Attali escribía: "Será necesario inventar un derecho muy específico, diferente del derecho sedentario, porque sin Ley no hay nomadismo." (capítulo "Todos nómadas"). ¿No desvelaba en realidad la intención de ver los goyim conformarse a la ley de los Judíos?
[678] Jacques Attali, *Los judíos, el mundo y el dinero*, Fondo de cultura económica, 2005, Buenos Aires, p. 22

imaginación del gran novelista Albert Cohen, otra ilustración de esta "inocencia". Escritor de estatura internacional, Albert Cohen nació en 1895 en Corfu, Grecia. Tenía por lo tanto la nacionalidad otomana antes de 1914. Pasó su infancia en Marsella antes de ser naturalizado suizo. En su bello libro titulado *Oh vosotros, hermanos humanos*, escrito en su vejez, narraba con mucha poesía un doloroso recuerdo de infancia en Marsella que nos aportaba una visión de esa aguda sensibilidad mosaica. Casi todo el libro es un soliloquio que gira en torno a aquel recuerdo. He aquí algunos fragmentos:

"Antisemitas, preparaos para saborear la desgracia de un niño, vosotros que vais a morir pronto sin que vuestra inminente agonía os impida odiar. Oh rictus falsamente risueños de mis cuitas judías. Oh tristeza de ese hombre en el espejo que estoy mirando. Oh rictus falsamente risueños, oh mi amor decepcionado. Porque yo amo, y cuando veo en su cochecito a un bebé que me ofrece una desdentada sonrisa...oh pichoncito, esa tentación de tomar su monísima mano, de inclinarme sobre esa mano nueva y besarla tiernamente, besarla varias veces, estrecharla contra mis ojos varias veces...pero enseguida me viene la obsesión de que no será siempre un delicioso bebé inofensivo, y que en él vela peligrosamente y se prepara un adulto con colmillos, un peludo antisemita, un odiador que ya no me sonreirá. Oh pobres rictus judíos, oh los cansados y resignados encogimientos de hombros, pequeñas muertes de nuestra almas...Quién sabe, me dije, lo que voy a contarles tal vez pueda cambiar a los odiadores de judíos, arrancarles los colmillos del alma...Mi madre me aprueba, lo sé, mi madre muerta durante la ocupación alemana, mi madre que era ingenua y bondadosa, y a la que hicieron sufrir...Recuerdo que un día, para contarme la grandeza del Eterno, me explicó que él quería incluso a las moscas, y a cada mosca en particular, y añadió: He intentado hacer como Él con las moscas, pero no he podido, hay demasiadas[679]."

Aquel día fatídico, siendo niño, Cohen fue insultado por un buhonero. Al acercarse a su estand ambulante, confiado y maravillado por el hombre, fue insultado y vilipendiado por ser judío. Este doloroso suceso quedó marcado como un trauma en lo más profundo de la memoria del niño de diez años. Así recordaba Albert Cohen aquella

---

[679]Albert Cohen, *Oh vosotros, hermanos humanos*, Editorial Losada, 2004, Madrid, p. 29-30, 35-36. También encontramos esta imagen en el escritor Joseph Roth: "El gesto con la mano de un camarero en la terraza de una cafetería para matar una mosca es más significativo que el destino de todos los clientes de la terraza. La mosca se libró y el camarero está decepcionado. ¿Por qué, oh camarero, estás enfadado con la mosca?" (Joseph Roth, artículo del 24 de mayo de 1921, *Berliner Börsen-Courier*, Éditions du Rocher, 2003).

afrenta: "Miré suplicante al verdugo que me deshonraba, intenté componer una sonrisa para conmoverle, una sonrisa temblorosa, una sonrisa enferma, una sonrisa de perturbado, una sonrisa judía demasiado dulce que quería desarmar por su femineidad y su ternura...Pero mi verdugo fue implacable, y todavía veo su sonrisa de carnicero de largos colmillos, su rictus regocijado, todavía veo el dedo tendido que me mandaba largarme mientras que aquellos papanatas se apartaban, con risas aprobadoras, para dejar pasar al pequeño leproso expulsado. Y obedecí, con la cabeza gacha, obedecí y me fui, solitario...Me senté en un rincón oscuro para llorar a gusto..., para llorar en el décimo año judío de mi vida...¿Eres un asqueroso judío, verdad?, me repetía yo, y meditaba sobre esas palabras del buhonero, esa sentencia inesperada que me había convertido en un leproso...Oh mi pueblo orgulloso, celosamente deseoso de sobrevivir y preservar su alma, pueblo de la resistencia, de la resistencia no durante un año, ni durante cinco años, ni durante veinte años, sino pueblo de la resistencia durante dos mil años, ¿qué otro pueblo resistió así? Sí, dos mil años de resistencia, y que aprendan los otros pueblos...Maldito, yo bendecía a todos los malvados y en particular a los rubios, los bendecía y los amaba en nombre de Israel, mezclando en mis bendiciones vagas palabras hebreas de la única oración que conocía, pero sobre todo inventando palabras que esperaba fueran algo hebreas, y que me conmovían y me parecían sublimes...Yo caminaba, completamente enloquecido...vengado el niño loco caminaba, benévolo y despreciativo...les anunciaba que algún día me amarían y que ese día sería el día del beso sin fin de todos los hombres por mí convertidos en humanos. Yo caminaba, con los pies grandiosamente deslizantes, y bendecía a las multitudes y sonreía y hacía saludos regios..., caminaba, privilegiado portador de la Ley, santos mandamientos del Eterno, caminaba en medio del chasquido de los cedros, falso rey de Israel y verdadero descendiente de Aarón, el gran sacerdote, hermano de Moisés...Sin el buhonero y sus iguales en maldad, sus incontables pares de Alemania y de otros sitios, no habría habido cámaras de gas...los cuerpos muertos...alegremente lanzados a los hornos alemanes por los rubios atletas calzados con bota, que tanto les gustan a los odiadores de judíos...Decid, vosotros antisemitas, odiadores a quienes de repente me atrevo a llamar hermanos humanos...decid, antisemitas, hermanos, ¿sois verdaderamente felices odiando y estáis satisfechos de ser malvados?...Desde aquel día del buhonero, no he podido coger un periódico sin localizar la palabra que dice lo que soy, inmediatamente, al primer vistazo. E incluso localizo las palabras que se parecen a la terrible palabra dolorosa y bella, localizo inmediatamente "*juin*" y "*suif*" y, en inglés, localizo inmediatamente *few, dew, jewel*. Ya basta680."

Herido y desgarrado por el odio vengativo, la impotencia desesperada, el amor facticio del extranjero y la fe mesiánica: ¿no se asemeja Albert Cohen a Golum, la criatura mítica del *Señor de los anillos*?

En *Bella del Señor*, Albert Cohen parecía escribir en un estado de trance extático. Adoptando un estilo de escritura particular, Cohen plasmaba sus pensamientos sobre varias páginas sin pausa ni puntuación, desvelando así los sentimientos profundos ocultos en su ser, a la vez que algunos rasgos de la mentalidad mosaica:

"Entre mis amigos judíos me he tropezado con los seres más nobles de corazón y de modales...quizá sea un horrible deseo velado de renegar del más grande pueblo de la tierra un horrible deseo de emancipación de él quizá sea venganza contra mi desdicha para castigarlo de que sea el causante de mi desdicha es una desdicha que no te quieran y sospechen siempre de ti sí venganza contra mi hermosa desdicha de pertenecer al pueblo elegido o peor aún quizá sea un indigno resentimiento contra mi pueblo no no yo venero a mi pueblo portador de dolor de Israel salvador salvador por sus ojos por sus ojos que saben por sus ojos que han llorado los insultos de las multitudes salvador por su rostro por su rostro doloroso por su rostro deforme por su rostro donde fluye en larga baba la risa y el odio de sus hijos los hombres oh vergüenza quizá sea una abominable inconsciente antipatía...y yo se lo echo en cara quizá en la misma celda encerrados se detestan los presos entre ellos no no los quiero entrañablemente a mis amados mis tiernos judíos inteligentes el temor al peligro los ha hecho inteligentes la necesidad de estar siempre despiertos de adivinar al feroz enemigo que los ha convertido en fenomenales psicólogos también es una contaminación de las mofas de quienes nos odian y yo imito a esos injustos quizá sea también por tristemente divertirme con mi dolor y consolarme de él también es contagio de su odio sí a fuerza de oír sus viles acusaciones nos han hecho sentir la desesperada tentación de detestarnos a nosotros mismos injustamente la desesperada tentación de concebir el pensamiento de que si nos odian tanto y en todas partes es porque nos lo merecemos y por Dios que yo sé que no nos lo merecemos y que su odio es el necio tribal odio por lo diferente y también un odio de envidia y también odio animal por el débil pues débiles en número lo somos por doquier y los hombres no son buenos y la debilidad atrae

---

[680] Albert Cohen, *Oh vosotros, hermanos humanos*, Editorial Losada, 2004, Madrid, p. 61-62, 67-68, 103, 155-156, 201-203, 213, 217, 92

espolea la innata bestial crueldad oculta y es sin duda agradable odiar a los débiles a quienes se puede impunemente insultar y golpear oh pueblo mío atormentado soy tu hijo que te ama y te venera...y veréis cómo en tierra de Israel los hijos de mi pueblo regresado serán apacibles y arrogantes y hermosos y de noble prestancia y arrojados guerreros si es menester y viendo por fin su auténtico rostro aleluya amaréis a mi pueblo amaréis a Israel que os ha dado a Dios que os ha dado el más grande libro que os ha dado al profeta que era amor y en verdad qué tiene de extraño que los alemanes pueblo de naturaleza hayan detestado siempre a Israel pueblo de antinaturaleza pues en efecto el hombre alemán ha oído y escuchado más que los demás la joven voz firme que surge de los bosques de nocturno espanto silenciosos y crujientes bosques... y cuando cantan sus antiguas leyendas y a sus ancestros de largas trenzas rubias[681] y cascos cornudos sí cornudos porque lo que importa antes que nada es asemejarse a un animal y es sin duda exquisito disfrazarse de toro qué cantan sino un pasado inhumano que añoran y por el que se sienten atraídos y cuando se relamen con su raza y su comunidad de sangre qué hacen sino volver a nociones animales que hasta los lobos comprenden que no se comen entre sí y cuando exaltan la fuerza o los ejercicios del cuerpo qué exaltan y ensalzan sino la vuelta a la gran monería de la selva prehistórica y en verdad cuando hacen carnicerías de judíos o los torturan castigan al pueblo de la Ley y de los profetas al pueblo que quiso el advenimiento del humano en la tierra sí saben o presienten que son el pueblo de naturaleza y que Israel es el pueblo de antinaturaleza portador de una loca esperanza que lo natural aborrece...y lo sepan o no lo quieran o no las más nobles porciones de la humanidad son de alma judía y se mantienen firmes en su roca que es la Biblia oh los judíos míos a quienes en silencio hablo conoced a vuestro pueblo veneradlo por haber querido el cisma y la separación por haber emprendido la lucha contra la naturaleza y sus leyes[682]..."

Indudablemente, estamos ante un gran, un muy gran escritor. En este texto vemos el inmenso orgullo del pueblo elegido, el desprecio del "otro", del goy, el sentimiento de venganza, el sentimiento de ser

---

[681]Observamos en Albert Cohen cierta desconfianza hacia los individuos rubios. Esta inclinación también está presente en el escritor Joseph Roth. Sin embargo, esta animosidad es más visible en las producciones cinematográficas, como ya hemos visto.
[682]Albert Cohen, *Bella del Señor*, Anagrama, Barcelona, 2017, p. 711-716. Se trata del flujo de consciencia, un ininterrumpido flujo sin puntuación ni diferenciación tipográficas en el que afloran los pensamientos y las impresiones del personaje. (Se puede leer en el famoso soliloquio de Molly Blum en el *Ulises* de James Joyce y en las novelas de Marcel Proust).

incomprendido, pero, sobre todo, la duda perceptible acerca del fundamento de la misión del pueblo judío y la tentación del odio de sí mismo.

Está claro que, al igual que Kafka en sus *Diarios*, Albert Cohen parecía estar totalmente obsesionado por su judeidad. Este libro conmovedor debió representar para él un intento de exorcizar sus demonios. En una biografía sobre él, el autor puso en epígrafe estas palabras tan características del estilo tan particular del gran novelista, así como de sus estados de ánimo ambivalentes: "Suntuosa, oh tú, mi pluma de oro, ve por la hoja, ve al azar en tanto me quede un ápice de juventud, sigue tu lento rumbo irregular, vacilante como en sueños, rumbo torpe pero gobernado. Ve, que te quiero, único consuelo mío, ve por las páginas en las que tristemente me complazco y cuyo estrabismo taciturnamente me deleita. Sí, las palabras, patria mía, las palabras consuelan y vengan683." La venganza era claramente un sentimiento profundamente anclado en este hombre maltrecho. Quizás el origen de su talento de novelista y de poeta proviniese de su dolorosa infancia. En cualquier caso, el genio de Albert Cohen no pudo ser ignorado por mucho tiempo, tal como algunos críticos literarios de la época lo atestiguaron: "En 1933, cuando la primera novela se publica en Estados Unidos, un crítico de Nueva York afirma: "*Solal* es religioso a la manera de las novelas de Dostoyevski"." Cuando *Ezequiel* se estrenó en la *Comédie-Française*, el crítico de *Paris-Midi* proclamó: "Hay un eco de Shakespeare en la obra684." La sensibilidad de este "genio de la literatura" se percibía también en estas pocas líneas, en las que se pretendía dar a conocer a Albert Cohen: "Un loco de la sensibilidad, dispuesto al dolor absoluto por todo, a la alegría absoluta por todo, que sufre casi tanto por no encontrar sus llaves como por haber perdido a su mujer685." Esto, por lo menos, nos tranquiliza un poco sobre la profundidad de sus sufrimientos.

Las persecuciones de los Judíos a lo largo de los siglos marcó a fuego rojo su "sensibilidad nómada" y para la antigua generación las heridas del holocausto siguen aún vivas. La sensibilidad judía era perceptible en un autor como Marek Halter. "En 1981, escribía, compré para restaurarla una granja destartalada con las vigas visibles. La autopista estaba cerca, los vecinos criaban gallinas y vacas gordas. Era

---

[683] Albert Cohen, *El libro de mi madre*, Anagrama, Barcelona, 1999, p. 6, in Gérard Valbert, Albert Cohen, *Le Seigneur*, Grasset, 1990.
[684] Gérard Valbert, Albert Cohen, *Le Seigneur*, Grasset, 1990. Los apellidos de los dos periodistas no se mencionan.
[685] Gérard Valbert, Albert Cohen, *Le Seigneur*, Grasset, 1990, p. 11

propietario. Mi casa era hermosa, cercada de caminos surcados. Cuando mi padre supo que poseía de verdad un trozo de tierra, lloró." La judeidad se manifiesta también en los textos religiosos con una sensibilidad exacerbada hacia el daño que se puede hacer a su "prójimo": "¿No nos ha enseñado el tratado Metzia del Talmud que "aquel que hace sonrojar a su prójimo en público, es como si lo matara686"?"

Elie Wiesel confirmaba que esta tendencia, una vez más, se remontaba muy atrás en el tiempo: "Nuestros Sabios citan la Escritura: cuando Esaú besó su hermano Jacob, éste se puso a llorar. ¿Por qué lloró? Porque, respondieron los sabios, Jacob comprendió que el beso de Esaú era una trampa más peligrosa que su odio687." Se llora por nada, por un sí o un no: es la tradición.

El financiero socialista Samuel Pisar también presentó en sus obras algún testimonio que iba en el mismo sentido: "Estaba con Judith en Italia, al borde del lago de Como. Una tarde, encendí mi transistor. Escuché la respuesta negativa al referéndum del general De Gaulle, su dimisión y salida inmediata. Al escuchar el texto lacónico ("Abandono mis funciones de presidente de la República. Esta decisión toma efecto a mediodía."), siento que se cierra brutalmente un capítulo de la Historia. Y un capítulo de mi vida. En ese instante, descubro que estoy llorando. Soy ciudadano estadounidense y lloro. Con su marcha, la película de mi vida vuelve a pasar delante de mis ojos[688]." Esta sensibilidad no podía ser ignorada en nuestro análisis del fenómeno antisemita.

Joseph Roth es otro autor con una obra novelesca y periodística considerable. *La Marcha de Radetsky* le valió un renombre internacional. Él también tenía esa predisposición singular de los Judíos al sufrimiento: "Allí donde se detiene un judío, surge un muro de las Lamentaciones. Dondequiera que un Judío se establezca, nace un pogromo...Asimismo, el presente de los Judíos es probablemente mayor que su pasado, pues es todavía más trágico[689]." Esta es una declaración extraída de un artículo del diario *Das Tagebuch* del 14 de septiembre de 1929, por lo tanto, antes de la crisis económica y de la toma del poder

---

[686]Marek Halter, *Un Homme, un cri*, Robert Laffont, Paris, 1991, p. 176. Los Judíos consideran que el "prójimo", en sus textos, son los otros Judíos. Se puede leer sobre este tema el esclarecedor libro de Israel Shahak, *Historia judía, Religión judía, El peso de tres mil años*, Ediciones A. Machado, 2016, Madrid.
[687]Elie Wiesel, *Memoires (Tome II)*, Éditions du Seuil, 1996, p. 242
[688]Samuel Pisar, *La Resource humaine*, Jean-Claude Lattès, 1983, p. 50
[689]Joseph Roth, *A Berlin*, Éditions du Rocher, 2003, p. 33

de Hitler, pero, por lo visto, la época ya era considerada suficientemente "trágica".

Esta propensión a las "Lamentaciones", a compadecerse de uno mismo, podría ser una de las razones que explicaría esa incapacidad para compadecerse de los demás, particularmente con las innumerables víctimas de la revolución bolchevique. A ese efecto, es interesante volver a citar unas palabras de Hannah Arendt, que escribía en 1951: "Cuanto más perdió su significado religioso, nacional y socioeconómico el hecho del nacimiento judío, más obsesiva se tornó la judeidad; los judíos se hallaban obsesionados por ésta como uno puede estarlo por un defecto o por una ventaja físicos, y entregados a ésta como uno puede estarlo a un vicio[690]." De tal forma que pareciera que muchos Judíos alimentan conscientemente o no esa angustia, esa inquietud interna, que supo expresar tan bien Georges Perec, y que constituye uno de los rasgos de carácter hebraico que más contribuye a fomentar en ellos el sentimiento de judeidad en detrimento de su integración en el resto de la población. Shmuel Trigano era perfectamente consciente de esta situación lamentable cuando escribía: "Se acusa a menudo a los Judíos de regodearse en ese lamento victimario y soy el primero en deplorarlo[691]".

Una amenaza permanente

Esta sensibilidad judía se refleja además en otras características. Tal como ya lo expresó Jacques Derrida, por ejemplo, hay en numerosos Judíos ese instinto, siempre en alerta, que les hace reaccionar inmediatamente al menor atisbo o sospecha de racismo y antisemitismo. Esta imperceptible inquietud que atormenta de forma soterrada el alma judía en todas las épocas se manifiesta a través de reflejos alarmistas frente a lo que se percibe como el auge de la "lacra". Al menor signo de oposición o de crítica a la acción de algún Judío, toda la comunidad salta a la palestra en los medios, y se empiezan a escuchar los gritos desgarradores ante la terrible amenaza, así como los coros de las plañideras en segundo plano. Las personalidades que creíamos más dignas y razonables caen en interpretaciones exageradas que parecen luego casi ridículas una vez que el ajetreo desaparece. Es así, por ejemplo, como vimos Elie Wiesel publicar, ya en 1974, unos artículos en los que manifestaba su temor más profundo ante el renacer del

---

[690]Hannah Arendt, *Los orígenes del totalitarismo*, Taurus-Santillana, 1998, Madrid, p. 88. Véase de nuevo la nota 591.
[691]Shmuel Trigano, *L'Idéal démocratique...* Odile Jacob, 1999, p. 43

antisemitismo: "Publico en el *New York Times* y *Le Figaro* un artículo titulado "Por qué tengo miedo" ... Han aparecido unas señales y son inquietantes. El espectáculo repugnante de una asamblea internacional en delirio, festejando un portavoz del terror[692]. Los discursos, los votos contra Israel. La dramática soledad de este pueblo con vocación universal. Un rey árabe ofrece a sus invitados ediciones de lujo de los infames *Protocolos de los sabios de Sion*. Los cementerios profanados en Francia y en Alemania. Las campañas de prensa en la Rusia soviética. La ola retro que banaliza nuestro sufrimiento y los panfletos anti-sionistas, antijudíos, que deforman nuestras esperanzas. Hay que estar ciego para no reconocerlo: el odio del judío vuelve a estar de moda[693]."

Indudablemente, existe una tendencia en los intelectuales judíos a dramatizar excesivamente y a sistematizar lo que se percibe como "antisemitismo ambiental". El antiguo presidente de la República Valéry Giscard d'Estaing tuvo que enfrentarse en su momento a algunas acusaciones odiosas. Esto escribía Elie Wiesel:

"El año 1977 empezó mal. En enero, el gobierno francés liberó el terrorista palestino Abu Daoud antes de que Israel pudiera emprender el procedimiento de extradición. En todo el mundo, el escándalo ha provocado una ola de protestación sin precedente. Nunca Francia había sido puesta tan en entredicho. En Estados Unidos, muchas voces[694]reclamaron el boicot de sus productos. Con el apoyo financiero de unos amigos, hice que se publicara una página publicitaria en el *New York Times* en forma de carta abierta al Señor Valéry Giscard d'Estaing, presidente de la República francesa: ... ¿Y ahora qué Señor Presidente? ¿Qué pasó con Francia? Su liderazgo moral ha desaparecido y su gloria se ha oscurecido a los ojos de los hombres de conciencia. De hecho, pocos países han perdido tanto prestigio en tan poco tiempo. ¿Qué pasó con Francia? Ha traicionado sus propias tradiciones. Francia se ha convertido en igual de cínica que el resto del mundo. ¿Por qué vuestro gobierno ha liberado Abu Daoud?...Vuestro propio pueblo se ha alzado contra usted. Porque a la vez que visitaba Auschwitz, usted ignoró las lecciones del lugar. En verdad, era de esperar. Recientemente, los signos se han multiplicado. Declaraciones hirientes. Comentarios irónicos. Cambios de políticas. Alianzas extrañas. Promesas traicionadas. Embargos unilaterales. El asunto de

---

[692]Yasser Arafat, el presidente palestino ante la Asamblea general de las Naciones Unidas.
[693]Elie Wiesel, *Mémoires, tome II*, Editions du Seuil, 1996, p. 97
[694]Adivinen cuáles.

Cherburgo695. La venta de los aviones Mirages. Los gobiernos franceses raramente han perdido una oportunidad de demostrar su hostilidad hacia Israel y el pueblo judío. ¿Por motivos ideológicos? Peor: por dinero. Así es, Señor Presidente: antes, solía estar orgulloso de Francia y de lo que representaba. Ya no lo estoy696."

Vemos que el sentimiento de persecución es real, incluso si veinte años después constatamos la irrealidad de aquellos temores. En la misma línea, podemos leer este pasaje de Samuel Pisar, escrito en 1983: "La explosión reciente de bombas en las grandes ciudades, los grafitis antisemitas, la profanación de las escuelas y de los cementerios, son los mismos que han hecho tambalear mi infancia, destruido mi mundo. Vivó en París, a unos cientos de metros de la calle Copérnico. Estaremos atentos, velando el más tenue ruido de los pasos del monstruo. Nuestros enemigos ya nos están vigilando incansablemente. Para ellos, seremos siempre culpables. Culpables de ser judíos en Israel, de ser judíos en otro lugar, de ser judíos. Culpables, según, de ser capitalistas o de ser bolcheviques. Culpables en Europa de haber sido asesinados como ovejas, y culpables en Israel por haber tomado las armas para no volver a serlo. Culpables, en verdad, de seguir existiendo[697]."

Cuando Pisar escribió estas líneas en 1983, los socialistas estaban en el poder en Francia, y la cantidad de ministros y personalidades de origen judío que gravitaban en torno al presidente Mitterrand demostraba que la situación de la comunidad en el país era bastante floreciente: Robert Badinter, George Kiejman, Bernard Kouchner, Jacques Attali, Jack Lang, Dominique Strauss-Kahn, Laurent Fabius, Roger-Gérard Schwartzenberg, Pierre Bérégovoy, Henri Emmanuelli, Michel Sapin, Jean-Denis Bredin, Véronique Néiertz, Charles Fiterman, Georges-Marc Benamou y muchos más, estaban ahí, en el gobierno para garantizar la lucha contra cualquier forma de antisemitismo rancio.

Esta paranoia llega hasta el punto de denunciar, a la más mínima discrepancia, y en los términos más duros, personalidades que hasta entonces habían manifestado la mayor simpatía y benevolencia hacia la comunidad judía. Así, el propio presidente Mitterrand fue arrastrado por el fango cuando se desveló, ya en su edad avanzada, su pasado y sus

---

[695]El asunto de las Vedettes de Cherburgo fue una operación militar israelí que tuvo lugar en diciembre de 1969 y que consistió en el robo de cinco barcos de la clase Sa'ar III en el puerto francés de Cherburgo. Los barcos habían sido pagados por el gobierno israelí, pero retenidos a causa del embargo decretado por Charles de Gaulle en 1967. (NdT)

[696]Elie Wiesel, *Mémoires, tome II*, Editions du Seuil, 1996, p. 108-110

[697]Samuel Pisar, *La Ressource humaine*, Jean-Claude Lattès, 1983, p. 250-251

complicidades con el régimen de Vichy. Lean en qué términos la famosa periodista Françoise Giroud se expresaba sobre él, después de su muerte. Ésta denunciaba en su diario con fecha del 29 de agosto de 1999, lo que algunos se atreven a llamar "la poderosa y nociva influencia del lobby judío en Francia." ¡Increíble! "¿Y de quién se trata? De François Mitterrand, de creerle a Jean d'Ormesson que repitió esta frase. Mitterrand la habría pronunciado en una conversación privada con su académico preferido poco antes de morir. ¿Realmente lo dijo? Su hija se atraganta. Sus hijos se airean. Los fieles lucubran. ¡Evidentemente que lo dijo! Como de Gaulle, como Mauriac[698]...La influencia del lobby judío es un clásico de la cultura francesa. Mitterrand lo mamó con su biberón. Detestaba que le hablaran de René Bousquet[699]. Cuando Jean d'Ormesson lo hizo, se molestó un poco y soltó esta respuesta miserable: "Todo eso no merece tres líneas"."

Esta ingratitud se manifiesta inmediatamente ante el menor paso en falso del interesado, cualesquiera que hayan podido ser sus anteriores muestras de amistad o de sumisión. A la menor falta, el acusado es excluido y puesto en la picota de la historia. Sabemos que la ingratitud es otra de las acusaciones que los intelectuales cosmopolitas suelen lanzar contra los antisemitas. De nuevo aquí, vemos que lo mejor para evitar las afrentas es acusar a su víctima. "Grita el asesino que lo degüellan", como dice el refrán.

En este inicio de siglo XXI en Francia, los medios nos aseguran que el antisemitismo nunca ha sido tan virulento, cuando los gobiernos de derecha liberal en el poder avanzan globalmente con la misma agenda y las mismas ideas que los de izquierda. Las informaciones alarmistas destiladas sobre el tema son desde hace tiempo una constante de nuestro sistema mediático. El interés es triple: mantener alerta la "vigilancia republicana" de la población francesa, por una parte; asegurar la cohesión de la comunidad judía, por otra; y, finalmente, mediante la angustia que la situación puede inspirar, precipitar la *aliyá* de algunos Judíos a Israel, cuya situación demográfica es amenazada por la de los palestinos.

Por lo demás, era algo que ya insinuaba Hannah Arendt en 1951: viendo que las viejas comunidades judías de Europa, encerradas en sí mismas durante siglos, se desintegraban con el derecho de ciudadanía

---

[698]1François Mauriac (1885-1970) fue un periodista, crítico y escritor francés. Ganador del premio Nobel de literatura en 1952, es conocido por ser uno de los más grandes escritores católicos del siglo XX. (NdT)

[699]René Bousquet (1909-1993) fue un alto funcionario francés y colaborador de los ocupantes nazis durante la Segunda Guerra mundial. (NdT)

otorgado a los Judíos en el siglo XIX y que se integraban en las sociedades circundantes, era normal que de algún modo los Judíos, "preocupados por la supervivencia de su pueblo... llegaran a la consoladora idea de que, al fin y al cabo, el antisemitismo podía ser un excelente medio de mantener unido a su pueblo, y así la presunción de un eterno antisemitismo llegaría a implicar una eterna garantía de la existencia judía700." Marek Halter confirmaba esta idea en una entrevista publicada por el diario *Le Point* del 8 de octubre de 1999: "Digamos primero que muchos judíos siguieron siendo judíos porque no quisieron, como Bergson701, por ejemplo, abandonar su comunidad cuando ésta se vio amenazada." La amenaza antisemita, ficticia o real, es por lo tanto pan bendito para los responsables de la comunidad judía, que temen más que cualquier cosa la asimilación.

La locura antisemita

Estas mismas personalidades con fuertes tendencias obsidionales suelen además considerar el antisemitismo como una "enfermedad", evitando así cualquier forma de introspección. Es un tema muy presente en las explicaciones del fenómeno antisemita, tal como podemos constatarlo en el análisis de la gran politóloga Hannah Arendt: "Aunque los sentimientos antijudíos estuvieron extendidos entre las clases cultas de Europa durante el siglo XIX, el antisemitismo como ideología siguió siendo prerrogativa de los fanáticos en general y de los lunáticos en particular." El antisemitismo es un "insulto al sentido común", una idea de "chiflados". El famoso texto *"Los Protocolos de los Sabios de Sión"* es el mejor ejemplo de ello. El documento era una falsificación grosera, una fábula "grotesca", un "cuento inverosímil702", y resultaba simplemente increíble que "una patente falsificación" como esa, pudiera ser "creída por tantos" y "llegar a convertirse en texto de todo un movimiento político". Cuando se piensa en "la ridícula historia de los *Protocolos de los Sabios de Sión"* y "el empleo que los nazis hicieron de esta falsificación, como libro de texto para una conquista global703", uno se queda atónito ante tanta estupidez ciega y mala fe.

---

[700]Hannah Arendt, *Los Orígenes del Totalitarismo, Antisemitismo*, 1951, Taurus-Santillana, Madrid, 1998, p. 31
[701]Henri-Louis Bergson (1859-1941) fue un célebre filósofo y escritor francés, ganador del Premio Nobel de Literatura en 1927. (NdT).
[702]Hannah Arendt, *Los Orígenes del Totalitarismo, Antisemitismo*, 1951, Taurus-Santillana, Madrid, 1998, p. 8, 9
[703]Hannah Arendt, *Los Orígenes del Totalitarismo, Antisemitismo*, 1951, Taurus-Santillana, Madrid, 1998, p. 31, 9

En resumen, según Hannah Arendt, bastaría con prohibir *Los Protocolos* para ver el antisemitismo desaparecer, lo cual sería una gran necedad. En realidad, Hannah Arendt quizás era un poco deshonesta, pues fingía creer que *Los Protocolos* fueron la base del antisemitismo cuando se sabía que era una falsificación y que los propios antisemitas solían reconocerlo. De hecho, el zar Nicolas II se negaba a respaldar una falsificación tan evidente.

Para recalcar la absurdidad del antisemitismo, Arendt exponía a continuación otra inverosimilitud: "La médula del movimiento de Schoenerer [los partidos antisemitas austríacos] se encontraba en las provincias de habla alemana sin ninguna población judía, donde jamás existieron la competencia con los judíos o el odio hacia los banqueros judíos." Así pues, el antisemitismo es igual de absurdo que el voto de extrema derecha en las zonas donde no hay inmigrantes, como lo demostró brillantemente Daniel Cohn-Bendit. Ese antisemitismo era tanto más absurdo que se había "visto acompañado e interconectado con la asimilación judía, la secularización y el debilitamiento de los antiguos valores religiosos y espirituales del judaísmo". "Los judíos se convirtieron en símbolos de la sociedad como tal y en objeto de odio para todos aquellos a quienes la sociedad no aceptaba. El antisemitismo, tras haber perdido su base en las condiciones especiales que habían influido en su desarrollo durante el siglo XIX, podía ser libremente elaborado por charlatanes y fanáticos en esa fantástica mezcla de verdades a medias y salvajes supersticiones que emergió en Europa después de 1914, la ideología de todos los elementos frustrados y resentidos[704]." Un "sobresaliente antisemita" como Louis-Ferdinand Céline[705], por ejemplo, "comprendía todo el alcance y todas las posibilidades de la nueva arma." Afortunadamente, escribía Hannah Arendt, "el buen sentido inherente a los políticos franceses y su respetabilidad profundamente arraigada les impidieron aceptar a un charlatán y a un fanático[706]." Efectivamente, cuesta mucho imaginar Céline siendo recibido por Daladier, Paul Reynaud o León Blum.

En su monumental *Historia del antisemitismo*, el gran historiador León Poliakov, en el capítulo titulado *El estallido del conflicto (1914-1933)*, presentaba una interpretación similar de las tendencias antisemitas en Alemania tras la derrota de 1918. La explicación era

---

[704]Hannah Arendt, *Los Orígenes del Totalitarismo, Antisemitismo*, 1951, Taurus-Santillana, Madrid, 1998, p. 59, 31, 65
[705]Véase nota 155. (NdT).
[706]Hannah Arendt, *Los Orígenes del Totalitarismo, Antisemitismo*, 1951, Taurus-Santillana, Madrid, 1998, p. 62

bastante simple: los Alemanes se vieron afectados por una enfermedad bien conocida – el síndrome o delirio de persecución – que puede conducir a las personas afectadas por él hasta la locura total: "Al día siguiente de la revolución de Octubre, las declaraciones de algunos responsables de los destinos de Alemania rayaron el delirio porque según ellos un número indeterminado de bolcheviques era de origen judío...Esa delirante tendencia se acentuó cuando quedo claro que Alemania había perdido la guerra." Según León Poliakov, el propio general Ludendorff, caudillo de la victoria de Tannemberg en 1914, después de haber sido el estratega que dirigió las potencias centrales entre 1916 y 1918, "cayó en la locura antijudía más consumada". El mal era visiblemente contagioso, pero "los mecanismos de su delirio eran fácil de desmontar", nos explicaba Poliakov. Afortunadamente, el "delirio de persecución" no mermaba "su inmenso poder de trabajo que le permitía, a la vez que publicaba libro tras libro sobre los Judíos o la antigua Roma y dirigía una revista semanal, redactar obras sobre la guerra total que todavía siguen siendo admiradas por algunos expertos." La locura del general Ludendorff únicamente reaparecía cuando éste empezaba a explayarse sobre algún problema muy particular.

Ya vimos como Winston Churchill también había sucumbido a ese delirio durante un momento de debilidad. Al final de 1919, éste justificaba la cruzada antibolchevique en un discurso en la cámara de los Comunes en el que fustigaba, según Poliakov, "la secta más formidable del mundo". Incluso precisó sus ideas en un artículo publicado el 8 de febrero de 1920 titulado *El Sionismo contra el bolchevismo*. En ese artículo, "diferenciaba los Judíos en tres categorías: unos que se comportaban como leales ciudadanos de sus países respectivos, otros que querían reconstruir su propia patria; y por último los Judíos internacionales, "Judíos terroristas". La descripción que hacía Churchill de la tercera categoría rayaba el delirio, escribía Poliakov, pues los antisemitas más frenéticos podían sacar ventaja de ello[707]."

El célebre historiador del Instituto de Ciencias Políticas de París, Michel Winock, constataba a su vez que, sobre ese punto en concreto, "la demonología y el delirio de la extrema derecha han superado las ficciones ordinarias: el antisemitismo es un frenesí permanente708."

---

[707] Léon Poliakov, *Histoire de l'antisémitisme II*, 1981, Points Seuil, 1990, p. 409
[708] Michel Winock, *Nationalisme, antisémitisme et fascisme en France*, Points Seuil, 1990, p. 7

En una colección de artículos publicados bajo el título de *La asimetría y la vida*, Primo Levi nos dio su explicación del antisemitismo alemán: "No creo que se pueda, ni ahora ni en el futuro, aportar una respuesta exhaustiva a esta cuestión. Podemos, de alguna forma, meternos en la piel de un ladrón, de un asesino, pero no podemos ponernos en el lugar de un loco. Nos resulta igual de imposible retomar la trayectoria de los grandes responsables: para nosotros, sus acciones y sus palabras estarán siempre envueltas en la oscuridad...Para mí, Auschwitz sólo puede ser interpretado de esta manera: como la locura de una pequeña minoría y el consentimiento estúpido y cobarde de la mayoría. La masacre nazi lleva la marca de la locura. Es la realización de un sueño demencial, en el que uno comanda y nadie piensa ya709." Sin duda alguna, el régimen nacionalsocialista era "demoniaco710".

Los historiadores revisionistas tienen las mismas graves taras: "Ignoro quién es el profesor Faurrisson. Puede que sólo sea un demente, también los hay en las universidades711." Con semejantes energúmenos, "el negro se ha convertido en blanco, el error en derecho, los muertos ya no están muertos, no hay asesinos, ya no hay ninguna culpa, o más bien nunca la hubo. No solamente no he cometido ese hecho, pero, además, no hay pruebas de su existencia." Los crímenes de los alemanes, en cambio, son incontables y Primo Levi puede hablarnos de ellos con mucho detalle. Durante la Noche de los Cristales rotos, por ejemplo: "Un pogromo estalla en toda Alemania, escribía. Se destruyen y saquean siete mil quinientas tiendas y locales pertenecientes a Judíos: de los cuáles ocho cientos quince son completamente destruidos, ciento noventa y cinco sinagogas destrozadas, treintaiséis Judíos son matados y veinte mil arrestados, escogidos entre los más ricos712."

---

[709] Primo Lévi, *La Stampa*, 18 de julio de 1959, in *L'asymétrie et la vie, articles*, Robert Laffont, 2002, p. 26-28
[710] Primo Lévi, *L'Asymétrie et la vie*, Robert Laffont, 2002, p. 73
[711] Se trata del conocido historiador revisionista francés Robert Faurrisson (1929-2018). Según Elisabeth Roudinesco, Faurrisson es un falsario, un peligroso falsificador de la historia: "Un autor negacionista, cuyos escritos por otra parte son tan delirantes que suscitan un formidable interés. Nunca se dirá lo suficiente que cuanto más falsificada es la verdad, más grosera la mentira, más evidente la impostura, tantas más posibilidades tiene de ganar adeptos. La alucinación, la negación, la paranoia, en suma, todo cuanto caracteriza el negacionismo, como expresión extrema del antisemitismo." En Jacques Derrida, Élisabeth Roudinesco, *Y mañana, qué...*Fondo de Cultura Económica, Buenos Aires, 2002, p. 144.
[712] Primo Lévi, *La Stampa*, 9 de noviembre de 1978, in *L'asymétrie et la vie, articles*, Robert Laffont, 2002, p. 92, 98

"Es imposible comprender a Hitler si se ignora las heridas que infligieron al orgullo alemán la derrota de 1918, los intentos revolucionarios que siguieron, la desastrosa inflación de 1923, las violencias de los Cuerpos libres [*Freikorps*] y la vertiginosa instabilidad política de la República de Weimar. No quiero decir con esto que todas estas causas sean suficientes para comprender el hitlerismo, pero son indudablemente necesarias...También existen explicaciones económicas. Es cierto, y es innegable, que los Judíos pertenecían a principio del siglo a la burguesía alemana, que estaban fuertemente arraigados en las finanzas, la prensa, la cultura, las artes, el cine, y así sucesivamente. Eso sin duda despertaba las envidias713."

"Se ha escrito decenas de libros sobre los motivos y el grado de antisemitismo de Hitler, proseguía Primo Levi. Eso demuestra además que es difícil explicarlo. Se trataba seguramente de una obsesión personal cuyas raíces son desconocidas, si bien se ha hablado mucho de ello. Se ha dicho que temía tener sangre judía en sus venas porque una de sus abuelas había quedada embarazada cuando trabajaba en una casa que pertenecía a Judíos; ha sentido ese miedo toda su vida; obsesionado por la pureza de sangre, tenía miedo de no ser él mismo puro. Otras explicaciones han sido propuestas por psicoanalistas, explicaciones que lo desvelan todo, justamente: dicen y han dicho que Hitler era paranoico y perverso, que había proyectado sobre los Judíos sus características a fin de liberarse de ellas. La verdad, es que no entiendo muy bien. Desconozco el lenguaje de los psicoanalistas, y tal vez no me corresponda a mí hablar de ello; en todo caso, es un principio de explicación adicional...Conviene recordar que el testamento que Hitler dictó, cuando los rusos estaban a ochenta metros del búnker, una hora antes de su suicidio, concluía con esta frase: "Encomiendo a mis sucesores que completen la campaña racial de exterminar el pueblo judío, que es el portador de todos los males de la Humanidad". Esto es suficiente, en mi opinión, para demostrar que la necesidad de atribuir todos los males posibles a un chivo expiatorio que sentía el hombre Hitler había rebasado por completo los límites de la razón, de lo racional714."

Cabe destacar que no son los Judíos los "paranoicos y perversos", como las mentes simplonas podrían pensar, sino los antisemitas. Y que también son éstos últimos los que proyectan sobre los Judíos sus características a fin de liberarse de ellas, y desde luego no al revés.

---

[713]Primo Lévi, *L'Asymétrie et la vie*, Robert Laffont, 2002, p. 113
[714]Primo Lévi, *L'Asymétrie et la vie*, Robert Laffont, 2002, p. 205-206

El gran historiador William Shirer, autor de una historia monumental del Tercer Reich, presentaba una explicación similar del antisemitismo hitleriano. No se puede decir que se haya explayado mucho sobre el tema, puesto que de las 1500 páginas de sus dos tomos una sola está dedicada a explicar el antisemitismo nazi. De hecho, sólo citó algunos breves pasajes escogidos de *Mein Kampf*: Hitler, escribía el historiador, "descubrió la mancha moral de este "pueblo escogido" ... ¿Había alguna forma de inmundicia o libertinaje, particularmente en la vida cultural, sin un judío al menos mezclado en ella?" Citaba además algunos breves fragmentos sobre la prostitución y la trata de Blancas: "*Mein Kampf* está sembrado de alusiones espeluznantes a extraños judíos que seducían a inocentes muchachas cristianas y así adulteraban su sangre. Hay una gran parte de mórbida sexualidad en el desvarío de Hitler acerca de los judíos." Hitler era, en definitiva, un verdadero antisemita obsesivo, y "lo seguiría siendo, ofuscado y fanático, hasta el amargo final; su último testamento, escrito unas horas antes de su muerte, contendría el golpe final contra los judíos por el que los hacía responsables de la guerra que él había comenzado y que estaba ahora terminando con él y con el Tercer Reich." Sea como fuere, según William Shirer, nada permitía explicar "este odio terrible, que contaminaría a tantos alemanes[715]."

El regimén nazi había comprometido los destinos de numerosos intelectuales, como el de Stefan Zweig, "el eminente escritor judío-austríaco". Varios hombres políticos igualmente "eminentes" habrían de sufrir en sus carnes las persecuciones, como Kurt Eisner, "un popular escritor judío", que había regresado a Múnich a finales de noviembre de 1918, tras la abdicación del soberano de la dinastía de los Wittelsbach para ponerse al frente de "un Estado del Pueblo"; o como Walter Rathenau, "el brillante y erudito ministro de Asuntos Exteriores a quién los extremistas odiaban por ser judío y por conducir la política nacional hacia el intento de llevar a la práctica algunas de las cláusulas del Tratado de Versalles"; fue asesinado en Múnich. En frente, en el bando nazi, veíamos personajes mucho más inquietantes. Todos los dignatarios nazis eran retratados de la forma más siniestra. "En una sociedad normal, seguramente habrían sido apartados como una grotesca colección de personas que no encajaban. Sin embargo, en los últimos días de la República de Weimar comenzaron a aparecer ante millones de confundidos alemanes como auténticos salvadores[716]."

---

[715] William L. Shirer, *Auge y caída del Tercer Reich, volumen I*, Editorial Planeta, Barcelona, 2013, p. 54-55, 52, 63, 65

[716] William L. Shirer, *Auge y caída del Tercer Reich, volumen I*, Editorial Planeta,

El Testamento político

Teníamos que verificar en ese *Testamento político*[717] las afirmaciones de Primo Levi y de William Shirer. Ambos tenían efectivamente razón en denunciar la obsesión de Hitler que imputaba, en su locura, la responsabilidad de la guerra al pueblo judío. En cambio, no figura escrito en ese texto, tal como lo decía Primo Levi citando a Hitler, que éste hubiera encargado a sus "sucesores que completen la campaña racial de exterminar el pueblo judío, que es el portador de todos los males de la Humanidad". A propósito de los Judíos, sólo hemos hallado estas palabras: "Me he mostrado leal hacia los judíos; les di, en vísperas de la guerra, un último aviso. Les previne que, si precipitaban de nuevo al mundo a una guerra, no se les perdonaría en esta ocasión: que exterminaríamos definitivamente esa gusanera de Europa. A esta advertencia mía contestaron con una declaración de guerra, afirmando que en dondequiera que hubiese un judío habría, por definición, un enemigo inexpiable de la Alemania nacionalsocialista." (Cuartel General del Führer, *Notas*, 13 de febrero de 1945). "Los siglos pasarán, pero de las ruinas de nuestras ciudades y nuestros monumentos artísticos, el odio volverá a crecer de nuevo hacia las personas en última instancia responsables, hacia aquellos a quienes tenemos que agradecer todo esto: el pueblo judío internacional y aquellos que lo ayudan...También dejé claro que si volvía a contemplarse nuevamente a los pueblos de Europa como meros paquetes de acciones de los conspiradores internacionales del dinero y las finanzas, entonces las personas verdaderamente culpables de esta guerra asesina tendrían que responder por ello: los judíos. Tampoco dejé ninguna duda de que esta vez no debía suceder que millones de hijos de las naciones europeas y arias murieran de hambre, que millones de hombres adultos fallecieran y cientos de miles de mujeres y niños fueran abrasados y bombardeados hasta la muerte en las ciudades, sin que los verdaderos responsables pagaran por su culpa, aunque fuera de una forma más humana." (*Mi Testamento político*, 29 de abril de 1945).

Sobre el racismo: "Los blancos, a pesar de todo, les han llevado algo a esos pueblos, lo peor que hubiesen podido llevarles, las plagas de este mundo nuestro: el materialismo, el fanatismo, el alcoholismo y la sífilis. Respecto a lo demás, ya que esos pueblos poseían algo propio superior a lo que les podíamos dar, han permanecido siendo ellos

---

Barcelona, 2013, p. 218-219
[717] Adolf Hitler, *Mi Testamento político*, y Notas recogidas en el Cuartel General del Führer por Martin Bormann, ministro del Partido Nacionalsocialista alemán.

mismos. Además, lo que se intentó por la fuerza produjo resultados todavía peores. La inteligencia nos ordenaría que nos abstuviésemos de emplear esfuerzos de esa naturaleza, cuando sabemos que resultarán vanos. Un solo éxito anotaremos al activo de los colonizadores: han suscitado el odio en todas partes." (*Notas*, 7 de febrero de 1945). "Yo no he pensado nunca que un chino o un japonés fuesen inferiores nuestros. Pertenecen a viejas civilizaciones, y acepto hasta que su pasado sea superior al nuestro. Les concedo toda la razón de sentirse orgullosos de él, como nosotros estamos orgullosos de la civilización a la cual pertenecemos. Llego hasta a pensar que; cuanto más orgullosos continúen siendo de su raza los chinos y los japoneses, con mayor facilidad me podré entender con ellos." (*Notas*, 13 de febrero de 1945).

"Nosotros, solos, hubiésemos podido emancipar a los países musulmanes dominados por Francia. Y eso habría tenido una resonancia enorme en Egipto y en el Cercano Oriente, subyugados por los ingleses. Por haber ligado nuestra suerte a la de los italianos, tal cosa se tornó en algo imposible como política. Todo el islam vibraba con el anuncio de nuestras victorias. Los egipcios, los iraquíes y el Cercano Oriente se encontraban listos a sublevarse, todos juntos…La presencia a nuestro lado de los italianos nos paralizaba, y creaba un malestar entre nuestros amigos del islam, porque no veían en nosotros más que a cómplices, voluntarios o no, de sus opresores. Ahora bien, los italianos, en esas regiones, son más odiados todavía que los franceses y los ingleses718." (*Notas*, 17 de febrero de 1945).

"Nuestro racismo no es agresivo más que por lo que respecta a la raza judía. Hablamos de una raza judía por simple comodidad de

---

[718]"El servicio más grande que Italia podía habernos prestado era permanecer alejada del conflicto. Esta abstención le hubiese valido de nuestra parte todos los sacrificios, todos los obsequios. Que se hubiera detenido en ese papel, y la habríamos colmado de favores. En caso de victoria, hubiésemos repartido con ella todas las ventajas y, además, la gloria. Hubiéramos colaborado, de todo corazón, a la creación del mito histórico de la supremacía de los italianos, hijos legítimos de los romanos. ¡Todo habría sido mejor y preferible y no tenerlos como combatientes a nuestro lado!" (Notas, 17 de febrero). Sobre Franco, Hitler tuvo estas palabras: "No le puedo perdonar a Franco el no haber sabido, en cuanto terminó la guerra civil, reconciliar a los españoles, el haber hecho a un lado los falangistas, a quienes España debe la ayuda que le hemos prestado, y el haber tratado como a bandidos a los antiguos adversarios que estaban muy lejos de ser rojos todos. No es ninguna solución el poner fuera de la ley a la mitad de un país, mientras que una minoría de salteadores se enriquece a costa de todos...con la bendición del clero. Estoy seguro de que entre los presuntos rojos españoles había muy pocos comunistas. A nosotros nos han engañado, porque jamás hubiese yo aceptado, sabiendo de qué se trataba en realidad, que nuestros aviones sirvieran para aplastar a pobres muertos de hambre, y para restablecer en sus privilegios horribles a los curas españoles." (Notas, 10 de febrero). (NdT).

lenguaje, porque no existe, si hemos de expresarnos de modo exacto, y desde el punto de vista de la genética, una raza judía. A pesar de todo, existe una realidad de hecho a la cual, sin el menor titubeo, se le puede conceder esta denominación y la cual está admitida hasta por los mismos judíos. Trátase de la existencia de un grupo humano espiritualmente homogéneo, del cual los judíos de todas partes del mundo poseen la conciencia de formar parte, cualesquiera que sean los países cuyos ciudadanos sean desde el punto de vista administrativo. A ese grupo humano es al que llamamos la raza judía. Ahora bien, no se trata de ninguna manera de una comunidad religiosa, ni de un lazo constituido por pertenecer a una religión común, aun cuando la religión hebraica les sirva de pretexto.

La raza judía, antes que todo, es una raza mental. Aunque tenga por origen la religión hebraica, aunque haya sido en parte modelada por ella, no es, a pesar de ello, de esencia puramente religiosa; porque engloba del mismo modo a los ateos determinados que a los practicantes sinceros. A lo anterior, hemos de añadir el lazo constituido por las persecuciones padecidas en el curso de los siglos; pero acerca de las cuales los judíos olvidan siempre que ellos mismos son los que no han cesado de provocarlas[719]... Una raza mental, he ahí algo mucho más sólido, mucho más durable, que una raza, sin más ni más. Trasplantemos a un alemán a los Estados Unidos, y lograremos hacer a un norteamericano. El judío, por dondequiera que vaya, permanece siendo un judío. Es un ser inasimilable por naturaleza. Y precisamente, este carácter mismo es el que lo convierte en impropio para la asimilación, es el que define su raza. ¡He ahí una prueba de la superioridad del espíritu sobre la carne!" (*Notas*, 13 de febrero de 1945).

---

[719]"Los Judíos han suscitado siempre el antisemitismo. Los pueblos que no son judíos, en el transcurso de los siglos y desde los egipcios hasta nosotros, todos han reaccionado de la misma manera. Llega un momento en que se cansan de que los explote el judío abusivo. Resoplan y bufan como animales que se sacuden la gusanera. Reaccionan brutalmente; acaban por rebelarse. Trátase de una reacción instintiva. Es una reacción de xenofobia en relación con el extranjero que rehúsa adaptarse, fundirse; que se incrusta, que se impone y que nos explota. El judío es, por definición, el extranjero inadmisible y que además se niega a asimilarse. Es lo que distingue al judío de los otros extranjeros: pretende tener, en nuestra casa, los derechos de un miembro de la comunidad, y continuar siendo judío. Considera como algo que se le debe esta posibilidad de jugar simultáneamente sobre los dos tapetes, y es el único en el mundo que reivindica un privilegio tan exorbitante." (Notas, 13 de febrero). (NdT).

El pequeño burgués sojuzgado

El análisis del antisemitismo no sería completo sin tomar en cuenta los trabajos de Wilhelm Reich sobre el fascismo, que ya hemos abordado anteriormente, y que también se pueden aplicar al análisis del antisemitismo. Redactado entre 1930 y 1933, *La Psicología de masas del fascismo*, el clásico de Wilhelm Reich, sigue siendo una contribución importante para la comprensión no tanto del fascismo como de la mentalidad antifascista, y esa extraordinaria capacidad para "inventar", como escribía Attali, las teorías más retorcidas y desalentadoras que oscurecen cada vez más la realidad. Negándose a ver en el fascismo la ideología o la acción de un individuo aislado, y rechazando también la explicación socioeconómica defendida por los marxistas ortodoxos, Reich consideraba el "fascismo como la expresión políticamente organizada de la estructura del carácter del hombre medio", cuyas necesidades y pulsiones primarias y biológicas fueron reprimidas durante milenios: "El sentimiento de culpabilidad sexual y la angustia sexual del hombre reaccionario... producen la vida psíquica inconsciente del lector integrado en la masa. Es aquí donde debemos buscar la raíz del antisemitismo nacionalsocialista", afirmaba Reich. "Es en la esfera irracional del temor a la sífilis donde la cosmovisión política y el antisemitismo nacionalsocialistas hallan una de sus fuentes más importantes. Consecuentemente, la pureza racial, o sea, la pureza de la sangre es un ideal digno de esfuerzo y para cuyo logro hay que emplear todos los medios...Haremos hablar al propio Rosenberg para demostrar que el núcleo de la teoría racial fascista es el miedo mortal a la sexualidad natural y a su función del orgasmo." Efectivamente, éste "intenta demostrar la validez de la tesis de que el ascenso y la decadencia de las naciones deben atribuirse al cruce de razas y al "envenenamiento de la sangre[720]."

El fascismo, según Reich, se explicaría por el deseo orgástico insatisfecho de las masas. Para juzgar las reacciones humanas, debemos tener en cuenta tres capas diferentes de la estructura biopsicológica: "En la capa superficial de su personalidad el hombre medio es reservado, amable, compasivo, responsable, concienzudo... esta capa superficial de la cooperación social no está en contacto con el núcleo biológico profundo del individuo; es soportada por una segunda, una capa intermedia del carácter, que se compone exclusivamente de impulsos crueles, sádicos, lascivos, rapaces y envidiosos. Representa el

---

[720] Wilhelm Reich, *Psicología de masas del fascismo*, (1933), EspaPdf (es.scribd.com), p. 3, 298-299, 375-376, 381-382

"inconsciente" o "lo reprimido" de Freud." A continuación, "penetrando más profundamente a través de esta segunda capa de lo perverso hasta el fundamento biológico del animal humano, se descubre regularmente la tercera y más profunda capa, que llamamos el "núcleo biológico". En lo más hondo, en este el hombre es en circunstancias sociales favorables un animal honrado, laborioso, cooperativo, amante o, si hay motivo para ello, un animal que odia racionalmente. Con todo, en ningún caso de relajación del carácter del hombre de hoy se puede avanzar hasta esta capa tan profunda, tan prometedora, sin antes eliminar la superficie inauténtica y, sólo en apariencia social. Caída la máscara de lo civilizado, no aparece primero la socialidad natural, sino sólo la capa sádico-perversa del carácter721."

"En las ideas éticas y sociales del liberalismo reconocemos la representación de los rasgos de la capa superficial del carácter, que cuida del dominio de uno mismo y de la tolerancia. Este liberalismo acentúa su ética con el fin de refrenar al "monstruo en el hombre"". "El liberal desconoce la socialidad natural de la capa más profunda, la tercera, la nuclear. Lamenta y combate la perversión del carácter humano mediante normas éticas, pero las catástrofes sociales del siglo XX demuestran que no ha llegado muy lejos en esta tarea. Todo lo genuinamente revolucionario, todo arte y toda ciencia verdaderos provienen del núcleo biológico natural del hombre...Muy distinta, y opuesta al liberalismo y a la verdadera revolución, es la situación del fascismo. En su naturaleza no están representadas la capa superficial ni la más profunda, sino esencialmente la segunda, la capa intermedia del carácter, la de los instintos secundarios... Este "fascismo" no es sino la expresión políticamente organizada de la estructura del carácter del hombre medio, de una estructura que no está ligada ni a determinadas razas o naciones ni a determinados partidos, sino que es general e internacional. En este sentido del carácter, "fascismo" es la actitud emocional básica del hombre autoritariamente sojuzgado de la civilización maquinista y de su concepción vital místico-mecanicista722."

"La mentalidad fascista es la del "pequeño hombre" mezquino, sometido, ávido de autoridad y a la vez rebelde. No es casual que todos los dictadores fascistas provengan del ámbito vital del pequeño hombre reaccionario...Hay que haber estudiado en profundidad el carácter del

---

[721]Wilhelm Reich, *Psicología de masas del fascismo*, (1933), EspaPdf (es.scribd.com), p. 23-25
[722]Wilhelm Reich, *Psicología de masas del fascismo*, (1933), EspaPdf (es.scribd.com), p. 28-31

pequeño hombre sojuzgado durante años, tal y como se desarrollan los hechos detrás de la fachada, para comprender sobre qué poderes se apoya el fascismo723."

Hombres como los demás

Ya hemos podido comprobar que el sentimiento de judeidad no debía reducirse a un aspecto anexo de la personalidad, sino que era profundamente constitutiva de ella. Esto es tan cierto que llega hasta determinar en los individuos, no solo las opiniones, especialmente las que expresan la obsesión igualitaria y la esperanza planetariana, sino también una cierta forma de pensar, además de las costumbres comunitarias y la fe religiosa. Unas veces, según las circunstancias, se afirmará que los Judíos están perfectamente integrados en la comunidad en la que han elegido – a menudo temporalmente – afincarse; otras veces, al contrario, afirmarán su judeidad como el primero de sus valores. "Orgulloso de serlo", es lo que resalta del análisis de algunos testimonios del ya citado libro *Retratos judíos*.

Ilse Bing, fotógrafa en Nueva York, nacida en 1899 en Fráncfort del Meno: "- ¿Qué significa para usted la palabra "patria"? - La patria, para mí, es el mundo entero. No tengo vínculos que me aten con el mundo. - Usted ha dicho que era judía, pero que no tuvo ninguna influencia en su vida y que sólo se dio cuenta de ello tarde. ¿Qué significado tiene hoy en día para usted su origen judío? - Soy muy consciente de mi origen judío en el sentido racial de la palabra. Obviamente, no me basta con cruzarme con Moshé Isaak por la calle para sentirme unido a él. Hay algo dentro de nosotros que se remonta a mucho tiempo atrás, mucho más allá de tres generaciones. Tengo la sensación de descender de antiguos ancestros de varios milenios. Esto no tiene nada que ver con Israel."

Ernst Gombrich, historiador del arte en Londres, nacido en 1909 en Viena: "¿Cómo se explican las persecuciones que los judíos han tenido que soportar en la historia? - No quieren reconocer que Jesucristo es el mesías... El patrón es siempre el mismo: estas personas son ambiciosas, tienen relaciones estrechas entre sí, se ayudan mutuamente, y los demás les tienen envidia. La segunda causa del antisemitismo es el nacionalismo... Probablemente las comunidades judías han mirado muy a menudo a los gentiles con cierta condescendencia. No hay duda

---

[723]Wilhelm Reich, *Psicología de masas del fascismo*, (1933), EspaPdf (es.scribd.com), p. 38-39, 41

de ello. Pero es imposible hablar de esto sin prejuicios. Si hoy se sugiriera que la culpa es también de los judíos, se vería inevitablemente como un intento de trivializar Auschwitz. Por eso debemos, tenemos la obligación de guardar silencio. Pero el problema existe."

Marcel Reich-Ranicki, crítico literario en Fráncfort del Meno, nacido en 1920 en Wloclawek, sobre el Vístula. Es considerado el "Papa de la literatura" en Alemania: "La humanidad entera ha reconocido en Kafka el escritor de nuestro siglo[724]. Franz Kafka ha establecido las bases de la literatura moderna; Gustav Malher y Arnold Schönberg, las bases de la música moderna; Karl Marx, las bases de la sociología moderna. Todos eran judíos, y de lengua alemana. Esta doble pertenencia, por sí sola, ha generado genios como esos. No os puedo decir por qué pero puedo formular una hipótesis: el hecho de que los Judíos (perseguidos en todo el mundo en el siglo XVIII) hayan tenido en algunos Estados alemanes la posibilidad de entregarse, a pesar de todo, al trabajo intelectual, ha probablemente influido. Esto era sobre todo cierto en Prusia[725]...Usted no tiene derecho de hacer de mí un alemán. Ciertamente, soy un ciudadano de la República federal y me complace reconocerlo. Este país me gusta, a pesar de todo. Escribo en alemán, soy crítico literario alemán, pertenezco a la literatura y a la cultura alemanas, pero no soy alemán, y nunca lo seré. Y, sin embargo, no me considero en Alemania como un huésped, ni como un extranjero. Afirmo la legitimidad de mi presencia y reivindico el derecho a participar plenamente en la vida cultural de este país."

Curt Siodmak, realizador, productor y autor; nacido en 1902 en Dresde y fallecido en Three Rivers en el año 2000: "-¿Existe un antisemitismo latente en Estados Unidos? -¡Pero por supuesto! El Tennis club de Los Ángeles no acepta los Judíos. Y las fábricas Chrysler tampoco los contrata. - ¿Sufre usted por ello? - ¿Yo? En absoluto. No me interesa para nada forma parte del "club". Los Judíos también tienen sus propios clubs de golf de los que otros están excluidos. De vez en cuando, hacen de un cristiano un ¡"Judío honoris causa"!"

Simon Wiesenthal, director del centro de documentación judío de Viena; nacido en 1908 en Buchach: "- Usted no va a la sinagoga, y me parece que no es un Judío creyente. ¿En qué consiste entonces su judeidad? - He mantenido la ética judía. Para mí es la cosa más valiosa,

---

[724] Ahora sabemos lo que significa "humanidad".

[725] Parece ser que M. Reich-Ranicki utiliza el término "perseguidos" para referirse al hecho de que los Judíos no tenían en ese momento en Europa la ciudadanía de los países donde vivían. Fueron las transfromaciones de la revolución francesa y del Imperio napoleónico, herederos de las ideas de la Ilustración, las que senteron esas bases.

la que me hace sentir orgulloso de ser judío. Además, siento con todos los judíos, vivan donde vivan, una especie de comunidad de destino."

Artur Brauner, productor de cine en Berlín; nacido en 1918 en Lodz, en Polonia: "- Señor Brauner, ¿cómo ve usted el futuro del pueblo judío? - Siendo honesto, lo que me causa mucha preocupación es la asimilación, el gran número de matrimonios mixtos. Esto diezma el pueblo judío. Hay también muy pocos nacimientos de niños judío. Pero tal vez sólo haya que esperar. El pueblo judío siempre ha visto producirse milagros[726]."

Si el orgullo de pertenecer al pueblo judío por encima de todo puede expresarse libremente en un libro de entrevistas para un público judío, no es seguro que estas mismas personas hubieran declarado lo mismo a personas ajenas a su comunidad. En efecto, casi nunca se ve en la televisión, en los medios o en el mundo político, hombres y mujeres famosos declarar su judeidad y reivindicarse como tales, mientras que, al contrario, la prensa judía se hace regularmente eco de declaraciones en ese sentido. Este doble lenguaje, bastante característico de algunas personas de esta comunidad, se manifiesta también, como ya pudimos ver, según las circunstancias del momento. Podríamos apostar a que, si por desgracia, Alemania decidiera de nuevo retirar a los Judíos la nacionalidad alemana, M. Reich-Ranicki juraría por Dios que estaba perfectamente integrado en la comunidad alemana, afirmando a quien quisiera escucharlo que después de todo lo que había aportado a ese país no sería decente volver a "discriminarlo" otra vez.

Evidentemente, este rasgo no es específico de los Judíos alemanes. En su libro *Un Secreto*, galardonado con el Premio Goncourt de enseñanza secundaria del 2004, el joven novelista Philippe Grimbert dejaba ver también a lo largo de su libro una evidente obsesión por su judeidad. "Estaba orgulloso de lo que había heredado...orgulloso de mi apellido, al punto de querer restablecer su ortografía de origen[727]."

En vista de estos testimonios, hay que admitir que para la mayoría de los Judíos, ser judío no es una cuestión baladí. En verdad, toda la gente que suele afirmar que "los Judíos son hombres como los demás", dando a entender que la judeidad no tiene absolutamente ninguna influencia sobre su manera de pensar y de percibir el mundo, deberían ante todo compartir sus reflexiones con los principales interesados.

La pérdida de la savia del judaísmo es sin lugar a duda una cuestión esencial para ese pueblo que vive en medio de las demás naciones. El

---

[726]Herlinde Loelbl, *Portraits juifs, Photographies et entretiens*, L'Arche éditer, Francfort-sur-le Main, 1989, 2003.
[727]Philippe Grimbert, *Un Secret*, Prix Goncourt des lycéens, 2004, Grasset, p. 178

olvido de sus raíces y el incremento de los matrimonios mixtos son sencillamente una amenaza de extinción. Reforzar la cohesión de la comunidad judía es por lo tanto absolutamente vital desde la emancipación de los Judíos y la destrucción de las antiguas comunidades organizadas. El historiador Israel Shahak nos aportó sobre este punto unas precisiones importantes: "Sin embargo todo esto cambió debido a dos procesos paralelos que comenzaron en Holanda e Inglaterra y que continuaron en la Francia revolucionaria y en los países que siguieron el ejemplo de la Revolución Francesa. Los judíos obtuvieron un nivel significativo de derechos individuales (en algunos casos, plena igualdad legal), y el poder legal de la comunidad judía sobre sus miembros llegó a su fin...Desde la época del Imperio Romano tardío, las comunidades judías tuvieron considerables poderes legales sobre sus miembros. No sólo poderes enraizados en la movilización voluntaria de la presión social (por ejemplo, el rechazo a tener cualquier tipo de trato con un judío excomulgado, excluido de la comunidad, llegando al rechazo a enterrar su cuerpo), sino un poder de pura coerción: azotar, encarcelar, expulsar; los tribunales rabínicos podían infligirle legalmente todo esto a un individuo judío por todo tipo de infracciones...Éste era el hecho social más importante de la existencia judía antes de la llegada del estado moderno: tanto la observancia de las leyes religiosas del judaísmo como su inculcación mediante la educación les eran impuestas a los judíos a través de la coerción física, de la que uno sólo podía escapar convirtiéndose a la religión de la mayoría, lo cual en aquellas circunstancias equivalía a una ruptura social absoluta y por esa misma razón imposible de llevar a cabo, excepto durante una crisis religiosa. (Todo esto se omite habitualmente en la historiografía judía más común, con el fin de propagar el mito de que los judíos mantuvieron su religión milagrosamente o en virtud de alguna fuerza mística peculiar728.)"

Esta vigilancia implacable y despiadada ya no existe en la actualidad, por lo que conviene, para consolidar los sentimientos identitarios e intentar reducir el número de matrimonios mixtos que aumentan peligrosamente, poniendo en peligro la supervivencia del grupo, alimentar y fomentar permanentemente la amenaza del antisemitismo. Se debe hacer todo lo posible para mantener la llama de la judeidad en cada judío y, a tal efecto, el miedo al antisemitismo puede servir de poderoso pegamento para mantener unida la comunidad. Así, se mantendrá permanentemente en vilo la "memoria" judía, al igual que

---

[728]Israel Shahak, *Historia judía, religión judía. El peso de tres mil años*, A. Machado Libros, Madrid, 2002, p. 70, 72

el temor constante de los pogromos y las violencias antisemitas, reales o imaginarias. Marek Halter sabía perfectamente "el papel fundamental que ejerce la memoria en el destino de un pueblo llamado a la dispersión y al exilio[729]". "Sí, conozco el precepto bíblico: "¡Zakhor!", "Recuerda" en hebreo. Ese verbo aparece hasta ciento sesenta y nueve veces en la Biblia". "La Memoria, el Libro, el Nombre: tales son los tres pilares que sostienen "el edificio invisible del judaísmo", mencionado por Sigmund Freud[730]."

Para Elie Wiesel, "el Judío está obsesionado con el principio más que con el final. Su sueño mesiánico se refiere al reino de David. Se siente más próximo del profeta Elías que de su vecino de rellano... todo lo que golpeó a sus antepasados le afecta. Sus lutos le pesan, sus triunfos le animan[731]". "Reconozco que de todos los rasgos que caracterizan el pueblo judío, el que más me choca es el deber de esperanza[732]."

El escritor Joseph Roth iba incluso más allá. Para él, la judeidad es una elección y una predestinación de la que uno no puede desprenderse de ninguna manera: "La religiosidad se convierte en una función orgánica del individuo judío. Un judío cumple con sus "deberes religiosos", incluso cuando no los cumple. Es religioso por el mero hecho de ser. Es judío. Todos los demás deben, llegado el caso, hacer profesión de su "fe" o de su "nacionalidad", sólo es automática en el Judío. Está identificado hasta la décima generación[733]."

La identidad judía se basa principalmente en la memoria y la esperanza mesiánica, mucho antes de ser una característica racial o religiosa. Así pues, el antisemitismo no puede ser un racismo y los dos términos están erróneamente unidos, de la misma manera que las cuestiones de los Negros, las mujeres, los homosexuales y cualquier otra minoría son sistemáticamente equiparadas a las discriminaciones contra los Judíos. Obviamente, todo esto responde a una estrategia muy bien pensada que consiste en afirmar que la hostilidad hacia los Judíos, y solamente contra los Judíos, no tiene estrictamente ningún fundamento. En estas condiciones, efectivamente, si partimos del principio de que los Judíos son totalmente ajenos a lo que los antisemitas les reprochan, arremeter contra los Judíos, es emprenderla con cualquier comunidad, y por extensión con toda la humanidad.

---

[729]Marek Halter, *Un Homme, un cri*, Robert Laffont, Paris, 1991, p. 244

[730]Marek Halter, *Un Homme, un cri*, Robert Laffont, Paris, 1991, p. 303

[731]Elie Wiesel, *Memoires Tome II*, Editions du Seuil, 1996, p.46

[732]Elie Wiesel, *Mémoires Tome II*, Éditions du Seuil, 1996, p. 156

[733]Joseph Roth, *A Berlin*, Éditions du Rocher, 2003, p. 33

Este sentimiento identitario permite sin duda evitar lo peor: la disolución dentro de la comunidad nacional, y con el tiempo, la desaparición de la comunidad judía. Según Jacques Attali, "la mayoría de los matrimonios mixtos no implica la conversión del cónyuge judío a otra religión, sino el rechazo de conversión del cónyuge no judío, y sobre todo, el abandono del judaísmo en la generación siguiente. Hoy, aunque un tercio de los jóvenes de la Diáspora se casa con un no judío que no se convierte, más de la mitad de los niños surgidos de matrimonios mixtos en los Estados Unidos no se volverán judíos. En este país, 700 mil jóvenes de menos de 18 años de los cuales uno de sus padres es judío son educados en otra religión, y 600 mil adultos nacidos de por lo menos un padre judío practican otra religión[734]." Por lo tanto, los matrimonios mixtos son considerados con razón por los jefes de la comunidad judía como una calamidad.

La protección tradicional del pueblo judío contra la corrupción de la sangre extranjera quedó patente en este admirable ejemplo: un portavoz de la policía israelí declaró el 23 de diciembre del 2003 que "una empresa israelí ha exigido a miles de trabajadores chinos firmar un contrato por el que se comprometían a abstenerse de cualquier relación sexual con mujeres israelíes, o de intentar convertirlas." Notemos, una vez más, cuán paradójico es acusar a los demás de racismo mientras uno mismo aplica para sí el racismo más estricto e implacable. La situación se torna aún más enrevesada cuando escuchamos algunos Judíos acusar a los antisemitas de ver en los Judíos el reflejo de sus propias taras, actitud que parece ser precisamente la suya. Recordemos las palabras de Vasili Grossman, citado más arriba: "El antisemitismo es un espejo donde se reflejan los defectos de los individuos, de las estructuras sociales y de los sistemas estatales. Dime de qué acusas a un judío y te diré de qué eres culpable." También son conocidas las siguientes palabras de Sigmund Freud: "Tampoco fue por incomprensible azar que el sueño de la supremacía mundial germana recurriera como complemento a la incitación al antisemitismo[735]." Una vez más, nos parece que existe una inversión total de la realidad. La mejor defensa es un buen ataque: en vez de dejarse denunciar, se acusa al otro de sus propios defectos, aprovechando plenamente el

---

[734] Jacques Attali, *Los judíos, el mundo y el dinero*, Fondo de cultura económica, 2005, Buenos Aires, p. 497

[735] Sigmund Freud, *El Malestar en la cultura, parte V, Obras Completas*, EpubLibre, Trad. Luis López Ballesteros y de Torres, 2001, p. 4092. [La traducción de Presses Universitaires de France (1971) reza así; "Tampoco fue casualidad que los Germanos recurrieran al antisemitismo para realizar mejor su sueño de supremacía mundial". (NdT)]

hecho de que esta forma de delincuencia intelectual no está sancionada por la ley.

Quienes se pregunten por estas disposiciones singulares de los Judíos para raciocinar, discutir, dar rodeos y hallar argucias de todo tipo para eludir una cuestión y contorsionarse en todo los sentidos para demostrar su buena fe, deberían empezar a familiarizarse con lo que se denomina "el espíritu talmúdico". Albert Londres, el "príncipe de los reporteros", nos legó un texto muy interesante al respecto, en su libro de 1929 titulado *El judío errante ya ha llegado,* en el que describía las antiguas comunidades judías de Europa central, en los "shtetl" y los barrios judíos:

"Estoy en el umbral de la *Mesybtha,* el gran seminario de la judería del mundo. La juventud sensacional... los delgados y pálidos intelectuales de sombrero redondo, esos rostros de dieciséis a veintidós años, ascéticos, inspirados, devorados por el espíritu moloch[736], esos portadores del fuego de Israel llegados de Polonia, de Rumanía, de Ucrania, de Checoslovaquia y hasta de Bélgica, están todos ahí. Los oigo desde el descansillo. El rumor de sus voces se infla, se calma, se apaga, renace. La fábrica de rabinos está en pleno funcionamiento. Entremos. ¡Claro que sí, entra! ¿El olor del lugar es espantoso? ¿No has olido ya otros? Finge estar resfriado, muerde el pañuelo bajo la nariz, pero avanza, ¡ya te acostumbrarás! El olor es especialmente judío – judío ortodoxo. En un cine de Cernauti tuve que salirme antes del final. Este olor es una mezcla de esencia de cebolla, de esencia de arenque salado y de esencia de humo de caftán...Nada que provenga del exterior puede impresionar a estos estudiantes. Absolutamente nada...Penetrar los misterios, hacer retroceder las sombras, fustigar la propia inteligencia que no galopa nunca demasiado deprisa, alcanzar una cima de la comprensión sólo para lanzarse hacia otra cima, especular sobre todas las causas y todos los principios: ésas son las únicas preocupaciones de estos infatigables teóricos. Este seminario rabínico es extraordinario...Trabajan así entre dieciséis y diecisiete horas al día. ¿Qué es lo que aprenden? En primer lugar, el Talmud, de memoria, los dos Talmud incluso: el de Jerusalén y el de Babilonia. Se atiborran literalmente de todas las viejas tradiciones rabínicas. ¿Qué es un Talmud? Es el libro de las interpretaciones que mil rabinos, desde hace milenios, han dado de la ley de Moisés. Es el amor por la discusión llevado casi hasta la locura. El sentido y el contrasentido de una palabra son objeto de controversias sin fin. Por ejemplo, no se discute a la ligera

---

[736]Divinidad semita a la que se ofrecían sacrificios de fuego de niños. Nota en Albert Londres, *El judío errante ya ha llegado.*

esta palabra de Dios: "Que cada uno permanezca en su casa y que nadie salga de *su sitio* el séptimo día". ¿Cuál es ese *sitio*? ¿Hasta dónde se puede ir un sábado sin ofender al Señor? ¿La palabra *sitio* designa los alrededores inmediatos de la casa? ¿Todo el pueblo puede ser considerado como el *sitio* querido por el Eterno? En caso afirmativo, ¿puede esto aplicarse a todos los pueblos, cualesquiera que sean sus dimensiones? En todo caso, ¿qué perímetro máximo puede tener un pueblo para responder al pensamiento divino? Y lo que puede aceptarse para un pueblo, ¿puede aceptarse para una ciudad? ¿Dónde empieza una ciudad? ¿Dónde acaba? Fijados los límites, ¿no es demasiado grande la ciudad como para ser tratada de *sitio*? ... ¡Oh, insaciable espíritu de Israel! ...Y lo que estos jóvenes acróbatas del pensamiento, estos posesos cerebrales aprenden aquí, no es tanto la literatura, la ética y la moral judías, como llegar a ser más sutiles, más agudos, más penetrantes, más prestos. ¡Bonito deporte!

(...) La pureza de sus costumbres es legendaria. Entran como ángeles y como ángeles salen. Toda la fogosidad de su primera juventud es para el Talmud. Sólo sueñan con él y con él viven y duermen. Si la Thora es la *Novia Coronada*, el Talmud es la *Casada en Flor*[737]."

Tambores y trompetas

Los motivos para estar orgulloso se expresan con más frecuencia y convicción cuando se trata de alabar a los propios compatriotas. Este es uno de los aspectos más destacables y encomiables del espíritu comunitario, siempre y cuando esté justificado y no sea a costa de los "otros".

Mientras nos describía el Berlín de sus amores en 1930, "la industria berlinesa del placer" y todas las alegrías de la vida en la capital de la nueva República de Weimar, el tono cambiaba de repente en 1933: Joseph Roth ya no se sentía entonces un alemán enamorado de su país, sino que, al contrario, manifestaba un cambio brusco y radical que ya nos resulta familiar después de estudiar los casos, entre otros, de Albert Einstein y Stefan Zweig. Aquí, de nuevo, este brusco giro es completamente sintomático de una mentalidad ambivalente cuya cara oculta no se desvela más que en circunstancias especiales: inmediatamente después de haber triunfado, o rumiando su venganza. A esto venía añadirse un desprecio soberano hacia el pueblo que los había rechazado: "Nosotros, descendientes de antiguos Hebreos,

---

[737] Albert Londres, *El judío errante ya ha llegado*, Editorial Melusina, 2012, p. 160-165

ancestros de la cultura europea, seguimos siendo a día de hoy los únicos legítimos representantes alemanes de esta cultura...Gracias a la insondable sabiduría divina, somos físicamente incapaces de traicionarla en aras de la civilización pagana de los gases asfixiantes, del dios de la guerra germánico armado de amoníaco...Se puede decir que desde 1900, esta "capa superior" de Judíos alemanes han determinado en gran parte, por no decir dominado, la vida artística de Alemania.

Por todo el vasto Reich, poblado de sesenta millones de habitantes, no había, excepto, naturalmente, casos individuales, un solo medio que manifestara un interés activo por el arte y el espíritu. En cuanto a los Junkers prusianos, el mundo civilizado se dio cuenta de que apenas sabían leer y escribir...Sólo los Judíos alemanes manifestaban interés por los libros, el teatro, los museos, la música...Revistas y periódicos eran editados por Judíos, pagados por Judíos, leídos por Judíos.Todo un enjambre de críticos e intelectuales Judíos descubrían y promovían numerosos poetas, escritores y actores "puramente arios"."

La esterilidad intelectual de los Alemanes contrastaba pues con la increíble fecundidad del espíritu judío, y ese abierto desprecio hacia los goyim sólo era igualado por la adulación de sus propios correligionarios, hasta tal punto que faltaban los epítetos para ensalzarlos: "Desde inicios de siglo XX, seguía escribiendo Joseph Roth, han contribuido a la literatura alemana los siguientes escritores Judíos, medio Judíos y cuarto de Judíos: Peter Altenberg, tierno poeta de la más dulce y secreta feminidad, tratado desde hace tiempo de "pornógrafo decadente" por los bárbaros de las teorías racistas; Oscar Blumenthal, autor de finas comedias sin grandilocuencias pero llenas de buen gusto; Richard Beer-Hoffmann, noble forjador de la lengua alemana, heredero e intérprete del legado bíblico; Max Brod, autor de cuentos de gran linaje, lleno de prurito y erudición; Bruno Frank, artesano concienzudo del Verbo y dramaturgo experimentado; Ludwig Fulda, poeta lírico y autor de comedias llenas de encanto y fineza; Walter Hasenclever, uno de los dramaturgos más ardientes; Hugo von Hofmansthal, uno de los más nobles poetas y prosistas; Alfred Kerr, crítico de teatro rebosante de poesía; Karl Krauss, gran polemista, profesor de letras alemanas, fanático de la pureza lingüística; Else Lasker-Schüler, poetisa inconmensurable; Klauss Mann (medio judío, hijo de Thomas Mann), joven escritor muy prometedor y dotado de un talento estilístico considerable; Alfred y Robert Neumann, autores épicos sobresalientes; Rainer Maria Rilke (cuarto de Judío), uno de los mayores autores líricos de Europa; Peter Panter, panfletario de espíritu brillante; Carl Sternheim, penetrante novelista y dramaturgo; Ernst Toller, corifeo de las golondrinas, dramaturgo revolucionario que pasó siete años en una fortaleza bávara por amor a la libertad del pueblo alemán738 ; Jacob Wassermann, uno de los mayores novelistas de Europa; Franz Werfel, dramaturgo lírico, autor de cuentos y magnífico poeta: Carl Zuckmayer, poderoso dramaturgo; Arnold Zweig, novelista y ensayista por la gracia de Dios." En resumidas cuentas, grandes, muy grandes hombres, comparado con los intelectuales y artistas locales, eso pobres Germanos groseros, brutales e ineptos.

"Al perseguir a los Judíos, escribía Joseph Roth con esa lógica que el lector ya conoce, se persigue a Jesucristo. Por una vez, no se masacra a los Judíos porque han crucificado a Jesucristo, sino porque lo han engendrado739. Cuando se queman los libros de autores judíos o sospechosos de serlo, se incendia en realidad el Libro de los libros: la Biblia. Cuando se expulsa y encarcela a jueces y abogados judíos, se arremete en espíritu contra el derecho y la justicia. Cuando se martiriza los comunistas, se ataca el mundo ruso y eslavo, él de Tolstoi y de Dostoyevski más aún que el de Lenin y Trotski". Esta vez, se asimilan a los cristianos, a la ley, y al mundo ruso, para congraciarse nuevos aliados contra los "malvados malos". Y Joseph Roth concluía: "¡Hemos cantado alabanzas a Alemania, a la verdadera! Por eso hoy nos quema Alemania740!"

En *Vida y destino*, Vasili Grossman, demostraba la misma tendencia a poner en un pedestal los miembros de su comunidad cuando decía: Albert Einstein es "el primer genio de nuestra época"; "Los fascistas han expulsado al genial Einstein, y su física se ha convertido en una física de simios. Pero gracias a Dios hemos detenido el avance del fascismo... La física contemporánea sin Einstein sería una física de simios741." Desprecio soberano para unos, gloria absoluta para los otros. Es uno de los numerosos síntomas de la histeria. Es una de las afecciones que sólo se ve en los otros pueblos en las mujeres, como ya lo señalaba el profesor Charcot en su tiempo.

Observamos también en Stefan Zweig las mismas disposiciones en su libro, *El mundo de ayer*: "En Viena, amor y arte eran considerados un derecho común, e inconmensurable es el papel que la burguesía

---

[738]Ernst Toller fue uno de los jefes de la revolución bávara en 1919.
[739]La primera "masacre" es de noviembre de 1938, durante la Noche de los Cristales rotos (36 víctimas), cuando el autor escribía esto en septiembre de 1933.
[740]Se refiere a libros "quemados". Joseph Roth, *A Berlin*, Éditions du Rocher, 2003, p. 195-204
[741]Vasili Grossman, *Vida y destino*, Galaxia Gutenberg, 2007, Barcelona, p. 339, 340

judía, con su contribución y protección, desempeñó en la cultura vienesa. Ella era el público, llenaba los teatros y los conciertos, compraba los libros y los cuadros, visitaba las exposiciones y, con su comprensión, más flexible y menos cargada de tradición, se convirtió por doquier en promotora y precursora de todas las novedades. Los judíos crearon casi todas las colecciones de arte del siglo XIX, gracias a ellos se hizo posible la mayoría de ensayos artísticos; sin el interés incesante y estimulante de la burguesía judía, Viena se habría quedado a la zaga de Berlín respecto al arte...Quien quería hacer algo nuevo en Viena no podía prescindir de la burguesía judía...Las nueve décimas partes de lo que el mundo celebraba como cultura vienesa del siglo XIX era una cultura promovida, alimentada e incluso creada por la comunidad judía de Viena742."

Al final del siglo XIX, "a semejanza de lo ocurrido en España antes de su ocaso igual de trágico, el judaísmo vienés había sido muy productivo en lo artístico, aunque en absoluto de una forma específicamente judía, sino expresando con la mayor energía, por un milagro de compenetración, todo lo típicamente austríaco y vienés. Goldmark, Gustav Mahler y Schönberg se convirtieron en figuras internacionales de la creación musical; Oscar Strauss, Leo Fall y Kálmán hicieron florecer de nuevo la tradición del vals y de la opereta; Hofmannsthal, Arthur Schnitzler, Beer-Hofmann y Peter Altenberg elevaron la literatura vienesa a rango europeo hasta un punto no alcanzado ni siquiera con Grillparzer y Stifter; Sonnethal y Max Reinhardt recuperaron la fama de la ciudad del teatro y la llevaron a través del mundo; Freud y las grandes autoridades de la ciencia atrajeron las miradas del mundo hacia la celebérrima universidad; por doquier, en calidad de eruditos, de virtuosos, de pintores, de directores artísticos, de arquitectos y periodistas, los judíos se aseguraron posiciones elevadas y eminentes en la vida intelectual de Viena. Gracias a su amor apasionado por esta ciudad y a su voluntad de asimilación, se habían adaptado completamente y eran felices sirviendo a la fama de Austria; sentían su condición de austríacos como una misión ante el mundo y es necesario repetirlo por honradez una gran parte, si no la mayor, de todo lo que Europa y América admiran hoy como expresión de una cultura austríaca resurgida -en la música, la literatura, el teatro y las artes industriales fue creado por los judíos de Viena, quienes, a su vez, obtuvieron con esa renuncia un rendimiento altísimo de su impulso espiritual milenario."

---

[742]Stefan Zweig, *El mundo de ayer; memorias de un Europeo*, Acantilado 44, Barcelona, p. 16

Una figura "nos fascinaba, seducía, embriagaba y entusiasmaba, escribía Stefan Zweig; el portentoso y único fenómeno de Hugo von Hofmannsthal", quién representaba la "perfección poética absoluta". Tenía "tal infalibilidad en el dominio de la lengua", que "este genio grandioso, que ya a sus dieciséis y diecisiete años, con sus versos indelebles y una prosa insuperable hasta hoy, quedó inscrito en los anales eternos de la lengua alemana." Se había producido "un hecho sobrenatural"; "¡Un bachiller que poseyese tal dominio del arte, tal clarividencia, una visión tan profunda y un conocimiento tan impresionante de la vida antes de vivirla!"; "inteligencia ágil"; "versos tan perfectos, de tan impecable plasticidad, tan impregnados de música"; "maestría inigualable y que ningún otro alemán ha conseguido desde entonces"; ello "radicaba en un conocimiento del mundo que, tratándose de un muchacho que pasaba los días sentado en un banco de escuela, tan sólo podía venir de una intuición mágica"; "tenía que llegar a convertirse en hermano de Goethe y de Shakespeare"; "se notaba que algo inconsciente e incomprensible lo debía de guiar secretamente por esos caminos hasta los parajes jamás pisados"; "un poeta puro, sublime, poeta que nadie concebía sino bajo las formas legendarias de un Hölderlin, un Keats", y tenía nuestra edad; "su rostro, de perfil marcado y de tez oscura: un tanto italiano"; "cada una de sus frases tenía ese halo de perfección que nace con naturalidad del sentido mágico de la forma"; "todo cuanto escribió aquel bachiller y universitario era como el cristal iluminado desde dentro"; tal era "la fuerza mágica de ese inventor"; "nunca he vivido la experiencia de una conversación de tan alto vuelo intelectual como la suya"; "Era un prodigio inimitable de perfección precoz[743]". La presencia de tal genio suscitaba evidentemente las esperanzas de todos los jóvenes alumnos. La gloria y la celebridad eran por lo tanto posibles: "Al fin y al cabo, su padre, un director de banco, procedía del mismo estamento judío burgués que todos nosotros; el genio se había formado en una casa parecida a la nuestra, con iguales muebles y la misma moral de clase..."

Semejante entusiasmo, semejante publicidad a favor de sus correligionarios eran evidentemente sintomáticos de un sentimiento de inferioridad latente. A riesgo de desagradar, tenemos que reconocer que, excepto Stefan Zweig, no nos ha parecido que ninguno de los autores estudiados en la presente obra tenga cualidades literarias especiales. Sus producciones son incluso a menudo mediocres, y pareciera que su éxito se debe sobre todo al genio de la publicidad. Las librerías, hay que

---

[743] Stefan Zweig, *El mundo de ayer; memorias de un Europeo*, Acantilado 44, Barcelona, p. 16-17, 28-31

decirlo, están actuablemente inundadas de libros mediocres. En verdad, el "pueblo del Libro" es ante todo el del micrófono y de la pantalla de televisión, o incluso con más seguridad, el pueblo del megáfono, pues sin publicidad, está claro que muchas de esas publicaciones permanecerían en el olvido. Muy pocos de los que hemos pasado revista saben escribir correctamente. Guy Sorman nos parece un excelente periodista; Stefan Zweig tiene indudablemente una hermosa pluma; pero los demás están desprovisto de talento literario. El académico Michel Serres logra incluso la hazaña, usando palabras francesas, de escribir en un idioma que no comprendemos. Algunos se benefician simplemente de la complacencia de todos los canales mediáticos y de la ayuda exclusiva de sus correligionarios, probablemente otra causa inconfesable del antisemitismo pero que algunos Judíos tienden a achacar a la "envidia". De nuevo, no es imposible que aquello que se reprocha a los adversarios sea en realidad el reflejo de sus propios defectos.

Sabemos ahora que Jacques Derrida era "el Papa del pensamiento" universitario; que Armand Hammer era "el rey del petróleo, de la ganadería y del whisky"; que Albert Londres era el "príncipe de los reporteros" y que Isidoro Partouche era "el emperador de los casinos". Nos faltaba una "reina", y la hemos encontrado en la persona de Françoise Giroud, la gran periodista fallecida en el 2004, que fue sin duda la "reina de los periodistas", la "mejor entre los mejores", una "gran señora" y una "figura ilustre". En su *Diario de una parisina*[744] nos encontramos de nuevo, para el periodo 1996-1999, con los rasgos característicos de esa mentalidad tan particular: la glorificación abusiva de los correligionarios, la tendencia irreprimible a dar lecciones de moral, las contorsiones intelectuales, el antirracismo militante, la indignación selectiva:

"13 de febrero 1996: Se redescubre el surrealismo, cuya figura más emblemática, Victor Brauner, fallecido en 1996, está siendo expuesto actualmente en Beaubourg. El homenaje tardío que le rinde Beaubourg reúne una treintena de cuadros y dibujos. Al contemplarlos, es evidente que se ha infravalorado ese mago provocador. Suntuosidad, fuerza, dominio absoluto de su arte, hay que verlo sin falta.

"11 de abril: Marcel Bleustein falleció con 89 años. Tenía todavía buena salud, aunque era sordo del todo, lo que dificultaba las interacciones con él. Me caía bien ese viejo bandido de mirada cándida,

---

[744] Françoise Giroud, *Journal d'une parisienne*, Éditions du Seuil, 1997, 2000

lleno de audacia, imaginación y talento. Tenía el don de la publicidad como otros el de la música. Hizo fortuna con él[745].

"20 de abril: El abate Pierre... qué tristeza. Este hombre que sólo podemos amar se ha extraviado metiéndose de lleno en una historia siniestra. Ahí le vemos de repente posicionándose como garante moral del negacionista Roger Garaudy, con el pretexto de que lo conoce desde hace cuarenta años. Se le puede mantener el afecto, como a un hombre viejo cansado. Ya no se le puede tener respeto.

"26 de junio: Maleducado, Jean-Marie Le Pen acusando a la selección francesa de fútbol de no saber la Marsellesa, e incluso de no ser franceses. Falso. Todos lo son, aunque sean a veces hermosamente negros. A esto se le llama perder la oportunidad de callarse.

"9 de agosto: Visto por cuarta vez la exposición de arte africano organizada por los Nahon en la galería Vence. Se puede ver y volver a ver por su riqueza, variedad y la impresionante calidad de los objetos presentados. Es tan simple como eso, lo quieres todo. Estoy hechizada por una pequeña terracota de Nigeria, irresistible.

"12 de septiembre: Indignación con la declaración de Jean-Marie Le Pen sobre la "desigualdad de las razas". Además, insiste: "Los Judíos y los Esquimales no han tenido el mismo papel en la historia del mundo. Como tampoco los Pigmeos y los griegos contemporáneos de Pericles." Por lo tanto, hay razas inferiores. Una vieja cantinela científicamente falsa: el patrimonio genético de toda la raza humana es el mismo, su sangre es la misma. Y entre Nelson Mandela y Le Pen, ¿cuál es "inferior"?

"27 de septiembre: Gran alboroto por las memorias de Brigitte Bardot que se venden como pan caliente. Se le reprocha su simpatía hacia Le Pen - "un hombre encantador"- palabras contundentes sobre los inmigrantes, y también algunas frases de pequeña burguesa esnob como: "Odio las vacaciones pagadas". ¿Hay que quemar a Bardot? No. Hay que tirarle de las orejas.

"27 de octubre: Marek Halter fue invitado a la Feria del libro de Tolón. Viene de publicar un libro voluminoso, *El Mesías*. Se le iba a rendir un homenaje. Pero todo se vino abajo cuando el alcalde de Tolón, M. Le Chevalier, Frente Nacional, declaró Marek Halter persona non grata. No se le prohibirá su estancia, pero el homenaje será para...Brigitte Bardot. ¿Qué le reprochan a Marek Halter? M. Le Chevalier lo explicó sin rodeos: Marek Halter tiene "una visión del mundo más internacionalista, más mundialista que un arraigo a una nación, a un suelo patrio". Marek Halter casi se atragantó. Así empieza

---

[745]Antiguo dueño de Publicis, primer grupo de publicidad en Francia.

el fascismo. Nunca dice su nombre, se arrastra, flota en el ambiente, cuando se asoma, todos preguntan: ¿Es él? ¿Usted cree? ¡No hay que exagerar! Y entonces un día te encuentras cara a él y es demasiado tarde para expulsarlo.

"14 de enero de 1999: Visto la obra de teatro de Jacques Attali sobre Carlos V, interpretado por Depardieu: magnífico. Exposición Rothko: un gran pintor estadounidense que los franceses apenas conocen. Es una pintura abstracta, metafísica: grandes cuadrados de colores ante los cuales, cuando uno se para a mirar, la espiritualidad os invade, la comunicación con un infinito[746]... Uno se queda ahí, clavado. Colores sutiles, preciosos, trabajados, de los que emerge una luz; negros sobre grises que anuncian la muerte. Una obra única. "He apresado la violencia más absoluta en cada centímetro cuadrado", decía. Rothko se suicidó en 1970.

"18 de enero: Coloquio Françoise Dolto; un triunfo. La gran sala de la Unesco estuvo llena durante cuatro días.

"23 de enero: Mi impresora se ha roto. Tengo que comprar una nueva, no puedo pasar sin ella. Pero ninguna tienda entrega una impresora a domicilio. Y pesa mucho, y no tengo coche: ¿cómo la llevaré a casa?

"16 de marzo: Yehudi Menuhin, el sublime, murió a los 82 años. Tocaba el violín de los ángeles.

"21 de abril: Almuerzo con Jacques Attali. Es un placer verlo...Su obra sobre Carlos V ha tenido un éxito muy honorable en un momento en que los teatros están vacíos[747]... Nadie es más fecundo que él. Fascina e irrita, como es lógico. A mí me gusta mucho.

"30 de abril: Una parte interesante del *Diario* de Paul Léautaud se refiere al periodo de la Ocupación como él la vivió: gente que le da igual todo, que encuentran a los alemanes bastante agradables, y que están obsesionados con el abastecimiento, él el primero.

"14 de septiembre: El Zorro de la agricultura, José Bové, en su cruzada conta la "comida basura", anda destrozando Mc Donalds. Le ha valido algunos días en la cárcel y se ha convertido en una figura popular. Ha tenido estas palabras extraordinarias: "La Iglesia de la Cienciología y Mc Donalds son lo mismo..." En otras palabras: veis todo eso, es americano.

"¡Puaj[748]!"

Está claro que estamos ante una gran, una muy gran periodista.

---

[746]La frase no está terminada; probablemente sea una figura retórica.
[747]Traducción: un fiasco.
[748]Es el comentario de Françoise Giroud.

Escuchemos ahora un testimonio de nuestro libro de *Retratos*, el de Erwin Chargaff, biólogo en Nueva York, nacido en 1905 en Chernivtsí:

"- ¿Pone usted en duda los talentos particulares de los Judíos?

"- Me parece que los Judíos son un pueblo medianamente dotado. Basta con observar cómo, dejados a su suerte, está la situación en Israel. No son realmente buenos economistas. Los Judíos son extraordinariamente dotados para la transmisión, es decir que hay mucho excelentes músicos solistas, cantantes, instrumentistas judíos. Parecen estar especialmente dotados para interpretar y reproducir lo que otros escribieron. Pero me parece un chauvinismo estúpido pretender que los Judíos son el elemento principal del mundo intelectual occidental. Es absolutamente falso. Al contrario, yo diría que los judíos siempre han mostrado un cierto déficit en el campo de la creación. Son más bien menos creadores que los demás. Hay mucho menos genios manifiestos en los Judíos que en los no-Judíos. Creo que tienen poco talento en literatura, y menos aún en las artes pictóricas. Y tampoco creo que se haya cometido una injusticia contra los Judíos. Si hubiesen escrito mejores poemas, habrían sido imprimidos. Karl Marx fue sin duda una especie de genio filosófico o político-filosófico[749], pero a parte de él, hay muy pocos genios judíos. Los Judíos no han dudado en calificar de genios a muchos de ellos. En todas las minorías, se trata siempre de cantar sus propias alabanzas, pero las minorías, en general, no tienen el sentido de la proporción, y lamento mucho ese chauvinismo." Esta ya era la opinión de Spinoza.

Salir del judaísmo

El rechazo de su propia comunidad por parte de algunos Judíos es un tema que necesitaría un estudio en sí mismo. El ejemplo más conocido es el de Karl Marx. Nació "en una familia de rabíes y comerciantes judíos de Tréveris (su padre es Hirschel Ha Levi y su madre, Henrietta Pressburg Hirshel), convertido al protestantismo cuando tenía 6 años." Cuatro años antes del *Manifiesto,* publica en 1844 *La cuestión judía.* Para él "el judío es la matriz del capitalismo; por ende, asimilarlo en nada cambiaría su estatus. Sólo puede emanciparse con la desaparición, conjunta de capitalismo y judaísmo." En "ese texto

---

[749]"Marx tuvo una gran visión, escribía Sollers. Compadezco a quién no haya sentido el rigor de la misma. Freud también." (Philippe Sollers, *Vision à New York,* Grasset, 1981, p. 16)

espantoso", Jacques Attali identificaba una de las fuentes involuntarias del antisemitismo económico moderno. En efecto, esto era lo que escribía Marx: "No busquemos el secreto del judío en su religión, busquemos -en cambio- el secreto de la religión en el judío real. ¿Cuál es el sustrato profano del judaísmo? La necesidad práctica, el beneficio personal. ¿Cuál es el culto profano del judío? El tráfico. ¿Cuál es su dios profano? El dinero. (...) La nacionalidad quimérica del judío es la nacionalidad del comerciante, del hombre de dinero. El judaísmo sólo alcanza su apogeo con la perfección de la sociedad burguesa; pero ésta sólo alcanza su perfección en el mundo cristiano (...). El cristianismo surgió del judaísmo; y terminó por doblegarse ante el judaísmo. (...) Por lo tanto, encontramos la esencia del judío de nuestros días no sólo en el Pentateuco y el Talmud, sino en la sociedad actual. (...) El dinero es el dios celoso de Israel, ante el cual ningún otro dios debe subsistir[750]."

Marx pretendía demostrar que la liberación del Judío implicaría que la sociedad se liberaría a su vez del judaísmo: "Marx explica que judaísmo y dinero son inseparables, que no se puede eliminar a uno sin eliminar al otro, que el trabajador, a través de una revolución contra la propiedad privada, puede al mismo tiempo liberarse de Dios y del capital". "Así, anticapitalismo y antijudaísmo se confunden en una mezcla de la que muchos se alimentarán después de Marx", notaba Jacques Attali, recordando el antisemitismo de una parte de la izquierda revolucionaria del siglo XIX. Sin embargo, ya hemos visto que la obra de Karl Marx, al igual que la de Spinoza, se inscriben perfectamente en la línea de los textos proféticos y del universalismo tan querido por Israel.

En 1860, otro judío alemán, Ferdinand Lassalle, fundador del movimiento socialista, escribía: "Puedo afirmar que he dejado de ser judío. (...) no quiero a los judíos y más bien tendería a detestarlos en general[751]."

El odio de sí mismo judío es un fenómeno que se observa en muchos otros autores. Israel Shamir, por ejemplo, es un israelí que parece haberse convertido sinceramente al cristianismo ortodoxo y abandonado su comunidad de origen. Hoy en día, su pensamiento ya no contiene nada de lo que hemos podido identificar como constitutivo de la mentalidad judía, y, por consiguiente, ya no hay motivo para

---

[750]Jacques Attali, *Los judíos, el mundo y el dinero*, Fondo de cultura económica, 2005, Buenos Aires, p. 329-330
[751]Jacques Attali, *Los judíos, el mundo y el dinero*, Fondo de cultura económica, 2005, Buenos Aires, p. 331

considerarlo un representante del "pueblo elegido". En su obra *Pardes, Un Estudio en la Cabála,* escrito en el 2004, recordaba que Golda Meir, Primera ministra de Israel había declarado un día lo siguiente: "Un matrimonio mixto es peor que el Holocausto". Israel Shamir comentaba: "Meir y Lipstadt han seguido la línea tradicional de los judíos: el Antiguo Testamento glorifica a Fineas que mató a un hombre judío por haber tenido relaciones sexuales con una mujer gentil; Ezra excluyó a todos los sacerdotes judíos que habían contraído un matrimonio mixto con palestinas nativas, el Talmud comparó el matrimonio mixto con la bestialidad: "porque los gentiles están más cerca de las bestias que de los judíos". En la tradición judía, se supone que una familia judía debe realizar ritos fúnebres sólo formalmente si su hijo o hija se casa con un goy [no-judío, peyorativo]". "A pesar de estas condenas, hombres y mujeres de origen judío contraen matrimonios mixtos y rompen conscientemente con el judaísmo. Este acto es una prueba importante de su disposición a renunciar al particularismo y unirse a la gente con la que viven. Es, de cierto modo, una forma tan concluyente de salida como el bautizo"

Sin embargo, la ruptura con el judaísmo no es tan sencilla. "Los hijos de matrimonios mixtos suelen no comprender la acción iconoclástica de sus padres, y los padres a menudo dudan antes de explicar la importancia sacra de su acto a sus hijos". Los hijos nacidos dentro de esos matrimonios, "en lugar de enorgullecerse – y también debido al espíritu de contradicción propio de su edad – tienden a querer llevar la contraria a sus padres y retornar al redil judío". Es un deseo, por lo demás, contraproducente, escribía Israel Shamir, ya que "su intento de "retornar" está destinado al fracaso, porque un tal niño jamás puede llegar a ser un "judío enterizo" según la ley judía. Él o ella no podrá casarse con un Cohen, o en realidad con ninguna familia judía "verdadera". Su posición es prácticamente la misma de un *mamzer,* un bastardo, "un hijo de puta". Tendrá derecho a apoyar a los judíos, a morir por los judíos, pero no a ser enterrado en un cementerio judío". "Pero no hay que lamentarse, hijos nuestros en parte judíos y totalmente humanos, escribía Shamir, porque no sólo os es imposible unirse a los judíos, tampoco es deseable, porque el judaísmo no es una organización buena. El judaísmo no es en absoluto una sinecura[752]."

Marek Halter coincidía curiosamente con Israel Shamir en su análisis de la judeidad, pero al revés, si se puede decir así: mientras que para Shamir se puede salir de la judeida pero no entrar, o muy difícilmente, para Marek Halter se puede entrar pero no salir: "Uno no

---

[752]Israel Shamir, *Pardes: un estudio en la Cábala,* Pdf, Trad. Germán Leyens, p. 3, 4

nace judío, uno se hace", decía en una entrevista publicada en el periódico *Le Point* del 8 de octubre de 1999. "Hay judíos negros, los de Etiopía, chinos, indios, etc., que no tienen una gota de sangre en común. ¡Sin contar los convertidos! Los judíos no son ni una raza ni tampoco únicamente una religión, sino un grupo de personas que han mantenido durante siglos cierta tradición, una relación específica respecto al lenguaje y a la historia, y que en la actualidad se puede elegir hacer suya...o no". Marek Halter admitirá sin embargo que las conversiones son muy poco frecuentes, y que es muchísimo más fácil ser admitido en cualquier otra religión que en la religión judía, donde la filiación por la madre sigue siendo la norma casi intangible. En cuanto a los Judíos negros, parece ser que son tratados bastante duramente por el Estado hebreo.

Ciertamente, la intención de Israel Shamir es ayudar a sus antiguos correligionarios a "liberarse de su judeidad". Y para ello, el matrimonio mixto, - el gran temor de los rabinos- es la opción más sencilla. Ahora bien, la angustia deliberadamente fomentada del antisemitismo viene a contrarrestar esta posibilidad de liberación: "A principios del siglo XX, el hijo de un matrimonio mixto se identificaba casi siempre con los nativos de su país. Pero esa tendencia fue contrarrestada por la narrativa del Holocausto, una construcción ideológica que imponía a los descendientes de los judíos un sentimiento fatalista de "no hay escape"[753]."

Shamir se hacía eco de unas declaraciones de un tal Abram Leon, "un joven partidario de Trotsky, que pereció en Auschwitz en 1944". En su libro titulado *La Cuestión judía*, Abram Leon explicaba que un hombre de origen judío siempre tiene la opción de abandonar los judíos e integrar la "comunidad humana". "Estoy agradecido a Noam Chomsky de haberme hecho descubrir este autor", escribía Israel Shamir, cuyos textos publicados en internet están llenos de energía. Israel Shamir también nos informaba de la existencia del rabino Abraham Isaac Kook, "un gran rabino de Israel ya fallecido, el mayor defensor del judaísmo contemporáneo", que escribía: "La diferencia

---

[753] Un artículo del Pew Research Center del 16 de marzo de 2016 titulado "*Una mirada más cercana a la identidad judía en Israel y Estados Unidos*" aportaba los resultados de una encuesta realizada a judíos israelíes y estadounidenses acerca de su identidad. En ambas encuestas se preguntó a los judíos sobre una lista de ocho posibles comportamientos y atributos que podrían ser "esenciales" o "importantes" para su identidad judía personal. En ambos países, la mayoría dijo que recordar el Holocausto era esencial para su identidad judía (73% en Estados Unidos, 65% en Israel). En https://www.pewresearch.org/fact-tank/2016/03/16/a-closer-look-at-jewish-identity-in-israel-and-the-u-s/. (NdT).

entre un alma judía y un alma no-judía es más importante y profunda que la que existe entre un alma humana y un alma de vaca". Por lo poco que sabemos de él, nos parece bastante claro que Israel Shamir debe ser vinculado a ilustres Judíos que rompieron con la comunidad. Pero mientras que en Spinoza y Marx algunos aspectos de sus doctrinas todavía entroncan con el judaísmo, en Israel Shamir e Israel Shahak, el antisemitismo que parece animarlos hace que su ruptura con el judaísmo sea completa. Otros destacados intelectuales les habían precedido en esta vía. Pensamos, por ejemplo, en Otto Weininger, para quién la judeidad no era "ni una raza, ni un pueblo, ni una fe religiosa reconocida, sino una disposición mental". "Su "monoteísmo", explicaba, no es una religión tribal, como lo afirman sus detractores. No: es el extremo egocentrismo de una hormiga totalmente incapaz de imaginar que pueda existir otra forma de vida fuera de su hormiguero, o que pueda existir un dios que no sea el Dios de las hormigas."

"Durante siglos, escribía Shamir, cientos de judíos renunciaron al credo, se tornaron hacia Cristo y revelaron el secreto del odio a los goyim y de la búsqueda del poder absoluto." Sabemos así gracias a él cuál es la ideología predominante en Israel dentro del movimiento ortodoxo judío: "La búsqueda del poder absoluto es su objetivo determinante, al dirigir sus pasos hacia la destrucción de la democracia israelí, reconstruir el Tercer Templo (que anunciará la era del Mesías), y tal vez, provocar el Apocalipsis mundial[754]." Pero Jacques Attali ya nos había hecho vislumbrar este aspecto del mesianismo. Recordemos el pasaje del diálogo que había imaginado en su novela *Vendrá*, que hemos citado en la primera parte de este libro: "- Los judíos, con su locura, son capaces de originar muchas masacres y cataclismos. - ¡Eso es verdad! Si los locos del Partido de la Reconstrucción comenzaran a reconstruir el Templo, eso provocaría seguramente una guerra planetaria[755]."

Shamir considera Israel sólo como una mera base para la comunidad judía mundial, y no como el corazón de la diáspora. "Los sionistas forman un pueblo simplón... Los judíos listos y exitosos casi nunca inmigraron a Israel". Serían más bien los Estados Unidos actuales los que, según Shamir, serían el corazón de la comunidad judía mundial. Es en ese país donde serían los más prósperos e influyentes. De hecho, recordaba Israel Shamir, parece ser que "importantes candidatos a la presidencia de EE. UU. en 2004 compiten por encontrar sus raíces

---

[754]Israel Shamir, *Pardes: un estudio en la Cábala*, Pdf, Trad. Germán Leyens, p. 18, 19, 43, 4
[755]Jacques Attali, *Il viendra*, Fayard, 1994, p. 309

judías. El general Wesley Clark756 dijo que él "proviene de una prolongada línea de rabinos en Minsk". La abuela de Hillary Clinton se casó con alguien llamado Max Rosenberg, y John Kerry averiguó que sus dos abuelos por el lado paterno eran judíos757 (Kerry era originalmente Kohn). Los hijos de Howard Dean y de su mujer cristiana de origen judío fueron educados como judíos. Por lo tanto, todos los esfuerzos de la generación anterior están siendo deshechos en nuestra época."

En opinión de Shamir, la guerra estadounidense "contra el Islam no es sólo una guerra por el petróleo, no es sólo una guerra por el estado de Israel y sus intereses, es también una guerra religiosa para imponer la fe en el "Dios de Yisrael" y desarraigar la fe existente." En ese sentido, "los Estados Unidos intentaron proscribir cualquier mención a Allah y el Corán en los manuales escolares de Irak durante la ocupación militar. Los empleados del USAID pidieron a los expertos del ministerio iraquí de Educación nacional de expurgar todos los versos del Corán de los manuales experimentales de gramática árabe, y de sustituirlos por frases neutras. "Si aparece una frase como "Gracias a Dios" en un manual de gramática, plantearemos un debate para encontrar otra frase que la sustituya", explicó un experto estadounidense[758]."

En Estados Unidos, por cierto, "la fe de Cristo es apenas tolerada. Incluso la Pasión de Cristo parece estar prohibida: La película de Mel Gibson, condenada por los judíos, no logra encontrar un distribuidor, mientras incluso la exhibición de figuras de la Natividad en Navidad está prohibida en los sitios públicos." Los calvinistas protestantes tienen probablemente menos problemas: se puede decir que "prácticamente recrearon el judaísmo sin judíos. Se tornaron hacia el Antiguo Testamento, legitimaron la usura, renunciaron a la Virgen, rechazaron la Iglesia y los sacramentos, causaron abundantes genocidios y dieron lugar al capitalismo depredador". Veremos más adelante la explicación del papel que desempeñan en el apoyo sin fisuras a Israel.

Es por lo tanto posible para un Judío salir del judaísmo: Karl Marx, Abram Leon, Otto Weininger, Noam Chomsky, Israel Shamir,

---

[756] El general Wesley Clark, antiguo comandante en jefe de la OTAN en Europa, había declarado durante la agresión a Serbia en 1999, que "ya no debería haber lugar en Europa para las naciones étnicamente homogéneas."

[757] Notemos que Shamir no pone mayúsculas a la palabra "judío". Esto es porque considera que esa cualidad no refleja tanto la pertenencia a un pueblo, como una opinión y una cierta mentalidad. Se es judío como se es comunista, liberal, o adepto de la Iglesia de la Cienciología; y sobre todo: uno se puede salir.

[758] Israel Shamir, *Pardes: un estudio en la Cábala*, Pdf, Trad. Germán Leyens, p. 28, 32

Ferdinand Lassalle, Israel Shahak, Norman Finkelstein y probablemente muchos más tomaron sus distancias con una religión que no les parecía conforme con la idea que tenían de las "leyes de la hospitalidad", como diría Edgar Morin. Aunque, ciertamente, para Edgar Morin y demás mesianistas, estos buenos preceptos sólo son válidos para las naciones corrompidas y culpables. Predican la igualdad entre los hombres, pero siguen creyendo ser el pueblo elegido; pisotean las tradiciones de los demás, pero se aferran a sus leyes ancestrales; vituperan en contra de la religión cristiana, pero viven esperando su Mesías; alientan la inmigración en Occidente, pero la combaten en Israel[759] ; exaltan las bondades del mestizaje para los goyim, pero lo consideran un horror para su propia familia. Tales son las contradicciones que han podido suscitar en un momento dado en numerosos Judíos dudas acerca de la validez de esa doctrina. La crisis identitaria que este cuestionamiento puede generar es probablemente dolorosa, y veremos más adelante en este libro que esa angustia puede a veces acabar trágicamente. Razón de más para acoger fraternalmente aquellos que deciden abrazar otras leyes humanas.

---

[759]Critican la construcción de un muro entre EEUU y México pero construyeron uno de 800 kilómetros de largo y 8 metros de altura en Palestina y Cisjordania. (NdT).

3. Una integración difícil

Los textos que hemos presentado subrayan las profundas diferencias que existen, a pesar de los siglos de cohabitación, entre los intelectuales cosmopolitas y el mundo que les rodea. Observando los reiterados desmentidos y las contorsiones ideológicas para defenderse de ciertas acusaciones, algunos podrían concluir que actúan de mala fe, sin más. Y, sin embargo, las explicaciones del antisemitismo que hemos leído parecen tan sinceras que son casi conmovedoras, y uno llega a preguntarse si hay que sospechar alguna malicia, o bien si la inocencia mostrada refleja realmente la profundidad insondable de su alma. En cualquiera de los casos, estamos ante un verdadero problema de incomprensión.

La convicción de su perfecta inocencia, su fe mesiánica a prueba de todo, la certeza de estar por encima de las otras naciones inhibe por completo cualquier sentimiento de culpabilidad en numerosos intelectuales. Llegados a este punto, el margen para debatir ya se ha reducido. Pero la situación se complica todavía más con ese doble lenguaje tan ajeno a la tradición europea: según las circunstancias, se es "judío y orgulloso de serlo", o bien "perfectamente integrado"; se milita a favor de la destrucción de las naciones, y se dice que se viene para servirlas; uno se regodea con las maravillosas tradiciones del pueblo judío, y a la vez "no se soporta", como declaraba Bernard-Henri Levy, las culturas "castizas" de los otros pueblos; se adora a Yahweh, se respeta a los rabinos, pero se exhibe mojas con ligueros en los carteles del metro; se da muestra de un poderío financiero colosal, y se reivindica la debilidad del eterno chivo expiatorio; se acusa a los Blancos de ser los responsables de la esclavitud, cuando se ha sido los mayores beneficiarios de ella; se acusa a los Blancos de racismo, y se advierte a su comunidad contra los matrimonios mixtos; se promociona la inmigración musulmana en Francia, y se combate en Israel; contra el supuesto racismo de los Blancos, se ponen de lado de las demás minorías oprimidas: mujeres, Negros, colonizados, homosexuales, etc.; para combatir el repentino antisemitismo de los Árabes, se crea una asociación "contra el racismo anti-blanco"; se presiona para la guerra contra Irak que amenaza Israel, pero se hace en nombre de la civilización occidental y no como Judío; se denuncia el imperialismo, la voluntad de los Europeos de dominar el mundo, pero en cambio se declara que Yahweh debe traérselo en bandeja[760]. Admitirán que todo esto no facilita el diálogo.

El debate televisivo que tuvo lugar el 4 de mayo del 2005 en el plató de *Culture et dépendance,* abordaba de nuevo el tema del "racismo anti-blanco". Invitados al programa, estaban en un lado de la mesa: el musulmán radical Tariq Ramadan, una representante de la comunidad negra militante: Calixte Beyala, y un "Blanco" que presentaba un libro violentamente anticolonialista y culpabilizador: un tal Grandmaison. Frente a ellos: un "corso" que venía a presentar su libro denunciando que Córcega se había convertido en la región a la vanguardia del racismo anti-árabe, y el filósofo Alain Finkielkraut, que hacía acto de presencia como defensor de la asociación contra el racismo anti-blanco. Él, el antirracista, el promotor de la sociedad plural, se veía ahora en la posición del racista blanco, acusado por el bando contrario de jugar un juego ambiguo y peligroso. Mientras hablaba de los "Blancos", los contertulios le reprochaban su racismo insoportable. A esto replicaba que si hablaba en defensa de los franceses le harían saber de forma contundente que los Negros y los árabes eran "tan franceses como él". Inmediatamente después, nos enterábamos de que el corso anti-corso que denunciaba el racismo de los corsos, profesor de la Educación nacional, había sido tratado de "sucio judío" por sus alumnos de origen inmigrante. Además de eso, Grandmaison, que denunciaba el racismo de los franceses y la arrogancia de los colonialistas blancos, era puesto en su sitio por la periodista Elisabeth Levy, que le preguntaba por qué los africanos eran todos candidatos para emigrar en un país tan horrible como el nuestro. En fin, estamos hoy, en el 2005, viviendo en una cacofonía total que raya lo frenopático. Lo que estaba claro, es que, en torno a la mesa, todo el mundo se declaraba antirracista. Teníamos un árabe antirracista, activista de los derechos de los árabes y de los musulmanes; una negra antirracista y anticolonialista, que decía "nosotros" hablando de los Negros, pero que reprochaba a los Blancos de decir "nosotros" para expresarse en nombre de los Blancos, y un Blanco antirracista y anticolonialista, demasiado anti-blanco para ser perfectamente blanco. En frente, los "Blancos" no podían dejarse acusar

---

[760] "Tus puertas estarán siempre abiertas —no se cerrarán ni de día ni de noche— para dejar entrar el caudal de las naciones, con sus reyes en procesión. Porque la nación o el reino que no te sirva perecerá; tales naciones serán destruidas." Isaías, LX, 11-12. "Lo recordarán y se volverán a Yahweh todos los rincones de la tierra; las familias de todas las naciones se postrarán delante de ti. Porque de Yahweh es el reino, y él gobierna las naciones." Salmos, Tehillim, XXII, 27-28. (NdT)

de racismo puesto que eran Judíos y militantes antirracistas: un Corso judío antirracista que hablaba en nombre de los Corsos, y un filósofo judío antirracista que hablaba en nombre de los Blancos en general, y que advertía contra el racismo anti-blanco para no hacer el juego del racismo -¡blanco! Como comprenderá el lector, los únicos ausentes de ese plató de televisión eran los indígenas, los Blancos no-judíos, todavía mayoritarios en este país, pero que han sido desposeídos de todos sus medios de expresión y que corren el riesgo de comparecer ante los tribunales si se atreven a expresar demasiado alto su opinión sobre esta situación.

Evidentemente, todo sería más simple si cada uno aceptara hablar en nombre de su propia comunidad. A fin de cuentas, ¿por qué la Señora Calixte Beyala no podría expresarse en nombre de los Negros de Francia, como Alain Finkielkraut se lo reprochó, denunciando el comunitarismo en nombre de los valores de la unidad republicana? ¿Por qué, después de todo, Tariq Ramadan, no podría expresarse en nombre de los árabes de Francia? ¿Y por qué, después de todo, Alain Finkielkraut, en vez de expresarse en nombre de los Blancos de Francia, pero militante de una Francia plural, no podría expresarse en nombre de los Judíos de Francia? Las cosas serían así mucho más claras. Permitiría a los goyim blancos de Francia tener sus propios representantes en los platós de televisión[761].

---

[761] Tal vez la solución a tan complicada situación nos llegue ahora en el 2022 desde el otro lado del atlántico, como suele pasar a menudo. Efectivamente, la ADL, la Liga Antidifamación, antes conocida como Liga Antidifamación de B'nai B'rith (masonería exclusivamente judía), organización no gubernamental judía internacional con sede en EE. UU., ha progresado en la definición del racismo. El concepto de "Racismo Sistémico" es la nueva aportación a la justicia social de esta organización. Su definición sería la siguiente: "Una combinación de sistemas y factores que favorecen a los blancos y que, para las personas de color, causan un daño generalizado y desventajas en el acceso y las oportunidades. Una persona o incluso un grupo de personas no creó el racismo sistémico, sino que éste se fundamenta primero en la historia de nuestras leyes e instituciones, que fueron creadas sobre la base de la supremacía blanca; segundo, éste existe en las instituciones y políticas que favorecen a la gente blanca y perjudican a la gente de color; y, tercero, que se manifiesta en la comunicación y el comportamiento interpersonal (por ejemplo, insultos, intimidación, lenguaje ofensivo) que mantiene y apoya las desigualdades sistémicas y el racismo sistémico." En https://www.adl.org/racism. (Los pueblos blanco de Europa habrían creado sus países para ellos mismos en detrimento de las otras poblaciones del mundo). (NdT).

Una presencia supuestamente invasiva

El comunitarismo no es una tradición republicana francesa. Los habitantes de Francia se expresan como ciudadanos franceses, y no como representantes de una comunidad étnica. De hecho, en este país, las razas ya no existen, y algunos intelectuales que se han manifestado contra lo que consideraban una sobrerrepresentación de los Judíos en el mundo mediático fueron duramente reprendidos.

De esta forma, el escritor Renaud Camus fue noticia en el año 2000 al publicar su diario *Campaña de Francia* en la editorial Fayard, en el que se había permitido contar el número de periodistas judíos en un programa de radio de *France Culture* que trataba el tema de la inmigración y el comunitarismo: "Cinco participantes y ¿qué proporción de no-judíos? Ínfima, sino inexistente. Pues esto me parece, no exactamente escandaloso quizás, pero sí exagerado y fuera de lugar, incorrecto. Y no, no soy antisemita, y sí, considero que la raza judía ha aportado a la humanidad una de las contribuciones espirituales, intelectuales y artísticas, más altas que haya habido... Pero no, no me parece adecuado que una tertulia, preparada y anunciada por antelación, es decir oficial, acerca de la integración en nuestro país, en una emisora del servicio público, se desarrolle exclusivamente entre periodistas e intelectuales judíos o de origen judío...Considero que tengo derecho decirlo. Y si no lo tengo, lo digo de todas formas. Lo digo en nombre de esta cultura y civilización francesa de antigua raigambre que son mías, y cuyos logros a través de los siglos son más que respetables y de los cuales lamento ya casi ni oír hablar en el país que fueron suyos."

La editorial Fayard se vio obligada por no se sabe que presiones a retirar el libro de la venta, antes de volver a publicarlo sin los pasajes incriminados. "Las palabras del señor Camus, leíamos en *Le Monde* del 12 de febrero del 2004, han suscitado la indignación, aunque varias personalidades lo han defendido, denunciando un "linchamiento mediático"". Pero a pesar de que Camus cumpliera todos los criterios de respetabilidad, siendo homosexual y de izquierda, ello no fue suficiente para salvarlo. De hecho, no era el primero en haber sufrido el terrorismo intelectual imperante en Francia desde finales de siglo XX, con todo un arsenal de leyes represivas. A partir de ahora, ningún escritor prominente se atreverá a expresar su opinión sobre el tema bajo pena de ser anatematizado por los medios y acosado por la justicia.

Las reacciones de los principales interesados indicaban, una vez más, una disposición increíble a las contorsiones intelectuales. En *Soles de invierno*, el conocido director de prensa y escritor Jean Daniel daba su opinión sobre el caso, en el que se podía apreciar una forma de reflexión bastante sutil, así como el desprecio habitual hacia los autóctonos retrógrados. El suyo era un discurso un tanto distorsionado por lo no dicho, pues, obviamente, Jean Daniel se indignaba con las ideas de Renaud Camus en calidad de Judío, a pesar de presentarse como Francés a sus lectores que ignoraban probablemente su pertenencia comunitaria[762]. No era en su condición de Judío que se oponía al energúmeno –al que hacían pasar por enfermo mental-, sino como periodista reconocido por su objetividad y su honestidad impecable. Se oponía así al comunitarismo, que de forma ilegítima pretende que cada comunidad étnica tenga sus representantes, en nombre del talento individual y del profesionalismo, y sobre todo en nombre de la libertad frente a la ola del comunitarismo "políticamente correcto". A tal efecto, se es entonces un ciudadano de a pie, un francés común y corriente: ¡que gane el mejor! Se enaltece la sociedad multicultural, siempre y cuando cada uno se mantenga en su sitio, es decir, los bretones en la marina, los corsos en las aduanas, los antilleses en la pequeña administración, y los albaneses en la mafia. Pero aquel que se atreva, ya no a criticar el número de Judíos en los medios de comunicación, sino simplemente a señalarlo, será inmediatamente denunciado como un odioso antisemita. En realidad, Jean Daniel fingía creer que las acusaciones iban dirigidas contra los judíos, cuando el fondo de la cuestión radicaba en la parcialidad de algunos intelectuales judíos. Fingió no comprenderlo y eludió astutamente el problema.

He aquí lo que escribía Jean Daniel: "Esta exasperación ante la composición mayoritariamente judía de la tertulia" de *France Culture*, "ese estado de ánimo desconfiado, antipático y de tradición típicamente francesa revela una mentalidad muy concreta. ¿Qué significa la expresión "sobrerrepresentación"? Primero que existen sobre y subrepresentaciones. ¿Pero de quiénes? ¿De comunidades que componen la sociedad francesa? ¿Ya seríamos por lo tanto una sociedad comunitaria? ¿Convendría así- según el pensamiento paritario y políticamente correcto- que cada una de las comunidades estuviese igualmente representada, si no, por provincias, por lo menos por religiones? ¿Estarían así legitimados los musulmanes y los negros que

---

[762]"Hay muchos Daniel en Bretaña, Bretones cuyo apellido es ese nombre bíblico. A menudo, recibo cartas de personas apellidadas Daniel preguntándome si tengo alguna relación con su familia. Hasta tal punto que a veces tengo la impresión de tener antepasados aquí, pues olvido que este apellido fue elegido por mi padre como nombre en clara previsión de que yo lo adoptaría." (Jean Daniel, *Soleils d'hiver*, Carnets 1998-2000, Grasset, Poche, 2000, p. 172).

se declararon recientemente mal representados en la televisión y en la radio? Esto se puede lamentar, o no. Esta extensión de la paridad hombres-mujeres a todas las categorías, ¿se haría en detrimento del mérito y de las capacidades? ...Se dice, se puede decir, o se dirá: hay demasiados negros en los equipos de fútbol, demasiados antillanos en los enfermeros, demasiados catalanes en los equipos de rugby, demasiados corsos en los aduaneros, etc. Pero, evidentemente, esto no tiene el mismo significado que cuando se señala que hay demasiados albaneses en la mafia, demasiados gitanos ladrones de coches, demasiados magrebíes y negros en las cárceles, demasiados protestantes directivos en la banca- y demasiados judíos en los medios de comunicación. ¿Es eso sobrerrepresentación? ¿Y si fuera el caso, donde estaría el peligro en una sociedad tan plural, tan multi-confesional y tan multi-étnica? ¿Quién puede todavía ser, sin padecer la ceguera del odio, nostálgico de esa Francia católica y pura, en una Europa a salvo de los moros y de los sarracenos? ...En realidad, me temo que el señor Renaud Camus es un antisemita auténtico, y, si se me permite decirlo, un antisemita de buena compañía. Estoy seguro de que tiene excelentes amigos judíos y que es leal a ellos. Pero créanme, es completamente antisemita. En casos como el suyo -tan pacífico- dudo que se pueda curar[763]."

El gran filósofo Jacques Derrida fue uno de los signatarios de la petición lanzada por Claude Lanzman[764]que calificaba de "criminales" los pasajes antisemitas del libro de Renaud Camus. Su libro, según el filósofo, era un "libro tan asombroso tanto por la ceguera ingenua y la necedad sociológica que se despliegan en cada página, como por las pulsiones y los tics literarios estilo "vieja Francia de derecha"...Habría que preguntarse qué pasa en nuestro espacio público cuando un editor y cierta cantidad de "intelectuales" cierran los ojos sobre esas frases tan espantosas como grotescas[765]." En gran humanista, Jacques Derrida se había interesado al problema de la pena de muerte y al sistema carcelario estadounidense: "Hay que recordar que en los Estados Unidos, a pesar del progreso de los derechos cívicos, el racismo es un fenómeno masivo. Actualmente trabajo en la pena de muerte, y no hay duda de que la casi totalidad de los condenados a muerte ejecutados son

---

[763]Jean Daniel Bensaid, *Soleils d'hiver*, Grasset, Poche, 2000, p. 337, 323
[764]Claude Lanzmann (1925-2018) fue un director de cine, guionista, productor y periodista francés. Su obra cumbre es *Shoah*, un documental de casi diez horas sobre el Holocausto. (NdT).
[765]Jacques Derrida, Élisabeth Roudinesco, *Y mañana, qué*...Fondo de Cultura Económica, Buenos Aires, 2002, p. 36, 136

negros. Entre los prisioneros, la gran mayoría son negros. Y negros (¡afroamericanos!) pobres. Recordarlo o enseñarlo, analizar este fenómeno con insistencia, ¿es ceder a lo "políticamente correcto[766]"?" Ciertamente no. Jacques Derrida, oponente al Sistema, no es un hombre que ceda a las presiones de lo ""políticamente correcto"". De hecho, es con ese valiente espíritu de oposición y resistencia que los Negros pueden ser contados en las prisiones, pero no los Judíos en los medios de comunicación.

Las presiones morales, judiciales y financieras sobre el mundo intelectual y artístico francés no se ejercen solamente en la edición. A pesar de que el cine sea desde hace mucho tiempo un coto privado del pensamiento cosmopolita, basta con una sola película en el torrente de cientas de otras para desencadenar, llegado el caso, la reacción epidérmica del Sistema.

El primer distribuidor independiente francés de la industria del cine, Marin Karmitz, presidente de MK2 Group, se posicionó a la vanguardia del boicot de la película *La Pasión de Cristo*. Al tiempo que la película de Mel Gibson no encontraba ningún distribuidor en Francia, éste había declarado: "Alguna prensa nos ha acusado de boicotear *La Pasión* por miedo o presionados por un supuesto lobby judío. Pero se trata de una táctica voluntaria por parte de Icon, la sociedad de Mel Gibson, para hacerse pasar por mártires". Finalmente, tuvo que ser un tal Tarek Ben Ammar, un musulman, el que distribuyera la película en 530 salas de Francia. Karmitz revelaría más tarde lo que pensaba realmente en una entrevista a *The Hollywood Reporter*, el 24 de marzo del 2004: "Siempre he combatido el fascismo, especialmente a través de las películas que distribuyo. Para mí, *La Pasion* es una película de propaganda fascista." El 25 de marzo también declaraba a la AFP que dicha película era "antisemita", "de una violencia inaudita", "revisionista". Se trata de "un martirologio basado en la violencia, el desprecio de los cuerpos y el odio humano". Por último, estimaba que Mel Gibson había llevado a cabo para distribuir su película "una campaña muy próxima a las que encabeza Jean-Marie Le Pen."

En 1989, un periodista muy conocido, Jean-Marie Domenach, había sido noticia y provocado la indignación de Elie Wiesel: "He seguido con tristeza el escándalo que montó el señor Domenach. He leído sus entrevistas en *L'Événement du jeudi* y en *Le Figaro*, he oído sus risitas pedantes en *Europe 1* y las advertencias que se digna darnos, a nosotros los judíos, de tener más cuidado para evitar las reacciones

---

[766] Jacques Derrida, Élisabeth Roudinesco, *Y mañana, qué*...Fondo de Cultura Económica, Buenos Aires, 2002, p. 38

antisemitas. ¿Cuál es el método que nos propone? Es muy simple, casi banal: hablar más bajo, no mostrarse, renunciar a la lealtad judía (denunciar Israel, por ejemplo), no mencionar la judeidad de las víctimas judías. Lo confieso: debido a sus implicaciones perversas, esta amable sugestión pone a algunos judíos fuera de sí- primero, porque hace que los antisemitas dejen de sentirse culpables. ¿Cómo? ¿El antisemitismo ya no sería la culpa de los antisemitas, sino de los propios Judíos? ¿El odio que los Judíos suscitan se debería solamente a su comportamiento? Nos desprecian, nos persiguen, y ¿deberíamos emprenderla con nosotros mismos[767]?"

Y de nuevo, observamos como un intelectual judío se sale por la tangente para acabar invariablemente acusando al otro de sus propias taras y reprochándole de acusar a los judíos de defectos muy reales:

"De ser cierto lo que dice, proseguía Wiesel, los Judíos -perdón: "algunos" judíos- se estarían sirviendo del Holocausto para enriquecerse, y, además, para perseguirlo a él y a otras personas honorables... ¿Enfermedad de la persecución? Es increíble pero cierto: "algunos" antisemitas se sienten perseguidos por los Judíos que ellos mismos persiguen."

En aquella ocasión, Jean Daniel había venido al rescate de su amigo Elie Wiesel, aprovechando la oportunidad para expresar su pesar: "Me ha parecido insoportable, y lo he dicho, que se os acusara de cobrar "dividendos de Auschwitz". Pero me ha entristecido comprobar en su entrevista con Anne Sinclair su poco conocimiento del contexto francés. Querido Elie Wiesel, vive usted demasiado en Estados Unidos. Olvidáis que los Judíos de Francia son más radiantes, más prósperos, más poderosos que en la Viena de principio de siglo o que en la Alemania de Weimar. Y que, además, disfrutan de la protección de la jerarquía católica[768]." Interesante, ¿no?

Las odiosas acusaciones de los antisemitas sobre el supuesto "exceso de efectivos" de Judíos ya se daban en el siglo XIX. Eso prueba lo tenaces que son los prejuicios. En *Le Figaro littéraire* del 18 de noviembre del 2004, Patrice Bollon explicaba que la supuesta "invasión" judía que denunciaba Edouard Drumont en su famoso *best-seller* de 1886, *La Francia judía*, era simplemente grotesco, ya que los Judíos, decía, "representaban ¡el 0,5% de la población!" Efectivamente, Drumond tenía que ser ciego o deshonesto para sostener tales falsedades, y también que cientos de miles de lectores fueran muy ingenuos para responder a su llamamiento. Obviamente, Drumond "se

---

[767]Elie Wiesel, *Mémoires, Tome II,* Seuil, 1996, p. 169, 171
[768]Elie Wiesel, *Mémoires, Tome II,* Seuil, 1996, p. 193

basaba en viejos prejuicios", y ésta es seguramente la explicación de tal ceguera.

Miedo al Negro

En el mundo del espectáculo, el caso que mejor ilustra la dictadura moral e intelectual que impera en Francia es el del humorista mulato franco-camerunés Dieudonné[769]. Cuando se limitaba a arrastrar por el fango y mofarse de la vieja Francia reaccionaria y el catolicismo con su compadre Elie Semoun, todo iba de maravilla. Durante años, Dieudonné criticó despiadadamente "el Estado blanco, sectario, masculino y católico" sin que nadie pusiera el grito en el cielo. Aquel Dieudonné libertario apareció un día de improviso en un programa de televisión de moda disfrazado de rabino con rizos, el brazo alzado y profiriendo un estruendoso "¡Isra-Heil!", exhortando de manera irónica a los jóvenes de los "suburbios" a alistarse en "el Eje americano-sionista" en la guerra contra Irak. Esto provocó un escándalo sin precedentes, desencadenando un aluvión de protestas, quejas públicas, amenazas, insultos, editoriales, así como la conmoción gubernamental y el repudio de todos los antirracistas del país. Dieudonné se enfrentó al gran clamor de reprobación universal que llamamos comúnmente "la opinión pública". Se convirtió en un apestado. Sus "colegas" del mundillo le dieron la espalda y sus espectáculos fueron anulados uno tras otro después del lanzamiento de una botella incendiaria en Lyon. Dieudonné, firme y combativo, se rindió ante la evidencia: "Si bien es relativamente fácil luchar contra la extrema derecha, no lo es tanto cuando se trata de la extrema derecha judía en Francia y en el mundo."

Esto publicaba *Le Nouvel Observateur* del 26 de febrero del 2004 sobre el asunto: "A la salida del metro, un Negro imponente con abrigo se precipita hacia la muchedumbre que se ve agolpada delante de *l'Olympia*. Le interrogamos: -¿Por qué manifestáis? El joven hombre responde sin dudarlo: -Para combatir el poder invisible que ha querido darnos una lección. -¿Pero, ¿cuál es ese poder invisible? No hay respuesta. ¿Pero a quién han querido dar una lección?, insistía el periodista. -A la comunidad, a la comunidad negra, respondió antes de darse la vuelta."

Le Point del 10 de marzo del 2005 nos informaba de que Dieudonné había sido agredido dos veces durante su viaje en Martinica.

---

[769]Véase otra vez la nota 293. (NdT).

Sus agresores, dos agentes comerciales, eran titulares de pasaportes franceses con dos visados que atestiguaban largas estancias en Israel.

Si bien es cierto que las tensiones entre la comunidad judía y la comunidad negra son un fenómeno reciente en Francia, éstas existen desde hace varias décadas en Estados Unidos. En *El Mundo es mi tribu*, el ensayista Guy Sorman relató unos incidentes racistas ocurridos en Nueva York. En Brooklyn, el 19 de agosto de 1991, un niño Negro de siete años fue atropellado mortalmente por un coche conducido por un Judío lubavitch. Tres horas después, un estudiante australiano jasídico de veintinueve años, Yankel Rosenbaum, era apuñalado por una banda de veinte Negros. La policía sólo intervino después de cuatro noches de disturbios. El joven Negro detenido por el asesinato de Rosenbaum fue absuelto por un jurado compuesto de seis Negros, cuatro hispánicos y dos blancos goyim. Desde aquel acontecimiento en Brooklyn, "la ansiedad rezuma en los barrios judíos, constantemente reavivada por nuevos enfrentamientos. En 1995, en Harlem, una tienda judía fue incendiada por un Negro. Éste fue arrestado y una violenta manifestación de antisemitismo negro se produjo como resultado...Si bien es cierto que los americanos blancos son antisemitas, concluía Guy Sorman, los Negros interrogados lo son dos veces más que los Blancos, y son más propensos a proferir insultos o a perpetrar delitos antisemitas[770]."

Así pues, la sociedad plural, tan alabada por todas las autoridades occidentales, puede no resultar ser el paraíso que se esperaba, sino más bien el nido de una verdadera internacional antisemita.

Y eso que, como apuntaba el historiador León Poiliakov, "la comunidad judía estadounidense, liberal en su inmensa mayoría, ha sido el apoyo más activo y valioso de la comunidad negra durante los difíciles años de lucha[771] [por los derechos civiles]."

---

[770]Guy Sorman, *Le Monde est ma tribu*, Fayard, 1997, p. 410. [Esto no fue siempre así: "Hasta la década de 1960, por ser unos y otros víctimas del racismo blanco, negros y judíos norteamericanos combatían hombro con hombro por los derechos civiles. Sus dirigentes solían encontrase en el Partido Comunista de preguerra, y entre los demócratas. En la mirada del blanco, anglosajón y protestante, el judío fue por mucho tiempo equiparado con el negro, aunque sus ancestros habían sido esclavos en Egipto, no en Alabama." En *El Mundo es mi tribu*, Editorial Andrés Bello, Barcelona, 1998, p. 386. (NdT).]

[771]Léon Poliakov, *Histoire de l'antisémitisme 1945-1993*, Points Seuil, 1994. Podemos recordar aquí que la joven actriz Jean Seberg fue la esposa del gran escritor Romain Gary. La pareja financiaba los activistas negros Black Panther Party. Jean Seberg acabaría hundiéndose en la esquizofrenia y suicidándose en 1979. Romain Gary, el héroe de la Francia libre, el "chico del gueto de Wilno, el resistente, el diplomático, el depresivo", como lo describía *Le Nouvel Observateur* del 26 de febrero del 2004,

De hecho, el pastor Martin Luther King los homenajeó de forma vibrante en su discurso final de la gran marcha sobre Washington de 1968, *"I have a dream"*, ya que su sueño se presentaba así: "Cuando hagamos resonar la voz de la libertad, cuando la dejemos resonar en cada aldea y en cada pueblo, en cada estado y en cada ciudad, podremos apurar el día en que todos los hijos de Dios, hombre negro y hombre blanco, Judíos y Cristianos, Protestantes y Católicos, podrán unir sus manos y cantar en las palabras del viejo espiritual Negro: "Libre al Fin, Libre al Fin; ¡Gracias Dios Omnipotente!" La muerte del gran dirigente dejaría un gran vacío en la comunidad negra, en parte colmado por aquellos que predicaban el nacionalismo, como los musulmanes del imán Wallace D. Muhammad. Después de la guerra de los Seis días en 1967, por fin estalló el antisemitismo del "Primer ministro" de las Panteras negras, Stokely Carmichael, alias Kwame Ture (Kwame en homenaje a Nkrumah, del que fuera secretario, y Ture en homenaje a Sekou Touré, del que fuera amigo). El movimiento por el "*community control*" se impuso entonces en la comunidad negra. Cada comunidad debía controlar su territorio, sus hospitales, sus escuelas e imponer sus programas. En las universidades, los profesores negros chocaron inevitablemente con los profesores judíos, muy numerosos en Nueva York. Cuando el pastor Jesse Jackson, un futuro candidato a la presidencia, declaró en 1984 que Nueva York era "la capital de los judíos", éstos comprendieron que no sería un nuevo Martin Luther King.

En los años 1990 se impuso Louis Farrakhan, líder de la organización "Nation of Islam". Reclamaba la separación de las razas, propugnaba el nacionalismo negro apoyado por los regímenes musulmanes de África y Próximo Oriente. En el otoño de 1995, logró reunir en Washington un millón de hombres negros, sin otro motivo que la afirmación de su dignidad frente a los Blancos. Farrakhan los arengó durante cuatro horas, sin ser interrumpido ni contradicho, reforzando su discurso con eslóganes antisemitas. En las calles de Nueva York o de Chicago, los discípulos de Farrakahn comercializaban libros de historia revisionista que negaban las cámaras de gas, ensayos que exponían la manera en que los Judíos se habían adueñado de Estados Unidos, otros también sobre el "papel decisivo" de muchos Judíos en la trata de Negros en los siglos XVII y XVIII[772]. El contencioso entre las dos

---

también acabaría suicidándose. "Bayard Rustin fue el organizador de la marcha de Martin Luther King sobre Washington", recordaba también Elie Wiesel, en sus *Mémoires, Tome II*, Seuil, 1996, p. 278.

[772]Las recriminaciones de los Negros sobre este tema son una de las principales

comunidades es actualmente bastante fuerte. Estudiantes e intelectuales negros acceden cada vez más a estudios superiores y a puestos de profesores. ¿Pero quién los frena en su acceso a las cátedras? Los universitarios judíos, sobrerrepresentados con respecto a los Negros; "no busquemos más la causa del antisemitismo entre los jóvenes negros", escribía Guy Sorman. En los campus de las mejores universidades, éstos manifiestan a menudo un comportamiento despectivo e insultante hacia los judíos. "No es en el gueto, sino en la universidad donde la Nation of Islam recluta sus zelotas". El conflicto entre Negros y Judíos se ha extendido por todas partes, y ya no sólo en Nueva York. Incluso en Israel, por ejemplo, "mil judíos negros neoyorquinos instalados en Galilea han esperado por años que rabinos locales reconozcan su autenticidad y les otorguen el beneficio de la ley del retorno."

Se puede traer a colación un testimonio bastante singular del libro ya mencionado, *Retratos judíos*. En una de las entrevistas, Fed Lessing, un hombre de negocios de Nueva York, hacía una sorprendente declaración que nos informaba acerca de la desconfianza de algunos Judíos respecto de la comunidad negra y, de paso, de que los Judíos "tienen el poder de decidir las elecciones" estadounidenses: "¿Quién sabe, decía Lessing, lo que pasará de aquí a veinte o treinta años? Una falsa creencia consiste en pensar que tendremos el poder de decidir las elecciones. Esto sigue siendo cierto por el momento. ¿Pero quién garantiza que la constitución seguirá siendo la misma? ¿Y si la próxima vez un vicepresidente negro fuera elegido? Bastaría con que el presidente en funciones tuviera un accidente, para que el presidente fuese negro. Y ese presidente no tendría ninguna razón para ser muy amigo de los Judíos. Es por lo tanto perfectamente posible que mis hijos o nietos tengan que emigrar."

Guy Sorman apuntaba esta reflexión en su libro *El Mundo es mi tribu*: "Son pueblos semejantes por su obsesiva relación con sus orígenes, con la Biblia, con la escatología. Semejantes en el exceso: exceso de intelecto en unos, exceso corporal en los otros (deportes, danza, drogas). Desborde físico contra desborde psíquico. Dos pueblos

---

manzanas de la discordia entre las dos comunidades. Se pueden leer excelentes artículos al respecto en *Le Libre Journal* del 31 de mayo 2001, 31 de enero del 2004, 11 de febrero del 2004 y 28 de abril del 2005. También se puede consultar la obra de Bernard Lugan, el especialista francés de la historia de África. [Sobre la Trata de Negros, léase en Hervé Ryssen, *La Mafia judía,* (NdT).]

desequilibrados, para quienes la expresión *mens sana in corpore sano* será siempre intraducible[773]."

Tendrían así la misma predisposición para hacerse las víctimas: "¡Extraña competencia ésta, entre negros y judíos, para apropiarse del papel de víctimas de la historia[774]!" En efecto, aunque no por ello deja de ser cierto que, en la historia de la esclavitud, los Negros no viajaron en las cubiertas de los barcos. Algo que nos recordaba a su vez Israel Shahak en su *Historia judía, Religión judía*. Ese aspecto de la historia es efectivamente a menudo pasado por alto, y los intelectuales negros tienen probablemente razón en querer recordarlo. Hay que remontarse al año 1965 para descubrir un historiador judío que tratara ese tema doloroso. Hugh Trevor-Roper fue uno de los pocos historiadores modernos en haber señalado "el papel predominante de los judíos en la trata de esclavos de comienzos de la Edad Media entre la Europa cristiana (y pagana) y el mundo musulmán[775]."

Israel Shahak añadía al respecto que, en el siglo XII, "Maimónides permitió a los judíos, en nombre de la religión judía, que secuestrasen a niños gentiles para convertirlos en esclavos, y no hay duda de que se actuó siguiendo su opinión o que ésta reflejaba las prácticas del momento." Recordemos que Maimónides no sólo se dedicó a la codificación del Talmud; también fue un sobresaliente filósofo. Su *Guía de los Perplejos* es considerada con razón como la mayor obra de filosofía religiosa judía, y es todavía hoy leída por muchas personas que siguen inspirándose en ella a pesar de los numerosos pasajes insultantes respeto de los Cristianos, los Turcos y los Negros, al menos en las versiones no expurgadas.

La bestia debe ser cazada

La instauración de la sociedad plural que viene tomando forma desde hace unos quince años, no se hace sin tiranteces entre las distintas

---

[773] Guy Sorman, *El Mundo es mi tribu*, Editorial Andrés Bello, Barcelona, 1998, p. 393, 394

[774] Guy Sorman, *Esperando a los bárbaros,* Seix Barral, 1993, Barcelona, p. 100. "Como numerosos líderes afronorteamericanos, Mazrui no cesa de hablar o escribir sobre los judíos; "Es inaceptable —me dice- que los judíos monopolicen los conceptos de diáspora y holocausto. La deportación de los negros a América, su esclavización, son también un holocausto. Los africanos presentes en todos los continentes constituyen también una diáspora.""

[775] Hugh Trevor-Roper, *The Rise of Christian Europe*, Thames and Hudson, London, 1965, p. 92-93, en Israel Shahak, *Historia judía, Religión judía, El peso de tres mil años*, Ediciones A. Machado, 2016, Madrid, p. 115 (nota)

comunidades. Entre los millones de crímenes y delitos cometidos en nuestro territorio (asesinatos, violaciones, atracos, robos y allanamientos, estafas, etc.), las altas instancias se dan finalmente cuenta que el fenómeno racista, y sobre todo el antisemitismo, se desarrollan de forma inquietante (pintadas en buzones, bofetadas, patadas o puñetazos, cartas anónimas, etc.). El gobierno liberal de turno ha decidido por lo tanto coger el toro por los cuernos: "Dedicarle más energía al asunto". El Primer ministro Jean-Pierre R. (su apellido no tiene importancia) ha definido los objetivos de lucha contra el racismo y el antisemitismo tras una reunión con su gabinete en Matignon el 9 de julio del 2004. Es la quinta reunión sobre este tema desde noviembre del 2003. Queda claro pues que no se toma el problema a la ligera. El día siguiente del discurso del presidente de la República llamando a una "reacción" de las autoridades contra la intolerancia, el Primer ministro ha querido mostrar la determinación de los poderes públicos de movilizarse contra una plaga que afecta gravemente la sociedad francesa. Las últimas cifras registradas de actos racistas y antisemitas no dejan de preocupar. El balance del primer semestre del 2004 muestra una "muy fuerte aceleración" de actos e injurias contabilizados. Las agresiones antisemitas han sido de 135, respeto a las 127 de todo el año 2003, mientras que fueron registradas 376 amenazas. Los actos racistas contra Magrebíes y Negros alcanzaron la cifra de 95 contra 51 en el 2003; 161 amenazas han sido contabilizadas. De los 4,3 millones de crímenes y delitos registrados oficialmente, esto parece ciertamente muy poco (0,0003%), pero en Matignon, se considera que "estamos innegablemente en presencia de una tendencia de fondo inquietante[776]." Para reforzar las actuaciones del Estado y movilizar más completamente sus servicios, el Señor R. reunirá a principio de septiembre todos los prefectos y subprefectos para hacer un balance de las acciones llevadas a cabo para luchar contra la xenofobia y el antisemitismo. Instrucciones han sido dadas al ministro de justicia para que las fiscalías requieran penas "más ejemplares" contra aquellos que cometen tales actos. "Cualquier persona que comete un acto racista o antisemita debe ser perseguido con determinación y condenado de manera acorde con la naturaleza inaceptable de esos actos", ha recordado el portavoz del gobierno.

Roger Cukierman, presidente del Consejo representativo de las instituciones judías de Francia (CRIF), que representa la mayoría de las asociaciones judías, se indigna de la "ola de violencias antisemitas" (*Le Figaro*, 18 de febrero del 2004). Reconoce por fin que "los autores de

---

[776]*Le Monde*, lunes 12 de julio del 2004.

violencias son esencialmente jóvenes de la inmigración árabe-musulmana". Se viene desarrollando desde hace tres años a la sombra del conflicto israelí-palestino, y mezcla antisemitismo y antisionismo. No existe un conflicto intercomunitario, explica, ya que las violencias son unilaterales, y "los Judíos no han atacado ninguna mezquita, ningún imán en Europa. En cambio, numerosas sinagogas han sido incendiadas[777], escuelas, autobuses escolares, rabinos y niños judíos han sido atacados, vejados, perseguidos a causa de su judeidad." Si a esto añadimos que "una parte de los europeos es todavía receptiva a las tesis de la extrema derecha racista y antisemita, y que la otra, de tendencia izquierdista-trotskista, se ha lanzado en un antisionismo sistemático que la acerca, quiera o no, al antisemitismo, constatamos por lo tanto que las ideologías que tanto daño hicieron al siglo XX, el nazismo y el estalinismo, tienen con el integrismo islámico del siglo XXI los mismos objetivos: la democracia y los Judíos."

Obviamente, Roger Cukierman se expresaba en calidad de responsable comunitario. Pero más adelante, cambiaba de bandera y se transformaba en un francés común y corriente para declarar: "Aquellos que han elegido vivir en nuestro país deben someterse a nuestras normas y costumbres". Los quince ministros franceses que estaban presentes en la cena del Crif de febrero del 2005 debieron aguantar el mismo tipo de sermones sobre la política a llevar en el Próximo Oriente. Disponiendo ahora de un comité de enlace con los ministerios del Interior, de Justicia y de la Educación nacional, los dirigentes del Crif se reúnen regularmente con el CSA (Consejo Superior Audiovisual), "que ha sido encargado por el gobierno de velar e impedir la difusión de programas de televisión antisemitas transmitidos desde Oriente Medio por satélite cuyas señales son recibidas por 2,5 millones de parábolas instaladas en Francia." En resumidas cuentas, concluía Roger Cukierman, "hay que sancionar, hay que educar, hay que integrar y hay que luchar enérgicamente contra el avance en nuestro territorio del integrismo islámico que intenta sustituir nuestro sistema de valores por el suyo." Aquí, ya no sabemos bajo qué bandera nos estaba hablando.

Es también muy preocupante comprobar cómo, según una encuesta encargada por las autoridades europeas, el 59% de los europeos consideran que el Estado de Israel constituye la mayor amenaza para la paz en el mundo. Éstos no parecen haber comprendido que, ante el peligro islamista, los Judíos son los centinelas de los valores de Occidente. Como lo dijo Jacques Chirac el 17 de noviembre del 2003: "Cuando se ataca a un Judío en Francia, es a toda Francia que se ataca."

---

[777] Las puertas de una sinagoga fueron incendiadas en el 2003 en las afueras de Lyon.

Esto es también lo que piensa Bernard-Henri Levy, quién ha declarado con toda naturalidad en el popular programa *Tout le monde en parle*, que los Judíos representan el "templo de la república".

Del otro lado del atlántico, la movilización también ha sido decretada contra los cambios de humor de un país cuyos *"boys"* han sido de nuevo enviados a una guerra exterior para salvaguardar intereses dudosos. Además, el presidente George W. Bush ha promulgado el 16 de octubre del 2004 una nueva ley que obliga al departamento de Estado a registrar los actos antisemitas por todo el mundo y a evaluar la actitud de los países al respecto, así como hacia el Estado de Israel. "Nuestra nación estará atenta y vigilante, y nos aseguraremos de que los viejos reflejos del antisemitismo no puedan arraigar en ninguna patria del mundo moderno", declaró en un mitin en Florida, Estado que alberga la tercera comunidad judía del mundo, tras la de Israel y Nueva York.

Prosopopeya mediática

Con todo y eso, y aunque sea lamentable que los sentimientos antisemitas existan todavía en el mundo, algunos hechos se han beneficiado de una cobertura mediática desmesurada y probablemente demasiada apresurada.

Así, en enero del 2003, la agresión con arma blanca del rabino Gabriel Fahri había sido exageradamente publicitada y politizada, antes de que el caso fuera finalmente enterrado: de hecho, no se había producido ninguna agresión. El informe del peritaje médico mencionaba "una herida dudosa", que no había producido ninguna lesión abdominal. Además, el desgarramiento de 10 centímetros de las vestimentas era "incompatible con la supuesta agresión". Debido a la falta de testigos, todo el caso dependía de las declaraciones de la víctima que inculpaba un "hombre con casco", que habría gritado "Allah Akbar" con "un acento francés". En realidad, el rabino Farhi se había apuñalado a sí mismo.

El incendio de un centro social judío en París, el 22 de agosto del 2004 había tenido mucho eco en todos los medios de comunicación. Los culpables habían dejado pintadas antisemitas, esvásticas invertidas y eslóganes islamistas salpicados de faltas groseras de ortografía. El alcalde de París y el Primer ministro visitaron el lugar del incendio para expresar su indignación. A raíz del atentado el alcalde adjudicó unos 300.000 euros adicionales para la seguridad de los lugares frecuentados por la comunidad judía de París. Pero la investigación desembocó finalmente en un hombre de 52 años, miembro de la comunidad, y trabajador benévolo que disfrutaba de las comidas servidas a los más desfavorecidos. "Mentalmente frágil", no había soportado la pérdida del apartamento que le alquilaba el centro social, suscitando en él un gran resentimiento.

También recibimos la noticia de ese caso que estalló en el 2004: unas esvásticas habían sido pintadas en una veintena de tiendas pertenecientes a judíos del barrio neoyorquino de Brooklyn y de Queens, así como sobre algunas sinagogas. La indignación fue general. Un rabino ofrecía una prima de 5000 dólares a cambio de cualquier información. El 18 de octubre de 2004, la policía detenía por fin el culpable. Se trataba de Olga Abramovich, 49 años, la cual explicaba que quería vengarse de su marido de 78 años, Jack Greenberg, que venía de divorciarse para casarse con una mujer más joven que ella. La prensa y las organizaciones judías silenciaron entonces toda la historia. Por suerte el público olvida rápidamente lo que ve en la televisión.

Tampoco ningún medio francés había informado del veredicto del juzgado número 17 del tribunal correccional de París que condenaba a Alex Moïse a una multa de 750 euros. En efecto, el susodicho había denunciado amenazas e insultos antisemitas recibidos en su domicilio, pero la investigación había determinado que se las había enviado él mismo. Alex Moïse, secretario general de la Federación sionista de Francia (miembro de pleno derecho del CRIF) y antiguo portavoz del Likoud de Francia, era también uno de los instigadores de las prohibiciones de los espectáculos del humorista negro de origen camerunés Dieudonné M'Bala. Este individuo había sido en los años 90 el presidente del Comité de coordinación del Sentier, la milicia judía de autodefensa local y presidido en 1995 una asociación comunitaria a favor del voto a Jacques Chirac en la elección presidencial.

"Cuando el hijo de un rabino de Boulogne, un barrio elegante de las afueras de París pretende haber recibido insultos antisemitas y un par de bofetadas, el ministro del Interior telefonea ipso facto para expresar "su profunda consternación ante esos actos incalificables y su más firme condena de esa agresión manifiestamente antisemita"". Éste asegura que "se hará todo lo posible para encontrar a los autores lo antes posible". El mismo día, un imán de Estrasburgo, se percata de que alguien ha incendiado el cubo de la basura de su jardín. Inmediatamente, el ministro reacciona y llama por teléfono para expresar su viva emoción, su solidaridad y apoyo en esos momentos difíciles, así como su condena más enérgica de esos actos ignobles y su determinación para encontrar cuanto antes el autor, precisando, además, "haber ordenado a la policía la movilización de todos los medios necesarios para llevar a cabo la investigación." El mismo día otra vez, en Ivry, una transeúnte fallece como resultado de un ajuste de cuentas entre dos bandas étnicas. Esta vez, el señor de Villepin no llama al padre discapacitado de la víctima para decirle nada. Probablemente, la pobre Laura (la prensa dio su nombre, pero no el de su asesino "accidental") no era ni judía ni árabe: una simple francesa. "No vamos a gastar una ficha por tan poco, comentaba Serge de Beketech[778] en su editorial del 5 de junio del 2004. Piénsenlo, uno se pasaría la vida en ello: en Francia se cometen cuatro millones de delitos por año. El ministro obviamente no puede telefonear a los cuatro millones de víctimas. Ya está bastante ocupado visitando los cementerios judío profanados, las mezquitas pintadas, los rabinos autoapuñalados, los imanes chiíes agredidos por fieles sunitas e inversamente, las carnicerías halal o casher extorsionadas por sus mafias respectivas; si encima tiene que ocuparse de las iglesias incendiadas, de los cementerios cristianos vandalizados, de las Francesas autóctonas violadas, de los jóvenes blancos-rubios-católicos agredidos, de los viejos Galos maltratados en sus casas de las afueras y de los miles de vehículos incendiados cada año, entonces ya no tendría tiempo para pulir sus discursos antirracistas."

Esas noticias impactantes cuyo objetivo es crear corrientes de opinión, son mucho más numerosas de lo que nos imaginamos. Aleksandr Solzhenitsyn ya contaba un caso parecido en *Doscientos años juntos*: "En mayo de 1978, la prensa mundial llamó fuertemente la atención sobre un caso especialmente conmovedor: una pequeña niña moscovita de 7 años, Jessica Katz padecía una enfermedad incurable pero no se le permitía viajar con sus padres a Estados Unidos. ¡Qué escándalo! La prensa se volvió loca y el senador Edward Kennedy intervino personalmente. Todas las cadenas de televisión mostraron en sus noticiarios de más audiencia la acogida en el aeropuerto, las lágrimas de felicidad de la niña en los brazos de sus padres. *La Voz de América* dedicaba todo un programa en ruso a la salvación de Jessica Katz (sin pensar en que otras familias rusas con hijos igualmente

---

[778]Serge de Beketch (1946-2007) fue un periodista, locutor de radio, escritor y activista de "extrema derecha" francés. Recordado y apreciado por la esfera nacionalista francesa, fue cofundador de *Radio Courtoisie*, y, hasta su muerte, responsable de un programa nocturno de los miércoles en esa emisora. También fundó y dirigió la publicación *Le Libre Journal de la France courtoise*. Serge de Beketch era de origen ruso. Su abuelo materno había sido coronel del ejército francés. Su abuelo paterno, ayudante de campo del general Denikin, jefe del Ejército Blanco durante la Guerra Civil rusa. Su padre, Youri, suboficial de la Legión Extranjera, murió en la batalla de Dien Bien Phu en Indochina, donde está enterrado. (NdT).

afectados por enfermedades incurables permanecían en Rusia). De repente, tras unos exámenes médicos, nos enterábamos de que Jessica no padecía ninguna enfermedad, que sus astutos padres habían engañado todo el mundo para poder marcharse de Rusia. La radio apenas informó de ello, a regañadientes" y todo el asunto se olvidó.

En el mismo género de faroles, tuvimos más recientemente la campaña mediática a favor de la pequeña Jila. El 25 de octubre del 2004, la revista *Elle* publicó un llamamiento de Elisabeth Badinter, hija de Marcel Bleustein-Blanchet (el rey de la publicidad en Francia, dueño de Publicis) para salvar a "Jila", una iraní de 13 años condenada a la lapidación por haber mantenido relaciones sexuales con su hermano. Numerosas personalidades y asociaciones firmaron aquel llamamiento. Tras una investigación, el ministerio de Asuntos exteriores junto con la Presidencia de la Unión Europea informó en enero del 2005 de que aquel "caso" nunca había existido, y que ninguna condena a la lapidación había sido pronunciada desde hacía meses por los malvados musulmanes. "Ya no sabemos qué hacer, han explicado varios diplomáticos en *Le Point* del 2 de diciembre del 2004. Queremos avanzar en un diálogo responsable y honesto con Irán, pero este tipo de iniciativa nos desacredita." Ciertamente, después de Irak, Irán está ahora en la diana de los mundialistas occidentales; se trata simplemente de una forma de tantear y preparar la opinión pública para una nueva pequeña cruzada militar "a favor de la democracia y los derechos humanos", más aún cuando un "ultra" acaba de ser elegido en el gobierno de ese país en el 2005.

También habría mucho que decir acerca de las "fosas comunes" de Timisoara, descubiertas tras la caída del dictador comunista Ceaucescu en Rumanía, o las fosas dejadas por los serbios en Bosnia. En el *Diario de una parisina*, Françoise Gourdji-Giroud escribía el 22 de enero: "unas fosas comunes han sido descubiertas en Bosnia. Siete mil personas desaparecidas tras la toma de Srebrenica por los serbios estarían apiladas en una fosa común." Noten el empleo del condicional. La multiplicación de los muertos por diez, veinte o treinta, a menudo ocultaba que se trataba de simples cementerios cavados después de los combates.

La delincuencia intelectual

Los telespectadores occidentales ya están acostumbrados a este tipo de operaciones mediáticas. Atizar el miedo y los temores del público es efectivamente un excelente medio para desviarle de otros problemas. Sabemos el lugar que ocupan el catastrofismo ecológico y las supuestas amenazas de destrucción planetaria en el dispositivo globalista de "sensibilización" mediática. Pero hoy en día, desde los atentados del 11 de septiembre del 2001, el islamismo radical es indiscutiblemente el terrible coco, el cuál amenaza directamente los intereses sionistas en el mundo. Se nos describe el fenómeno como una bestia monstruosa: una hidra con un colosal poderío financiero surgida de repente y que estaría apoyando organizaciones terroristas con incontables ramificaciones en todo el mundo. Se podría también alertar la opinión pública mundial respecto de otras organizaciones, como el Opus Dei en España, la secta Moon o la famosa Iglesia de la Cienciología – esos temibles cienciólogos de los que hemos oído decir que "dirigen Hollywood".

Todas esas organizaciones, como es de suponerse, amenazan con conquistar el planeta, y conviene resguardarse de sus discursos insidiosos. Pero la más reciente de todas las amenazas, la que más crece y atisbos tiene de sojuzgarnos, es la Iglesia evangélica cristiana: una secta terrible que ha adquirido una influencia considerable en Estados Unidos estos últimos años, y que ya tiene en sus manos el gobierno de Estados Unidos. El propio presidente George Bush es miembro de la Iglesia evangélica, como todo el mundo sabe, y los cristianos fanáticos que le rodean tienen una tremenda influencia sobre sus decisiones. Ha quedado establecido que la guerra de Irak y la invasión de ese país en el 2003 por las tropas estadounidenses ha sido querida y planeada por esa extrema derecha fascistoide, tal como pudo demostrarlo un gran semanal progresista. Esos belicistas son – a pesar de que sus miembros sean de todas las razas – unos fascistas racistas y antisemitas, tal como lo desvelaba *Le Nouvel Observateur* del 26 de febrero del 2004 en un dossier alarmante:

"La doctrina evangélica, cuya tierra de predilección sigue siendo América, es hoy en día la corriente religiosa que más progresa en el mundo desde la Segunda Guerra mundial, en detrimento de la Iglesia católica, de las Iglesias protestantes históricas (baptista, metodista) e incluso del islam". Las cifras dan vértigo: de los 4 millones en 1940, los evangelistas son ahora 500 millones[779], incluyendo el pentecostalismo y los carismáticos, sobre los 2000 millones de cristianos. "George Bush, el hombre más poderoso del mundo no es un exégeta de alto nivel, ni un loco. Es simplemente un fiel de esta Iglesia protestante, expansionista, milenarista y apocalíptica. George Bush es un *Born again Christian*, literalmente un renacido cristiano... ¡Estas

---

[779] 660 millones en 2020.

Iglesias neo-protestantes pretenden conquistar América antes de conquistar el mundo! Ni más ni menos. Con un hombre como Bush en la casa blanca, es un buen comienzo."

El planisferio presentado en las páginas de la revista es elocuente. En rojo, la "fuerte presencia": las dos américas están en rojo vivo, así como una parte de Europa del Norte y de África austral; en amarillo, la "presencia significativa", en rosa, la "presencia reciente". Sólo queda en blanco Groenlandia, Mongolia, Libia, Birmania, Somalia, Mali y Marruecos. A parte de estos países, ¡toda la tierra está cubierta! ¡Hay que reaccionar, y rápido!

El corriente pentecostés hace hincapié en la "unión con Jesucristo, la curación mediante la oración, el compromiso voluntario del creyente. A mediados de siglo XX, nace la corriente carismática. Ésta toma del Pentecostalismo la creencia en los dotes milagrosos. Se caracteriza por vibrantes reuniones de oración con orquestas, lloros, trances, exorcismos públicos, imposiciones de manos, curaciones milagrosas, una gran dedicación a los demás, una disponibilidad constante al servicio de la Iglesia." En definitiva: unos fanáticos. "Creen en el Armagedón, la próxima batalla final entre las fuerzas del Bien y del Mal. Se sirven de la televisión, internet, los videojuegos o las novelas de ciencia-ficción para convertir en masa. George W. Bush, al igual que muchos de sus ministros y consejeros, comparten su visión mesiánica del mundo y del futuro...La universidad internacional de Columbia, en Carolina del Sur, forma a misioneros de choque. ¿Su objetivo? "Liquidar el islam". Los Baptistas del Sur fueron "la única Iglesia en haber bendecido la invasión de Irak"."

"Ha llegado el momento de salvar esta sociedad decadente, dicen los evangélicos, de limpiar el país de todos esos homosexuales, feministas y liberales." Para ellos, el regreso del Mesías sólo se producirá a la condición sine qua non de que todos los Judíos regresen a la Tierra santa. "Así pues, financian la emigración a Sion, patrocinan las colonias y defiende en Washington el proyecto del Gran Israel. Pero esto no es todo: una vez que Jesucristo regrese a la Tierra santa, los Judíos podrán redimirse reconociéndolo por fin como su Mesías. De lo contrario, serán aniquilados para siempre. "No aman a los Judíos, se indigna el israelí-estadounidense Gershom Gorenberg, autor del libro *El Fin de los tiempos*. La doctrina evangélica de la salvación es una obra en cinco actos en la que los Judíos desaparecen en el último"."

¿Qué debe retener el lector del *Nouvel Observateur* después de leer este dossier?: Primero, que estos evangelistas son claramente unos racistas, ya que han bendecido la cruzada estadounidense contra Irak y los musulmanes. Además, sabrá que esta gente son unos terribles antisemitas. En cambio, no verá que el ejército estadounidense es un ejército multirracial, al igual que los filigreses de esta Iglesia, y pasará por alto que estos evangelistas son en realidad el más fiel apoyo de Israel y del lobby sionista en Estados Unidos. Se le hace entender exactamente lo contrario.

Tras los atentados del 11 de septiembre del 2001, el enemigo, el mal absoluto, era el islam, el que amenazaba Israel en Oriente Medio. Desde la invasión de Irak, la amenaza provendría ahora de las sectas fascistoides estadounidenses que dirigen el gobierno estadounidense con su política imperialista. La farsa no se detiene ahí, ya que los evangelistas, a pesar de su apoyo inquebrantable a la política sionista, son descritos como fanáticos fascistoides. Todo esto, evidentemente, tiene como objetivo hacer olvidar que el principal poder que influye en los gobiernos estadounidenses, sean demócratas o republicanos, desde finales de siglo XIX, no es ni católico, ni cienciológo, ni evangélico. Hablando claro: después de habernos precipitado en una nueva guerra, se acusa a la extrema-derecha cristiana de ser la responsable.

Israel Shamir nos aportó una información capital para comprender el apoyo sin fisuras de estas sectas evangélicas estadounidenses al sionismo y a esas personalidades influyentes que, en torno al presidente George Bush, han sido determinantes para la invasión de Irak. Para comprender el fenómeno es esencial saber algunos datos, y en concreto que la Biblia más ampliamente difundida en Estados Unidos ha sido desnaturalizada desde hace mucho tiempo:

"Los judíos no han dejado de enmendar la Biblia hasta nuestros días: C.E. Carlson y Steven Sizer han observado que la Biblia Scofield de referencia, publicada por la Oxford University Press, invita a la adoración de Israel de manera cada vez más explícita en cada reedición: "Gracias a una publicidad y a campañas promocionales que no conocen ningún límite, esta edición se ha convertido en la "biblia" más vendida en Estados Unidos, y esto desde hace más de noventa años. Scofield, con aguda inteligencia, eligió no cambiar nada en el cuerpo del texto de la biblia del Rey Jaime. De manera más perniciosa, añadió centenares de notas a pie de página, fáciles de leer, en casi la mitad de las páginas, y las anotaciones mezclan con total desenfado las citas del Antiguo y el Nuevo Testamento, como si una misma gente las hubiera escrito en una misma época". La primera edición la puntualizó y financió Samuel Untermeyer, un abogado de Nueva York cuyo bufete existe aún hoy, uno de los sionistas más ricos e influyentes de Estados Unidos. Esta importante edición sionista del Antiguo Testamento explica en gran medida el extraño fenómeno del sionismo cristiano[780]."

Efectivamente, los cristianos tienen ahora a su disposición en sus biblias unas notas a pie de página bastante explícitas y directas: "Los que bendigan a los judíos serán bendecidos, y los que maldigan a los judíos serán maldecidos[781]". Pero en realidad, "no existe ninguna afirmación de ese tipo en la Biblia", recordaba Israel Shamir.

Se puede encontrar además en esa misma edición algunas consideraciones como esta: "Existe una promesa de bendición para aquellos que, entre las Naciones, bendigan a los descendientes de Abraham. Y una maldición pesa sobre los que persigan a los judíos. Esta fue una advertencia que se cumplió literalmente en la historia de las persecuciones de Israel. Invariablemente, les ha ido mal a los pueblos que han perseguido a los judíos, y muy bien a los que los han protegido. Que una nación cometa el pecado del antisemitismo trae consigo un Juicio inevitable. El futuro demostrará la validez de este principio de forma aún más sorprendente (Página 19, Scofield Bible, 1967, Génesis XII: 1-3)". "Se trata de una vasta empresa de propaganda que encuentra un eco inaudito entre los predicadores simplones de América", concluía Israel Shamir[782].

En el verano del 2004, un libro extraordinario vendía millones de ejemplares en Estados Unidos. El fenómeno desembarcaba en Francia y en Europa a bombo y plantillo. La amenaza cristiana era real y antiquísima: En *Da Vinci Code*, de un tal Dan Brown, se nos desvelaba por fin los secretos inconfesables del Vaticano sobre la descendencia de Jesucristo.

La idea central de la novela es que Jesucristo, esposo de María Magdalena, tuvo una descendencia que se prolongó hasta nuestros días gracias a la eficacia de una tenebrosa organización, el Priorato de Sion, cuya misión es defender el linaje sagrado de la pareja. Esta tesis fantasiosa ya había sido explotada en varios libros publicados anteriormente. Dan Brown la retomó presentando como verdad ocultada por la Iglesia católica la tesis según la cual el Grial sería la metáfora del linaje de Cristo. Para animar un poco el relato, bastaba con

---

[780]Israel Shamir, *La otra cara de Israel*, Ediciones Ojeda, Barcelona, 2004, p. 200-201. (Notas de Shamir: "*Why Most Christian Evangelicals Favor War*", C. E. Carlson, http://www.whtt.org.articles/02080.htm ; http://virginiawater.org.uk/christchurh).

[781]"Yo bendeciré a aquellos que te bendigan, pero maldeciré a cualquiera que te maldiga", Génesis XII: 3, Biblia Kadosh Israelita Mesiánica. (NdT).

[782]Léase al respecto Joseph M. Canfield, *The incredible Scofield and his book*, Chalcedon/Ross House Books, 2005. (NdT).

añadir que los Templarios habían sido creados para proteger el secreto del Santo Grial, y listo. Que el susodicho Dan Brown no comparezca en los platós de televisión para explicar todas las inverosimilitudes denunciadas por los historiadores no tiene la menor importancia. Lo esencial es que la gente crea que la Iglesia siempre ha mentido, que el libro se venda bien y que las revistas hagan sus portadas para alimentar la polémica.

Pierre-André Taguieff, filósofo, politólogo e historiador de las ideas, nos explicaba el misterio en *Le Point* del 24 de febrero del 2005: "Lo que despierta la curiosidad, decía, es la tesis de que la verdad es ocultada por individuos cínicos disimulados detrás de máscaras sociales. Lo que seduce, es el espectáculo de un combate a muerte entre los rebeldes organizados (en sociedad secreta o secta) y los gobernantes visibles o invisibles. Lo que nos mantiene en vilo, son las peripecias de ese gran enfrentamiento entre los defensores de las verdades oficiales (mentiras de la Iglesia) y los que poseen la verdad prohibida, dispuestos a todo. Lo que agrada es ver a los amos-mentirosos oficiales por fin desenmascarados y sus secretos desvelados. Lo que nos hace disfrutar son las "revelaciones"."

He aquí lo que explica el éxito formidable de *Da Vinci Code*, un récord histórico en los anales de la edición: 32 millones de ejemplares han sido vendidos en el mundo en 42 traducciones.

"Dan Brown, continuaba Taguieff, ha logrado un equilibrio delicado: extraer de una maraña simbólica dominada por el conspiracionismo y el antisemitismo los materiales para crear una intriga "purificada". Sin embargo, a pesar de que las huellas de la mitología anti-judeomasónica hayan sido borradas por el novelista, los lectores sensibles a esta mitología la perciben. El fondo sale a la superficie...Lo que satisface el lector... es también la ilusión de tener acceso a los "secretos" de la historia, y poder adueñarse de ellos."

Otro bluf intelectual del mismo orden ha sido desvelado recientemente en un artículo del *Nouvel Observateur*. El 5 de agosto del 2004, el semanal publicaba un artículo firmado por Fabien Gruhier que aportaba algunas precisiones sobre el descubrimiento de la relatividad y los trabajos de Albert Einstein: "Según el físico Jean Hladik, el genial inventor de la teoría de la relatividad habría plagiado descaradamente los descubrimientos de Henri Poincaré...Desde la época lejana de sus años de estudiante, Jean Hladik, universitario, especialista de física teórica y autor de varias obras sobre la Relatividad, veía que algo no cuadraba en la manera en que se ensañaba la Relatividad. Además, su paternidad se atribuía demasiado unánimemente al famoso Albert Eisntein. Hace cuatro años, aunque todavía titulaba una obra suya *La Relatividad según Einstein,* ya se esforzaba en devolver a Poincaré lo que era de Poincaré. Desde entonces, Hladik ha seguido investigando y, finalmente, decidido publicar un libro francamente sacrílego titulado: *"Cómo el joven y ambicioso Einstein se apropió de la Relatividad especial de Poincaré*[783]*".* Al contrario que la mayoría de los especialistas, Jean Hladik fue directamente a las fuentes. Leyó las publicaciones "totalmente ignoradas" de Henri Poincaré, físico genial y matemático "mucho mejor que Eisntein" y encontró escrito negro sobre blanco todos los elementos de la Relatividad de "espacio-tiempo". Esto incluía la ralentización de relojes en movimiento, la contracción de los cuerpos en el sentido de su movimiento y la imposibilidad de definir la simultaneidad de dos acontecimientos distantes de forma absoluta. Así pues, todo estaba ahí bajo la firma de Poincaré en los textos publicados en 1898 y el 5 de junio de 1905. Ahora bien, el 30 de junio de 1905, los *"Annalen der Physik"* recibían el manuscrito del famoso artículo fundador de la Relatividad especial, firmado por Einstein. Un artículo que, según Hladik, no aportaba "nada nuevo" respeto a los escritos de Poincaré, y en el que el autor se abstenía de hacer cualquier referencia a los trabajos de este último. A partir de ahí, surge la pregunta: ¿Descubrió Eisntein todo por su cuenta? ¿O bien plagió deliberada y descaradamente Poincaré?

Para Jean Hladik, tras una investigación exhaustiva, la duda ya no es posible y sólo la segunda hipótesis tiene sentido. Pues no solo Eisntein leía perfectamente el francés, sino que, además, en la época de los hechos, se encargaba de una rúbrica en los *"Annalen der Physik"* que consistía en informar de los artículos publicados en varias revistas científicas extranjeras, incluida, curiosamente, los *"Comptes-rendus de l'Académie des Sciences de Paris"* donde el artículo más acabado de Poincaré sobre el tema había sido publicado el día 5 de junio de 1905. El gran Albert no pudo no haber tomado nota de ello. Se sabe, además, que en aquellos años Eisntein estaba en apuros buscándose el sustento. Había logrado a duras penas un diploma de profesor de instituto, le habían rechazado tres veces su tesis doctoral, y trataba de hacerse un nombre "explotando las ideas de otros[784]". En este caso, dio un

---

[783]Jean Hladik, *Comment le jeune et ambitieux Einstein s'est approprié la Relativité restreinte de Poincaré,* Éditions Ellipses, 2004
[784]Aparte de Poincaré, hubo muchos otros científicos antes que Eisntein cuyos trabajos fueron decisivos: Olinto de Pretto, Hendrik Lorentz, Paul Gerber, Heinrich Hertz, James Maxwell, Hermann Minkowski, Bernhard Riemann. (NdT).

magnífico golpe, y Hladik resumía el cuento de esta manera: "El gato Poincaré, con su delicada pata, sacó las castañas del fuego relativista en beneficio del mono Einstein, quién, descaradamente, las comió todas, ilustrando así la célebre fábula de Jean de la Fontaine." Después, "la historia lo silenció y se volvió tabú", teniendo que pasar casi un siglo para arrojar algo de luz sobre ella. Algo que ya había sugerido François de Closets, a quien Hladik citaba, en su reciente biografía sobre Eisntein[785] cuando escribía: "Poincaré tenía en sus manos todas las piezas del puzzle." A eso se debió la ocultación absoluta y persistente de Poincaré, al que Einstein rendiría un lacónico y tardío homenaje en 1955, dos meses antes de fallecer.

El diario *Le Monde* (17-18 de noviembre de 1996) ya había desprestigiado un poco el célebre científico publicando algunas de sus notas personales. El desinterés de Einstein hacia su familia y sus próximos es cosa conocida ahora, si bien el trato codificado por carta que infligió a su primera esposa Mileva Maric no deja de ser sorprendente: "Se asegurará de que: 1- mi ropa de cama y mis sábanas estén siempre en orden. 2- Servirme tres comidas al día en mi despacho...Renunciará a cualquier relación personal conmigo...3- Me responderá inmediatamente cuando le hable". Como decía Montesquieu: "Amo a la humanidad, eso me permite odiar a mi vecino."

En el libro ya mencionado aquí, *El Poder desnudo*[786], teníamos la oportunidad de leer lo que escribía Einstein en noviembre de 1945 en la revista *Atlantic Monthly*: "No me considero el padre de la energía atómica. Mi participación en ella fue bastante indirecta... Sólo creía que era teóricamente posible. Se convirtió en práctica a través del descubrimiento accidental de la reacción en cadena, y esto no era algo que pudiera haber predicho. Fue descubierto por Hahn en Berlín, y él mismo interpretó mal lo que descubrió. Fue Lise Meitner quien proporcionó la interpretación correcta, y escapó de Alemania para poner la información en manos de Niels Bohr[787]."

En el mismo libro encontrábamos también su última carta, escrita a la reina madre Elisabeth de Bélgica el 11 de marzo de 1955. Ésta resultaba bastante sorprendente si se tiene en cuenta las recientes revelaciones publicadas sobre las acusaciones de plagio: "Debo confesar, escribía, que la estima exagerada en que se tiene mi trabajo

---

[785]François de Closets, *Ne dites pas à Dieu ce qu'il doit faire*, Éditions du Seuil, 2004
[786]Albert Einstein, *Le Pouvoir nu, Propos sur la guerre et la paix*, Hermann, 1991.
[787]*Atlantic Monthly, Boston, November, 1945, and November, 1947*, in *Ideas and Opinions by Albert Einstein*, Crown Publishers, Inc. New York, 1954, p. 121. (NdT).

suele incomodarme mucho. A veces, tengo la sensación de ser un "estafador" a pesar mío. Pero si intentara hacer algo al respecto, probablemente sólo empeoraría las cosas." El libro no aportaba más precisiones sobre este tema. Tal vez fueran algunos remordimientos sobre la paternidad de la Relatividad especial los que le atormentaban.

El 13 de mayo del 2005, la televisión y los principales periódicos desvelaban otra lamentable superchería. El presidente de la asociación de deportados españoles, Enric Marco, acababa de hacer una impactante confesión[788]. El diario *Le Monde* nos daba los detalles: "Nunca tuvo el número de identificación 6448. Nunca formó parte de la Resistencia en Francia. Nunca pasó por el campo de concentración alemán de Flossenburg, en Baviera. Durante treinta años ha mentido. La superchería ha sido descubierta gracias a las sospechas de un historiador a raíz de las investigaciones que llevaba a cabo con motivo del 60 aniversario de la liberación de Mathausen. Al no encontrar el nombre de Enric Marco en la lista de prisioneros, el historiador alertó inmediatamente la asociación de deportados, la cual, para evitar un mayor escándalo, decidió llamar urgentemente a su presidente presente en Austria para las ceremonias del 5 al 9 de mayo en compañía del presidente del gobierno español José Luis Rodríguez Zapatero."

Durante treinta años, Enric Marco, residente en Barcelona, ha engañado todo el mundo. Destituido de su cargo de presidente de la asociación de deportados españoles, tuvo por lo menos la honestidad de reconocer su mentira en un comunicado de prensa, el martes 10 de mayo del 2005: "Reconozco no haber sido internado en el campo de Flossenburg, aunque sí estuve bajo arresto preventivo acusado de complot contra el III Reich." Liberado en 1943, regresó a España, donde, después de la dictadura franquista, a finales de los años 70, se especializó dando conferencias en las escuelas de Cataluña. Secretario general del sindicato CNT, presidente de la federación de padres de alumnos de Cataluña, Enric Marco recibió la cruz de San Jordi, la mayor distinción civil de Cataluña por su lucha contra el franquismo y el nazismo. En 1978, incluso firmó una autobiografía, *Memoria del infierno*, un libro conmovedor[789], religiosamente citado en todos los

---

[788]https://elpais.com/diario/2005/05/11/ultima/1115762401_850215.html. *El País*, 11 de mayo del 2005: *El deportado que nunca estuvo allí*. (NdT).

[789]Un intelectual progresista como Javier Cercas intentó quitarle hierro al asunto, contextualizando su vida, e incluso escribiendo un libro inspirándose en dicho personaje. En una entrevista a un diario de Barcelona, el escritor llegó a decir: "Lo que hizo Marco, lo hizo todo el mundo", añadiendo, frivolizando: "Es el Maradona, el Picasso de los impostores. Cuando lo comparan con otro, me ofendo." (*El Periódico*, 18 de noviembre de 2014). (NdT).

estudios sobre el universo concentracionario. El pasado mes de enero, a sus 84 años, tomaba la palabra delante de los diputados españoles para dar testimonio de la barbarie de los SS: "Cuando llegamos en esos trenes de ganado infectados a los campos de concentración, nos desnudaban, sus perros nos mordían, sus luces nos cegaban", contaba Marco llorando. Treinta años de mentiras y de engaño de un falso deportado por fin desenmascarado[790].

Otro golpe duro afectó recientemente un icono del pensamiento planetariano. El 28 de abril del 2005, en efecto, el periódico *Le Point* publicaba un dossier especial muy doloroso sobre el escritor Marek Halter, titulado: "Marek Halter, el hombre que lo vivió todo", escrito por el periodista Christophe Deloire.

"Marek Halter cuenta con talento cómo tomó el té en la mesa de los grandes de este mundo, de Golda Meir a Juan Pablo II, de Nasser a Yeltsine, de Sharon a Putin...El currículo de Marek Halter es tan difícil de descifrar como la cábala, pues parece haber tenido tantas vidas. Con su barba, su rostro antiguo y su cabellera de Sansón, este Depardieu del relato bíblico tiene una figura digna de interpretar el papel de Moisés en un péplum". En todo caso, es cierto que "Halter tiene historias que contar".

"El misterio Marek Halter se remonta a su nacimiento. Nació en Varsovia antes de la guerra. Su madre Perl, era poetisa yiddish, su padre Salomón, impresor. Por lo demás, el estado civil del escritor es desconcertante. Primero, Marek no se llama Marek, sino Aron, como lo demuestra la copia de su acta de nacimiento. Tiene una explicación: "Hubo un error en el visado colectivo de mi familia cuando llegamos a Francia, justo después de la guerra".... ¿Fecha de nacimiento? El escritor indica en todas partes el 27 de enero de 1936, en la ficha "Who's Who" y los documentos oficiales, por ejemplo. El año es erróneo. La fecha oficial del estado civil francés que figura en su tarjeta de identidad o pasaporte es el 27 de enero de 1932. "Se trata de otro error del estado

---

[790] En el 2016, otro falso prisionero se sinceró confesando su impostura. Se trataba de Joseph Hirt, quién a sus 86 años declaró: "Hoy escribo para pedir disculpas públicamente por los daños causados a cualquier persona a causa de las falsas descripciones de mi vida en Auschwitz. Yo no era un prisionero de allí ni tenía la intención de eclipsar los hechos que realmente sucedieron. Estaba equivocado y pido perdón."
(*La Vanguardia*, Joseph Hirt y sus mentiras sobre el Holocausto en Auschwitz, 25 de junio del 2016, https://www.lavanguardia.com/internacional/20160625/40275197869/joseph-hirt-mentiras-holocausto-auschwitz.html). (NdT).

civil, indica el escritor, y nunca he buscado rectificarlo." A veces pasa que se hace un lío. En la página 23 de *El Judaísmo contado a mis ahijados* (Pocket, 2001), Marek Halter escribía "tenía 9 años" en una escena que se situaba lógicamente en 1941. Es decir una fecha de nacimiento correspondiente a 1932...¿Coquetería de un hombre deseoso de ocultar su edad? El detalle no carece de importancia. Pues permite entender los primeros años de su vida, especialmente el acontecimiento fundador de su biografía: la huida del gueto de Varsovia a través del alcantarillado. Desde que llamó a la puerta de Sartre, al que espetó: "Soy un superviviente del gueto", Halter habla de las experiencias que vivió desde temprana edad. En 1995, el papa le pregunta: "¿Así que usted nació en Varsovia?" El escritor responde: "No, Santo Padre, he nacido en el gueto de Varsovia". Ahora bien, los barrios judíos de Varsovia no fueron amurallados hasta noviembre de 1940. Antes, no había gueto."

"En los círculos yiddish de París, las contradicciones de Marek Halter dan de que hablar desde hace mucho tiempo", comentaba Christophe Deloire. En marzo de 1980, Michel Borwicz, un historiador del gueto publicó un artículo en el diario *Unzer Wort* en el que aseguraba que Halter jamás había vivido en el gueto. Después de *La Memoria de Abraham*, en 1983, el historiador escribiría otro folleto de 14 páginas desmontando sus graves incoherencias, titulado: "El caso Marek Halter, ¿hasta dónde es tolerable ir demasiado lejos?" (sic). La hija de unos amigos muy próximos de Marek Halter, Rachel Hertel, desvela: "Los padres de Marek jamás contaron haber vivido en el gueto, decían haber marchado justo cuando estalló la guerra en 1939", como decenas de miles de Judíos de Polonia que huyeron a la Unión Soviética. Halter se defiende: "Desconozco por qué Borwicz está enfadado conmigo, por cierto, nunca he dicho que estuviera mucho tiempo en el gueto."

"La vida de Marek Halter es una novela. Leyendo su biografía oficial, vemos que en 1945 fue el delegado de pioneros de Uzbekistán en la fiesta de la Victoria de Moscú. El director del Instituto judío de Varsovia, Felix Tych no lo cree: "Es muy extraño que un joven judío originario de Polonia fuera el delegado de una república de la Unión Soviética, sobre todo en esa época". Ese día, Marek Halter jura haber entregado un ramo de flores al "Padre de los pueblos": "Stalin tomó mis flores, pasó su mano por mi cabello y dijo algo que no entendí de lo turbado que estaba". Su primer encuentro con un grande de este mundo. Rachel Hertel asegura que Marek Halter nunca había hablado de ello antes de la muerte de sus padres."

De regreso de Unión Soviética, la familia Halter se instaló en Lodz, en Polonia, antes de partir a Francia. En París, Halter ingresó en Bella Artes y fue laureado del premio internacional de Deauville. Según su biografía, se instaló en Buenos Aires para trabajar y allí "trabó amistad con el presidente argentino Perón". "Por lo visto, Perón tenía un extraño sentido de la amistad, escribía el periodista, puesto que Marek Halter frecuentaba unos revolucionarios y fue forzado a abandonar Argentina dos años más tarde."

"El escritor relata a menudo esta anécdota: el 6 de junio de 1967, "fui recibido en el palacio del Eliseo por el general de Gaulle". Maurice Clavel lo habría presentado precisando: "Mi general, le presento este hombre que lo ha visto todo, vivido todo." En realidad *Le Monde* del 7 de junio de 1967 mencionó una "delegación", sin nombrar a Halter. Él mismo escribiría en *El Loco y los reyes*: "En verdad, sólo Clavel fue recibido.""

"En 1977, se lanza en una gran aventura, la preparación de *La Memoria de Abraham*. "Novela", escribe debajo del título. Pero algunos pasajes en cursiva hacen suponer que la historia es la de la familia del autor, un linaje de escribas de 2000 años...Marek Halter recurre a un equipo de documentalistas. Al historiador Patrick Girard le hace gracia la cosa: "El árbol genealógico es completamente falso. La cronología judía no va más allá del siglo XVI o del siglo XVII". El pequeño equipo de trabajo busca referencias culturales para establecer la trama de la historia. La redacción del libro es encomendada a un "escritor fantasma", Jean-Noël Gurgand, el cual trabaja en el manuscrito durante dos meses...

"Cada vez se le confiarán más misiones oficiales. En 1991, es nombrado presidente del Colegio universitario francés de Moscú. Marek Halter asegura haber lanzado la idea de crear un instituto francés en el despacho de Gorbatchev, ante quién su "amigo" Sájarov le habría llevado." Contactada por *Le Point*, la viuda de Sájarov, Elena Bonner, residente en Boston, confirmaba que el escritor francés y el científico ruso sólo se habían visto una vez en Moscú en 1986, tras el regreso de exilio de su marido, y añadía que su marido nunca había estado en el despacho de Gorbatchev.

"En 1999, el escritor intercede ante el ministro del Interior Jean-Pierre Chevènement para pedirle levantar la prohibición de estancia a un uzbeko. Ahora bien, ese individuo resultó ser un miembro importante de la criminalidad organizada. Los servicios franceses se sintieron aún más perplejos cuando otro mafioso uzbeko, rechazado en la frontera francesa, les había gritado: "¡Soy un amigo de Marek Halter!""

El periodista Christophe Deloire añadía maliciosamente al final de su artículo: "Cuando se hacen preguntas incómodas a Marek Halter, éste responde con dulzura, poniendo su mano sobre el ante brazo de su interlocutor."

En el ejemplar del 9 de mayo de 2005 de *Le Point*, Marek Halter publicó un derecho de réplica: "El artículo del 28 de abril del 2005 "El hombre que lo vivió todo" nos ha herido a mis familiares y a mí. Releyéndolo, me hizo reír. Y es que descubrir a mi edad que mi nombre no es mi nombre, que mi infancia, mi trabajo, mi vida tampoco lo son...En definitiva, que yo no soy yo. Hay que admitir que es ridículo. Os agradecería que publicaseis esta breve contestación en su revista, por respeto a mis amigos en Francia y en el extranjero, por respeto a todos los que comparten mis combates, por respeto a mis lectores." Es posible que la risa de Marek Halter esconda un profundo dolor, quizás. ¿Por qué los seres humanos son tan malos? ¿Por qué no se pueden amar, aquí y ahora, en vez de hacer sangrar la memoria?

Podemos transcribir aquí el testimonio bastante extraordinario de Elie Wiesel durante la primera guerra del Golfo en 1991. El gran escritor viajó entonces a Israel para apoyar su comunidad durante los difíciles momentos en que Irak, arrasado por los bombardeos estadounidenses, lanzaba por venganza sus viejos misiles Scud sobre el Estado hebreo:

"Mi primo Eli Hollender está contento de que haya venido: "ven a casa me dice. Ven a cenar. Esperaremos juntos los Scuds." Extraña invitación, curiosa idea...Acepto su invitación y acordamos la cita. A última hora la cancelo. Un impedimento imprevisto. La misma noche escuchamos en la radio, cada uno por su lado, las informaciones sobre el ataque de los misiles que acaba de empezar...Un mes más tarde, recibo una carta de Eli en la que da gracias a Dios por mi impedimento: "Si hubieses venido, nos habríamos quedado en casa en vez de pasar la noche en casa de nuestros hijos. Y quién sabe lo que nos habría pasado. Un Scud cayó sobre nuestra casa y la destruyó por completo. Es un milagro que no hayas venido[791]."

Elie Wiesel es indiscutiblemente un superviviente de la guerra del Golfo. Su aventura es aún más extraordinaria cuando, tal como lo reconocía el mismo, "los Scuds no hicieron ninguna víctima. ¿El hombre que falleció en Bnei Brak? Un paro cardíaco. En otro lugar, una mujer se encerró en un armario y rezó unos salmos. La habitación se

---

[791] Elie Wiesel, *Mémoires, tome II*, Éditions du Seuil, 1996, p. 148

derrumbó, pero el armario quedo intacto." Es así tal como os lo cuentan: ¡Israel es el país de los milagros!

El refugio en Israel

Las estafas intelectuales que jalonan la historia no son tan perceptibles para el público en general. Los Occidentales no suelen ser conscientes de ellas y permanecen en una ignorancia total acerca de la aventura en la que están embarcados. Las estafas financieras son en cambio mucho más tangibles, ya que las víctimas pueden directamente medir el impacto en el saldo de sus cuentas bancarias. El presente capítulo tiene como objetivo responder a la afirmación de Jacques Attali, en su libro *Los Judíos, el mundo y el dinero*, de que Israel se niega a acoger a los gánsteres y asesinos que quieren refugiarse allí. A propósito del célebre gánster judío estadounidense Meyer Lansky, Attali escribía: "Algunos años más tarde, Lansky intentará refugiarse en Israel, que le negará el beneficio de la Ley del Retorno: por sus crímenes, habrá perdido el derecho a ser reconocido como judío. Morirá en Miami, en su cama[792]." La afirmación era demasiada tajante y alejada de la realidad como para no ser contestada con todo detalle. En verdad, Israel ha servido a menudo de refugio para Judíos condenados en sus países por crímines, malversaciones y estafas. Evidentemente, hay que subrayar que los Judíos están muy lejos de constituir el grueso de batallones de estafadores y fenicios que causan estragos en todas las sociedades, y además, como lo recordaba con razón Patrice Bollon, sólo conforman un porcentaje ínfimo de la población.

Para responder a Jacques Attali, podemos citar por ejemplo el famoso caso del estafador Samuel Szyjewicz. Samuel Szyjewicz, apodado Flatto-Sharon, había nacido el 18 de enero de 1930 en Lodz, en Polonia, de la unión de Josef Flatto y Esther Szyjevicz. Una vez instalado en Francia, adoptó el apellido Flatto-Sharon para empezar su carrera.

Flatto-Sharon realizó veintinueve operaciones inmobiliarias, bien fueran sobre terrenos por construir, inmuebles que renovar o reconstruir tras su demolición. Los revendía a sociedades ficticias creadas por sus cómplices. También se había beneficiado de la complicidad de hombres políticos que agilizaban los permisos de construcción. Samuel Flatto-Sharon embolsó de esta forma una plusvalía de 324 millones de francos

---

[792] Jacques Attali, *Los judíos, el mundo y el dinero*, Fondo de cultura económica, 2005, Buenos Aires, p. 412

(unos 50 millones de euros). Pero aquello no era suficiente para él: inventó entonces los trabajos de reforma ficticios, endeudándose también para financiarlos. Gracias a hombres de paja, los préstamos eran retirados e inmediatamente ingresados en otros establecimientos financieros. Cuando en 1975, la estafa fue por fin descubierta en Francia, 550 millones de francos se habían evaporado y Flatto-Sharon había despegado con destino a un país donde no existen acuerdos de extradición hacia ningún país: Israel. Allí, adquirió en Savyon, en las afueras de Tel-Aviv, una suntuosa propiedad de 1700 m2 habitables, e incluso lograba ser elegido diputado de la Knesset -el parlamento israelí- donde sesionó hasta julio de 1981. Patriota declarado, financió las milicias de protección de las sinagogas en Francia y un grupo de sicarios para asesinar el canciller Kurt Waldheim en Austria. Detenido en Italia, donde iba a reunirse con su abogado Klarsfeld, lograba escapar milagrosamente sin que Francia llegara a solicitar su extradición. Se puede consultar en *Le Crapouillot* de marzo de 1989 el resto del caso y las oscuras relaciones políticas de Flatto-Sharon con un individuo que se convertiría en presidente de la República francesa.

También recordamos en Francia el caso Elf-Bidermann. De 1990 a 1994, la sociedad petrolera Elf distribuyó unos 183 millones de francos a las sociedades textil de Maurice Bidermann, "el rey de la confección", bajo el pretexto de salvar "la industria textil francesa". A cambio, Bidermann pagaba en especie al presidente de Elf, Loïc Le Floch-Prigent y su mujer Fatima Belaïd (viajes, hoteles, apartamentos...). El escándalo se hizo mediático: Moisés Zylberberg, alias Maurice Bidermann, era hermano de Régine Choukroun, la dueña de la famosa discoteca parisina *"Chez Régine"* (la "reina de las noches parisinas"). En *Le Figaro* del 2 de septiembre de 1996, leíamos estas informaciones: "El magistrado tiene grandes expectativas acerca de las declaraciones del abogado parisino Claude Richard. Este último, conocedor de varias transacciones inmobiliarias llevadas a cabo por la petrolera Elf, se había refugiado en Israel, país del que tiene la nacionalidad desde 1992". Alfred Sirven, cercano a los círculos masónicos, fue el actor principal del entramado de cajas negras y culpó a su antiguo jefe durante la audiencia. Ya encárcelado desde su arresto en el 2001 tras tres años de fuga, fue condenado a otros tres años en 2003. El breton Loïc Le Floch-Prigent fue condenado a cinco años de prisión por abuso de bienes sociales. Maurice Bidermann, por su parte, fue condenado a tres años de prisión, dos con libertad condicional, y una multa de un millón de euros.

Obviamente, no podemos enumerar todos los casos de corrupción y estafas que fueron noticia en Francia a lo largo de la Tercera, Cuarta y Quinta República. Son demasiados y merecerían un estudio exhaustivo. Sin embargo, bastará con mencionar algunos de estos últimos años para demostrar la magnitud del fenómeno en curso.

Entre ellos, se puede citar el caso que implicó Jean Frydman, inculpado en 1996 por abuso de bienes sociales, falsificación de documentos y uso de documentos falsos. Se le reprochaba haber organizado en 1989 una enorme campaña de prensa acusando la empresa cosmética L'Oréal de antisemitismo y forzarla a pagar precios inflados los derechos de propiedad de películas antiguas sin derechos de autor que había adquirido a través de empresas pantalla.

Recordemos también el enorme escándalo del ARC (Asociación para la investigación contra el cáncer), que estalló en enero de 1996, y de su presidente Jacques Crozemarie, el cual vimos decenas de veces por televisión en anuncios publicitarios. Con toda la autoridad que le confería su bata blanca, miraba a los telespectadores a los ojos ("Donad a la investigación del cáncer, ¡únase a la ARC!") para convencer todas las familias modestas, conmovidas por el llamamiento, a enviar parte de sus ahorros. Toda la buena gente que donó parte de sus ahorros ignoraba que los cientos de millones de francos desviados por el estafador iban a financiar sus viajes en avión, los coches de empresa, su piscina, su equipo de video y sonido de última generación, las reformas de su apartamento de Villejuif, la climatización de una de sus mansiones, los salarios de sus criados y amantes. Al menos 300 millones de francos fueron desviados, tal como lo desveló el juicio inaugurado en el mes de mayo de 1999.

Jacques Crozemarie, doctor honoris causa de la Universidad de Tel-Aviv y miembro de la logia masónica del Gran Oriente de Francia, subcontrataba sus campañas de comunicación a la firma International Developpement, la cual sobrefacturaba sus servicios y pagaba luego salarios indebidos al estafador. El informe de 1996 del Tribunal de Cuentas había revelado que sólo el 26% de las donaciones recibidas por el ARC llegaban efectivamente a los científicos. Se supo además que su bata blanca era un disfraz de circunstancia: el jefe del ARC nunca había sido médico. Titular de un diploma de ingeniero en radioelectricidad, había entrado en 1954 como "subjefe de servicio" en el CNRS con 29 años. Gracias a su fenomenal desfachatez había conseguido controlar paso a paso los engranajes de la principal asociación que solicitaba la generosidad de los franceses. *Le Nouvel Observateur* del 14 de agosto de 1996 precisaba: "Un hombre habría podido sacar de dudas al juez instructor: Ronald Lifschultz, director financiero de International Developpement. A principio de junio, la brigada financiera se presentó por la mañana en su apartamento, un HLM del ayuntamiento de París [vivienda de protección oficial]. Desafortunadamente, el precavido inquilino había volado a Israel un par de semanas antes". Jacques Crozemarie fue condenado en junio del 2000 a cuatro años de prisión, 380 000 euros de multa y 30,5 millones de euros (200 millones de francos) de indemnización por daños y perjuicios a pagar al ARC. Liberado en octubre del 2002, tras 33 meses de detención pasados en la cárcel, Jacques Crozemarie declaraba en una entrevista al diario *Le Parisien*: "No soy un ladrón. Nunca entendí por qué fui condenado, y nunca lo entenderé. No quiero ser condenado para toda mi vida. Me indigna. ¡He pagado por nada! Todavía estoy esperando las pruebas contra mí." Volveremos a toparnos más adelante en nuestro estudio con esta mentalidad tan pintoresca que consiste en negarlo todo de forma escabrosa, a pesar de las evidencias más irrefutables.

También recordamos a Didier Schuller, la gran esperanza de la derecha liberal en el departamento de los Altos del Sena (Hauts-de-Seine) y mano derecha del ministro Charles Pasqua. Con Patrick Balkany, el alcalde de Levallois había montado una red de facturas falsas en torno a las obras de vivienda de protección oficial. En 1995, prefirió escapar y dedicarse a navegar entre Israel, las Bahamas y Santo Domingo, donde vive ahora apaciblemente en una residencia de multimillonario, tal como lo contó su propio hijo en un programa de televisión en enero del 2002. Su juicio está actualmente en curso, en julio del 2005.

El antiguo alcalde de Cannes, Michel Mouillot, también se las tuvo que ver con la justicia francesa. El diario *Libération* del 13 de agosto de 1996 explicaba lo sucedido: "Mouillot...ha establecido vínculos privilegiados con el clan Gaon [familia de Judíos de Egipto que posee varios hoteles Noga – anagrama de Gaon- en el mundo] y en particular con el yerno, Joël Herzog, hijo del antiguo presidente de la República de Israel colocado a la cabeza del casino de Cannes. Al igual que su amigo François Léotard, futuro ministro de Defensa, Mouillot viaja con frecuencia a Jerusalén o Tel Aviv, donde ha sido condecorado con las más altas distinciones del país. En el mes de octubre de 1995, tras dos denegaciones, el casino Cannes Riviera, situado en el sotobosque de Noga, consiguió los permisos para instalar unas cien máquinas tragaperras. Apareció de repente otro posible cómplice al que Michel Mouillot intentó arrimarse: éste no era otro que Isidore Partouche, el emperador de los casinos..."

Los franceses oyeron hablar del "caso del Sentier[793]", una gigantesca estafa que impactó las crónicas periodísticas de finales de siglo XX, dentro del barrio de la confección en pleno corazón de París. Dieciocho meses de instrucción judicial, acompañada de dos espectaculares redadas policiales en el barrio del Sentier y 188 detenciones, permitieron descubrir una "extraordinaria noria de operaciones realizadas en plazos muy breves antes de que los bancos se dieran cuenta de la estafa", según el informe redactado por la Brigada de investigación de delitos financieros (Brif). El juicio, que tuvo lugar a partir del 20 de febrero de 2001, duró no menos de diez semanas dada la magnitud del procedimiento judicial. 124 acusados subieron al estrado ante el tribunal penal de París por estafa en banda organizada. Habían organizado una red de *"cavalerie"* y de *"carambouille"*. La primera consistía en un sistema de emisión de letras de cambio sin fondos al vencimiento para financiar unas transacciones inexistentes a través de los bancos. La *"carambouille"* es un procedimiento un poco más primitivo que consiste en comprar mercancías sin pagarlas, venderlas con descuento y desaparecer en el momento oportuno a costa del proveedor. La *"cavalerie"*- el intercambio de falsas letras de cambio- es considerada como una de las estafas más antiguas del mundo. Es un engaño demasiado simple para degenerar en el atraco del siglo, a menos que se practique a muy gran escala. En este caso, 93 sociedades dejaron plantados a banqueros y proveedores por un importe de 540 millones de francos, aunque si la investigación hubiese abarcado las 768 empresas potencialmente implicadas, la barrera de los mil millones habría sido superada.

La letra de cambio es un papel que estipula que una mercancía entregada en el instante T será pagada dentro de dos meses. El descuento de una letra por un banco permite al vendedor hacerse pagar inmediatamente. El banco se encarga de cobrar el dinero ante el comprador dos meses más tarde. Todo el mundo sale ganando: el banco percibe una comisión, y el vendedor recibe el dinero en efectivo. Si el comprador es insolvente a los dos meses, el banco queda plantado; son los riesgos del oficio. De paso, nadie -o casi- verificará si las mercancías fueron entregadas. Ahora bien, si circulan múltiples letras de cambio por todas partes y los compradores quiebran al mismo tiempo, el banco queda plantado definitivamente. Por eso se necesita implicar un gran número de bancos, para que no se den cuenta de la jugada. De ahí el

---

[793]*Libération*, 20 de febrero del 2001, p. 17; 31 de marzo de 2001, p. 18, *Le Parisien*, 29 de enro del 2002, p. 12.

aliciente para montar la vasta operación denominada "dejar plantado el banco". Se podría haber llamado "dejar plantados los proveedores", ya que, a fin de cuentas, éstos perdieron más que los bancos. Pero habría sido menos popular.

El cerebro de la operación se llamaba Haïm Weizman, que tenía por costumbre deambular por el barrio vestido con el traje de faena de Tsahal, en recuerdo a su rango de sargento-jefe del ejército israelí. Weizman ya había probado la *cavalerie* en 1995 para ir aprendiendo. Luego, pasaría seriamente manos a la obra durante el primer semestre de 1997, lanzando la operación "dejar plantado el banco" en la que 2700 letras de cambio fueron emitidas en pocas semanas, preludio de numerosas quiebras en cadena y su huida a Israel. La *cavalerie* iba acompañada de un amplio fraude al seguro. El 25 de abril de 1997, un almacén de ropa ardía en Aubervilliers. Las falsa letras de cambio que sostenían la estafa sirvieron para sonsacar 16 millones a las aseguradoras. Cuando los bancos decidieron alertar la fiscalía en julio ya era demasiado tarde.

En septiembre, los investigadores tuvieron una gran sorpresa. Detrás de la "red muerta", cuyos principales protagonistas estaban en fuga, una "red viva" seguía en funcionamiento. La víspera de su detención, Samy Brami estuvo a punto de huir, pero finalmente los investigadores lograron arrestarlo en un hotel. Samy, alias pequeño Sam, por oposición a su socio Samson Simeoni, alias el gran Sam (huido en Israel) explicó que se había refugiado a solas en el hotel para "hacer un balance de la situación". El letrado Gilles-William Goldnapel[794], abogado de Samy Brami, echaba pestes contra un juicio-espectáculo, que no era, según él, más que el fruto de un "montaje heterogéneo de pequeñas y medianas estafas" que no merecían tanto escándalo: "Me cuesta entender como el Sentier puede ser vencido en el terreno de la farsa y la provocación". La presidenta del tribunal, Anny Dauvillaire, tomaba las cosas con flema. Sólo una cosa la irritaba: las salidas incesantes de la sala de los acusados para hacer llamadas por teléfono. Los investigadores recordaban por su parte algunos comportamientos bastante pintorescos: los desvanecimientos improvisados de una mujer "cada vez que las preguntas eran molestas"; las confesiones consentidas después de "grandes circunvoluciones"; o

---

[794]Gilles-William Goldnadel es un abogado franco-israelí muy presente en la escena política y mediática francesa. También es ensayista y activista asociativo y político. De derecha y conservador, es conocido por su compromiso político proisraelí y ferviente defensor del estado de Israel. Gilles-William Goldnadel fue el fundador y presidente de Abogados sin fronteras, en 1993. (NdT)

aquel jefe de red que ya no reconocía su primo; o bien aquel careo que casi acabó en pugilato en las salas del palacio de justicia.

El 28 de enero del 2002, el tribunal correccional de París había condenado a 88 de los 124 acusados a penas de prisión. La pena más dura – 7 años de prisión incondicional – había sido pronunciada contra Haïm Weizman. Pero éste, al igual que otros doce acusados, seguían en Israel. Samy fue condenado a cinco años de cárcel con treinta meses en suspenso.

Más allá de las penas de prisión, la acusación de estafa en banda organizada que había sido retenida obligaba a los acusados a reembolsar solidariamente los bancos y los proveedores. La suma que tenían que abonar era de 280 millones de francos. Esta condena a reembolsar el perjuicio fue bastante mal acogida. "Nos quieren muertos", se lamentaba tras la audiencia Samy Brami la "Comadreja". "¡Quieren matarnos con el dinero!, gritaba finalmente henchido de dolor.

El 10 de mayo del 2004, la cámara de instrucción del tribunal de París examinaba el expediente Sentier II795, que se centraba en las redes de blanqueo de dinero entre Francia e Israel. 142 personas eran imputadas por blanqueo de capital: 138 personas físicas y cuatro bancos. A diferencia de Sentier I, los comerciantes (del textil, del cuero, del transporte) y las empresas de trabajo temporal no eran las únicas implicadas. Los bancos eran perseguidos como personas morales (como la Société Générale, la Bred y American Express), y 33 banqueros (como Daniel Bouton, presidente de la Société Générale) eran inculpados como personas físicas. Pero también figuraban cuatro rabinos del movimiento Jabad-Lubacitch[796] y una nebulosa de 140 asociaciones religiosas que habían usado ampliamente el sistema.

El tráfico consistía en "endosar" los cheques, es decir modificar el nombre del beneficiario con una simple mención en el reverso con un sello bancario. El endoso está prohibido en Francia desde los años 70, como en casi todas partes en el mundo excepto en Israel. El cheque era entregado a un "cambista" a cambio de efectivo (menos la comisión). El cambista depositaba luego el cheque en su banco israelí y éste se hacía abonar la cuenta por el banco francés. El dinero en efectivo permitía defraudar el fisco francés o pagar los salarios en negro. La Brigada de Investigación Financiera (Brif) había examinado meticulosamente todos los cheques de más de 20 000 francos que

---

[795]*Libération* del 10 de mayo del 2004 y 19 de junio del 2004, artículo de Renaud Lecadre.
[796] "Bouton" forma parte de la onomástica hebrea. Sobre los Jabab-Lubavitch, léase *Psicoánalisis del judaísmo y El fanatismo judío*

circulaban entre Francia e Israel, y resultó que el tráfico de cheques reciclados en dinero en efectivo se elevaba a más de 1000 millones de francos.

Es casi seguro que los bancos hicieron mucha presión durante toda la instrucción ante los poderes públicos para salirse con la suya. La fiscalía finalmente les dio razón. Básicamente, los bancos no podían verificar todo, teniendo en cuenta el número de cheques en circulación – varias decenas de miles por día. Pero los investigadores tuvieron sospechas fundadas al comprobar que un banco aceptaba transferir un cheque a la orden del Tesoro público o de la Urssaf[797] a favor de un tercero con una simple mención en hebreo en el reverso. Una simple negligencia o bien una práctica bastante extendida según la fiscalía, que aprovechaba así un vicio de procedimiento para anular el reenvío del dossier al tribunal correccional, seguramente para no salpicar grandes nombres de las finanzas implicadas en el caso.

Durante el mismo mes de mayo del 2004, otro caso conexo causó revuelo en los círculos comunitarios. Seis rabinos franceses eran enviados al Tribunal correcional por blanqueo de capital. Estos religiosos del movimiento Jabad-Lubavitch y más de una veintena de responsables asociativos estaban implicados[798]. Ellos aprovisionaban los comerciantes del Sentier con maletas de dinero en efectivo. De hecho, existía una nebulosa de asociaciones confesionales judías ampliamente implicadas. Los rabinos y sus equipos de recaudadores de fondos proponían a los donadores una rentabilidad en efectivo de hasta el 50%. Un argumento decisivo para seducir algunos comerciantes adictos al mercado negro. La cámara de instrucción que había examinado durante dos días el caso Sentier II debía decidir si esos rabinos serían juzgados de forma separada o junto al centenar de implicados en esta trama tentacular.

Dos rabinos, Joseph Rotnemer y Jacques Schwarcz, estaban entre los principales acusados. Los Rotnemer eran una familia importante de la comunidad judía. Estaban a la cabeza de una de las redes escolares judías más importante de Francia. El rabino Elie Rotnemer fue el fundador del *Refuge*, un organismo recaudador del 1% para vivienda social. El *Refuge* y sus 92 sociedades civiles inmobiliarias controlaban cerca de 4000 viviendas sociales. A principio de los años 90, una

---

[797]En Francia, las Uniones de Recaudación de Cotizaciones de la Seguridad Social y de Asignaciones Familiares (URSSAF) son organismos privados con una misión de servicio público que dependen de la rama "Recaudación" del régimen general de la Seguridad Social. (NdT)

[798]*Le Parisien*, 12 de mayo del 2004, p. 15, artículo de Renaud Lecadre.

investigación había revelado que los fondos del *Refuge* no iban a parar a las viviendas sociales sino a inversiones en negocios comerciales.

A la muerte de Elie Rotnemer en 1994, su hijo Joseph Rotnemer se convirtió en el nuevo patriarca familiar. Había ampliado y diversificado los métodos de recaudación de fondos a favor de una nebulosa de 150 asociaciones (escuelas privadas, residencias de ancianos...), todas domiciliadas en Seine-et-Marne y en el distrito XIX de París – los dos centros neurálgicos de los judíos jasídicos Jabad-Lubavitch: en cinco años (de 1997 al 2001), los Rotnemer habían absorbido así 450 millones de francos, unos 70 millones de euros. Joseph Rotnemer y el rabino Jacques Schwarcz estaban los dos en fuga en Israel.

La progresiva desviación de la asociación fundada en su origen en un principio de solidaridad comunitaria había empezado en Mulhouse en 1997, con una red profana creada por Georges Tuil (también huido en Israel). Fue el primero en proponer el endose de cheques en Israel a cambio de pagos en efectivo. Como lo confesó uno de sus secuaces: "Para enviar los cheques y recuperar las especies tuvimos que encontrar portadores". La idea surgió entonces de entregar los sobres a religiosos, pues era poco probable que los registraran en el aeropuerto.

El principal recaudador de fondos quizás exageraba un poco cuando repetía a los investigadores: "Estoy arriesgando mi vida y la de mi familia, porque quien denuncia a su prójimo es condenado a muerte por la comunidad. No puedo hablar más." Era efectivamente un excelente pretexto para callarse.

El diario *Libération* del 10 de mayo del 2004 publicó un artículo de Renaud Lecadre que recapitulaba las principales estafas en curso en la comunidad:

Cheques robados: sacos postales con cheques a nombre de la Urssaf o el Tesoro público eran robados en los centros de clasificación. El "lavado de dinero del pobre" consitía en traficar el titulado, a nombre de M. Urssafi, Hussard o Gorssappian, por ejemplo, y luego endosar el cheque en Israel: el cheque a nombre del Urssaf era entregado a un "cambista", oficio legal en ese país, a cambio de efectivo (menos la comisión). El estafador recuperaba el dinero y el cambista depositaba el cheque en su banco israelí, que hacía abonar su cuenta por el banco francés.

Estafa a los comerciantes: un gran clásico. Se trata de atraer pequeños comerciantes haciéndoles creer que una publicidad suya será insertada en una revista de la policía, o un anuario de Hacienda, y que eso les ayudará mucho en caso de multa o ajuste fiscal. Esos soportes publicitarios no existían, pero los cheques enviados a su nombre sí. Éstos eran también cambiados en Israel.

Falsa publicidad: Esta vez el comerciante era cómplice. Éste firmaba un cheque con una agencia de publicidad para un anuncio que no se publicaría nunca. La agencia retrocedía la cantidad en efectivo mediante el cobro de una comisión. El comerciante, que justificó la salida de dinero, recupera efectivo neto de impuestos; la agencia recupera su posición endosando el cheque en Israel. El gerente de RPMP, la agencia de radios judías francesas (las radios no estaban implicadas) ha confesado y desvelado el funcionamiento del sistema.

Falsas donaciones: En este caso intervenían algunas asociaciones culturales judías. El comerciante hacía algo provechoso y agradable a la vez ya que financiaba obras de caridad y recuperaba la mitad en negro, pues algunos rabinos aceptaban repartir las ganancias 50-50. Un responsable lubavitch reconocía que había que distinguir entre "las donaciones *kasher*[799]", que eran verdaderas donaciones, y las donaciones "no *kasher*", que eran transacciones de cheques a cambio de dinero en efectivo.

Le Parisien del 22 de junio del 2004 revelaba otro caso a través de un artículo que se podría haber titulado: "¿Cómo desplumar los policías, los gendarmes y los bomberos franceses?" En junio del 2004, un registro se produjo en París en un curioso banco israelí cuya dirección no aparecía en las páginas amarillas. "Incluso pasando por delante de su oficina de representación del número 33 de la calle Marbeuf, uno debía fijarse bien para percatarse de su existencia". El banco Hapoalim es uno de los más importantes de Israel, aunque por lo visto prefiere ser discreto. Los policías de la Brif llevaron a cabo un importante registro en su oficina de París en el marco de una investigación acerca de un sistema de estafa con varias agencias publicitarias. Una veintena de cómplices fueron perseguidos por la justicia por blanqueo agravado de capital y estafa en banda organizada. La estafa consistía en vender a grandes empresas anuncios publicitarios en las publicaciones especializadas editadas por la policía, la gendarmería, los bomberos y el ministerio de Hacienda. Si bien las publicidades no eran publicadas, en cambio los cheques sí. El botín se estimó en 55 millones de euros acumulados en dieciocho meses. Para reinvertir semejante fortuna se precisaba una importante red de blanqueo, y el banco Hapoalim pudo proporcionarla. Unas escuchas telefónicas indicaron que el cerebro de

---

[799]"Correcto" o "apropiado" para ser consumido, es decir que cumple con los preceptos de la religión judía. El sello *kasher* es un sello de calidad que conlleva un impuesto para los rabinos. (NdT).

la operación, Samy Souied, estaba relacionado con un encargado de la institución financiera en Israel. Durante el registro, los policías descubrieron órdenes de transferencia en blanco y solicitudes de apertura de cuentas rellenadas a pesar de que tales operaciones están prohibidas para una oficina de representación. "Un cómplice llevaba los documentos a bancos Hapoalim de Luxemburgo, Suiza o Israel para abrir las cuentas. Esto permitía no dejar ningún rastro de la reinversión del dinero sucio."

Le Parisien del 4 de septiembre del 2004 informaba de una nueva estafa: "Inmensa estafa a los seguros franceses", leíamos en las páginas del diario. "Una de las más importantes estafas a los seguros jamás destapadas en Francia." Las bases del timo eran muy simples: unos mecánicos captaban víctimas de accidentes de tráfico y establecían falsos expedientes en base a la declaración de daños. Luego, con la complicidad de expertos, los daños eran exageradamente sobrevalorados. Finalmente, sólo había que fabricar falsas facturas a nombre de talleres reales o no. Todo ello– falsas declaraciones de daños, falsos peritajes y falsas facturas- era enviado a las aseguradoras. El beneficio realizado por ese grupo muy organizado entre el 2000 y el 2003 había sido valorado en 8 millones de euros en detrimento de las principales aseguradoras francesas (AGF, Matmut, Axa, Macif, Maaf). La totalidad de los beneficios granjeados por los jefes del grupo habían sido transferidos a Israel. En total, 1200 expedientes de estafa habían sido abiertos y una veintena de personas habían sido inculpadas en París. "Lo más increíble es que ese sistema haya podido funcionar durante cuatro años sin que las aseguradoras se dieran cuenta", decía un policía. Varias órdenes de arresto internacional habían sido emitidas, especialmente una en contra de Bruce Chen-Lee, un "franco-israelí" de 48 años huido en Israel[800]. Según los investigadores, el presunto cerebro de la banda, Chen-Lee, poseía un helicóptero estacionado en Grecia, un bimotor en un aeropuerto de la región parisina, así como varias villas en Francia y en Israel. Ante una audiencia en Israel, había negado ser el instigador de la estafa y se había presentado como un eremita, un guía espiritual que dedicaba su vida a la escritura de libros religiosos.

Contrariamente a lo que escribía Jacques Attali, Israel parece ser un auténtico refugio para los delincuentes. Evidentemente, no todos los estafadores son judíos, y todos los judíos no son estafadores. Pero tal

---

[800] Los apellidos son a veces engañosos. Aquí, falta evidentemente una letra a "Chen": ¿tal vez una "O"?

como escribía Attali: "Pero, entre ellos, como siempre, las cosas no se hacen a medias: ya que son criminales, más vale ser los primeros[801]."

Por otra parte, no hay que pensar que los delincuentes de origen judío sólo estafen a los goyim: Un artículo de septiembre del 2000, recogido en el sitio internet *www.sefarad.org*, nos informada de esta escabrosa estafa: "Más de 1000 supervivientes del Holocausto en Israel han denunciado un abogado israelí." La información era confirmada por el ministerio israelí de Justicia. El caso era mencionado en cierta prensa como el semanal alemán *Der Spiegel*, el diario del domingo suizo *Sonntags Zeitung*, así como en *La Tribune de Genève*. Israel Perry, domiciliado en Londres habría abusado de la confianza de numerosos supervivientes del Holocausto beneficiarios de una pensión de jubilación de Alemania. Ayudado por dos financieros alemanes, el abogado adelantaba un pequeño capital para tramitar las solicitudes a la Caja de pensiones alemana, pero se quedaba con las mensualidades destinadas a esas personas mayores. Cuando sus clientes se quejaban de no ver progresar sus solicitudes, Israel Perry invocaba la "mala voluntad alemana" y las lentitudes de la diplomacia internacional. La "estafa de las pensiones alemanas" fue un escándalo enorme en Israel. En veinte años, el intermediario había así tramitado miles de expedientes y desviado 320 millones de marcos (¡cerca de 150 millones de euros!), depositados en tres bancos de Zúrich. El ministerio israelí de Justicia había sin embargo logrado hacer valer los acuerdos de ayuda mutua con la justicia suiza para bloquear aquellos depósitos.

Todas estas estafas no representan una lista exhaustiva, ni mucho menos. Una investigación en profundidad permitiría sin duda descubrir muchas más en estas últimas décadas, pues los medios de comunicación son bastante discretos al respecto, más aún cuando se trata de casos producidos en el extranjero. Una de las mayores estafas del mundo, por ejemplo, fue destapada hace poco sin que nadie oyera hablar de ella en Francia.

Se trata de la gigantesca estafa realizada por el rabino Sholam Weiss, un judío jasídico nacido en 1954. Éste dejó al borde de la quiebra un gigante estadounidense de los seguros de vida: la National Heritage Life Insurance Company. Hablamos de una suma de 450 millones de dólares. Weiss ya había sido condenado a ocho meses de prisión incondicional por haber estafado una aseguradora con un falso incendio que había supuestamente destruido un millón de dólares en bañeras de su empresa de material sanitario y doméstico. Pero puesto que el rabino

---

[801] Jacques Attali, *Los judíos, el mundo y el dinero*, Fondo de cultura económica, 2005, Buenos Aires, p. 410

era un buen marido, padre de familia atento, enfermo y profundamente religioso, el juez había aceptado dejarle celebrar Pesaj en familia. A penas salido de prisión, el rabino volaba en avión privado a un casino hotel de Atlantic City para gastar en cuatro días no menos de setenta mil dólares.

Después conoció a Michael D. Blutrich, propietario en la calle 60 de Manhattan de un despelote protegido por la mafia. Weiss se convirtió en cliente habitual y descubrió que el jefe del bar era también uno de los abogados de la National Heritage Life Insurance Company: así empezaron las cosas. Weiss decía haber aprendido las artes de la estafa en el Talmud School de Boro Park, en Nueva York, y explicaba que su perdición se debía al fracaso de su matrimonio. A los treinta años, tuvo que conseguir el *get* (divorcio talmúdico) comprometiéndose a pagar a su esposa una *ketuva* de cien mil dólares en cada Bar Mitzvá[802] y boda de sus cinco hijos.

Pero su abogado Joel Hirschorn no parecía haber sido muy sensible a su drama. Cada vez que se mencionaba a su cliente delante de él, éste echaba pestes: "¡No me hablen de ese tipo nauseabundo!", se indignaba antes de recordar las vociferaciones de Weiss, "echando la bronca" por teléfono a sus cómplices en el vestíbulo del palacio de justicia y hasta dentro de la sala del tribunal, comportándose de manera odiosa ante la corte. De hecho, éste explicaba que "tenía que recordar continuamente al tribunal que no se juzgaba su cliente por su arrogancia y grosería, sino por su estafa". En contra de la opinión de todos los observadores judiciales, Weiss había obtenido el derecho de permanecer en libertad mediante el pago de una ridícula fianza de quinientos mil dólares, es decir la milésima parte del enorme botín de 450 millones de dólares. Todo el mundo sabía que Weiss se iba a dar a la fuga. El periodista estadounidense Mickael A. Hoffman se preguntaba cuáles eran los motivos por los que el gobierno federal no había previsto esa huida que todo el mundo esperaba. Efectivamente, Weiss desapareció, mofándose bien de la pena infligida en contumacia el 15 de febrero del 2000: cadena perpetua, más de 845 años de prisión y una multa de 123 millones de dolares y la orden de devolver 125 millones a la compañía de seguros. Pero en Israel, el rabino Weiss era libre de disfrutar de los ahorros de los 25 000 estadounidenses, la mayoría jubilados que habían invertido sus pensiones en esa compañía de seguros.

El periódico *Le Monde* del 31 de enero del 2001 abordaba por fin el caso Marc Rich. Nacido en Amberes en 1934 y llegado a Nueva York en 1941 con sus padres judíos que huían del nazismo, Marc Rich fue

---

[802]La Bar-mitzvá es el rito judío de pasaje a la edad adulta, a los 13 años. (NdT)

junto a su socio Pincus Green – indultado como él- uno de los negociantes que transformó el mercado mundial del petróleo a través de la técnica del *spot trading* y más tarde con otra, totalmente ilegal, llamada *daisy-chaining*, gracias a la cual, a partir de la crisis de 1973, revendía muy caro petróleo comprado muy barato. Durante sus investigaciones los agentes federales estadounidenses descubrieron que el grupo Rich, basado en Suiza, no sólo había llevado a cabo transacciones fraudulentas con el departamento estadounidense de energía y, no contento con haber defraudado 48 millones de dólares de impuestos al Estado federal, también había violado el embargo petrolero impuesto a Irán por el presidente Carter durante la crisis de los rehenes.

Inculpado en 1983 de 65 cargos mientras estaba en Suiza, Rich nunca volvió a poner los pies en EEUU. Consiguió la nacionalidad española y luego israelí. Según la prensa estadounidense, el primer ministro israelí Ehud Barak llamó directamente a Bill Clinton, el presdidente estadounidense, para defender la causa del multimillonario. Finalmente, Marc Rich fue perdonado en febrero del 2001. Se suele mencionar al respecto "la influencia de supuestas generosas donaciones de la antigua mujer de Marc Rich a la pareja Clinton y al Partido Demócrata". El *Point d'Information Palestine* nº 217 del 1 de abril del 2003, publicaba un artículo de Israel Shamir de diciembre del 2002 que daba más detalles: Abel Foxman, un judío estadounidense, célebre director de la ADL, la Anti-Defamation Ligue, había sido atrapado in fraganti "recibiendo una enorme cantidad de dinero de las manos del super-estafador Marc Rich...El mejor amigo de Foxman era un tal Ariel Sharon, el carnicero de Sabra, Chatila, Qibya y Yenín", y Primer ministro del Estado hebreo.

Los estadounidenses probablemente no recordaran el caso de Martin Frankel, que había extorsionado más de 200 millones de dólares a compañías de seguros en más de cinco Estados y que había huido de Estados Unidos en 1999; ni tampoco del caso de los "Cuatro de New Square", aquellos cuatro judíos ortodoxos de la ciudad de New Square, en las afueras de Nueva York, que habían fundado una yeshivá (universidad judía) ficticia afin de recaudar más de 40 millones de dólares en préstamos del Estado. Unas horas antes de dejar sus funciones, el presidente Bill Clinton había conmutado las penas de los cuatro delincuentes, Chaim Berger, Kalmen Stern, David Goldstein y Jacob Elbaum. El tribunal los condenó simplemente a devolver los 40 millones de dólares...lo cual era un motivo más que suficiente para poner los pies en polvorosa.

En el famoso escándalo Enron, el periodista israelí Israel Shamir recordaba que "el jefe de las finanzas de Enron fue Andrew Fastow, descrito por el rabino de su sinagoga como "un mensch, un miembro muy comprometido de la comunidad. Es activo en el apoyo de causas judías, es un devoto partidario de Israel" mientras que su mujer Lea Weingarten, que "proviene de una destacada y muy respetada familia filantrópica", no se perdía una lección en la sinagoga."

Pero "Kenneth Lay, el goy en la cumbre del escándalo Enron, también era un devoto de la causa judía. Él y su mujer Linda, igualmente gentil, donaron 850.000 dólares en un evento de recolección de fondos el año pasado para el Museo del Holocausto en Houston, Texas, según el *Jerusalem Report*."

En su calidad de víctima eterna, concluía Israel Shamir en su libro *Pardes: un Estudio en la Cábala*, algunos judíos "sienten la necesidad de corregir la "injusticia" mediante alguna acción extralegal. Los israelíes explican su robo de tierras jordanas en el Valle Arava por su deseo de corregir la "injusticia" de la naturaleza: por razones geológicas, los mejores suelos aluviales se acumulan en el banco este jordano de Arava. El robo de tierras palestinas fue explicado (por el rabino Lerner, entre otros), por la necesidad de corregir la "injusticia" de la ocupación romana de Palestina hace 2000 años. El establecimiento del Estado judío es explicado por la "injusticia" de que los árabes tengan 22 Estados, mientras que los judíos no tenían ninguno. El robo diario de los bancos suizos corrigió la "injusticia" de las confiscaciones nazis, aunque los bancos nunca tuvieron depósitos judíos. De cierta manera, los museos del Holocausto son un factor importante en el crecimiento de la criminalidad judía, porque refuerzan el sentimiento de la calidad de víctima judía[803]."

Las palabras de Israel Shamir eran perfectamente confirmadas por las de Jacques Attali que describían la salida de Egipto del pueblo judío. Éstos se fueron cubiertos de oro: "Cuatro textos lo corroboran. Primero, la predicción hecha largo tiempo atrás a Abraham de dejarlos partir ricos: "Saldréis de ese país con grandes riquezas" (*Génesis 15, 13-14*); luego, la orden dada a Moisés ante el arbusto en llamas: "Cada mujer pedirá a su vecina y a su anfitriona vasos de oro y de plata; vestidos con los que cubriréis a vuestros hijos, y despojaréis a Egipto" (*Éxodo 3, 21-22*); luego, la orden transmitida por Moisés a los jefes de las tribus justo antes de la partida: "Que cada uno pida oro y plata" (*Éxodo 11, 1-2-3*); por último, el brutal resumen de la situación, un poco más adelante: "Pidieron y despojaron"(*Éxodo 12, 35-36*)". Verificando nosotros

---

[803]Israel Shamir, *Pardes: un estudio en la Cábala*, Pdf, Trad. Germán Leyens, p. 10-11

mismos en el texto original, sin pasar por Attali, leíamos los detalles de la historia en el Antiguo Testamento: "Los hijos de Yisra'el habían hecho lo que Moshé había dicho—ellos habían pedido a los Mitzrayimim [Egipcios] darles joyas de oro y plata; y Yahweh había vuelto a los Mitzrayimim tan favorablemente dispuestos hacia los hijos de Yisra'el que ellos les dieron lo que habían pedido. Así ellos saquearon a los Mitzrayimim. (*Éxodo XII, 35-36* Biblia Kadosh Israelita Mesiánica)"

En resumen, los israelitas habían abusado de la confianza de los Egipcios. Y "a quienes se sorprenden de ver que los esclavos huyen ricos, los comentaristas responderán, al cabo de los siglos, que esas riquezas se les deben a modo de compensación por el trabajo suministrado gratuitamente durante los años de esclavitud, o de regalo de despedida, o incluso de tributo pagado a los vencedores por un ejército vencido[804]."

"Según la tradición, esta partida tiene lugar en -1212. Los textos egipcios de la época mencionan además la expulsión de un pueblo enfermo, o de un pueblo con un rey leproso, y una sublevación de esclavos extranjeros...Decenas de miles de mujeres, hombres y niños parten, entonces, algunos ricos en oro, plata y toda suerte de bienes, hasta con esclavos" en dirección de Canaán a través del desierto del Sinaí. Los Hebreos iban entonces a fabricar su Becerro de oro, pues "al tomar el oro de los egipcios, los hebreos toman en realidad con qué fabricar un Becerro de Oro". En cuanto a los soldados egipcios que les perseguían y que acabaron, al parecer, sumergidos en las aguas del mar Rojo, quizás pretendían simplemente recuperar lo que les pertenecía.

Si es bueno para mí, es bueno para tí

El afán de lucro y el amor por el dinero representan indudablemente otros de los rasgos característicos comúnmente admitidos que incluso los propios humoristas judíos suelen caricaturizar. Es cierto que los Judíos, que no creen en una vida después de la muerte, son más proclives a disfrutar de su estancia terrestre que los pueblos cuya religión promete consuelos metafísicos en un paraíso eterno. Éstas raíces religiosas pueden aportar importantes elementos de explicación, tal como lo exponía Jacques Attali en *Los Judíos, el mundo y el dinero*: "Isaac y Jacob confirman la necesidad de enriquecerse para complacer a Dios. Isaac acumula animales. "Fue enriqueciéndose más

---

[804]Jacques Attali, *Los judíos, el mundo y el dinero*, Fondo de cultura económica, 2005, Buenos Aires, p. 28, 29

hasta que se volvió extremadamente rico. Tuvo grandes rebaños de ovejas, grandes rebaños de vacas y muchos esclavos" (Génesis 26, 13-14). A continuación, Jacob "se volvió muy rico, tuvo muchos rebaños, siervas y siervos, camellos y asnos" (Génesis 30, 43). Dios bendice su fortuna y le permite comprar su derecho de mayorazgo a su hermano Esaú, prueba de que todo se monetiza, hasta por un plato de lentejas..."

Attali nos daba también otro detalle divertido y revelador: "A diferencia de sus vecinos, los hebreos entierran a sus difuntos fuera de las ciudades, en tumbas. Sin duda, se cuentan entre los primeros que prohíben que en ellas se depositen objetos o seres vivos: la fortuna no debe desaparecer con la muerte, grado supremo de la impureza805." Y de paso también se ahorraban algo, todo sea dicho.

El dinero tenía tal importancia para los Hebreos que no dudaban en depositarlo en el lugar más sagrado: "El Templo, el lugar mejor custodiado del país, se convierte así en una cámara fortificada que también utilizan el Estado y las grandes fortunas privadas para resguardar sus riquezas. Rápidamente constituye el principal polo de atracción del país, el lugar de encuentro de todos los hebreos provenientes de los imperios vecinos. Incluso, su atrio se convierte en el lugar de trabajo de los pesadores de metal precioso, luego de los prestamistas, que ejercen ya sea con personas privadas o con empleadores, en especial con los propietarios rurales, que piden préstamos antes de las cosechas para pagar el salario de sus aparceros". Un verdadero banco *avant l'heure*...

Durante la ocupación romana, hubo que pagar tributos al ocupante extranjero así como impuestos proporcionales a las riquezas, y eso muy a pesar de los habitantes de Judea. Cuando el sucesor de Tito, Domiciano decidió aumentar "el *fiscus judaicus* y aplicarlo a cualquier hombre nacido judío...Muchos se ocultan para no pagar el impuesto[806]."

Los Judíos de la diáspora amasaban grandes fortunas. En el siglo X, en Oriente Medio, "su situación es tan próspera que algunos panfletos acusan a la dinastía fatimí de tener orígenes judíos...Luego Bagdad declina; el poderío económico de los califas se pierde en las arenas del desierto. Las elites judías parten entonces hacia Egipto y España", donde suponemos que podrán encontrar otros... medios de enriquecerse, antes de partir de nuevo, víctimas de una destino cruel. "Ya en el siglo X, en Bagdad, se había perseguido a comunidades

---

[805] Jacques Attali, *Los judíos, el mundo y el dinero*, Fondo de cultura económica, 2005, Buenos Aires, p. 23, 39

[806] Jacques Attali, *Los judíos, el mundo y el dinero*, Fondo de cultura económica, 2005, Buenos Aires, p. 44, 85

enteras porque algunos de los suyos habían aceptado hacer las veces de banqueros...Los *ravim* debaten largamente acerca de este asunto; intercambian cartas. Y siempre retoman la misma cuestión: ¿por qué arriesgarse a ser exterminados por deudores airados[807]?" Muy humildemente, creemos poder sugerirle a Jacques Attali la siguiente explicación: "Tal vez porque así se puede ganar un montón de dinero". Pero la cuestión sigue abierta.

En cualquier caso, es cierto que, lejos de arruinar las poblaciones como se podría pensar, la presencia de los Judíos es al contrario indispensable para la economía. Un país que expulsa a sus judíos cae en el fango. Ese fue el caso del Reino de España, que "con el descubrimiento de América y de su oro, cree llegada su hora de gloria." Pero con la expulsión de los Judíos en 1492, escribía Attali, España se ve "privada de una gran parte de su elite cultural, comercial y administrativa, [y] sólo conoce una vitalidad sin futuro, más allá del Siglo de Oro. La historia de España, más que ninguna otra, muestra hasta qué punto las comunidades judías son útiles para el desarrollo de un país[808]." Después de 1492, efectivamente, España conoció el gran Siglo de Oro español, aunque Jacques Attali presentó la cosa de una manera probablemente un poco equívoca.

Los préstamos con intereses son la base exclusiva y única de todas las grandes fortunas bancarias: "No es raro que un banquero tome en préstamo al 3% en Holanda para prestar al 7% en Inglaterra[809]". "Entre los hebreos se organiza una solidaridad, hecha de trueque y préstamos sin interés[810]." En cambio, para los goyims, el préstamo con interés es lícito. Entre Cristianos, contrariamente a lo que escribía Attali, la Iglesia no prohibía prestar dinero, sino prestar dinero *con intereses*. De forma paradójica, la Iglesia no prohibía a los fieles tomar prestado. Los Judíos iban entonces a desempeñar el papel de prestamistas, y contribuir así a enriquecer considerablemente todas las poblaciones de Europa central, Marruecos, Argelia, al igual que los campesinos alsacianos que todavía se acuerdan de ellos con lágrimas en los ojos. Pues los Judíos tienen innegablemente una gran capacidad para generar riquezas, y su generosidad natural y proverbial beneficia a toda la población, tal como

---

[807]Jacques Attali, *Los judíos, el mundo y el dinero*, Fondo de cultura económica, 2005, Buenos Aires, p. 137, 169
[808]Jacques Attali, *Los judíos, el mundo y el dinero*, Fondo de cultura económica, 2005, Buenos Aires, p. 219
[809]Jacques Attali, *Los judíos, el mundo y el dinero*, Fondo de cultura económica, 2005, Buenos Aires, p. 262
[810]Jacques Attali, *Los judíos, el mundo y el dinero*, Fondo de cultura económica, 2005, Buenos Aires, p. 26

repetía insistentemente Jacques Attali: "El pueblo hebreo no puede ser feliz si los demás no lo son. Pueblo elegido, sus riquezas sólo tienen sentido si contribuyen a la riqueza de los demás. Nada es bueno para los hebreos si no lo es para los otros, y toda riqueza debe ser compartida con el resto del mundo." (página 44). "Siempre la vieja idea: nada es bueno para los judíos si no lo es también para los demás." (página 177).

El problema es que, desafortunadamente, los Judíos no suelen permanecer mucho tiempo en el mismo sitio. A partir del siglo XI, "comerciantes y artesanos, incapacitados para comprar bienes raíces, preocupados por disponer con qué partir de apuro en caso de amenaza, acumulan alguna liquidez en monedas, oro y piedras preciosas, que pueden prestar mientras siguen ejerciendo su otro oficio, si tienen el derecho a ejercerlo. Por otra parte, las tasas de interés son tales (a veces incluso superan el 60% anual, en virtud de la demanda y los riesgos) que su liquidez se incrementa velozmente[811]." Un fenómeno que había comprendido y resumido sabiamente Albert Londres: "Así que este pueblo no debe derrochar su dinero, sino conservarlo para huir. El dinero es el pasaporte del judío[812]."

Efectivamente, a pesar de todos los servicios prestados, los Judíos siguen enfrentándose a las más terribles acusaciones. Prueba de ello era el libro de Eustace Mullins, citado por Attali, publicado recientemente en Estados Unidos, *The Federal Reserve Conspiracy*[813], que retomaba los viejos prejuicios habituales: "El pueblo norteamericano soporta la carga de cientos de miles de millones de dólares de deudas simplemente porque dejamos que un puñado de extranjeros enemigos tome el control de nuestro sistema monetario. Los tres más importantes son: Paul Warburg, el judío alemán que redactó el Federal Reserve Act; Emmanuel Goldenweiser, el judío ruso que controló el detalle de las operaciones del Federal Reserve Board durante treinta años; y Harry Dexter White, hijo de judíos lituanos, que creó el Fondo Monetario Internacional[814]." Una vez más, debemos rendirnos ante la evidencia de que los Judíos son "siempre odiados por los servicios que prestan."

Sin embargo, no se debería exagerar la riqueza de los Judíos, apuntaba Jacques Attali: "Ámsterdam se ha convertido en el templo de la especulación, el lugar de formación de las "burbujas" financieras.

---

[811] Jacques Attali, *Los judíos, el mundo y el dinero*, Fondo de cultura económica, 2005, Buenos Aires, p. 168
[812] Albert Londres, *El judío errante ya ha llegado*, Editorial Melusina, 2012, p. 196
[813] Eustace Mullins, *Los Secretos de la Reserva Federal: La Conexión Londres* , Omnia Veritas Ltd, 2017. (NdT).
[814] Jacques Attali, *Los judíos, el mundo y el dinero*, Fondo de cultura económica, 2005, Buenos Aires, p. 481, 488

Como la comunidad construye una magnífica sinagoga, la ciudad llega a exagerar la riqueza de los judíos...De hecho, la fortuna de los judíos es más aparente que real[815]."

De la misma manera que no se debe creer que los Rothschild eran los más ricos, ni por asomo, pues sería un error creerlo, ya que ese tipo de mentiras alimentan la propaganda antisemita: "Los Rothschild no son comparables con la centésima fortuna británica, y Fred Krupp sigue siendo, fuera de discusión, el alemán más rico de su época... en Francia, ningún judío tiene una fortuna cercana a la de los Morny o los Hottinguer. Ellos constituyen una élite cultural antes que material[816]." Los Judíos son débiles y vulnerables, es bien sabido. La "banca judía" es un mito de la propaganda antisemita y reaccionaria para a engañar a las masas y arrojarla contra los eternos chivos expiatorios.

La mafia de la felicidad

Sin embargo, la mejor manera de construir rápidamente grandes fortunas sigue siendo operando de forma legal y actuar a cara descubierta. Pero para ello se requiere ciertas circunstancias favorables. Las guerras, las revoluciones y los grandes cambios son muy oportunos para los individuos más reactivos, los más familiarizados con el manejo del dinero y los más desprovistos de escrúpulos.

Un ejemplo entre mil: sabemos que la fortuna de los Rothschild se fraguó en base a la derrota de los ejércitos napoleónicos en la batalla de Waterloo en 1815. Informado del desenlace de la batalla antes que los demás, Rothschild se presentó en la bolsa de Londres con un aire abatido que hacía pensar que Napoleón había vencido. Esto le permitió llevarse todos los títulos de bolsa que habían sido vendidos precipitadamente a muy bajo precio. Este célebre episodio había inspirado unos versos a Víctor Hugo, que miraba así pasar delante de él al financiero en sus *Contemplaciones*:

"Anciano, ¡Me quito el sombrero! Éste que pasa/ hizo su fortuna, en la hora en que tu derramabas tu sangre/ Apostaba a la baja, y subía a medida/ Que nuestra caída era más profunda y segura/ Tuvo que haber un buitre para nuestros muertos, él lo fue[817]."

---

[815]Jacques Attali, *Los judíos, el mundo y el dinero*, Fondo de cultura económica, 2005, Buenos Aires, p. 262-263
[816]Jacques Attali, *Los judíos, el mundo y el dinero*, Fondo de cultura económica, 2005, Buenos Aires, p. 324
[817]Víctor Hugo recordaba que los Judíos solían ser los ladrones de cadáveres en los

El caos que se produjo después del derrumbe del comunismo en Rusia representó un formidable coto de caza para los predadores. Rusia fue entonces la presa de algunos hombres de negocios cosmopolitas que compraron todas las antiguas empresas y fábricas colectivizadas por unos precios irrisorios. Algunos individuos amasaron unas fortunas colosales durante las privatizaciones de los años 90, mientras que la inmensa mayoría de la población caía en la pobreza e indigencia más abyecta. Actualmente, Rusia parece estar otra vez en la diana de algunos belicistas y círculos financieros occidentales, desde que su presidente Vladimir Putin decidió poner fin al caos y a la corrupción.

En el 2003, la "campaña contra los oligarcas" lanzada por Vladimir Putin permitió el arresto de Mijaíl Jodorkovski. Según la revista *Forbes*, Jodorkovski, con 41 años, se había convertido en el hombre más rico de Rusia. Era el mayor adquisidor de empresas colectivizadas que el Estado ruso había malvendido tras el derrumbe del régimen comunista. Los famosos oligarcas rusos fueron esos hombres que se llevaron todo el botín del Estado en medio del caos de los años 90, y que tendían a ignorar las normas del Estado de derecho y a comportarse como zorros en el gallinero. Putin atacó de frente esta situación en el 2003 mediante esa campaña contra los oligarcas, la cual se intensificó todavía más cuando el ministerio fiscal ruso anunció la apertura contra Jodorkovski de cinco investigaciones por homicidio e intento de homicidio que implicaban a su compañía Yukos. Pero antes de su detención, el multimillonario había procurado entregar la dirección de su banco a su correligionario británico Jacob Rothschild. Las cotizaciones de mercado seguían hundiéndose, mientras el *New York Times* calificaba la toma de las acciones de Yukos por el gobierno ruso del "mayor espolio de intereses judíos desde los años treinta." En cambio, esta política llenaba de alegría el pueblo ruso que escuchaba con satisfacción Vladimir Putin denunciar aquellos cuyo "comportamiento histérico" perjudicaba el país. El presidente ruso apoyó las pesquisas del ministerio fiscal contra el plutócrata, pero tranquilizó los demás

---

campos de batalla. En Austerlitz, la noche del 2 de diciembre de 1805, Talleyrand dio un siniestro paseo con el mariscal Lannes: El mariscal "estaba tan emocionado, que en un momento en que me mostraba los diferentes puntos desde los que los ataques principales se habían producido, me dijo:"¡No puedo soportarlo más! A menos que usted quiera venir conmigo descrismar todos esos miserables Judíos que despojan los muertos y moribundos."" (en Jean Orieux, *Talleyrand*, Flammarion, 1970, p. 437). El periódico *L'Illustration* del 27 de septiembre de 1873 escribía que los soldados tenían la costumbre de llamar a los Judíos los "cuervos", mote que sería puesto luego a los Jesuitas.

oligarcas que se contentaban con llevar sus negocios dentro del marco de la ley. En Rusia, martilleaba el presidente, nadie puede imponerse por encima de la ley a golpe de miles de millones; todos deben ser iguales ante los tribunales para luchar contra el crimen y la corrupción.

Le Figaro del 17 de mayo del 2005 relataba el juicio del financiero. Para la periodista Laura "Mandeville", evidentemente, el caso Yukos "empañaba" la imagen de Moscú, y Mijaíl era una pobre víctima del fascismo. Aun así, nos enterábamos de que su fortuna rondaba los 15 mil millones de dólares. Un ejército de veinte abogados iba a ponerse manos a la obra para defenderlo mientras que varios de sus socios habían huido: "Tres de ellos viven en Israel, país desde el que no dejaran de acusar a la justicia rusa de estar a sueldo del poder." Como de costumbre, Jodorkovski se declaraba inocente: "El caso ha sido fabricado de la nada". Y designaba a los culpables: "Una burocracia criminal." Recordemos que el multimillonario, que lideraba la compañía petrolera Yukos, fue acusado de evasión fiscal: su sociedad tenía una deuda de impuestos colosal, cercana a los 27 000 millones de dólares.

En el editorial del periódico, podíamos leer unas líneas llenas de sentido común acerca de los oligarcas: "Que esos hombres, que empezaron de cero, hayan podido apropiarse por un plato de lentejas de partes enteras de los recursos naturales de Rusia no los ha vuelto especialmente populares en su propio país."

Leyendo los reportajes del periodista Albert Londres, uno se da cuenta que las reticencias a pagar hacienda no eran algo totalmente nuevo. En su libro *El judío errante ya ha llegado* de 1929, el autor nos ofrecía un testimonio asombroso acerca de una operación de los funcionarios de hacienda polacos en un barrio judío de Varsovia: "Cuarto piso. Siete personas en una gran habitación, entre ellas tres muchachos. La madre y la hija llorando. Dos judíos con caftán, recostados indolentemente en sendas sillas. Los tres muchachos, que leen el Talmud, ni siquiera se han dado cuenta de nuestra llegada. El recibo es de ciento diecisiete zlotys. Son impuestos adeudados desde hace cuatro años. El funcionario ruega a las mujeres que vacíen los cajones de los muebles. Las mujeres han ofrecido cuarenta zlotys que están sobre la mesa. Vacían los cajones lanzando gemidos. Los dos caftanes no quieren saber nada de la escena. Se miran las manos mientras las hacen bailotear ante sus ojos. Las mujeres sollozan. Los tres muchachos se balancean, totalmente presas del hebreo. Las mujeres quitan los anexos de las mesas. Los caftanes siguen sin saber nada y los niños se excitan cada vez más con el santo libro. El funcionario ordena abrir los armarios. Las mujeres se arrodillan. Y como sollozan ruidosamente, los tres muchachos elevan el tono de su estudio. El cochero, que ha encontrado ayudantes, baja primero el aparador. Las mujeres lanzan gritos terroríficos. Los dos caftanes ni se inmutan. Los tres muchachos leen cada vez más alto. Luego se llevan el armario, la mesa, un sillón, desplazan el candelabro ritual, que no es embargable, y se llevan el mueble que lo soporta. Ahora la sala está vacía. Entonces uno de los dos caftanes se levanta; constata que el funcionario ha hablado en serio. Con gesto noble, se saca del bolsillo dos billetes de cien zlotys y dice: "¡Aquí tiene!". Se vuelve a subir el mobiliario. Las mujeres han llorado por nada. Los tres muchachos han seguido estudiando. ¡El padre recoge el candelabro de siete brazos y lo deposita piadosamente sobre el mueble restituido[818]!"

Entre las mayores fortunas de Rusia en la lista de la revista *Forbes*, Roman Abramovitch aparece justo detrás de Jodorkovski. Abramovitch posee el 80% de Sibneft, la quinta compañía petrolera rusa, el 50% de Rusal, que tiene el monopolio del aluminio ruso, y un cuarto de Aeroflot. Es famoso en Europa por haber comprado el club de futbol londinense de Chelsea. También ha sido inculpado en numerosos casos de fraude. En 1995, conoce a Boris Berezovski, huido en Gran-Bretaña para librarse de una investigación por fraude fiscal. Desde su exilio londinense, éste continua financiando la oposición a Vladimir Putin, si bien tuvo que ceder la mayor parte de su fortuna a Abramovitch. El siguiente en la lista de nuevos multimillonarios rusos es Víctor Vekselberg, que tomó el control del mercado de ordenadores portátiles. Su fortuna le permitió hacerse con la fabulosa colección de joyerías de Fabergé que había reunido el estadounidense Forbes. Mantiene relaciones de negocios con el quinto de la lista, Mijaíl Fridman, quién con Alfa, el mayor banco privado de Rusia, controla las telecomunicaciones del país. Oleg Deripaska es el benjamín de los oligarcas. A sus 35 años, es el magnate del aluminio, aunque también ha construido su imperio sobre el gas, la industria automóvil y Aeroflot. También era uno de los del clan del antiguo presidente alcohólico Boris Yeltsine, justo después de la caída del régimen comunista. Es objeto de una denuncia judicial por compra fraudulenta bajo amenazas de varias de sus sociedades. El septimo de la lista es Vladimir Gusinsky, el cuál después de enriquecerse en las finanzas y los medios de comunicación, ha preferido exiliarse en Israel en julio del 2000 para evitar ir a la cárcel tras haber sido acorralado por fraude fiscal por la policía económica del presidente Putin.

---

[818]Albert Londres, *El judío errante ya ha llegado,* Editorial Melusina, 2012, p. 177-178

A continuación figuran Mijaíl Prójorov, con una fortuna estimada en 5400 millones de dólares (metalurgia, ingeniería, agricultura, medios de comunicación), y Vladimir Potanin, a la cabeza del gigante metalurgista Norilsk Nickel, y socio del predador financiero George Soros. Nueve de las diez mayores fortunas del país están en manos de antiguos ciudadanos soviéticos de confesión israelita que supieron aprovecharse del cambio de instituciones. Esta situación no parecía agradar al pueblo ruso: "Nueve rusos sobre diez piensan que las fortunas actuales han sido mal adquiridas y más del cincuenta por cien aprueba los procedimientos judiciales", escribía Helena Despic-Popovic en el diario *Libération* del 19 de julio del 2003. La periodista añadía, además: "La campaña es aceptada de buen grado por una sociedad todavía contaminada por restos de antisemitismo, pues buena parte de los oligarcas son judíos."

Como diría Mijaíl Jodorkovski en su libro, Rusia era "un coto de caza abierto a todos" antes de la llegada al poder de Vladimir Putin. Investigando un poco más en internet, nos enterabamos de que antes de ser encarcelado como un vulgar ladrón de gallinas, el multimillonario Jodorkovski era también un amigo de Richard Perle, uno de los "halcones" sionistas neoconservadores de la Casa Blanca, y un ferviente partidario de la invasión de Irak en el 2003.

Los nuevos ricos rusos también eran noticia en Francia, donde compraron las más bellas villas de la Costa de Azur, magníficos yates, y organizaron fiestas grandiosas, gastando cientos de miles de euros transportados en vulgares bolsas de plástico repletas de billetes de banco. Boris Berezovski, Arcadi Gaydamak (actualmente refugiado en Israel), Boris Birshstein, Serguei Rubinstein, Alexandros Kazarian, Alexander Sabadsh, Gueorgui Jatsenkov, son los nuevos *"nababs* venidos del frío"*, como apuntaba el periódico *L'Express* del 2 de mayo del 2002. Entre ellos, algunos invertían evidentemente en el crimen organizado, la droga y las redes de prostitución.

Indudablemente, el derrumbe del imperio soviético había liberado algunas energías hasta entonces reprimidas por las instituciones comunistas. La famosa mafia rusa de la que tanto se habla desde 1991, es también la manifestación de la liberación de unas fuerzas demasiado tiempo contenidas que se asemejan mucho a esa mafia estadounidense de entreguerra. En su libro titulado *Red Mafiya: How the russian Mob has invaded America*[819], el periodista estadounidense Robert Friedman era categórico: A principio de los años 1990, ya había cerca de 5000

---

[819]Robert Friedman, *La Mafia rouge: comment la pègre russe a envahi l'Amérique*. Robert Friedman, *Red Mafiya*, Ed. Little, Brown and Co., 2000

gánsteres judíos venidos de la Unión Soviética operando en la ciudad de Nueva York. Era más que todos los miembros de las familias italianas de todo el país. Ese número dejó de aumentar después de la segunda Intifada (2000). Esos "rusos" son en realidad Judíos que habían transferido sus actividades críminales en Israel antes de buscar nuevos horizontes, cuando la rebelión palestina provocó la casi desaparición del turismo y una seria recesión económica.

"Debido a que esta hampa rusa es esencialmente judía (*mostly jewish*), acabar con ella es una cuestión eminentemente política, sobre todo en la región de Nueva York", escribía Friedman, el cual subrayaba que las asociaciones judías "respetables", como la Anti-Defamation League of B'nai B'rith, la más importante liga antirracista estadounidense, hacía presión sobre la policía que perseguía esas bandas para que no mencionara públicamente "ningún origen que pudiese conducir el público cristiano a protestar contra el flujo continuo de criminales judíos que se presentaban como refugiados." Policías de alto rango habían confesado al periodista: "Los Rusos son despiadados y locos. Es una pésima combinación. Disparan por cualquier motivo." Uno de los padrinos de aquellos años, Monya Elson había empezado su carrera "liquidando ucranianos de Chisináu, su ciudad natal, luego en Moscú, donde liquidó a Rusos, y finalmente en Estados Unidos, donde liquida a estadounidenses – tal vez cerca de cien asesinatos." Otros de los capos notorios era Ludwig Fainberg, alias Tarzan, venido de Kiev (donde afirmaba que "los judíos eran los más ricos de la ciudad. Tenían coches, dinero, vivían en hermosos apartamentos y pagaban para tener las más bellas mujeres") y Marat Balagula, también originario de Ucrania y que confirmaba que "los Judíos ocupaban las mejores posiciones porque tenían el dinero." Friedman también pudo entrevistarse con el antiguo fiscal general de la Unión Soviética, Boris Urov: "Es maravilloso que el telón de acero haya desaparecido, decía, pero era una protección para Occidente. Ahora que hemos abierto las puertas, el mundo entero está en peligro[820]."

Estas palabras pueden compararse con las de Jacques Attali, que nos daba ciertas informaciones sobre el gansterismo en Estados Unidos durante los años de la Prohibición. Escribía: "Fuera de las acusaciones de "crímenes rituales", no se encuentra ninguna acusación seria de asesinato en banda organizada antes de la llegada en masa de judíos rusos al suelo estadounidense, hacia 1910...Según *The jewish Almanach*, "no es exagerado decir que su influencia en el crimen

---

[820] Sobre la Mafia "rusa", léase Hervé Ryssen, *La Mafia judía*. (NdT).

organizado de los Estados Unidos en las décadas de 1920 y 1930 iguala, y hasta supera, la de los italianos"."

"El primer judío jefe del crimen en Nueva York, Arnold Rothstein, apodado "el Cerebro", hacia 1910 organiza la corrupción en los partidos de béisbol, toma el control de la policía de la ciudad, planifica la importación de alcohol (cuyo consumo está prohibido a partir de 1919) del Canadá y de Europa -arbitrando y manteniendo el orden entre otros temibles jefes de bandas, como Arthur Flegenheimer (llamado "Dutch Schultz") y Louis Buchalter, que aniquila a su propia banda con la ayuda de su lugarteniente, Jack "Legs" Diamond. Rothstein localiza a Mayer Lansky, un joven hijo de inmigrantes rusos, nacido en 1902 en Grodno, Rusia." Entra en negocios con un siciliano de la nueva generación llamado Charlie Luciano. "El ruso y el siciliano se aprecian y se comprenden con medias palabras. Juntos, toman el control de los prestamistas y agentes de seguros de los guetos y *Little Italy*, compran empresas de apuestas en Nueva York y montan un sindicato de *bookmakers* en todo el país, planificando al mismo tiempo la corrupción de policías y políticos ya iniciada por Rothstein...En septiembre de 1928, Arnold Rothstein es asesinado en Nueva York, sin duda por orden de Dutch Schultz, que quiere ocupar su lugar. El 9 de mayo de 1929, Lansky y Luciano reúnen en Atlantic City a todos los jefes del crimen del Este: Guzik y Capone, de Chicago; Buchalter, de Nueva York; Bernstein, de Detroit; Dalitz, de Cleveland; Hoff y Rosen, de Filadelfia. Para terminar con las vendettas, 'proponen organizar el Sindicato como una suerte de cooperativa, sin jefe, con división de los territorios. Lansky funda lo que se llamará la "Murder lnc.", un grupo de asesinos a su servicio, cuya dirección confía a Siegel y a Buchalter. A partir de entonces, Schultz y Lansky se convierten en los grandes jefes del gangsterismo judío norteamericano."

La mafia italiana fue poco a poco desmantelada. Al Capone fue arrestado en 1932 por fraude fiscal; Lucky Luciano en 1935. Dutch Schultz, el rival de Lansky, murió también ese año en un tiroteo. "Lansky, que sin duda lo hizo liquidar, se saca de encima a su último rival, Charles "King" Solomon, de Boston, que importa lo esencial del whisky en el país. Al final de la prohibición, Lansky se vuelca hacia el juego...Algunos años más tarde, Lansky intentará refugiarse en Israel, que le negará el beneficio de la Ley del Retorno: por sus crímenes, habrá perdido el derecho a ser reconocido como judío. Morirá en Miami, en su cama[821]."

---

[821]Jacques Attali, *Los judíos, el mundo y el dinero*, Fondo de cultura económica, 2005, Buenos Aires, p. 410-412

Jacques Attali también podría habernos hablado del gánster judío Mickey Cohen, que recaudaba fondos para los terroristas judíos del Irgun que luchaban entonces contra los ingleses para crear el Estado judío en Palestina. También olvidó señalar que el jefe mafioso Mayer Lansky había asesinado a un exportador de armas a los países árabes, y que había legado su fortuna mal adquirida a la asociación caritativa *Combined Jewish Appeal (CJA)*[822]. Attali habría podido mencionar el caso del mafioso "Steinhardt el Rojo", padre de Michael Steinhardt, uno de los mayores mecenas de Joseph Lieberman, adjunto de Al Gore, candidato demócrata a la presidencia estadounidense en 1999.

Pero, sobre todo, podría haber expuesto en ese capítulo los orígenes de la fortuna colosal de Edgar Bronfman, presidente actual del Congreso judío mundial, uno de los hombres más ricos del mundo con un patrimonio evaluado en 30 mil millones de dólares. Su padre Samuel fue el famoso traficante de alcohol. Profundamente religioso, sionista convencido, armó la milicia Haganá durante la primera guerra de independencia de Israel. Una de sus hijas se casó con Alain de Gunzburg, que sería el primer accionista privado del diario francés *Le Monde*. El trust Bronfman, incluye muchas célebres marcas: los whiskys Four Roses, Glenlivet, White Horse, Chivas, el London Gin, la Vodka Absolut, los champanes Mumm, Perrier-Jouët, el cognac Martell, etc. Bronfman también posee discográficas como Polygram, Deutsche Gramophon, Decca, Philips Music.

"El papel relativo del "hampa" judío en la criminalidad también disminuye con la globalización, aunque se encuentran todavía algunos de sus miembros como corredores en algunos tipos de lavado de divisas, del tráfico de droga, de Los Ángeles a Moscú, de Bogotá a Tel-Aviv. Una sola red específicamente judía fue descubierta, en febrero de 1990, en Nueva York; tomaba el siguiente circuito: una parte de la droga del cártel de Cali era cambiada en Colombia por diamantes; para transformarlos en efectivo, éstos eran despachados a Milán y montados en joyas que luego volvían a partir a Manhattan para ser allí vendidas legalmente -al contado- en la calle 47, donde, según un comentario empático del periódico israelí Maariv, que reveló el caso, "hay más restaurantes casher que en todo Tel-Aviv, y donde se encuentra el mayor

---

[822]Cuando Israel no es amenazdo, los Árabes parecen ser preferidos a los Europeos. Durante la guerra de Argelia, David Serfati era uno de los mayores traficantes de armas al servicio de los felagas. Tras la declaración de independencia, el FLN, agradecido, inauguró en Oran una plaza con su nombre. También es conocida la famosa red "Curiel", del nombre del Judío egipcio que organizaba la acción de los "portadores de maletas".

lavado de dinero de la droga de los Estados Unidos". Una parte del producto de esta venta era entonces entregada por los joyeros a instituciones judías de Nueva York, que restituían una parte -siempre en cash- a pasadores de carteles. Los dirigentes de esta red hacían creer a algunos de sus relevos -judíos ortodoxos, como un rabino de Brooklyn cuyo arresto, en febrero de 1990, reveló todo el asunto- que ayudaban a diamantistas de la calle 47 a defraudar al fisco, o a sacar sus capitales de algunos judíos iraníes. El jefe de esta red, un israelí, confesó haber blanqueado de ese modo 200 millones de dólares a cuenta del cártel de Cali, o sea, menos del 1% del monto manejado anualmente por ese cártel, que distribuye cuatro quintos de la cocaína y un tercio de la heroína consumidas en el mundo[823]." Si Jacques Attali es tan discreto acerca del papel de los Judíos en la criminalidad como lo fue con su rol en el bolchevismo, esta revelación por sí sola ya representa mucho.

Recordemos ahora las declaraciones de Bernard-Henri Levy que ya expusimos anteriormente, y a continuación la conclusión del filósofo: "Creo que Estados enteros caerán bajo las acciones de las mafias planetarias; y que, si no es bajo sus acciones, caerán entre sus manos." Y la cita continuaba así: "Creo que el mundo está en camino de convertirse en un gueto y el planeta en una mafia. Y no creo que salgamos de esto limitándonos a murmurar, como hacen ya algunos astutos, que el mundo siempre ha sido un conglomerado de guetos; los Estados, unas mafias disfrazadas, y las sociedades civiles, unas asociaciones contractuales de malhechores, y que, por lo tanto, es mejor que las cosas se digan tal y como son, que la humanidad pase a las confesiones, y que no finjamos sorpresa cuando caen las máscaras del mundo. Creo en una futura fragmentación del mundo, en una pulverización de los Estados y en una disolución de las antiguas y pacíficas naciones[824]."

En resumidas cuentas, Bernard-Henri Levy nos declaraba de la forma más simple del mundo que justifica las mafias transnacionales, finalmente consideradas menos perversas que los Estados y las naciones sedentarias. A fin de cuentas, ¿quizás sólo sea eso, el ideal de Bernard-Henri Levy y de los filósofos planetarianos?: la destrucción de las naciones, y en su lugar el control del planeta por las mafias. Pero el término de "mafia" tal vez sea un poco "discriminante", por lo que sugerimos humildemente a nuestro gran filósofo la adopción de una expresión más moderna y aceptable para el rebaño que se pastorea:

---

[823] Jacques Attali, *Los judíos, el mundo y el dinero*, Fondo de cultura económica, 2005, Buenos Aires, p. 479, 480
[824] Bernard-Henri Lévy, *La pureza peligrosa*, Espasa Calpe, Madrid, 1996, p. 167

"redes de gestión informales interconectadas". Es un poco más largo, pero si nos permite librarnos de las cornadas habrá que hacer ese esfuerzo.

En medio de nosotros...

Los espíritus mesiánicos parecen sin embargo totalmente convencidos de que vienen a aportar el bienestar y la prosperidad. Los Judíos son simplemente indispensables a las demás naciones. La última tribu india de la selva amazónica no puede vivir sin sus ideas grandiosas y su formidable capacidad para enriquecer los pueblos. Pese a ello, las innumerables contradicciones que contienen sus libros dejan a veces perplejo acerca de la sinceridad de su discurso. Después de todas estas lecturas, uno sigue asombrado por el increíble aplomo de algunas declaraciones inspiradas por sus convicciones mesiánicas. Una moral como esa es probablemente bastante pesada de cargar y agotadora. A juzgar por el número de suicidios que afectan a los adeptos de esta creencia, es de suponer que esta concepción de la vida sobre la tierra debe ejercer alguna forma de tortura mental y espiritual.

Jacques Attali insistía en su libro sobre la inmensa generosidad del pueblo judío, como si tuviera que demostrar algo. En *Los Judíos, el mundo y el dinero*, repite de forma lancinante esa idea según la cuál los Judíos son un beneficio para el resto de la humanidad: según el Talmud, decía, "nada es bueno para los judíos si no lo es también para quienes los rodean". Es "el fundamento propio del altruismo judío: nada es bueno para ellos si no es bueno también para sus anfitriones." Era también la opinión de Menasseh Ben Israel, el rabino de Ámsterdam que había convencido a Cromwell para volver a dejar entrar los Judíos en Inglaterra en el siglo XVII: "Dondequiera que se los admita, los judíos son buenos ciudadanos sin otro deseo que contribuir a la prosperidad general. "Son fieles vasallos[825]"."

Los Judíos no sólo son benéficos para los demás, sino que, además, según Jacques Attali, son indispensables: "Ninguna de las sociedades sedentarias habría podido sobrevivir sin nómadas que transportasen entre ellas mercancías, ideas, capitales y para eso se atrevieran a asumir riesgos intelectuales y materiales que ningún sedentario habría estado

---

[825] Jacques Attali, *Los judíos, el mundo y el dinero*, Fondo de cultura económica, 2005, Buenos Aires, p. 243, 256, 260. "El pragmatismo inglés, nutrido por los argumentos expresados medio siglo antes por Menasseh ben Israel, prevalece así por sobre tres siglos de ostracismo: los ingleses necesitan a los judíos, cuyo papel en los Países Bajos conocen."

dispuesto a correr... El pueblo judío desempeñó el papel del nómada que crea riquezas para el sedentario. Así, cumplió su tarea, "enmendar el mundo[826]"...El nomadismo no es una superioridad, sino apenas una especificidad compartida con otros pueblos y absolutamente necesaria para la supervivencia y el bienestar de los sedentarios[827]". "Son la clave del desarrollo del mundo. No hay desarrollo sedentario sin esos nómadas. Pero tampoco hay cuestionamiento del orden establecido sin ellos". Si Israel "intenta limitar su identidad a las tierras adquiridas, está perdido. Si continúa su ruta, podrá sobrevivir y ayudar a la humanidad a no desaparecer[828]."

En esas condiciones, "la desgracia del pueblo judío, por ende, es una desgracia para todos los hombres[829]". Puesto que, como también remarcaba Elie Wiesel, todo lo que afecta a los Judíos afecta a toda la humanidad, así pues, podemos considerar junto con Jacques Attali que "la desaparición del Templo también es una tragedia para los no judíos, porque los Hebreos oraban por ellos: "No saben lo que perdieron". (*Suká 55a*)830." El pueblo judío está en el centro de la humanidad, y es inimaginable que se pueda concebir la vida de otra manera. Los demás pueblos de la tierra no pueden existir sin los Judíos, ni tan siquiera la más remota tribu del Amazonia. Con ese punto de vista tan subjetivo, Jacques Attali se permitía finalmente recordarnos las reglas bien conocidas del judaísmo: "Imponerse una moral muy austera, no tolerar

---

[826]Alusión al concepto *tikún olam* del judaísmo esóterico: De acuerdo al misticismo judío, la Creación del Universo está representada de manera figurada como un recipiente que no pudo contener la Luz Sagrada y se rompió en pedazos (*Shevirat Hakelim*). Por ello, de acuerdo a los cabalistas, el Universo que conocemos está literalmente quebrado y necesita reparación. En consecuencia, siguiendo la *Halajá* (ley judía) y cumpliendo los *mitzvot* (preceptos), la gente [judía] ayuda a reparar el recipiente del Universo. Así, los cabalistas enseñan que a través de sus acciones, cada persona [judía] puede participar en el *tikún olam*, literalmente reparando el Universo y la Humanidad como parte de la Creación Divina. (fuente wikipedia). Léase en Hervé Ryssen, *Psicoanálisis del judaísmo*. (NdT).

[827]Jacques Attali, *Los judíos, el mundo y el dinero*, Fondo de cultura económica, 2005, Buenos Aires, p. 485-486

[828]Jacques Attali, *Los judíos, el mundo y el dinero*, Fondo de cultura económica, 2005, Buenos Aires, p. 489, 491

[829]Jacques Attali, *Los judíos, el mundo y el dinero*, Fondo de cultura económica, 2005, Buenos Aires, p. 122. "El mundo tiene interés en dejar a los judíos la suficiente libertad para que puedan cunplir ese papel. Así, según un comentario (*Suká 55b*), el mundo está en mejor estado cuando los judíos son libres y, por tanto, capaces de interceder en su favor."

[830]Jacques Attali, *Los judíos, el mundo y el dinero*, Fondo de cultura económica, 2005, Buenos Aires, p. 75

arrogancia ni inmoralidad, para no crear celos ni pretextos para la persecución[831]." Ya era hora de decirlo, en efecto.

Veamos ahora una obra que sin duda permite comprender mejor la advertencia de Dante: "En medio de nosotros, el embustero se ríe de nosotros". El célebre escritor francés Patrick Modiano, en su novela *El Lugar de la estrella*, publicada en 1968, imaginó un personaje completamente delirante, bufón y simpático. La acción ocurría en junio de 1942 en París; el narrador, Schlemilovitch, es un héroe alucinado y quijotesco que se imagina ser un gran escritor. Bajo una apariencia grotesca, Patrick Modiano pone en su boca unas palabras tan asombrosas sobre los judíos que ningún lector cabal podría leerlas sin percatarse de la ridiculez. Y es que el antisemitismo es una alucinación. Aquello de lo que se acusa a los judíos es tan enorme para el lector medio, que las acusaciones pasan por ser un trastorno psiquiátrico de aquel que las profiere. Ese es el motivo por el que Patrick Modiano pudo permitirse escribirlas. Pero escuchemos hablar Schlemilovitch:

"Por lo demás, mis hechos y mis dichos contradecían esas virtudes que cultivan los franceses: la discreción, el ahorro y el trabajo. De mis antepasados orientales he sacado los ojos negros, el gusto por el exhibicionismo y por el lujo fastuoso y la incurable pereza. No soy hijo de este país... Yo dirigía a golpe de orgías y de millones la conspiración judía mundial... Sí, la guerra de 1939 la declararon por mi culpa. Sí, soy algo así como un Barba Azul, un antropófago que se come a las arias jovencitas después de violarlas. Sí, sueño con arruinar a todos los labriegos franceses y que se vuelva judía toda la comarca de Cantal[832]..."

"Estos franceses sienten todo un apego desmesurado por las putas que escriben sus memorias, los poetas pederastas, los chulos árabes, los negros drogados y los judíos provocadores. Está visto que ya no se lleva la moralidad. El judío era mercancía apreciada, nos respetaban demasiado."

Lévy-Vendôme expresaba a su vez sus motivaciones: "No contento con pervertir a las mujeres de este país, he querido prostituir también toda la literatura francesa. Transformar a las heroínas de Racine y de Marivaux en putas. Junia acostándose de buen grado con Nerón ante la mirada espantada de británico. Andrómaca cayendo en brazos de Pirro en el primer encuentro. Las condesas de Marivaux poniéndose la ropa de sus doncellas y cogiéndoles prestado el amante por una noche. Ya

---

[831] Jacques Attali, *Los judíos, el mundo y el dinero*, Fondo de cultura económica, 2005, Buenos Aires, p. 490
[832] Patrick Modiano, *El Lugar de la estrella*, Pdf, http://Lelibros.org/, p. 14, 15, 26, 27

ve, Schlemilovitch, que la trata de blancas no quita de ser un hombre culto. Llevo cuarenta años redactando apócrifos. Dedicándome a deshonrar a los escritores franceses más ilustres. ¡Tome ejemplo, Schlemilovitch! ¡La venganza, Schlemilovitch, la venganza!

Schlemilovitch recibía estos buenos consejos: "Usted, Schlemilovitch, tiene tiempo por delante. ¡Aprovéchelo! Use sus bazas personales y pervierta a las jovencitas arias. Más adelante, escribirá sus memorias. Podrían llamarse "Las Desarraigadas": la historia de siete francesas que no pudieron resistirse a los encantos del judío Schlemilovitch y se encontraron un buen día internadas en burdeles orientales o sudamericanos. Moraleja: no deberían haberle hecho caso a ese seductor judío, sino quedarse en los lozanos prados alpestres y los verdes sotos[833]."

En otro pasaje, leíamos como nuestro héroe proteico cometía una gran falta: "¡A la cárcel, Schlemilovitch, a la cárcel! ¡Y, de entrada, se va del liceo esta misma noche!" A lo que Schlemilovitch respondía: "- Si esos señores quieren llevarme ante los tribunales -le dije-, así me explicaré de una vez por todas. Me darán mucha publicidad. París no es Burdeos, ¿sabe? ¡En París siempre le dan la razón al pobre judío indefenso y nunca a los animalotes arios! Interpretaré a la perfección mi papel de perseguido. La Izquierda organizará mítines y manifestaciones y puede creerme si le digo que quedará de lo más elegante firmar un manifiesto a favor de Raphaël Schlemilovitch. En pocas palabras, ese escándalo será un gran perjuicio para el ascenso de usted. Piénselo bien, señor director, se está enfrentando a un adversario poderoso. Acuérdese del capitán Dreyfus y, más recientemente, del jaleo que metió Jacob X, un joven desertor judío… En París siempre andan locos por nosotros. Nos disculpan. Hacen borrón y cuenta nueva. ¿Qué quiere que le diga? ¡Las estructuras éticas se fueron al carajo en la última guerra, mejor dicho, se fueron ya en la Edad Media! Acuérdese de aquella hermosa costumbre francesa: todos los años, por Pascua de Resurrección, el conde de Toulouse abofeteaba con pompa y boato al jefe de la comunidad judía; y éste le suplicaba: "¡Otra vez, señor conde! ¡Otra vez! ¡Con el pomo de la espada! ¡Lo que debe hacer es atravesarme! ¡Sacadme las entrañas! ¡Pisotead mi cadáver!". ¡Tiempos dichosos! ¿Cómo iba a poder imaginarse mi antepasado, el judío de Toulouse, que un día yo le rompería las vértebras a un Val-Suzon? ¿Y que les reventaría un ojo a un Gerbier y a un La Rochepot? ¡A todo el mundo le llega la vez, señor director! ¡La venganza es un manjar que se come frío! ¡Y, sobre todo, no vaya a creer que me arrepiento! ¡Haga

---

[833]Patrick Modiano, *El Lugar de la estrella*, Pdf, http://Lelibros.org/, p. 42-43

saber de mi parte a los padres de esos jóvenes cuánto siento no habérmelos cargado! ¡Imagínese la ceremonia en el tribunal de lo criminal! ¡Un judío joven, lívido y apasionado, declarando que quería vengar los insultos sistemáticos del conde de Toulouse a sus antepasados! ¡Sartre rejuvenecería unos cuantos siglos para defenderme! ¡Me llevarían a hombros de la plaza de L'Étoile a La Bastille! ¡Me coronarían príncipe de la juventud francesa! -Es usted repugnante, Schlemilovitch. ¡Repugnante! No quiero seguir oyéndolo ni un minuto más. -¡Eso es, señor director! ¡Repugnante834!"

Pero el lector comprenderá que todo esto no era más que una locura, que nuestro héroe Schlemilovitch divagaba. Elucubraciones tan descabelladas sólo pueden ser fruto de una mente enferma: "Un tratamiento psicoanalítico le aclarará las ideas. Se volverá un joven sano, optimista y deportista, se lo prometo. Mire, quiero que lea el penetrante ensayo de su compatriota Jean-Paul Schweitzer de la Sarthe: *Reflexiones sobre la cuestión judía*. Tiene que entender esto a toda costa: Los Judíos no existen, tal y como dice de forma muy pertinente Schweitzer de la Sarthe. No es usted Judío, es un hombre entre otros hombres, y ya está. Le repito que no es judío; sencillamente, tiene delirios alucinatorios, obsesiones, y nada más, una paranoia muy leve... Nadie quiere hacerle daño, hijito, todo el mundo está deseando portarse bien con usted. Vivimos en la actualidad en un mundo pacificado835." El antisemitismo no será nunca creíble para el público medio goy. Esta es la moraleja de esta historia.

Pero tomemos por ejemplo las acusaciones de "Trata de Blancas". Hemos visto como el gran historiador del Tercer Reich, William Shirer, había señalado las acusaciones absurdas de Hitler contra los Judíos al respecto ("*Mein Kampf* está sembrado de alusiones espeluznantes a extraños judíos que seducían a inocentes muchachas cristianas y así adulteraban su sangre. Hay una gran parte de mórbida sexualidad en el desvarío de Hitler acerca de los judíos.")

Para demostrar lo ridículo de tales acusaciones, Albert Memimi había mencionado un caso un poco olvidado: "Recordemos el famoso "rumor de Orléans", esa sorprendente acusación de violaciones en serie, supuestamente organizadas por comerciantes judíos sobre sus clientas cloroformizadas836."

El eminente historiador judío Léon Poliakov también se mofaba de esas acusaciones grotescas: "¿Qué ocurrió en la tranquila ciudad de

---

[834]Patrick Modiano, *El Lugar de la estrella*, Pdf, http://Lelibros.org/, p. 39-40
[835]Patrick Modiano, *El Lugar de la estrella*, Pdf, http://Lelibros.org/, p. 87
[836]Albert Memmi, *Le Racisme*, Gallimard, 1982, réédition de poche 1994, p. 41

Orléans durante el mes de mayo de 1969? Poca cosa, a fin de cuentas. Unas estudiantes de secundaria difundieron el rumor según el cual los probadores de algunas tiendas de ropa de su ciudad, regentadas por comerciantes judíos, servía de punto de partida a una red de trata de Blancas. Antes de desvanecerse, este pequeño delirio logró sin embargo enloquecer una parte de la población de Orléans, mientras que, por su parte, los Judíos locales creyeron ver de repente resurgir por un instante el espectro del pogromo. Otros fenómenos análogos, si bien menos espectaculares, se produjeron en otras ciudades francesas, especialmente en Amiens, pero también en Chalon-sur-Saône, Dinan, Grenoble y Estrasburgo, suscitando aquí y allá una credulidad que podía parecer como la otra cara de un antisemitismo difuso." (Léon Poliakov, *Histoire de l'antisémitisme, 1945-1993*, Seuil, 1994, p. 141) Sin embargo, cuarenta páginas después, al examinar otras acusaciones antisemitas en Hispanoamérica, Poliakov, que no podía tomar en serio tales disparates, reconocía que "varias personalidades judías estuvieron comprometida en ese tráfico abyecto al principio del siglo XX." (p. 181). Sobre este fenómeno, el lector puede visionar la película del director israelí Amos Gitai, *Tierra prometida*, estrenada en el 2005, que recreaba el calvario de jóvenes mujeres de Europa del Este atrapadas en redes de prostitución, tratadas como ganado y que acababan en los burdeles de Israel al borde el mar Muerto. ¿Pero todo esto, evidentemente, no es más que una ficción, verdad Señor Poliakov?

Hablemos por un momento de esa tribu del Amazonas que nos persigue desde el principio de este libro: Mario Vargas Llosa es un novelista peruano de notoriedad mundial. Una de sus novelas titulada *El Hablador* ilustra bastante bien la obsesión planetariana cuando ésta atenaza el espíritu y el alma de quién la padece. Las primeras páginas de la novela ponen en escena un turista peruano en Florencia que visita una exposición de fotos en una galería de arte. De repente, éste se para delante de una foto que le ha llamado la atención: en el corazón de la selva amazónica, unos indios en cuclillas y atentos parecen petrificados en la inmovilidad más absoluta, como si estuviesen hipnotizados por una suerte de hechizo mágico. En el centro del círculo que forman, sólo se puede distinguir una silueta, pero se trata sin duda de un hombre que les habla: es "El Hablador".

Los recuerdos emergen entonces en la memoria del narrador, pues éste había probablemente conocido El Hablador muchos años atrás, cuando era un estudiante de la Universidad de Lima. Veintitrés años después, siendo ahora periodista de la televisión peruana, tenía la oportunidad de reencontrar su extraño camarada desaparecido. Había realizado hasta entonces numerosos reportajes: "En 1981 tuve, seis meses, en la televisión peruana, un programa titulado La Torre de Babel. El dueño del canal, Genaro Delgado, me embarcó en esa aventura...Hacíamos La Torre de Babel cuatro personas: Luis Llosa, que se ocupaba de la producción y la dirección de cámaras; Moshé Dan Furgang, que era el editor; el camarógrafo Alejandro Pérez y yo837."

Fue en ese marco profesional que conoció a una pareja de etnólogos que estudiaban los indios de la selva, y cuyo marido había tenido la suerte de ver y de escuchar El Hablador. "Es un tema que a ningún machiguenga le gusta tocar. Un asunto muy privado, muy secreto. Ni con nosotros, que los conocemos ya tanto tiempo...ellos lo cuentan todo de sus creencias, de sus ritos... No tienen reservas sobre nada. Pero sobre los Habladores, –sí." Había como un misterio, un tabú para los etnólogos: "Lo seguro era que la palabra "Hablador" se pronunciaba con extraordinarias muestras de respeto por todos los machiguengas y que cada vez que alguien la había proferido delante de los Schneil, los demás habían cambiado de tema..."

Los etnólogos le contaron que El Hablador tenía un rostro bastante espantoso: "¿Y el Hablador? -Tenía un gran lunar. Un tipo raro...Un excéntrico, alguien distinto de lo normal. Por esos pelos color zanahoria le decimos el albino, el gringo". ¡Era él! Era aquel extraño estudiante al que llamaban "Mascarita". En realidad, su nombre era Saúl. Era ese "Judío criollo, marginal y excluido" que el narrador había conocido en la universidad tantos años atrás; "Tenía un lunar morado oscuro, vino vinagre, que le cubría todo el lado derecho de la cara, y unos pelos rojos y despeinados como las cerdas de un escobillón...Era el muchacho más feo del mundo". Éste se había apasionado por una comunidad india de la selva amazónica. "Ahora sabía la razón del tabú. ¿La sabía? Sí. ¿Podía ser posible? Sí, podía. Por eso eludían hablar de ellos, por eso se los habían ocultado celosamente a los antropólogos, a los lingüistas, a los misioneros dominicios en los últimos veinte años838..."

Mario Vargas Llosa no es solamente un autor prolífico. También se presentó a las elecciones presidenciales de su país. Es además un miembro de la Comisión Trilateral, el poderoso club mundialista que reúne los hombres más influyentes del planeta, financieros, intelectuales, políticos, industriales y sindicalistas de todos los países. Su historia *El Hablador* revela muy bien la mentalidad cosmopolita. Está dicho que todos los pueblos del mundo deberán escuchar a sus

---

[837] Mario Vargas Llosa, *El Hablador*, Alfaguara Santillana, Madrid, 2008, p. 162-163.
[838] Mario Vargas Llosa, *El Hablador*, Alfaguara Santillana, Madrid, 2008, p. 201, 17, 205

amos y seguir sus preceptos. Ni uno sólo, por muy perdido que esté en medio de la selva, podrá escapar. Ahora bien, esta historia no es más que el fruto de la imaginación de un novelista comprometido, y, en lo que nos concierne, somos totalmente libres de imaginar las cosas de forma totalmente distinta y mucho más creíble. Y es que, a decir verdad, esos pobres indios de Amazonia fueron subyugados por el verbo y el aplomo del extranjero, por lo que podríamos imaginar que tal situación no duraría para siempre: los jefes de los clanes acabarían tarde o temprano por aborrecer el intruso venido a predicarles la repudiación de sus viejas costumbres. Finalmente, éstos se reunirían una noche para decidir la caída del usurpador e irrumpir durante su sueño para atravesarlo por todos lados con sus lanzas envenenadas[839].

Ya nos hemos topado durante este estudio con la figura eminente del escritor Primo Levi: "Nací en Turín en 1919 en una familia judía piamontesa moderadamente acomodada", según sus propias palabras. En su obra más conocida, *Si esto es un hombre*, publicada en 1947, relataba su experiencia de los campos de la muerte. Sobrevivió milagrosamente a Auschwitz y se suicidó 42 años después, el 11 de abril de 1987. En uno de sus libros, *Lilith*, una colección de relatos cortos publicado en 1981, figuraba un extraño texto titulado *Un Testamento* en el que parecía desvelar un terrible secreto a su "querido hijo". He aquí el sorprendente texto alegórico, en el que el autor parecía confesar sus mentiras:

"No dudo de que tú seguirás mis pasos y serás sacamuelas como yo lo he sido y como lo fueron también tus antepasados...No existe en el mundo ninguna profesión que compita con la nuestra en aliviar el dolor de los humanos, y en penetrar su valor, sus vicios y vilezas. Es mi propósito hablarte aquí de sus secretos...La música es necesaria para el ejercicio de nuestra profesión. Un buen sacamuelas debe andar siempre acompañado de por lo menos dos trompetistas y dos tamborileros, o mejor dos tocadores de bombo. Cuanto más vigorosa sea la música que llena la plaza en que trabajes tanto mayor será el respeto que te profesen

---

[839] Naturalmente, Mario Vargas Llosa imaginó una "salida" más conforme para El hablador: "Al viejito se le metió ir a morirse en Israel, por lo visto. Y con la devoción que le tenía, claro que Mascarita le dio gusto. Porque, cuando Saúl me lo dijo, ya habían vendido la tiendecita que tenían y estaban con las maletas hechas...Escarbé la memoria tratando de recordar si alguna vez lo había oído hablar de sionismo, de hacer la *aliá*. Nunca...Pensé que a Saúl no le habría sido fácil hacer la *aliá*. Porque estaba visceralmente integrado al Perú, demasiado desgarrado y soliviantado por asuntos peruanos – para desprenderse de todo eso de la noche a la mañana, como quién se cambia de camisa." Mario Vargas Llosa, *El Hablador*, Alfaguara Santillana, Madrid, 2008 p. 122-123. (NdT).

los clientes, y tanto mayor será el respeto que te profesen los clientes, y tanto menor el dolor que éstos sientan. Tú mismo lo notarías seguramente cuando asistías de niño a mi trabajo cotidiano. Los gritos del paciente no se oyen con la música; el público te admira con reverencia y los clientes que esperan su turno se despojan de sus temores secretos. Un sacamuelas que trabaje sin charanga es indecoroso y vulnerable como un cuerpo humano en cueros. No olvides, hijo mío, que errar es humano, pero que admitir el propio error es diabólico...En ningún caso confieses haber extraído un diente sano. Intenta más bien aprovechar el estruendo de la orquesta, el aturdimiento del paciente, su mismo dolor y gritos y sus convulsiones desesperadas para extraer rápidamente después el diente enfermo. Recuerda que un golpe instantáneo y franco en el occipucio inmoviliza al paciente más reluctante sin dañar sus constantes vitales (*sans en étouffer les esprits animaux*), y sin que el público se dé cuenta. Recuerda asimismo que, para estas necesidades, o para otras semejantes, un buen sacamuelas se cuida siempre de tener el carro listo, no alejado del tablado y con los caballos enganchados.

"Nuestros adversarios nos escarnecen diciendo que sólo valemos para transformar el dolor en dinero. ¡Necios! No se dan cuenta de que es el mayor elogio que se puede hacer de nuestro magisterio...A tenor de los humores que olfatees entre los presentes, tu discurso será jocoso o austero, noble o plebeyo, prolijo o conciso, sutil o craso. Sin embargo, conviene que en todos los casos sea oscuro, pues el ser humano tiene miedo de la claridad...Recuerda que, cuanto menos te entiendan los que te escuchen, tanta mayor será la confianza que tengan en tu sabiduría y tanta más música oirán en tus palabras. Así está hecho el vulgo y en el mundo no hay más que vulgo...Y no temas que te pidan explicación, pues esto no ocurre jamás: nadie tendrá valor suficiente para interrogarte, ni siquiera el que sube al tablado con pie firme para que le arranquen una muela. Ni llames nunca, en tu discurso, a las cosas por su nombre. No dirás muelas, sino protuberancias mandibulares, o cualquier otra rareza que te venga a la cabeza; ni dolor, sino paroxismo o eretismo. No llamarás al dinero dinero, y menos aún tenazas a las tenazas; mejor dicho, no nombrarás estas cosas en absoluto, ni siquiera por alusión. Ni tampoco dejarás ver las tenazas al público, y menos aún al paciente, procurando esconderlas en la manga hasta el último instante.

"De todo lo leído aquí habrás concluido que la mentira es un pecado para los demás, pero virtud para nosotros. La mendacidad está indisolublemente ligada a nuestro oficio. A nosotros nos conviene mentir con el idioma, con los ojos, con la sonrisa, con la indumentaria. Y no solamente para eludir a los pacientes. Tú sabes bien que nosotros miramos más alto, y que la mentira es nuestra verdadera fuerza (no la de nuestras manos). Con la mentira, pacientemente aprendida y piadosamente ejercida, si Dios nos asiste llegaremos a dominar este país y quizá también el mundo. Pero esto sólo acontecerá si sabemos mentir mejor y durante más tiempo que nuestros adversarios. Tal vez tú lo veas, pues yo ya no: será una nueva edad de oro, en la que sólo en casos extremos seremos llamados a sacar muelas, en tanto que, ante el gobierno de la nación y ante la administración de la cosa pública, nos bastará ampliamente con la mentira piadosa, llevada por nosotros a la perfección. Si nos mostramos capaces de ello, el imperio de los sacamuelas se extenderá de oriente a occidente hasta las islas más remotas y no tendrá nunca fin[840]."

Con semejante ética, no es de extrañar que el hombre que la practique se vea un día atormentado por sentimientos de culpabilidad. A pesar de toda la gloria terrestre y las riquezas acumuladas, los espíritus cautivos de estas creencias proféticas son generalmente carcomidos por dentro por una angustia moral difusa que los aboca finalmente a una especie de fatalidad. Indudablemente, las neurosis y los suicidios son más frecuentes en ellos que en el resto de la población terrestre. Ya vimos los casos de Primo Levi y de Romain Gary. Entre las personalidades célebres se debe mencionar el caso de Stefan Zweig, así como los escritores y filósofos Walter Benjamin, Otto Weininger, Felice Momigliano, Albert Caraco, el físico vienés Ludwig Boltzmann, el pintor Rothko, el poeta judío alemán Paul Celan, los grandes financieros Löwenstein y Manheimer, Barnato, el "rey del diamante"; los ministros Jacques Stern, Pierre Beregovoy, el general Mordacq, los dos hermanos Wittgenstein, las dos hijas de Karl Marx; también se puede apuntar el caso de la hija del gran rabino Weil, por ejemplo, que se tiró desde lo alto de la torre Eiffel, o del barón de Reinach, durante el escándalo del canal de Panamá. También se conocen los casos de suicidio de un barón Rothschild, del magnate de la prensa Robert Maxwell, fallecido en extrañas circunstancias, etc.

Jacques Attali mencionaba en su obra el peso que ejercían las comunidades judías sobre sus miembros, antes de la emancipación: "Alrededor de 1660, Uriel Acosta -hijo de un marrano que se había instalado en Ámsterdam a comienzos del siglo XVII al mismo tiempo

---

[840]Primo Levi, *Lilít y otros relatos (Un testamento)*, Muchnik Editores, Barcelona, 1998, p. 190-195

que el padre de Menasseh ben Israel- protesta por las reglas de la ortodoxia judía: "¿Quién diablos me empujó hacia los judíos?", llega a escribir al final de su patética autobiografía. Excluido por los rabinos, termina por suicidarse[841]."

El propio Elie Wiesel se sinceró acerca de los casos de sus amigos fallecidos trágicamente: "Benno Werzberger en Israel, Tadeuz Borowski en Polonia, Paul Celan en París, Bruno Bettelheim en Estados Unidos: de todos los hombres de la comunidad en vía de desaparición de los supervivientes del holocausto, los escritores experimentaron una tragedia más: desesperados por la impotencia de la palabra escrita, algunos eligieron el silencio. El de la muerte...Conocí a tres. Sus últimos gestos me siguen atormentando". Pero también estaba su amigo Primo Levi: "¿Por qué Primo, mi amigo Primo, se tiró de unas escaleras? Él, cuyas obras habían por fin vencido la indiferencia del público, incluso fuera de Italia[842]?" Elie no lo entiende.

Elie Wiesel evocaba además el caso de Jerzy Kosinski: "La primera crítica de su *Pájaro pintado,* la escribí yo. En el *New York Times*. Pobre Jerzy, sabía tan bien divertir y tan mal vivir. Incomprendido durante su vida, ¿tal vez se le comprenda mejor después de su suicidio?" La elogiosa crítica que le había dedicado Elie Wiesel le había valido una serie de cartas de insultos de algunos judíos que habían conocido Kosinski en Polonia. "Hice mal, según ellos, en mostrarme caluroso con ese Judío vergonzoso...Por lo visto, su libro no sería más que un amasijo de elucubraciones fantasiosas...Me niego a creerlo: ¿Judío vergonzoso, Jerzy? ¡Imposible! ¿Mentiroso, él? ¡Inconcebible! ...Cuando la novela es publicada en Francia, Piotr Rawicz la comenta en *Le Monde*. Le pregunto: ¿Jerzy es Judío? Claro que es judío, responde Piotr. ¿Te lo ha dicho? No, no se lo ha dicho. Al contrario, lo niega. ¿Pero entonces cómo lo sabes? Lo sé, dice Piotr. ¿Por qué oculta su origen judío? Pregúntale. Piotr le pregunta; mantiene su posición. Piotr quiere ver si está circuncidado. Jerzy se niega a responder. Únicamente cuando Piotr le amenaza con llamar a unos amigos para ayudarle a desvestirle reconoce su origen judío... Un largo artículo en *Village Voice* lo ha tratado de impostor. Una biografía reciente trata de desmitificarlo: al haber pasado la guerra junto a sus padres, no habría podido vivir las experiencias atroces narradas en *El pájaro pintado,* y tampoco habría escrito él solo sus libros. La noticia de su suicidio- al igual que la de Bruno Bettelheim- me ha

---

[841]Jacques Attali, *Los judíos, el mundo y el dinero*, Fondo de cultura económica, 2005, Buenos Aires, p. 261
[842]Elie Wiesel, *Mémoires, Tome II*, Seuil, 1996, p. 471

conmocionado. Así pues, ese hedonista era un infeliz. Más infeliz que sus personajes alocados y trágicos[843]." Elie no lo entiende.

Piotr Rawicz también prefirió poner fin a su vida: "Mi camarada, mi compañero. ¿Por qué abandonó el mundo de los vivos? Lo veo de nuevo: encorvado, la mirada desesperada e irónica, pero con una mente lucida, terriblemente lúcida. *La Sangre del cielo* quedará como una de las obras maestras de nuestro tiempo. En el texto que le dedico (en el *New Leader*), escribo: ..."Su libro es un grito, y no un eco; un desafío, no un acto de sumisión. De pie delante de la tumba llena de cadáveres, no reza el Kadish; no derrama lágrimas."... ¿Por qué se dio muerte, él que tenía todavía tanto que dar a la vida? Un disparo en la boca con un fusil puso fin a un destino singular y único, risueño como él844." Elie no lo entiende.

Por mucho poder y honores que se cosechen, hay que rendirse ante la evidencia de que la fe mesiánica, al separar sus adeptos del resto de la humanidad y legitimando un comportamiento reprobado por todos, sólo puede colocar el individuo aún un poco moral en una situación incómoda e insostenible.

En 1854, el gran poeta Heinrich Heine hizo publicar un apéndice titulado *Confesiones del autor,* en su libro *Sobre la historia de la religión y la filosofía en Alemania*. Heine dejaba escrito también algunas confesiones para la posteridad: "Al igual que los grandes logros de los Judíos, el verdadero carácter de los Judíos no es conocido por el mundo. Creemos conocerlos porque hemos visto sus barbas, pero nunca hemos visto mucho más, y, como en la Edad Media, siguen siendo un misterio ambulante en los tiempos modernos. Ese misterio se revelará el día en que, según la predicción del profeta, no habrá más que un solo pastor y un solo rebaño, y cuando el Justo que sufrió por la salvación de la humanidad reciba su gloriosa palma845."

El poeta no dijo mucho más, pero creemos haber mostrado con este estudio un poco de lo que los espíritus mesiánicos entienden por "pastor" y "rebaño". No hace falta aguardar el Mesías para "desvelar el misterio". Los magos tienen sus secretos y artificios, pero a veces los trucos son demasiado visibles, y cuando el subterfugio se hace sistemáticamente a costa del público, suele ocurrir que la gente

---

[843] Elie Wiesel, *Mémoires, Tome II*, Seuil, 1996, p. 475.
[844] Elie Wiesel, *Mémoires, Tome II*, Seuil, 1996, p. 476-477
[845] Heinrich Heine, *De l'Allemagne, Aveux de l'auteur*, 1835, 1854, Gallimard, 1998, p. 462. [Como con muchos otros pasajes de este libro en la versión francesa, tampoco hemos encontrado rastro de este apéndice en las ediciones de Alianza Editorial, 2008 y Akal/Básica de Bolsillo/323. (NdT).]

exasperada reclame el reembolso de la entrada y amenace con destrozar la sala.

Y hablando de magos, precisamente: El estadounidense David Copperfield es "reconocido universalmente como el mago más extraordinario del mundo". Es "el mago más grande de todos los tiempos", leíamos en varios sitios. Podríamos llamarlo, siguiendo ejemplos anteriores, el "príncipe de los magos". De hecho, fue nombrado por el gobierno francés "caballero de las artes y las letras". Sin duda, el hombre se merece esta distinción, visto su palmarés. Tiene en su haber una serie de hazañas bastante extraordinarias, incluso realmente alucinantes, muy al estilo de sus correligionarios en filosofía, en historia y muchos más ámbitos. En efecto, ante un público despavorido, ante miles de personas literalmente estupefactas, "el mago ha atravesado la muralla de China (como un fantasma), ha hecho desaparecer la estatua de la Libertad de Nueva York, el tren Orient-Express, incluso aviones. Hizo reaparecer un barco en el Triángulo de las Bermudas; se ha escapado de la prisión de Alcatraz, ha salido ileso de las Cataratas del Niágara, ha volado por los aires, sobre el gran Cañón en Arizona." David Copperfield no deja nunca de sorprendernos, de asombrarnos, de tocar el alma y el corazón de su público.

Algunos cuentan incluso que sería capaz de hacer desaparecer toda una civilización. Ciertamente, no sería su primer intento en la historia, aunque, por lo visto, sus diversos intentos no han tenido éxito hasta ahora: el cristianismo se revolvió contra él durante siglos; la revolución francesa se revolvió finalmente contra él, con el desarrollo del nacionalismo; el comunismo se revolvió a su vez contra él, después de treinta años de furia destructora; y hay muchas razones para creer que el siglo XXI está plagado de graves amenazas. Pero persevera, una y otra vez, en su loco frenesí, seguro de su legitimidad y de su elección divina. Afortunadamente, sabemos ahora que los más sabios entre ellos pueden decidir unirse a "la humanidad común". Es lo que nos da algo de esperanza. En cuanto a los demás, tal vez no quede otra solución que ofrecerles un patio de recreo, o una habitación acolchada para amortiguar todo ese guirigay.

En las sinagogas de Europa del Este, en el Yiddishland de antaño, se les oía aullar por las noches, tal como lo contaba Elie Wiesel: "Bailamos como bailan los jasidim: de la mano, lanzando los brazos de un lado a otro, cada vez más rápido, los ojos cerrados y el corazón abierto, el alma desgarrada como una herida profunda y ardiente, bailamos como atraídos hacia las alturas con las oraciones que suben al séptimo cielo, bailamos como locos cuyo ser tiende hacia el Ser, cuya llama quiere volverse incandescente, nadie podrá detenernos, ninguna fuerza podrá amordazarnos, cantamos llorando, lloramos cantando[846]."

Aquellas noches alocadas de Sabbat se celebraban en lugares apartados, lejos, muy lejos de los pueblos y de las aldeas. Los campesinos podían cerrar los ojos y descansar un poco. Al día siguiente, había que madrugar, había que trabajar en el campo. Alguien tenía que cultivar la tierra.

París, agosto del 2005[847]

---

[846] Elie Wiesel, *Mémoires, Tome II*, Seuil, 1996, p. 420. Esto nos recuerda las palabras de Erwin Leiser.
[847] Hervé Ryssen amplió y profundizó todos los temas abordados en este libro en los años siguientes: *Psicoanálisis del judaísmo* (2006), *El Fanatismo judío* (2007), *La Mafia judía* (2008), *El Espejo del judaísmo* (2009) e *Historia del antisemitismo* (2010).

ANEXO

ESQUELA DE HENRI WEBER (1944-2020)

Desde la Segunda Guerra Mundial hasta la profundización de la aventura europea, pasando por mayo de 1968, su destino habrá atravesado la historia del siglo, cruzando los kilómetros, las fronteras de los países y las ideas. Sus padres eran judíos polacos que vivían a pocos kilómetros de Auschwitz y habían huido de la amenaza nazi a la URSS. Allí, a orillas de un río siberiano, cerca del campo de trabajo donde vivían sus padres, nació Henri Weber en 1944, a la sombra de la historia. Con el fin de la guerra, llegaría el momento de que la familia regresara a Polonia, pero el odio antisemita no había sido barrido por la caída del nazismo y finalmente obligó a los Weber a emigrar a Francia.

Siendo aún un niño, el joven Henri se politizó en el seno del *Hachomer Hatzaïr*, movimiento sionista y socialista de la "joven guardia", que fue el escenario de sus primeras luchas, en particular contra la guerra de Argelia. Como joven sorboniano, fijó entonces su acción política en las filas de la UNEF y de la Unión de Estudiantes Comunistas (UEC), donde entabló amistad con Alain Krivine. Su generación se encontraba en un estado de gran agitación. Con sus compañeros, Weber encendió los debates y caldeó los ánimos, soplando las brasas de la revuelta para hacer estallar las ideas y los impulsos que ardían en las universidades. En el seno de la recién creada Juventud Comunista Revolucionaria (JCR), se convirtió en uno de los líderes de Mayo del 68, uno de los que pasaban sus días en las aulas construyendo un mundo mejor y sus noches en las calles levantando barricadas.

Nunca abandonaría esta imbricación permanente de pensamiento y acción. El gran actor de Mayo del 68 se convirtió también en uno de sus principales pensadores: le dedicó varios libros, mantuvo vivo su fuego creando y dirigiendo el semanario *Rouge* y luego la revista *Critique Communiste*, y aceptó la oferta de Michel Foucault de enseñar filosofía política en la flamante universidad de Vincennes, bastión de los intelectuales de izquierda. Sin embargo, Henri Weber no abandonó la militancia: en 1969, participó en el nacimiento de la Liga Comunista a partir de las cenizas de la JCR, y estructuró el partido a través de sus lecturas y reflexiones, pero también de su agudo sentido de la organización. (...)

Su pensamiento rojo se fue convirtiendo en rosa, armonizando con el del Partido Socialista, al que se unió a mediados de los años 80 y que siguió siendo su hogar político hasta el final. Desarrolló una relación de amistad y confianza con Laurent Fabius, lo que le llevó a ser nombrado asesor suyo cuando éste se convirtió en Presidente de la Asamblea Nacional en 1988. Su carrera como cargo electo comenzó ese mismo año, primero como teniente de alcalde de Saint-Denis, luego como concejal de Dieppe de 1995 a 2001 y senador de Seine-Maritime de 1995 a 2004. Ferviente europeísta, luego ejerció dos mandatos en el Parlamento de Estrasburgo, con la misma pasión y el mismo nivel de exigencia. (...)

El Presidente de la República saluda a una gran figura política que combinó la fuerza del compromiso y la sutileza del pensamiento, un espíritu libre, generoso y europeo. Envía sus sinceras condolencias a su esposa Fabienne, a sus hijos, a su familia y a todos sus compañeros políticos.

Servicio de prensa del palacio del Eliseo, 27 de abril del 2020.

Otros títulos

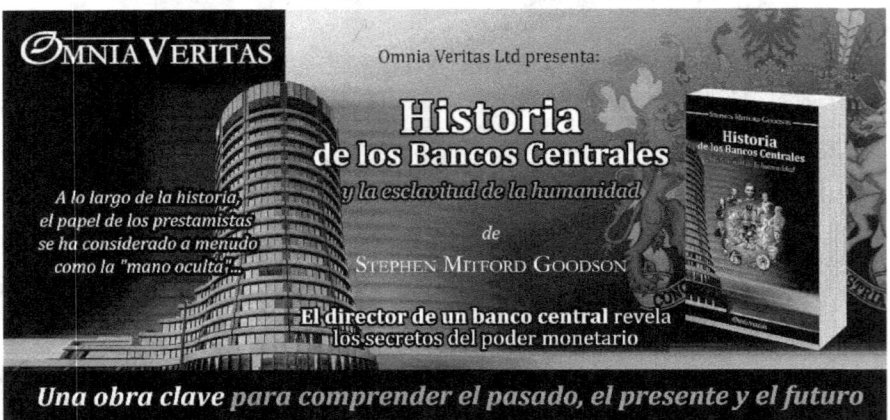

LAS ESPERANZAS PLANETARIANAS